David L. Calof · Robin Simons
Die Frau, die wieder sehen lernte

David L. Calof · Robin Simons

Die Frau, die wieder sehen lernte

... und andere Geschichten von der
heilenden Kraft des Unbewußten.
Fallbeispiele aus der
Hypnosetherapie

Aus dem Amerikanischen von
Christa Broermann und
Andrea Kann

Limes

Die Originalausgabe erschien 1996 unter dem Titel
The Couple Who Became Each Other
bei Bantam Books, New York.

Die Deutsche Bibliothek – CIP-Einheitsaufnahme

Calof, David L.:
Die Frau, die wieder sehen lernte / David L. Calof ; Robin Simons.
Aus dem Amerikan. von Christa Broermann und Andrea Kann.–
München : Limes, 1998
Einheitssacht.: The couple who became each other <dt.>
ISBN 3-8090-3011-2

© 1996 David L. Calof and Robin Simons
© 1997 für die deutsche Ausgabe
Limes Verlag GmbH, München
Satz: Dr. Ulrich Mihr GmbH, Tübingen
Druck und Bindung: Pustet, Regensburg
Alle Rechte vorbehalten. Printed in Germany
ISBN 3-8090-3011-2

Inhalt

Vorwort: Die Weisheit des Unbewußten 9

I Die Familientrance 29
1 Das Sieben-Kilo-Kindermädchen 31
2 Der Orakelspruch 63
3 Lob des Scheiterns 91
4 Das Paar, das die Rollen tauschte 139

II Die Zukunft als Geschichte 185
5 Der Junge, den seine Zukunft rettete 187
6 Was sie in der Kristallkugel sah 217

III Die Einheit von Seele und Körper 269
7 Jenseits des Schmerzes 271
8 Krankheiten aus dem Körper spülen 299

IV Innere Stimmen 329
9 Die Frau, die wieder sehen lernte 331
10 Der Ruf aus dem Grab 395

Epilog: Die Werkstatt des Ich 459
Danksagung 485
Ausgewählte Bibliographie 487

»Zu Beginn unseres Lebens stellt sich uns die Welt so dar, wie sie ist. Dann hypnotisieren uns andere – unsere Eltern, Lehrer, Analytiker – und bringen uns bei, die Welt zu »sehen« und in der »richtigen« Weise zu konstruieren. Diese anderen versehen die Welt mit Etiketten, geben den Lebewesen, Dingen und Ereignissen Namen und verleihen ihnen Stimmen, so daß wir danach die Welt in keiner anderen Sprache mehr lesen und in keiner anderen Weise mehr zu uns sprechen lassen können. Wir haben die Aufgabe, diesen hypnotischen Bann zu brechen, die Taubheit und Blindheit abzuschütteln und vielsprachig zu werden, so daß die Welt in neuen Stimmen zu uns sprechen und all ihre möglichen Bedeutungen in das Buch unseres Daseins schreiben kann. Seien Sie vorsichtig in der Wahl Ihrer Hypnotiseure.« Sidney Jourard, Psychotherapeut

»David, Sie haben ein sehr intelligentes Bewußtsein. Aber verglichen mit Ihrem Unbewußten ist es dumm.«
Dr. med. Milton Erickson zu David Calof

Vorwort

Die Weisheit des Unbewußten

ICH HATTE SCHON ÜBER EIN JAHR LANG MIT DOUGLAS GEARBEITET. Er war vierzehn Jahre alt, lebhaft und sympathisch, ein heller Kopf mit einem charmanten Lächeln, und er neigte dazu, stets ein wenig über die Grenzen des Erlaubten hinauszugehen. Sein Vater war gestorben, als er sechs Jahre alt war, und seither hatte seine Mutter Probleme, »mit ihm fertig zu werden«. Mit seinen gewinnenden Gesten und seiner einschmeichelnden Rhetorik konnte er sie um den kleinen Finger wickeln. Und eben dies machte seinen Fall so rätselhaft. Denn trotz seiner offenkundigen Intelligenz und seiner Sprachgewandtheit konnte Douglas nicht lesen.

Seine Mutter hatte ihn zu mir gebracht, nachdem zahlreiche Spezialisten und Programme gescheitert waren und seine Lesefähigkeit nicht über das Niveau der zweiten Klasse hinaus gediehen war. In unserer gemeinsamen Arbeit hatte ich nahezu jeden Ansatz durchprobiert, der mir zu Gebote stand. Er war unter Hypnose in die Kindheit zurückgegangen und hatte frühe Entscheidungen über das Lesen revidiert, wir hatten die Hypnose dazu genutzt, seine Lernfähigkeit und sein Lernverhalten zu verbessern, ich hatte ihn hypnotisch in die »Zukunft« versetzt, damit er ein selbstbewußtes Bild von sich als Leser aufbauen konnte, er hatte unter Hypnose gelernt, sich zu entspannen, seine Augen mühelos über die Seite gleiten zu lassen und sein lautloses Mitsprechen einzuschränken. Er war hervorragend hypnotisierbar und beherrschte bald jedes Phänomen der tiefen Trance, das ich ihn gelehrt hatte. Und zu meiner Genugtuung wie zu meinem Verdruß hatte auch alles gewirkt – allerdings nur für kurze Zeit. Nach jeder Sitzung besserte sich seine Lesefähigkeit – und fiel dann allmählich wieder auf das Niveau der zweiten Klasse zurück. Douglas war bald genauso frustriert wie seine Mutter und ich, und schließlich hatte er mit dem Gefühl, er habe alles in seiner Macht Stehende getan, die Sitzungen aufgegeben.

Nun war er plötzlich wieder da. Ein halbes Jahr war vergangen, seit ich ihn zuletzt gesehen hatte, und er hatte von sich aus beschlossen, er wolle es noch einmal versuchen. Ich hatte doch sicherlich noch etwas Neues zu bieten! Aber ich war mit meiner Weisheit am Ende. Und nicht nur das: Ich war auch verunsichert. Meine hypnotherapeutische Arbeit beruht auf der Überzeugung, daß wir alle die Lösungen unserer Probleme in uns tragen, daß unser Unbewußtes die schöpferische Quelle für die Lösung unserer Probleme ist, wenn es uns nur gelingt, uns nicht selbst im Weg zu stehen und auf das Unbewußte zu hören. Aber jetzt war mein Glaube an diese innere Weisheit erschüttert. Douglas hatte besser als die meisten anderen Klienten auf Hypnose angesprochen, und dennoch war er seinem Problem nicht beigekommen. Was besagte das über das Unbewußte? War es eine weniger kreative Hilfsquelle als ich bisher angenommen hatte? Angesichts der Sachlage zweifelte ich an der elementarsten Grundvoraussetzung meiner Arbeit.

Aber schließlich rang ich mich dazu durch, daß diese ungeheure Weisheit im Inneren vorhanden sein *mußte* – Douglas und mir war es einfach nicht gelungen, den richtigen Zugang zu ihr zu finden. Wir steckten in einer Sackgasse, weil wir das Problem unter einem zu engen Blickwinkel betrachteten. Wenn wir unsere geistigen Scheuklappen ablegen und das Problem auf neue Weise erfassen könnten, wäre die Lösung vielleicht ganz einfach. Plötzlich hatte ich einen Einfall. Wenn ich nun eine Situation herbeiführte, in der wir die Situation buchstäblich anders sehen konnten? *Wenn ich einen Rollentausch vorschlug?* Wenn ich Douglas spielen würde – wenn ich mich anstrengen und all meine Konzentration darauf verwenden würde, mich wirklich wie Douglas zu *fühlen* – vielleicht würde mir dann unbewußtes Wissen über ihn zugänglich, das mir mein Bewußtsein verbarg. Und wenn Douglas unter Hypnose mich spielte, wenn er sich für einen »Fachmann« hielt – tüchtig, klug, erfolgreich, all das, was er nach seinem Empfinden nicht war –, dann konnte er aus dieser Position des Selbstvertrauens heraus vielleicht ebenfalls mit innerem Wissen Verbindung aufnehmen, das *sein* Bewußtsein ihm vorenthielt.

Ich spürte, wie mich die Aufregung packte: Vielleicht war das ein Weg! Zumindest konnte es auch nicht weniger hilfreich sein als das, was wir bereits ausprobiert hatten. Nachdem also Douglas lässig ins Sprechzimmer geschlendert war und wir unser Anfangsgeplänkel hinter uns hatten, versetzte ich ihn in eine sehr tiefe Trance und sagte ihm, wir würden heute einmal etwas ganz anderes versuchen. Dann gab ich ihm die Suggestionen. Ich erklärte ihm, wenn er die Augen wieder öffne, *sei ich Douglas, und er sei ich. Wir hätten dann beide das Wissen des anderen, und er werde mir sagen, was ich tun solle.*

Douglas saß still da und bereitete sich auf seine Aufgabe vor. Nach einigen Minuten bat ich ihn, die Augen zu öffnen. Er starrte mich ausdruckslos an.

»Hallo«, begrüßte ich ihn.

Er antwortete nicht.

Ich wartete einen Moment und hielt nach einer Reaktion Ausschau. Aber er sah mich einfach geduldig an, als warte er auf ein Stichwort. Ich begann zu fürchten, daß die Suggestionen nicht gegriffen hatten. »Wie fühlst du dich?« fragte ich probeweise.

Er betrachtete mich noch ein paar Sekunden unverändert, und seine Augen und seine Haltung verrieten nichts darüber, was in ihm vorging. Dann beugte er sich langsam auf seinem Stuhl nach vorn, stützte einen Ellbogen auf ein Knie und begann einen imaginären Bart zu streichen. »Wie fühlst *du* dich?« erwiderte er. Seine Stimme hatte den perfekten therapeutischen Tonfall.

Ich unterdrückte ein Schmunzeln.

Dann betete ich eine lange Litanei von Klagen herunter, zählte all die Interventionen auf, die wir ausprobiert hatten, und erinnerte an ihr enttäuschendes Ergebnis. Schließlich sagte ich: »Sehen Sie! Ich bin so lange hierhergekommen und kann immer noch nicht lesen! Wir haben alle diese Dinge ausprobiert, und nichts hat wirklich geholfen. Sie müssen mir aber helfen!«

Douglas betrachtete mich ruhig und winkte dann gelassen ab.

»Einen Augenblick, bitte. Warte einen Moment. Gib mir Zeit zum Nachdenken.« Dann stützte er mit einer Geste, die ich auf der Stelle als meine eigene erkannte, das Kinn in die Hand. Gleich darauf beugte er sich auf seinem Stuhl vor. »Ist es nicht so...«, begann er. Seine Stimme war mehrere Tonlagen tiefer als sonst. »Ist es nicht so, daß du wegen dieses Problems eine ganze Reihe Spezialprogramme durchlaufen hast?«

»Doch«, sagte ich.

»Und ist es nicht so, daß du dafür in viele verschiedene Schulen gegangen bist?«

»Hm.«

»Und ist es nicht so, daß du eine Menge therapeutischer Behandlungen bekommen hast?«

»Doch.«

»Und ist es nicht so, daß dir deine Mutter seit dem Tod deines Vaters nie wirklich energisch Dampf gemacht hat? Wenn du nicht mehr lesen üben willst, brauchst du nicht einmal das zu tun! Sie läßt dich sogar bis spät abends draußen bleiben und zwingt dich nie dazu, deine Hausaufgaben zu machen, wenn du nicht willst. Ist es nicht so? Weißt du, was ich glaube? Ich glaube, du hältst dieses Verhalten für dein *verbrieftes* Recht!«

»*Verbrieft?*« Von einem vierzehnjährigen »Analphabeten«? Wir hatten eindeutig irgendein unbewußtes Wissen aktiviert. Und wie war das mit dem Verhältnis zu seiner Mutter? Stimmte es, daß sie aufgehört hatte, ihn zum Lesen anzuhalten, daß sie ihn bis spät abends draußen auf der Straße spielen ließ, anstatt ihn zum Lernen zu zwingen? Ich hatte seine Mutter nie in unsere Therapie einbezogen und angenommen, das Problem liege allein bei Douglas. Aber er zeigte nun ein ganz neues Paradigma auf, brachte eine zwischenmenschliche Dimension des Problems ins Spiel! Ich beschloß, diesen Hinweis aufzugreifen. »Wäre es in Ordnung, meine Mutter hereinzuholen, damit Sie ihr sagen können, was Sie mir gesagt haben?«

»Natürlich!« Wieder winkte er mit dem Arm. »Selbstverständlich. Hol sie nur herein.«

Also ging ich ins Wartezimmer, um die Mutter von Douglas hereinzubitten. In meiner winzigen Praxis konnte ich das nicht tun, ohne daß Douglas es hörte und sah, daher mußte ich meine Rolle durchhalten. »Mutter«, sagte ich etwas beklommen, »könntest du bitte hereinkommen und mit David sprechen?«

Seine Mutter sah mich zweifelnd an. Instinktiv glitt ihr Blick hinunter zu ihrer Brieftasche, die auf dem Boden lag, und ich sah ihr förmlich an, daß ihr der Gedanke durch den Kopf schoß: Ich bezahle diesen Kerl, und er ist verrückt!

»Bitte«, wiederholte ich und hoffte, der Ausdruck meiner Augen würde ihre Zweifel zerstreuen. Ich wußte, daß sie mich mochte und mir vertraute, und hoffte, sie würde begreifen, daß wir etwas Verrücktes taten, das aber vielleicht sinnvoll sein konnte.

Zu meiner Erleichterung stand sie auf, ohne mir Fragen zu stellen, und folgte mir in mein Sprechzimmer. Dort setzte sie sich und blickte mich erwartungsvoll an. Aber ich mußte noch immer meine Rolle durchhalten, daher lächelte ich nur und wandte mich Douglas zu.

»Douglas?« fragte sie, als sie merkte, daß sie von mir keine Hilfe zu erwarten hatte.

»Gnädige Frau, wenn Sie mit Ihrem Sohn sprechen möchten, dann sprechen Sie Ihren *Sohn* an«, sagte Douglas und zeigte mit einer steifen Bewegung auf mich.

»Gnädige Frau« war kein Ausdruck, den Douglas von mir gehört haben konnte. Er entsprang seinem kindlichen Versuch, einen Erwachsenen zu spielen. Aber das konnte ich seiner Mutter nicht erklären. Daher schaute ich sie einfach an und zuckte die Achseln.

Mit einem Seufzer gutmütiger Ergebung schüttelte sie den Kopf und lehnte sich dann auf ihrem Stuhl zurück.

»Würden Sie meiner Mutter sagen, was Sie mir gerade gesagt haben?« fragte ich.

»Natürlich«, erwiderte Douglas. Dann legte er los und hielt eine höfliche, aber gesalzene Rede, in der er seine Mutter wegen ihres »permissiven« Verhaltens ins Gebet nahm. Er endete mit den Worten: »Gnädige Frau, Sie glauben, Sie würden ihm damit helfen, aber Sie helfen ihm ganz und gar nicht, und Sie sollten aufhören, ihn vorsichtig wie ein rohes Ei zu behandeln, und das haben Sie getan, seit sein Vater gestorben ist.« Dann verschränkte er die Arme vor der Brust und lehnte sich professionell auf seinem Stuhl zurück.

Also das war das Problem! Douglas verlangte nach Grenzen! Er erklärte seiner Mutter, daß sie ihn wie ein Kind behandeln mußte, statt ihn allzu früh erwachsen werden zu lassen. Jetzt begriff ich den Grund dafür, daß er nicht las: Es war ein Weg, an der Kindheit festzuhalten, vielleicht an einer Zeit, in der sein Vater noch lebte, an einer Zeit, in der er sich sicherer fühlte als in den Jahren schrankenloser Freiheit seit dem Tod seines Vaters.

Wieder in meine eigene Rolle zurückschlüpfend blickte ich hinüber zu seiner Mutter. Sie war starr vor Staunen über seine Anschuldigungen, wirkte aber auch erleichtert, als erkenne sie die Wahrheit, die in ihnen lag. »Möchten Sie gerne etwas sagen?« fragte ich sie.

Stumm schüttelte sie den Kopf.

Also gab ich Douglas seine eigene Identität wieder, ließ ihn jedoch noch in Trance. »Nun, Douglas«, fragte ich, »möchtest du dich an das erinnern, was geschehen ist, wenn du aufwachst?«

Sein Gesicht zeigte Anspannung, während er über die Frage nachdachte. Die Entscheidung war schwer. Schon in den letzten acht Jahren hatte er diese Bedürfnisse seiner Mutter gegenüber ausgedrückt, aber immer in stark verschlüsselter Form. Wie würde es sich anfühlen, wenn er wußte, daß er seine Gefühle direkt mitgeteilt hatte? Zwanzig Sekunden vergingen, dann ballte er eine Hand zur Faust und schlug mit ihr in die Handfläche der anderen. »Ja.«

Ich lächelte in mich hinein, beeindruckt, daß er den schwereren Weg gewählt hatte. »Gut«, sagte ich, »wenn du aufwachst, wirst du dich an das erinnern, was heute hier geschehen ist, und Gewinn daraus ziehen.« Dann weckte ich ihn.

Douglas setzte sich auf, rieb sich kurz die Augen und sah sich dann benommen im Zimmer um. Sein Blick fiel auf seine Mutter. Einen Moment lang sah er sie ausdruckslos an, dann kehrte plötzlich und sichtbar die Erinnerung zurück. Seine Augen weiteten sich merklich, ließen einen Anflug von Schrecken erkennen, suchten den Blick der Mutter und wandten sich dann sofort wieder ab. Aber eine Sekunde später suchte er wieder ihre Augen und hielt den Blickkontakt, und diesmal verzog sich sein Mund langsam zu einem scheuen Lächeln.

Sofort begann auch seine Mutter zu lächeln, und in ihren Augen glänzten Tränen. Während sie einander in die Augen sahen, entstand ein spürbares Gefühl von Wärme und Nähe zwischen ihnen. Eine Viertelstunde später verließen sie Arm in Arm meine Praxis.

Im Anschluß an diese Sitzung kamen Douglas und seine Mutter noch zweimal zusammen zur Therapie. Wir sprachen über ihre Familie und den Verlust von Douglas' Vater, und seine Mutter gab zu, daß sie ihren Sohn hatte schützen wollen und sich daher gescheut hatte, Forderungen an ihn zu stellen. Aufgrund seiner Offenbarung aus dem Unbewußten sah sie sich nun genötigt, das zu ändern. Also begann sie nach und nach Grenzen zu setzen, und daraufhin besserte sich allmählich Douglas' Lesefähigkeit. Drei Monate später hatte er fast den Stand seiner Klasse erreicht – und die Besserung hielt an.

Woher hatte nun Douglas sein Wissen gehabt? Wie war er darauf gekommen, daß er mich auf die Beziehung zu seiner Mutter aufmerksam machen mußte? Wie hatte er zielsicher eine Dynamik beleuchten können, die ich als Therapeut nicht gesehen hatte? Die Antwort führt in den Bereich des Unbewußten, dieser verblüffend schöpferischen Instanz, die wir alle in uns haben. Dort liegt die Quelle unserer Träume und Tagträume, unserer Ahnungen und Eingebungen, des beglückenden »Flusses«, der manchmal unser Denken und Handeln trägt und alles gelingen läßt. Dort ruhen alle unsere Erlebnisse und Erfahrungen, selbst diejenigen, an die wir uns nicht erinnern. Es ist die Schmiede unserer Ängste, der Abwehr, die wir aufbauen, um ihnen entgegenzuwirken, und schließlich auch der Lösungen, mit deren Hilfe wir sie überwinden. Man sagt, daß wir für unsere Alltagsaktivitäten nur etwa drei bis fünf Prozent unseres Gehirnpotentials nutzen. Der Rest ist unbewußtes Potential: das weite, tiefe Meer, auf dem die winzige Insel unseres Bewußtseins schwimmt. Wir *können* unsere Lösungen selbst finden, *wenn* wir es schaffen, das ständige Geplapper abzuschalten und die Begrenzungen unserer normalen Seinsweise beiseite zu schieben. Es ist die Aufgabe eines Hypnotherapeuten, seinen Klienten dies zu ermöglichen; ihnen zu helfen, ihre bewußte Einstellung einmal außer acht zu lassen und unbewußte Ressourcen zur Lösung ihrer Probleme zu erschließen.

Im Gegensatz zu der althergebrachten Vorstellung über die Hypnose tun wir das nicht, indem wir Macht über den Klienten ausüben. Wir stellen nicht etwas mit dem Klienten an, das eine »Heilung« herbeiführt. Statt dessen arbeiten wir in einer Beziehung des Vertrauens mit ihm zusammen, um seine eigene schöpferische Heilkraft und seine Fähigkeit zur Problemlösung zu wecken. Den Zustand, in dem der Klient über rein bewußte Wahrnehmungen, Denkmuster und Überzeugungen hinausgelangt und dafür engeren Kontakt zu seinem Inneren aufnimmt, nennen wir *Trance*. In diesem Zustand kann der Klient den Teil seines Geistes umgehen, der von der Logik des Wachbewußtseins und den Grenzen der dinglichen Welt beherrscht wird, und statt dessen auf ein Reich innerer Ressourcen zurückgreifen: körperliche ebenso wie geistige Fähigkeiten, frühere Lernerfahrungen und Assoziationen, Möglichkeiten des Sehens, Fühlens, Schlußfolgerns und Verstehens, die weniger linear sind als das normale, bewußte Denken. In diesem Zustand ist der Klient offen und aufnahmebereit für therapeutische Suggestionen und kann seine eigene Problemlösefähigkeit und Heilkraft ins Spiel bringen.

Trance begegnet man jedoch nicht nur in der Praxis des Hypnotherapeuten. Sie ist ein natürlicher Zustand, mit dem wir alle vertraut sind. Wenn Sie je mit anderen Personen an einem Tisch saßen und plötzlich merkten, daß Sie die letzten paar Sekunden kein Wort von dem gehört hatten, was die anderen sagten, dann waren Sie in Trance. Wenn Sie je im Bus aus dem Fenster gestarrt haben und an Ihrer Haltestelle plötzlich »aufgewacht« sind, dann waren Sie in Trance. Wenn Sie tagträumen, sich in Gedanken verlieren, wie unter Hypnose Auto fahren, sich in ein Buch vertiefen – immer wenn Ihre Konzentration sich nach innen richtet, Ihre Aufmerksamkeit von der äußeren Welt abgewandt ist und Ihr Denken freier und intuitiver wird, sind Sie in Trance.

Wir begeben uns auch immer wieder in eine natürliche Trance, um Probleme zu lösen, ohne es zu merken. Haben Sie je bewußt an einem Problem herumgeknobelt, ohne etwas zu erreichen, und dann die Lösung gefunden, als Sie aus dem Fenster starrten? Haben Sie je erlebt, daß Sie irgend etwas zu tun hatten – eine sportliche Leistung erbringen, bei einer Konferenz auftreten, ein Instrument spielen oder einen Text verfassen – und plötzlich bemerkten, daß Ihr Geist und Ihr Körper quasi auf automatische Steuerung geschaltet hatten und das Erforderliche besser leisteten, als Sie es bewußt hätten tun können? Auch diese Erfahrungen gehören in den Bereich der Trance, es sind Momente, in denen Sie äußere Informationen ausblenden und stärker mit einem unbewußten Prozeß verbunden sind. Der Unterschied zu dem, was in meiner Praxis geschieht, besteht lediglich darin, daß diese Trancezustände nicht durch irgendeine Technik gezielt herbeigeführt wurden und daß sie meist nur einen Moment dauern und nicht längere Zeit anhalten.

Die meisten meiner Klienten sind überrascht, wenn ich ihnen sage, daß sie schon öfters in Trance waren, erkennen dann aber schnell, daß sie diese kurze natürliche Trance viele Male erlebt haben. Noch überraschter sind sie, wenn ich ihnen erkläre, daß sie auch schon hypnotisiert wurden, daß sogar das Problem selbst, das sie in meine Praxis geführt hat, die Folge von Suggestionen ist und daß meine Aufgabe als Hypnotherapeut darin besteht, sie aus der Hypnose zu wecken!

Damit meine ich folgendes: Ein Klient in Trance entwickelt eine selektive Wahrnehmung, er suspendiert die Wahrnehmung seiner Umgebung und richtet seine Aufmerksamkeit auf ein eng begrenztes Feld. Ein Mensch mit einem Problem hat eine ähnlich begrenzte Perspektive, auch er sieht sein Problem nur unter einem einzigen Blickwinkel, als hätte ich ihm in Trance suggeriert: »Das ist die einzige Möglichkeit, Ihre Situation zu betrachten, eine andere gibt es nicht.« Außerdem gibt er sich *Autosuggestionen*: Er interpretiert seine inneren Dialoge, seine Körperempfindungen, Gefühle und Bilder so, daß sie seine Auffassung des Problems bestätigen.

Die Hypnotherapie ist also ein Ort der Begegnung: Meine

Klienten kommen in Trance zu mir, ich geselle mich zu ihnen und benutze ihre eigenen hypnotischen Muster, um ihnen zu helfen. Statt des berüchtigten »Macht/Ohnmacht«-Verhältnisses, das wir in alten Filmen vorgeführt bekommen, ist die moderne, von Hypnotherapeuten praktizierte Hypnose eine Zusammenarbeit – eine reziproke Beziehung zwischen Therapeut und Klient.

Das war natürlich nicht immer so. Die frühen Hypnotiseure, deren erster gegen Ende des 18. Jahrhunderts Franz Anton Mesmer war (dem wir das Wort *Mesmerismus* verdanken), sahen in ihren Patienten nicht die Weisheit und die Fähigkeiten, die wir heute in ihnen sehen. Sie schrieben ihre Heilungserfolge entweder äußeren Kräften zu (Mesmer machte den sogenannten *animalischen Magnetismus* dafür verantwortlich, der nach seiner Auffassung dem Organismus innewohnte und mit kosmischen Kräften in Verbindung stand) oder auch physiologischen Phänomenen (James Braid behauptete Mitte des 19. Jahrhunderts, eine Trance werde durch die Ermüdung des Sehnerves induziert, weshalb er sein Verfahren nach Hypnos, dem griechischen Gott des Schlafes, Hypnose nannte). Erst als Braid, Hippolyte Bernheim und andere Ende des 19. Jahrhunderts die Bedeutung der *Suggestion* entdeckt hatten, erkannten die Ärzte, daß Hypnose das Ergebnis einer Interaktion zwischen Menschen ist.

Die Hypnose gewann sehr an Ansehen, als sie Ende des 19. Jahrhunderts in großem Umfang von Jean Martin Charcot, dem führenden Neurologen Frankreichs, eingesetzt wurde. Charcot stellte fest, daß hypnotische Phänomene Ähnlichkeiten mit den Symptomen seiner hysterischen Patientinnen aufwiesen (zu denen plötzlicher Gedächtnisverlust, Lähmungen, Blindheit und Halluzinationen zählten), und kam zu dem Schluß, Hypnose sei lediglich eine vom Arzt herbeigeführte Form der Hysterie. Seine Theorie geriet später in Mißkredit, aber durch seinen Einfluß verschuf er der Hypnose im Bereich der Medizin Geltung.

Zu den Schülern Charcots gehörte auch der junge Sigmund Freud, der bei seinen hysterischen Patientinnen später ebenfalls

Hypnose einsetzte. Er nutzte sie, um die Symptome seiner Patientinnen durch Suggestionen zum Verschwinden zu bringen (was aber nur vorübergehend wirkte, weil er nicht die den Symptomen zugrundeliegenden Ursachen anging), und auch, um seinen Patienten die Erinnerung an traumatische Erlebnisse in der Kindheit zu erleichtern, die zu den Symptomen im Erwachsenenalter geführt hatten. Wenn die Erinnerung an diese Erlebnisse zurückkehrte, verschwanden die Symptome häufig.

Aber trotz seiner Erfolge lehnte Freud schließlich die Hypnose ab, weil er glaubte, daß seine Beziehung zu seinen Patienten und nicht die Hypnose zu ihrer Gesundung führe. Und da Freud sich von der Hypnose abwandte, taten es auch seine Anhänger in der Anfangszeit der Psychoanalyse und der dynamischen Psychiatrie. Die Hypnose blieb auf der Strecke und sank in den Bereich der Salonkünste, des Schaubudenvergnügens und der Kurpfuscherei herab.

Das Interesse der Mediziner erwachte jedoch während der beiden Weltkriege neu. Die Ärzte hatten mit blühenden *Kriegsneurosen* (Schlaflosigkeit, Angst, quälenden Erinnerungsbildern, Phobien und anderen Symptomen, die wir heute unter dem Begriff posttraumatische Streßreaktion zusammenfassen) zu kämpfen und stellten fest, daß die Hypnose eine hochwirksame Behandlungsmethode für solche Fälle war. Mitte der fünfziger Jahre erkannten sowohl der britische als auch der amerikanische Ärzteverband die Hypnose als Ergänzung zu anderen Formen der Behandlung von Schmerzen und Süchten, seelischen Krankheiten und sonstigen Beschwerden an.

Aber erst durch die Arbeit von Dr. Milton Erickson in den siebziger Jahren erfaßten die Kliniker voll, welche Schätze die Patienten zu einer Hypnosesitzung mitbrachten. Im Gegensatz zu Freud, der das Unbewußte als dunkle, unkontrollierbare Macht ansah, betrachtete Milton Erickson es als Quelle höchster Kreativität und Weisheit. Er vertrat die Überzeugung, daß »die Trance der hypnotisierten Person gehört«, nicht dem Kliniker, und daß die Patienten bei einem strategisch richtigen Vorgehen die Lösungen für ihre Probleme aus sich heraus finden können. Erickson erntete für seine Arbeit – ganz besonders für seine Fähigkeit, seinen Patienten wahrhaft erfinderische Lösungen zu entlocken – weltweite Anerkennung, hatte eine große Anhängerschaft und übte einen prägenden Einfluß auf die nachfolgende Generation von Hypno- und Familientherapeuten aus.

Ich lernte die Arbeit Milton Ericksons kennen, als ich mich mit Hypnose beschäftigte, und empfand sofort eine Verwandtschaft mit seiner Denkweise – wahrscheinlich, weil sie Parallelen zu meinen eigenen Vorstellungen aufwies. Schon als Kind hatte ich das Gefühl, daß mein Geist »größer« war als mein Ich, daß er Bereiche in sich barg, die mächtiger und weiter waren als alle jene, die ich bereits erforscht hatte. Abends im Bett, vor dem Einschlafen, erfand ich mentale Spiele – ich versetzte mich an imaginäre Orte oder stellte mir die größtmögliche Zahl vor. Mein Geist war für mich ein Spielzeug mit unerschöpflichen Möglichkeiten.

Meine Eltern, aktive Liberale in den Tagen der Gewerkschaftsgründung und der Bürgerrechtsbewegung, brachten mir bei, daß jeder Mensch einen inneren Wert an sich hat, unabhängig von Rasse, Beruf und Sozialstatus; sie predigten mir, daß der Wert eines Menschen in seinem Inneren liege. Ihre Philosophie wurde noch durch unseren jüdischen Glauben verstärkt, der das Vertrauen in die eigene, innere Kraft und eine Spiritualität fördert, die nicht nur nach außen, sondern auch nach innen blickt. Als Teenager und mit Anfang Zwanzig las ich Bücher über östliche Philosophie, die mir ein Gefühl für die »Ganzheit« der Dinge gaben und die Überzeugung vermittelten, daß wir alle eine Weisheit besitzen, die über das Individuum hinausgeht. Mein wachsendes Interesse am holistischen Denken wurde noch zusätzlich durch die damalige kulturelle Szene gefördert: Anfang der siebziger Jahre wimmelte es in Büchern, im Fernsehen und in Zeitschriften geradezu von Geschichten über Transzendentale Meditation und Kontrolle über Geist und Körper – und sie alle suggerierten, daß der menschliche Geist viel mächtiger sei, als die westliche Schulmedizin glaubt.

Ehe ich Hypnose erlernte, spukten zwar alle diese Ideen in meinem Kopf herum, hatten aber keine Zielrichtung. Als ich erfuhr, daß Hypnose ein Prozeß der Zusammenarbeit ist – nicht das autoritäre Getue, das ich im Fernsehen gesehen hatte –, wußte ich, daß ich einen Weg gefunden hatte, meine Ideen praktisch umzusetzen: *Mit Hypnose konnte man den Menschen helfen, Zugang zu ihrer inneren Weisheit zu finden.* In Trance konnte ich ihnen helfen, ihre bewußte Denkweise zu umgehen, um ihr inneres Wissen ans Licht zu holen. Als ich Milton Ericksons Arbeit kennenlernte, steigerten seine eindrucksvollen Heilerfolge meine freudige Erregung. Es war, als wolle er mit seinen Fallstudien sagen: »Ja, wir haben unsere Heiler in uns.«

Ericksons Falldarstellungen hatten mich so bewegt, daß ich das Gefühl hatte, ich müsse mit ihm arbeiten. Ich war damals noch zu naiv, um zu wissen, daß Anhänger aus aller Welt zu ihm nach Phoenix strömten, um in seinem Haus bei ihm zu lernen. Ich hatte keine Ahnung, daß seine Lehrseminare nur einem kleinen Kreis zugänglich waren und nur Personen mit einem höheren akademischen Grad offenstanden. (Damals hatte ich noch nicht einmal mein Grundstudium abgeschlossen.) Aber Unkenntnis ist manchmal segensreich – da ich es nicht besser wußte, rief ich ihn einfach an und bat darum, bei ihm Schüler werden zu dürfen.

»Was sind Sie?« herrschte mich Erickson am Telefon an. Das war eine merkwürdige Frage, und ich hatte keine Ahnung, was ich antworten sollte.

»Also, ähm...«, stotterte ich, »ich bin Hypnotherapeut!« Diese Antwort mußte ihm doch wohl willkommen sein.

»Welchen akademischen Grad haben Sie und wo haben Sie ihn erworben?«

»Ich... ich habe keinen.«

»Sie haben keinen Hochschulabschluß?« donnerte Erickson. Dann hielt er mir eine gewaltige Standpauke, weil ich ihn ohne die erforderlichen Zeugnisse belästigt hatte, und die Minuten kamen mir wie Stunden vor. »Sogar meine Tochter hat abgewartet, bis sie Medizin studierte, und erst dann Hypnose gelernt«, wetterte er zum Schluß. »Rufen Sie mich wieder an, wenn Sie promoviert haben!« Dann warf er den Hörer auf die Gabel, und ich saß mit rotem Kopf da und war enttäuscht.

Aber unverdrossen. Ein Jahr später versuchte ich es erneut. Ich schickte ihm einen Bericht über einen Fall, den ich gerade abgeschlossen hatte und bei dem ich mich unmittelbar von einem seiner Fälle hatte inspirieren lassen, und dankte ihm für die Anregung. Erickson antwortete nicht. Also schickte ich ihm einen zweiten Fall. Diesmal bekam ich eine Anwort. »Sehr geehrter Herr Calof, ich habe Ihren Fallbericht erhalten. Hochachtungsvoll, Dr. Milton Erickson.« Von neuer Zuversicht erfüllt schickte ich einen dritten. »Danke für Ihren Fallbericht«, schrieb er zurück, »hochachtungsvoll, Dr. Milton Erickson.« Er hatte mir gedankt! Ermutigt schickte ich einen vierten Bericht. Diesmal schrieb er zurück: »Sehr geehrter Herr Calof, ich habe Ihre interessanten Falldarstellungen erhalten.« Ich hatte das Gefühl, die Tür habe sich geöffnet.

Aber immer noch wagte ich nicht, ihn wieder anzurufen.

Zwei Jahre vergingen. Ich arbeitete mit John Grinder und Richard Bandler, die Ericksons Arbeit (und auch die der Therapeuten Virginia Satir und Fritz Perls) in Form einer Therapie bekannt gemacht hatten, die sie Neurolinguistisches Programmieren nannten. Sie drängten mich, Erickson aufzusuchen. Ich berichtete ihnen von meinem früheren Versuch. Sie ließen nicht locker: »Versuch es noch einmal, berufe dich auf uns.« Also versuchte ich es. Diesmal übte ich vorher genau ein, was ich sagen wollte.

»Dr. Erickson, hier ist David Calof in Seattle. Wissen Sie, wer ich bin?«

»Ja.«

»John Grinder und Richard Bandler sagten mir, wenn ich mehr über Hypnotherapie lernen wolle, solle ich bei Ihnen studieren. Daher wollte ich Sie fragen, *wann Sie wohl Zeit finden werden, mich zu empfangen.*« Ich benutzte ein hypnotisches Muster – eine *eingestreute Suggestion* –, das Erickson selbst zu höchster Vollkommenheit entwickelt hatte. In meine Worte war die Voraussetzung eingebettet, daß er Zeit für mich finden konnte und würde. Ich nahm nicht an, daß Erickson das nicht merken würde. Vielmehr *wollte* ich, daß er es merkte – und erkannte, daß ich würdig war, bei ihm zu lernen.

Es entstand eine Pause, die mir unendlich lang erschien und in der ich mich gegen eine weitere Strafpredigt wappnete. Aber statt dessen hörte ich ihn schließlich sagen: »Ja, Herr Calof. Wann möchten Sie kommen?«

So begann eine fast fünfjährige Lehrzeit, die bis zu Ericksons

Tod im Jahre 1980 dauerte. Was mir schon an seinen Berichten angenehm aufgefallen war – seine Betonung der Einzigartigkeit eines jeden Klienten und seine Bereitschaft, mit jedem Klienten auf individuelle Weise zu arbeiten –, zeigte sich noch deutlicher im persönlichen Kontakt. Von Erickson lernte ich das *Utilisationsprinzip*, die Überzeugung, daß alles, was ein Klient in die Therapie mitbringt –, selbst sein erbitterter Widerstand dagegen, sich helfen zu lassen – zur Lösung seiner Probleme verwendet werden kann. Ich lernte, aus dem Verhalten meiner Klienten selbst winzige Informationen herauszulesen, die mir helfen konnten, ihnen zu helfen: Häufige Redensarten, die Sitzhaltung, die Werte, die ihnen wichtig sind, alles kann dazu verwendet werden, ihnen beim Auffinden der inneren Lösung für ihre Probleme beizustehen.

Das Wichtigste, was ich bei Erickson gelernt habe, ist jedoch, daß Hypnose eine Form der Kommunikation ist. Der Klient öffnet sich den Suggestionen des Therapeuten, und der Therapeut beeinflußt den Klienten mit Hilfe verbaler und nonverbaler Sprache. Diese Umdeutung der Hypnose berührte mich sehr tief und eröffnete meiner praktischen Arbeit eine ganz neue Dimension. Wenn Hypnose eine Form der Kommunikation ist, so überlegte ich, konnte sie dann nicht auch *außerhalb* der Praxis eines Therapeuten auftreten? Konnte sie beispielsweise zwischen Mitgliedern einer Familie auftreten, die schon allein aufgrund ihres engen Zusammenlebens besonders empfänglich für die Botschaften der einzelnen sind?

Ich begann nach Anzeichen für Hypnose innerhalb von Familien Ausschau zu halten, denn Familien machten allmählich den Großteil meiner Klientel aus. Als Ergebnis dieser Untersuchung entwickelte ich den therapeutischen Ansatz, mit dem ich heute arbeite – ich gelangte zu der Überzeugung, daß die Eigenschaften familiärer Interaktion wesentlich hypnotischer Natur sind und daß Familien Gedanken, Verhaltensweisen, Werte und Einstellungen durch einen Prozeß von einer Generation zur anderen weiterreichen, der sich nur wenig von dem unterscheidet, was sich zwischen einem Hypnotherapeuten und einem Klienten abspielt. Viele der Geschichten in diesem Buch werden zeigen, in welcher Weise das geschieht.

Ironischerweise verdanke ich zwar die Grundlagen meiner praktischen Arbeit Milton Erickson, entfernte mich jedoch schrittweise von seinen Techniken. Erickson war der Pionier der strategischen Therapie, in der der Therapeut die Initiative zur Lösung der Probleme des Klienten ergreift und den strukturellen Rahmen für die Intervention schafft. (Das ist eine wesentlich direktivere Form der Therapie als etwa die traditionelle Gesprächstherapie, in der der Therapeut vorwiegend dem Klienten zuhört und dem Klienten die Führung überläßt.) Erickson verstand sich hervorragend darauf, bei seinen Klienten einen Wandel herbeizuführen. Dank seiner Kreativität und seiner Intuition gelangen ihm außerordentlich erfolgreiche, innovative Interventionen. Manchmal waren diese Interventionen schokkierend oder abschreckend – so etwa, wenn er eine entsetzlich schüchterne junge Frau anwies, einen Mundvoll Wasser durch eine Lücke zwischen ihren Schneidezähnen herauszupressen und damit einen Verehrer zu bespritzen. Aber selbst diese schockierenden Interventionen waren sorgfältig kalkuliert: Sie waren in ihrer Wirkung stets auf die Werte, den kognitiven Stil, die Umgebung und die Persönlichkeit des Klienten abgestimmt.

In den ersten fünf oder sechs Jahren meiner therapeutischen Tätigkeit verehrte ich Erickson und ahmte seinen Arbeitsstil nach. Aber als ich reifer wurde und meine berufliche Erfahrung zunahm, geschah zweierlei. Ich empfand eine Spannung zwischen dem, was ich tat, und dem, was meine Klienten brauchten. Ich behandelte immer mehr Opfer von sexuellem Mißbrauch in der Kindheit, für die mir die strategische Therapie ungeeignet erschien. Frauen und Männer, die massive traumatische Erfahrungen gemacht hatten, mußten nicht *verändert* werden: Ihre Vergangenheit war schon schmerzlich geprägt von Menschen, die versucht hatten, sie zu ändern. Sie hatten es vielmehr nötig, akzeptiert zu werden, sie mußten lernen, daß es möglich war, eine intime und vertrauensvolle Beziehung zu einem anderen Menschen einzugehen.

Daher entwickelte ich dann nach und nach eine Arbeitsweise, die ich als »transparenter« empfinde. Ich höre mehr zu, arbeite langsamer, lasse meist die Klienten das Tempo und die Richtung bestimmen. Erickson spürte, daß ich mich von seinen direktiven

Techniken zu entfernen begann, und unterstützte mich dabei; auf subtile Weise legte er mir immer wieder nahe, nicht mehr zu ihm zu kommen, und deutete an, es sei Zeit, daß ich unabhängig würde. Ich besuchte zwar bis zu seinem Tod seine Seminare und nahm aktiv an ihnen teil, aber in meiner Arbeit hatte ich deutlich einen eigenen Stil entwickelt.

Wenn ich heute auf diese »Erickson-Jahre« zurückblicke, sehe ich, daß ihr Kennzeichen das Experimentieren war. Erickson war ein Außenseiter, einer, der sich weigerte, nach den Regeln eines Buches zu praktizieren, und so gesehen waren wir verwandte Seelen. Er ermutigte mich in meinem innovatorischen Drang, und dieser Ermutigung habe ich die Entwicklung vieler Interventionen zu verdanken, die in diesem Buch dargestellt sind.

Die Geschichten, die Sie nun lesen werden, stammen hauptsächlich aus jenen Jahren. Ich habe sie teilweise deshalb ausgewählt, weil ich aus Nachuntersuchungen im Rahmen von Langzeitstudien weiß, daß diese Klienten die erzielten Verbesserungen auch aufrechterhalten konnten. Manche dieser Verbesserungen erscheinen Ihnen vielleicht erstaunlich. Die Sehkraft einer Klientin besserte sich nach siebzehn Jahren »irreversibler« Blindheit beträchtlich; eine andere »spült« mit Hilfe von mentalen Bildern präkanzeröse Zellen aus ihrem Gebärmutterhals heraus; eine dritte wird in praktisch einer Sitzung von ihrer Bulimie geheilt. Solche Heilungen gibt es in der traditionellen Gesprächstherapie nicht. Wenn Sie in Ihrer Ausbildung ausschließlich westliches Denken und schulmedizinische Vorstellungen kennengelernt haben, dann lesen Sie diese Berichte vielleicht mit Skepsis. Ich kann Ihnen keinen Vorwurf daraus machen! Selbst ich empfinde nach fünfundzwanzig Jahren therapeutischer Arbeit noch immer Ehrfurcht vor dem, was ich in meiner Praxis sehe. Ich kann noch immer neben einem Menschen in Trance sitzen und wissen, daß er glaubt, in einer anderen Zeit und an einem anderen Ort zu sein, und mich wundern. Wenn ich in einer bestimmten Weise mit ihm spreche, kann er die Blutzufuhr zu einer Wunde unterbinden, und wenn ich in einer anderen Weise mit ihm spreche, kann er nicht einmal seine Schnürsenkel aufbinden! Wie ist das möglich?

Wir können uns an Vermutungen heranwagen, aber ich bin nicht sicher, ob wir es je ganz genau wissen werden. Die westliche Wissenschaft kann die Ergebnisse dieser Phänomene messen, kann sie aber noch nicht erklären. Die Spezialisten für Augenkrankheiten, die die Erblindung meiner Klientin für »irreversibel« erklärt hatten, erkannten später an, daß ihr Sehschaden doch reversibel gewesen war; der Gynäkologe, der bei meiner Klientin präkanzeröse Zellen diagnostiziert hatte, stellte bei einem späteren Test fest, daß sie verschwunden waren. Aber weder diese noch andere Ärzte haben eine Erklärung dafür, wie diese »Wunderheilungen« zustande kamen.

Leider sind unsere westlichen Vorstellungen von Heilung im Vergleich zu denen in vielen anderen Teilen der Welt ziemlich eng. Seit Descartes und die Rationalisten den Menschen dadurch über die Natur erhoben, daß sie seine Fähigkeit zum Denken auf Kosten des Handelns und Fühlens in den Vordergrund stellten, wird in der westlichen Welt fast nur noch die Fähigkeit geschätzt, Probleme durch rationales, lineares, bewußtes Denken zu lösen. Diese Art der Problemlösung ist unverzichtbar – aber sie hat uns für eine Quelle von Problemlösungen blind gemacht, die außerhalb unseres rationalen Verständnisses liegt. Traditionelle östliche Formen der Medizin schöpfen schon lange aus dieser Quelle, um Heilung zu erreichen. Die Hypnose bietet uns die Möglichkeit, dasselbe zu tun.

Einige der Klienten, von denen in diesem Buch die Rede sein wird, konnten so großartige Heilerfolge erzielen, weil sie aufgrund von chronischem, brutalem Mißbrauch in der Kindheit für tiefe Trance besonders geeignet waren. Aber viele waren »gewöhnliche« Menschen, die wie Douglas bei mir Hilfe für »normale« Probleme suchten. Auch sie konnten in ihrem Inneren nach Antworten suchen, die sich ihrem Bewußtsein entzogen. Um die Identität meiner Klienten zu schützen, habe ich Angaben geändert, die eine Identifizierung ermöglicht hätten, habe jedoch den Gang ihrer Behandlung tatsachengetreu geschildert. Da die meisten Sitzungen nicht auf Tonband aufgenommen wurden, mußte ich die Dialoge aus dem Gedächtnis rekonstruieren, habe mich aber darum bemüht, dabei das Wesentliche einer jeden Intervention sichtbar zu machen. Ich habe auch die Phasen der Trance-Induktion und der Suggestionen in gerraffter Form dargestellt: Um die wirksamen Sätze hervorzuheben und den Leser nicht durch allzu viele Wiederholungen zu ermüden, habe ich Sequenzen, die vielleicht fünfundvierzig Minuten dauerten, auf einen Abschnitt zusammengekürzt.

In drei Fällen habe ich nur Ausschnitte aus Fällen dargestellt. Helene Townsend (»Der Ruf aus dem Grab«) und Terry Yeakel (»Jenseits des Schmerzes«) waren Langzeitklientinnen, die mit mir an einer ganzen Reihe von Problemen arbeiteten. Jane (»Die Frau, deren Augen nicht sehen wollten«) war lange Zeit bei einer Therapeutin in Behandlung gewesen, ehe sie mich konsultierte. Um der Kürze willen habe ich bei jedem Fall einen einzelnen Aspekt herausgegriffen, weil die jeweiligen Aspekte einen besonders faszinierenden Einblick in die Seele des Menschen gewähren. Aber einen einzelnen Aspekt herauszugreifen schafft zwei Probleme: Erstens vermittelt es den Eindruck, daß die geschilderte Arbeit von dem unabhängig ist, was vorher geschah, und das trifft nie zu; die Erfolge der Klienten hätten so nicht zustande kommen können, wenn nicht bereits eine gute therapeutische Beziehung zu mir bestanden hätte und wenn sie nicht schon zuvor bedeutsame Fortschritte gemacht hätten. Zweitens ist es bei der Aufzeichnung einer langen Behandlung unmöglich, jede Sitzung zu schildern, ich mußte zwangsläufig über die Höhepunkte schreiben. Das erweckt vielleicht den Eindruck, daß die Therapie in einer kontinuierlichen Reihe hochdramatischer Augenblicke bestand. Dabei gab es zwar bei all diesen Fällen wichtige Phasen mit dramatischen Durchbrüchen, aber noch viel mehr Perioden langsamer, mühsamer Arbeit. Therapeuten ziehen für eine Therapie gern das Bild einer Schnecke heran, die aus einem Brunnen herauskriecht: Die Schnecke kriecht tagsüber einen halben Meter in die Höhe und rutscht nachts wieder einen viertel Meter zurück. So ging es auch bei Helene, Terry und Jane.

Wenn ein Therapeut ein Buch über seine Klienten schreibt, sitzt er immer ein Stück weit in einer Zwickmühle. Einerseits vertrauen mir meine Klienten ihre Geheimnisse an, weil sie wissen, daß sie bei mir sicher aufgehoben sind, und ich möchte ihr Vertrauen in keiner Weise enttäuschen. Andererseits habe ich erstaunliche Offenbarungen der menschlichen Natur und des menschlichen Verhaltens gesehen. Im Laufe eines einzigen Tages erlebe ich zahlreiche Dinge, die die meisten Menschen überhaupt nie erleben, und ich kann nur schwer den Wunsch unterdrücken, diese Erfahrungen anderen mitzuteilen. Letztlich habe ich mich aus zwei Gründen dazu entschlossen, sie preiszugeben. Erstens konnte ich die betroffenen Personen so weit verfremden, daß sie niemand mehr erkennt, und somit die Diskretion wahren. Zweitens glaube ich, daß diese Fälle über die einzelnen Personen hinausreichen. In dem, was sie uns über das Funktionieren des menschlichen Geistes und Körpers offenbaren, lehren sie uns etwas darüber, was es heißt, ein Mensch zu sein.

Die Prozesse, die diese Phänomene ermöglichten, sind in uns allen angelegt. Wir alle können die Einheit von Geist und Körper dazu nutzen, Schmerzen zu verringern und eine Heilung des Körpers zu fördern. Wir alle können »innen anfragen« und um die Weisheit bitten, die uns helfen kann, unsere schwersten Probleme zu lösen. Wir können es vielleicht nicht alle in dem Maße tun, in dem es den hier dargestellten Klienten gelungen ist. Aber unbewußte Weisheit ist ein Geschenk, das wir alle bekommen haben.

I
Die Familientrance

1
Das Sieben-Kilo-Kindermädchen

ALS JENNY ELLIS AN EINEM FRISCHEN FRÜHLINGSMORGEN des Jahres 1978 in meiner Praxis erschien, deutete nichts darauf hin, daß sie eine radikale Wende in meinem Denken herbeiführen würde. Ihre Erscheinung war unauffällig: Sie war groß, ein wenig pummelig, und hatte glattes braunes Haar, das im Nacken ordentlich von einer Spange zusammengehalten wurde. Ihre geblümte Hose und die Bluse mit dem runden Kragen ließen sie für eine Neunzehnjährige recht konservativ wirken. Sie hatte mir am Telefon gesagt, daß sie mit meiner Hilfe sieben Kilo abnehmen wolle, und ich weiß noch, daß ich überrascht war. Meist erbitten die Leute Hypnotherapie, um fünfundzwanzig, dreißig oder sogar über fünfzig Kilo abzunehmen, daher fand ich es verwunderlich, daß sie Hilfe wollte, um nur sieben Kilo loszuwerden. Ich dachte, ihre Bitte signalisiere vielleicht im Grunde ein anderes Anliegen, und vereinbarte, neugierig geworden, einen Termin mit ihr.

Neue Klienten enthüllen ihre »Geschichte« im allgemeinen in den ersten paar Minuten einer Sitzung, und wenn ich mich auf sie einstelle, kann ich dabei einen reichen Schatz an Informationen gewinnen. Jenny war keine Ausnahme. Sie betrat meine Praxis rasch und erfaßte mit einem Blick die Einrichtung: Eine große Couch füllte die Mitte des winzigen Raumes, ihr gegenüber standen ein verstellbarer Lehnsessel und ein Stuhl mit gerader Lehne. Fast ohne Zögern entschied sie sich für den Sessel und machte es sich darin bequem. Sie ist bereit, sich sofort an die Arbeit zu machen, dachte ich, denn der Sessel ist tief – man kommt schwerer wieder aus ihm heraus, als man von einem Stuhl aufsteht –, und er ist weiter von der Tür entfernt. Klienten, die eine ambivalente Einstellung zur Therapie haben, sich vor den erwarteten bohrenden Fragen fürchten oder einfach vorsichtiger an die Sache herangehen, wählen eher ein Sitzmöbel, von dem sie leichter wieder aufstehen können und das sich näher bei der Tür befindet. Obwohl alle Therapeuten dieser Form von Widerstand begegnen, ist sie vermutlich bei der Hypnotherapie noch ausgeprägter, weil die Klienten oft die falsche Vorstellung mitbringen, daß Trance eine Art Wahrheitsdroge sei, die sie gegen ihren Willen dazu zwingen werde, ihre dunkelsten Geheimnisse preiszugeben. Ich bringe praktisch bei jedem neuen Klienten einen Teil der ersten Sitzung damit zu, diesen Mythos zu entkräften.

»Erzählen Sie mir bitte ein wenig über Ihr Leben«, ermunterte ich sie, als wir ein Weilchen geplaudert hatten und sie ihren Wunsch wiederholt hatte, sieben Kilo abzunehmen. »Wenn ich ein bißchen etwas über Sie weiß, hilft mir das, einen Behandlungsplan zu entwerfen, der auf Ihre Bedürfnisse zugeschnitten ist.«

Jenny begann eifrig zu erzählen. Sie berichtete, daß sie aus einer Familie kam, die »fest zusammenhält«, und obwohl sie im letzten Jahr die Highschool abgeschlossen hatte, ging sie noch nicht auf ein College, weil sie das Gefühl hatte, sie sei innerlich noch nicht so weit. Sie hatte das Jahr über an einem Hamburger-Stand gearbeitet – worauf sie ihre Gewichtszunahme zurückführte –, und obwohl sie noch nicht ganz sicher war, ob sie ein College besuchen wollte, hatte sie sich doch vorgenommen, es im Herbst zu versuchen.

»Und jetzt sind Sie bereit, ohne dieses Übergewicht ein gesundes Leben zu führen?« Meine Frage klang simpel, aber tatsächlich enthielt sie drei Suggestionen. Durch die Frage, ob sie *bereit* sei, ohne Übergewicht zu leben, suggerierte ich ihr, daß es möglich sei abzunehmen und daß es lediglich darauf ankomme, ob sie auch dazu bereit sei. Mit der Frage, ob sie bereit sei, ohne das Übergewicht ein *gesundes Leben* zu führen, suggerierte ich, daß sie auf alle Fälle ohne die ungeliebten Pfunde leben würde und daß es nur darum ging, wie. Und indem ich diese Pfunde als *Über*gewicht bezeichnete, suggerierte ich, daß sie überflüssig seien, welchem Zweck sie auch immer dienen mochten, und daß sie ohne sie leben könne. Ich hatte keine Ahnung, welche der drei Suggestionen eine Wirkung ausüben würde, wenn überhaupt eine von ihnen ankam. Ich bereitete einfach den Boden für eine Veränderung vor.

»Hm«, nickte Jenny ernst. Tatsächlich saß sie munter in ihrem Sessel und sah aus, als sei sie bereit.

»Also gut, dann wird Ihnen Hypnotherapie bestimmt eine Hilfe sein. Wahrscheinlich werden Sie Ihre Eßgewohnheiten unter Kontrolle bringen und vielleicht sogar einige Dinge tun können, die Ihnen die Vorstellung erleichtern, von zu Hause wegzugehen und das College zu besuchen. Vielleicht könnte Ihr Selbstvertrauen eine Stärkung vertragen – würde Ihnen das gefallen?«

Jenny öffnete die Augen weit, und ihr Kopf bewegte sich eifrig auf und ab.

»Wissen Sie viel über Hypnose?«

»Ich weiß, daß man in Trance versetzt wird, aber das ist so gut wie alles.«

»Also, dann erkläre ich Ihnen noch etwas mehr.«

Bei jedem neuen Klienten verbringe ich fünfzehn bis zwanzig Minuten mit einem Vorbereitungsgespräch. In diesem Gespräch korrigiere ich die falschen Vorstellungen der Klienten über Hypnose, spreche ihre persönlichen Anliegen an und baue eine positive Erwartungshaltung auf. Während Jenny mir nun zuhörte und Fragen stellte, vermittelte ich ihr eine Vorstellung davon, was sie zu erwarten hatte. Ich erklärte ihr, sie werde sich ganz entspannt fühlen, sei aber geistig ganz wach. Wir würden die Trance gemeinsam erzeugen, denn jede Hypnose sei im Grunde eine Selbsthypnose: Die Klienten versetzen sich mit Hilfe des Hypnotherapeuten in Trance. Und wir würden zusammen daran arbeiten, eine Veränderung herbeizuführen. Ich könne sie nicht magisch »heilen«, sie müsse unsere Arbeit zu Hause fortsetzen und selbst Verantwortung für ihr Verhalten übernehmen.

Ich erklärte ihr weiter, sie werde, solange sie in Trance sei, nur Dinge tun, die für sie akzeptabel seien. Ich würde ihr positive Suggestionen geben, die auf unserem Gespräch beruhten, und wenn sie ihr hilfreich und angemessen erschienen, brauche sie sich die Inhalte nur so lebendig wie möglich vorzustellen. Ich würde nicht von ihr verlangen, daß sie etwas tue, das nicht zu ihrem Besten sei, und ihr Unbewußtes werde es auch nicht zulassen. Auf eine entsprechende Frage hin versicherte ich ihr, daß sie keinesfalls in einer Trance »hängenbleiben« werde, denn falls mir irgend etwas zustoße, werde sie ganz von selbst aufwachen, wie aus einem Mittagsschlaf.

Während ich sprach, nickte sie ungeduldig und wollte offensichtlich endlich an die Arbeit gehen.

»Wie klingt das?« fragte ich, als ich fertig war.

»Gut«, antwortete sie. »Fangen wir an.«

»In Ordnung«, stimmte ich zu. »Ich werde Sie gleich darum bitten, etwas zu tun, das Sie bewußt unmöglich tun können. Aber das ist in Ordnung, denn Ihr Unbewußtes wird wissen, wie es geht und ist durchaus in der Lage, es zu tun. Wenn ich Sie also jetzt gleich darum bitte, es zu tun, dann möchte ich nur, daß Sie versuchen, darauf zu reagieren, so gut Sie können. Das ist alles, was Sie tun müssen. Und es spielt keine Rolle, wie Sie reagieren und wie schnell die Reaktion kommt. Wichtig ist nur, daß Sie sich wohl fühlen, solange Sie auf die Reaktion Ihres Unbewußten warten.«

Jenny nickte, jetzt schon langsamer. Ihre Augen sahen bereits ein wenig glasig aus. Während ihr Bewußtsein versuchte, mir zu folgen und den Sinn meiner wortreichen Einleitung zu erfassen, hatte sie begonnen, in Trance zu gehen.

»Gut... Jetzt schauen Sie einfach auf die Hand hinunter, von der Sie denken, daß Ihr Unbewußtes ihr vielleicht als erster erlauben wird, *taub* zu werden...«

Jenny senkte den Blick auf ihre rechte Hand und blickte reglos auf sie hinab. Während sie das tat, begannen ihre Augenlider zu flattern.

»So ist es recht... Es kommt jetzt nicht darauf an, ob Sie recht haben oder ob Ihre linke Hand zuerst taub wird... Jede Hand kann die rechte sein, die zuerst reagiert, und dann wird die andere folgen... oder vielleicht werden auch beide Hände gleichzeitig taub... oder keine von beiden wird taub... oder sie fühlen sich vielleicht einfach nur schwer an, als steckten sie in dicken Lederhandschuhen...«

Es gibt viele Wege, eine Trance zu induzieren, für jeden Klienten läßt sich eine geeignete Form finden. Jenny war so eifrig, daß ich Sorge hatte, bei einer direkten Induktion (wie etwa: »Ihre Augenlider werden schwer...«) würde sie meinen Worten zuvorkommen und sich allzusehr bemühen, sie in die Tat umzusetzen. Unter Umständen analysierte sie dann ihr eigenes Verhalten, fragte sich, ob sie alles richtig mache, richtete ihr Bewußtsein zu aktiv auf den Prozeß – und zog damit ihre Aufmerksamkeit von meinen Suggestionen ab. Um ihr bewußtes Denken zu umgehen, sprach ich in dieser umständlichen Weise und benützte einen Bandwurmsatz, der Wortspiele und Wahlmöglichkeiten enthielt. Diese Wahlmöglichkeiten deckten jede mögliche Reaktion ihrer Hände ab, so daß sie auf alle Fälle das Gefühl haben konnte, sie reagiere »richtig«. Gleichzeitig beschäftigte die verwirrende Wirkung des Satzes ihr Bewußtsein: Solange sie sich bewußt darum bemühte, die Bedeutung meines Satzes zu entschlüsseln, konnte ihr Unbewußtes die Suggestion aufnehmen. Die Suggestion selbst – die Annahme, daß eine ihrer Hände taub werden würde – war so unerwartet eingeflochten worden, daß sie vor Überraschung kaum Zeit hatte, sie in Zweifel zu ziehen.

Eine Hand taub werden zu lassen ist ein Vorgang, den Hypnotherapeuten ein Überzeugungsphänomen nennen: Der Klient stellt fest, daß er etwas ganz Ungewöhnliches tut oder empfindet, was ihm zu der Überzeugung verhilft, daß auch noch andere ungewöhnliche Dinge geschehen können, daß er sogar in eine Trance gehen kann. Außerdem stellt es in Aussicht, daß etwas ebenso Ungewöhnliches mit seinem Problem geschehen kann: Es könnte verschwinden! Es gibt zahlreiche Überzeugungsphänomene, so können wir einem Klienten suggerieren, daß er seinen Namen nicht aussprechen kann, daß seine Hand am Oberschenkel klebt, daß er die Augen nicht öffnen kann. Diese Erfahrungen sind für den Klienten nicht beängstigend, sondern angenehm, denn sie verweisen auf die Möglichkeit einer positiven Veränderung.

»Während Sie nun so dasitzen und diese Hand betrachten, wollen wir sehen, ob Sie recht hatten oder ob Ihr Unbewußtes einen eigenen Willen hat«, fuhr ich fort. »Haben Sie die Rechte gewählt oder hat Ihr Unbewußtes beschlossen, Sie zu überraschen?« Durch die Wortwahl »diese Hand« statt »Ihre Hand« und durch die Frage, ob ihr Unbewußtes sie überrascht habe, unterstützte ich einen Prozeß der Abkoppelung: erstens von ihrem Körper, zweitens von ihrem Verstand, drittens von der Außenwelt. Schritt für Schritt wollte ich ihre Aufmerksamkeit nach innen lenken.

»Ich habe die Rechte gewählt«, sagte sie leise und starrte auf ihre rechte Hand.

»Ist das die Hand, die taub wird?«

»Hm. Sie kribbelt.«

»Gut.«

Jenny hatte reagiert. Dieser Augenblick – wenn der Klient beginnt, sich einer Trance zu nähern – ist für einen Hypnotherapeuten immer bewegend, weil man sich nie hundertprozentig darauf verlassen kann, daß der Prozeß glückt. Zehn Prozent der Menschen, die in meine Praxis kommen, sind leicht zu hypnotisieren, aber die übrigen neunzig Prozent sind eine Herausforderung. Ich weiß nie, wie lange es dauern wird, oder was nötig ist, um ans Ziel zu kommen. Vor Erickson benutzten Hypnotherapeuten eine oder zwei Standardinduktionen, und wenn der Betreffende nicht sofort darauf ansprach, wurde er für nicht hypnotisierbar erklärt. Heute glaubt man, daß praktisch jeder Mensch hypnotisierbar ist, die Herausforderung liegt darin, so lange mit jemandem zu arbeiten, bis er seine Form der Trance gefunden hat.

Das bedeutet häufig, daß man mitten im Prozeß umdisponieren muß. Wenn ich einem Klienten sage, daß seine Hand leichter wird und nach einigen Minuten liegt sie noch immer in seinem Schoß, schalte ich um und sage, daß die Hand schwerer ... und schwerer ... wird und versichere ihm damit, daß alles, was er tut, völlig in Ordnung ist. Der springende Punkt ist, daß man den Weg zur Trance finden muß, mit dem sich der jeweilige Mensch wohlfühlt, daß man das einsetzt, was er in die Begegnung mitbringt, um ihn in Trance zu versetzen.

Jenny hatte sich als gut hypnotisierbar erwiesen.

»Kribbelt es schon in den Fingern?« wollte ich wissen.

»Hm.«

»Und glauben Sie, daß Sie diesem Kribbeln erlauben können, sich auf die übrige Hand auszudehnen?«

Jennys Kopf neigte sich leicht nach vorn.

»Lassen Sie mich wissen, wenn es das Handgelenk erreicht hat.« Diese Bitte enthielt die Implikation, daß sich das Kribbeln bis zum Handgelenk ausdehnen *werde*.

Ein paar Sekunden später nickte sie wieder.

»Gut... und glauben Sie, es wird sich auf den Unterarm ausdehnen, ehe die andere Hand anfangen konnte, taub zu werden, oder erst hinterher?«

»Hinterher«, sagte sie dumpf und akzeptierte die darin enthaltene Suggestion, daß auch die andere Hand taub werden würde.

»In Ordnung...«

Nach und nach ermunterte ich sie durch eine Reihe von ähnlichen Fragen und Entscheidungen, die ich ihr aufnötigte, das Kribbeln auf den ganzen Körper auszudehnen und dann auf den Kopf.

»Nun«, fragte ich schließlich, »glauben Sie, daß sich Ihre Augen schließen werden, ehe das Kribbeln sie erreicht, oder erst danach?«

Ihre Augenlider flatterten, als wäre die Empfindung soeben dort angekommen.

»So ist es recht... Sie können sie jetzt schließen.«

Sofort schlossen sich ihre Augen, ihre Atmung vertiefte sich und die Muskeln um ihren Mund entspannten sich sichtbar: Sie war in einer Trance mittlerer Tiefe.

»Sehr gut... also... ich spreche mit Ihrem Unbewußten, deshalb brauchen Sie nicht besonders aufzupassen... Ihr Unbewußtes kann selbständig hören, ohne daß Sie überhaupt wissen müssen, daß es zuhört, und es kann die Suggestionen durchkämmen und Ihnen helfen, diejenigen zu finden, die für Sie und das Ziel, das Sie hier erreichen wollen, am wertvollsten sind...« Indem ich mich an das Unbewußte wandte, bemühte ich mich, eine Dissoziation herbeizuführen – eine Trennung zwischen Jennys Bewußtsein und ihrem Unbewußten. Dies ist das Ziel der Trance-Induktion, es befreit das Unbewußte von den Einschränkungen des Bewußtseins, so daß es Suggestionen aufnehmen und eine seiner eigenen Möglichkeiten zur Problemlösung und Heilung aktivieren kann.

»Und sooft in Zukunft Sie oder Sie und ich zusammen von eins bis fünf zählen, werden Sie sofort in diesen entspannten Zustand zurückkehren. Das wird nur zu Zeiten und an Orten geschehen, an denen es günstig ist, und nur dann, wenn es zu Ihrem Besten ist. Sollte irgend jemand anders von eins bis fünf zählen, wird das keinerlei Wirkung auf Sie haben.« Dieses Reinduktionssignal würde es Jenny ermöglichen, zukünftig rasch in eine therapeutische Trance zu gehen, so daß die zwanzig Minuten, die man normalerweise für eine Induktion benötigt, für therapeutische Arbeit frei wurden.

Dann begann ich die Trance-Utilisation oder therapeutische Phase der Intervention. Ich hatte von Jenny erfahren, daß sie gerne naschte und daß sie dazu neigte, beim Essen »alle Vernunft außer acht zu lassen«. Sie hatte auch gesagt, sie könne sich nicht vorstellen, abzunehmen, sie sah sich einfach immer dicker und dicker werden. Daher setzte ich Suggestionen ein, die diesen Haltungen entgegenwirken sollten. Ich sagte ihr, sie werde auf ihre Tendenz, zwischen den Mahlzeiten zu essen, *stärker achten*, und ebenso werde sie stärker auf den Geschmack, die Struktur und den Geruch des Essens achten, so daß ihr die einzelnen Bissen mehr Genuß bereiten würden. Folglich werde sie auch schon nach weniger Bissen satt sein. Ich sagte ihr, wenn sie zwischen den Mahlzeiten den Drang verspüre, etwas zu essen, werde sie merken, daß sie gar nicht hungrig sei, daß sie gar kein Verlangen nach etwas Eßbarem, sondern vielmehr nach einem großen Glas frischem Wasser habe und daß sie bis zu zwanzig Gläser Wasser am Tag trinken könne.

Um ihr zu helfen, ein neues Selbstbild zu entwerfen, forderte ich sie auf, sich ihr ideales Selbst in einem See widergespiegelt vorzustellen. »Gehen Sie in dieses Bild hinein«, schlug ich ihr vor. »Probieren Sie es an, stellen Sie sich das Bild zu Hause, in der Schule, beim Zusammensein mit Freunden vor.« Ich schlug ihr vor, sich in einem See zu spiegeln, weil wir mit Spiegeln alle eher unerfreuliche Assoziationen verbinden, und die wollte ich nicht wecken. Ich forderte sie auf, in das Bild »hineinzugehen«, um es ihr auf möglichst vielen Sinneskanälen nahezubringen. Das Bild einfach nur anzuschauen genügte nicht, sie mußte völlig darin aufgehen.

»Nehmen Sie alle Veränderungen an dem Bild vor, die Sie wollen, bis es genau so ist, wie Sie es haben möchten. Und Sie werden feststellen, daß Sie an jedem Tag, der vergeht, sowohl bewußt als auch unbewußt das tun werden, was Sie tun müssen, um mehr Selbstvertrauen zu gewinnen und Ihr Übergewicht loszuwerden, um immer mehr wie dieses ideale Selbstbild zu werden, bis Sie eines Tages nicht mehr in der Lage sein werden, die wirkliche Jenny von der idealen zu unterscheiden.«

Jenny hatte in unserem Vorgespräch auch angedeutet, daß sie nicht viel mit Jungen ausging, und ich wußte, daß Gewichtszunahme für Teenager manchmal ein Weg ist, ihre aufkeimende Sexualität zu verbergen. Daher sagte ich ihr auch, wenn sie ihr neues Selbstbild verwirkliche, würden ihr alle Möglichkeiten offenstehen, die sie früher hatte, auch die Möglichkeit, nein zu sagen.

Jenny saß still in ihrem Sessel, mit geschlossenen Augen und einem leichten Lächeln auf den Lippen, während sie die Suggestionen aufnahm. Nach ein paar Sekunden fuhr ich fort.

»Und in Zukunft werden Sie fähig sein, in diesen Zustand zurückzukehren, um die Dinge mental zu verstärken, die Sie heute hier gemacht haben oder um andere persönliche Entwicklungsschritte durchzuführen. Sie brauchen dafür nur Ihre Augen zu schließen, sich an diese Gefühle zu erinnern und dann von eins bis fünf zu zählen. Und während Sie das tun, werden Sie bei jeder Zahl ein Fünftel des Weges in diesen Zustand zurücklegen, tiefer gelangen mit jeder Zahl... Und in diesem Zustand können Sie einige Zeit darauf verwenden, einfach über Dinge nachzudenken, oder sich zu entspannen oder Ihr Unbewußtes zu bitten, ein Problem zu bearbeiten und eine Lösung zu finden... Und wenn es für Sie Zeit ist, in das gewöhnliche Wachbewußtsein zurückzukehren, werden Sie es ganz leicht tun können, indem Sie einfach von fünf rückwärts zählen bis eins... und sooft Sie das tun, werden Sie erfrischt und entspannt und mit einer positiven Einstellung zurückkehren.« Ich suggerierte Jenny, daß sie sich in Zukunft selbst hypnotisieren könne.

»Jetzt werde ich gleich von fünf bis eins zählen, und wenn ich das tue, werden Sie zu Ihrem gewöhnlichen Wachbewußtsein zurückkehren. Wenn Sie das tun, werden Sie hellwach und voller Energie sein, in guter Stimmung, und Sie werden all die positiven Gefühle mitbringen, die Sie im Augenblick haben… Und es wird nicht notwendig sein, daß Sie sich anstrengen, um sich genau an das zu erinnern, was heute hier geschehen ist. Ihr Unbewußtes hat sich mentale Notizen gemacht, und sollten Sie sie jemals benötigen, dann werden Sie sie nutzen können. Aber im Augenblick ist es das beste, sie einfach tief in Ihr Unbewußtes sinken zu lassen, wo sie am meisten Gutes bewirken können.«

Damit suggerierte ich in verschleierter Form eine posthypnotische Amnesie – das Vergessen des in der Hypnose Erlebten –, damit es möglichst im Unbewußten eingekapselt blieb, wo es verdaut und ohne Einmischung des Bewußtseins aufgenommen werden konnte. Ich wollte nicht, daß Jennys Bewußtsein Einspruch gegen das erhob, was sie getan hatte, und ihrer Akzeptanz des idealen Bildes oder den Suggestionen zur Gewichtsabnahme entgegenwirken konnte. Die Suggestion einer Amnesie gab mir auch die Möglichkeit, die Tiefe von Jennys Trance zu ermessen. Da Amnesie in erster Linie ein Phänomen der tiefen Trance ist, wäre die Annahme dieser Suggestion ein Zeichen dafür, daß die Trance tief gewesen war.

Jenny erwachte munter und erfrischt. Wie viele Klienten, die mit der Anweisung aus der Trance erwachen, das Erlebte zu vergessen, bezeichnete sie ihre Erfahrung als traumähnlich, und als sie versuchte, sie greifbar zu machen, zerrann sie im Nebel.

»Jetzt möchte ich Ihre Fähigkeit zur Selbsthypnose testen«, sagte ich. »Ich werde Sie bitten, sich selbst zu hypnotisieren und sich dann, wenn Sie das getan haben, eine posthypnotische Suggestion zu geben. Das heißt, ich werde Sie bitten, sich etwas zu suggerieren, das Ihr Verhalten oder Ihre Wahrnehmung beeinflußt, nachdem Sie erwacht sind. Sind Sie dazu bereit?«

Neugierig geworden, nickte sie.

»Wenn Sie soweit sind, bitte ich Sie, die Augen zu schließen und langsam von eins bis fünf zu zählen und in den Zustand der Trance zurückzukehren. Wenn Sie dort sind, möchte ich, daß Sie sich sagen, daß ich Ihnen nach dem Aufwachen etwas Zukker geben werde, daß er aber, wenn Sie ihn versuchen, bitter schmecken wird. Sagen Sie sich, daß er immer bitterer wird, je länger Sie ihn im Mund behalten, bis ich Ihnen sage, daß es reicht. Stellen Sie sich das sehr lebhaft vor. Können Sie das?«

»Hm.«

»Nachdem Sie sich diese Suggestion gegeben haben, können Sie dann von fünf bis eins zählen und sich in diesen Raum zurückversetzen, ganz wach.«

Sofort schloß Jenny die Augen und begann lautlos zu zählen. Sechzig Sekunden später öffnete sie die Augen.

»Sind Sie bereit, das hier zu probieren?« Ich hielt ihr eine Schale mit Zucker hin, die auf meinem Schreibtisch stand.

Vorsichtig steckte sie einen Finger hinein und führte ihn dann an die Zunge. Innerhalb von zwei Sekunden drückte ihr Gesicht eine ganze Kette von komisch wirkenden Reaktionen aus: erst ruhiges Prüfen, dann Ungläubigkeit, dann leichtes Mißfallen. Schließlich platzte sie heraus: »Igitt! Was ist denn das? Das ist doch kein Zucker!«

Ich wartete. Einen Augenblick später verzog sich ihr Gesicht noch stärker. »Pfui!« rief sie und sah sich nach einer Möglichkeit um, das Zeug auszuspucken. »Es wird immer ekliger!«

»In Ordnung«, sagte ich. »Stop. Jetzt dürfen Sie erkennen, wie es wirklich schmeckt.«

Jenny nahm mir die Zuckerschale aus der Hand, blickte hinein, und ihr Gesicht zeigte zuerst Skepsis, dann Überraschung. »Ist das wirklich Zucker?« Ihre Ungläubigkeit war mit Händen zu greifen.

Ich nickte.

»Aber...?«

»Sie haben sich eine posthypnotische Suggestion gegeben. Sie sagten sich, er werde bitter schmecken, und er schmeckte bitter.«

Ihre Augen öffneten sich weit, als sie richtig begriff, was sie getan hatte.

»Und wenn Sie das können, dann stellen Sie sich mal vor, was Sie sonst noch alles können.« Es war nicht nötig, daß ich die offensichtlichen Parallelen zog – nachdem Jenny ihre Wahrnehmung des Zuckers geändert hatte, konnte sie auch die Wahrnehmung anderer Dinge ändern; sie konnte die Lust auf etwas zu naschen in Lust auf ein Glas Wasser verwandeln; was früher angenehm war, konnte nun unerwünscht sein. Tatsächlich hatte diese Erfahrung ihr die Macht gegeben, allein mit ihrer Situation zurechtzukommen.

Damit beendete ich die Sitzung und vereinbarte einen weiteren Termin für zwei Wochen später mit ihr.

Jenny kam im Laufe der folgenden drei Monate noch fünfmal zu mir. In diesen Sitzungen sprachen wir über verschiedene Dinge außer der Gewichtsabnahme: ihre Gefühle in bezug auf das Collegestudium, Verabredungen mit Jungen, das Weggehen von zu Hause. Ich hypnotisierte sie jedesmal und verstärkte ihr neues Selbstbild und ihre neuen Verhaltensweisen. Eine der besten Möglichkeiten, einem Klienten beim Erlernen einer wirksamen Selbsthypnose zu helfen, besteht darin, eine Sitzung auf Band aufzunehmen und dem Klienten das Band nach Hause mitzugeben, damit er es dort zur Verfügung hat. Daher machte ich es auch bei Jenny so, und sie hörte ihr Band täglich, um die Suggestionen zu verstärken.

Ihr Gewicht verringerte sich stetig, und daneben traten mehrere andere Veränderungen ein. Jenny vertraute mir an, daß sie noch nie viele Verabredungen gehabt hatte und jetzt zum ersten Mal erlebte, daß sie recht beliebt war. Sie verbrachte auch mehr Zeit mit Freunden und bekam immer mehr Lust, aufs College zu gehen. Ihre Selbstachtung und ihr Selbstvertrauen blühten offenkundig in jeder Hinsicht auf. Sie rief mich kurz vor ihrer Abreise an, um mir für meine Hilfe zu danken und um mir zu sagen, daß sie gerade das siebte Kilo abgenommen habe. Ich war hocherfreut und wünschte ihr alles Gute für das Studium. Dann legte ich auf und trug eine abschließende Notiz in mein Behandlungsprotokoll ein.

Da zu dieser Zeit die meisten Klienten aufgrund von Mundpropaganda zu mir kamen, war ich nicht übermäßig überrascht, als eineinhalb Monate später mein Telefon läutete und die Anruferin sich als Jennys siebzehnjährige Schwester entpuppte.

»Ich wollte Sie fragen, ob ich einmal zu Ihnen kommen kann«, begann sie. »Ich habe in den letzten Monaten zugenommen und würde gerne wieder abnehmen. Meine Mutter hat gesagt, daß sie es erlaubt, wenn es nötig ist.«

»Ja, gern«, antwortete ich. »Wieviel haben Sie denn zugenommen?«

»Ungefähr sieben Kilo.«

In Erwartung einer weiteren erfolgreichen Intervention vereinbarte ich einen Termin mit ihr.

Katie war anders als ihre ältere Schwester: kleiner, kontrollierter, ein wenig unsicherer. Während Jenny zu allen Sitzungen in Hosen und flachen Schuhen erschienen war und sich sofort in den Sessel gesetzt hatte, kam Katie adrett in Rock und Bluse und saß artig auf dem Stuhl mit der geraden Lehne. Ich vermutete in den ersten Minuten, daß sie vorsichtiger sein würde als ihre Schwester und Angst hatte, die Kontrolle über sich aufzugeben, wenn sie in Trance ginge. Ich mußte wohl mehr über ihre Werte, ihre Art der Wahrnehmung und ihr Selbstbild herausfinden, als es bei ihrer Schwester Jenny nötig gewesen war, wenn ich eine Arbeitsweise finden wollte, die ihr zusagte.

»Könnten Sie mir vielleicht drei Worte nennen, die Sie beschreiben?« fragte ich. Diese Art Frage nennt man Projektionsfrage, weil der Klient unbewußt seine Gefühle, Einstellungen und Wahrnehmungen in die Antwort projiziert. Wenn man genau hinhört – auf die Wortwahl, den Tonfall, Wortspiele, Symbole oder Metaphern achtet –, kann man daraus eine Menge Informationen gewinnen.

Katie dachte ernsthaft über meine Frage nach. »Vielleicht fleißig, die Leute sagen mir immer, daß ich sehr fleißig arbeite.« Wieder dachte sie nach. »Ernst. Ich glaube, ich bin ziemlich ernst ... und ...«, sie kicherte, »übergewichtig.«

Ich lächelte. Und was glauben Sie, in welcher Weise Ihnen Hypnotherapie helfen kann?«

Sie antwortete schnell: »Ich habe plötzlich das Gefühl, daß ich mich einfach nicht beherrschen kann. Wenn ich Lust auf etwas zu essen habe, greife ich einfach zu. Ich kann nicht nein sagen. Ich dachte, Sie könnten mir vielleicht helfen, die Kontrolle zurückzugewinnen.«

»Haben Sie je Ihrer Schwester zugeschaut, wenn sie sich selbst hypnotisiert hat?«

»Ja, ein paarmal. Es sah ein bißchen unheimlich aus.«

»Aber nicht so unheimlich, daß Sie es nicht versuchen wollen?«

Sie zuckte hilflos die Achseln. Offensichtlich hatte nur Jennys Erfolg sie zu mir geführt.

»Also, dann will ich Ihnen ein bißchen etwas darüber sagen und auf alle Fragen oder Befürchtungen eingehen.« Dann begann ich ein ähnliches Vorgespräch mit ihr wie damals mit ihrer Schwester. Katie hatte viele Fragen, und ich nahm mir viel Zeit, um sie zu beantworten. Ich gehe nie weiter, ehe ich nicht alle Befürchtungen eines Klienten besprochen habe. »Glauben Sie, daß Sie jetzt so weit sind, daß Sie den nächsten Schritt machen möchten?« fragte ich schließlich, als ich den Eindruck hatte, wir hätten alles geklärt. Meine Formulierung suggerierte, daß sie bereits einen erfolgreichen Schritt in Richtung Veränderung gemacht hatte.

Sie nickte unsicher.

»Sind Sie sicher? Wenn Sie sich nicht ganz sicher sind, müssen wir das jetzt nicht gleich machen.« Katie schien skeptisch in bezug auf die Intervention, und der Vorschlag, sie *nicht* vorzunehmen, stärkte unter Umständen ihre Entschlossenheit. Wenn *ich* die Stimme der Vorsicht sprechen ließ, gewann *sie* vielleicht die Freiheit, für das Gegenteil einzutreten.

»Ich bin sicher.« Ihre Stimme klang nicht sehr zuversichtlich.

»Wissen Sie, es gibt viele andere Möglichkeiten abzunehmen. Nur weil ihre Schwester Hypnose gewählt hat und damit erfolgreich ihre Eßgewohnheiten kontrollieren lernte...«

»Ich will aber«, fiel sie mir ein wenig scharf ins Wort. Offenbar hatte mein taktischer Vergleich mit ihrer Schwester einen empfindlichen Punkt getroffen.

»In Ordnung«, lächelte ich. »Ich wollte nur ganz sicher sein. Im übrigen können wir noch ein paar Dinge tun, ehe wir anfangen...« Tatsächlich waren wir schon im Begriff anzufangen, aber wenn ich das verkündet hätte, wäre Katie vielleicht in Panik geraten. So konnte ich sie sanft in die Entspannung führen. »Während wir uns langsam darauf vorbereiten, anzufangen, brauchen Sie nur dazusitzen und aufmerksam zu sein und auf eine Ihrer Hände hinunterzuschauen, die bequem in Ihrem Schoß liegen... Sitzen Sie einfach da und hören Sie zu und seien

Sie sich bewußt, daß Sie sich in jedem beliebigen Tempo entspannen können... es kann so langsam oder so schnell gehen, wie es Ihnen angenehm ist... Und je mehr Sie nach einem Gefühl der Selbstkontrolle streben, desto leichter wird es für Sie sein, einfach die Spannung loszulassen... Je entspannter Sie werden, desto stärker werden Sie sich als Herrin der Lage empfinden... Sie sind völlig Herrin dieses Zustandes... Er gehört Ihnen... Sie haben ihn herbeigeführt, und Sie können ihn nach Belieben abschwächen oder vertiefen...« Ich betonte alle Möglichkeiten, die Katie hatte, um ihre Erfahrung zu kontrollieren. »Und wenn Sie so dasitzen, entdecken Sie vielleicht, daß Sie sich leichter konzentrieren können, wenn Sie die Augen schließen, deshalb brauchen Sie sich nicht zu bemühen, sie noch länger offen zu halten.«

Katies Augen blieben offen, ihr Körper ganz aufrecht.

»Und ist es nicht angenehm, zu wissen, daß Sie darüber entscheiden können, wann und ob sie sich schließen?« Da sie nicht auf meine Suggestionen reagierte, mußte ich die Richtung wechseln, so daß meine Worte zu ihren Reaktionen paßten. Ich mußte ihr das Gefühl geben, daß alles, was sie tat, in Ordnung war, daß sie ihren Weg in die Trance kontrollieren konnte. Wahrscheinlich würden sich ihre Augen mit der Zeit doch schließen – aber wir konnten auch weitermachen, wenn sie es nicht taten. Es ist möglich, bei offenen Augen zu arbeiten, allerdings ist dabei die Trance meist weniger tief.

Weil Katies Widerstand noch nicht gebrochen war, beschloß ich, für die Induktion eine Armlevitation und nicht die Betäubung des Gefühls zu benutzen. Die Taubheit beruht auf dem Phänomen der *Parästhesie* – einer außergewöhnlichen Empfindung. (Andere Formen von Parästhesie sind Kribbeln, »Ameisenlaufen«, Brennen, Leichtigkeit, Starre usw.) Parästhesien, die im Kontext einer Induktion entstehen, können rasch auftreten, und während ein bereitwilliger Klient sie eher als harmlos empfindet, können sie für einen skeptischen Klienten überwältigend sein. Eine Armlevitation stellt sich hingegen langsamer ein. Der Arm des Klienten hebt sich Stück für Stück, in kleinen, ruckhaften Bewegungen, seinem Gesicht entgegen. Dabei fühlt er sich vollkommen wach und normal und erkennt erst nach und nach, daß sein Arm sich der bewußten Kontrolle entzieht und von ihm unabhängig auf die Suggestionen des Therapeuten reagiert.

»Jetzt schauen Sie einfach weiter auf diese Hand hinunter«, fuhr ich fort. Da Katie bereits auf ihre Hand schaute, wollte ich das in meine Suggestion einbauen. »Gut so, schauen Sie einfach hin... Sie brauchen wirklich gar nichts anderes zu tun. Behalten Sie sie im Blick und fragen Sie sich, fragen Sie sich voller Staunen, wie jemand seine Hände vollkommen stillhalten kann, ohne daß die eine oder die andere ganz natürlich ein wenig zuckt...«

Und tatsächlich stellte sich unter unseren Blicken ein leichtes Zucken in Katies linker Hand ein. Gleich darauf schien sie ein wenig starr zu werden, als wäre sie von ihrem übrigen Körper getrennt. Katies Augen wurden ganz groß, und ihre Pupillen erweiterten sich, als sie das sah.

»Ja, ganz recht, sie hat gezuckt, und Sie brauchten es nicht einmal absichtlich zu tun. Es ist ganz automatisch geschehen, als hätte die Hand einen eigenen Willen.« Durch die Suggestion, daß Katies Hand einen eigenen Willen habe, förderte ich die Dissoziation – ich verstärkte die Trennung zwischen ihrem Ich und ihrem Körper, zwischen ihrem Ich und ihren Gefühlen, letztlich zwischen ihrem Bewußtsein und ihrem Unbewußten.

»Und ich frage mich, ob diese oder die andere Hand noch einmal zucken wird und ganz langsam beginnen wird, sich zu Ihrem Gesicht emporzuheben...«

Jedesmal, wenn Katie einatmete, hob sich ihr Arm ein wenig, in einer natürlichen Bewegung, die durch die Erweiterung ihres Brustkorbes verursacht wurde, und senkte sich dann wieder. Ich nutzte diese Bewegung, um im Rhythmus ihres Atems zu sprechen. »Und während dieser Arm immer leichter und leichter wird, mit jedem Atemzug, können Sie sich vielleicht allmählich vorstellen, daß ein mit Helium gefüllter Luftballon an Ihr Handgelenk gebunden ist und es sanft nach oben zieht...«

Durch Katies Hand ging ein sichtbarer Ruck.

»Ist es ein roter Luftballon?«

»Ja.«

»Und können Sie es genießen, ihn im Wind schweben zu fühlen und zu spüren, wie er an Ihrem Arm zieht?«

»Ja.«

»Sehr gut. Und jetzt, während Ihr Inneres sich um die Sorgen kümmert, die Sie heute zu mir geführt haben, können Sie sich einfach wohlfühlen und nach diesen kleinen Zuckungen Ausschau halten, die zeigen, daß Ihr Inneres zuhört und reagiert.«

Während ich sprach, hob sich ihre Handfläche ein wenig von ihrem Schenkel.

»Nun schwindet alle Schwere aus dieser Hand und diesem Arm. Es ist so angenehm, einfach dieses Schweben und diese Entspannung zu genießen, während dieser Arm auf seine Weise und in seiner eigenen Zeit reagiert und sich jetzt hebt.«

Ihre Handfläche ruckte höher hinauf, so daß nur noch die Fingerspitzen ihren Oberschenkel berührten.

»Und immer höher steigt sie hinauf, immer näher zu ihrem Gesicht.«

Katie starrte weiterhin, buchstäblich ohne mit der Wimper zu zucken, auf ihre Hand, als sich ihre Fingerspitzen vom Schenkel lösten.

»Und es kann faszinierend sein, diese Hand zu beobachten, während sie einen eigenen Willen zu entwickeln scheint. Und sie bewegt sich Stückchen für Stückchen nach oben, aber nur so schnell, wie Sie wirklich die Weisheit in Ihrem Inneren einschalten möchten, damit Sie sich *leichter* fühlen und mehr Kontrolle über Ihr Verhalten und Ihre Gefühle erleben.«

Ich sprach noch einige Minuten weiter, während Katies Hand langsam und ruckweise aufwärts stieg. Als die Hand die Höhe ihrer Schulter erreicht hatte, war alle Skepsis aus ihrem Gesicht verschwunden, und ihr Unterkiefer hatte sich gelockert, als hätte sie sogar das Bedürfnis aufgegeben, ihren Widerstand in Worte zu fassen.

Als die Spitze ihres Mittelfingers ihre Wange streifte, schlug ich vor: »Und jetzt, während diese Hand Ihr Gesicht berührt, wird es Ihnen möglich sein, Ihren Augen zu erlauben, daß sie sich langsam schließen und ausruhen, und Sie werden noch tiefer eintauchen, wenn diese Hand beginnt, sich ganz langsam wieder in Ihren Schoß hinabzusenken.«

Ihre Augen schlossen sich sofort.

»Und während diese Hand sich Zentimeter um Zentimeter

wieder senkt, sinken Sie mit jedem Atemzug und jeder Abwärtsbewegung immer tiefer...und jetzt, eins, mit jeder Zahl tiefer...zwei, je mehr Sie ein Gefühl der persönlichen Kontrolle anstreben, desto leichter können Sie loslassen...drei, weiter und weiter...vier...fünf...« Als ich bis siebzehn gezählt hatte, lag ihre Hand fast wieder in ihrem Schoß. »Gut so, zwanzig... jetzt holen Sie einfach einmal tief Luft und halten die Luft an...und während Sie sie wieder ausströmen lassen, werden Sie weich und locker am ganzen Körper, lassen den Arm in Ihren Schoß fallen, frei von jedem vielleicht noch vorhandenen Streß und jeder Spannung.«

Katies Arm plumpste in ihren Schoß, als hätte man ihn plötzlich losgelassen, und ihr Kopf sank vornüber. Sie war in einer tiefen Trance.

»Nun brauchen Sie nichts zu tun, als die folgenden Gedanken tief in Ihr Inneres einsinken zu lassen, wo sie am besten wirken werden. Und in diesem Zustand tiefer Ausrichtung nach innen werden wir Ihr Unbewußtes bitten, Ihnen zu helfen, eine Zukunft zu planen, in der Sie Ihre Ziele erreichen können, und immer mehr und mehr zu der Person werden können, die Sie sein möchten.«

Dann gab ich Katie Suggestionen zum Abnehmen, die denen ihrer Schwester ähnlich waren, und betonte dabei die Themen Selbstkontrolle, Erfolg und die Fähigkeit, mit ihrer Selbstbeschreibung in Einklang zu kommen. Ich lehrte sie Selbsthypnose und ließ sie, ebenso wie vorher Jenny, erleben, daß sie ihre Wahrnehmung ändern konnte, daß sich Zucker in etwas Bitteres verwandelte. Nachdem wir für zwei Wochen später einen Termin vereinbart hatten, verabschiedeten wir uns.

In den folgenden Monaten kam Katie jede zweite Woche zu mir. Bis zum dritten Monat hatte auch sie fast sieben Kilo abgenommen und berichtete, wie ihre Schwester damals auch, daß sie sich insgesamt besser fühle und mehr Selbstvertrauen im Umgang mit Gleichaltrigen habe. Ich war entzückt! Zwei Schwestern, vierzehn Kilo: ein doppelter Erfolg in einer einzigen Familie! So war ich kaum noch überrascht, als zwei Monate später Frau Ellis, Jennys und Katies Mutter, anrief. »Ich wollte fragen, ob vielleicht meine dritte Tochter, Tina, einmal zu Ihnen kommen könnte«, sagte sie, und ihre Stimme klang eine Spur betreten. »Sie hat in letzter Zeit ein wenig zugenommen, und da Sie den beiden anderen so gut geholfen haben...« Sie lachte unsicher. »Ich fürchte, es ist eine Art Familienseuche.«

»Natürlich, Frau Ellis«, sagte ich. »Wieviel hat Tina denn zugenommen?«

»Oh, das weiß ich nicht genau«, antwortete sie. »Ich schätze etwa sieben Kilo.«

Sieben Kilo? Augenblick mal, dachte ich, was ist denn da los? Ich schloß die Augen, und es schoß mir ein Bild durch den Kopf: Die drei Mädchen standen in einer Reihe nebeneinander und reichten das Gewicht von einer zur anderen weiter wie Feuerwehrmänner einen Löscheimer.

Es ist dasselbe Gewicht! dachte ich. Sie haben es einfach weitergegeben, von der Ältesten zur Mittleren zur Jüngsten. Dann plötzlich ging mir ein Licht auf: Hier ging es gar nicht darum, daß die einzelnen Gewichtsprobleme hatten, das war ein *Familienproblem.* Diese Mädchen trugen eine Last für ihre Familie. Ich hatte doch recht gehabt, als mir Jennys Wunsch, sieben Kilo abzunehmen, verdächtig vorkam. Der Wunsch hatte doch auf ein anderes Problem hingedeutet. Aber weil sie so leicht abnahm, hatte ich die Familiendynamik außer acht gelassen. Jetzt stand ich vor der Aufgabe, herauszufinden, was hier tatsächlich los war.

Ich ging in Gedanken durch, was ich über die Familie Ellis wußte. Sie war eine Familie, die »fest zusammenhielt«, und ihre älteste Tochter war gerade von zu Hause weggegangen. Die beiden jüngeren würden in spätestens drei Jahren ebenfalls aus dem Haus sein. Wenn die Jungen das Nest verlassen, ist das für jede Familie eine schwierige Umstellung, und in einer Familie, die so eng miteinander verbunden war, wie ich es bei der Familie Ellis spürte, ist es doppelt schwer. Alle Familien sind durch unsichtbare Bande miteinander verknüpft – Loyalitäten, Traditionen, Werte, Geschichte, uneingestandene Erfahrungen, die ein dichtes Netz bilden, das ich als *Familienunbewußtes* bezeichne –, und dieses System leitet die Gefühle und das Verhalten der einzelnen Familienmitglieder in einer Art und Weise, die wir oft nicht erkennen oder verstehen können. Familienmitglieder sind wie die fünf Finger einer Hand, die mit Gummiband umwickelt sind: Zieht man an einem Finger, bewegen sich auch alle anderen mit, ein Konflikt in einem Teil der Familie kann Symptome an anderer Stelle auslösen, und diese Symptome wiederum stabilisieren den Konflikt, der sie hervorgebracht hat. Eine Mutter kann sich beispielsweise in sich selbst zurückziehen, wenn ihr ältestes Kind aus dem Haus geht, der zeitweise erhöhte Blutdruck ihres Mannes kann plötzlich kräftig steigen – und diese Veränderungen bewegen das Kind vielleicht zur Rückkehr. Oder das Kind selbst kann Kopfschmerzen bekommen, und die Kopfschmerzen dienen der Familie dann dazu, das Fortgehen des Kindes hinauszuschieben.

Ich hatte den Verdacht, daß so etwas auch in der Familie Ellis geschah: Jennys Auszug war der Auslöser für die Gewichtszunahme. Aber warum reichten die Mädchen die Symptome aneinander weiter? Und was war mit den Eltern? Ich hatte eine Vermutung. Wenn die Kinder aus dem Haus gehen, fürchten die Eltern oft weniger, daß sie die Kinder vermissen werden, als daß sie wieder ein Paar werden müssen. Ohne die Kinder als Pufferzone, die sie trennt, haben die Paare oft Angst vor dem plötzlichen Zuwachs an Nähe. Traf das auch für die Familie Ellis zu? Spielten die Mädchen den »Puffer« und reichten diese Last von einer zur anderen weiter? Das war jedenfalls meine Hypothese. Um sie zu überprüfen, mußte ich die ganze Familie in meine Praxis holen.

»Frau Ellis«, begann ich vorsichtig – ich wollte vermeiden, sie in die Defensive zu bringen oder den Anschein zu erwecken, ich mache ihr einen Vorwurf –, »Ihre Tochter kann gerne zu mir kommen. Aber wissen Sie, manchmal ist es in Fällen wie diesem, in denen es so aussieht, als sei ein Problem eine Angelegenheit der ganzen Familie, sehr hilfreich, wenn die ganze Familie gemeinsam kommt. Wären Sie wohl dazu bereit, alle zusammen zu mir zu bringen?« Ich hatte halb und halb damit gerechnet, daß sie sich weigern würde, aber das tat sie nicht. Vielmehr stimmte sie recht bereitwillig zu, und wir verabredeten einen Termin.

Als ich die Tür zu meinem Wartezimmer öffnete, um Familie Ellis zu begrüßen, war ich nicht überrascht über das Bild, das sich mir bot. Herr und Frau Ellis saßen an den beiden Enden des langen Sofas und hatten ihre beiden jüngeren Töchter zwischen sich. Alle saßen aufrecht da und hielten ihre ordentlich zusammengefalteten Mäntel auf dem Schoß. Sie hätten ebensogut in der Kirche sein können. Keiner in der Familie wirkte übergewichtig. Tina verbarg ihre sieben Kilo genausogut, wie es ihre Schwestern getan hatten, und falls ihre Eltern aus Kummer über Jennys Abreise zugenommen hatten, versteckten sie es gleichermaßen gut. Sie kamen alle in mein Therapiezimmer und ließen sich dort in einer ähnlichen Sitzordnung nieder: Die beiden Mädchen setzten sich auf die Couch, ihre Eltern flankierten sie rechts und links auf Stühlen, die sie sich herangezogen hatten.

Wir plauderten zuerst ein wenig, dann wandte ich mich an Herrn Ellis. (Da Mütter in der Regel das Kommunikationszentrum einer Familie sind und am wahrscheinlichsten eine »Familienhaltung« vorbringen, beginne ich in der Regel beim Vater und wende mich erst zum Schluß an die Mutter.) »Herr Ellis, ich habe den Eindruck, daß sich zur Zeit für Sie alle sehr viel ändert. Könnten Sie mir etwas darüber sagen, wie Ihre Familie damit umgeht?« Ich formulierte die Frage absichtlich vage, um zu sehen, was er daraus machen würde. Hätte ich ohne Umschweife gesagt: »Ich glaube, daß Ihre Töchter zunehmen, weil sie traurig sind, daß Jenny fortgegangen ist, und ich glaube, daß Ihnen, Herr und Frau Ellis, das Flüggewerden Ihrer Kinder zu schaffen macht«, dann hätte die Familie meine Praxis verlassen und wäre nie wieder gekommen. Wenn sich die Eltern ihrer Angst vor dem Fortgehen der Mädchen nicht gestellt hatten, wie ich vermutete, dann war das auch das letzte, worüber sie sprechen wollten. Wir mußten uns langsam an diese Erkenntnis herantasten.

»Wie meine Familie damit umgeht?« wiederholte Herr Ellis, offenkundig verblüfft über diese Frage. »Also, wir sind eine wunderbare Familie. Wir lieben einander. Wir halten fest zusammen.« Da war das Wort wieder, und das war ein weiterer Hinweis darauf, daß die Familie Ellis so eng miteinander verwoben war, wie ich vermutet hatte – ihre Gefühle waren in unangemessener Weise vermischt, weil die Grenzen zwischen ihnen nicht klar definiert waren. Ich wartete einen Augenblick, aber offenbar hatte er gesagt, was er zu sagen hatte, so daß ich mich an die Töchter wandte.

»Und ihr beide?« fragte ich. »Was könnt ihr mir über die Familie sagen?«

Die Mädchen zuckten die Achseln und sahen sich an. Sie wirkten verlegen.

Als klar war, daß keine von ihnen etwas sagen würde, versuchte ich es noch einmal. »Glaubt ihr, daß eure Eltern ein Gefühl dafür haben, wie der jeweils andere mit den Veränderungen in der Familie umgeht?« Wie viele andere Familientherapeuten verwende ich häufig diese Art von zirkulärer Befragung, wenn ich mit Familien arbeite: Ich bitte ein Familienmitglied, darüber zu spekulieren, welche Gedanken und Gefühle ein zweites Familienmitglied bei einem dritten vermutet. Auf diesem Wege erfahre ich etwas über die betreffenden Personen, ohne Widerstand hervorzurufen.

Nach einer Pause ergriff Katie das Wort: »Ich denke, sie kommen ganz gut zurecht. Ich glaube zwar schon, daß sie Jenny vermissen und so. Aber wir machen trotzdem noch Dinge gemeinsam, als Familie. Ich bin nicht so viel zu Hause, weil ich nach der Schule noch arbeite, aber Tina ist viel zu Hause.«

Katie hatte das Hauptproblem direkt angesprochen, und ich beschloß, diese Spur aufzunehmen. Sie bot uns die Möglichkeit, über die Gefühle ihrer Eltern zu sprechen.

»Glauben Sie, Ihre Eltern sind traurig darüber, daß Jenny fortgegangen ist?«

»Ja, ich glaube schon.«

»Natürlich sind wir traurig darüber, daß Jenny fortgegangen ist«, warf Frau Ellis defensiv ein. »Wir vermissen sie schrecklich. Aber wir freuen uns, daß sie auf dem College ist. Es ist so gut für sie.« Sie sprach, als wäre das das letzte Wort in dieser Angelegenheit. Es überraschte mich nicht, daß sie erklärte, es freue sie, daß Jenny auf dem College sei. Ohne Zweifel hatte sie Anteile in sich, die sich ehrlich darüber freuten, während andere gespalten waren. Wenn sie, wie ich vermutete, jetzt die beiden anderen Mädchen in den Mittelpunkt gerückt hatte, konnten ihre Angst und ihr Kummer durchaus im Untergrund bleiben.

»Erzählen Sie mir etwas über Ihr Leben vor Jenny«, bat ich. Ich wollte sie für eine Weile wieder sachte an die Peripherie zurückführen, um ihr die Chance zu geben, eine Beziehung zu mir aufzubauen, ehe wir das »schwere« Problem angingen. Außerdem wollte ich sie auf die Tatsache hinweisen, daß Familien vorhersagbare Entwicklungsstadien durchlaufen, und daß sie nun gerade in ein neues eintraten.

»Ach«, lachte sie, »es gab gar kein Leben vor Jenny. Kein Eheleben, meine ich. Ich wurde sofort nach der Hochzeit schwanger. Dann bekamen wir die anderen beiden. Wir waren einfach immer eine Familie.«

Wir waren einfach immer eine Familie. Was für aufschlußreiche Worte. Wenn ein Paar sofort Kinder bekommt, dann gönnt es sich keine Zeit der Zweisamkeit. Die Partner werden oft Eltern, ehe sie noch gelernt haben, Eheleute zu sein, und entwickeln folglich nie eine starke eheliche Beziehung. Wenn das auch für Herrn und Frau Ellis zutraf, war es kein Wunder, daß sie Angst hatten. Sie fürchteten sich vor dem, was sie nun bewältigen mußten. Die Intimität, die Konflikte oder alles sonstige, vor dem sie sich bisher geschützt hatten, würden nun auf sie zukommen.

»Was tun Sie in Ihrer Freizeit?« fragte ich und richtete meinen Blick sowohl auf Herrn als auch auf Frau Ellis.

»Ach, uns macht vieles Spaß«, sagte Frau Ellis, und ihr Gesicht hellte sich auf. »Wir gehen ins Kino, wir arbeiten im Garten, wir machen Spiele. Wir spielen gerne zusammen.«

Ich merkte, daß sie meine Frage mißverstanden hatte und sie für die ganze Familie beantwortete.

»Das klingt, als würden Sie eine Menge Dinge zusammen machen.« Alle vier Köpfe nickten einträchtig.

»Gehen Sie viel miteinander aus? Nur Sie zwei?« Ich schaute gezielt Herrn und Frau Ellis an, die einander kurz ansahen. Herr Ellis sagte nichts. Frau Ellis sah ein wenig schuldbewußt und peinlich berührt aus. Das Schweigen dauerte eine Sekunde zu lang, dann platzte Katie heraus: »Daddy hat immer sehr viel zu tun. Er arbeitet bis spätabends. Und Mom hat ihren Garten und ihre Näharbeiten. Und sie fährt dauernd Tina irgendwohin, weil Tina noch keinen Führerschein hat. Deshalb haben sie nicht viel Zeit, miteinander auszugehen. Sie haben zu tun.«

Ich lächelte. Es war geradezu rührend, wie Katie ihre Eltern verteidigt hatte. Aber es war nicht nur rührend. Es kam mir wie ein Versuch vor, sie zu retten. Ich wandte mich gezielt an die Mädchen. »Und wie sieht es mit euch beiden aus?« Meine Frage war absichtlich offen formuliert. Ich wollte sehen, wie sie sie auslegen würden.

Sie sahen einander an und zuckten die Achseln.

»Hat sich in letzter Zeit irgend etwas verändert?«

Lange Pause. Schließlich raffte sich Tina auf. »Also, Daddy und ich spielen jetzt jeden Freitagabend Schach.«

»Ach ja? Erzähl mir davon.«

»Wir lernen es gerade erst.«

»Warum Freitagabend?«

»Das ist der Familienabend«, sagte sie, als läge die Antwort auf der Hand und als hätten alle Familien freitags Familienabend. »Früher hat Jenny immer Gitarre gespielt, und wir haben zusammen gesungen, weil wir alle gern singen, aber jetzt, seit Jenny aufs College gegangen ist, machen wir das nicht mehr. Eine Zeitlang haben wir es trotzdem noch gemacht, ohne die Gitarre, aber dann hat Katie angefangen, freitags auszugehen, also...« Sie hob die Arme, als erläutere sie mir den einzig logischen Ausweg: »Also haben Daddy und ich angefangen, Schach zu spielen.«

Das Bild, das sich mir bot, wirkte so gesund – eine fünfköpfige Familie, die jeden Freitagabend im Wohnzimmer zusammen sang, ein Vater und eine Tochter, die miteinander Schach spielten. Aber etwas in mir wehrte sich. Warum sollten drei Töchter im Teenageralter auf jeden Freitagabend verzichten? Und warum war Tina jetzt als einzige noch davon betroffen?

»Katie, erzählen Sie mir mehr über den Familienabend.«

Katie zuckte die Achseln. »Den hatten wir schon immer. Schon seit wir klein waren.«

»Aber es klingt so, als wären Sie jetzt nicht immer an diesem Abend zu Hause.«

Sie sah einen Augenblick zu Boden, als sei es ihr peinlich, faßte sich aber dann: »Tina ist ja noch zu Hause.«

Schon zum zweiten Mal schob sie ihre Schwester als diejenige vor, die »noch zu Hause« war, als sei Katie dank Tinas Anwesenheit irgendwie aus dem Schneider. Ich stellte mir die Familie im Wohnzimmer vor, in einem engen Halbkreis sitzend, die Mädchen in der Mitte, genau wie in meiner Praxis. Aus meinem Bild verschwand zuerst Jenny, dann Katie – und jedesmal wurde Tinas Stimme lauter, bis sie auch die Lücken füllte, die ihre Schwestern auf dem Sofa hinterlassen hatten. Herr und Frau Ellis lächelten einander über die singende Tochter hinweg zu. Da begriff ich. Die Mädchen hatten *buchstäblich* eine Pufferzone zwischen ihren Eltern gebildet, sie hatten mit ihnen gesungen und gespielt und ihr eigenes geselliges Leben für sie aufgegeben – hatten alles getan, um den Eltern zu ersparen, daß sie miteinander allein waren. Aber jetzt hatten Jenny und Katie diese Rolle abgelegt – und Tina mußte die Last alleine tragen.

Plötzlich erkannte ich die Hinweise, die ich von Jenny bekommen, aber übersehen hatte. Hier war der Grund dafür, daß sie nicht mit Jungen ausgegangen war: Sie war an ihre Eltern gebunden. Aus demselben Grund hatte sie auch ihren Eintritt ins College aufgeschoben: Sie wurde zu Hause gebraucht. Sie war die Schlüsselfigur im Spiel ihrer Eltern, und schon vor ihrer Geburt war ihr die Aufgabe zugeteilt worden, ihre Eltern zusammenzuhalten, indem sie sie voneinander getrennt hielt. All das geschah natürlich unbewußt. Sie wußte nicht, daß man ihr diese Rolle zugeschrieben hatte, und ebensowenig wußten ihre Eltern, daß sie sie so in die Pflicht genommen hatten. Sie hatten ihr nie gesagt, daß sie sie brauchten, sie nie darum gebeten, bei ihren Aktivitäten als Kindermädchen zu fungieren. Sie gaben ihr einfach subtile, unbewußte Botschaften, die dennoch ihre Wirkung nicht verfehlten. »Was sollten wir nur ohne dich anfangen?« riefen sie vielleicht manchmal und nahmen sie dabei so fest in den Arm, daß klar war, ohne sie ginge es nicht. »Natürlich gehst du aufs College«, hatten sie ihr vielleicht zugeredet, »aber das hat ja keine Eile; wenn du noch nicht so weit bist, dann warte doch einfach noch ein Jahr« – womit sie ihr Freiheit anboten und sie gleichzeitig sanft zurückhielten.

Mit diesem Geflecht aus Doppelbotschaften hatte die Familie Ellis mit der Zeit eine doppelte Wirklichkeit geschaffen. Oberflächlich betrachtet war sie eine liebevolle und eng verbundene Familie, die zusammen spielte und zusammen lebte. Aber unterschwellig, in einem Bereich, dessen Existenz niemand zugab, hielt sie ein aus der Angst geborenes Bündnis, das sie zäh verteidigten, in gegenseitiger Abhängigkeit zusammen.

Neunzehn Jahre lang hatte dieses Bündnis unangefochten bestanden. Dann hatte Jenny mit ihrem Plan, aufs College zu gehen, ernst gemacht. Plötzlich war sie in einen Bedürfniskonflikt geraten. Sie wollte ihre Freiheit – aber etwas hielt sie davon ab, sich diese Freiheit zu nehmen. Sie wollte fortgehen – aber wer würde dann ihre Eltern hüten? Schrittweise wurde es ihr zur Last, unbewußt als Kindermädchen zu fungieren, und je mehr sie gegen diese Last ankämpfte, desto schwerer wurde sie – bis sie sieben Kilo Übergewicht zu Hause festhielten. Schließlich konnte sie die Last nicht mehr tragen und entschloß sich, sie abzuwerfen – wobei sie gleichzeitig ein stärkeres Selbst entwickelte, das ein Leben außerhalb des Elternhauses wollte. *Deswegen begann sie sich nun mit Jungen zu verabreden! Deswegen brannte sie nun darauf, aufs College zu gehen!* Aber die Kinder konnten die Eltern nicht ohne Schutz lassen, und als Jenny sich ihrer Aufgabe entledigte, schlüpfte Katie unbewußt in Jennys Rolle. Aber auch sie warf die Last rasch wieder ab, so daß sie wieder weiterwanderte, zu Tina. Und jetzt stand Tina mit sieben Kilo Übergewicht da und hatte die unbewußte Aufgabe der Familie aufgehalst bekommen.

Ich hatte ein perfektes Beispiel für ein Familiensystem vor mir. Zwischen den Ehegatten war etwas nicht in Ordnung, aber die Töchter hatten Symptome entwickelt. Jetzt wußte ich, was ich zu tun hatte. Es ging nicht einfach darum, Tina beim Abnehmen zu helfen, das konnten wir nebenbei angehen. Das wichtigste Ziel war, Herrn und Frau Ellis zu helfen, eine eheliche Beziehung aufzubauen. Aber zuerst einmal mußte ich ihre Aufmerksamkeit zurückgewinnen.

Ich wandte mich an Katie und Tina. »Was glaubt ihr, wie Jenny sich gefühlt hat, als sie abreiste, um aufs College zu gehen?«

»Sie war aufgeregt«, meinte Tina.

»Ich glaube, sie war ein bißchen nervös«, erklärte Katie.
»Nervös?« fragte ich.
»Ja. Sie war noch nie von zu Hause weg. Sie war nervös, weil sie weggehen sollte.«
»Meint ihr, sie war auch nervös, weil sie euch zurücklassen mußte?«
»Ja, sie fragt sich wahrscheinlich, wie wir alle ohne sie überleben werden!« lachte Katie.
»Das ist wahrscheinlich gar nicht so unrealistisch«, sagte ich. »Sehr oft machen sich Kinder Sorgen um ihre Familien, wenn sie von zu Hause weggehen. Besonders bei Familien, die fest zusammenhalten.« Ich schaute bewußt Herrn und Frau Ellis an und dann wieder Katie. »Glauben Sie, daß Jenny sich Sorgen um Ihre Eltern gemacht hat?«
Katie dachte einen Augenblick nach, dann nickte sie langsam. »Vielleicht.«
»Jenny sollte sich um uns Sorgen machen?« fragte Frau Ellis ungläubig.
»Das ist nicht ungewöhnlich«, beruhigte ich sie. »Es ist natürlich, daß sich Kinder Sorgen um ihre Eltern machen, wenn eine Familie fest zusammenhält. Sie lieben Sie.«
Frau Ellis war keineswegs beruhigt. »Katie, machst du dir Sorgen um uns?«
Katie blickte zu Boden. »Ja, schon. Ein bißchen«, sagte sie ruhig.
Ein Ausdruck von Schmerz huschte über Frau Ellis' Gesicht. Sie blickte rasch zu ihrem Mann hinüber, dann zu mir her. In ihren Augen lag etwas Bittendes. Plötzlich fiel mir wieder ein, wie rasch sie bereit gewesen war, zur Therapie mitzukommen. Sie *wollte* kommen, dachte ich. *Bewußt* hatte sie mich wegen Tinas Gewicht angerufen, aber *unbewußt* rief sie an, weil sie wußte, daß sie Hilfe brauchte.
Ich lächelte, als ich das Muster entdeckte. Familien schicken oft ihre Symptomträger in die Therapie, mit dem augenscheinlichen Ziel, daß die Probleme dieser Person behandelt werden. Aber wenn der Therapeut mit einem systemischen familientherapeutischen Ansatz arbeitet, ist oft bald die ganze Familie in Therapie und stellt sich dem größeren Konflikt. Tatsächlich ist der Symptomträger eine Art »Pfadfinder« und testet die Thera-

pie, ehe der Rest der Familie nachzieht. Das ist ein unbewußtes Manöver des Familiensystems, das der Familie ermöglicht, um Hilfe zu bitten, ohne zu erkennen, daß sie das tut.

»Frau Ellis«, sagte ich. »Sie haben drei wunderbare Töchter großgezogen. Eine von ihnen ist gerade aus dem Haus gegangen, und das ist für keine Familie leicht, besonders, wenn sie so eng und liebevoll miteinander verbunden ist wie Ihre. Es könnte eine Erleichterung für Ihre Töchter sein, wenn Sie und Ihr Mann noch ein paarmal zu mir kämen, um mit mir über diesen Umbruch zu sprechen. Meinen Sie, das wäre Ihnen eine Hilfe?«

Frau Ellis nickte. Sie sah mich nicht an, aber in ihrem Gesicht stand Dankbarkeit.

»Meinen Sie, Sie können Ihren Mann dazu bewegen, mitzukommen?«

Sie blickte zu Herrn Ellis hinüber, der ohne Begeisterung knapp nickte.

»Gut«, sagte ich mit Wärme, und wir nahmen unsere Kalender zur Hand und vereinbarten einen weiteren Termin.

Herr und Frau Ellis kamen im Laufe der nächsten vier Monate siebenmal zu mir. Wir sprachen über ihre Ehe und darüber, wie sie lernen konnten, ein Paar zu werden und ein eigenes Leben ohne ihre Töchter aufzubauen. Jede Woche gab ich ihnen Hausaufgaben: Sie sollten nach dem Abendessen gemeinsam einen Spaziergang machen, einmal in der Woche zusammen ausgehen, Frau Ellis sollte ihren Mann auf einer Geschäftsreise begleiten. Die beiden waren noch nie ohne die Mädchen in Urlaub gewesen!

Nach vier Monaten fühlten sie sich offenkundig in ihrer Zweierbeziehung viel wohler, daher bestellte ich die ganze Familie zu einer Abschlußsitzung ein. Ich hatte auch vor, eine Hypnosesitzung mit Tina zu vereinbaren, um ihr beim Abnehmen zu helfen. Als die vier in meine Praxis kamen, bemerkte ich einen Unterschied gegenüber vorher, konnte aber nicht sagen, was anders war. Ich behielt meinen Eindruck im Hinterkopf und begann mit der Sitzung.

Tina hatte einen schwarzen, rechteckigen Kasten unter ihren Stuhl geschoben. »Ist das ein Musikinstrument?« fragte ich.

»Ja«, strahlte sie. »Ich bin im Schulorchester.«

»Sie ist ganz begeistert«, sagte Frau Ellis. »Vor lauter Unterricht und Proben und Üben bekommen wir sie kaum noch zu sehen.« Frau Ellis lächelte. Ich lächelte auch. Früher hätte sie den letzten Satz traurig gesagt. Es sah so aus, als hätten sich die Bande zwischen Mutter und Tochter in angemessener Weise gelockert.

Wir sprachen weiter. Katie erzählte mir von ihrem Job nach der Schule, Herr Ellis sagte kurz etwas über seine Arbeit, und während wir so sprachen, erkannte ich, was anders war. Tina hatte abgenommen. Sie hatte ihr Übergewicht bei unserer ersten Zusammenkunft mit so viel Anmut überspielt, daß es mir kaum aufgefallen war. Aber jetzt wirkte sie deutlich eckiger als vorher.

»Es sieht so aus, als hättest du abgenommen«, meinte ich.

Die übrigen Familienmitglieder schauten sie an, als sähen sie sie zum ersten Mal. Anscheinend hatten sie ihre ursprünglichen Gewichtsprobleme vergessen.

Tina zuckte nur die Achseln. »Kann sein«, sagte sie befangen.

»Wie hast du das gemacht?«

»Weiß ich nicht«, sagte sie ungeduldig, als hätte ich eine nebensächliche Frage gestellt. Einen Augenblick lang herrschte Schweigen, und da offenbar niemand mehr etwas zu diesem Punkt sagen wollte, wechselten wir das Gesprächsthema. Frau Ellis teilte mir mit, daß sie und ihr Mann beschlossen hatten, eine Europareise zu machen. Sie erzählten mir die letzten Neuigkeiten über Jenny, der es auf dem College offenbar gut gefiel, und dann ging die Familie Ellis.

Danach saß ich in meiner Praxis und starrte verwundert auf ihre leeren Sitzplätze. Tina hatte sieben Kilo abgenommen. In sieben Jahren Praxis hatte ich vielen Menschen geholfen, mit Hilfe von Hypnose ihr Gewicht zu reduzieren, aber jetzt hatte ich zum ersten Mal erlebt, daß jemand ohne direkte Intervention abgenommen hatte. Ich hatte lediglich mit ihren Eltern gesprochen! Das zeigte die beachtliche Macht der unbewußten Prozesse in einer Familie.

Alle Familienmitglieder distanzieren sich von schwierigen Gefühlen oder projizieren sie aufeinander, alle richten sich in ihrem Verhalten nach unausgesprochenen Loyalitäten und Regeln. So war es auch bei Familie Ellis. Herr und Frau Ellis hatten geleugnet, daß sie sich davor fürchteten, daß ihre Töchter eines Tages das Haus verlassen würden, statt dessen hatten sie im Laufe der Jahre ihre Ängste auf die Mädchen projiziert. »Willst du wirklich bei deiner Freundin übernachten?« hatten sie vielleicht gefragt, als die Mädchen noch klein waren. »Oder wäre es dir wohler, wenn du damit warten würdest, bis du älter bist?« »Sich mit Jungen zu verabreden ist schon ein bißchen beängstigend, nicht wahr?« sagten sie vielleicht mitfühlend, als die Töchter in die Pubertät kamen. »Ihr könnt ruhig noch ein bißchen warten, wenn ihr wollt.« Mit solchen Sätzen und auf vielfältige andere Weise hatten sie zum Ausdruck gebracht, daß sie selbst noch nicht bereit waren, ihre Töchter in die Welt hinausgehen zu lassen, und die Mädchen hatten schließlich das Gefühl bekommen, sie selbst seien so ängstlich. Sie wollten zu Hause bleiben, wollten bei ihren Eltern bleiben, als hätte dieser Wunsch seinen Ursprung in ihnen.

Als aber Herr und Frau Ellis gelernt hatten, sich als Ehepaar miteinander wohlzufühlen, schwand ihr Bedürfnis, von den Töchtern geschützt zu werden. Nun gaben sie ihnen Botschaften, die Unabhängigkeit bezeugten und nicht mehr Bedürftigkeit, und die Last, Kindermädchen spielen zu müssen, verschwand. So konnte Tinas Übergewicht ebenfalls schwinden.

Der Fall Ellis stellte einen Wendepunkt in meiner Arbeit dar. Zu Beginn meiner therapeutischen Tätigkeit hatte ich ganz konventionell auf *intrapsychischer* Ebene gearbeitet, das heißt, ich hatte geglaubt, daß die Lösung für die Probleme eines Klienten in seinem eigenen Kopf zu finden sei. Aber allmählich hatte ich mich auf einen systemischen familientherapeutischen Ansatz zubewegt: In mir wuchs langsam die Überzeugung, daß viele Probleme nicht innerhalb eines Individuums angesiedelt sind, sondern in seiner Familie, und daß die Auflösung von Symptomen oft erfordert, daß man in die Familiendynamik eingreift. Die Familie Ellis lieferte mir das erste anschauliche Beispiel dafür.

Ich erkannte, daß die Familie mit einem Archipel vergleichbar ist, wobei jedes Familienmitglied eine einzelne Insel innerhalb einer ganzen Gruppe darstellt. An der Oberfläche wirken die Familienmitglieder getrennt und deutlich voneinander abgegrenzt, in der Tiefe hält sie aber eine zusammenhängende Landmasse – das Familienunbewußte – zusammen. An der Oberfläche zeigen sich natürlich auch Verbindungen: Ebenso wie Berge auf einer Insel das Wetter auf einer anderen bestimmen können, erzeugen Stürme bei einem Familienmitglied ein Echo in der ganzen Gruppe. Aber die Verbindungen unter der Oberfläche sind einflußreicher, denn sie sind unsichtbar, und daher kann man ihnen nur schwer widerstehen. Wenn sich in der Tiefe Druck aufbaut, kann es auf jeder Insel ein Erdbeben geben, ebenso können bei jedem Familienmitglied Symptome ausbrechen. Und ebenso, wie jede Insel ein Ausgangspunkt für die Erforschung des daruntergelegenen Landes sein kann, kann jedes Familienmitglied einen Zugang zum Familienunbewußten eröffnen.

2

Der Orakelspruch

JULIA CURRAN WAR NEUN JAHRE ALT, pummelig und mürrisch. Aus ihren Augen sprach die Langeweile eines Erwachsenen und in ihrer Stimme lag der Sarkasmus eines Teenagers. Mein Herz flog ihr zu, sobald ich sie sah.

Ihre Eltern hatten sie wegen einer hartnäckigen Depression zu mir gebracht. Sie war schon immer »ein bißchen schwierig« gewesen: Es gab eine lange Geschichte von Kämpfen um Dinge wie das Aufräumen ihres Zimmers, das Hausaufgabenmachen und das Tischdecken. Ihre schulischen Leistungen waren bestenfalls schwankend. Und sie hatte auch nie leicht Freundschaften geschlossen, sondern war von früher Kindheit an immer lieber allein gewesen und hatte oft einfach in die Luft gestarrt.

Aber im letzten Jahr hatten Julias Trägheit und Widerspenstigkeit alarmierend zugenommen. Jetzt weigerte sie sich strikt, überhaupt irgend etwas im Haushalt zu helfen oder ihre Hausaufgaben zu machen, und lehnte es sogar ab, mit ihren Eltern zusammen zu essen. Statt dessen saß sie stundenlang mit einer Tüte Chips vor dem Fernsehapparat und tat so, als höre sie nicht, wenn ihre Eltern sie riefen. Seit ungefähr zwei Monaten traten wiederkehrende Alpträume auf. Sie störten ihre Nachtruhe, so daß sie morgens müde war, was wiederum ihre anderen Symptome zu verstärken schien. Ihre schulische Leistung hatte sich besorgniserregend verschlechtert, was nicht verwunderlich war, und zudem war sie im Unterricht verhaltensauffällig geworden. Ihr Schulpsychologe hatte ihren Eltern schließlich empfohlen, einen Therapieplatz für sie zu suchen, und aufgrund der Empfehlung einer Freundin hatte Mrs. Curran mich ausgewählt.

Ich achte immer sehr darauf, wer mich meinen Klienten empfohlen hat, denn die Erfahrungen der Person, die die Empfehlung ausspricht, färben die Erwartungen des neuen Klienten an mich. In diesem Fall handelte es sich um eine Frau, die ebenfalls eine »schwierige« Tochter hatte. Diese Tochter hatte mit dreizehn Jahren plötzlich lästige »Allergien« bekommen. Als Behandlungsversuche mit Ernährungsumstellung und Medikamenten keine Besserung brachten, führten die Ärzte des Mädchens die Symptome auf Streß zurück und empfahlen eine Familienberatung. In der dritten Sitzung hatte ich die Tochter hypnotisiert, und sie hatte mir mit klarer und fester Stimme erklärt, daß sie, ihre beiden Geschwister und die Mutter selbst sich vor der bevorstehenden Wiederheirat der Mutter fürchteten, und daß die Angst vor diesem Ereignis die Ursache ihrer Symptome sei. Sie waren eine Autoimmunreaktion, eine Abwehr gegen die Anwesenheit einer fremden Substanz im *Familienkörper*, ebenso wie eine allergische Reaktion die Empfindlichkeit eines Menschen gegen einen Eindringling in den eigenen Körper signalisiert. Nach dieser Sitzung bat die Mutter ihren zukünftigen Mann und seinen Sohn, mit ihr und ihren Kindern zusammen an der Therapie teilzunehmen, und im Laufe der nächsten drei Monate, in denen sie ihre Gefühle über die Vereinigung der beiden Familien durchsprachen, verschwanden die Allergien des Mädchens.

Für mich war es interessant, daß Mrs. Curran der Empfehlung dieser Frau gefolgt war – denn diese Frau hatte eine mit Symptomen behaftete Tochter zu mir gebracht und dann feststellen müssen, daß die Ursache des Problems in erster Linie mit ihr selbst zu tun hatte. Erwartete Mrs. Curran unbewußt etwas Ähnliches? Ich bin immer skeptisch, wenn ein Kind Depressionen hat, weil ich glaube, daß sie ausnahmslos die Folge von familiären Interaktionen sind. Ich wollte keine voreiligen Schlüsse ziehen, ehe ich die Familie überhaupt kennengelernt hatte, aber mein bisheriges Vorwissen legte es nahe, daß Julias Depression weniger mit ihr selbst als mit ihrem Familiensystem zu tun hatte.

Wie immer es um die unbewußten Motive von Mrs. Curran bestellt sein mochte, auf der bewußten Ebene war sie nicht bereit, sich an der Therapie zu beteiligen. Als ich ihr am Telefon erklärte, daß sie und ihr Mann ebenfalls kommen müßten, sträubte sie sich.

»Mein Mann muß viel arbeiten«, sagte sie ausweichend, »es wäre sehr schwierig für ihn, mitzukommen. Müssen wir wirklich dabei sein? Es geht doch darum, daß Julia Hilfe bekommt.«

»Wir bilden alle zusammen Julias Team«, erklärte ich ihr. »Ich muß das Team kennen, wenn ich sie wirksam fördern soll.«

Sie brachte noch einige weitere Gegenargumente vor, aber ich blieb hart, und schließlich erklärte sie sich einverstanden.

Der Grund für ihr Widerstreben wurde schon kurz nach Beginn der ersten Sitzung deutlich. Wenige Minuten, nachdem die Familie meine Praxis betreten hatte, entbrannte ein heftiger Streit zwischen den Ehegatten.

»Setz dich hierhin, Julia«, befahl Mr. Curran, als die Familie hereinkam. Seine Stimme paßt zu seiner Figur, dachte ich: kräftig und muskulös, eine Spur militärisch.

»Sag ihr nicht, wo sie sich hinsetzen soll, John«, schnappte Mrs. Curran. Sie funkelte ihn aus ihren stark geschminkten Augen an und steckte eine Strähne ihres platinblonden Haares in die toupierte Hochfrisur auf ihrem Kopf zurück. Ihre Stimme war dünn, aber fest. Sie erinnerte mich an einen Spinnwebfaden – hauchzart anzusehen, aber unnachgiebig wie Stahl.

»Das ist der Stuhl des Doktors, der große dort.« Er zeigte auf den Lehnsessel, auf den Julia zusteuerte. »Dort kann sie nicht sitzen.«

Ich erinnerte Mr. Curran daran, daß ich kein Doktor war, und sagte Julia, sie könne sich ruhig in den Lehnstuhl setzen. In meinem Kopf entstand bereits ein Bild der Familiendynamik.

Julia ließ ihren fülligen Körper in den Lehnsessel sinken, sah sich mit einem gelangweilten Blick in der Praxis um und heftete den Blick dann auf ihren Schoß, als wolle sie jedem Kontaktversuch trotzen.

»Julia«, fragte ich leichthin, »weißt du, warum du hier bist?«

»Nein.« Es war mehr ein Grunzen als ein Wort.

»Ich dachte, Sie hätten ihr gesagt...«

»Das habe ich.«

Schneidend fuhren die Worte ihrer Eltern durch die Luft.

Ich hatte Mrs. Curran am Telefon erläutert, daß sie und ihr Mann mit Julia reden müßten, ehe sie zu mir kämen, um über das zu sprechen, was sie mit Hilfe der Hypnotherapie zu erreichen hofften. Aus Julias Antwort konnte ich nicht entnehmen, ob sie gar nicht mit ihr gesprochen hatten, ob sie ihr nur zu wenig gesagt hatten, oder ob sie einfach bockig war.

Ich hob die Hand, um ihre Eltern zu bremsen, und wandte mich dann wieder an Julia. »Ich habe von deinen Eltern gehört, daß du dich in letzter Zeit ziemlich mies gefühlt hast. Und manchmal kann ich Kindern helfen, sich wieder besser zu fühlen, indem ich ihnen eine besondere Art und Weise beibringe, auf ihr Inneres zu hören und ihre Phantasie zu benutzen. Aufgrund dessen, was deine Eltern mir gesagt haben, weiß ich, daß du klug genug bist, um das gut machen zu können, und ich dachte, das sei der Grund dafür, daß du heute hierher gekommen bist. Könnte dich so etwas interessieren?«

»Ich weiß nicht.« Die drei Worte rutschten zu einem einzigen zusammen.

»Julia, Liebes, sprich deutlich«, sagte Mrs. Curran mit sanfter Stimme.

»Und sag möglichst die Wahrheit.«

»Behaupte nicht, daß sie lügt, John.«

»Wer hat denn etwas von lügen gesagt? Ich habe nur gesagt, sie solle möglichst zur Abwechslung mal die Wahrheit sagen. Soweit ich mich erinnere, hast du mir doch erklärt, du hättest es ihr gesagt.«

»Ich habe es ihr auch gesagt. Sie ist schüchtern. Du weißt doch, wie sie in Gegenwart von Fremden ist. Sie braucht eine Weile, um mit ihnen warm zu werden.«

»Fremde! Das ist kein Fremder, das ist ein Doktor.«

Wieder hob ich die Hand, um sie zu bremsen, aber sie schienen es nicht zu bemerken.

»Hör auf, zu schreien, John. Es ist deine Schuld, daß sie so deprimiert ist. Schau sie doch an. Du weißt genau, was passiert, wenn du sie anschreist. Sie bricht zusammen. Vom Anschreien wird es nur noch schlimmer.«

»Wenn sie ein bißchen kooperativer wäre, sich einfach wie ein Mitglied der Familie benehmen würde, bräuchte ich sie nicht anzuschreien. Wenn du sie gelegentlich einmal anschreien würdest, wäre sie vielleicht williger.«

»Ich schreie sie aber nicht an. Sie ist sensibel. Sie ist genau wie ich. Sie verträgt es nicht, wenn du sie anschreist.« Mrs. Curran schniefte ein wenig und sah zur Seite.

»Siehst du, was du anrichtest?« fiel Mr. Curran nun mit finsterem Blick über Julia her. »Du machst deiner Mutter Kummer.« Er wandte sich mir zu: »Und sie läßt es dann an mir aus.«

»Mach ihr doch keine Vorwürfe, John. Es ist nicht ihre Schuld. Wenn du jemanden anschreien willst, dann schrei mich an, aber zieh sie nicht mit hinein.«

»Aber zieh sie nicht mit hinein? Wer zieht denn hier wen mit hinein? Sie ist doch diejenige, welche. Wir sind doch nur wegen Julia hier.«

»Sehen Sie«, sagte Mrs. Curran weinerlich und sah mich dabei an. »So macht er es immer. Er wirft Julia ihre Probleme vor. Aber damit macht er es nur noch schlimmer – so, wie er über sie herfällt.«

Während dieser Szene sank Julia immer tiefer in ihren Sessel, als würde sie am liebsten verschwinden. Ich spürte, daß sie diesen Streit schon hundertmal gehört hatte, daß er ein eingespieltes Familienmuster war.

Tatsächlich bestätigte alles, was ich sah, meinen Verdacht, daß Julias Depression nicht endogen, sondern eine Reaktion auf das Leben in ihrer Familie war. Ihre Eltern ließen sie keinen Augenblick in Ruhe. Sie stürzten sich auf sie, sowie sie auch nur eine Silbe äußerte, sie verwandelten jeden meiner Dialogversuche mit Julia in ein Schlachtfeld für ihren eigenen Krieg. Es war kein Wunder, daß sie kaum den Kopf aufrecht halten konnte: Sie war ständig unter Beschuß! Ihre Weigerung, am gemeinsamen Leben teilzunehmen, war ein Versuch, ein gewisses Maß an Kontrolle zu erlangen, ein Gefühl für sich selbst zu bewahren, wie kindlich dieser Versuch auch sein mochte. Und da die Eltern ihre Eheprobleme ihr zur Last legten, war es kein Wunder, daß sie deprimiert war: Sie mußte den Eindruck gewinnen, daß sie böse, unzulänglich und verstockt sei.

Was aber war die Ursache für den Streit zwischen ihren Eltern? Oberflächlich gesehen ging es um Julia, aber unterschwellig vermutete ich einen anderen Grund, irgendein tieferes Problem zwischen ihnen. Eltern benutzen Kinder häufig als Deckmantel für Streitpunkte zwischen sich, weil sie mit einem Streit über die Kinder ihre Ehe stabilisieren. Er lenkt das Paar von seinem tatsächlichen Konflikt ab: Indem es sich auf die Schwierigkeiten des Kindes konzentriert, weicht es der Konfrontation mit den eigenen Schwierigkeiten aus. Außerdem haben die beiden dann einen Blitzableiter für ihre heftigen Emotionen; statt sie füreinander empfinden und auf gleicher Ebene ausdrücken zu müssen, können sie sie auf das Kind lenken. Dank dieser Maskerade war die Familie nun in einem Teufelskreis gefangen: Je mehr die Eltern ihre Probleme auf Julia projizierten, desto deprimierter wurde sie, und je deprimierter sie wurde, desto eher konnten sie glauben, sie sei die Ursache des Problems.

Was genau die Ursache der Streitigkeiten zwischen ihnen war, und warum Julias Depression sich nun verschlimmert hatte, wußte ich nicht. Aber ich hatte eine Idee, wie ich vorgehen konnte. Ich wollte ohne Hypnose mit Mr. und Mrs. Curran arbeiten, um die Struktur der Familiendynamik zu verändern. Dabei wollte ich versuchen, sie als Elternteam zu stärken, Julia aus dem Konflikt zwischen ihnen herauszunehmen und die Paarbeziehung zwischen ihnen zu erneuern. Julias Depression würde sich dann von alleine geben. Wenn ihre Eltern aufhörten, sie als Blitzableiter für ihren eigenen Konflikt zu benutzen, würden ihre Symptome verschwinden. Aber wie lange würde das dauern? Wir alle wollten, daß es Julia rasch besser ginge. Daher beschloß ich, zusätzlich Hypnotherapie mit ihr zu machen. In getrennten Sitzungen wollte ich ihr Suggestionen geben, die ihre Lethargie mindern, ihren Alpträumen entgegenwirken und ihr geknicktes und verletztes Selbstwertgefühl stützen würden.

Als ich mir meinen Behandlungsplan zurechtgelegt hatte, wandte ich mich an Mr. Curran. »Wir haben bisher schon eine ganze Menge über Julia gesprochen«, stellte ich fest. »Vielleicht könnten Sie mir jetzt helfen, Ihre Familie ein wenig besser zu verstehen. Was können Sie mir über sich selbst sagen?«

Mr. Currans Antwort kam wie aus der Pistole geschossen. »Ich weiß nicht, was Sie außer dem, was Sie hier vor sich sehen, noch wissen müßten. Wir haben ein depressives Kind, es ruiniert unser Leben, und wir wollen, daß wieder normale Verhältnisse einkehren.«

»John! Paß auf, was du sagst!« Mrs. Curran wandte sich beschwichtigend an Julia. »Er hat es nicht so gemeint, Schätzchen, das mit dem Leben ruinieren. Er ist einfach nur ärgerlich. Er liebt dich, das weißt du.«

»Sag mir nicht, was ich meine. Du bist vielleicht bereit, ihre Faxen für den Rest deines Lebens zu dulden und zu bitten und zu betteln, daß sie zu uns an den Tisch kommt, als wäre sie eine Prinzessin, aber ich nicht. Ich will wieder normale Verhältnisse.«

Ich sah eine Möglichkeit, einzuhaken. »Könnten Sie mir vielleicht etwas darüber sagen, was Sie unter ›normalen Verhältnissen‹ verstehen? Wie würden die aussehen?«

Aber Mrs. Curran riß das Wort an sich. »Du weißt genau, daß ich nicht den Rest meines Lebens so weitermachen will! Das ist ein unfairer Vorwurf! Du hältst mir Julias Verhalten vor, als wäre alles nur meine Schuld. Als wäre sie nicht auch deine Tochter.«

»Mrs. Curran, vielleicht könnte Ihr Mann erst einmal auf meine Frage antworten...«

»Manchmal frage ich mich, ob sie *wirklich* meine Tochter ist!«

»Ich will nicht, daß du so mit mir redest, John!«

»Mr. Curran, Mrs. Curran, ich weiß, daß Sie beide starke Gefühle in bezug auf dieses Problem haben, aber vielleicht können wir...«

»Die Art und Weise, wie du sie vor mir schützen willst...«

»Sie braucht Schutz...«

»Sie scheinen beide in einem Kreis gefangen zu sein, der sich ganz unkontrolliert und eigenmächtig dreht...«

Während sie eine Salve nach der anderen aufeinander abfeuerten, versuchte ich wieder und wieder, die Schlacht zu unterbrechen und dem Gespräch eine therapeutische Wendung zu geben. Aber alle meine Versuche scheiterten. Ihr Hickhack ging bis zum Ende der Stunde weiter, und nachdem wir einen Termin für die folgende Woche vereinbart hatten, brachte ich sie hinaus.

Zu meinem Leidwesen brach in der zweiten Sitzung der Streit wieder aus.

»Warum erzählst du ihm nicht, was heute morgen passiert ist, als wir dich gebeten haben, dich anzuziehen und für die Schule fertig zu machen?« schnaubte Mr. Curran. Ich hatte wieder bei Julia begonnen, weil ich hoffte, ich könnte sie in eine Beziehung zu mir hineinlocken, ehe ich mit ihren Eltern sprach.

»Lassen wir Julia sprechen«, schlug ich vor. Aber noch ehe ich meine Worte zu Ende gesprochen hatte, betrat Mrs. Curran das Schlachtfeld.

»Sie hat sich nicht wohlgefühlt. Sie brauchte noch ein paar Minuten im Bett. John hetzt sie immer.«

»Gottlob tut es wenigstens einer! Wenn es nach dir ginge, würde sie den ganzen Tag im Bett bleiben.«

»Sie war müde. Ich glaube nicht, daß das ein Verbrechen ist. Sie wächst, und dafür braucht sie eine Menge Energie.«

»Ach ja? Ich würde gerne mal etwas von dieser Energie sehen. Ich würde zum Beispiel gerne mal genug Energie sehen, wenn es darum geht, den Mülleimer rauszubringen. Oder ein bißchen Energie zum Saubermachen, damit ihre Eltern ihr nicht die ganze Dreckarbeit abnehmen müssen.«

Wieder hob ich die Hände und versuchte, ihre Stimmen zu übertönen. Aber wie beim letzten Mal hatten sie meine Frage in neuen Zündstoff für ihren Streit verwandelt. Als die Hälfte der Sitzung vorbei war, gingen mir die Strategien zum Eingreifen aus.

Ich wurde nervös und sogar ärgerlich. Wir hatten bereits eine Sitzung hinter uns gebracht, in der nichts erreicht worden war, und ich wollte keine zweite dieser Art. Aber ich hatte keine Ahnung, was ich tun sollte.

Ich warf einen Blick auf Julia. Wie in der ersten Sitzung war sie tief in ihren Sessel gesunken, saß nun reglos da und starrte mit leerem Blick vor sich hin. Wenn ein Fremder hereingekommen wäre, hätte er sicher gedacht, sie sei in einer formellen Trance.

Mir fiel wieder ein, daß ihre Eltern gesagt hatten, daß sie oft alleine dasitze und in die Luft starre und daß sie so oft vor dem Fernsehapparat sitze. Mir wurde klar, daß Julia sich gut für eine

Trance eignete. Sie verwendete sie die ganze Zeit – indem sie sich in die Phantasie flüchtete, fernsah oder sich einfach ausklinkte, ohne zu denken – als Möglichkeit, sich von ihrem Leben zu Hause zu dissoziieren. Trance war ihr Weg, mit den Übergriffen und den Kämpfen ihrer Eltern fertigzuwerden.

Wenn sie Trance einsetzte, um zu Hause aus der Bedrängnis zu fliehen, dann wäre sie wahrscheinlich durchaus bereit, hier dasselbe zu tun, dachte ich. Vor lauter Frustration oder Irritation, oder weil ich einfach nicht wußte, was ich anderes tun sollte, beschloß ich, sie zu hypnotisieren. Zumindest konnte ich ihr ein paar hilfreiche Suggestionen geben. Und bestenfalls würden ihre Eltern ihren Streit unterbrechen, solange ich Julia in Trance versetzte, und lange genug Pause machen, um zuzuschauen.

Aber ich erkannte, daß das noch nicht alles war. Wenn Julia erst einmal in Hypnose war, konnte ich den Kampf zwischen ihren Eltern in anderer Weise beeinflussen. Ich konnte indirekt zu ihnen sprechen und unter dem Vorwand, zu Julia zu sprechen, Dinge sagen, die auf sie gemünzt waren. Und noch wichtiger war, daß wir vielleicht einen Präzedenzfall für eine neue Familiendynamik schaffen konnten. Wenn Julia in Trance ging, konnte sie mit ihren streitenden Eltern im selben Raum sein und sich doch von ihnen getrennt fühlen. Und wenn die Eltern ihre Projektionsfläche verloren, mußten sie direkter miteinander kommunizieren.

Mit neuem Mut wandte ich mich an Julia: »Dieses dauernde Streiten muß ganz schön hart für dich sein, Julia«, sagte ich.

Sie wandte sich mir zu, und überrascht stellte ich fest, daß ihre Augen blau waren. Wir hatten zum ersten Mal Blickkontakt aufgenommen. »Gibst du dich manchmal Tagträumen hin, einfach um dem allem zu entfliehen?«

Sie schaute mich mit einer Mischung aus Überraschung und Verlegenheit an, als hätte ich sie bei etwas ertappt. »Manchmal«, sagte sie unwirsch.

»Ich wette, du wünschst dir manchmal, du könntest einfach weggehen.«

Ganz sachte, als hoffe sie, ihre Eltern würden es nicht sehen, nickte sie.

»Wenn deine Eltern damit einverstanden sind, kann ich dir

vielleicht eine Möglichkeit zeigen, das auch zu tun. Dann kannst du, wenn die Lage zu Hause sehr ungemütlich wird, einfach für ein Weilchen weggehen und eine Pause einlegen. Würde dir das gefallen?«

Sie warf einen vorsichtigen Blick auf ihre Eltern. »Ich glaube schon.«

Auch ich wandte mich ihren Eltern zu. »Wären sie damit einverstanden, daß ich Julia hypnotisiere?«

Beide nickten heftig, als wollten sie sagen: *Endlich machen Sie das, wozu wir hergekommen sind!*

Ich wandte mich wieder Julia zu. »Gut. Aber ehe wir anfangen, habe ich eine Frage an dich. Welcher Film ist dein Lieblingsfilm?«

»*Mary Poppins!*« Die Antwort kam so blitzschnell, daß ich über das Tempo ganz erstaunt war.

Ich lächelte. Natürlich liebte ein Kind, das in einer quälenden familiären Situation festsaß, einen Film, in dem eine Frau mit Zauberkräften Kinder zeitweise aus ihrem grauen Alltag entführt.

»Würdest du diesen Film gerne sehen? Hier?«

Ihr Gesichtchen hob sich mir eifrig entgegen. »Ja.«

»Meinst du, du kannst das?«

Sie schaute mich verwirrt an. »Ich weiß nicht.«

»Weißt du, daß du einen Kinoarm hast?«

Ihr Gesicht verdüsterte sich, und sie sah mir forschend in die Augen, als versuche sie, meine Worte zu begreifen. Es war ein Augenblick, in dem sie für Suggestionen sehr empfänglich war, ein Augenblick, in dem sie bei dem Bemühen, meine Frage zu verstehen, nach innen gehen würde, um eine Antwort zu finden, ein Augenblick, in dem sie in der Hoffnung, daß ich ihrer Verwirrung ein Ende machen würde, ganz und gar offen war für mich. »Nein«, sagte sie unsicher.

»Gut, dann werde ich es dir zeigen.«

Ich stand auf, stellte mich vor sie und umfaßte sehr sanft mit Daumen und Zeigefinger ihr Handgelenk. »Sieh mal«, sagte ich, und mit einer ganz langsamen Bewegung, die ich mehr andeutete als ausführte, hob ich ihren Arm in die Höhe. Und während ich das tat, schaute ich nach oben, womit ich die Aufwärtsbewegung unterstrich. Als ihr Arm auf der Höhe ihrer Augen war, ließ ich ihn vorsichtig los. Der Arm blieb in der Luft hängen, steif, rund einen halben Meter vor ihrem Gesicht.

»Und jetzt kannst du einfach die Augen zumachen und diesen Film anschauen ... und vergiß diesen Arm einfach, denn er wird mit derselben Geschwindigkeit wieder herunterkommen, mit der du den Film siehst ... Er wird in deinem Schoß ankommen, wenn du den ganzen Film von Anfang bis Ende gesehen hast.«

Innerhalb von Sekunden begannen sich Julias Augen hinter den geschlossenen Lidern rasch zu bewegen, und ihr Arm sank langsam herab. Ihr mentaler Film – Bilder und Eindrücke, die sie beim tatsächlichen Anschauen in ihrem Gehirn gespeichert hatte – war angelaufen.

»Gut so ... Und während du diesen Film siehst, kannst du deinen Körper einfach sich entspannen lassen und tief einschlafen ...«

Mit der Aufforderung, den Film anzuschauen, half ich Julia, sich in ihr Inneres zu versenken, sich von der äußeren Wirklichkeit abzuschotten. Die Armlevitation war ein Überzeugungsphänomen: Sie erfüllte Julias Erwartung, daß in meiner Praxis etwas Ungewöhnliches geschehen würde, und erhöhte ihre Bereitschaft, auch meine nächste Suggestion zu befolgen, nämlich, sich zu entspannen und tief einzuschlafen. (Ebenso wichtig war, daß die Levitation als Überzeugungsphänomen für ihre Eltern diente, denn sie überzeugte sie, daß es richtig gewesen war, Julia in meine Praxis zu bringen, weil dort erstaunliche Dinge geschehen konnten.) Bei dieser zweiteiligen Induktion verstärkten sich die beiden Teile gegenseitig. Beide förderten die Dissoziation (Julia spaltete sich von ihrem Bewußtsein ebenso ab wie von ihrem Arm), was für eine Trance ungeheuer wichtig ist.

Langsam, Zentimeter um Zentimeter, sank der Arm herab. Fünfundvierzig Sekunden später lag ihre Hand in ihrem Schoß. Nun neigte sich ihr Kopf schwer zu einer Schulter hin, und sie atmete mit offenem Mund tief und gleichmäßig. Sie war in einer tiefen Trance.

»Und jetzt, während du hier sitzt, ganz entspannt, und weißt, daß hier für alles gesorgt ist, gibt es einige Dinge, über die ich zu dir sprechen möchte ... Und ich spreche dabei zu deinem tiefsten Inneren, denn du darfst dich darauf freuen, diesen Teil deines Inneren und diese angenehmen Gefühle jeden Tag einzusetzen, damit sie dir dabei helfen, dich besser und besser zu fühlen... Wann immer du zu Hause bist, und die Dinge stürmen von außen auf dich ein, kannst du dich daran erinnern, wie du dich jetzt gerade hier fühlst, und kannst diese Gefühle wieder wachrufen... Du kannst das machen, wann immer du willst... Du kannst dir einfach ein bißchen Zeit für dich selber nehmen, fernab von den Dingen, die dich bedrücken...« In dieser indirekten Art und Weise gab ich Julia eine Suggestion für die Selbsthypnose.

»Und da ist noch etwas, von dem ich möchte, daß du in deinem tiefsten Inneren darüber nachdenkst, ohne daß ich zu wissen brauche, daß du darüber nachdenkst... Manchmal, wenn Menschen Dinge sagen, die unsere Gefühle verletzen, dann tun sie das nicht, weil wir sie verdient haben... Manchmal tun sie das einfach, weil sie selbst Probleme haben. Sie haben vielleicht sogar noch Aufgaben aus der Zeit übrig, in der sie selbst Kinder waren, und manchmal können wir irgendwie in diese alten Aufgaben hineingeraten... Es kann sehr *deprimierend* sein, in die alten Aufgaben anderer Menschen hineinzugeraten, aber das ist nicht nötig... In solchen Augenblicken können wir uns daran erinnern, daß es *ihre* Aufgaben sind und nicht unsere, und daß uns diese Menschen trotzdem lieben, und wir können mit unserem tiefsten Inneren in Verbindung bleiben, wo wir wissen, daß wir in Wirklichkeit in Ordnung sind...«

Meine Suggestion, daß Julias Eltern noch Aufgaben aus ihrer Kindheit übrigbehalten hatten, beruhte lediglich auf einem Verdacht. Ehepartner agieren häufig die ungelösten Schwierigkeiten ihrer Kindheit miteinander aus, und es schien mir durchaus möglich, daß hier die Ursache für die endlosen Streitereien der Currans lag. Falls das zutraf, hoffte ich auf eine zweifache Wirkung meiner Worte: Einmal hoffte ich, daß sie die Verbindung zwischen Julias Depression und den Streitigkeiten ihrer Eltern lockerten, und zum anderen, daß sie Julias Eltern dazu bewegen würden, einen Zusammenhang zwischen ihren Streitigkeiten und ihrer Vergangenheit in Betracht zu ziehen.

»Jetzt werde ich dich gleich aufwecken, und wenn ich das tue, wirst du dich besser fühlen als seit langem... Und mit jedem Tag, der vergeht, wirst du dich besser und besser fühlen... Du wirst mehr Energie haben, alles wird dir interessanter erscheinen und mehr Spaß machen, du wirst mehr unternehmen wollen... und du wirst feststellen, daß du nachts tief und friedlich schläfst. Und du brauchst über keines der alten Probleme mehr nachzudenken, die du bisher hattest... Und jetzt möchte ich, daß du dich selbst siehst, nachdem alle diese Dinge wahr geworden sind.« Nachdem ich ihr einige Sekunden Zeit gelassen hatte, ihr besseres Selbst zu visualisieren, zählte ich laut von fünf bis eins, und als ich die Eins erreichte, wachte sie auf.

Während der gesamten Hypnose hatten Mr. und Mrs. Curran aufmerksam zugesehen. Sie schienen fasziniert zu sein von dem, was sie sahen, allerdings gab Mrs. Curran auch eine gewisse Besorgnis zu erkennen. Als der Arm ihrer Tochter in der Luft schwebte, schaute sie beunruhigt zwischen dem Mädchen und mir hin und her, und als Julias Kopf schlaff zur Seite fiel, spannte sich das Gesicht ihrer Mutter an. An einer Stelle streckte Mr. Curran die Hand aus und berührte die Hand seiner Frau. Was sie von meiner Aussage über »die Aufgaben anderer Menschen aus ihrer Kindheit« hielten, konnte ich nicht erkennen.

Julia erwachte viel besser gelaunt als vorher. Sie öffnete die Augen, schaute sich im Raum um, um wieder zu sich zu kommen, und erlaubte sich dann ein scheues Lächeln.

»Alles klar, kann der Tag jetzt weitergehen?« fragte ich.

Sie wandte sich mir zu. »Ja!«

»Also gut. Vielleicht kannst du deine Eltern dazu überreden, dich nächste Woche wieder hierher zu bringen, damit du wieder einen Film sehen kannst.«

Wir schauten beide zu ihren Eltern hinüber.

Mr. und Mrs. Curran hatten schweigend dagesessen, als warteten sie auf ein Stichwort. Jetzt schauten sie unsicher von Julia zu mir und sahen sich dann an.

»Ja, sicher, Liebling, das können wir bestimmt«, sagte Mrs. Curran schließlich zögernd. Ihre Stimme war unsicher, als rede sie zu einem Fremden, als wäre das Kind, das ich ihnen zurückgab, in irgendeiner Weise grundlegend verändert. »Wie war...« Sie suchte nach einem Wort. »Wie war das?«

»Es war schön.«

»Wie war es?«

Julias Gesicht umwölkte sich, als sie versuchte, ihr Erlebnis in Worte zu fassen.

»War es ein bißchen wie ein Traum?« half ich ihr. Ich wollte, daß sie in Ruhe gelassen wurde – den bohrenden Fragen ihrer Mutter entkam und auch vor der Notwendigkeit geschützt war, bewußt zu erklären, was sie getan hatte.

»Ja«, stimmte sie zu, sichtlich erfreut über die Wahl meines Vergleiches.

»Welche Zeit wäre Ihnen nächste Woche recht?« fragte ich, wieder den Eltern zugewandt. Ich wollte sie darauf festlegen, wiederzukommen, solange sie noch unter der Wirkung dessen standen, was sie gesehen hatten. Und ohne ein Wort der Widerrede vereinbarten sie einen weiteren Termin mit mir.

Zu meiner Enttäuschung kamen die Currans mit der ganzen Erbitterung in die dritte Sitzung, mit der sie in die beiden ersten gekommen waren. Sie hielten ihren Streit lange genug im Zaum, um sich in meiner Praxis niederlassen zu können, aber schon nach wenigen Minuten entbrannte wieder die altbekannte Schlacht.

»Julia ging es diese Woche viel besser«, teilte mir Mrs. Curran mit und sah mir dabei entschlossen in die Augen, als könne sie durch ihren festen Blick ihren Mann ausklammern. »Sie war viel munterer und fröhlicher.«

»Wenn du zwei Tage eine Woche nennst«, knurrte Mr. Curran. »Schau sie dir doch jetzt an.«

Tatsächlich drückte sich Julia, als wir nun alle zu ihr hinüberschauten, so tief in ihren Lehnsessel, als hoffe sie, zwischen den Kissen und Polstern unseren Blicken entschwinden zu können. Mit ihrem gesenkten Kopf und dem über die Augen fallenden dunklen Haar erschien sie mir plötzlich zerbrechlich, wie ein verängstigter Einwanderer, der auf Ellis Island gestrandet ist.

Wie ich dem Gezänk ihrer Eltern entnehmen konnte, hatte sich Julias Verhalten nach der Hypnose sehr gebessert, aber schon nach zwei Tagen war sie so depressiv wie vorher geworden.

»Ich habe die Nase gestrichen voll«, polterte Mr. Curran. »Ich weiß nicht, wie lange ich das noch aushalte. Und ich weiß auch nicht, wie lange ich noch aushalte, daß du sie so verzärtelst. Mein Gott, ich kenne kein einziges Kind, das nicht im Haushalt mithilft. Das Mädchen kann sich alle Schandtaten erlauben.«

Mr. Curran hatte schon letzte Woche denselben Satz vorgebracht. Er war mir damals überraschend hart erschienen, und jetzt sagte er ihn noch einmal.

»Sie ist so zerbrechlich, John. Man kann nicht von ihr erwarten, daß sie genausoviel hilft wie andere Mädchen.«

»Sie ist nicht zerbrechlich, sie ist nur depressiv. Und ich sage, das beste Heilmittel für eine Depression ist, aufzustehen und etwas zu tun.«

Während sie redeten, erkannte ich plötzlich, was geschehen war. Die Hypnose hatte tatsächlich das Familienmuster aufgebrochen. Julia war nach der Sitzung deutlich weniger deprimiert nach Hause gekommen – und das Fehlen ihrer Depression hatte die Eltern ihres gewohnten Zankapfels beraubt. Als Folge davon war das ganze Familiensystem ins Wanken geraten. Jahrelang, vielleicht schon seit Julias Geburt, hatten Mr. und Mrs. Curran wegen Julia gestritten. Natürlich hatten sich die Inhalte verändert – vielleicht ging es um Ernährungspläne, als sie noch klein war, um Kleidung, Hausaufgaben und die Zeit fürs Zubettgehen, als sie älter wurde, und im letzten Jahr hatten sie über die Depression gestritten. Aber ganz gleich, um welches Thema es ging, der Kampf selbst war das ordnende Element in ihrer Ehe – das primäre Kommunikationsvehikel der Eltern. Jetzt, nach der Hypnose, war dieses ordnende Prinzip plötzlich nicht mehr da. Wie sollten sie sich nun zueinander in Beziehung setzen? Das Unbehagen mußte extrem groß geworden sein – so extrem, daß die Eltern aus Angst, aus Gewohnheit oder einfach aus Verwirrung ihren Streit wiederaufgenommen hatten, hartnäckiger und lautstärker als je zuvor –, und Julias Symptome waren prompt wieder zurückgekehrt.

Jetzt mußte ich einen neuen Weg finden, das Muster zu durchbrechen.

Ich dachte an die Familie Titus, die mich der Familie Curran empfohlen hatte. In ihrem Fall hatte ich die »schwierige« Tochter hypnotisiert und ihr dadurch ermöglicht, eine Metaposition gegenüber der Familie einzunehmen, aus der heraus sie die Familiendynamik klarer erkennen konnte. Wenn ich nun dasselbe wieder tat? Wenn ich Julia hypnotisierte und ihr das Programm für einen hypnotischen Traum vorgab?

Hypnotische Träume haben viel Ähnlichkeit mit echten Träumen: Sie sind Botschaften aus dem Unbewußten, die symbolisch, frei in der Form und impressionistisch sind. Aber im Gegensatz zu spontanen Träumen kann man sie programmieren. Ich kann einen Klienten auffordern, einen Traum zu einem bestimmten Thema zu haben oder einen Traum zu wiederholen, aber mit einem anderen Ausgang. Diese Träume sind ein verläßlicher Weg, an der bewußten Einstellung eines Klienten zu einem Problem vorbeizukommen und eine erweiterte Perspektive mit mehr Tiefe zu gewinnen.

Ich wandte mich wieder an die Eltern, die noch immer über das Heilmittel für Julias Depression debattierten.

»Ich muß mich bei ihnen entschuldigen«, warf ich plötzlich dazwischen.

Meine Worte kamen so unerwartet, daß die Currans ihren Streit unterbrachen und mich ansahen.

»Ich muß mich wirklich bei Ihnen entschuldigen, weil ich nicht früher begriffen habe, was für ein Geschenk Sie in Gestalt von Julia mitgebracht haben. Ihre Träume und Tagträume sind vielleicht der Schlüssel zur Lösung des Problems.«

Sie starrten mich verwirrt an. Wovon redete ich? Julia war doch das Problem.

»Wenn Julia damit einverstanden ist, möchte ich sie gerne noch einmal hypnotisieren und sehen, ob uns das vielleicht weiterhilft.« Die Currans waren nicht willens gewesen, meine Kommentare über ihren Streit anzuhören, aber vielleicht konnten sie die Worte ihrer Tochter nicht so leicht übergehen. Julia war in dem Streit eine unbeteiligte Dritte, die aber jeden Zug genau kannte. Ihr Wissen war zum größten Teil unbewußt, ebenso wie das ihrer Eltern, keiner wußte tatsächlich, warum der Kampf so hartnäckig und verbissen geführt wurde. Aber ein hypnotischer Traum Julias konnte uns Aufschluß geben: Wenn sie etwas darüber sagte, welche Gefühle das Verhalten ihrer Eltern in ihr auslöste oder ob sie sie manchmal an andere Menschen erinnerten oder was sie an ihnen beobachtete, wenn sie sich stritten, trug vielleicht etwas dazu bei, einen Teil dieses unbewußten Wissens ans Licht zu bringen. Und vielleicht würden sich ihre Eltern durch ihre Offenbarungen dazu bewegen lassen, ihr Verhalten unter die Lupe zu nehmen.

Ich wandte mich an Julia, die sich in ihrem Sessel aufgerichtet hatte und mich erwartungsvoll ansah. »Möchtest du gerne noch einen Film sehen?«

»Ja!«

»Welchen Film möchtest du heute sehen?«

Sie dachte einen Augenblick nach. »Ich möchte wieder *Mary Poppins* sehen.«

»In Ordnung, dann kannst du einfach die Augen schließen und es dir bequem machen...ja, gut so...und dann, sobald du dazu bereit bist, kannst du einfach anfangen, den Film zu sehen.« Diesmal mußte ich nicht wieder die Armkatalepsie durchführen. Julia wußte schon, daß sie in Trance gehen konnte, und ihre Vertrautheit mit der Trance würde ihr helfen, rasch von allein in diesen Zustand zu gelangen.

»Jetzt, während dein Film läuft, kannst du tiefer und tiefer gehen...«

Innerhalb von zwei Minuten war Julias Kopf zur Seite gesunken und ihr Atem wurde tief und gleichmäßig. Sie hatte *Mary Poppins* zu Ende gesehen und war jetzt in einer tiefen Trance.

»Sehr gut...und jetzt kannst du mir zuhören, während du dich in einen tieferen und tieferen Schlaf sinken läßt, in dem du träumen kannst...Dein Körper ist so schlaff wie der einer Stoffpuppe, und er ist so schwer, daß du ihn einfach schlafen lassen kannst, nicht wahr?...Und während du tiefer und tiefer schläfst, hörst du nur auf meine Stimme und achtest auf nichts anderes als meine Stimme und dein eigenes angenehmes Dahintreiben...Jetzt wirst du gleich einen Traum haben und es wird ein Traum darüber sein, *was hier in diesem Raum geschehen ist, immer und immer wieder, und was schon viele Male zuvor geschehen ist*, wenn sich die Gemüter erhitzt haben und die Stimmen immer lauter und lauter wurden und Gefühle auf beiden Seiten verletzt wurden... Träume darüber, was das alles hier und heute zu bedeuten hat und was für uns alle hier in diesem Raum wichtig sein könnte, und Träume darüber, was es sonst immer bedeutet hat, wenn es etwas bedeutet hat, was für uns alle wichtig sein könnte... Du brauchst diesen Traum nicht einmal zu verstehen, aber du wirst diesen Traum jetzt sofort haben können.«

Meine Suggestionen waren absichtlich vage gehalten. Ich wollte lediglich suggerieren, daß Vergangenheit und Gegenwart miteinander zusammenhingen, daß die elterlichen Kämpfe Teil eines Musters waren, daß alle Dinge, von denen in diesem Raum die Rede gewesen war – Julias Symptome, die Angst der Familie, das Gepäck aus der Kindheit, die Kämpfe –, irgendwie miteinander verbunden waren. Ich wollte, daß Julia in ihrem Inneren nach irgend etwas suchte, das als Leitfaden dienen konnte. Und ich wußte, daß ihre Eltern beim Zuschauen ebenfalls in ihrem Inneren suchen würden, denn auf irgendeiner Ebene verstanden sie die Implikationen meiner Worte.

Einige Sekunden lang saß das Mädchen vollkommen still. Dann begannen plötzlich ihre Augenlider zu flattern, als habe sie einen lebhaften Traum. Fünfzehn Sekunden später wurde sie ruhig. Als klar war, daß ihr Traum vorüber war, sagte ich ihr, sie werde uns in aller Ruhe davon berichten können, ohne jede Furcht oder Besorgnis. Dann weckte ich sie auf.

Sie erwachte mit leeren Augen, verharrte einen Moment zwischen Trance und Wachzustand.

»Kannst du uns deinen Traum erzählen?« fragte ich sanft.

Sie schaute in meine Richtung, schien mich aber nicht zu sehen, sie sah scheinbar durch mich hindurch auf einen Punkt in der Ferne. »Ich sehe Mami, die Papi anschreit«, sagte sie langsam, und ihre Stimme klang hohl und eintönig. »Und er schreit zurück.« Sie machte eine Pause und sah verwirrt aus. »Aber es ist nicht wirklich *mein* Papi, weil es auch *ihr* Papi ist. Und dann entstand eine lange Pause, ehe sie düster und geheimnisvoll hinzufügte: »Und mein Papi ist eifersüchtig!«

Ihr Vater war eifersüchtig? Ich blickte rasch zu Mr. und Mrs. Curran hinüber, um zu sehen, wie sie Julias Worte aufgenommen hatten. Beide saßen schweigend da und starrten Julia wie versteinert an. Ich erkannte, daß sie selbst in eine spontane

Trance gefallen waren; ihre Augen waren glasig, ihre Aufmerksamkeit ganz nach innen gerichtet. Anscheinend hatten die Worte eine Flut von Gedanken und Gefühlen ausgelöst, die sie nun zu bewältigen suchten. Als klar war, daß Julia nichts mehr zu sagen hatte, schauten sie einander an, sichtlich betroffen, und blieben – erst zum zweiten Mal in meiner Gegenwart – stumm.

Was hatte Julias Äußerung zu bedeuten? Ich hatte keine Ahnung, aber sie hatte bei ihren Eltern eindeutig eine starke Reaktion ausgelöst. Vielleicht konnte Julia in wachem Zustand eine Deutung geben. Da ich wollte, daß sie selbst ihre Worte noch einmal mit Bewußtsein hörte, bat ich sie, sie zu wiederholen.

Kaum hatte ich das getan, begannen ihre Augenlider zu flattern und sie begann wieder in die Trance zurückzufallen.

»Gut so... Du kannst mir erzählen...«, ermunterte ich sie.

Trotz dieser Ermunterung schlossen sich ihre Augen. Einen Augenblick später öffneten sie sich wieder, schlossen sich wieder halb, ihre Lider flatterten. Sie versuchte, wach zu bleiben.

»Gut so... Du kannst jetzt hier bei uns sein... Du kannst noch einmal wiederholen, was du uns gesagt hast.«

Sie versuchte noch einmal, ihre Augen zu öffnen, aber sie schienen ihr kaum zu gehorchen. Und unter unseren Blicken schlossen sie sich ganz, das Kinn sank ihr auf die Brust, und sie ging wieder in Trance.

»Julia...« Sie atmete mehrmals tief und begann dann langsam den Kopf zu schütteln. Gleich darauf hob sich ihr Kopf, und ihre Augen gingen auf. Sie schaute mit leerem Blick zu mir her.

»Julia, du kannst jetzt hier bei uns sein, hellwach...«

Sie blinzelte mehrmals.

»Kannst du dich daran erinnern, wo du gerade eben warst? Kannst du dich daran erinnern, was du gesagt hast?«

Sie sah mich an, als hätte ich in einer ihr unbekannten Sprache gesprochen.

»Du kannst dir ruhig Zeit lassen... und denk an das zurück, was du gerade eben gesagt hast...«

Wieder schaute sie mich verwirrt an, mit verschleiertem Blick. Dann begann ihr Kopf langsam vornüber zu sinken und ich merkte, daß sie wieder in Trance ging.

Ich erkannte, daß ich aufhören mußte, in sie zu dringen. Julia brauchte nicht zu wissen, was sie gesagt hatte, ihr Unbewußtes sagte mir das, indem es ihrem Bewußtsein dieses Wissen vorenthielt. Es wäre ein Fehler, noch weiter nachzuhaken. Daher verwandte ich nun meine Aufmerksamkeit darauf, sie ganz aus der Trance herauszuholen. »Gut, ich beginne jetzt zu zählen, von fünf bis eins, und während ich das tue, wirst du in diesen Raum zurückkehren, hellwach und ruhig, mit einem guten Gefühl in bezug auf dich und auf das Erlebnis, das du gerade hattest...«

Während ich zählte, hob sich Julias Kopf, ihre Augen öffneten sich, ihr Blick zentrierte sich wieder. Als ich bei eins angekommen war, setzte sie sich in ihrem Sessel auf und schaute sich im Zimmer um.

»Lassen wir ihr einen Augenblick Zeit, um sich wieder zurechtzufinden«, sagte ich rasch, ehe ihre Eltern etwas sagen konnten. Ich wollte verhindern, daß sie sie mit Fragen bestürmten. Und ich wollte, daß sie ruhig über das nachdachten, was sie gerade gehört hatten.

Was hatte Julias Traum zu bedeuten? Ich war mir nicht sicher, obwohl darin von Mrs. Currans Vater die Rede gewesen war, was darauf hindeutete, daß eine wichtige Quelle des Konfliktes tatsächlich aus ihrer Kindheit stammen konnte. Ich war neugierig, was die Currans darüber dachten, widerstand aber dem Drang, sie zu fragen. Ich wollte, daß sie die Sitzung im Unbewußten verdauten und aus ihrer eigenen Erfahrung heraus interpretierten. Bewußte Kommentare gleich jetzt konnten diesen Prozeß stören. Daher sagte ich nur: »Nun, der Traum hat nicht viel mit ihr zu tun gehabt, nicht wahr?« und beendete die Sitzung dann rasch mit der Vereinbarung eines weiteren Termins.

Als sie gegangen waren, dachte ich darüber nach, was geschehen war. Klienten entwickeln eine spontane Amnesie für den Inhalt einer Trance, wenn das aufgetauchte Material so »heiß« ist, daß das Bewußtsein nicht damit umgehen kann, und genau das hatte sich hier offenkundig ereignet. Aber dann fiel mir auf, daß Julias Amnesie noch zwei anderen Zwecken diente. Sie nahm sie aus der Schußlinie heraus: Ihre Eltern konnten sie nicht ausfragen, konnten sie nicht für ihre Interessen einspannen, weil sie sich buchstäblich an nichts erinnerte. Und sie konnte dem, was sie gesagt hatte, auch nichts hinzufügen. Jetzt mußten ihre vier einfachen Sätze für sich allein stehenbleiben, wie ein *koan* im Zen, und forderten ihre Eltern zu einer Interpretation heraus.

In der folgenden Woche war das Ehepaar Curran merklich friedlicher. Die beiden betraten meine Praxis ruhig und setzten sich auf ihre gewohnten Plätze, doch statt ihren rituellen Streit vom Zaun zu brechen, blickten sie mich stumm an. Mrs. Curran spielte an ihrer Handtasche herum, die sie auf dem Schoß hielt. Mr. Curran starrte mein Bücherregal an, als hätte er es gerade erst entdeckt. Nur Julia wirkte entspannt und warf mir einen verschwörerischen Blick zu.

»Du siehst aus, als würde es dir recht gutgehen«, meinte ich leichthin zu ihr.
»Ja.«
»Was ist los?«
Sie zuckte die Achseln. »Ich weiß nicht. Ich fühle mich einfach wohler.«
»Mehr Energie?«
»Ja.«
»Wie steht es mit den Alpträumen?«
Sie runzelte die Stirn und legte den Kopf schräg. »Ich kann mich nicht daran erinnern, diese Woche geträumt zu haben.«
»Das klingt aber sehr erfreulich.«
Ihre Verwirrung verwandelte sich in ein Lächeln. »Ja.«
Es war offenkundig, daß sich in der Familie Curran etwas drastisch verändert hatte. Ich wandte mich den Eltern zu. »Und wie geht es Ihnen?«
Die Eltern schauten einander nervös an. Einige Sekunden sprach niemand. Schließlich räusperte sich Mrs. Curran. »Wir haben über sehr vieles miteinander gesprochen, seit wir das letzte Mal hier waren, und...« Sie schaute hilfesuchend ihren Mann an, aber er starrte weiterhin auf das Bücherregal. »Und wir sind zu dem Schluß gekommen, daß wir einiges mit Ihnen zu besprechen haben.«

Sie hielt verlegen inne und ich bedeutete ihr, sie möge weitersprechen.

»Wir denken...« Wieder hielt sie inne, und diesmal schaute sie dabei Richtung Julia, die von ihrem Lehnstuhl aus mit gespanntem Blick zuhörte.

Offenbar wollten ihre Eltern das, was sie zu sagen hatten, nicht vor ihrer Tochter sagen. Ich überlegte einen Augenblick. Bei einer Familientherapie möchte ich im allgemeinen alle Familienmitglieder im Raum haben. Jede Person hat einen Einfluß auf das Familiensystem, und es hilft jedem einzelnen, wenn er hört, was gesagt wird, und darauf reagieren kann. Aber ich erinnerte mich daran, daß Julia nach ihrem Offenbarungstraum wieder in Trance gefallen war. Was immer hinter dem Konflikt ihrer Eltern stecken mochte, war also wohl nicht für ihre Ohren bestimmt.

»Nun, Julia«, lächelte ich, »es klingt so, als hätte sich die Lage für dich gebessert, und jetzt habe ich die Möglichkeit, ein bißchen mit deinen Eltern zu reden. Wie wäre es, wenn du dich ein Weilchen ins Wartezimmer setzen würdest? Es liegen ein paar Hefte draußen, die dir gefallen könnten. Und sobald wir hier fertig sind, kommen wir und holen dich wieder herein.«

Julia sah mich enttäuscht an. Vermutlich war sie gleichermaßen darüber betrübt, daß sie nicht hypnotisiert wurde und daß sie die Enthüllungen ihrer Eltern nicht hören würde.

»Vielleicht arbeiten wir in Zukunft noch einmal mit Hypnose«, vertröstete ich sie. »Und außerdem brauchst du mich dafür gar nicht. Du kannst es alleine machen.«

Bei diesen Worten hellte sich ihre Miene auf.

»Weißt du noch, wie du das machen mußt, was ich dir gezeigt habe? Wie du dich einfach an diese Gefühle erinnern und sie wieder ganz lebendig spüren kannst?«

»Ja...«

»Also, dann könntest du jetzt vielleicht ins Wartezimmer gehen und es gleich ausprobieren.«

»Okay«, willigte sie ein, kletterte aus ihrem Lehnsessel heraus und verschwand nach draußen.

Als Julia gegangen war, seufzte Mrs. Curran und legte ihr Notizbuch auf den Boden. Sie betrachtete es ein paar Sekunden und schob es dann ein paar Zentimeter nach links. Dieses Manöver brachte ihr dreißig Sekunden Aufschub.

»Sie sagten gerade...« half ich ihr auf die Sprünge.

»Ja, also, wir haben diese Woche über vieles gesprochen, und... wir sind zu dem Schluß gekommen, daß es ein paar Dinge gibt, über die wir mit Ihnen reden müssen. Über unsere Ehe...« Sie blickte Mr. Curran an, der sich ein gequältes Lächeln abrang. »Wie Sie wissen, streiten wir sehr viel... und wir sind zu dem Schluß gekommen, daß es dabei nicht immer um Julia geht. Manchmal natürlich schon... aber nicht immer. Manches hat einfach mit uns zu tun.« Sie sprach schnell, als wolle sie die Worte hervorsprudeln, ehe sie der Mut verließ. Als sie fertig war, blickte sie hilflos in ihren Schoß.

»Können Sie mir noch ein bißchen mehr erzählen?« fragte ich.

»Wir haben es letzte Woche erkannt, als sie diesen... diesen Traum hatte...«

Offenbar hatten die Currans dem Traum ihrer Tochter eine große Autorität zugebilligt. Sie hatten ihn ausgiebig diskutiert und betrachteten ihn als eine Art Wahrheitsdroge, die sie zur Aufrichtigkeit bewegen sollte. Durch diesen Anstoß hatten sie sich endlich eingestanden, daß sie heimliche Gefühle des Zorns und der Enttäuschung gegeneinander und auch gegen ihre Familien richteten, und daß das Verhalten ihrer Tochter wahrscheinlich ein Spiegel ihrer eigenen nicht aufgearbeiteten Emotionen war. Wir beendeten die Sitzung mit der Vereinbarung, daß zukünftig ihre Ehe und nicht mehr ihre Tochter Gegenstand der Therapie sein würde, und daß sie einmal in der Woche ohne Julia zu mir kommen würden.

In den folgenden Sitzungen blieb die Offenheit der Currans weiterhin bestehen. Langsam, mit stockender Stimme, legte Mrs. Curran dar, daß ihr Vater ein jähzorniger Mann war, der leicht ausfallend wurde und den sie immer gefürchtet hatte. Er hatte sie einmal sexuell belästigt, als sie neun war, und sie hatte sich von diesem Erlebnis nie mehr erholt. Es lebte in ihr wie eine Viper und verdammte sie zu Scham und Heimlichkeit. Jahre später begegnete sie ihrem zukünftigen Mann, verliebte sich in ihn und beschloß, ihn zu heiraten. Am ersten Abend ihrer Flitterwochen nahm sie all ihren Mut zusammen und gab ihr bedrückendes Geheimnis preis, weil sie fürchtete, daß es ihrer Ehe sonst schaden könnte. Unglücklicherweise brachte es ihren Mann völlig aus der Fassung. Statt seiner jungen Frau die liebevolle Unterstützung zu geben, die sie gebraucht hätte, wandte er sich von ihr ab und zog sich sexuell und emotional von ihr zurück. Damit begannen für das Paar zehn Jahre stummer Verzweiflung, in denen sie jedes Gespräch über Sexualität, ihre Flitterwochen und ihre Familien peinlich mieden. Dieser Geheimhaltungspakt bedeutete eine gewaltige Belastung für die Ehe, da beide Partner auf der Hut und wütend aufeinander waren. Aber anstatt sich ihren Konflikten direkt zu stellen, projizierten sie sie auf ihre Tochter. Und wie sooft in einem Familiensystem, spiegelten deren Symptome von Trägheit und Unbeweglichkeit den Stillstand in der Beziehung ihrer Eltern wider.

Jetzt begriff ich, warum Julias Depression dieses Jahr so drastisch zugenommen hatte. Sie hatte das Alter von neun Jahren erreicht und somit das Alter, in dem Mrs. Curran belästigt worden war. Da Mrs. Currans eigene Gefühle aus jener Zeit nicht aufgearbeitet worden waren und sie außerdem dazu neigte, sich mit ihrer Tochter zu identifizieren, begann sie unbewußt zu fürchten, daß sich die Geschichte wiederholen könne. Ohne zu wissen, warum, mischte sie sich stärker in das Leben ihrer Tochter ein und verhielt sich protektiv, gleichzeitig wurde sie feindseliger und vorwurfsvoller gegenüber ihrem Mann. Mr. Curran schlug zurück und verstärkte seine Angriffe auf Frau und Kind. Und im Kreuzfeuer ihrer heftigen Kämpfe verschlimmerten sich Julias Symptome.

Vor dem Hintergrund der elterlichen Wirklichkeit erschien Julias Traum geradezu wie ein Orakelspruch. Irgendwie hatte er genau die Wurzel ihres Konfliktes getroffen. »Es ist nicht wirklich mein Papi, weil es auch ihr Papi ist«, hatte sie gesagt. »Und mein Papi ist eifersüchtig!« Ihren Eltern, die hörten, was zwischen ihren Worten stand, war es so vorgekommen, als hätte sie von der Mißbrauchserfahrung ihrer Mutter und von den Gefühlen ihres Vaters in der Hochzeitsnacht gewußt. Ereignisse und Gefühle, die sie selbst geleugnet hatten, schienen durch Julias Mund ans Licht zu kommen.

Woher hat Julia diese Dinge gewußt? Ich glaube, sie hat sie nicht wirklich »gewußt« – das heißt, sie konnte nicht erraten, was vor ihrer Geburt stattgefunden hatte. Aber sie wußte im Unbewußten, daß unter der Oberfläche des elterlichen Lebens unangenehme Gefühle schwelten. Sie spürte sie in den Worten und Taten der Eltern. Vielleicht verhielt sich Mrs. Curran ihrem Vater gegenüber ambivalent, manchmal ängstlich und wie ein Kind, manchmal distanziert. Oder vielleicht hatte Mr. Curran aus Eifersucht stets ein wachsames Auge, wenn sein Schwiegervater da war. Vielleicht verurteilte Mrs. Curran ihren Mann mit den strafenden Worten: »Du bist genau wie mein Vater!« Vielleicht nahmen ihre Streitereien schlagartig zu, sobald der Großvater zu Besuch kam. Wahrscheinlich sah Julia dieses Verhalten, ohne zu wissen, was es bedeutete, vermutlich erkannte sie die Gefühle ihrer Eltern, ohne ihre Ursache zu kennen. Kinder erfassen oft intuitiv Gefühle bei ihren Eltern, die die Eltern selbst nicht zugeben wollen.

Es ist auch gut möglich, daß die Sprache ihrer Eltern eine Rolle dabei spielte, daß Julia dem Familiengeheimnis auf die Spur kam. Ich erinnerte mich an die Aussage ihres Vaters, sie »könne sich alle Schandtaten erlauben«, als sie sich vor ihren Pflichten drückte. Damals war ich über diese Wendung erstaunt, weil sie mir so extrem erschien. Aber das Gespräch der Currans drehte sich im Grunde gar nicht um Julia. Sie benutzten sie als Deckmantel, um über sich selbst zu sprechen. Angesichts des Gesamtbildes schien mir Mr. Curran jetzt über seinen Schwiegervater zu sprechen, der sich tatsächlich eine Schandtat erlaubt hatte. Er hatte ein schweres Verbrechen begangen und war völlig ungestraft davongekommen. Wenn er sagte: »Das beste Heilmittel für eine Depression ist, aufzustehen und etwas zu tun«, sagte er dann in Wahrheit zu seiner Frau: »Ich weiß, daß du mißbraucht worden bist, aber laß das Alte los, geh weiter«? Wenn sich Mrs. Curran darüber beklagte, daß Mr. Curran »über Julia herfällt«, schilderte sie dann in Wahrheit, was ihr Vater mit ihr gemacht hatte? Und wenn sie immer wieder betonte, Julia sei »zerbrechlich« und »sensibel«, erklärte sie dann im Grunde ihrem Mann, wie *sie* sich fühlte, zerbrochen vom Jähzorn ihres Vaters? Julia hatte diesen Streit und unzählige andere fast ihr ganzes Leben lang gehört. Obwohl sie mit Sicherheit die verhüllten, unbewußten Anspielungen in diesen Auseinandersetzungen nicht verstand, spürte sie doch die unterschwelligen Gefühle, die sie verdeckten.

Die Currans hatten diese Schwierigkeiten verdrängt, weil sie so schmerzhaft waren, daß sie sich ihnen nicht stellen wollten. Aber die Verdrängung verlieh ihnen lediglich mehr Macht. Da sie unter der Oberfläche gärten, beeinflußten sie das Handeln der Eltern und durch die Eltern auch Julias Verhalten. So wurde der Konflikt Teil des Familienunbewußten, Teil jener undifferenzierten Masse von Fakten und Fiktionen, Ereignissen und Gefühlen, die Familienmitglieder miteinander verbindet und ihre Einstellungen, ihr Verhalten und ihre Emotionen prägt. Dort, im Unbewußten, wo der Konflikt vor sich hinschwelte, wurde er durch die Hypnose zugänglich, und Julia, eine Insel im Archipel ihrer Familie, offenbarte ihn.

Warum gerade Julia? Jedes Familienmitglied hätte dieselbe Information enthüllen können. Aber Julia eignete sich gut – einerseits, weil sie ein Kind war und Kinder mit ihrer Neigung zu naturalistischer Trance in Form von Tagträumen und Phantasien leicht Zugang zu unbewußtem Material haben. Und andererseits, weil sie die Symptomträgerin war. Genau wie die Töchter in der Familie Ellis hatte sie die Symptome für das Familienproblem übernommen, und wie diese war sie die »Pfadfinderin«, die unbewußt dazu ausersehen wurde, die Familie in die Therapie zu bringen. Wie die meisten Familien mit unbewußten Konflikten hatten die Currans ambivalente Gefühle in bezug auf eine Therapie. Sie wollten ihre Probleme angehen, aber sie hatten auch schreckliche Angst davor. Daher ihr Widerwillen dagegen, in meine Praxis zu kommen, daher ihre Scheu, Julia hypnotisieren zu lassen. Doch indem sie Julias Problem vorschoben, konnten sie ihr Gesicht wahren und dennoch zum gewünschten Ziel kommen. Sie konnten es vermeiden, das schmerzhafte Material selbst wieder hervorzuholen, Julia würde es für sie tun.

Und tatsächlich geschah genau dies. Durch Julia wurden die unterschwelligen Konflikte der Familie Curran gerade lange genug sichtbar, um wichtige Themen im therapeutischen Rahmen auf den Tisch zu bringen. Dann schloß sich der Vorhang wieder, und Julia erwachte mit einer vollständigen Amnesie. Ihre Eltern hatten recht, wenn sie sie als eine Art Orakel ansahen. Denn wie eine Sibylle, eine Wahrsagerin der Antike, sprach sie aus der Trance heraus von Dingen, die sie nicht wissen konnte, und wie eine Sibylle kümmerte sie sich nicht weiter um die Information, als ihre Aufgabe erfüllt war.

Mr. und Mrs. Curran kamen in unregelmäßigen Abständen noch eineinhalb Jahre lang zu mir. Mrs. Curran machte große Fortschritte bei den Themen, die ihren Vater betrafen, und das Ehepaar arbeitete an seiner sexuellen Beziehung und an Fragen der Macht und Kommunikation. Nach den ersten vier Sitzungen kam Julia nie mehr mit, aber ihre Eltern berichteten, daß kurz nach dem Traum ihr depressives Verhalten zu verschwinden begann. Innerhalb von zwei Monaten verwandelte sie sich in ein kooperatives und energiegeladenes Mädchen. Nachdem ihre Eltern sich daran gemacht hatten, die Probleme in ihrer Beziehung zu lösen, und sie nicht mehr auf dem Umweg über Julia austrugen, brauchte sie offensichtlich nicht mehr mit Symptomen zu reagieren.

Das war vor siebzehn Jahren, und seither habe ich mit den meisten meiner Klienten daran gearbeitet, die unsichtbare Geologie ihrer Familien zu untersuchen. Wir haben die Sedimentschichten unter die Lupe genommen, die über Generationen hinweg gewachsen sind: Die Erfahrungen und das Wissen der Familie, ihre Überzeugungen und ihr Verhalten, die sich alle durch das Gewicht der Zeit zu einem Muttergestein verhärtet haben, das die Inseln der Familiengruppe miteinander verbindet. Und immer wieder habe ich gesehen, wie unter vielen Schichten vergrabene Konflikte die über ihnen gelegenen Schichten destabilisierten und Brüche in allen Inseln herbeiführten. Die Currans sind nicht die einzigen. Wir alle sind Inseln in unserem Familien-Archipel. Wir alle sind Gefangene unseres Familienunbewußten.

3

Lob des Scheiterns

Das erste, was mir an den Hildts auffiel, war ihre sportliche Erscheinung. Mit achtunddreißig und siebenunddreißig Jahren hatten Jim und Margery die drahtige Figur und das gesunde, kernige Aussehen von Leuten, die viel Zeit im Freien verbringen. Als sie mit ihren sonnengebräunten Gesichtern festen Schrittes meine Praxis betraten, wirkten sie eher wie wetterfeste Wanderer aus einem Katalog für Sportbekleidung und nicht wie Eltern, die von *ihren* Eltern »hypnotisiert« worden waren und jetzt wiederum ihr Kind hypnotisierten. Aber wie sich schon in unserer ersten Sitzung herausstellen sollte, war genau dies der Fall, und ihre zwölfjährige Tochter Kathy kämpfte jetzt darum, sich von ihren Suggestionen zu befreien.

Ich wußte von Margerys Anruf her, daß Kathy Schwimmerin war und sich gerade auf einen größeren regionalen Wettkampf vorbereitete, daß sie aber in letzter Zeit jeden Tag heftige Kopfschmerzen hatte, die ihr Training belasteten. Allgemeinmedizinische und neurologische Untersuchungen hatten nichts ergeben, so daß der Hausarzt die Hildts an mich überwies.

»Wir müssen unbedingt sofort zu Ihnen kommen«, hatte Margery am Telephon gesagt, wobei ihre Stimme geschäftsmäßig und dringlich klang. »Die Bezirksmeisterschaften finden schon in zehn Tagen statt.«

Ich merkte sofort auf: Margery schien sich mehr um den Wettkampf zu sorgen als um die Kopfschmerzen ihrer Tochter. Sagte sie mir damit etwas über ihre Familie? Kopfschmerzen und andere körperliche Symptome sind häufig eine Reaktion auf psychischen Druck und bei Kindern oft Hinweise auf familiäre Probleme. Daher hatte ich gesagt, ich würde Kathy gerne behandeln, aber die Eltern müßten zu den Sitzungen mitkommen. Margery hatte bereitwillig zugestimmt.

Mein Gefühl, daß in der Familie Druck herrsche, verstärkte sich, als ich ihr Aufnahmeformular durchlas. Unter der Rubrik »Gründe für den Wunsch nach Hypnotherapie« standen in Margerys säuberlicher, schnörkelloser Schrift die Worte: »Um alle anderen im Schwimmen zu schlagen, vor allem Jill.« »Kopfschmerzen« folgte in der nächsten Zeile, als wäre ihr das erst nachträglich eingefallen. Diese Familie ist nicht hier, damit ich Kathy von ihren Kopfschmerzen heile, dachte ich. *Sie will, daß ich ihr gewinnen helfe.*

Ich drehte mich zu ihnen um. Jim und Margery, die Energie und Zielstrebigkeit ausstrahlten, hatten sich auf die Stühle direkt vor mir gesetzt. Kathy hatte still und vorsichtig an der Seite Platz genommen. Der Kontrast in der Körpersprache hätte nicht größer sein können. Ich fragte mich, ob sich diese Familie wirklich einig war. Legten alle gleich großen Wert auf das Gewinnen? Oder war es nur den Eltern wichtig? Die Kopfschmerzen hielten Kathy vom Schwimmbecken fern: War das ein unbewußter Weg, ihren Eltern mitzuteilen, daß sie einen Rückzieher machen wollte? Das mußte ich von der Familie erfahren.

»Nun, Jim«, sagte ich und wandte mich an Mr. Hildt. Er saß fest auf seinem Stuhl und massierte sich mit seinen sehnigen Fingern die Arme. »Erzählen Sie mir bitte etwas über Ihre Familie.« Ich sagte absichtlich nichts über die Kopfschmerzen. Ich wollte, daß sich die Eltern fragten, ob ich damit einen Zusammenhang zwischen den Kopfschmerzen der Tochter und der Familie andeutete. Wenn meine Frage sie unsicher machte, um so besser, denn wenn ich sie unter Druck sah, konnte ich mir ein realistischeres Bild von ihrer Interaktion machen.

Jim fuhr sich durch das kurzgeschnittene Haar. »Die Familie«, wiederholte er. Er schien meine Frage abzuwägen wie eine Herausforderung. »Wir sind eine eng verbundene Familie. Wir verbringen viel Zeit miteinander.«

»Was für Dinge machen Sie denn gemeinsam?«

»Touren mit dem Mountainbike, Racquetball, Schlittschuhlaufen. Und Schwimmen natürlich.« Seine Sprechweise war so knapp, als wolle er kein unnötiges Wort an mich verschwenden.

»Das klingt ganz schön aktiv«, stellte ich fest und dachte dabei, er hätte wohl kaum anstrengendere Sportarten aufzählen können.

»Oh ja«, schmunzelte er, »wir bleiben gerne in Bewegung.«

»Auf dem Aufnahmeformular steht, Sie seien Bauingenieur.«

Er nickte. »Ich arbeite für eine kleine Firma, die sich zur Zeit mit Brückenbau beschäftigt. Ich hoffe aber, bald bei einer größeren unterzukommen.«

»Jim hat letztes Jahr einen Preis gewonnen«, sagte Margery.

»Sie haben sein Bild in der Zeitung gebracht«, ergänzte Kathy.

Ich beglückwünschte ihn mit einer Verbeugung. »Sonst noch etwas? Was können Sie mir sonst noch über Ihre Familie erzählen?« Bisher hatte er mir nur Einzelheiten mitgeteilt, die die Oberfläche betrafen, aber keine Informationen darüber, wie die einzelnen Familienmitglieder interagierten.

Er setzte seine Fingerspitzen gegeneinander und drückte sie fest zusammen. »Wir verbringen viel Zeit in der Schwimmhalle. Natürlich. Wegen Kathy.« Er nickte in Richtung seiner Tochter. »Und wir legen großen Wert darauf, jeden Abend gemeinsam zu essen. Manche Familien machen das heute nicht mehr, aber wir halten es für wichtig.«

»Das klingt so, als wäre Ihnen eine eng verbundene Familie wichtig.«

»Ich würde sagen, sie ist ein Wert für mich. Wir tun, was unser Terminkalender eben zuläßt.«

»Wie bringen Sie Ihre Verbundenheit sonst noch zum Ausdruck?«

Er blickte durch die Brücke hindurch, die seine Finger bildeten, als fände er meine Frage nicht recht verständlich. »Wir lesen gemeinsam. Wir spielen Gesellschaftsspiele. Manchmal bauen wir Modelle. Wie bringt eine Familie überhaupt ihre Verbundenheit zum Ausdruck? Wir tun Dinge gemeinsam.«

Ich nickte. Jim schien Nähe eher mit Aktivitäten gleichzusetzen als mit Gefühlen, und ich merkte, daß es schwer sein würde, irgendwelche Informationen über den emotionalen Bereich von ihm zu erhalten. Daher richtete ich meinen Blick nun auf Margery.

»Und Sie, Margery?« fragte ich hartnäckig. »Können Sie mir ein bißchen etwas über die Familie erzählen?«

Margery straffte sich. »Nun«, lachte sie, »was wollen Sie denn wissen?«

»Was immer Sie mir erzählen möchten. Wie verstehen Sie sich? Was geschieht in der Familie Hildt?« Ich war auf Informationen über die Interaktionen in der Familie aus, aber Margery mißverstand meine Frage.

»Nun«, lächelte sie, als stünde sie auf einer Bühne. »Ich habe Jura studiert und als Anwältin gearbeitet, bin aber Kathy zuliebe dann zu Hause geblieben.« Sie lächelte ihrer Tochter zu. »Und jetzt manage ich Kathys Karriere.«

Karriere? dachte ich. Das ist ein großes Wort für eine Zwölfjährige. »Was bedeutet das?«

»Ich beaufsichtige ihr Training, stelle ihre Wettkampfpläne zusammen, sorge dafür, daß sie ihre Hausaufgaben macht, damit sie Zeit zum Schwimmen hat, schicke sie rechtzeitig ins Becken, so daß sie ihre Trainingsstunden unterbringt. Es gehört eine Menge dazu, wenn man das Schwimmen so ernst nimmt wie wir.« Sie machte eine Pause. »Wir mußten unseren Terminkalender alle auf Kathy abstimmen.« Ich glaubte, eine Spur von Groll aus Ihrer Stimme herauszuhören.

»Das klingt so, als würde es Ihnen allen viel abverlangen.«

Sie lächelte. »Es macht uns Spaß.« Und sie legte ihre Hände entschlossen in den Schoß.

Wo war ihr Groll so plötzlich geblieben? Es war, als hätte sie ihn mit dem Händefalten verscheucht und irgendwohin verbannt, wo ihn niemand sehen konnte. Lernte auch Kathy, ihre Gefühle zu verstecken? Waren ihre Kopfschmerzen ein Ausdruck für etwas, das sie nicht anders ausdrücken konnte? Ich wandte mich dem Mädchen zu.

»Das klingt, als würdest du ganz schön viel Zeit mit deiner Mutter zusammen verbringen.«

Sie nickte. »Meine Mutter hat mir eine Menge beigebracht.«

Ich registrierte das Wort »beigebracht«. Sein Beigeschmack von Lernen und Leistung bestätigte alles, was ich bisher gehört hatte: Der Vater hatte einen anspruchsvollen Beruf, in dem er Preise gewann, die Mutter war Anwältin und konzentrierte sich jetzt auf die »Karriere« ihres Kindes. Ich bekam allmählich ein Gefühl für die Art von Druck, unter der Kathy stehen mußte.

»Schwimmen ist offenbar sehr wichtig für Sie«, meinte ich und schloß die ganze Familie in meinen Blick ein.

Beide Eltern beugten sich ein wenig nach vorn.

»Natürlich.« Jim drehte sich um und schenkte seiner Tochter ein warmes Lächeln. »Kathy ist unser Star. Wir tun alles, was wir können, um ihr zu helfen.«

»Kath, erzähle Mr. Calof von deinen Schwimmzeiten«, drängte Margery.

Kathy ratterte eine Liste von Bestzeiten herunter, die sie bei verschiedenen Wettkämpfen erreicht hatte. In ihrer Stimme lag Stolz, aber es fehlte ihr an Lebendigkeit.

»Kathy hat an Wettkämpfen teilgenommen, seit sie acht Jahre alt war«, sagte Jim und zog dabei seine Brieftasche hervor. Er nahm fünf oder sechs abgegriffene Schnappschüsse heraus und reichte sie mir. Sie alle zeigten Kathy, die auf jedem Bild jünger wurde und mit einer Stoppuhr in der Hand in die Kamera grinste. Auf dem letzten war Kathy nicht älter als drei, und sie stand, zum Kopfsprung bereit, am Rand eines Schwimmbeckens. Ihr Vater erwartete sie im Wasser.

»Du bist schon viel geschwommen«, bemerkte ich.

Sie nickte. »Ich schwimme praktisch schon seit meiner Geburt. Mein Daddy hat mich ins Becken mitgenommen, wenn er trainiert hat, und manchmal hat er mich auf seinen Rücken gesetzt, und wir taten so, als würde ich schwimmen. Ich kann mich nicht so richtig daran erinnern, aber sie haben mir davon erzählt, und ich habe die Fotos gesehen.«

»Dein Vater schwimmt also auch?«

»Oh ja, er ist richtig gut. Er ist schnell.«

Auf Jims Gesicht erschien ein kleines Lächeln, das seinen Stolz nicht verbergen konnte. »Ich habe ein paar Rekorde gebrochen«, bestätigte er und sah dann zu Kathy hinüber. »Kathy wird das auch tun.«

»Das wissen wir noch nicht, Dad«, sagte Kathy.

»Liebes, ich weiß es, und du mußt es auch wissen. Gewinnen tut man ein gutes Stück weit im Kopf.«

Kathy nickte mechanisch, als hätte sie diese Worte schon tausendmal gehört. Ich hatte das Gefühl, daß ich nicht Vater und Tochter, sondern Sportlerin und Trainer vor Augen hatte.

»Sie haben auch an Wettbewerben teilgenommen?« fragte ich Jim.

»Er war wirklich gut«, warf Kathy ein, ehe ihr Vater antworten konnte. »Beinahe wäre er bei den Olympischen Spielen dabeigewesen.«

»Donnerwetter. Das ist tatsächlich gut.« Ich wandte mich Jim zu, der die Arme über der Brust verschränkte und lächelte.

»Ich war in der Vorauswahl für die Olympiade.« Er drehte den Kopf zu Kathy hin. »Aber Kathy schafft den ganzen Weg. Sie wird bis in die Olympiamannschaft kommen.«

Kathy sah gequält aus.

Jim sah wieder zu mir her. »Sie hat das Zeug, aber sie ist sich ihrer selbst nicht sicher genug. Das ist ihr einziges Problem.«

»Was meinst du, Kathy? Meinst du, du hast das Zeug?« fragte ich.

Sie zuckte nur die Achseln.

»Du scheinst dir da nicht so sicher zu sein wie dein Vater.«

»Er sagt, ich kann es schaffen, wenn ich es mir fest vornehme.« Sie sprach so leise, daß ich sie kaum hören konnte. »Aber ich weiß nicht.«

»Es sieht so aus, als hättest du deine Sache bisher sehr gut gemacht.«

Sie saß still da, blickte zu Boden, hielt die Hände im Schoß und spielte unruhig mit ihnen herum. Wir alle warteten auf ihre Antwort. »Ich glaube einfach nicht, daß ich alles habe, was dazu nötig ist. Ich meine, man muß wirklich wollen...« Sie hielt hastig inne. »Ich habe einfach Angst, daß ich nicht gut genug bin.«

»Kathy«, sagte Jim scharf, mit hörbarem Ärger in der Stimme. »Wir haben schon tausendmal über dieses Thema gesprochen. Erfolg hat man im Kopf. Wenn du nicht...« Er hielt inne und schaute mich an. »Genau das meine ich. Sie hat die Begabung, aber ihre innere Einstellung...«

»Kathy, Schätzchen«, beschwichtigte Margery. »Daddy hat recht. Du mußt positiv denken. Das sagt auch Trainer Soloman.« Sie lächelte ihre Tochter an, aber Kathy blickte finster zu Boden.

Was hatte Kathy zu sagen begonnen? Daß sie nicht so viel schwimmen *wollte,* daß sie zu Wettkämpfen auf nationaler Ebene antreten konnte? Ich hatte schon mit zwei anderen Sportlerinnen, die es bis zu den Olympischen Spielen schaffen wollten, an Leistungsproblemen gearbeitet. Beide hatten ein mörderisches Programm durchgezogen, vor und nach der Schule und vor allem am Wochenende stundenlang trainiert; sie hatten ihre Freiheit und ihr Privatleben dem Sport geopfert. Aber diese jungen Frauen hatten keine Zweifel gehabt. Sie waren begeistert von dem, was sie taten, und konnten sich ihr Leben gar nicht anders vorstellen. Bei Kathy spürte ich diese Leidenschaft nicht.

»Kathy«, fragte ich vorsichtig nach, »was ist, wenn du wirklich nicht gut genug bist?«

Sie blickte rasch zu mir her und öffnete den Mund, als wolle sie etwas sagen, schloß ihn dann aber wieder.

»Was heißt ›gut genug‹?«

»Es bis zu den Olympischen Spielen zu schaffen.«

»Ist das wichtig für dich?«

Sie schaute rasch zu ihren Eltern hin. »Ja«, sagte sie ausdruckslos. Ich versuchte, Blickkontakt zu ihr aufzunehmen, aber sie wich meinen Augen aus.

»Deswegen brauchen wir Ihre Hilfe«, drängte Margery. »Die Bezirksmeisterschaften finden in zehn Tagen statt. Wir haben sehr hart gearbeitet, aber jetzt ... die Kopfschmerzen ...«

»Sie sind im Weg?«

»Ja. Kathy muß sehr viel Training ausfallen lassen, und wir können uns nicht leisten ... zu verlieren ...« Sie hielt inne und blickte einen Moment zu Kathy hin, als suche sie nach dem richtigen Wort. »Wir können es uns nicht leisten, so viel Zeit zu verlieren.«

»Auch Trainer Soloman ist besorgt«, setzte Jim hinzu.

Das war schon das zweite Mal, daß »auch Trainer Soloman« als Autorität angeführt wurde.

»Erzählen Sie mir von Trainer Soloman«, bat ich.

»Er gehört zu den besten im ganzen Land«, erklärte Jim. »Deshalb sind wir hierhergezogen. Damit wir mit ihm arbeiten können.«

»Donnerwetter!« sagte ich und schaute dabei zu Kathy hin.

»Ihr seid hierhergezogen, damit du mit einem bestimmten Trainer arbeiten kannst. Dann ist es euch aber wirklich ernst!« Ich war neugierig auf ihre Reaktion. Wenn sie so versessen auf das Schwimmen war wie ihre Eltern, konnte ich damit rechnen, daß sie nun Stolz an den Tag legte. Wenn es ihr weniger ernst war, konnte ein Umzug von weit her, um mit einem bestimmten Trainer zu arbeiten, eine schwere Belastung sein.

»Hm«, murmelte sie ausweichend und schlug die Augen nieder. Die Antwort war deutlich genug.

»Was ist es für ein Gefühl, mit einem professionellen Trainer zu arbeiten?«

»Er ist sehr gut für mich.«

»Was heißt das, ›gut für dich‹?«

»Er läßt nicht zu, daß ich nachlässig werde.«

»Wirst du leicht nachlässig?«

Kathy nickte, als sei sie ungeduldig mit sich selbst.

»Kathy hat ein gewaltiges Potential«, sagte Margery. Ihre starke Betonung des letzten Wortes verwandelte das Kompliment in eine Rüge. »Sie ist so weit, daß wir dachten, ein professioneller Trainer könnte ihr helfen.«

»Wie lange arbeitest du schon mit ihm?«

»Ungefähr zwei Monate.«

Zwei Monate? Ich erinnerte mich an eine weitere Angabe auf dem Aufnahmeformular. »Haben um diese Zeit nicht deine Kopfschmerzen angefangen?«

Kathy blickte zu Boden, als schäme sie sich, aber plötzlich schaute sie wieder auf. »Aber ich glaube, sie kommen nur, wenn ich nicht genug trainiert habe«, sagte sie rasch, als wolle sie sich entschuldigen.

»Kathy hat schon früher Kopfschmerzen gehabt«, warf Margery ein. »Weniger starke.«

»Haben Sie irgendeine Vorstellung davon, woher sie kommen?«

»Ach... Mädchen bekommen wohl einfach manchmal Kopfschmerzen.« Sie lachte. »Ich hatte auch von Zeit zu Zeit Kopfschmerzen, als ich in ihrem Alter war. Ich glaube, es sind Wachstumsschmerzen.«

»Waren sie das bei Ihnen?«

Sie warf mir einen scharfen Blick zu und schaute dann weg. »Das hat meine Mutter gesagt«, erklärte sie trocken.

»Was meinst denn du, woher sie kommen?« fragte ich Kathy.

»Ich weiß nicht«, murmelte sie.

»Du hast gerade einen großen Umzug hinter dich gebracht. Das kann ganz schön schwierig sein – deine Schule verlassen, deine Freundinnen verlassen... Bist du manchmal ein bißchen traurig darüber?«

»Nein.«

»Nein?« Ich hatte Mühe, meine Ungläubigkeit zu verbergen.

»Ich bin nie traurig.«

Sie war nie traurig? Ich überspielte meine Skepsis. »Das wundert mich. Die meisten Menschen werden ein bißchen traurig, wenn sie einen großen Umzug bewältigen müssen.«

»Ich glaube, Kathy hatte zu viel zu tun, um traurig zu sein«, lachte Margery. »Sie hat ein ziemlich anstrengendes Programm, um für die Bezirksmeisterschaften fit zu werden.« Ich glaubte eine Spur Stolz in ihrer Stimme zu hören, als sei ein anstrengendes Programm eine Auszeichnung.

»Und wie ist das mit Ihnen, Margery? Waren Sie traurig, weil Sie die alte Heimat verlassen mußten?«

»Wahrscheinlich sollte ich traurig sein«, wieder lachte sie, »aber ehrlich gesagt, waren wir so mit dem Training beschäftigt, daß wir einfach keine Zeit dazu hatten.«

Ich wies sie nicht darauf hin, daß die meisten Menschen keine *Zeit* brauchen, um traurig zu sein. Offenbar fühlte sich Margery mit Trauer unbehaglich, ebenso wie vorhin mit ihrem Gefühl des Grolls. Und sie schien dieses Unbehagen auch auf Kathy zu übertragen.

»Kathy, du bist ja erst ganz kurze Zeit hier. Hast du denn schon Gelegenheit gehabt, neue Freundschaften zu schließen? Triffst du dich mit anderen Kindern außerhalb der Schule?«

Kathy schaute rasch zu mir her. »Ich wollte mit ein paar Mädchen ins Kino gehen...« Sie sah zu ihrer Mutter hin. »Aber ich wußte, daß ich trainieren mußte.«

»Liebling, du weißt, wie wichtig das Training gerade jetzt ist. Nach den Bezirksmeisterschaften wirst du Zeit haben, ins Kino zu gehen.«

Kathy machte den Mund zu und schaute weg.

»Ich weiß, daß du mit diesen Mädchen ins Kino gehen wolltest.« Eine kleine Spur Spott lag in Margerys Stimme. »Und ich bin stolz auf dich. Wir müssen im Augenblick alle Opfer bringen. Es ist ein großer Wettkampf und…« Sie lächelte Kathy verführerisch zu. »Denk nur daran, wie sehr du dich immer freust, wenn du gewinnst.«

Kathy blickte finster zu Boden. »Hm.« Die Diskrepanz zwischen ihrem verbalen und ihrem nonverbalen Ausdruck hätte nicht größer sein können.

»Hör mal, Kind« – Jim beugte sich vor und schob sich buchstäblich zwischen seine Frau und seine Tochter. »Natürlich kommt es vor, daß man keine Lust zum Trainieren hat. Daß man lieber ausgehen und etwas mit seinen Freunden unternehmen möchte. Aber diesen Wünschen kann man nicht nachgeben. Du bist eine geborene Siegerin.« Er unterstrich diesen Gedanken mit einer Kopfbewegung und wandte sich dann wieder mir zu. »Zum Kuckuck«, rief er aus, »das ist für uns alle eine schwere Zeit. Der Umzug, das Trainingsprogramm. Wir haben unser Leben lang in Houston gewohnt. Unsere Eltern leben dort. Wir hatten ein schönes Haus. Ich hatte eine gute Stelle. Aber man bekommt nicht alle Tage die Chance, mit einem Trainer wie Soloman zu arbeiten. Als sich die Chance bot, mußten wir sie ergreifen.«

Bei diesen Worten fühlte ich, daß sich der Druck um Kathy schloß wie ein Schraubstock. Sie wurde von allen Seiten her eingeklemmt! Ihre Eltern hatten ihr Zuhause, Freunde und Verwandte, der Vater sogar einen guten Posten aufgegeben, um ihre »Karriere« zu fördern. Ihr Vater hatte gesagt, daß der Umzug für alle schwer gewesen war, dann aber die Verantwortung dafür ihr in die Schuhe geschoben. Sie wollte ein Kind sein – Freundinnen finden, ein Leben aufbauen –, aber ihre Eltern gaben ihr keine Chance dazu. Sie hatte ihren bisher schwersten Wettkampf mit einem ganz neuen Trainer vor sich, so daß der Druck in bezug auf ihre Schwimmleistungen enorm war. Und sie hatte keinerlei Raum, ihre Gefühle auszudrücken. Natürlich hatte sie Kopfschmerzen! Es war, als sage sie damit: »Autsch! Ich habe seelische Schmerzen!« Da sie ihren Konflikt nicht in

Worten ausdrücken konnte, drückte sie ihn über den Körper aus.

Jim und Margery schienen kein Gespür dafür zu haben, wie schmerzhaft ihr Druck war. Vielleicht, weil sie sich ebensosehr unter Druck setzten. Jims Vergangenheit als Schwimmer und der Preis für seine berufliche Leistung ließen vermuten, daß er sich selbst gewaltig antrieb. Und Margery ging Kathys »Karriere« mit der Entschlossenheit einer Anwältin an. Beide schienen unter dem Zwang maximaler Leistung zu stehen. Warum setzten sie sich so sehr unter Druck? Hatten sie das von *ihren* Eltern gelernt? Und wenn ja, was bedeutete das für Kathy?

»Wissen Sie«, gab ich zu bedenken, »Sie haben alles untersuchen lassen und festgestellt, daß Kathy körperlich nichts fehlt, und das ist sehr erfreulich. Manchmal können diese Symptome ein Weg sein, etwas mitzuteilen. Was könnten Kathys Kopfschmerzen auszudrücken versuchen?«

Aus dem Augenwinkel heraus sah ich, daß Kathy mich beobachtete, während ich sprach. Ich hatte vor, noch mehr zu sagen, aber Margery unterbrach mich.

»Also, ich bin sicher, daß sie nervös ist. Das ist ihr größter Wettkampf, und sie wird sich der härtesten Konkurrenz in ihrer bisherigen Karriere gegenübersehen.«

»Meinen Sie, ihre Kopfschmerzen sagen uns etwas über den Druck, unter dem sie steht?«

»Wollen Sie damit sagen, daß Sie glauben, wir setzen sie unter Druck?« Margery ging sofort in die Defensive.

»Nun, es klingt so, als habe sie in einigen Bereichen durchaus Druck zu spüren bekommen.«

»Kathy stand schon viele Male unter Druck. Schließlich nimmt sie an Wettkämpfen teil, seit sie acht Jahre alt war. Sie blüht auf unter Druck.«

»Es klingt so, als läge das in der Familie.« Ich bemühte mich um einen jovialen Tonfall, um die Spannung aufzulösen, die sich im Raum aufbaute.

»Oh ja«, sagte Jim mit einer Intensität, die buchstäblich Hitze ausstrahlte. »Wir sind alle Draufgänger, wenn es um einen Konkurrenzkampf geht. Keiner von uns verliert gerne.« Dann schaute er Margery und Kathy an, und beide lächelten zurück.

Ich hatte das Gefühl, daß die drei einen visuellen Händedruck untereinander austauschten.

Ich beobachtete dieses Einvernehmen der Hildts und fühlte Bedauern für Kathy, weil ich wußte, daß sie kaum die Möglichkeit hatte, auszuscheren. Ihre Eltern hatten einen Verhaltenskode für die Familie aufgestellt, und Kathy war mit tausend unsichtbaren Fasern an diesen Kode gebunden. Der Inhalt des Kodes – die Überzeugung, daß Selbstwert an harte Arbeit und hervorragende Leistungen geknüpft ist – war leicht zu erkennen. Wie sie in diese Falle hineingeraten war, konnte ich teils sehen, teils erahnen.

Kathy war, wie alle Kinder, von ihren Eltern abhängig. Sie hatte bei ihnen Hilfe und Führung gesucht und ihre Reaktionen aufgesogen wie ein Evangelium. Was hätte sie anderes tun können? Ein Kind muß seinen Eltern vertrauen und glauben, daß sie zu seinem Besten handeln. Alles andere ist unerträglich angsterregend, denn das Kind weiß, daß es nicht für sich selbst sorgen kann. Daher war Kathy für die Botschaften ihrer Eltern völlig offen, und wie alle Eltern kommunizierten Jim und Margery fortwährend durch die Myriaden von Worten und Gesten mit ihr, aus denen die Interaktionen einer Familie bestehen. Wenn Kathy den Gesprächen ihrer Eltern zuhörte, die sie miteinander, mit Freunden und mit ihr führten, wie oft waren ihr da Sätze ins Ohr gedrungen wie: »Kathy ist eine Schwimmerin« oder »Kathy blüht auf, wenn sie Konkurrenz hat« oder »Kathy wird es bis ganz nach oben schaffen«? Wie oft hörte sie die Intensität in ihrer Stimme, wenn sie über ihre »Karriere« sprachen, oder merkte, wie sie sich auf dem Stuhl vorbeugten oder den Kopf hoben oder leicht die Stimme erhoben, wenn sie über das Konkurrieren sprachen? Wie oft spürte sie ihre Angst, wenn sie es nicht schaffte, ihren Erwartungen gerecht zu werden, und fühlte dann den Stachel in ihren Worten, wenn sie ihre Enttäuschung zum Ausdruck brachten? All diese subtilen Botschaften prägten sich ihrem Unbewußten ein. Sie formten ihre Gedanken, ihre Gefühle und ihr Verhalten genauso, als wären sie ihr von einem Hypnotiseur eingegeben worden.

Ich dachte über einige Botschaften nach, deren Übermittlung

ich bereits in den ersten zwanzig Minuten unserer Bekanntschaft gesehen hatte:

- Ich erinnerte mich an den Blick, den ihr Vater ihr zugeworfen hatte, als er sie »unseren Star« nannte. Dieser stolze und durchdringende Blick, der von einem so befrachteten Wort begleitet wurde, mußte wie ein Pfeil in Kathys Unbewußtes eingedrungen sein.
- Ich erinnerte mich an den Ärger, mit dem er sie getadelt hatte, als sie gesagt hatte, sie sei nicht »gut genug« für die Olympischen Spiele. Die Schärfe seiner Reaktion hatte ein Gefühl der Bedrohung durchschimmern lassen, als fühle *er* sich durch Kathys Selbsteinschätzung beurteilt, als sei dann auch er nicht gut genug. Auch diese so gefühlsbetonte Botschaft mußte direkt in Kathys Unbewußtes eingedrungen sein.
- Ich erinnerte mich an Margerys Worte: »Wir können uns nicht leisten … zu verlieren …« und an ihre bedeutungsvolle Pause, ehe sie hinzusetzte: »so viel Zeit zu verlieren«. Ich erkannte jetzt, daß die wahre Bedeutung in der ersten Formulierung lag und daß sie Kathy das wortlos, nur durch ihren Blick, mitgeteilt hatte. Und es gab noch eine zweite Botschaft, die implizit in Margerys Worten enthalten war: Sie benutzte das Wort »wir«, als würden auch die Elten am Wettkampf teilnehmen, als müßte sie *ihnen zuliebe* gewinnen. Beide Botschaften, die hinter den bewußten Worten versteckt waren, hatten mit Sicherheit Kathys Unbewußtes erreicht.
- Ich erinnerte mich an Jims Stolz, als er mir die Fotos überreicht hatte. Die Zeugnisse von Kathys Leistungen waren nicht im Familienalbum in der Schublade gelandet, sondern wurden – schon recht abgegriffen – in Vaters Brieftasche herumgetragen. Wie oft hatte er schon in ihrer Gegenwart diese Bilder herausgeholt und sie anderen gezeigt – so daß ihr Unbewußtes deutlich erkennen konnte, wie dringend er es brauchte, daß sie schwamm?

Ich wußte, daß sich das, was ich jetzt vor Augen hatte, schon jahrelang immer gleich abgespielt hatte. Jede Botschaft hatte Kathy den Kode eingehämmert: *Arbeite hart, Kathy, unser*

Wohlbefinden hängt von deinem Erfolg ab, Kathy, scheitere nicht!

Bis vor kurzem war die »Familientrance« offenbar erfolgreich gewesen. Kathy hatte mitgespielt, hatte sich abgemüht, Wettkämpfe ausgetragen, Leistung gebracht, als würde sie das Engagement und die Werte ihrer Eltern voll mittragen. Aber in letzter Zeit hatte sich etwas geändert. Nach dem Umzug, dem Vertrag mit dem Trainer und unter dem Druck, sich auf eine höhere Stufe von Wettkampf vorbereiten zu müssen, hatte sie Kopfschmerzen bekommen, die sie vom Schwimmbecken fernhielten. Woher kam diese plötzliche Veränderung? Ich vermutete im stillen, daß sie gar nicht so plötzlich aufgetaucht war. Ich glaubte sogar, daß Kathy das Programm ihrer Eltern *noch nie* vorbehaltlos unterschrieben hatte, daß sie jedoch, um ihre Position in der Familie nicht zu gefährden, die Gefühle aus dem Bewußtsein ausgeschlossen hatte, die nicht mit alledem einverstanden waren. Ihr angepaßtes Ich hatte sich bemüht, auf die Bedürfnisse ihrer Eltern einzugehen, während ein tieferes Selbst darum kämpfte, sich Gehör zu verschaffen.

Sie hatte sich von diesem tieferen Selbst distanzieren müssen, weil ihre Eltern ihr keinen Raum gaben, sich zu ihren Gefühlen des Widerspruchs zu »bekennen«. Jedesmal, wenn Kathy Gefühle andeutete, die sich von den ihren unterschieden, wurden sie ängstlich. Sie wischten die Andeutungen ihrer Tochter beiseite oder gaben zu erkennen, daß so etwas unerwünscht war. Jedesmal, wenn Kathys Gefühle oder Verhaltensweisen denen der Eltern entsprachen, belohnten sie sie mit Aufmerksamkeit und Anerkennung. Ich hatte diesen unbewußten Prozeß bereits beobachten können. Als Kathy ihre Fähigkeit bezweifelt hatte, es bis zu den Olympischen Spielen zu schaffen – »ich glaube nicht, daß ich alles habe, was dazu nötig ist« –, hatte Jim ihr Eingeständnis von Zweifel und Zerrissenheit ignoriert und die Teilnahme in eine Verpflichtung umgewandelt. Als Kathy sich dafür entschieden hatte, lieber zu trainieren als ins Kino zu gehen, hatte Margery ihre zwiespältigen Gefühle zwar anerkannt, sie aber dann zu etwas erklärt, das man überwinden müsse.

Unterschwellig verstärkten Jim und Margery die Gedanken

und Gefühle ihrer Tochter selektiv, förderten diejenigen, die ihnen Wohlgefühl brachten, erstickten rasch diejenigen, die ihnen Unbehagen bereiteten. Und Kathy reagierte so, wie jedes Kind reagieren würde – sie versuchte, sich anzupassen. Elterliche Angstgefühle erschrecken ein Kind, denn sie bedrohen sein Gefühl der Sicherheit. Indem sich Kathy an das Modell ihrer Eltern anglich, hielt sie das Gefühl der Harmonie in der Familie aufrecht und minderte ihre eigenen Ängste ebenso wie die ihrer Eltern.

Während ich noch darüber nachdachte, wurde mir auch klar, wie Jim und Margery ihrer Tochter ein Modell für dieses Verhalten geliefert hatten. Ich erinnerte mich, daß Margery ihren Groll über Kathys Trainingsprogramm ebenso unterdrückt hatte wie ihre Trauer über den Umzug. Mir fiel ein, daß Jim die »Härte« des Umzugs so weit wie möglich heruntergespielt hatte, indem er die Arbeit mit dem Trainer in den Vordergrund rückte. In beiden Fällen hatten sie ihre eigenen ablehnenden Gefühle beiseite geschoben, um dem Familienkode treu zu bleiben. Wie viele Male hatten sie das schon früher getan – und dabei Kathy unbewußt gelehrt, ihre widerstrebende innere Stimme zu übergehen?

Im Grunde hatten sie durch all diese subtilen Botschaften eine hypnotische Suggestion erzeugt: »Höre nicht auf die Stimme, die nicht einverstanden ist.« Und wie ein Mensch unter Hypnose, der auf Verlangen bestimmte Empfindungen oder Informationen abspaltet, dissoziierte Kathy die Botschaften, die von innen kamen. Ich dachte an eine Demonstration im Rahmen eines wissenschaftlichen Versuches, die ich kürzlich gesehen hatte: Eine hypnotisierte Frau tauchte einen ihrer Arme in eine Schüssel Eiswasser. Sie war angewiesen worden, die eisige Kälte nicht zu empfinden, und vor den Augen des Publikums wurde der Arm langsam rot – und dennoch blieb sie unempfindlich und plauderte fröhlich mit den Versuchsleitern auf der Bühne. Wie diese Frau dissoziierte Kathy Informationen von innen. Aber solche Botschaften zu mißachten, hat seinen Preis. Wenn man einen Arm lange Zeit dem Eiswasser aussetzt, kann ihn das schädigen. Die Leugnung ihrer inneren Stimme über lange Zeit hinweg schädigte Kathys Selbstgefühl.

Aber die Suggestionen kamen nicht nur von den Eltern. Sie kamen auch von Kathy, denn sie hatte die Stimmen ihrer Eltern internalisiert – ihre Werte, ihre Gefühle –, und die Teile in ihr, die ihnen ehrlich zustimmten, benutzten jetzt ihre Worte zu einer Art *Selbsthypnose*: »Er ist gut für mich«, hatte sie über ihren Trainer gesagt – und hatte ihn damit, wie ich überzeugt war, mit den Worten ihrer Eltern beschrieben. »Sie kommen nur, wenn ich nicht genug trainiert habe«, hatte sie ihre Kopfschmerzen entschuldigt – und damit, wie ich mir sicher war, die Familieninterpretation wiederholt. Indem sie sich diese »Mantras« selbst vorsagte, konnte sie die widerstrebenden Stimmen in ihrem Inneren beruhigen und sich wieder in die Familientrance hineinbegeben.

Wie war es Jim und Margery gelungen, ihre Tochter zu »hypnotisieren«? Ich konnte es nicht beweisen, aber ich hatte eine Vermutung: Suggestionen dieser Art haben ihren Ursprung nicht bei den Eltern, sie werden als Familienerbe durch viele Generationen weitergereicht. Genau wie Kathy den Kode von ihren Eltern gelernt hatte, hatten Jim und Margery ihn von ihren Eltern übernommen, die auf denselben subtilen Wegen Selbstwert mit einer hervorragenden Leistung gleichgesetzt hatten. Die Hildts waren jetzt durch den Kode so gebunden, daß sie keine andere Wahl hatten, als ihn an ihre Tochter weiterzugeben.

Bisher war die Hypnose offenbar erfolgreich gewesen: Kathy war es gelungen, ihre negativen Stimmen jedesmal zum Schweigen zu bringen, wenn sie sich meldeten. Aber jetzt hatte sie Kopfschmerzen, und selbst ihre besten Autosuggestionen konnten die Kopfschmerzen nicht vertreiben, denn diese waren sowohl ein Symbol als auch ein Lösungsversuch. Als Symbol sagten sie: »Meine Eltern und all der Druck machen mir Kopfschmerzen!« Als Lösungsversuch hielten sie sie vorübergehend vom Wasser fern. Bis Kathy Raum bekam, ihre Konflikte zu ergründen und ihr tieferes Selbst auszudrücken, würden die Kopfschmerzen bleiben.

Wie konnte ich ihr diesen Raum geben? Die Intervention mußte mehrere Schritte umfassen, das war mir klar. Ich mußte hypnotisch mit Kathy arbeiten, um ihr Selbstgefühl aufzubauen: Ichstärkende Suggestionen konnten ihr helfen, eine von ihren Eltern abgelöste Persönlichkeit zu entwickeln. Ich mußte auch allein mit ihr sprechen, um ihr die Sicherheit und die Unterstützung zu geben, die sie brauchen würde, um ihre widersprechende Stimme zu Wort kommen zu lassen. Und ich mußte dafür sorgen, daß es für sie sicher war, ihren Widerspruch ihren Eltern gegenüber zum Ausdruck zu bringen, denn schon allein die Tatsache, daß sie das machte, würde sie in der Familie ins Abseits bringen. Alle diese Dinge würden Kathys Konflikte verringern und ihr hoffentlich das Selbstgefühl geben, das sie brauchte, um den Suggestionen ihrer Eltern zu widerstehen. Aber wenn ich Kathy wirklich vom Familienkode befreien wollte, mußte ich noch etwas anderes tun. Ich mußte an die Quelle der Suggestionen kommen – das hieß, Jim und Margery dazu ermutigen, ihre eigene Familienhypnose zu beleuchten.

»Wissen Sie was«, sagte ich und blickte Jim und Margery in die Augen. »Ich würde gerne ein Weilchen mit Kathy reden, während Sie draußen im Wartezimmer Platz nehmen. Ist das okay für dich, Kathy?« Ich drehte mich betont zu ihr um, als ich sie um Erlaubnis fragte, um es zu unterstreichen.

»Ich glaube schon«, sagte sie vorsichtig mit einem Blick auf ihre Eltern.

»Gut!« Ich wandte mich wieder Jim und Margery zu, die mich mit einiger Besorgnis anblickten. Nachdem ich schon angedeutet hatte, die Familie könnte etwas mit Kathys Kopfschmerzen zu tun haben, wollten sie unter gar keinen Umständen, daß ich allein mit ihr sprach. »Sie verstehen natürlich, daß unser Gespräch vertraulich bleibt«, sagte ich entschieden. Und noch ehe einer von beiden protestieren konnte, stand ich auf und forderte sie wortlos auf, hinauszugehen.

Als sie die Tür hinter sich geschlossen hatten, schaute ich Kathy mit verschwörerischem Blick an. »So, die beiden wären wir los«, scherzte ich und hoffte, ihr damit zu zeigen, daß ich wirklich ihr Verbündeter war.

Sie schaute mich argwöhnisch an, aber ich entdeckte zum ersten Mal einen Funken Leben in ihren Augen.

»Möchtest du nicht ein bißchen näher kommen?« Sie saß so

weit von mir entfernt wie nur möglich, ganz in der Ecke des Zimmers.

»Kathy«, begann ich, nachdem sie sich auf den Platz ihrer Mutter gesetzt hatte, »ich habe so eine Ahnung, daß wir über einige Dinge reden werden, die du vielleicht später gerne noch einmal hören möchtest oder die du vielleicht sogar deinen Eltern sagen möchtest. Wenn du es erlaubst, würde ich daher gerne unser Gespräch auf Tonband aufnehmen. Ist dir das recht? Das Band ist für dich, und du kannst es verwenden, wie immer du willst.« Ich wußte, daß Kathy ihren Eltern nicht direkt sagen konnte, wie sie sich fühlte, aber wenn wir ihre Gefühle auf Band hatten, fanden wir später vielleicht eine Gelegenheit, ihnen das Band vorzuspielen, die sie nicht als bedrohlich empfanden.

Sie war einverstanden. Offenbar genügte das Wissen, daß unser Gespräch unter uns bleiben würde und daß *sie* die Kontrolle über die Verwendung des Bandes hatte, um ihr Sicherheit zu geben. Vielleicht spürte sie auch unbewußt, daß es eine Chance bergen konnte, den Eltern ihr »Geheimnis« mitzuteilen.

Ich legte ein Band in das Gerät ein. »Kathy, ich glaube, ich kann dir am besten helfen, wenn ich ganz offen mit dir rede. Wenn ich mich irre, dann sag es mir. Aber ich glaube nicht, daß du so leidenschaftlich am Schwimmen interessiert bist wie deine Eltern. Stimmt das?«

Kathys Augen und Mund öffneten sich weit, als wäre sie über meine Frage verblüfft, dann schlossen sie sich rasch, und Kathy schüttelte den Kopf.

»Ich schwimme wirklich gern«, protestierte sie. »Es ist das Wichtigste auf der Welt. Ich arbeite sehr hart daran.«

»Kathy«, sagte ich sanft. »Hatte ich vorhin recht? Hast du in letzter Zeit eine Menge Druck gespürt?«

Kathy schlug die Augen nieder, und ich sah, daß Tränen unter ihren Lidern hervorquollen. Sie wischte sie mit der Hand ab. Nach einem kurzen Schweigen fragte ich sie, was sie zum Weinen bringe.

»Nichts.«

»Es muß aber doch einen Grund geben.« Ich reichte ihr eine Packung Taschentücher.

Geistesabwesend putzte sie sich die Nase. »Ich schwimme

gerne, aber es ist wie... Ich stehe jeden Morgen um fünf Uhr auf, damit ich vor der Schule schon zwei Stunden schwimmen kann, und nach der Schule schwimme ich wieder zwei Stunden, und dann essen wir zu Abend und dann mache ich meine Hausaufgaben und dann ist es Zeit, ins Bett zu gehen...« Ihre Augen füllten sich wieder mit Tränen, und ihre Stimme bebte. »Manchmal möchte ich einfach nur *normal* sein.«

»Es muß ganz schön hart sein, wenn dein Programm dich so einengt. Wissen deine Eltern, wie du dich fühlst?«

Kathy schüttelte bedrückt den Kopf.

»Was würde passieren, wenn du es ihnen sagen würdest?«

»Mein Vater würde... ich weiß nicht, es wäre schrecklich.«

»Was würde er machen?«

»Wir wären... ich meine, *er* wäre furchtbar *enttäuscht*.«

»Enttäuscht?«

Ganz leise sagte sie: »Weil ich ihn verraten würde.«

»In welcher Weise würdest du ihn verraten?«

Wieder stiegen Tränen in Kathys Augen, und ihre Stimme brach, als sie antwortete: »Indem ich nicht so wäre, wie er mich haben will.«

»Wie will er dich denn haben?«

»Er will mich als prima Schwimmerin. Ich soll die Olympiade schaffen.«

»Willst du das auch?«

Kathy seufzte. »Ich weiß nicht«, sagte sie erschöpft. »Ich habe immer gedacht, daß ich das will. Ich habe oft die Videofilme von meinem Dad angesehen und gedacht, so wollte ich auch sein. Aber jetzt... ich weiß nicht, in Houston sind meine Freundinnen ausgegangen und haben sich vergnügt... und ich mußte immer *schwimmen*.« Sie hielt inne und schaute aus dem Fenster. Wieder füllten sich die Augen mit Tränen. »Manchmal wünschte ich einfach, ich könnte die Sache vermasseln, und es wäre in Ordnung.«

Ich habe oft die Videofilme angesehen und gedacht, so wollte ich auch sein. Ich wünschte, ich könnte die Sache vermasseln, und es wäre in Ordnung. Kathys Stimme war so klagend, daß ihr mein Herz zuflog. Sie hatte gerade die beiden Dinge zugegeben, die sie nicht fühlen durfte.

»Du bist wirklich traurig über die ganze Sache, nicht wahr?« fragte ich sanft.

Sie nickte.

»Und hast du auch Angst?«

Ihre Augen blinzelten ein paarmal, und Tränen liefen über ihre Wangen.

»Was passiert, wenn du die Sache vermasselst?«

»Ich hasse mich.«

»Das ist ganz schön schlimm.«

Sie zuckte die Achseln, als wollte sie sagen: »Wie könnte es anders sein?«

»Kathy, wir alle vermasseln dauernd etwas, aber im allgemeinen ist das kein Grund, uns selbst zu hassen.«

»Ich glaube aber, daß es einer ist«, sagte sie unglücklich.

»Glauben deine Eltern, daß es einer ist?«

Sie schaute mich forschend an, sagte aber nichts.

»Ich möchte gern etwas wissen, Kathy, auf das ich wirklich neugierig bin. Was tun deine Eltern, wenn *sie* etwas verpatzen?«

Ich erwartete, daß sie mit der Antwort zögern würde, aber sie kam sofort. »Sie werden furchtbar wütend. Mein Dad? Als ich noch klein war und oft mit ihm zu Wettkämpfen gegangen bin, hat er, wenn er nicht gewonnen hat, ganz doll mit der Faust an die Wand geschlagen.«

Ich war nicht überrascht. »Und deine Mutter?«

»Sie sieht dann so aus...« Kathy schob die Lippen vor, zog sie zusammen und runzelte die Stirn. »Dann wird sie sehr still, und man weiß, daß man ihr eine Weile aus dem Weg gehen muß.«

Ich lächelte. »Das klingt so, als wären auch deine Eltern ganz schön hart gegen sich. Bei Licht besehen, scheint ihr euch ziemlich ähnlich zu sein.«

Kathy dachte einen Augenblick über diese Äußerung nach. »Mag sein«, räumte sie zögernd ein, als wolle sie meine Worte mit ihrer Erinnerung vergleichen, ehe sie mir vorbehaltlos zustimmte.

»Weißt du, Kathy, manchmal ist es in Ordnung, zu scheitern.«

Sie sah mich ausdruckslos an.

»Scheitern ist gut. Es ist nützlich. Wir lernen aus Fehlern.«

Sie rümpfte die Nase. »Meine Eltern denken nicht so.«

»Das weiß ich«, sagte ich. »Aber denk einmal selbst darüber nach. Hast du je irgend etwas gelernt, *ohne* erst mal zu scheitern? Es ist unmöglich. Denk mal daran, wie du eine bessere Schwimmerin wirst. Spürst du da nicht, daß dein Körper etwas falsch macht, und lernst dann, es nächstes Mal anders zu machen? Der einzige Weg, etwas zu lernen, besteht darin, Fehler zu machen – und es in Zukunft anders zu machen.«

Kathy sah interessiert, aber skeptisch aus. »Ich glaube nicht, daß meine Eltern so denken«, sagte sie noch einmal.

»Ich glaube, du hast recht.« Ich machte eine Pause. »Ich glaube, eure ganze Familie muß diese Lektion erst noch lernen.«

Kathy antwortete nicht. Sie saß still da, die Hände im Schoß, und sah gleichmütig aus dem Fenster. Ihr langes Schweigen wurde erst unterbrochen, als sich das Tonbandgerät mit einem Klicken abschaltete.

»Nun«, sagte ich daraufhin, »das Tonbandgerät meint, es sei Zeit, aufzuhören. Du auch?«

Sie nickte.

Ich nahm das Band aus dem Gerät und reichte es ihr. »Es gehört dir, du kannst es mitnehmen. Ich wette, du wirst zu Hause nichts Eiligeres zu tun haben, als es deinen Eltern vorzuspielen.«

»Kommt gar nicht in Frage«, sagte sie. »Sie können es hierbehalten.«

Ich grinste. »Okay. Rufen wir sie herein.«

Jim und Margery kamen noch einmal für ein paar Minuten herein – gerade so lange, daß ich ihnen sagen konnte, wir hätten meiner Meinung nach einen kleinen Fortschritt erzielt und ich würde Kathy gerne in ein paar Tagen alleine wiedersehen. Als sie aufstanden, um zu gehen, erinnerte ich sie daran, daß mein Gespräch mit Kathy vertraulich war. Ich wollte verhindern, daß sie sie über unser Gespräch ausfragten, und sie daran erinnern, daß Kathy eine eigenständige Person war, die in mancher Hinsicht außerhalb ihrer Reichweite blieb.

Als sie gingen, lobte ich Kathy im stillen dafür, daß sie so mutig gewesen war, ihre Gefühle einzugestehen. Allerdings hatte sie nicht allein der Mut dazu bewogen, sondern auch der Wunsch nach Selbstschutz und sogar ein gewisser Opportunismus. Endlich hatte sie einen Verbündeten gefunden, jemanden, der ihren Kummer verstand, sie gegenüber ihren Eltern stützte und ihre Eltern hoffentlich dazu bringen konnte, ihr zuzuhören. Ich wußte, daß infolge unseres Gespräches ihre Spannung nachlassen würde.

Aber wie stand es mit Jim und Margery? Ich hatte fundamentale Prinzipien ihrer Lebensführung in Frage gestellt und war in ihre eigene Kindheit zurückgegangen. Und ich hatte angedeutet, daß der familiäre Hintergrund vielleicht nicht ganz so harmonisch war, wie sie glaubten. Wie würden sie darauf reagieren? Nach einer Sitzung wie dieser fühlen sich Klienten oft unbehaglich und wissen nicht richtig, wieso. Sie haben dann vielleicht untypische Streitigkeiten oder ungewöhnlich lebhafte Träume, solange ihr Unbewußtes sich mit dem angesprochenen Material auseinandersetzt. Diese Störung des gewohnten Gleichgewichtes ist schmerzhaft, aber unbedingt nötig. Ehe wichtige Veränderungen eintreten können, muß erst das Vertraute Brüche bekommen.

Drei Tage später kamen Kathy und Margery wieder zu mir. Voller Freude sah ich, daß Kathy beschwingten Schrittes daherkam und ein erwartungsvolles Gesicht machte. Margery hingegen sah angespannt aus.

Nach einigen Begrüßungsworten im Wartezimmer lud ich Kathy ein, mit in das Sprechzimmer zu kommen. Margery machte Anstalten, mitzukommen.

»Kathy und ich müssen ein wenig allein arbeiten«, erinnerte ich sie höflich.

Sie wollte sichtlich etwas sagen, merkte aber rasch, daß sie keine Chance hatte. Widerwillig setzte sie sich wieder, und Kathy und ich gingen hinein.

»So, nun erzähl mir mal, wie es dir geht«, ermunterte ich sie, als wir uns gesetzt hatten.

»Ich hatte nur einmal ein kleines bißchen Kopfschmerzen!« grinste sie.

»Donnerwetter. Ein großer Fortschritt. Du hast sie doch sonst jeden Tag gehabt?«

»Ja. Und manchmal sogar zweimal.«

»Das ist ja prima.«

Kathy schlug ein wenig verlegen die Augen nieder. »Aber jetzt tut mir der Kopf ein bißchen weh.«

»Das höre ich gern. Weißt du, warum?«

Sie schüttelte den Kopf.

»Weil wir Hypnose anwenden können, damit die Schmerzen weggehen. Und dann zeige ich dir, wie du dich zu Hause hypnotisieren kannst, damit du sie selbst loswirst.«

Kathy sah ganz fasziniert aus.

»Würdest du das gerne machen?«

»Ja.«

Das Nachlassen der Kopfschmerzen war ein sehr gutes Zeichen. Es hieß, daß der Druck nachließ. Sie hatte in sicherer Umgebung die verbotenen Gefühle ausgedrückt, sie hatte einen ersten Vorgeschmack eines von den Eltern abgelösten Daseins bekommen. Ihre Welt begann sich zu öffnen.

»Sitzt du bequem?«

»Ja.«

»Komm, mach es dir richtig bequem...«

Kathy rutschte auf ihrem Stuhl nach hinten und ließ die Schultern sinken.

»Gut so... und jetzt kannst du deine Hände einfach im Schoß ruhen lassen... und während du so dasitzt und auf deine Hände schaust, möchte ich, daß dich ein Gefühl von Ruhe und Entspannung erfüllt... So ist es gut... du bist ganz entspannt... du möchtest vielleicht sogar deine Augen schließen...«

Kathys Augen schlossen sich, und ihr Kopf neigte sich leicht zur Seite.

»Und während du an die Hände in deinem Schoß denkst, spürst du vielleicht, wie eine dieser Hände anfängt, taub zu werden... und während ich nun zähle, wird sie immer tauber, ein kleines bißchen tauber bei jeder Zahl... eins... zwei... du kannst spüren, wie es geschieht... drei... sie wird sogar noch tauber... vier... fünf... sehr gut. Und jetzt beginnt die Hand, sich von selbst zu bewegen... langsam... langsam... wirst du entdecken, daß sie sich Zentimeter um Zentimeter deinem Kopf entgegenhebt...«

Ganz langsam begann sich Kathys linker Arm in kleinen, ruckhaften Bewegungen von ihrem Schoß zu heben.

»So ist es gut... jetzt noch ein bißchen höher... und während sie sich auf deinen Kopf zubewegt, kannst du daran denken, wie angenehm es sein wird, wenn diese Hand deinen Kopf berührt... wie die angenehme Taubheit und Kühle in deinen Kopf hinüberfließen... und wenn die Finger die Stirn berühren, kannst du spüren, wie sich die Stirn entspannt... wie sich dann der ganze Kopf entspannt, wie du Erleichterung spürst... Wenn du spürst, daß das geschieht, dann nicke ein wenig.«

Langsam berührten Kathys Finger ihre Schläfe. Einige Sekunden lang saß sie reglos da, dann neigte sich ihr Kopf leicht nach vorn.

»Gut... und jetzt, während die Hand in deinen Schoß hinabsinkt, wirst du noch tiefer gehen... und jetzt gleich, wenn sie deinen Schoß erreicht, wirst du sehr tief sein... tief und entspannt und frei von Unbehagen jeder Art.«

Kathys Hand sank langsam wieder in ihren Schoß hinab und kam dort zur Ruhe. Sie lehnte sich schwer an die Stuhllehne und sah recht friedlich aus. Die ganze Sequenz hatte nicht einmal zehn Minuten gedauert.

»Und jetzt, wenn ich von fünf rückwärts zähle bis eins, wirst du spüren, daß du wieder in dieses Zimmer zurückkehrst, bei jeder Zahl ein wenig mehr... fünf... du fühlst dich immer noch sehr entspannt... vier... fühlst dich sehr gut... drei... du bist schon halb wieder da... zwei... fühlst dich hellwach und sehr erfrischt... eins!«

Sie öffnete die Augen und sah sich um.

»Wie fühlst du dich?«

Kathy blinzelte, hielt Ausschau nach Anzeichen von Kopfschmerzen. »Sie sind weg!«

Ich lächelte. »Willst du lernen, wie du das zu Hause machen kannst?«

»Oh ja!«

Also brachte ich ihr bei, wie sie sich selbst hypnotisieren konnte, und erklärte ihr, daß sie das taube Gefühl in der Hand einfach dadurch wieder herbeiführen konnte, daß sie sich daran erinnerte. Dann konnte sie die Taubheit auf ihren Kopf übertragen, genau wie heute. Ich wußte, daß Kathy mit einiger Übung so weit kommen würde, daß sie sich nur noch *vorstellen* mußte, sie sei in Trance und Taubheit breite sich in ihrem Kopf aus, damit sie ihre Kopfschmerzen vertreiben konnte. Weil ihre Kopfschmerzen von Spannungen hervorgerufen wurden, sagte ich ihr auch, sie solle sich in Trance vorstellen, die Muskeln in ihrem Kopf, ihrem Nacken und ihren Schultern würden sich lockern und entspannen. Solche Vorstellungsbilder waren nicht nötig, um die Schmerzen in meiner Praxis zu beseitigen, sie halfen Kathy aber zusätzlich, mit ihren Kopfschmerzen allein fertigzuwerden.

Kathy versetzte sich wieder in Trance und übte die beiden Aufgaben. Als klar war, daß sie sie beherrschte, gab ich ihr zusätzliche Suggestionen, die ihr Selbstgefühl stärken sollten. Kathy hatte ihr ganzes Leben lang die Träume ihrer Eltern ausgelebt, jetzt war es Zeit, daß sie eigene Träume entwickelte. »Stell dir ein Bild von dir vor, wie du gerne wärst«, wies ich sie an. »Sieh dich genau so handeln, denken und fühlen, wie du gerne sein möchtest, genau so, wie du sein *kannst*, genau so, wie du zu werden beginnst, schon während wir sprechen. Sieh dich in der Schule und mit Freundinnen und Freunden. Sieh dich lernen und mit deinen Eltern zusammensein. Mit jedem Tag, der vergeht, wird dein wirkliches Selbst mehr und mehr wie dieses Idealbild werden.«

Kathy erwachte überglücklich. Sie strahlte förmlich, als wir nun Margery hereinbaten.

»Du siehst aber glücklich aus«, meinte Margery zu ihr.

Kathy lächelte. »Mein Kopfweh ist weg.«

Margery schaute mich verwundert an – so daß ich ohne Widerspruch mit dem durchkam, was ich ihr als nächstes sagte.

»Ich habe Kathy beigebracht, wie sie Selbsthypnose einsetzen kann, um mit ihren Kopfschmerzen fertigzuwerden, und sie muß das jeden Tag eine halbe Stunde üben. Da sie ein so enges Programm hat, wird sie wahrscheinlich eine halbe Stunde weniger schwimmen können, damit sie es unterbringt.«

Margery begann zu protestieren, merkte aber, daß sie in einer

Zwickmühle saß. Wenn sie wollte, daß Kathy ihre Kopfschmerzen loswurde, hatte sie keine Wahl.

»Und ich würde gerne einen weiteren Termin mit der ganzen Familie vereinbaren.«

»Warum?«

»Kathy wird mit ihren Kopfschmerzen fertigwerden können, wenn sie kommen, aber ich glaube, es wäre hilfreich, wenn die ganze Familie sie in ihren Bemühungen unterstützt.«

Ich wußte, daß Margery das beruhigend finden würde. Sie glaubte wahrscheinlich, daß ich sie und Jim noch einmal in eine Sitzung einbeziehen wollte, um direkt an Kathys Kopfschmerzen zu arbeiten. Meine tatsächliche Absicht war jedoch eine ganz andere. Ich hoffte, mit Jim und Margery über ihre Herkunftsfamilien sprechen zu können und durch das Gespräch über ihre eigenen Gefühle zum Thema Leistung und Scheitern eine gewisse Erleichterung für Kathy zu erreichen. Margery war gleich bereit, Jim zur nächsten Sitzung mitzubringen, und wir vereinbarten, daß sie in drei Tagen wiederkommen würden.

Jetzt waren es noch drei Tage bis zu den Bezirksmeisterschaften. Kathy hatte seit ihrer letzten Sitzung keine Kopfschmerzen mehr gehabt, und Jim und Margery waren ganz offenkundig begeistert. Sie schüttelten mir so herzlich die Hand, daß mir klar wurde, daß ich in ihren Augen den Status eines »Wunderheilers« erlangt hatte. Das war gewiß eine hervorragende Ausgangsbasis für unbequeme Fragen.

»Wissen Sie«, bemerkte ich beiläufig, nachdem wir zum Auftakt ein wenig geplaudert hatten, »Kopfschmerzen sind oft eine Reaktion auf Streß. Und wir wissen alle, daß Kathy sich wegen des herannahenden Wettkampfes unter Streß gefühlt hat.« Ich wandte mich ihr zu. »Kathy«, sagte ich, »was meinst du, wie sich deine Eltern fühlen würden, wenn du nicht gut abschneiden würdest?«

Kathy blickte rasch zu ihren Eltern hin und dann zu Boden. »Ich glaube, sie wären entsetzt«, sagte sie leise.

»Meinst du, sie wären von dir enttäuscht?«

Sie nickte.

»Kathy, wir wären nicht enttäuscht, wir wissen einfach nur, daß du gut abschneiden *kannst*«, mischte sich Margery ein.

»Nun, was glauben Sie selbst, wie Sie sich fühlen würden, wenn Kathy nicht gut abschneiden würde?«

»Darüber denke ich gar nicht nach«, behauptete sie lächelnd.

»Wir glauben an positives Denken.«

»Positives Denken ist wichtig. Aber manchmal ist es auch wichtig, zu scheitern.«

Margery sah mich an, als hätte ich chinesisch gesprochen.

»Wir haben zwar alle gern Erfolg, aber wir lernen auch eine Menge aus Fehlschlägen.«

»Ich weiß nicht, warum Sie das sagen«, erwiderte sie spitz. »Wir strengen uns außerordentlich an, damit Kathy eine positive Einstellung entwickelt, und wir möchten sie nicht zum Scheitern ermutigen.«

»Ich spreche nicht davon, sie zum Scheitern zu ermutigen. Ich weise nur darauf hin, daß es nicht immer schlecht ist.«

Margery schauderte es sichtlich, und sie sah aus, als bereue sie es, zu dieser Sitzung gekommen zu sein.

»Es sieht so aus, als seien Sie anderer Meinung. Welche Gefühle haben *Sie* in bezug auf das Scheitern?«

Margery hob die Handflächen in die Luft, als läge die Antwort offen auf der Hand.

»Gehen Sie hart mit sich ins Gericht, wenn Sie einen Mißerfolg haben?«

»Ich ...« Sie schüttelte den Kopf. »Ich verstehe nicht, was das ...«

Aber Jim schnitt ihr das Wort ab. »Ich glaube, man kann es schon so nennen«, sagte er und verlagerte schwerfällig sein Gewicht auf dem Stuhl. »Man kann aber auch sagen, ich strebe ein hohes Niveau an. Ich persönlich glaube eher, daß ich ein hohes Niveau anstrebe.«

»Wie haben Sie das gelernt? Wissen Sie das noch?«

»Sicher. Mein Vater war Feldwebel. Wenn ich einen Fehler machte, hat er mich fertiggemacht.«

»Wie haben Sie sich dabei gefühlt?«

»Ich habe es gehaßt. Aber er hatte recht. Er hat mir gute Prinzipien beigebracht.«

»Und wir haben versucht, diese Prinzipien unserer Tochter Kathy weiterzugeben«, sagte Margery.

»Ich glaube, Sie haben hervorragende Arbeit geleistet.« Ich bemühte mich, es wie ein Kompliment klingen zu lassen. »Und jetzt versucht sie, einige wertvolle Lektionen über das Scheitern zu lernen.«

»Was wollen Sie damit sagen?« Margerys Ton war scharf.

»Nun, es sieht so aus, als hätte sie mit etwas zu kämpfen, das Sie als Kinder nicht lernen konnten – daß Fehler manchmal in Ordnung sind. Daß wir aus ihnen lernen können. Daß sie uns manchmal sogar zum Erfolg verhelfen.«

Jims Augen verengten sich, und sein breiter, kantiger Unterkiefer zeigte seine Spannung. In mir stieg der irrationale Wunsch auf, es möge ein Schreibtisch zwischen uns stehen. Aber auch auf das Risiko hin, ihn noch mehr zu reizen, fuhr ich fort: »Wir sind alle Menschen, und manchmal können wir keine hundertprozentige Leistung bringen. An manchen Tagen schaffen wir nur fünfundsiebzig Prozent. Aber wir sind keine schlechteren Menschen, weil wir unvollkommen sind.« Ich blickte Jim fest in die blauen Augen. »Ich glaube, Ihre Tochter versucht gerade, Ihnen diese Lektion beizubringen.«

»Ich glaube, Kathy setzt sich *freiwillig* sehr unter Druck«, warf Margery ein. »Sie konkurriert gern. Sie hat gern Erfolg, und sie weiß, was sie dafür tun muß.«

»Wie würden Sie sich fühlen, wenn sie sich weniger unter Druck setzen würde?«

Verwirrung zeichnete sich auf Margerys Gesicht ab. »Warum sollte sie das wollen?«

Angesichts ihrer Verwirrung schlug ich einen weicheren Ton an. »Wissen Sie, ich glaube, Kathy möchte sehr gerne so werden wie Sie, und wenn sie das Gefühl bekommt, daß sie das nicht schafft, wird sie sehr selbstkritisch. Vielleicht sollte sie von Ihnen hören, daß sie ihr Bestes versuchen sollte, daß es aber auch in Ordnung ist, wenn sie etwas nicht schafft.«

»Kathy versucht die ganze Zeit, ihr Bestes zu geben. Sie ist eine exzellente Sportlerin, eine hervorragende Schülerin ... Ich glaube nicht, daß sie sich über irgend etwas Sorgen zu machen braucht. Sie weiß, daß wir sie vergöttern und alles für sie tun würden.«

»Ich frage mich, ob Kathy das wirklich weiß. Woher weiß sie, daß Sie sie auch dann noch vergöttern würden, wenn sie keine exzellente Sportlerin wäre?«

»Woher sie das weiß? Natürlich weiß sie es«, schnappte Margery.

»Wie zeigen sie es ihr? Könnten sie es ihr *jetzt* zeigen?«

Margerys Gesicht verzog sich vor Verwirrung zu einer Grimasse. »Es ihr jetzt zeigen? Was meinen Sie damit?«

»Können Sie es ihr mit Worten, mit Gesten zeigen? Können Sie einen Weg finden, sie wissen zu lassen, daß Sie sie ebenso lieben würden, wenn sie keine hervorragende Schwimmerin wäre?«

Margery schaute Jim an und dann wieder mich. Ich erwiderte ihren Blick. Schließlich seufzte sie resigniert und wandte sich Kathy zu. »Kathy, du weißt, daß Daddy und ich dich lieben würden, ganz gleich, wie du bei den Wettkämpfen abschneidest, nicht wahr?«

Kathy sah ihre Mutter an. Ihre Augenbrauen zogen sich leicht in die Höhe, und ihre Lippen zuckten. Dann wandte sie den Blick ab und sah zu Boden.

»Kathy, du weißt das, nicht wahr?« Margerys Stimme klang ungeduldig, ängstlich.

Kathy nickte wie betäubt, immer noch mit gesenktem Kopf.

»Kathy, meinst du, daß deine Eltern wissen, daß *ihre* Eltern *sie* lieben würden, ganz gleich, wie *sie* abschneiden würden?«

Sie sah überrascht zu mir auf, zuckte leicht die Achseln und blickte wieder zu Boden.

Ich erkannte, daß der Augenblick gekommen war, das Tonband abzuspielen. Es bezeugte nicht nur Kathys Gefühle des Widerspruchs, sondern auch die Gefühle, die ihre Eltern so erfolgreich abgespalten hatten, und in ihrem ängstlichen Blick spürte ich die Möglichkeit, daß sie für die Botschaft des Bandes offen waren. »Kathy«, sagte ich sanft, »meinst du, jetzt wäre der rechte Moment, das Band abzuspielen?« Ich hatte nicht vorgehabt, sie so zu überrumpeln. Bei der Aufnahme hatte ich mir vorgestellt, daß *sie* darüber entscheiden würde, wann der rechte Moment gekommen sei, es abzuspielen. Aber jetzt hatte ich unabsichtlich eine Situation herbeigeführt, in der die Gelegenheit günstig war.

Kathy schaute mich an, sichtlich von Angst erfüllt.

»Weißt du was«, sagte ich, »ich weiß, daß das schwer für dich ist. Leg doch einfach deinen Finger auf die Stoptaste und halte das Band an, sobald du das willst.«

Kathy schaute mich immer noch an. Ich hatte das Gefühl, sie gehe unter und mein Gesicht sei ihr Anker und ihre Rettungsleine. Langsam, wie in Zeitlupe, streckte sie die Hand aus und nahm mir das Tonbandgerät ab.

Was ging ihr durch den Kopf? Ich bin sicher, daß sie sich davor fürchtete, ihren Eltern ihre Gefühle zu offenbaren. Aber gleichzeitig muß sie eine einmalige Gelegenheit, eine Chance gespürt haben, sich in der Sicherheit meiner Praxis von ihren Eltern freizustrampeln und endlich für sich selbst zu sprechen.

Jim und Margery schauten mit aschfahlen Gesichtern zu, und ihre Gedanken waren an den besorgten Blicken abzulesen, die sie einander zuwarfen. *Was werden wir jetzt hören? Daß unsere Tochter nicht weiß, daß wir sie lieben? Daß wir als Eltern versagt haben? Daß wir unseren eigenen hohen Leistungsstandard nicht erreicht haben?*

Kathy drückte auf den Startknopf, und das Band lief an. Jim und Margery saßen still auf ihren Stühlen und lauschten gespannt. Beide wirkten wie gebannt von dem, was sie hörten. Jim verlagerte von Zeit zu Zeit das Gewicht, Margery schlug die Beine mal in die eine, mal in die andere Richtung übereinander. Aber mit der Zeit hörten auch diese Bewegungen auf. Langsam wurden ihre Augen glasig, ihr Gesichtsausdruck starr wie in Trance. An einer Stelle blinzelte Jim mehrmals, und ich bemerkte überrascht, daß seine Augen feucht waren: Ich hatte nicht erwartet, daß er weinen konnte. Aber auch das dauerte nur einen flüchtigen Moment. Als das Band zu Ende war und das Gerät sich abschaltete, saßen beide stumm da, starrten ins Leere und, so vermutete ich, auch in die Vergangenheit. Schließlich brach Margery den Bann.

»Kathy, wir dachten ... Warum hast du uns nicht gesagt ...?«

Kathy sah unglücklich aus, als sie ihre Mutter ansah. Ihre Augen waren feucht, und ihre Lippen bebten.

»Wir dachten, daß du gerne schwimmst, oder wir hätten niemals ...«

»Ich schwimme auch gerne, Mom! Nur... nur möchte ich auch noch andere Dinge tun.« Ihre Stimme war kaum hörbar.

Margery schüttelte den Kopf. »Davon hatten wir keine Ahnung.«

Sie schwiegen ein paar Sekunden lang.

»Hast du das Gefühl, daß wir dich unter Druck gesetzt haben? Wie haben wir dich unter Druck gesetzt?« Ihre Stimme ließ ehrliche Verwirrung erkennen.

Kathy antwortete nicht.

»Wir wollen nur, daß du die Beste bist.«

»Manchmal will ich nicht die Beste sein.« Kathy sprach so leise, daß wir sie kaum verstehen konnten.

Margery schaute sie intensiv an, als könne sie durch genaueres Hinsehen diese Aussage irgendwie besser begreifen. Schließlich seufzte sie tief und sah mich an: »Ich wollte immer die Beste sein. Ich habe noch nie verstanden, daß das man auch anders empfinden kann.«

Jim räusperte sich. Als er zu sprechen begann, war seine Stimme rauh. »Ich glaube, ich verstehe es.«

Margery schaute ihn überrascht an.

Jim holte tief Luft und sprach dann von einem Ort aus, der weit weg zu sein schien: »Als ich so ungefähr elf oder zwölf war, machte ich bei einem Wettkampf den zweiten Platz. Der Typ, der gewonnen hatte, war viel älter als ich, und ich dachte, ich hätte meine Sache wirklich gut gemacht. Ich rannte nach Hause und rief: ›Mom, Dad, ich bin Zweiter geworden!‹ Nach einer Zeit, die mir wie eine Ewigkeit vorkam, kam meine Mutter aus der Küche. Sie schaute mich an – ich erinnere mich noch, daß sie nasse Hände hatte – und sagte nur: ›Wer ist Erster geworden?‹ In diesem Augenblick habe ich das Schwimmen gehaßt.« Er sah Margery an. »Ich habe es gehaßt, der Beste sein zu müssen.«

»Aber ich glaube, das hat nicht lange angehalten«, sagte er gleich darauf, »denn am nächsten Tag war ich schon wieder im Schwimmbecken.« Er drehte sich um und lächelte Kathy an. »Ich glaube, das war das erste Mal, daß ich mit der Faust an die Wand geschlagen habe.«

Kathy lächelte matt zurück.

»Du weißt, woher das kommt, nicht wahr? Hast du je gesehen, wie Großvater auf die Armlehne seines Sessels geschlagen hat, wenn er bei einem Kreuzworträtsel festsaß?« Er schaute mich an. »Als ich noch ein Kind war, durfte sonntags niemand die Zeitung anrühren, ehe mein Vater das Kreuzworträtsel gelöst hatte. Er hat es immer mit Tinte ausgefüllt. Das war Ehrensache, und er war stolz darauf, daß er nie einen Fehler machte. Aber wenn ihm am Schluß noch ein paar Wörter fehlten, wurde er so wütend, daß er mit der Faust auf die Armlehne seines Sessels trommelte.« Er lachte in sich hinein. »Wir haben diesen Moment immer geliebt, denn er bedeutete, daß wir uns auf die Kinderseite mit den Comicstrips stürzen konnten.«

Ich lächelte. Seine Worte waren leichthin gesprochen, aber in Jims Erinnerungen entdeckte ich die verschlungenen Fäden, aus denen der hypnotische Familienkode gewebt wurde – Jims Eltern hatten ihm unbewußt Suggestionen übertragen, und er hatte sie an Kathy weitergegeben.

Ich dachte über die ernüchternde Frage seiner Mutter nach. »Wer ist Erster geworden?« Mit einem einzigen treffsicheren Schlag hatte sie ihm den Stolz und die freudige Erregung geraubt, mit denen er nach Hause gekommen war. Was war mit diesen Gefühlen geschehen? Wie war er mit der schmerzhaften Diskrepanz zwischen seiner eigenen Freude und der Mißbilligung seiner Mutter fertiggeworden? Er hatte sie tief in sich begraben, eine andere Wahl hatte er nicht. Für ihn als Kind war es viel sicherer, die Ansicht seiner Mutter zu übernehmen – zu glauben, daß ein zweiter Platz nicht gut genug sei –, als Stolz zu empfinden und zu riskieren, daß er das Wohlwollen der Mutter verlor. Und was war mit seinem flüchtigen Gefühl, daß er nicht schwimmen und oder der Beste sein *wollte*? Auch das hatte er geleugnet, um den Widerspruch zwischen ihren und seinen Gefühlen zum Verschwinden zu bringen. Am nächsten Tag war er »schon wieder im Schwimmbecken« und schwamm, als glaubte er, daß Gewinnen das einzige sei, was zähle.

Ich dachte über Jims Vater und das Kreuzworträtsel nach. Die Wiederholung des Sonntagmorgenrituals, die feierliche Erwartung einer fehlerfreien Leistung, das dramatische Trommeln auf der Armlehne, wenn das Ziel der Klasse nicht erreicht wurde: Es war leicht, zu sehen, wie all diese Dinge sich dem Unbewußten eines Jungen einprägen und immer wieder die Botschaft verstärken konnten: *Was zählt, ist Vollkommenheit.* Wie viele andere Vorfälle hatten diese Botschaft verstärkt und den Jungen dazu gebracht, seine eigenen Gefühle preiszugeben und statt dessen die seiner Eltern zu übernehmen?

Ich wußte, daß die Antwort »viele« lautete, denn selbst als Erwachsener hatte Jim noch Angst davor, nicht ganz vollkommen zu sein. Er fürchtete noch immer den Zorn seines Vaters, die Verachtung seiner Mutter, wann immer er nur den zweiten Platz schaffte. Aus diesem Grund setzte auch er Kathy unter Druck. Sie stand für ihn selbst: Sie konnte ihn erlösen – indem sie die Schwimmleistung erbrachte, die er hatte erbringen sollen. Wenn *sie* hart arbeitete, wenn *sie* nicht versagte, konnte er seine eigene Furcht vor dem Scheitern leugnen.

»Dein Vater ist ganz ähnlich wie meiner«, sagte Jim plötzlich, als wäre er eben erst auf diesen Gedanken gekommen. Er wandte sich Margery zu.

Sie sah aus, als sei sie weit weg und habe seine Bemerkung kaum gehört.

Jim wedelte ihr mit der Hand vor den Augen herum, und sie zuckte zusammen. Aber sie hatte sich sofort wieder im Griff und lächelte matt.

»Dein Vater ist ganz ähnlich wie meiner«, wiederholte Jim. »Ein Perfektionist. Hart.«

Sie nickte. »Das kann man sagen.«

»Erzählen Sie mir etwas über Ihren Vater«, bat ich.

Margery seufzte. »Mein Dad.« Ihre Stimme klang flach und kindlich, als läse sie aus einem Schulaufsatz vor. »Mein Dad ist Verkaufsleiter bei einer Versicherungsgesellschaft.«

»Das klingt nach einer anspruchsvollen Aufgabe.«

»Anspruchsvoll? Das ist ein gutes Wort. Ich werde Ihnen von meinem Vater erzählen. Er führt Tabellen für alle seine Vertreter. Jeden Freitagabend gibt er ihnen Punkte, je nachdem, wie viele Versicherungen sie verkauft haben. Am Montagmorgen ruft er dann einen nach dem anderen in sein Büro und kanzelt sie ab, weil ihre Punktzahlen zu niedrig sind. Dann kommt er nach Hause, trinkt ein Glas oder zwei und brüstet sich damit, wie er es ihnen besorgt hat, wie er ihnen Feuer unter dem Hintern gemacht hat.« Margerys Augen verengten sich. »Das tut er schon, solange ich denken kann.«

»War er streng mit Ihnen, als sie heranwuchsen?«

Sie zuckte die Achseln.

»Er schlug sie, wenn sie keine Einser nach Hause brachte«, sagte Jim.

Margery warf ihm einen Blick zu.

»Das ist nur ein- oder zweimal passiert.« Dann lächelte sie süffisant: »Ich habe viele Einser bekommen. Und außerdem wollte er mir nicht weh tun, er war eben einfach so. Er wollte, daß ich gut bin.«

Er wollte, daß ich gut bin. Ihr Vater hatte sie *geschlagen*, und sie hatte das damit entschuldigt, daß er wollte, daß sie gut war. Wo waren ihre *Gefühle*? Wo waren die Wut und die Demütigung, der Schmerz und die Angst, die ein Kind empfindet, wenn es von seinem Vater geschlagen wird? Ich wußte die Antwort: Margery hatte diese Gefühle begraben, wie sie so viele andere begraben hatte, weil es zu schmerzhaft gewesen wäre, sie zuzulassen. Das Wissen, daß ein Elternteil ein Kind mißhandelt, ist so angsterregend, daß das Kind es leugnet und statt dessen die rationale Begründung der Eltern akzeptiert. *Ich tue das, weil ich dich liebe, weil du es verdienst, weil ich will, daß du dich besserst*, hört das Kind seine Eltern sagen, und die Worte haben die Kraft einer hypnotischen Suggestion. Sie erklären das angsterregende Verhalten der Eltern. Sie werden zu der »Wahrheit«, die das Kind in Zukunft glaubt.

Und wie stand es mit Margerys Behauptung, ihr Vater habe sie nur »ein- oder zweimal« geschlagen? Ich war skeptisch: Wenn Eltern schlagen, dann nur selten so vereinzelt. Häufiger minimierte das Kind das Trauma, um sich vor Schmerz zu schützen. *Es ist nur ein- oder zweimal passiert, und es war auch nicht so schlimm*, denkt das Kind – und erspart sich damit das volle Wissen um das Tun seiner Eltern.

»Was machte Ihre Mutter, wenn Ihr Vater Sie geschlagen hatte?«

»Sie packte mir Eis aufs Gesicht und sagte, er wolle nur mein Bestes.« Margery schaute mich an und spürte selbst, wie kalt ihre Worte klangen. »Ich meine, sie war nicht brutal oder so. Sie hat mich geliebt. Aber was sollte sie machen? Außerdem wollte sie auch, daß ich gut war.«

Also hatte auch Margerys Mutter den hypnotischen Kode verstärkt. Auch sie hatte die Gefühle ihrer Tochter geleugnet. Auch sie hatte sich so verhalten, als sei es vernünftig, wenn ein Vater sein Kind schlägt, als verdiene Margery, geschlagen zu werden, wenn sie keine Einser heimbrachte. Und Margery befolgte ihre Suggestionen. Sie glaubte, ihre Sicherheit verlange es, daß sie vollkommen sei.

»Erzählen Sie mir noch mehr von Ihrer Mutter«, drängte ich sie.

Sie seufzte. »Meine Mutter ist hoch begabt. Sie war die erste Frau ihrer Familie, die aufs College gegangen ist. Ihr Diplom hängt im Wohnzimmer an der Wand. Sie wollte Chemikerin werden. Sie absolvierte das ganze Studium und graduierte *magna cum laude* ... Und als sie meinen Vater heiratete, gab sie das alles auf.« Sie rollte mit den Augen. »Er wollte nicht, daß sie arbeitete. Also steckte sie all ihre Begabung und ihre Energie in den Elternbeirat meiner Schule.«

»Wie Sie das erzählen, klingt es, als würden Sie sich darüber ärgern.«

»Ärgern? Ich ärgere mich nicht. Ich denke nur, daß es eine Verschwendung ist. Sie hätte etwas viel Besseres sein können.«

»Welche Gefühle hat *sie* in dieser Hinsicht?«

Margery zuckte die Achseln. »Ich glaube nicht, daß sie darüber nachdenkt. Sie hat viel zu tun. Sie ist Vorsitzende ihrer ehemaligen Studentinnenverbindung. Sie ist im Vorstand des Roten Kreuzes. Sie hat so viel Geld für diese Organisationen aufgetrieben, daß unser ganzes Haus voller Medaillen hängt.«

Mir fiel auf, daß ich nach den *Gefühlen* ihrer Mutter gefragt hatte und daß Margery daraufhin ihre *Aktivitäten* aufgezählt hatte. Ich stolperte auch über ihre Verwendung des Ausdrucks »unser ganzes Haus«, als wäre sie noch ein Mädchen und würde noch dort wohnen. Aber aufschlußreicher als alles andere waren die Mitteilungen, die die Botschaft verstärkten, daß Vollkommenheit verlangt war.

— Ich dachte an die eindringlichen Suggestionen zum Thema Erfolg: Den Werdegang ihrer Mutter auf dem College, das Diplom mit *magna cum laude* an der Wand, die allgegenwärtigen Medaillen, die an ihre ehrenamtlichen Leistungen erinnerten.
— Ich dachte daran, daß Margerys Mutter auf ihre Karriere verzichtet hatte, um zu Hause zu bleiben, und dann ihre unerschöpfliche Energie in Ehrenämter gesteckt hatte.
— Ich dachte daran, daß Margerys Vater seine Vertreter nach Punkten bewertete – die rituelle Natur dieses Tuns, die primitive Macht, die er damit ausübte, den berauschenden Stolz, den er danach zur Schau stellte.

Alle diese Dinge mußten auf ein Kind einen tiefen Eindruck machen. Wie hätte sich Margery der Suggestion entziehen können, daß auch sie nach guten Leistungen streben müsse?

Und hatte auch Margery unter diesem Druck zu rebellieren versucht? Ich erinnerte mich, daß sie erwähnt hatte, als Kind habe sie ebenfalls Kopfschmerzen gehabt. Waren sie ein Zeichen des Protestes gewesen, genau wie bei Kathy? Wenn ja, waren sie wohl nicht so heftig gewesen oder ihre Rebellion war nicht so stark ausgeprägt, denn Margery hatte offenkundig aufgegeben. Sie befolgte nun die Suggestionen ihrer Eltern so genau wie nur möglich – ihre Gefühle des Widerspruchs hatte sie begraben.

Und jetzt hatte auch ihre Tochter wieder Kopfschmerzen. War das ein Zufall? Ich bezweifelte es. Das Unbewußte arbeitet auf geheimnisvolle Weise, und wenig davon ist zufällig. Ich vermutete, daß Margerys Kopfschmerzen eher eine Art erster Entwurf für die von Kathy waren – daß Kathy die Rebellion auslebte, die Margery nicht zu Ende gebracht hatte. Margery war nie von ihrem Druck befreit worden; jetzt kämpfte ihre Tochter darum, sich von ihm zu befreien.

Als ich überdachte, was in dieser Sitzung ans Licht gekommen war, hatte ich das Gefühl, ich hätte genug Beweise für den Zusammenhang zwischen Kathys »Hypnose« und der ihrer Eltern gefunden. Ich hatte gesehen, wie Jim und Margery auf den Familienkode verpflichtet worden waren, wie sie gelernt hatten,

Selbstwert mit Vollkommenheit gleichzusetzen, die Widersprüche in ihrem Inneren zum Schweigen zu bringen und statt dessen auf ihre Eltern zu hören.

Und ich sah, wie Kathys Verhalten ihre Ängste direkt nährte oder milderte. Wenn Kathy eine gute Leistung erbrachte, fühlten sie dasselbe Wohlgefühl, das sie als Kinder empfunden hatten – wenn sie eine gute Leistung erbracht hatten und von ihren Eltern gelobt wurden. Aber wenn sie das nicht tat – wenn sie eine Trainingsstunde ausfallen lassen wollte, wenn sie einen Wettkampf nicht gewann –, war ihr eigenes Selbstwertgefühl bedroht, genau wie früher, wenn sie ihre Eltern enttäuscht hatten. Ich sah, daß Jim und Margery in einem gewissen Sinne nie erwachsen geworden waren: Innerlich waren sie noch immer kleine Kinder, die sich ängstigten und wertlos fühlten, wenn ihre eigene Tochter versagte.

Und es gab noch einen weiteren Grund, weshalb sich Kathy dem Familienkode unterwerfen sollte. Kathys Widerstand mußte sie an ihre eigenen Stimmen des Widerspruchs erinnern, die Stimmen, die sie vor so langer Zeit zum Schweigen gebracht hatten. Und diese Erinnerung mußte schmerzhaft sein – ein nagender, vorwurfsvoller Hinweis darauf, daß sie ihr wahres Selbst verraten hatten.

Aber nun rebellierte Kathy. Unter dem derzeitigen Druck bahnte sich ihr Widerspruch einen Weg ins Freie, und Jim und Margery konnten den Ängsten und den Tatsachen, vor denen sie davongelaufen waren, nicht länger aus dem Weg gehen. Wie würden sie reagieren? Bisher war ihre Reaktion außerordentlich positiv gewesen. Statt sich wieder zu verschließen, hatten sie die Gelegenheit genutzt, einige Aspekte ihrer Kindheit unter die Lupe zu nehmen und darüber nachzudenken, wie manche ihrer eigenen Einstellungen und Verhaltensweisen zustandegekommen waren. Würde es so weitergehen? Kathys Anpassung an den Kode hatte ihnen zwölf Jahre lang gute Dienste geleistet. Würde ihnen auch ihre Rebellion gute Dienste leisten? Würde sie dazu dienen, sie aus ihrer eigenen Hypnose zu wecken und sie zu befreien? Ich war vorsichtig optimistisch.

Es war still in meiner Praxis, während die Eltern beide ihren Gedanken nachhingen. Schließlich wandte sich Margery mir zu.

»Meinen Sie, wir sind zu streng mit ihr?« fragte sie ruhig.

Ich erwiderte ihren Blick, antwortete aber nicht.

»Ich würde sie nie schlagen«, setzte sie rasch hinzu. »Aber vielleicht...« Sie sah aus dem Fenster. »Wir sind nahezu gleichaltrig...«

Ich sah sie verwirrt an. »Nahezu gleichaltrig?«

Sie schaute mich an und fuhr dann zusammen, als sei sie überrascht. »Ich meine... ich weiß nicht, was ich meine«, lachte sie und richtete sich auf dem Stuhl auf.

»Meinen Sie, daß Sie zu streng mit ihr sind?« fragte ich.

»Ich hoffe nicht«, murmelte sie.

Jim holte tief Luft und atmete geräuschvoll aus. »Nun, Kathy«, fragte er freundlich, »was denkst *du* über das alles?« Es war ein offensichtlicher Versuch, die Stimmung im Raum zu lockern.

Kathy hatte aufrecht auf ihrem Stuhl gesessen, den Kopf zu ihren Eltern hin geneigt, und war eindeutig fasziniert von deren Enthüllungen. Aber sie war nicht auf die Frage ihres Vaters vorbereitet. Sie sah ihn mit großen Augen an, wie ein Kind, das vom oberen Treppenabsatz her gelauscht hat.

Er lachte. »Eine Menge Stoff zum Nachdenken, was?« Er schaute auf die Uhr und dann wieder zu mir her. »Ich denke, unsere Zeit ist so ziemlich um, oder?« Tatsächlich hatten wir noch etwa zehn Minuten Zeit, aber ich sah keinen Grund, sie noch länger hierzubehalten. Jim hatte recht: Sie hatten eine Menge Stoff zum Nachdenken.

»Danke für die harte Arbeit, die Sie heute hier geleistet haben«, sagte ich, als sie zur Tür gingen. Dann fiel mir ein, daß dies unsere letzte Sitzung war, ehe Kathy an den Bezirksmeisterschaften teilnahm. »Übrigens«, rief ich ihnen nach, »viel Glück beim Wettkampf. Was glaubst du – dritter Platz?« Ich lächelte spitzbübisch, um ihnen zu zeigen, daß meine Worte halb im Scherz gesagt waren. Ich wollte ihnen deutlich machen, daß ich ihnen Gutes wünschte – und daß in diesem Fall auch ein dritter Platz etwas Gutes sein konnte.

Nachdem die Hildts meine Praxis verlassen hatten, dachte ich weiterhin über die hypnotischen Verflechtungen nach, die sie mir offenbart hatten. Besonders fasziniert war ich von Margerys Satz »Wir sind nahezu gleichaltrig«, denn er schien mir sehr aufschlußreich. Er deutete an, daß sich Margery zumindest unbewußt mit Kathy identifizierte, und daß ihre eigenen Gefühle wieder erwacht waren, als sie von Kathys Gefühlen erfuhr. Würde das genügen, um den Druck auf sie zu mindern? Und wie würde sich das auf die Bezirksmeisterschaften auswirken?

Die Sitzung war überraschend intensiv ausgefallen, hatte meine Erwartungen bei weitem übertroffen. Daher erwartete ich nun den nächsten Besuch der Hildts mit großer Ungeduld und Neugier.

Die Hildts kamen zehn Tage später wieder, und wenn ich auf ein Zeichen des Fortschritts gehofft hatte, das sofort ins Auge fiel, sah ich mich enttäuscht. Die Familie setzte sich auf die gewohnten Plätze. Jim begrüßte mich mit einem Nicken, Margery schenkte mir ein knappes Lächeln. Nur Kathy wirkte ein wenig munterer als sonst.

»Nun«, eröffnete ich die Sitzung, »wie geht's?«

Jim lächelte breit. »Es ist prima gegangen«, sagte er. »Sie hat gut abgeschnitten.«

Ich wandte mich Kathy zu. Auch sie lächelte.

»Ich bin auf Platz sechs gekommen«, verkündete sie.

Platz *sechs*? Sie war auf Platz sechs gekommen, und Jim sagte, sie hätte gut abgeschnitten?

»Es war eine ausgezeichnete Leistung«, fuhr er fort. »Sie war am Anfang ein bißchen nervös, was sie Zeit kostete, aber sie schwamm mit gleichmäßigen Zügen und hatte eine gute Strategie. Insgesamt gesehen hat sie fast alles richtig gemacht.«

Ich strahlte buchstäblich vor Freude. Kathy war auf den sechsten Platz gekommen, und Jim machte ihr Komplimente! Er hatte ihre Fehler eingeräumt, ohne sie zu kritisieren!

»Es waren ein paar hervorragende Schwimmerinnen da«, setzte er hinzu, als könne er meine Gedanken lesen. »Sehr schnell. Das war in puncto Wettkampf ein großer Schritt vorwärts für Kathy.« Er schaute zu Margery hinüber. »Wir hatten das Gefühl, sie habe sich wirklich wacker geschlagen.«

Margery erwiderte seinen Blick einen Moment lang und schaute dann weg. Kathy saß in der Ecke und war selig.

Ich fand es interessant, daß keiner von beiden Trainer Soloman erwähnt hatte. Offenbar war es nicht mehr so überwältigend wichtig, was er von Kathys Leistung hielt.

»Du siehst aus, als wärst du sehr stolz auf dich, mein Fräulein«, sagte ich.

Sie nickte mit einem breiten Grinsen. Es war das erste Mal, daß ich sie richtig glücklich sah.

»Hat es dir auch *Spaß* gemacht?«

»Oh ja! Es war jeden Tag alles mögliche los.« Sie schaute zu ihren Eltern hinüber. »Meine Eltern wollten, daß ich mich ausruhe. Aber...« Sie grinste wieder.

»Das klingt so, als hättest du ein wenig Unabhängigkeit gekostet?«

Sie sah aus wie eine Katze, die einen Kanarienvogel verspeist hat.

»Und *Sie* haben eine Kostprobe von der Pubertät bekommen«, meinte ich zu Jim und Margery.

Jim wiegte mit gespielter Resignation den Kopf.

Es war erstaunlich. Ganze Partien des Familienkodes begannen abzubröckeln. Jim und Kathy hatten begonnen, ihren unvernünftigen Zwang zum Erfolg abzubauen. Jim hatte mir durchaus die Wahrheit gesagt: Wenn man das hohe Niveau des Wettkampfes bedachte, der einen großen Schritt über alles hinaus bedeutete, was Kathy in der Vergangenheit bewältigt hatte, war ihre Leistung, selbst wenn sie unvollkommen war, ausgezeichnet. Vielleicht hatten sie sie zum ersten Mal einfach drauflos schwimmen sehen, unbelastet von dem Druck, gewinnen zu müssen. Und Kathys Bereitschaft, ihren Eltern zu trotzen – bei ihrem größten Wettkampf und in einer Weise, die ihre Leistung mindern konnte –, deutete an, daß sie zum ersten Mal andere Prioritäten setzte als ihre Eltern.

»Ich mache jetzt bei den überregionalen Meisterschaften mit«, sagte Kathy.

»Hurra! Das ist toll!« rief ich aus und hielt dann inne, als sei mir gerade etwas eingefallen. »Warte mal. Ist das wirklich toll?«

Sie strahlte. »Ja. Ich will mitmachen.«

Daß Kathy in der nächsthöheren Wettkampfklasse mitschwimmen wollte, überraschte mich nicht. Sie war ihr Leben lang auf Konkurrenz gedrillt worden, und ich war sicher, daß sie sich ehrlich freute. Außerdem wußte ich von meinen anderen Sportlerinnen, deren Ziel die Olympiade war, daß diese Wettkämpfe, zu denen Jugendliche aus einem großen geographischen Raum zusammenkamen, viel Spaß machten. Ich war neugierig, wie sich ihre neue Einstellung in dieser noch stärker konkurrenzorientierten Umgebung bewähren würde.

Ich wandte mich Margery zu. »Sie kommen mir heute ein wenig still vor.«

»Es geht mir gut.«

»Hat Ihnen der Ausflug gefallen?«

Sie nickte, wenn auch nicht sehr begeistert.

»Was war schwer daran?«

»Schwer?«

»Ich habe das Gefühl, daß dieser Wettkampf irgendwie schwerer war als die bisherigen.«

Margery verengte die Augen. Ich merkte, daß sie sich in die Zange genommen fühlte, spürte aber auch, daß ein Teil von ihr reden wollte. Als klar war, daß ich länger warten konnte als sie, seufzte sie. »Es ist schwer zu beschreiben«, sagte sie. »Es hat mir nicht so viel Spaß gemacht wie sonst. Ich weiß nicht, warum.«

»Haben Sie nicht gerne beim Schwimmen zugesehen?«

»Ich habe gern zugesehen ... aber ich habe mich unbehaglich gefühlt.«

»Was meinen Sie, was dieses Unbehagen ausgelöst hat?«

»Ich weiß nicht. Wahrscheinlich war ich nervös wegen Kathys Leistung. Sie hatte durch diese Kopfschmerzen so viel Zeit verloren, und ich wußte nicht, wie sie abschneiden würde. Und es war so ein großer Wettkampf. All diese schnellen Mädchen. Ich glaube, ich war einfach ihretwegen nervös.«

»Ihretwegen?«

Margery warf mir einen Blick zu. »Ja.«

»Ein bißchen nervös auch Ihretwegen, vielleicht?«

Ihre Augen verengten sich wieder. »Warum soll ich um meinetwillen nervös gewesen sein? Ich bin nicht geschwommen.«

Ich lächelte und machte eine Geste, als wolle ich ihr die Frage zurückgeben.

Margery verschränkte die Finger und sah ostentativ aus dem Fenster.

Ich beschloß, nicht weiter in sie zu dringen. Zwar machte Margery etwas zu schaffen, das sie nicht zu fassen bekam, aber ich traute ihr intuitiv zu, daß sie allein damit fertig wurde. Vielleicht wußte ich, daß sie es mit derselben Entschlossenheit angehen würde, mit der sie jeder Herausforderung in ihrem Leben begegnete. Vielleicht hatte ich auch einfach das Gefühl, ich bräuchte nicht in sie zu dringen, weil ihr Mann und ihre Tochter das bereits taten. Ein unerbittlicher Sog in Richtung Veränderung schien die Familie erfaßt zu haben. Ich hatte bereits angedeutet, daß hinter ihrem Unbehagen mehr stecken könnte, als sie zugab. Jetzt beschloß ich, mich einfach zurückzulehnen und sie diesem Sog zu überlassen.

Also machte ich noch ein wenig Konversation mit Jim und Margery und entließ sie dann ins Wartezimmer. Dann arbeitete ich mit Kathy an der Selbsthypnose weiter. Ich versetzte sie wieder in Trance und bat sie, sich so zu sehen, wie sie gerne sein wollte. »Und während du dieses ideale Bild siehst, weißt du, daß du eine eigenständige Person bist... und daß diese eigenständige Person in mancher Hinsicht wie ihre Eltern sein kann, aber daß sie auch anders sein kann als ihre Eltern... sogar in wichtigen Punkten... Und während du weiter auf deine eigene Stimme hörst... auf diese tiefste Stimme in dir... wirst du in deinem eigenen Herzen den Weg finden, der für dich richtig ist.

Und während du das tust, wirst du vielleicht bemerken, daß deine Eltern ängstlich werden, aber du wirst verstehen, daß sie sich nur an ihre eigenen Probleme mit Leistung und Versagen erinnern fühlen... In ihrer Angst mögen sie vielleicht sogar ein wenig irritiert oder böse auf dich sein, aber in deinem innersten Herzen wirst du wissen, daß sie in Wahrheit von ihren eigenen Problemen irritiert sind und nicht von dir...«

Als Kathy und ich fertig waren, rief ich Jim und Margery herein, um einen Termin für eine weitere Sitzung zu vereinbaren. Interessanterweise fragte niemand, warum wir noch einmal zusammenkommen sollten. Theoretisch hatten wir die ursprünglichen Ziele der Familie erreicht: Kathys Kopfschmerzen waren verschwunden, und ihre Leistung war so gut gewesen, daß sie in die nächsthöhere Wettkampfklasse aufsteigen konnte. Hatten sie sich schon so an die Therapie gewöhnt, daß sie ihr Wiederkommen gar nicht mehr in Frage stellten? Oder unterstützten sie auf der unbewußten Ebene mein Ziel, die ganze Familie von ihren hypnotischen Fesseln zu befreien?

Unsere fünfte und letzte Sitzung fand einen Monat später statt. Als die drei ankamen, schienen sich alle ehrlich über das Wiedersehen mit mir zu freuen.

»Es ist schon eine Weile her, daß wir uns gesehen haben«, sagte ich. »Wie geht es Ihnen?«

Sie berichteten, daß Kathy regelmäßig trainiert hatte, wenn auch ein bißchen weniger, als ihr Trainer und ihre Eltern gerne gehabt hätten. Sie verteidigte eisern ihre halbe Stunde am Tag für die Selbsthypnose, die ihr ihre Eltern auch widerstrebend zugestanden; problematischer waren ihre Bitten, nach der Schule noch Zeit mit Freundinnen verbringen zu dürfen. Sie hatte aber einen Kompromiß mit ihren Eltern ausgehandelt: Bis zu den überregionalen Meisterschaften durfte sie einen Nachmittag in der Woche weggehen, danach öfter.

»Die Zeit des Heranwachsens«, erinnerte ich sie halb im Scherz. »Es wird noch härter kommen. Sie wird mehr und mehr fordern, sie selbst sein zu dürfen.«

Jim und Margery nickten wehmütig. Offensichtlich sammelten sie mit dieser Binsenwahrheit bereits Erfahrungen.

»Wissen Sie«, sagte ich, »es gehört zu den schwersten Aufgaben für Eltern, ihre Kinder sie selbst sein zu lassen.« Ich hielt inne und schaute ihnen tief in die Augen. »Viele Eltern schaffen es nicht. Sie bringen es nicht fertig, ihre Kinder aus ihren eigenen Interessen ... ihren Werten ... aus ihrer Lebensweise zu entlassen.« Ich sprach langsam, um meinen Worten Gewicht zu verleihen. »Die Kinder sind dann oft traurig oder zornig. Sie sehnen sich nach der Freiheit, sie selbst sein zu dürfen. Aber nach einer Weile hören sie auf, sich danach zu sehnen. Wissen Sie warum?«

Jim und Margery sahen mich so aufmerksam an, wie Kinder einem Geschichtenerzähler lauschen.

»Weil es nach einer Weile leichter ist, sich anzupassen. Es ist leichter, den Eltern *ähnlich* zu sein, als für das Recht zu kämpfen, sich von ihnen wegentwickeln zu dürfen.« Ich schaute erst Jim, dann Margery vielsagend an und hoffte, mit meinen Worten einen Nerv zu treffen, so daß es ihnen möglich wurde, sich in dem Gesagten wiederzuerkennen. Nach einer langen Pause fuhr ich fort: »Sehr viele Eltern können ihren Kindern nicht den Raum zugestehen, anders zu sein – aber ich glaube, Sie beide können es.«

Jim und Margery wandten langsam den Blick ab und gaben sich ihren Gedanken hin. Ein paar Sekunden lang war es still im Zimmer.

»Haben Sie meinen Namen in der Zeitung gesehen?« erkundigte sich plötzlich Kathy, der die Stille langweilig wurde.

Ich schaute auf den Zeitungsausschnitt, den sie mir in die Hand gedrückt hatte. Es war ein Lokalbericht über die überregionalen Schwimmeisterschaften. »Da steht es«, sagte sie stolz, »Kathleen Hildt.«

Sie grinste.

»Freut ihr euch alle auf den Wettkampf?«

»Ich werde leider auf diesen Wettkampf verzichten müssen«, sagte Jim ein wenig betrübt. »Ich habe an dem Wochenende eine Tagung. Ich kann nicht wegbleiben.«

Was? dachte ich, *es ist Kathys wichtigster Wettkampf, und Jim geht nicht hin?* Der Mann, der einen besseren Posten aufgegeben hat und mit der ganzen Familie umgezogen ist, damit seine Tochter im Schwimmen vorankommt, geht jetzt wegen einer Tagung nicht zu ihrem wichtigsten Wettkampf? Ich war wie vom Donner gerührt. Erfreut, aber völlig platt.

Ich wollte gerade etwas dazu sagen, als ich mich eines Besseren besann. Das Unbewußte arbeitet auf geheimnisvollen, manchmal verborgenen Wegen, und ich habe im Laufe der Jahre gelernt, daß sich ein Kommentar über Veränderungen bei einem Klienten manchmal negativ auswirkt. Wie Wile E. Coyote in den *Roadrunner*-Cartoons solange unbekümmert am Rande des Abgrunds entlangläuft, bis er hinunterschaut, verändern sich Klienten oft am beständigsten, solange man sie nicht darauf hinweist. Wenn sie wieder festen Grund unter den Füßen haben, können sie die Unterschiede schrittweise selbst erkennen.

Stattdessen wandte ich mich nun an Margery. »Sie fühlten sich beim letzten Wettkampf ein wenig unbehaglich. Welche Gefühle haben Sie in bezug auf den kommenden?«

Margery atmete tief durch. »Ich bin ein bißchen nervös.«

»Wieder dasselbe. Ein größerer Wettkampf. Schnellere Schwimmerinnen.« Ich wartete auf mehr.

Sie kicherte nervös. »Ich bin im Augenblick eher eine Art fünftes Rad am Wagen.«

Ich blickte sie neugierig an.

»Na ja, Kathy hat ja jetzt Trainer Soloman.«

Ich lächelte. Die Sprache ist so verräterisch. Bei den bisherigen Besuchen hätte Margery gesagt: »Wir haben Trainer Soloman.« Jetzt gehörte er in Kathys Bereich. Gab auch *sie* langsam ihre Tochter frei?

»Vielleicht ist es Zeit für eine neue Rolle?« meinte ich.

Sie lächelte mich traurig an.

Ich überlegte, ob ich diesen Gedanken weiterspinnen sollte, entschied mich dann aber dagegen. Es hatte etwas damit zu tun, wie Margery mir in die Augen geschaut hatte, mit soviel Gefühl in ihren eigenen Augen. Es war das erste Mal, daß sie meinem Blick nicht ausgewichen war, das erste Mal, daß sie offen ihre Gefühle gezeigt hatte. Ich merkte, daß die Veränderung bei Margery leiser vor sich ging als bei ihrem Mann und ihrer Tochter, aber sie trat ebenso stark ein – und mit nur minimalem Anstoß von meiner Seite. Also beschloß ich wieder einmal, sie in Ruhe zu lassen.

Wir plauderten noch ein paar Minuten lang, dann sprach ich mich kurz mit Kathy über ihre Selbsthypnose ab.

»Rufen Sie mich an, wenn Sie von den Meisterschaften zurück sind, dann können wir noch eine letzte Sitzung machen«, schlug ich vor, ehe sie gingen. Dann wünschte ich ihnen viel Glück und verabschiedete mich von ihnen.

Als ich nach zwei Monaten noch nichts von ihnen gehört hatte, rief ich selbst an. Kathy war am Telefon. »Mr. Calof!« rief sie und berichtete mir glücklich die letzten Neuigkeiten. Sie hatte beim Wettkampf ganz passabel abgeschnitten – hatte den vierundzwanzigsten von zweiunddreißig Plätzen belegt. Aber für jemanden, der zum ersten Mal mitmachte, sei sie ganz gut geschwommen, sagte sie. Viel aufregender war die Tatsache, daß sie mit zwei anderen Mädchen zusammen in einem Hotelzimmer gewohnt hatte und viel Zeit damit verbracht hatte, sich mit anderen Schwimmerinnen »herumzutreiben«.

»Wo war deine Mutter?« erkundigte ich mich.

»Ach, die ist nicht mitgefahren«, sagte Kathy nonchalant.

»Sie ist nicht mitgefahren?«

»Nee. Sie hat einen Job gefunden und konnte nicht.«

Noch eine Überraschung von seiten dieser erstaunlichen Familie.

»Erzähl mir mehr davon«, bat ich und bemühte mich, dabei genauso nonchalant zu klingen wie sie.

»Ich weiß nicht viel darüber. Da kommt mein Vater«, sagte Kathy und entschwand.

Jim bestätigte, daß Margery eine Woche, ehe sie fahren sollten, in einer Zeitung ein Stellenangebot für eine Anwaltsgehilfin gesehen hatte. Kurz entschlossen hatte sie sich beworben, war zu einem Vorstellungsgespräch gebeten worden und hatte die Stelle bekommen. Jetzt war sie nicht zu Hause, weil sie heute abend mit ihrem neuen Chef an einer Konferenz teilnahm.

Wieder hatte ich das Gefühl, es sei das beste, nichts über die Größe der Veränderungen zu sagen, also plauderten wir nur ein wenig, und dann brachte ich das Gespräch zum Abschluß.

»Es klingt, als seien Sie mir über den Kopf gewachsen«, sagte ich jovial. »Ich glaube, Sie werden meine Dienste nicht mehr benötigen.«

Jim lachte leise. »Ja, es geht uns gut. Und wissen Sie, das mit der Selbsthypnose ... ich weiß nicht. Vielleicht komme ich einmal bei Ihnen vorbei, um mit Ihnen darüber zu reden. Ich rufe Sie dann an.«

»Gern«, sagte ich, »ich freue mich, wenn ich Sie wiedersehe.«

Ich legte den Hörer auf, lehnte mich zurück und sann über diese Wendung der Dinge nach. Margery hatte eine Stelle angenommen! Sie hatte doch tatsächlich die Stellenanzeigen gelesen! Ich staunte über den Prozeß des Unbewußten. Wie unsere Erde enthält das Unbewußte viele Schichten von Erfahrungen, die durch das Gewicht der Zeit, durch Emotionen und Wiederholung in ein scheinbar verkrustetes Muttergestein verwandelt werden. Und doch kann die leiseste Berührung mit einem Werkzeug – eine Frage zur rechten Zeit, ein Zusammentreffen von Ereignissen – genügen, um die Schichten aufzuwirbeln und Veränderungen zu bewirken.

Ich vermutete, daß Margery teils bewußt, teils unbewußt die Schichten ihrer Kindheit erkundet hatte, die die Suggestionen enthielten, daß sie gut abschneiden müsse, und ihren eigenen, früheren Wunsch wiederentdeckt hatte, sich von ihnen freizumachen, der so lange unter dem Bedürfnis begraben gewesen war, eine gute Tochter zu sein. Nachdem sie diese Erinnerungen ausgegraben hatte, stand es ihr frei, sich »neu zu entscheiden«, sie aus einer rationaleren Perspektive zu betrachten und sich aus ihrer Umklammerung zu befreien.

War es überraschend, daß sie und Jim sich so schnell verändert hatten, daß sie sich von jahrzehntelang befolgten Suggestionen im Zeitraum weniger Monate freigemacht hatten? Im Grunde nicht. Beide waren in den Dreißigern, und nach den lautstarken Selbstdefinitionen der Teenager- und der Zwanzigerjahre neigen wir in diesem Lebensabschnitt dazu, über unsere Vergangenheit und die Beziehungen nachzudenken, die uns zu dem gemacht haben, was wir sind. Einen weiteren Anstoß gab ihnen Kathy, denn in *ihrem* Kampf um Befreiung erkannten sie verschwommen ihren eigenen wieder. Als sie von Kathys Gefühlen hörten, erinnerten sie sich, daß auch sie sich einmal heftigst gewünscht hatten, dem Programm ihrer Eltern zu entrinnen.

Es ist eine Ironie des Familienlebens, daß das, was die Eltern leugnen, häufig von den Kindern ausgelebt wird. Carl Whitaker, ein hervorragender Familientherapeut, hat einmal gesagt: »Wir bekommen die Kinder, die wir verdienen«, und meinte damit, daß uns unsere Kinder eine Chance geben, die ungelösten Probleme, die wir mit unseren Eltern hatten, anzugehen und sie zu lösen. So war es auch bei der Familie Hildt. Jim und Margery hatten ihre eigenen rebellischen Neigungen unterdrückt, waren aber nun durch ihre Tochter gezwungen worden, sich mit diesen Gefühlen auseinanderzusetzen. Kathys Tonband, das beim Abspielen so schmerzhaft für sie gewesen war, wurde zum Werkzeug ihrer Befreiung. Margery hatte recht, wenn sie Kathys Kopfschmerzen als »Wachstumsschmerzen« bezeichnete, denn genau das waren sie. Sie ermöglichten es der gesamten Familie, sich aus ihren hypnotischen Fesseln zu lösen und weiterzuwachsen.

Immer wieder haben sich Klienten verwundert gefragt, warum sie mit dreißig, vierzig oder sechzig Jahren noch immer die Stimmen ihrer Eltern im Hinterkopf hören, warum ihrem Mund noch immer die Worte ihrer Eltern entströmen, warum sie sich in Gegenwart ihrer Eltern wieder wie Kinder verhalten. Wenn wir ihr Unbewußtes durchkämmen, stoßen wir unweigerlich auf Dutzende von Botschaften, mächtig wie die Botschaften, die das Verhalten der Hildts bestimmten: Botschaften, die jeden Tag durch äußerst subtile Kodes übermittelt wurden, durch die Rügen und die Umarmungen, die die Interaktionen einer Familie prägen.

Solange sie unerkannt im Unbewußten schlummern, haben diese Botschaften hypnotische Macht. Aber wenn die Gefühle aufgedeckt werden, die ihnen zugrunde liegen, wenn die unbewußten Regeln, an die sich ein Mensch hält, in Frage gestellt werden, wenn das wahre Selbst eines Menschen Raum hat, aufzublühen, dann verlieren diese Botschaften oft ihre Macht. Sie mögen noch immer von Zeit zu Zeit an uns zerren, als rufe uns eine vertraute Stimme dazu auf, in einer bestimmten Weise zu denken oder zu fühlen. Aber sie haben nicht mehr die Macht, unbemerkt unser Verhalten zu bestimmen, weil sie uns nicht mehr an die Familientrance binden können.

4
Das Paar, das die Rollen tauschte

Floyd und Judy Masterson hätten nicht verschiedener sein können. Floyd war einen Meter neunzig groß, ein Bär von einem Mann, stämmig und muskulös, hatte einen Bürstenschnitt und eine ziemlich rauhbeinige Art. Seine Frau Judy erinnerte an eine Spitzmaus. Sie war dünn und blaß, hatte fahrige Gesten, ein nervöses Lachen und Augen, die nur selten lächelten. Floyd bewegte seine massige Polizistengestalt, als schwinge er einen Gummiknüppel, Judy behandelte ihren Körper wie ein kostbares altes Spitzengewebe. Floyd bellte und erwartete, daß die Welt dann vor ihm strammstand, Judy flüsterte und hoffte, daß jemand sie hören würde. Ich frage mich oft, an welchem Punkt die Idee zu einer bestimmten Intervention entsteht. Bei Floyd und Judy dauerte es eine Weile, bis diese Idee in mein Bewußtsein vorgedrungen war, aber die Vorstellung, wie sie zu behandeln seien, muß schon früh, in der ersten Begegnung mit ihnen, in meinem Unbewußten entstanden sein. Wie hätte ich sonst darauf kommen sollen, sie ihre Rollen tauschen zu lassen und sich wechselseitig miteinander zu identifizieren?

Wie üblich hatten wir unseren ersten Kontakt am Telefon.

»Wir machen Schluß«, polterte Floyd. Es klang so, als lege er bei einem Kartenspiel sein Blatt auf den Tisch. »Wir haben alles versucht, und nichts hat geholfen. Wir reichen die Scheidung ein. Linda Brenner hat gesagt, Sie seien gut, also machen wir noch einen letzten Versuch, aber ich sage Ihnen gleich, daß ich nicht glaube, daß es etwas nützt.«

»Nun«, erwiderte ich gutgelaunt, »dann sagen Sie mir vielleicht am besten gleich, was Sie schon alles probiert haben, damit ich weiß, was ich lassen kann.« Ich dachte, es sei ratsam, mich von vornherein positiv von meinen gescheiterten Vorgängern zu unterscheiden.

»Ach Gott«, knurrte er, »alles unter der Sonne. Wir waren in den letzten fünf Jahren neununddreißigmal bei drei verschiedenen Eheberatern.«

Ich stellte mir einen Kalender an ihrer Küchenwand vor, auf dem jeder Termin sorgfältig durchgestrichen und registriert wurde. Plötzlich wurde ich nervös. In meinen fünf Jahren Berufspraxis hatte ich viel mit Klienten gearbeitet, die abnehmen oder sich das Rauchen abgewöhnen wollten, aber kaum Paartherapie gemacht. Wenn drei Eheberater nichts ausgerichtet hatten, was konnte ich dann erreichen?

»Aber Linda sagt, Sie seien anders«, fuhr Floyd fort. »Sie benutzen Hypnose oder so was, und Sie arbeiten schnell. Also haben wir beschlossen, es noch ein letztes Mal zu versuchen.« Seine Stimme klang so gelangweilt, als wisse er schon, was dabei herauskommen werde.

»Ist Linda eine Freundin von Ihnen?« fragte ich. Linda Brenner war eine ehemalige Klientin von mir.

»Ja, Judys beste Freundin.«

Mir sank der Mut. Im allgemeinen höre ich diese Worte gern: Eine Empfehlung von besten Freunden bewirkt, daß Klienten innerlich zu einer Veränderung bereit sind. Aber nun fühlte ich mich unter Druck. Linda hatte abnehmen wollen, und das war relativ leicht. Aber diese Leute wollten etwas ganz anderes von mir. Ich spürte bereits, wie verfahren die Lage zwischen ihnen war.

Als wolle Floyd meine Ängste noch schüren, fuhr er fort: »Aber ich muß Ihnen sagen, daß Judy Linda gesagt hat, sie glaube nicht, daß es etwas nützt.«

Ihr Pessimismus schien grenzenlos. Am vernünftigsten war es wohl, ihre Zweifel zu spiegeln, sie in meinen Worten aufzugreifen. Wenn ich ihnen ihre Gefühle einfach wie ein Echo zurückwarf, konnte ich ihnen zeigen, daß ich auf ihrer Seite war, und rief keinen Widerstand hervor. Und wenn ich mich erst als verständnisvollen und einfühlsamen Verbündeten eingeführt hatte, konnte ich beginnen, sie zu einer Veränderung hinzuführen. »Sie scheinen beide überzeugt zu sein, daß Ihre Ehe mitsamt dieser Therapie scheitert«, sagte ich.

»Was sollen wir denn sonst denken?« fragte Floyd aufgebracht. »Wir sind wie Sprengkörper. Alles, was einer von uns tut, bringt den anderen zum Explodieren.« Er seufzte tief und war einen Augenblick still. »Es war nicht immer so.«

»Nicht?«

»Teufel, nein. Die ersten paar Jahre waren toll. Wir haben uns vor zehn Jahren beim Militär kennengelernt und haben uns prima verstanden. Ich weiß nicht, was dann passiert ist. Judy ist schwanger geworden, und damit hat alles angefangen. Also haben wir beschlossen, aus dem Militär auszuscheiden und wieder hierherzuziehen. Ich wollte, daß wir näher bei unseren Eltern wohnen.« Er hielt inne, als lausche er dem Klang seiner Worte nach. »Ich meine, es ist nicht etwa Ryans Schuld. Mein Gott, wir lieben ihn. Er ist ein prima Junge, ein anständiger Junge, nicht wie manche Kinder heute sind. Aber ab und zu kriegt er einen Rappel und kommt dann nicht aus seinem Zimmer heraus. Ich weiß nicht, warum, und wir machen uns beide ziemliche Sorgen deswegen...« Floyd hielt inne, als denke er nach, und ich wartete, bis er weitersprach. »Wir haben schon vor langer Zeit beschlossen, keine weiteren Kinder mehr zu bekommen.«

»Warum nicht?«

»Würden Sie das wollen, wenn Sie die ganze Zeit streiten?« Seine Stimme klang angriffslustig, wurde dann aber sanfter. »Wissen Sie, es ist nicht so, daß der Funke erloschen wäre, oder so. Wir lieben uns noch. Aber es führt einfach alles zu einem Streit.

Gestern abend etwa. Da hatten wir einen Streit über Geld. Judy will die Rechnungen bezahlen. Aber sie braucht die Rechnungen nicht zu bezahlen. Ich bezahle die Rechnungen. Das System funktioniert, und man muß es nicht großartig festlegen, oder? Aber alle paar Monate kommt das Thema wieder aufs Tapet. ›Floyd, laß mich die Rechnungen bezahlen.‹ Und wenn ich nein sage, nörgelt sie wegen irgend etwas an mir herum. Gestern abend hielt sie mir vor, wieviel Geld ich für unseren neuen Fernseher ausgegeben habe, als würde sie nicht auch jeden Abend fernsehen.« Er seufzte genervt. »Ich kann nicht gewinnen, wissen Sie? Ich versuche, ihr alles leicht zu machen, und sie kommt und krittelt an mir herum. Oder sie fängt an zu weinen.«

Vor meinem inneren Auge begann sich ein Bild von ihrer Ehe abzuzeichnen. Floyd hatte offenbar einen starken Willen und einen Hang zum Kontrollieren und ging wahrscheinlich wie eine Dampfwalze durchs Leben, ohne eine Ahnung von Judys Gefühlen zu haben. Aber Judy behauptete sich offenbar nicht direkt, sondern konterte mit giftigen Angriffen. Das Ergebnis schien eine Pattsituation zu sein: Je mehr Floyd kontrollierte, desto scharfzüngiger wurde Judy.

Mein Bild formte sich teilweise aufgrund der Informationen, die Floyd mir durch seine Worte und seine Sprechweise gegeben hatte, teilweise aufgrund eines intuitiven Gefühls für Paare. Selbst ohne umfangreiche Erfahrung wußte ich, daß in den meisten Partnerschaften bestimmte, vorhersagbare Muster herrschen, und die Machtdynamik vom Typ »einer oben/einer unten« ist weit verbreitet.

Ich konnte mir vorstellen, wie sich Floyd und Judy vor zehn Jahren beim Militär kennengelernt hatten, damals noch jung und unsicher, zum ersten Mal von zu Hause fort. Judy hatte vermutlich Floyds augenscheinliche Stärke und Selbstsicherheit bewundert, Floyd hatte bestimmt ihre Abhängigkeit genossen. Die Monate der Brautwerbung mochten für beide wunderbar gewesen sein.

Aber was für kurze Zeit angenehm ist, kann auf lange Sicht an den Nerven zehren, und es war leicht vorstellbar, wie zehn Jahre Ehe ihr Paradies in ein Gefängnis verwandelt hatten. Wenn die Ehe gerettet werden sollte, dann mußte Floyd wahrscheinlich ein Gefühl für Judys Bedürfnisse entwickeln, und Judy mußte lernen, sich direkt zu behaupten.

»Sehen Sie, Doc«, fuhr Floyd fort. Sein Gebrauch der Abkürzung »Doc« schien so wenig Respekt zu beinhalten, daß ich mir nicht die Mühe machte, ihn daran zu erinnern, daß ich kein Doktor war. »Wir sind ziemlich unglücklich, und Linda hat gesagt, Sie seien schnell. Können Sie uns nicht einfach auf ein anderes Programm einstellen oder so was?«

Das also war die heimliche Hoffnung – daß ich in einer einzigen, schnellen, schmerzlosen Sitzung das bewerkstelligen konnte, was die neununddreißig Sitzungen mit Gesprächstherapeuten nicht bewirkt hatten. Auch das stimmte mit dem Wenigen zusammen, was ich über sie wußte. Sie hatten sich zum Militär gemeldet und ihre Zeit dort offensichtlich genossen, und das hieß, daß sie ohne Mühe Befehlen gehorchen konnten. Und sie hatten es satt, ihre Ehe zu analysieren und darin herumzustochern. Jetzt wollten sie sich einfach nur bequem hinsetzen und auf ein anderes Programm eingestellt werden. Ohne Nachdenken. Passiv. Ein Kommandeur sollte ihnen einen Befehl geben. Wenn das der Kommunikationsstil war, der bei ihnen gut funktionierte, dann würde ich ihn benutzen.

»Sie glauben also nicht, daß die Sache etwas bringt, Floyd!« sagte ich mit aller Autorität in der Stimme, die ich aufbrachte. »Und außerdem hat Judy ihre eigenen Vorstellungen davon, warum sie nichts bringt! Aber Sie wissen überhaupt nichts über mich! Und keiner von Ihnen beiden kann auch nur entfernt darauf hoffen, je meine Methoden zu begreifen – oder zu verstehen, in welcher Weise Sie sich durch diese Methoden ändern werden.«

Am anderen Ende herrschte Stille. Ich hatte meine Worte rasch, aber sorgfältig gewählt. Zwar hatte ich ihm noch immer seine Überzeugung gespiegelt, die Ehe und die Therapie würden scheitern, mich aber gleichzeitig als unanfechtbare Autorität etablieren wollen, die Methoden hatte, die sich von allen anderen unterschieden, die sie in der Vergangenheit kennengelernt hatten. Und ich wollte mich auch über das Kampfgetümmel stellen, damit ich nicht in das Drama und somit in eine Dreieckskonstellation hineingezogen werden konnte. Meine letzten Worte: »in welcher Weise Sie sich durch diese Methoden ändern werden« waren bereits eine eingestreute Suggestion.

Bei diesem autoritären Ton fühlte ich mich etwas unwohl, denn er ging mir völlig gegen die Natur. Aber gleichzeitig hatte er auch etwas Beruhigendes. Er verdeckte meine Unsicherheit und hängte mir das Mäntelchen einer Selbstsicherheit um, die ich mir vorerst nur wünschen konnte.

»Außerdem«, fuhr ich fort, da Floyd nichts mehr sagte, »bin ich nicht bereit, Sie zu empfangen, ehe ich nicht eine Chance hatte, von Ihrer Frau zu hören, wie pessimistisch *sie* denn ist.«

Floyd murmelte etwas Unverständliches, aber kurz darauf hörte ich Judys Stimme am Telefon.

»Es tut mir leid, daß wir Sie belästigen«, sagte sie leise; ihre ersten Worte waren eine Entschuldigung.

»Floyd hat mir gesagt, Sie seien an einer Therapie interessiert.«

»Ja, also, wir haben Schwierigkeiten, ich meine ... Ach, wir sind eigentlich schon ein hoffnungsloser Fall, aber Linda kennt sich mit diesen Dingen aus, und sie meint, Sie seien gut und da ... Ach, was soll das, wir sind am Ende.« Damit begann sie zu weinen.

»Sehen Sie?« ertönte plötzlich Floyds Stimme. »›Was soll das?‹ Sie wird immer gleich so hysterisch. Tut mir leid, daß wir Sie belästigt haben. Auf Wiederhören.«

Aber noch ehe er auflegen konnte, donnerte ich in die Sprechmuschel: »Holen Sie sie SOFORT wieder ans Telefon!«

Ohne Widerrede rief er Judy, und ich hörte am anderen Ende wieder ihre Stimme.

»Was wollen Sie?« fragte sie schniefend.

»Sie sind durcheinander«, sagte ich sanft, um ihre Gefühle widerzuspiegeln. »Sie wissen nicht, was Sie tun sollen. Sie sind sicher, ich werde scheitern, wie alle anderen, allerdings sind Sie auch wieder nicht ganz sicher ...« Aber dann wurde meine Stimme härter. Statt mit dem Ehepaar einen Termin zu vereinbaren, hatte ich sie beinahe dazu bewogen, den Hörer aufzulegen, daher mußte ich jetzt die Situation umkehren. Wenn die Hoffnung auf den Erhalt ihrer Ehe sie nicht in die Therapie brachte, dann vielleicht ein Gefühl der Verantwortung gegenüber einer Autoritätsperson. »Sie haben mich von wichtiger Arbeit abgehalten«, schnauzte ich. »Deshalb habe ich zumindest ein Recht darauf, in einer persönlichen Begegnung zu scheitern, also bringen Sie ihn morgen um Punkt 11 Uhr hierher, und kommen Sie nicht zu spät – sonst werde ich gleich wissen, daß Ihnen nicht zu helfen ist.« Damit knallte ich den Hörer auf die Gabel.

Grob, Calof! dachte ich, *du warst richtiggehend grob. Floyd und Judy werden nie hierherkommen.* Aber als ich das Telefongespräch analysierte, glaubte ich, das Richtige getan zu haben. Als

Judy wieder ans Telefon gekommen war, hatte sie meinen Eindruck von ihrer Ehe bestätigt. Ihre rasche Entschuldigung und ihre fügsame Haltung machten sie zur idealen Zielscheibe für Floyds unsensible Kontrollversuche. Wenn die Ehe gutgehen sollte, brauchte Judy ein stärkeres Selbstgefühl und mehr Macht.

Zu diesem Zweck gab ich ihr die strenge Anweisung. Indem ich ihr befahl: »Bringen Sie ihn morgen um Punkt elf Uhr hierher«, hatte ich sie in eine Zwickmühle gebracht. Um mir einen Gefallen zu tun (und ihrer Freundin auch), mußte sie ihren Mann zu mir bringen. Aber um das zu bewerkstelligen, mußte sie sich selbstbewußt verhalten, und das würde ihr schwerfallen. Würde sie sich der Herausforderung gewachsen zeigen? Ich wußte es nicht. Und wenn ja, wie würde Floyd darauf reagieren? Auch das wußte ich nicht. Aber wenn sich die Dynamik ihrer Ehe ändern sollte, mußten sie diesen Schritt machen.

Mein Befehl an Judy hatte auch noch eine zweite, verborgene Herausforderung enthalten. Mit dem Hinweis, wenn sie zu spät kämen, hieße das, »daß Ihnen nicht zu helfen ist«, hatte ich Judy eine indirekte Suggestion gegeben. Ich hatte implizit das Gegenteil dieser Aussage mitbehauptet: Wenn sie pünktlich kämen, hieße das, daß man ihnen helfen *könne*, daß sie bereit seien, eine Veränderung vorzunehmen.

Als ich an jenem Abend nach Hause fuhr, das Autoradio wie immer auf Nachrichten eingestellt, ließ ich mir Bilder von Floyd und Judy durch den Kopf gehen. Meine Bilder waren, wie ihr beruflicher Hintergrund, militärischer Natur. Ich stellte mir Floyd und Judy im Krieg vor, mit unterschiedlichen Arten von Truppen und unterschiedlichen Waffenarsenalen: Floyd hatte das Kommando über Panzer und Kanonen, Judy befehligte drahtige Guerillakämpfer mit Pfeil und Bogen. Als sie vor meinem inneren Auge ihre Schlachten schlugen, erkannte ich, daß ihre so ungleichen Streitkräfte einander in Schach hielten, denn was Judys Soldaten an Ausrüstung und Kraft fehlte, machten sie durch Schnelligkeit, Täuschungsmanöver und genaue Geländekenntnis mehr als wett. Wenn also Krieg das passende Bild war, beschloß ich, ihn auch für meine Intervention zu nutzen, und ich erfand eine Parabel für sie, die ich ihnen am nächsten Tag erzählen wollte.

Geschichten können ein mächtiges Hilfsmittel sein, wenn man das Unbewußte ansprechen will, denn sie rufen das Kind in uns auf den Plan, jenen Teil, der »in Geschichten versank«, als wir noch klein waren, und der noch immer leichten Zugang zu unserem Inneren hat. Und da sie das Bewußtsein mit verschlungenen Handlungsfäden und Einzelheiten beschäftigen, erlauben sie den tieferen, metaphorischen Botschaften, ins Unbewußte einzudringen. Sie entkräften auch unseren bewußten Widerstand: Wir können einer Geschichte zuhören, sie aufnehmen, und dabei glauben, daß sie nicht von uns handelt. Floyd und Judy, die sich für ein Berufsleben beim Militär entschieden hatten, waren sogar besonders empfänglich für Geschichten, denn sie waren daran gewöhnt, zuzuhören und Befehle entgegenzunehmen, daran gewöhnt, in der militärischen Familie »Kinder« zu spielen. Ich hatte keine Gewähr dafür, daß sie tatsächlich kommen würden, aber wenn sie kamen, hatte ich nun eine Strategie, von der ich hoffte, daß sie zu einer Entspannung führen würde.

Zu meiner freudigen Überraschung fand ich am nächsten Morgen (einem Samstag) um 10.45 Uhr Floyd und Judy in meinem Wartezimmer vor, wo sie unruhig auf und ab gingen.

»Sie sind also zu dem Schluß gekommen, daß Ihnen zu helfen ist«, begrüßte ich sie ohne ein Lächeln, und da ich immer noch ihre Überzeugung spiegeln mußte, daß die Ehe und die Therapie zum Scheitern verurteilt seien, fügte ich hinzu: »Wenn auch Ihrer Ehe nicht.« Dann, noch ehe sie eine Chance hatten, etwas zu erwidern, wandte ich mich mit einer militärisch knappen Drehung um, ging gemessen in mein Sprechzimmer und wies sie mit einer Geste an, mir zu folgen.

Floyd setzte sich sofort in den großen Lehnstuhl. Judy, die hinter ihm herkam, ließ sich vorsichtig auf dem Stuhl daneben nieder. Plötzlich hatte ich einen Impuls.

»Würden Sie sich bitte dorthin setzen?« sagte ich zu Floyd und zeigte dabei auf einen Stuhl, der ein gutes Stück weiter weg stand.

Er sah verwirrt aus, gehorchte aber.

»Und Judy, würden Sie sich bitte hierhin setzen?« Ich deutete auf den Stuhl, in dem Floyd gesessen hatte.

Sie blickte zu Floyd hin, tat aber wie geheißen.

Ich schaute vom einen zum anderen und runzelte die Stirn, als sei auch diese Sitzordnung unbefriedigend. »Floyd, würden Sie bitte den Stuhl dort nehmen?« Ich zeigte auf einen Stuhl in der Ecke. »Und Judy, Sie hätte ich gerne auf diesem Platz.« Ich deutete auf *meinen* Stuhl und setzte mich dann in den Lehnstuhl, den sich Floyd ursprünglich ausgesucht hatte.

»Gut«, sagte ich, als sie sich umgesetzt hatten. »Wenn Sie nun bitte ein paar Minuten darauf verwenden wollen, diese Formulare auszufüllen…« Und während sie noch ihre Antworten hinkritzelten, bat ich sie, noch einmal die Stühle zu wechseln, so daß nun beide auf dem Platz saßen, den zuerst der andere innegehabt hatte. Damit begann ich meine Intervention.

Daß Floyd den größten Sessel für sich beschlagnahmt hatte, erinnerte mich daran, wie nötig es für ihn war, alles unter Kontrolle zu haben. Der erste Platzwechsel war ein Weg, das zu unterlaufen – seine Kontrolle durch meine zu ersetzen und Judy auf seinen auserkorenen Thron der Macht zu setzen. Als sie die Plätze getauscht hatten, merkte ich, daß ich diesen Eröffnungszug noch weiter zu meinem Vorteil nutzen konnte. Indem ich sie noch einmal und noch einmal aufforderte, sich umzusetzen, machte ich ihnen klar, daß hier ich die Autorität war, die die Befehle erteilte, und konditionierte sie dazu, meinen Anweisungen zu folgen. Außerdem zeigte ich ihnen dadurch, daß ich anders war als alle Therapeuten, die sie bisher aufgesucht hatten. Je häufiger ich sie die Plätze tauschen ließ, desto mehr steigerte ich ihre Erwartung, daß sich etwas *Ungewöhnliches* ereignen würde. Sie auf den Platz des jeweils anderen zu setzen, war zudem ein Weg, ihnen zu helfen, sich metaphorisch aus der Perspektive des anderen zu sehen – und an dieser Fähigkeit mangelte es ihnen in ihrer Ehe erheblich. Diese Symbolik entging zwar zweifellos ihrem Bewußtsein, war aber vielleicht für ihr Unbewußtes verständlich.

»Judy, unserem gestrigen Gespräch habe ich entnommen, daß Sie und Floyd häufig streiten. Haben Sie eine Ahnung, was die Spannungen zwischen Ihnen verursacht?«

Floyd rollte mit den Augen. »Alles unter der Sonne«, brummte er. »Geld, wer die Wäsche zusammenlegt, daß ich ihre

Eltern nicht oft genug anrufe...« Sein Ton war affektiert, und er ahmte Judys Sprechweise nach.

»Ich habe meine Frage an Judy gerichtet«, sagte ich nachdrücklich und wandte mich betont zu ihr hin.

Judy verlagerte mehrmals das Gewicht, schlug die Beine erst übereinander, stellte sie dann wieder nebeneinander. »Nun«, antwortete sie, beugte sich vor und hielt die Finger ineinander verschränkt im Schoß. »Es ist nicht einfach nur *eine* Sache. Es ist alles. Alles, was ich tue, ärgert ihn.«

»Mich ärgert überhaupt nicht alles, was du tust.«

»Aber fast alles.«

»Judy übertreibt.«

»Tu ich nicht. Du kritisierst mich die ganze Zeit.«

»Ich kritisiere dich? Und was machst du mit mir? Ich kann kaum einen Fuß in mein eigenes Haus setzen, ohne daß du mir sagst, ich hätte etwas falsch gemacht. Kaum komme ich nach Hause, heißt es: Schatz, du hast die Klopapierrolle falsch herum reingetan, Schatz, du hast deine Kleider auf dem Bett liegenlassen. Mein Gott, Judy, ich bin müde, wenn ich nach Hause komme. Ich muß mich einfach hinsetzen und ein Bier trinken und eine Weile meine Ruhe haben, und du erwartest...ich weiß nicht, was du erwartest.«

Judy sah kleinlaut aus. »Ich will nur...«

Floyd schnitt ihr das Wort ab. »Das geht jeden Abend so, wenn ich nach Hause komme. Ich bin müde. Alles, was ich will, ist ein bißchen Zeit, um am Ende des Tages abzuschalten. Und sowie ich zur Tür hereinkomme, fängt sie an...« Er unterbrach sich. »Sehen Sie, ich will nicht an ihr herummeckern. Ich weiß, sie war den ganzen Tag allein und freut sich, mich zu sehen. Und ich freue mich auch, sie zu sehen.« Er schaute Judy an. »Ich freue mich wirklich, Kleines. Ich brauche nur ein bißchen Zeit.«

Judys Gesicht erhellte sich bei diesem Geständnis. Jetzt klang ihre Stimme honigsüß und versöhnlich. »Ich weiß, Schatz. Es tut mir leid, wenn ich an dir herummeckere. Ich weiß, daß du müde bist. Ich freue mich einfach darauf, daß du nach Hause kommst.«

Floyd lächelte matt.

Ich spürte, daß sie dieses Gespräch schon viele Male geführt hatten. »Judy, können Sie verstehen, daß Floyd eine Weile Ruhe braucht, wenn er nach Hause kommt?«

»Natürlich«, murmelte sie mitfühlend. »Er hat den ganzen Tag hart gearbeitet, besonders jetzt, wo er seine Runden im Revier machen muß. Ich vergesse immer, daß ich den ganzen Tag zu Hause bin. Das ist viel weniger anstrengend.« Sie wandte sich Floyd zu: »Ich werde mir Mühe geben, dich eine Weile in Ruhe zu lassen, Schatz.«

»Das sagt sie immer«, knurrte Floyd ärgerlich. »Aber am nächsten Abend ist alles wie gehabt. Es ist, als hätten wir noch nie darüber geredet.«

Judys Gesicht verfinsterte sich. »Ich will versuchen, es mir zu merken«, sagte sie schmollend. »Wenn du früher nach Hause kämst, wäre ich auch nicht so einsam.«

Floyd funkelte sie zornig an. »Judy, du weißt, daß es uns an Leuten fehlt und daß ich weniger arbeiten muß, sobald wir neue Polizeibeamte bekommen. Mir gefällt das so auch nicht besser als dir.«

»Es ist schon seit fast einem Jahr so.«

»Das kann ich nicht ändern. Uns fehlen drei Leute. Das paßt mir nicht. Aber ich habe keine Wahl.«

»Du arbeitest gerne bis spätabends!«

»Ich arbeite überhaupt nicht gerne bis spätabends!«

»Doch! Es macht dir mehr Spaß, bei deinen Kumpels zu sein, als zu mir nach Hause zu kommen.«

»Judy! Ich hasse es, wenn du so etwas sagst! Du verdrehst alles. Du nimmst alles persönlich.«

»Es ist auch persönlich. Ich bin deine Frau, und ich will Zeit mit dir zusammen verbringen.« Ihre Stimme zitterte.

»Wenn du so etwas sagst, dann *bringst* du mich dazu, daß ich gerne lange wegbleibe! Merkst du das? Du *bringst* mich dazu, daß ich wegbleiben will. Du vertreibst mich!«

Judy begann zu schluchzen. »Sehen Sie?« stieß sie hervor, »das passiert immer. Genau das passiert immer.«

Und ich erkannte, warum. Dieses letzte Wortgefecht hatte mir einen weiteren Hinweis auf ihr Kommunikationsmuster gegeben. Floyd und Judy führten nicht nur einen heftigen Machtkampf, sondern waren auch in ein Gefecht verstrickt, in dem es um Taubheit und Vergeltung ging: Beide fühlten sich vom anderen *nicht gehört*. Aus Rache feuerten sie dann gehässige Salven aufeinander ab. Judy hatte Floyd gesagt, sie *brauche* seine Aufmerksamkeit, und als er ihre Gefühle nicht zur Kenntnis nahm, schleuderte sie ihm bösartige Anklagen entgegen. Floyd hatte Judy gesagt, er *brauche* Zeit für sich allein, und als sich ihr Verständnis für seine Gefühle als bloßes Lippenbekenntnis entpuppte, wurde er wütend und stieß sie weg.

Der Mangel an gegenseitiger Einfühlung war so gewaltig, daß erheblich mehr als ein Platzwechsel nötig war, wenn man ihnen helfen wollte, die Dinge mit den Augen des anderen zu sehen. In früheren Fällen hatte ich schon Rollenspiele eingesetzt, um Partnern zu helfen, den Standpunkt des anderen zu erfassen... und ich beschloß, für die zweite Sitzung ein Rollenspiel vorzuschlagen.

Inzwischen reichte ich Judy eine Packung Kleenex und wartete, bis sie sich einigermaßen gefaßt hatte. Dann nahm ich wieder meine autoritäre Haltung ein und blickte beiden streng in die Augen: »Ich hatte nun sowohl hier als auch am Telefon Gelegenheit, einen Eindruck von ihrer Ehe zu gewinnen, und ich bin mir keineswegs sicher, ob sie Bestand haben wird. Aber da Sie nun schon meine Zeit in Anspruch genommen haben, bin ich bereit, zumindest einmal mit Ihnen zu arbeiten.

Sie haben mich ausgesucht, weil ich unorthodoxe Methoden anwende. Sie haben gehört, daß ich mit Hypnose arbeite. Und Sie hätten gern, daß ich Sie auf ein anderes Programm umstelle – aber Sie wissen nicht genau, was das bedeutet. Und Sie«, sagte ich zu Floyd gewandt, »sind sich nicht sicher, ob Sie den Mut haben, als erster an die Reihe zu kommen.« Floyd schlug sofort die Augen nieder, als hätte meine Herausforderung ähnliche Zweifel in ihm geweckt.

»Jetzt werden Sie zunächst einmal fünf Minuten still dasitzen, ohne einander anzuschauen. In diesen Minuten werden Sie überlegen, was Sie für sich selbst wollen, was Sie von mir wollen und wie groß Ihre Angst vor Hypnose und Veränderung ist.« Dann verschränkte ich die Arme und wartete darauf, daß sie meine Anweisung befolgten.

Sie gehorchten wortlos. Floyd räusperte sich und setzte sich umständlich auf seinem Stuhl zurecht. Judy schlug die Beine auseinander und faltete ihre Hände im Schoß. Dann stellten sich beide allmählich auf das Nachdenken ein. Als eine Minute verronnen war und die zweite langsam verstrich, entspannten sich ihre Körper sichtbar. Als aus drei Minuten langsam vier und dann fünf wurden, wiesen beide Anzeichen einer leichten Trance auf. Ihre Augen wurden glasig und fokussierten nicht mehr, ihre Körper wurden ganz ruhig, und beide schienen nach innen zu blicken.

Diese Reaktion ermutigte mich. Die Tatsache, daß beide ohne formelle Induktion in Trance gefallen waren, ließ erkennen, daß sie gut hypnotisierbar waren.

»Gut«, sagte ich, als die Zeit abgelaufen war. »Floyd, was haben Sie beschlossen?«

Floyd und Judy schüttelten sich beide ein bißchen und richteten den Blick wieder auf mich. Floyd richtete sich steif in seinem Stuhl auf.

»Ich möchte wissen, was Sie gestern abend am Telefon mit Judy gemacht haben«, verlangte er.

»Was meinen Sie damit?«

»Sie war ein anderer Mensch, als sie aufgelegt hatte. Sie sagte mir, ich müsse heute mit ihr hierherkommen, ob ich wolle oder nicht, und ich habe sie noch nie so gesehen.« Sein Mund verzog sich wider Willen zu einem Grinsen. »Es muß ein sehr wirksames Mittel gewesen sein.«

Also hatte es funktioniert, und Floyd war darüber erfreut.

»Ich weiß nicht, was nach unserem Gespräch von gestern abend über mich gekommen ist«, sagte Judy. »Ich fühlte mich plötzlich wieder zuversichtlich, und das habe ich seit Monaten nicht mehr erlebt. Deshalb wußte ich einfach, daß Floyd mitkommen mußte.« Sie sah ihn kokett an. »Und er kam.«

»Möchten Sie die Therapie machen?«

Sie nickte.

»Sind Sie schon einmal hypnotisiert worden?«

Sie schüttelte den Kopf und kicherte dann. »Aber ich weiß, daß ich mich gut zum Hypnotisieren eigne. Ich werde bestimmt gleich weg sein.«

»Und Sie, Floyd?«

»Ich bin schon einmal hypnotisiert worden, beim Militär, als ich eine Zahnbehandlung brauchte. Es hat ziemlich gut geklappt.« Er lachte in sich hinein. »Und ich habe bei Gott nicht daran geglaubt, daß es klappen würde.«

»Erinnern Sie sich noch in irgendeiner Weise daran?«

»Nein. Sobald es vorbei war, kam es mir vor, als sei es nie geschehen.« Er hielt inne, als denke er daran zurück. »Aber damals war ich noch ein Kind. Ich weiß nicht, ob es heute noch funktionieren würde.«

Ich widerstand der Versuchung, Floyd darauf hinzuweisen, daß er sich soeben ohne jede Mühe in Trance versetzt hatte.

»Also gut«, sagte ich. »Sie haben beide den Wunsch nach einer Behandlung mit Hypnose geäußert. Jetzt brauchen Sie sich nur noch zu entscheiden, wer von Ihnen zuerst in Trance gehen wird und wer in Trance fallen wird, indem er dem anderen zuschaut.« In diese scheinbare Wahlmöglichkeit war die Suggestion eingebettet, daß beide in Trance fallen würden.

Niemand antwortete, aber fast augenblicklich begannen bei beiden die Augenlider zu flattern, und sie sanken leicht in sich zusammen. Dann verwendete ich eine entspannende Standardinduktion für Judy und streute häufige Anweisungen an Floyd ein, er solle sich an seine frühere Erfahrung mit Hypnose erinnern. Nach fünfzehn oder zwanzig Minuten hatten beide eine Trance mittlerer Tiefe erreicht. Nun begann ich mit meiner Parabel.

»Auf einer Insel im Ozean lebten zwei Völker, die schon lange Zeit miteinander Krieg führten. Eines dieser Völker schien viel mächtiger zu sein als das andere. Es war größer, hatte mehr natürliche Reichtümer und bessere Waffen. Und doch konnte es das Nachbarvolk nicht besiegen. Denn obwohl dieses Volk klein war, verfügte es über beachtliche Kraft und Geschicklichkeit. Seine kleine Armee war erstklassig ausgebildet, sie war schneller und beweglicher als die große Armee des Gegners und hatte mit ihren wenigen Waffen schwer durchschaubare Kampfmethoden entwickelt. So fochten die beiden Armeen mit ihrer scheinbar so unterschiedlichen Stärke Jahr um Jahr gegeneinander, und es kam zu keiner Entscheidung.

Aber der Krieg forderte einen schrecklichen Tribut. Beide Länder waren verarmt, geschwächt und zermürbt. Beide sehnten sich nach Frieden, aber sie fanden ihn nicht, weil sich beide Seiten im Recht glaubten und sich weigerten, zu kapitulieren.

Als die Zustände immer schlimmer wurden, wünschten sich beide Länder sehnlichst eine Lösung. Fachleute entwarfen Theorien über die Vorteile einer friedlichen Koexistenz: gegenseitige Verteidigung im Kriegsfall, freier Handel, unbeschränkte Reisemöglichkeiten und kultureller Austausch. Familien sprachen darüber, daß sie eine Welt schaffen wollten, die für Kinder sicher und einladend war. Als diese alternativen Zukunftsbilder Boden gewannen, wuchs in beiden Ländern der Druck auf die Regierung, nach einer Verhandlungslösung zu suchen. Und schließlich verständigten sich nach Jahren der Kriegführung hohe Regierungsvertreter beider Seiten auf direkte Gespräche. Ihre Zusammenkünfte fanden heimlich statt, damit die gegnerische Seite die Bemühungen nicht etwa als Zeichen der Schwäche auslegte.

In einem der beiden Länder erfuhr jedoch ein Mitglied der Presse von den geheimen Treffen der Regierungsvertreter. Der Reporter erkannte, wie bedeutsam die Information war, und gab sie nicht seiner Zeitung weiter, sondern ging zu einem Kollegen auf der anderen Seite, der ihm sagte, in seinem Land fänden ähnliche Treffen statt. Im Laufe der nächsten paar Tage sprachen die Reporter heimlich mit Freunden in der Regierung, beförderten Botschaften hin und her, und es wurde eine Vereinbarung ausgehandelt.

Die beiden Regierungen beschlossen, daß um zwölf Uhr mittags an einem bestimmten Tag die Waffen schweigen sollten und die Premierminister beider Länder eine quer über der Grenze errichtete Plattform betreten und ihren Namen unter einen Waffenstillstand setzen sollten. Im Augenblick der Unterzeichnung sollten Militärkapellen zu spielen beginnen und die Flaggen beider Länder über beiden nationalen Regierungssitzen gehißt werden.

Der Waffenstillstand kam, wie geplant, zustande. Pünktlich um zwölf Uhr mittags verhallte der letzte Schuß, und ein Trompetenstoß von beiden Seiten signalisierte den Waffenstillstand.

Die beiden Premierminister betraten die Plattform. Nachdem sie unterschrieben hatten, hielten sie feierliche Reden, in denen jeder dem früheren Feind für seine Verhandlungsbereitschaft dankte. ›Wenn wir friedlich zusammenarbeiten, können beide von der Stärke des anderen profitieren und beide die Schwächen des anderen ausgleichen‹, verkündeten die Premierminister. ›Im Krieg war jeder für sich allein stark. Im Frieden werden wir gemeinsam noch stärker sein.‹ Nach den Reden umarmten sich die beiden Premierminister.«

Solange ich erzählte, hatten Floyd und Judy völlig hingerissen gelauscht. Jetzt blieben sie still auf ihren Stühlen sitzen, als warteten sie auf eine Fortsetzung. Als ich sah, wie intensiv sie mitgegangen waren, kam mir eine Idee. Wenn sie so gut hypnotisierbar waren, konnten sie doch vielleicht das Rollenspiel in der nächsten Sitzung unter Hypnose machen! Ich hatte noch nie Rollenspiel mit Hypnose kombiniert, aber wenn es schon im Wachzustand wirkte, mußte es eigentlich unter Trance noch wirksamer sein. Beide hätten dann Zugang zum Unbewußten des anderen: zu gemeinsamen Erinnerungen, an die sie sich bewußt nicht mehr erinnerten, zu Worten, die einmal gesagt, aber längst vergessen worden waren, zu intuitivem Wissen, das aus vielen Jahren der Gemeinsamkeit resultierte. Wissenschaftliche Untersuchungen haben ergeben, daß wir einander fortwährend winzige Signale über unser Befinden geben – eine geringfügige Pupillenerweiterung, eine kleine Veränderung der Atmung, ein minimales Zusammenzucken. Diese Signale geben wir so unabsichtlich von uns, daß wir nicht einmal wissen, daß wir sie aussenden, und sie sind so subtil, daß die bewußte Wahrnehmung sie nicht auffängt. Aber sie werden im Unbewußten des Gegenübers registriert. Vielleicht erklärt das, warum lange verheiratete Paare oft das Gefühl haben, sie könnten »die Gedanken des anderen lesen«. Unbewußt kennen wir einander viel besser, als uns klar ist. Warum sollte ich nicht aus diesem Reservoir schöpfen, um diese Ehe bessern zu helfen?

Ich schaute Floyd und Judy tief in die Augen. »In unserer nächsten Sitzung werde ich Sie bitten, eine sehr wichtige Aufgabe zu übernehmen«, sagte ich. »Diese Aufgabe wird eine große Rolle für Ihrer beider Zukunft spielen und auch für die Zukunft Ihres Sohnes. Sie wird Ihre volle Mitarbeit erfordern. Wegen der schwerwiegenden Bedeutung dieser Aufgabe werde ich sie Ihnen gleich skizzieren, und in den nächsten beiden Wochen werden Sie intensiv daran arbeiten, sich darauf vorzubereiten, ohne jedoch bewußt wahrzunehmen, daß Sie das tun.« Judy und Floyd hatten bereits bewiesen, daß sie allein Fortschritte machen konnten: Ihr Verhalten nach unserem ersten Telefongespräch hatte mir klargemacht, daß sie unbewußt dazu bereit waren, an sich zu arbeiten. Daher hatte ich allen Grund, zu glauben, daß sie in den nächsten beiden Wochen eine Menge erreichen konnten. Indem ich ihr Wissen vom Bewußtsein fernhielt, gab ich ihrem Unbewußten Raum, ungehindert zu arbeiten.

»Sie werden in zwei Wochen um dieselbe Zeit wie heute wieder hierherkommen. Dann versetze ich Sie in eine tiefe Trance. Ihr Bewußtsein wird nicht neugierig auf das sein, was geschieht, und wir werden es einfach entlassen. Auf ein Signal hin wird Judy Floyd werden und Floyd wird Judy werden. Sie werden denken, handeln, fühlen und glauben wie der jeweils andere. Der Tausch der Identität wird so vollkommen sein, daß Sie sich, solange er dauert, nicht daran erinnern werden, je Sie selbst gewesen zu sein. In diesem veränderten Zustand werden Sie auf zehn Jahre gemeinsamer Erfahrung zurückgreifen können, um die Art von Zukunft auszuhandeln oder notfalls auszufechten, die Sie miteinander haben werden. Sie werden in jedem Streitpunkt eine Einigung erreichen. Dann erhalten Sie ihre eigene Persönlichkeit zurück und werden aus der Trance geweckt.«

Floyd und Judy schauten mich aufmerksam an, als warteten sie auf weitere Instruktionen.

»Verstehen Sie Ihre Aufgabe?«

Sie nickten.

»Gut. Im Laufe der nächsten beiden Wochen werden Sie beginnen, Veränderungen aneinander wahrzunehmen. Sie werden sich nicht sicher sein, worin diese Veränderungen bestehen, aber Sie werden ein Gefühl der Veränderung, der Hoffnung und neuer Möglichkeiten haben. Während die beiden Wochen verstreichen, werden Sie feststellen, daß Sie entspannter sind und sich weniger Sorgen um Ihre Probleme machen.«

»Jetzt werde ich Sie aufwecken. Sie brauchen sich nicht an das zu erinnern, was in dieser Trance geschehen ist. Alles, was wichtig ist, wird in Ihrem Unbewußten gespeichert. Sie werden Ihr vorheriges Gespräch wiederaufnehmen, als hätte die Trance gar nicht stattgefunden.« Dann zählte ich von fünf bis eins, um sie zu wecken. Das Zählen diente auch als indirekte Suggestion, um sie nächstes Mal wieder in Trance zu versetzen, wenn sie mich von eins bis fünf zählen hörten.

Die beiden erwachten langsam, schauten sich im Zimmer um, blinzelten und schüttelten den Kopf.

»Wovon haben wir gerade gesprochen?« fragte ich verwirrt, als hätte ich versehentlich den Gesprächsfaden verloren.

Sofort fing Judy an zu sprechen. »Sehen Sie?« jammerte sie. »Es hat keinen Sinn. Alles, was wir sagen, endet in einem Streit, und am Schluß drohen wir uns immer gegenseitig an, wir würden uns scheiden lassen. Wir können genausogut gleich Schluß machen.«

»Wenn du doch nicht alles so persönlich nehmen würdest«, stöhnte Floyd.

»Ich nehme es aber persönlich, Floyd. Ich bin deine Frau. Ich will bei dir sein. Ich sehe dich ja fast nie. Und jetzt, seit du abends so lange arbeitest...«

Es war, als hätte es die dazwischenliegenden fünfundvierzig Minuten nie gegeben.

»Es tut mir leid, daß ich Sie unterbrechen muß«, sagte ich, »aber unsere Zeit für heute ist um.«

Beide schauten mich an, als hätten sie meine Anwesenheit vergessen.

»Es tut mir leid, daß ich diesmal nicht mehr helfen konnte. Aber ich denke, wir haben einen guten Grundstein gelegt. Warum kommen Sie nicht in, sagen wir, zwei Wochen wieder?«

Floyd blickte finster drein, nickte aber, und wir vereinbarten einen Termin – in vierzehn Tagen um dieselbe Zeit.

»Es ist wichtig, daß Sie zwischen heute und unserem nächsten Termin nicht über diese Sitzung sprechen«, mahnte ich sie, als sie der Tür zustrebten. »Und rufen Sie mich unter keinen Umständen an.« Ich wollte die Möglichkeiten minimieren, bewußt über das nachzudenken, was geschehen war, oder mit mir über die Therapie zu streiten. Ich wollte, daß die Suggestionen aus dieser Sitzung in Ruhe »schmorten«.

Floyd zuckte bei meinen Worten die Achseln, als wolle er sagen: »Wie Sie meinen«, dann griff er nach der Türklinke und hielt Judy die Tür auf. Ihre Augen weiteten sich überrascht bei dieser Geste.

»Er hat ja nicht eben viel gemacht. Meinst du, er taugt etwas?« hörte ich ihn sagen, als die Tür sich hinter ihnen schloß.

»Ach weißt du«, lamentierte Judy, »sie sind doch alle gleich.«

Zwei Wochen später, um 10.45 Uhr, hörte ich sie die Tür zu meinem Wartezimmer öffnen. Um 11 Uhr, als ich hinausging, um sie zu begrüßen, saßen sie einträchtig auf dem Sofa. Floyd stand sofort auf und streckte Judy die Hand hin. Sie lächelte, als er sie hochzog.

»Machen wir uns an die Arbeit«, sagte ich. »Wenn die Sache schiefgeht, will ich es rasch hinter mich bringen, aber vielleicht geht sie auch nicht schief, denn Sie wissen noch nicht, was Sie von mir halten sollen.« Ich spiegelte ihnen noch immer ihre Überzeugung, daß ihre Ehe samt der Therapie scheitern würde, säte aber zugleich einige Zweifel daran. Dann geleitete ich sie in mein Sprechzimmer und wies jedem den Stuhl an, auf dem zuletzt der andere gesessen hatte.

Als sie sich setzten, fiel mir auf, daß beide entspannter und gefaßter wirkten als in der letzten Sitzung. Judys Augen, die geschwollen und blutunterlaufen gewesen waren, sahen jetzt klar aus, und die dunklen Ringe unter Floyds Augen waren verschwunden. Beide wirkten aufgeräumter und gesprächiger.

»Judy, erzählen Sie mir von den letzten beiden Wochen«, forderte ich sie auf. »Wie ist es Ihnen ergangen?«

Judy lächelte keck: »Ich war eigentlich ganz fröhlich. Ich weiß nicht, warum. Alles schien irgendwie ... leichter zu sein.« Sie schaute mich erwartungsvoll an, als harre sie einer Bewertung.

»Sie fühlen sich besser, aber Sie wissen nicht, warum?«

»Ach, ich glaube, es gibt eine Menge Gründe. Das Wetter war schön ... Ryan macht in der Schule gute Fortschritte ...«

»Und wie ging es mit Ihnen beiden?«

»Oh«, zwitscherte sie, als wäre sie gar nicht auf diese Frage vorbereitet gewesen. »Ich meine, es geht ein bißchen besser.« Sie schaute Bestätigung heischend zu Floyd hinüber, und er stimmte zu.

»Ich glaube, wir sind vielleicht beide ein bißchen kooperativer?« Es klang, als würde sie diesen Gedanken erst einmal testen. »Floyd hat mir im Haus viel mehr geholfen. Er hat jeden Abend gespült, ohne daß ich ihn darum bitten mußte und ...«, sie schaute ihn neckisch an, »er hat sogar einmal das Abendessen gemacht.«

Floyd wiegte den Kopf und hob die Handflächen, als wolle er das Lob von sich weisen. »Hab ja nur ein paar Steaks gegrillt, das war alles.«

»Und Floyd, wie sind die Dinge für Sie gelaufen?«

»Ich habe mich ziemlich wohl gefühlt«, gab er zu. »Auf dem Revier läuft alles glatt. Ich habe auch gut geschlafen.«

»Und wie war es mit Ihrer Frau?«

Er schob seinen Unterkiefer ein paarmal hin und her und trommelte mit den Fingern auf die Armlehne seines Stuhles. »Ich glaube, wir haben einander mehr Ruhe gelassen.«

»Weniger Spannung zwischen Ihnen?«

Er nickte.

»Was wissen Sie noch von Ihrer letzten Sitzung?«

»Sagen Sie mal, wie lange waren wir denn eigentlich hier? Wir dachten, es sei nur etwa eine halbe Stunde gewesen, aber als wir rauskamen und auf die Uhr schauten, sahen wir, daß wir eineinhalb Stunden bei Ihnen waren. Es war, als hätten wir irgendwie eine Stunde verloren.« Er runzelte die Stirn, als störe ihn der Gedanke, daß ihm Zeit unbemerkt abhanden gekommen war.

»Na ja, manchmal ist es besser, etwas unerwartet zu verlieren«, bemerkte ich beiläufig. »Aber was noch? Was haben Sie mir sonst noch von sich zu berichten?« Meine Anspielung auf einen unerwarteten Verlust war als Signal an das Unbewußte gedacht: Ich hoffte, daß die beiden noch mehr Dinge unerwartet verlieren würden, nämlich Verhaltensweisen und Einstellungen, die ihrer Ehe schadeten.

Beide waren für kurze Zeit still, dann ergriff Judy das Wort. »Wissen Sie, wir hatten schon öfter solche Phasen, in denen wir uns für eine Weile gut verstanden. Es ist, als stünden die Sterne gerade günstig, oder so etwas.« Sie lachte. »Aber dann«, sie warf die Hände in die Luft, »fällt alles irgendwie auseinander.«

»Fällt auseinander?«

»Ja.« Sie sah unglücklich aus. »Ich meine, wir sind natürlich wirklich ziemlich verschieden, und ich weiß nicht, wir haben uns so viel Mühe gegeben, aber ich weiß einfach nicht, ob wir uns ändern können... ich meine, wir haben es schon so oft versucht, und jedesmal geht es dann eine Zeitlang besser, aber dann geht alles wieder in die Brüche. Ich denke einfach... es ist wahrscheinlich zu spät.« Tränen stiegen ihr in die Augen.

»Das klingt so, als wäre die Lage jetzt besser, aber Sie wissen nicht, ob Sie dem Frieden trauen können.«

Sie nickte und schniefte ein wenig.

»Sie haben das Gefühl: Wir haben immer noch die alten Probleme, und wir wissen beide nicht, ob das gutgeht, also bringen wir die Sache lieber ein für allemal hinter uns.«

Judy nickte wieder und trocknete sich die Augen. Indem ich ihre Gefühle widerspiegelte, gab ich ihr das Gefühl, verstanden zu werden. Ich hatte auch eine Suggestion eingestreut: »Bringen wir die Sache lieber ein für allemal hinter uns« konnte als Totengeläut für ihre Ehe aufgefaßt werden – »Machen wir diesem Trauerspiel von einer Ehe ein Ende« – oder konnte ein Anstoß zur Veränderung sein: »Räumen wir mit Ihren Streitigkeiten ein für allemal auf.« Ich hoffte, mit dieser Doppeldeutigkeit einerseits ihre Zweifel an der Verbesserung ihrer Ehe einzufangen und andererseits ihren Glauben daran zu stärken, daß sie gelingen könne.

Floyd und Judy warfen sich einen beklommenen Blick zu und sahen dann wieder mich an. Ich schaute beiden in die Augen, verlangsamte dann mein Sprechtempo und dämpfte meine Stimme zum Tonfall der Trance-Induktion, sagte, sie sollten mir aufmerksam zuhören, und zählte dann langsam von eins bis fünf. Auf dieses Reinduktionssignal hin flatterten ihre Augenlider leicht, und als ich bis fünf gezählt hatte, waren beide in einer leichten Trance. Ich benutzte Vertiefungssuggestionen, um sie in eine erheblich tiefere Trance zu versetzen, und sagte ihnen dann, sie stünden in einem hypnotischen Rapport mit mir und mit mir allein: Obwohl sie so nahe beieinander saßen, würden sie die Gegenwart des anderen nicht bemerken.

»Judy«, begann ich, »letztes Mal, als wir uns trafen, habe ich geschildert, was Sie jetzt machen sollen. Sie haben zwei Wochen Zeit gehabt, darüber nachzudenken. Wenn Sie bereit sind, so vorzugehen, wie wir es besprochen haben, dann lassen Sie Ihren Kopf nicken, um es mir zu zeigen.«

Judy nickte leicht mit dem Kopf.

»Gut. Jetzt werden Sie entdecken, daß Sie sprechen können, und der Klang Ihrer eigenen Stimme wird Sie sogar noch tiefer in Trance versetzen.« Klienten, für die Hypnotherapie neu ist, wissen nicht automatisch, daß man in Trance sprechen kann; ich muß ihnen das oft erst sagen. Ich ließ Judy einen Augenblick Zeit, um ihre Trance zu vertiefen, und stellte ihr dann eine Frage: »Möchten Sie Ihre Ehe wieder in Ordnung bringen?«

»Ja.« Ihre Stimme klang ruhig und sachlich. In einer tiefen Trance wird keine Energie auf überflüssige Worte oder Bewegungen verschwendet. Der Klient sitzt oft buchstäblich reglos da, und sogar die Intonationskurve flacht ab.

»Gibt es irgendeinen Teil von Ihnen, der eine Frage hat, auf die er mich aufmerksam machen möchte?«

Nach einer langen Pause murmelte sie dumpf: »Nein.«

»Okay.« Dann richtete ich dieselben Fragen und Aussagen an Floyd, der ähnlich antwortete, bis ich wissen wollte, ob er Fragen habe.

»Wie werde ich mich selbst wiederfinden können?« erkundigte er sich.

Ich erkannte, daß ich versäumt hatte, ihnen zu erklären, wie sie nach dem Tausch wieder ihre eigene Identität erlangen würden.

»Wäre es für Sie in Ordnung, nur diejenigen Eigenschaften wiederzufinden, die Sie gerne haben *wollen*, und vielleicht einige von denen zu verlieren, die Sie nicht haben wollen?«

Floyd dachte einen Augenblick nach. »Kann ich es mir später noch einmal anders überlegen?«

»Natürlich können Sie das. Sie und Judy können das.« Ich drehte mich halb zu ihr hin, um zu signalisieren, daß sie zuhören solle. »Sie können sich entschließen, sich alles mögliche anders zu überlegen.« Dann drehte ich mich wieder ganz zu Floyd hin, um Judy aus der hypnotischen Hörweite auszuschließen, und fuhr fort: »Floyd, wären Sie beruhigt, wenn ich Ihnen etwas geben würde, das sie daran erinnert, wer Sie sind, etwas, das Ihnen den Weg weisen kann, falls Sie später wieder ein Verlangen nach Ihrem früheren Selbst verspüren?«

Er nickte langsam.

»Okay. Ich gebe Ihnen jetzt ein Blatt Papier, und ich möchte, daß Sie auf dieses Papier Ihren vollständigen Namen, Ihre Sozialversicherungsnummer, Ihre Telefonnummer, Ihre Führerscheinnummer, die Namen Ihres Vaters und Ihrer Mutter und Ihr Geburtsdatum schreiben. Sie werden Ihre Augen öffnen können, um diese Aufgabe zu erfüllen, und wenn Sie sie wieder schließen, werden Sie sich noch tiefer in Trance befinden.«

Floyd öffnete die Augen und streckte langsam die Hand nach dem Blatt Papier aus. Mit dem ernsthaften Eifer eines Erstkläßlers tat er, worum ich ihn gebeten hatte. Dann forderte ich ihn auf, das Papier zu betrachten, solange ich sprach. »Dieses Stück Papier wird für Sie, Floyd, eine starke Erinnerung an Ihre derzeitige Identität und Lebensweise sein. Jetzt gleich werde ich Sie bitten, es zusammenzufalten und es in Ihre Brusttasche zu schieben, hinter die Zigaretten. Wenn Sie zu irgendeiner Zeit in der Zukunft den Wunsch haben sollten, wieder Ihre derzeitige Identität anzunehmen, oder wenn es aus irgendeinem Grund notwendig ist, daß Sie sich an diese Identität erinnern, oder wenn Ihr Unbewußtes es für wünschenswert hält, werden Sie einfach dieses Papier durchlesen.«

Gehorsam faltete Floyd das Papier zusammen und steckte es in die Brusttasche. Dann schloß er die Augen. Offenbar waren seine Bedenken nun ausgeräumt, und er war bereit, weiterzumachen.

»Judy, Sie werden in den nächsten paar Minuten spüren, daß Sie zu Floyd werden. Sie werden anfangen, wie Floyd zu denken, zu handeln und zu fühlen. Sie werden Floyds Gefühle, Gedanken, Überzeugungen und Empfindungen haben, und solange

Sie Floyd sind, werden Sie Ihre eigenen Gefühle, Gedanken, Überzeugungen und Empfindungen vergessen. Sie werden *glauben*, daß Sie Floyd sind, und wenn Sie sich selbst anschauen, werden Sie Floyd sehen. Sie werden Floyds Erinnerungen haben, aber Sie werden nur die Erinnerungen haben, die für diese Aufgabe hilfreich und nutzbringend sind. Wenn Sie wieder Sie selbst werden, bringen Sie die Weisheit und die tiefen Lernerfahrungen mit, die Sie gemacht haben.

Während Sie das tun, wird Floyd damit beschäftigt sein, Judy zu werden. Wenn Sie Floyd geworden sind und ihre Augen öffnen, werden Sie Judy auf dem anderen Stuhl sitzen sehen. Haben Sie verstanden?«

Judy nickte, und ich gab Floyd die entsprechenden Anweisungen. Als auch er genickt hatte, wandte ich mich an beide gleichzeitig. »Sie haben jetzt fünf Minuten Zeit, sich auf diese Aufgabe vorzubereiten, aber Ihrem Inneren wird es vorkommen, als hätte es alle Zeit der Welt. Nach fünf Minuten werde ich Sie bitten, aufzustehen und die Plätze zu tauschen, und wenn jeder von Ihnen auf dem Stuhl des anderen sitzt, werden Sie noch tiefer in Trance gehen und werden ganz und gar der andere werden. Sie werden über Ihre Meinungsverschiedenheiten und Mißverständnisse diskutieren und vielleicht sogar streiten, und Sie werden eine gemeinsame Ebene finden, so daß Sie zusammenwachsen können. Sie werden sich hellwach fühlen, und Sie werden wissen, daß ich im Hintergrund bin und dafür sorge, daß Sie sicher sind und daß alles gutgeht. Und wenn Sie aus irgendeinem Grund Hilfe brauchen, werden Sie mich jederzeit ansprechen können.«

In den nächsten fünf Minuten beobachtete ich sie genau. Als ihre Trance tiefer wurde, erschlafften ihre Körper, wurden schwer und entspannten sich. Obwohl ihre Augäpfel hinter den geschlossenen Lidern sich rasch bewegten, blieben ihre Gesichter ausdruckslos und ruhig. Ihre äußere Gelassenheit ließ nicht erkennen, was in ihnen vorging. Schließlich bat ich sie, die Augen zu öffnen, die Plätze zu tauschen und einander wahrzunehmen.

Was nun geschah, war erstaunlich. Judy stand schwerfällig von ihrem Stuhl auf, als hätte sie plötzlich hundert Pfund zugenommen. Sie schleppte sich zum benachbarten Stuhl und sank schwer darauf nieder. Auf ihrer normalerweise glatten Stirn erschienen leichte Linien und Falten. Inzwischen ließ sich Floyd anmutig auf Judys bisherigem Stuhl nieder, kreuzte die Knöchel und verschränkte die Hände fest im Schoß. Seine normalerweise stark geschürzten Lippen öffneten sich nun leicht in einer Weise, die unverwechselbar zu Judy gehörte.

Kaum hatten sie sich gesetzt und sich gesehen, als ein gedämpfter Tumult ausbrach.

»Alles, was ich tue, ärgert dich«, erklärte die neue »Judy«. Die Stimme war tiefer als die Judys und hatte den eintönigen Klang, der für die tiefe Trance typisch ist, ließ aber dennoch Judys weinerliche Sprechweise erkennen.

»Mich ärgert überhaupt nicht alles, was du tust«, gab »Floyd« zurück. Auch diese Stimme drückte, wenngleich sie in der Höhe eher Judy entsprach und durch die Trance abgeflacht war, Floyds häufige Ungeduld aus.

»So fühlt es sich aber für mich an. Du kritisierst mich die ganze Zeit.«

»Ich kritisiere dich? Und was machst du mit mir? Ich kann kaum einen Fuß in mein eigenes Haus setzen, ohne daß du mir sagst, ich hätte etwas falsch gemacht. Kaum komme ich nach Hause, heißt es: Schatz, du hast die Klopapierrolle falsch herum reingetan, Schatz, du hast deine Kleider auf dem Bett liegenlassen. Mein Gott, Judy, ich bin müde, wenn ich nach Hause komme. Ich muß mich einfach hinsetzen und ein Bier trinken und eine Weile meine Ruhe haben, und du erwartest... ich weiß nicht, was du erwartest.«

Es war wortwörtlich der Streit, den sie während ihrer ersten Sitzung bei mir gehabt hatten! Der ursprüngliche Tonfall fehlte – durch die Trance gedämpft, schienen sie wie betäubt von einem Skript abzulesen –, aber die Worte und die dahinterliegenden Gefühle waren dieselben.

Das brachte mich auf eine Idee. Wenn ich mich Floyd und Judy in ihrer prä-hypnotischen Welt zugesellte, konnte ich ihre hypnotische Wirklichkeit verstärken; wenn ich wieder den brüsken Kommandoton annahm, konnte ich ihre Überzeugung vertiefen, daß Floyd Judy sei und Judy Floyd. Daher legte ich nun die unterstützende Haltung ab, die ich eingenommen hatte, solange ich ihre Trance induzierte, und schnitt ihnen das Wort ab. »Hören Sie mal, Sie sind mit diesem Streit schon bei drei anderen Therapeuten hausieren gegangen. Bei denen hat das nichts gebracht, und hier wird es auch nichts bringen. Also gehen Sie einen Schritt weiter. Brauchen Sie meine Hilfe?«

Sie starrten mich schweigend an.

»Also, ich sehe schon, Sie brauchen sie.« Ich schaute Judy an. »Floyd, Sie haben sich darüber beklagt, daß Judy Sie nicht in Ruhe läßt, wenn Sie nach Hause kommen. Können Sie ihr sagen, was Sie brauchen?«

Judy, in der Rolle von Floyd, sah mich aus glasigen Augen an. »Ja«, sagte sie. Dann wandte sie sich mit den mechanischen Bewegungen, die für eine Trance typisch sind, langsam und steif ihrem Mann zu. »Du stürzt dich auf mich, sowie ich zur Tür hereinkomme. Du läßt mir keine Zeit, abzuschalten.«

»Ich bin den ganzen Tag allein zu Hause«, gab Floyd in der Rolle von Judy zurück. Er sprach langsam und gewichtig, ohne sich seiner Frau zuzuwenden, aber sein Mund sah ein klein wenig nach einem Schmollmund aus. »Du fehlst mir. Ich will dich sehen, wenn du nach Hause kommst.«

»Du siehst mich den ganzen Abend. Ich brauche einfach...«

»Augenblick mal«, unterbrach ich. »Hören Sie, was Judy sagt? Können Sie hören, worum sie Sie bittet?«

Judy wandte sich langsam wieder mir zu. Ihre Stimme war so ungeduldig wie die Floyds. »Sie bittet mich darum, ihr Aufmerksamkeit zu schenken. Ich brauche einfach...«

»Wir werden später über das sprechen, was Sie brauchen. Jetzt gerade sprechen wir darüber, was Judy braucht.«

Judy hielt kurz den Atem an.

Ich wandte mich an Floyd. »Judy, können Sie versuchen, Floyd zu erklären, wie Sie sich fühlen und was Sie von ihm brauchen, wenn er nach Hause kommt?«

Floyd richtete sich in seinem Stuhl auf, legte die Hände ineinander wie eine Frau und preßte die Knöchel fest zusammen. Seine Unterlippe war ein wenig vorgeschoben. »Zeit mit ihm«, sagte er knapp.

»Ist es wirklich *Zeit*, was Sie wollen? Oder ist es etwas anderes?«

Er dachte einen Augenblick nach. »Etwas anderes.«

»Können Sie Floyd sagen, was es ist?«

Floyds ineinander verschlungene Finger zuckten. »Ich will, daß er mir zeigt, daß er mich liebt.«

»Können Sie ihm das sagen?«

Er zögerte einen Moment, dann wandte er langsam, als müsse er gegen eine Strömung ankämpfen, seinen Kopf Judy zu. Mit Judys Stimme sagte er: »Ich will, daß du mir zeigst, daß du mich liebst.«

Judys Hände hoben sich langsam zu einer stummen Geste der Frustration. »Judy, ich sage dir jeden Abend, daß ich dich liebe. Wenn ich nach Hause komme, umarme und küsse ich dich als erstes und sage dir, daß ich dich liebe. Was willst du denn noch mehr?«

Angespannt hob Floyd seine Füße vom Boden und kreuzte die Knöchel elegant unter dem Stuhl. »Das sagst du nur so. Es ist reine Routine.«

Frustriert hob Judy noch einmal die Hände. »Du weißt, daß ich dich liebe, Judy. Ich bin müde, wenn ich nach Hause komme. Ich kann keine Reden halten.«

»Ich will keine Reden, Floyd, ich will...« Floyds Finger flogen kurz in die Luft. »Ich will, daß du mich *siehst*. Ich möchte das Gefühl haben, für dich *wichtig* zu sein.« Seine schwankende Stimme erstarb, und seine Bitte hing in der Luft.

Sanfter, mehr in der Absicht, sie zu unterstützen, als sie herauszufordern, wandte ich mich an Judy. »Floyd, Judy hat gerade etwas zu Ihnen gesagt, was aus ihrem innersten Herzen kam. Können Sie spüren, was sie gesagt hat? Können Sie ihre Gefühle hören, nicht nur die Worte?«

Nur eine leichte Verengung von Judys Augen ließ erkennen, daß sie mich gehört hatte. Sie starrte auf einen Punkt auf dem Fußboden, der in der Mitte zwischen meinem Schreibtisch und ihrem Stuhl lag, und schob, wie es ihr Mann so oft machte, ihren Unterkiefer von einer Seite zur anderen. Zehn, zwanzig Sekunden vergingen. Ich wollte die Frage gerade noch einmal neu formulieren, da antwortete sie: »Sie sagt, daß ich ihr zeigen soll, daß ich sie liebe.« Die Worte kamen stockend, wie bei einem Touristen, der ihm unbekannte Sätze aus einem Sprachführer herausklaubt.

»Können Sie noch mehr dazu sagen?«

Mit Floyds Hartnäckigkeit bewegte sie den Unterkiefer hin und her und starrte zu Boden. »Sie hat Angst, ich würde aufhören, sie zu lieben... Sie braucht das Wissen, daß ich das nicht tue...« Wegen der monotonen Sprechweise wußte ich nicht recht, ob sie schon fertig war, das Absenken der Stimme am Ende fehlte. Aber einen Augenblick später fuhr sie fort: »Ich werde nicht aufhören, sie zu lieben. Um dieses Wissen geht es ihr.«

Ich schaute Floyd, der Judy spielte, an. »Stimmt das?«

Er nickte.

»Möchten Sie Zeit, wenn Floyd nach Hause kommt, oder einfach nur diese Bestätigung?«

»Einfach die Bestätigung.« Floyds Stimme war weicher, verletzlicher, als ich sie je gehört hatte.

Ich wandte mich wieder an Judy. »Floyd, meinen Sie, Sie können Judy diese Bestätigung geben, wenn Sie nach Hause kommen?«

Einen Augenblick lang mahlte Judys Unterkiefer wieder. Dann nickte sie bedächtig.

Ich lächelte.

»Nun, Judy«, sagte ich zu Floyd und sah ihn eindringlich an, »haben Sie auch gehört, was Floyd zu *Ihnen* gesagt hat? Was *er* braucht, wie er es Ihnen gesagt hat?«

Floyds Hände umfaßten einander fest in seinem Schoß. »Er will Zeit für sich haben«, sagte er.

»Das scheint für Sie schwer zu sein.«

»Ich will, daß er mit mir zusammensein will.«

»Es verletzt Sie, daß er allein sein will?«

Er nickte und hatte dabei die Unterlippe schmollend vorgeschoben, wie sonst Judy.

»Floyd, können Sie Judy anschauen und ihr erklären, wie Sie sich fühlen?«

Judy, alias Floyd, drehte ihren Körper langsam dem ihres Mannes zu. »Ich *will* mit dir zusammensein, Judy. Aber ich brauche einfach zuerst Zeit für mich allein.«

Floyd blickte starr geradeaus.

Judy versuchte es noch einmal. »Judy, du weißt, wie meine

Arbeit aussieht. Wenn ich nach Hause komme, bin ich geschafft.«

Noch immer kam kein Hinweis von Floyd, daß er sie gehört hatte, daher wandte sich Judy wieder mir zu. Ich nickte ihr zu, sie möge weitersprechen. »Nur ein paar Minuten, Kleines. Es würde mir so viel helfen, wenn du das verstehen könntest.«

Etwas in ihrer Stimme mußte ihn angerührt haben, denn jetzt wandte sich Floyd steif seiner Frau zu. Seine Augen begegneten den ihren, und ihre Blicke tauchten für zwanzig Sekunden ineinander. Allmählich wurde Floyds Gesicht, das in diesem Augenblick fast wie das von Judy aussah, weicher.

»Judy«, sagte ich und sah ihn direkt an, »kannst du spüren, wie Floyd sich am Ende eines Tages fühlt?«

Sie nickte beinahe schüchtern.

»Ich bin einfach müde, Judy«, sagte Judy. »Aber du mußt wissen, daß ich dich liebe.«

Floyds Lippen öffneten sich zu einem scheuen, unwillkürlichen Lächeln.

»Was meinst du, wieviel Zeit du brauchst, Floyd?« fragte ich.

»Zwanzig Minuten.« Die Schnelligkeit, mit der Judy antwortete, ließ vermuten, daß sie darüber bereits nachgedacht hatte, als sie sich auf ihre Rolle vorbereitete.

»Judy, wenn Floyd Ihnen die Bestätigung gibt, die Sie brauchen, wenn er nach Hause kommt, meinen Sie, daß Sie ihm dann zwanzig Minuten Zeit für sich zugestehen können?«

Floyd, alias Judy, drehte den Oberkörper wieder zu mir her und nickte.

»Also gut, es sieht so aus, als hätten Sie eine Einigung erreicht. Möchte einer von Ihnen noch irgend etwas hinzufügen?« Ich schaute zuerst Judy in der Rolle von Floyd an, die den Kopf schüttelte, dann Floyd in der Rolle von Judy.

»Ich dachte, er wollte nicht mit mir zusammensein«, sagte Floyd mit Verwunderung in der Stimme.

»Ich *will* mit dir zusammensein«, sagte Judy. »Ich bin müde, Kleines, aber ich liebe dich.«

Dieser Austausch rührte mich. Trotz der Einschränkungen, die die Hypnose verursachte, war klar, daß Judy, gespielt von Floyd, ein tief empfundenes Geständnis gemacht hatte, und daß Floyd, gespielt von Judy, es in einer Weise gehört hatte, in der der echte Floyd es noch nie gehört hatte. Aber die Zeit war knapp, und die Liste ihrer Kümmernisse war lang, daher lotste ich sie nach einer kurzen Zeit des Schweigens weiter.

»Am Telefon haben Sie mir gesagt, daß Sie oft wegen Ryan streiten«, sagte ich.

Augenblicklich schluckten beide, und das war ein Zeichen, daß das Thema schmerzhaft für sie war.

»Kinder müssen sich an die Regeln halten«, sagte Judy. Ihre Finger kneteten die Armlehnen ihres Stuhles, wie es Floyd sonst tat.

»Sind Sie darin unterschiedlicher Meinung?«

»Judy glaubt nicht an Regeln. Wir haben einen unterschiedlichen Ansatz.«

»Welchen Ansatz hat Judy?«

»Sie sagt: ›Bitte hör auf damit, Ryan. Mami möchte, daß du aufhörst.‹« Judy sprach als sie nachahmender Floyd mit einer hohen, weinerlichen Stimme. »Also, welches Kind hört denn auf so was? Man muß ihm zeigen, wer Herr im Haus ist. Ihm den Hintern versohlen. Es dazu bringen, daß es gehorcht.«

Das war eine verräterische Antwort. Personen in einer tiefen Trance beschränken ihre Worte in der Regel auf ein Minimum. Judys lange und wohlintonierte Antwort legte nahe, daß sie diese Sätze von Floyd viele Male gehört hatte.

»Judy?« fragte ich nun und wandte mich Floyd zu.

»Ich schlage ihn nicht. Ich halte es nicht für richtig.«

»Warum nicht?«

»Es gibt bessere Möglichkeiten, mit ihm umzugehen.« Floyd verschränkte die Finger auf Judys unruhige Art.

»Welche?«

»Man kann die Dinge besprechen. Er ist intelligent. Er versteht.«

Plötzlich mischte sich die Floyd spielende Judy ein. »Er versteht eine Tracht Prügel, das versteht er.« Ihre Hände zuckten beim Sprechen, als spiegelten sie Floyds Heftigkeit in dieser Frage wider.

Ich schaute Judy an, überrascht von der Unterbrechung, aber Floyds kühle und gleichmäßige Stimme lenkte meine Aufmerksamkeit wieder auf ihn zurück. »Floyd hat Angst, daß sein Sohn ein Weichling wird.«

»Mein Sohn wird kein Weichling.«

»Davor hast du aber Angst.«

»Mein Vater hat mich verdroschen, wenn ich etwas Unrechtes getan habe. Und das mache ich auch mit meinem Sohn.«

»Warum glauben Sie, daß Floyd Sorge hat, sein Sohn könne ein Weichling werden?« fragte ich. Floyds Aussage aus Judys Mund rechtfertigte ein Nachhaken.

»Weil Floyd innerlich weich ist. Äußerlich ist er hart, aber innerlich ist er ein kleiner Junge, und dieser kleine Junge fühlt sich schwach, wenn Ryan nicht stark ist.« Floyd schaute mir bei dieser Erklärung in die Augen und blickte dann mit der für Judy typischen fügsamen Haltung zu Boden.

»Das ist Quatsch.« Judys Stimme war scharf, hatte genau den Ton ihres Mannes.

»Nein, ist es nicht«, sagte Floyd, der Judy spielte. »Deswegen liebe ich dich nämlich.«

Judy blinzelte und strich mit den Händen an ihren Schenkeln entlang. Ich erkannte darin eine Geste Floyds wieder.

»Erinnerst du dich noch, wie Ryan einmal in eine Rauferei verwickelt wurde?« fuhr Floyd fort. »Er hat verloren, und du warst ganz fertig, weil dich das an *deine* erste Rauferei erinnert hat. Das war so bitter für dich.« Floyd rutschte ein wenig in sich zusammen, als habe ihn die Anstrengung, als seine Frau zu sprechen, ermüdet. »Du willst sichergehen, daß Ryan härter ist, als du es warst. Du willst ihn schützen.«

Judys Gesicht spannte sich an.

»Ich liebe dich, weil du stark bist«, fuhr Floyd als Judy fort, »aber ich liebe auch diesen kleinen Jungen. Manchmal mehr als du.«

Judy schluckte. Zehn, zwanzig, dreißig Sekunden vergingen.

»Floyd?« fragte ich sie.

Ihr Unterkiefer, der jetzt kantig aussah, wie der ihres Mannes, ruckte hin und her.

»Gibt es einen Teil in Ihnen, der Judys Worten zustimmt?«

Judy schaute erst weg und sah mir dann in die Augen. Dann nickte sie sehr langsam und kaum wahrnehmbar.

Ein Gefühl der Befriedigung wallte in mir auf. In der Sekunde, in der ihre Augen den meinen begegnet waren, hatte ich noch ein zweites Paar Augen, die der wirklichen Judy, hinter den Augen gesehen, die Floyd spielten. Und diese Augen hatten eine so deutliche Botschaft übermittelt, daß ich ganz verblüfft war: *Wir kommen weiter!* sagten sie, *er hat noch nie zuvor seine Angst zugegeben.*

»Judy«, sagte ich und wandte mich jetzt Floyd zu, »warum hassen Sie es, wenn Floyd Ryan schlägt?«

»Ich halte nichts von Schlägen«, erwiderte Floyd. Trotz der trancebedingten Langsamkeit hatten seine Worte eine Dringlichkeit, die Unbehagen ausdrückte.

»Warum nicht?«

»Ich halte es nicht für richtig.«

»Was ist falsch daran?«

»Ich will es nicht tun müssen.« Floyd berührte sein Haar mit der nervösen Geste einer Frau.

»Warum nicht?«

Er machte eine Pause. »Es ist nicht recht, wenn eine Mutter ihr Kind schlägt.«

»Was würde geschehen, wenn Sie es doch täten?«

Seine dicken Finger verschränkten sich langsam.

Ich beobachtete ihn und wartete auf eine Anwort, aber statt dessen antwortete mir Judy, die Floyds Stimme nachahmte.

»Es ist aus demselben Grund, aus dem sie ihm nichts abschlagen kann.«

Ich wandte mich Judy zu, die mit geradem Rücken auf ihrem Stuhl saß und noch immer geradeaus starrte.

»Und welcher Grund ist das?«

»Sie will einfach, daß zwischen ihnen ein gutes Klima herrscht.«

Ich schaute wieder zu Floyd in seiner Rolle als Judy hin. »Fühlen Sie sich unwohl, wenn Ryan wütend auf Sie ist?«

»Ich will ihn mir nur nicht entfremden. Sie wissen, wie es ist. Kinder werden groß und rebellieren, und dann ziehen sie aus, und Sie sehen sie nie wieder.«

»Ryan ist erst acht Jahre alt«, sagte Judy. Selbst die Trance konnte Floyds Ungeduld in ihrer Stimme nicht unterdrücken.

»Aber er wird manchmal so zornig, Floyd. Ich glaube, bei dir wird er nicht so, aber bei mir. Er wirft mir diesen Blick zu, diesen bösen Blick – genau wie mein Vater –, und dann fühle ich mich so... so schrecklich. Du verstehst das nicht, Floyd, weil du so groß und stark bist, du fühlst dich nicht so, aber ich bin so klein. Ich bin wie eine Maus. Ihr alle könnt auf mir rumtrampeln... und ich kann bloß quieken.«

Floyds Worte, die er im Namen Judys gesprochen hatte, mußten Judy bewegt haben, denn sie wandte sich ihm zu und schaute ihn an. Ihre Augen begegneten den seinen, blieben haften und blickten ihn lange Zeit starr an. Ihr Gesicht war aufgrund der Trance weitgehend reglos, aber ihre Augen waren lebhaft, und selbst aus knapp zwei Metern Abstand konnte ich ihren Ausdruck erkennen. Es war weder Ungeduld noch Ärger. Es war Neugier, eine überraschte, unsichere Frage, als habe Floyd, von Judy gespielt, plötzlich geblinzelt und eine andere Frau auf dem Stuhl neben sich entdeckt.

Floyd in der Rolle von Judy nahm den Blick schweigend entgegen. Seine Augen waren weit offen und klar und schienen die Neugier seines Partners teils aufzusaugen, teils zu erwidern.

Als sie einander in die Augen blickten, spannte sich Energie wie ein straffes Gummiband vom einen zum anderen.

Aber als dieser Moment sie weiterdrängte, hielten die beiden Gestalten erwartungsvoll still. Die Augen blieben ineinander versunken, und keiner bewegte sich, um den Kontakt zu erweitern oder zu verändern. Ich erkannte, daß sie das nicht konnten: Die Trance hatte ihre Fähigkeit blockiert, eine aufeinander bezogene Handlung zu initiieren. Daher räusperte ich mich leise. Beide wandten sich widerwillig zu mir hin, und als sie das taten, nickte ich – eine kleine Geste, aber sie reichte aus, um sie wissen zu lassen, daß sie die Freiheit hatten, zu handeln. Judy, als Floyd, schaute sofort wieder zu Floyd zurück, dann beugte sie sich langsam, als würde sie einem verängstigten Kind die Hand hinstrecken, vor und berührte Floyds Hand. Floyd, als Judy, betrachtete die Hand ein paar Sekunden lang, und führte sie dann zögernd an seine Lippen.

Dann war es für kurze Zeit still im Raum, und ich ging innerlich das Gespräch noch einmal durch. Sie hatten keinen Kompromiß zum Thema Disziplin erzielt, aber sie hatten eine bemerkenswerte Einsicht in das Verhalten des jeweils anderen an den Tag gelegt. Floyds Erkenntnis, die er als Judy äußerte, daß sich Floyd durch Anzeichen von Schwäche bei Ryan bedroht fühlte, war sehr subtil, und ebenso Judys Erkenntnis, die sie als Floyd äußerte, daß Judy sich davor fürchtete, ihren Sohn zu verärgern. Wie hatte ihr unbewußter Suchprozeß so viel Einsicht zutage fördern können?

Ich wußte, es lag nicht daran, daß sie eine außerordentliche Intuition entwickelt hatten, sondern daran, daß sie über *sich selbst* sprachen. Wenn Floyd in der Rolle von Judy behauptete, Floyd schütze sich selbst durch Ryan, dann sprach im Grunde nicht Judy – dann offenbarte sich Floyd. Und wenn Judy in der Rolle von Floyd behauptete, Judy fürchte sich, Ryan gegen sich aufzubringen, dann war das nicht Floyd, der Judy interpretierte – es war Judy, die sich selbst schilderte. Genauso, wie sie ihr unbewußtes Wissen über einander angezapft hatten, hatten sie auch ihr unbewußtes Wissen über sich selbst ins Spiel gebracht, und zum ersten Mal färbten nun Gedanken und Gefühle ihr Gespräch, zu denen sie keinen bewußten Zugang hatten.

»So«, sagte ich schließlich, um ein Ende der Stille zu signalisieren.

Ihre Hände lösten sich voneinander.

Wenn ich mich an die Grundregeln der Aufgabe hielt, mußte ich Floyd und Judy nun drängen, einen Kompromiß zum Thema Disziplin zu erarbeiten. Aber angesichts der Ehrlichkeit und Einfühlung, die sie gezeigt hatten – und der großen Anzahl der Fragen, die noch zu lösen waren –, kam ich zu dem Schluß, sie könnten sich allein weiter auf einen Kompromiß zubewegen.

»Ihre Standpunkte liegen in der Frage der Disziplin noch immer weit auseinander, aber vielleicht könnten Sie mit Ihrem neuen Verständnis füreinander nach Hause gehen und noch ein wenig über das Thema sprechen. Es ist gut möglich, daß Sie nach einigen Gesprächen zu einer Einigung gelangen. Halten Sie das für denkbar?«

Ohne einander anzusehen nickten Floyd und Judy.

»Gut«, lächelte ich. »Wenden wir uns einer anderen Frage zu.«

In den nächsten fünfundvierzig Minuten sprachen Floyd und Judy weitere problematische Punkte ihrer Ehe durch, wie etwa den Umgang mit Geld, Schwiegereltern, Hausarbeit und Tischmanieren. Diese Themen waren viel leichter anzugehen als die Frage der Disziplin, und es war möglich, Kompromisse zu schließen. Nach der Hälfte der Zeit gab ich beiden einen Schreibblock und bat sie, die erzielten Vereinbarungen gleich aufzuschreiben. Als sie fertig waren, forderte ich sie auf, ihre Notizen zu einer gemeinsamen, von beiden akzeptierten Liste zusammenzuführen, an deren Niederschrift beide beteiligt sein sollten. Erstaunlicherweise waren ihre Notizen sehr ähnlich, und es dauerte nur wenige Minuten, sie zusammenzufügen.

Als sie damit fertig waren, sagte ich: »Jetzt werden Sie gleich wieder Ihre ursprünglichen Plätze einnehmen. Wenn Sie das tun, werden Sie wieder Sie selbst sein, noch immer tief in Trance, und Sie werden die Weisheit mit zurückbringen, die Sie heute und in den vorangegangenen Wochen gewonnen haben. Die neuen Möglichkeiten werden sich als mächtige Schubkraft erweisen, die Ihr individuelles Wachstum und Ihre Entwicklung auf der Paarebene anregt und einen Prozeß lebenslanger gegenseitiger Entdeckung fördert. Und diesen Prozeß beginnen Sie *jetzt*.«

Judy und Floyd standen auf und gingen zu ihren ursprünglichen Plätzen zurück. Jetzt, da sie zu ihrer eigenen Identität zurückkehrten, standen sie nicht mehr im hypnotischen Rapport und gingen aneinander vorbei, ohne sich zu sehen. Die eigentümliche Logik der Trance erlaubt einem, zwei sich widersprechende Wahrnehmungen zur gleichen Zeit zu haben, ohne daß einen der Widerspruch stört. Daher konnten Floyd und Judy einen Zusammenstoß auf dem engen Raum vermeiden, ohne die Gegenwart des anderen zur Kenntnis zu nehmen, weil der andere in ihrer hypnotischen Wirklichkeit nicht vorhanden war.

Als sie wieder saßen, versetzte ich sie in eine noch tiefere Trance und erinnerte sie daran, daß sie wieder zu ihrer eigenen Identität zurückgekehrt waren. »Nun, da Sie Gelegenheit hatten, die Welt anders zu sehen«, fuhr ich fort, »können Sie nie mehr dem anderen gegenüber blind, taub oder gefühllos sein. In den kommenden Tagen und Wochen, Monaten und Jahren werden Sie sowohl die Unterschiede als auch die tiefen Ähnlichkeiten Ihres Wesens anerkennen. Sie werden entdecken, daß Sie viel voneinander und von Ihrem eigenen Inneren lernen können. Dieser Wachstumsprozeß wird Tag um Tag kraftvoller werden.

Jetzt werde ich Sie gleich aufwecken. Wenn Sie aufwachen, werden Sie vielerlei Gefühle haben. Dann werden Sie die Vereinbarungen betrachten, die Sie getroffen haben, und sie, wenn Sie möchten, in beiderseitigem Einverständnis ändern. Wenn Sie hier weggehen, werden Sie sich an sie halten.

Irgendwann im Laufe der nächsten Wochen werden Sie sich gemeinsam in einer Buchhandlung wiederfinden und ein Buch über Selbsthypnose erwerben. Sie werden wahrscheinlich Spaß daran haben, zusammen Selbsthypnose zu erlernen und zu praktizieren, und Sie finden sie vielleicht hilfreich für die Lösung weiterer Probleme in Ihrem Leben.

Jetzt geben Sie mir bitte Ihre Liste mit den Vereinbarungen, dann wecke ich Sie auf.«

Judy reichte mir das Blatt Papier, auf dem sie gemeinsam ihre Abmachungen niedergeschrieben hatten, und ich legte es auf halbem Wege zwischen ihnen auf den Fußboden. Dann weckte ich sie auf.

Zuerst schienen sie die Gegenwart des anderen nicht wahrzunehmen. Floyd gähnte laut und streckte sich, wie nach einem Schläfchen, Judy sah sich neugierig im Raum um, als wolle sie sich daran erinnern, wo sie sei. Aber kurz darauf begegneten sich ihre Augen, und rund zehn Sekunden lang starrten sie einander einfach schweigend an. Schließlich brach Floyd den Bann.

»Teufel noch eins!« sagte er und grinste breit.

Judy begann auf der Stelle gleichzeitig zu lachen und zu weinen. Dann sprangen beide von ihren Stühlen auf und umarmten sich lange, wobei sie buchstäblich auf dem Dokument standen, das sie verfaßt hatten.

Nach ein paar Augenblicken unterbrach ich sie. »Sagen Sie, haben Sie nicht noch etwas zu Ende zu bringen?«

Beide schauten mich verwirrt an. Dann schaute Floyd meinem ausgestreckten Zeigefinger nach, entdeckte das Stück Papier und hob es auf. »Das hier?« fragte er.

Ich nickte.

Er wandte sich Judy zu, deren Augen bittend fragten: »Müssen wir?«

»Wissen Sie was«, schlug Floyd vor, »wir sind jetzt ganz schön müde. Wenn wir noch Veränderungen vornehmen müssen, machen wir das zu Hause.«

Ich überlegte, ob ich hart bleiben sollte, besann mich dann aber eines Besseren. In gewissem Sinne hatten sie die gesamte Arbeit dieses Tages letztlich zu Hause gemacht. In den beiden Wochen seit unserer letzten Sitzung hatten sie unbewußt über ihre Aufgabe nachgedacht, ihre Liste von Problempunkten zusammengestellt, Lösungen formuliert, ihre eigenen unbewußten Motive erforscht und ihr unbewußtes Wissen um den anderen dazu benutzt, sich vorzustellen, wie der andere in der Welt lebte. Als sie in meiner Praxis eintrafen, war die Arbeit bereits getan. Es fehlte nur noch eine Zeremonie, um sie zu festigen. Aus diesem Grund hatte Judy in der Rolle von Floyd so schnell »zwanzig Minuten« gesagt, als sie angeben sollte, wieviel Zeit Floyd brauchte, wenn er nach Hause kam. Aus diesem Grund hatte Floyd in der Rolle von Judy so rasch eine Erklärung dafür parat, daß er seinen Sohn schlug.

Das Gespräch, dessen Zeuge ich war, war lediglich die Festschreibung ihres neuen Verständnisses, die Unterzeichnung des Vertrages nach dem Waffenstillstand. Aus Gewohnheit oder vielleicht auch, um ihre neuen Persönlichkeiten zu testen, hatten sie sich der Unterschrift argwöhnisch angenähert und sich zuerst in die altvertrauten Streitigkeiten geflüchtet. Aber auf einen relativ sanften Anstoß von meiner Seite hin hatten sie einfühlsame Verhandlungen begonnen. Wenn sie in der Lage gewesen waren, diese »erste Stufe« des Friedensvertrages zu Hause auszuarbeiten, wer wußte dann, was sie sonst noch fertigbringen konnten? Also nickte ich zustimmend.

»Aber ehe Sie gehen...«, sagte ich und forderte sie mit Gesten auf, sich zu setzen.

Widerwillig setzten sie sich auf ihre Plätze.

»Ich habe noch eine Frage...«

Während ich sprach, faßte Floyd in seine Brusttasche, um sich eine Zigarette herauszuholen. Zusammen mit der Zigarettenpackung fischte er das Stück Papier heraus, das er vor eineinhalb Stunden dort hineingesteckt hatte.

»Was ist das?« murmelte er und inspizierte es. Dann knüllte er es geistesabwesend zu einer Kugel zusammen und warf es in den Papierkorb. »Entschuldigung, Doc«, sagte er, als er merkte, daß ich aufgehört hatte zu sprechen und ihn ansah. »Ich stecke dauernd irgendwelche Sachen in meine Taschen. Bitte sprechen Sie weiter.«

Ich mußte schmunzeln.

»Würden Sie beide zustimmen, daß es Ihnen dann, wenn Sie beide mindestens achtzig Prozent der heute getroffenen Vereinbarungen einhalten, mißlungen ist, diese Ehe zum Scheitern zu bringen?« Meine Frage war verwickelt, aber sie war ein Weg, ihren anfänglichen Glauben zu honorieren, daß sowohl ihre Ehe als auch die Therapie scheitern würden.

»Warum sollten wir diese Ehe zum Scheitern bringen wollen?« fragte Judy verärgert. »Wir sind hergekommen, um Hilfe zu erhalten.«

Ich hob meine Hände in einer Geste, die besagte: »Ich weiß nicht«.

»Also meiner Meinung nach irren Sie sich gewaltig, wenn Sie denken, daß diese Ehe scheitern wird. Meinst du nicht auch, Floyd?«

»Natürlich«, murmelte Floyd. »Ich dachte die ganze Zeit über, daß wir es schaffen würden, andernfalls hätten wir gar nicht so viel Zeit und Geld dafür aufgewendet.« Und er schaute mich kühl an, als störe es ihn, daß ich kein Vertrauen in ihn setzte. Aber hinter diesem Blick war ein anderer sichtbar, als blickten seine Augen durch eine Maske. *Trotz dieses Unsinns*, sagten sie stumm, *kann ich die Veränderung spüren, und ich muß mich jetzt sehr anstrengen, um mich normal zu verhalten.*

Ich amüsierte mich im stillen über den Trick, mit dem sie sich aus der Affäre zogen. Sie waren mit der Überzeugung hergekommen, daß sie sich nicht verändern konnten, daß ihre Ehe keine Chance mehr hatte und daß ich ihnen nicht helfen konnte. Aber dann hatten sie festgestellt, daß sie sich *unbewußt* änderten. Es wäre ihnen zu peinlich gewesen, *bewußt* zuzugeben, daß sie sich geändert hatten – dann hätten sie zugeben müssen, daß sie unrecht hatten, daß sie jemanden »hereingelassen« hatten, daß sie formbar genug gewesen waren, um sich zu ändern –, also hatten sie eine elegante Möglichkeit gefunden, die Veränderung zu akzeptieren und gleichzeitig zu leugnen, daß sie stattgefunden hatte. Sie leisteten weiterhin Widerstand – nämlich *mir*! Solange sie in Opposition zu mir standen, wie bei ihrer Ankunft, fühlte sich alles gleich an. Sie übersahen ihre 180-Grad-Wende – daß sie nun das Gefühl hatten, ihre Ehe würde funktionieren.

Weil ich selbst die Position des »Scheiternden« übernommen hatte, konnte ich ihre eigene Widerstandsenergie zu ihrem Vorteil nutzen. Ich hatte es ihnen ermöglicht, *der von mir erteilten Anweisung zur Veränderung Widerstand zu leisten*. Außerdem hatte ich auch ihre Einigkeit gestärkt, denn durch die Einnahme des entgegengesetzten Standpunktes hatte ich ihnen die Möglichkeit geboten, sich gegen mich zu verbünden.

Ich neigte den Kopf, wie um mich zu entschuldigen. »Nun, Sie haben heute die hilfreichen Fähigkeiten verbessert, zu verhandeln und Kompromisse zu schließen«, fuhr ich fort, »und Sie haben eine Vereinbarung darüber erreicht, in welcher Weise sich Ihre Beziehung ändern wird. Aber ich möchte, daß Sie realistisch sind. Sie sollten nicht erwarten, daß diese Veränderungen alle auf einmal eintreten, und Sie müssen auch damit rechnen, daß Sie von Zeit zu Zeit einmal scheitern werden, damit Sie Ihre Übung vervollkommnen können.«

»Ich weiß nicht, warum Sie so am Scheitern kleben«, fauchte Judy. Hinter ihrem Unwillen spürte ich ein Lächeln.

»Es tut mir leid«, lenkte ich ein. »Ich kann mich natürlich irren, und ich hoffe, daß Sie mich auf lange Sicht widerlegen. Aber sollten Sie je feststellen, daß Sie es wieder schaffen, zu scheitern, würde ich mich freuen, Sie wiederzusehen. Aber Sie müssen mindestens drei Wochen warten, ehe Sie mich wieder anrufen.«

»Kein Problem«, schnaubte Floyd und grinste Judy an. »Sonst noch etwas?«

Ich schüttelte den Kopf.

»Also dann, gehen wir.« Er stand schon auf, ehe er zu Ende gesprochen hatte, und bot Judy die Hand. Als sie fast an der

Tür waren, drehte er sich kurz noch einmal um. »Danke, Doc... glaube ich doch«, murmelte er, dann verließen die beiden Arm in Arm meine Praxis.

Sechs Monate später rief Floyd an.
»Hallo, tut mir leid, daß wir nicht früher angerufen haben«, ertönte seine Stimme munter am Telefon. »Wir wollten Sie schon vor einer Weile anrufen, aber Sie wissen ja, wie das so geht.« Er räusperte sich kurz, wie zur Entschuldigung.
»Schön, von Ihnen zu hören, Floyd. Wie läuft es denn so?«
»Es läuft ganz ordentlich. Nein, es läuft mehr als ganz ordentlich, es läuft gut.«
»Freut mich zu hören.«
»Ja. Übrigens machen wir beide...«, er dämpfte die Stimme ein wenig, als fürchte er, jemand könne ihn belauschen, »wir machen beide ein bißchen Selbsthypnose. Also wissen Sie, das ist richtig gut! Ich habe meinen Zigarettenkonsum schon auf vier oder fünf am Tag runter.«
»Das ist ja prima, Floyd! Toll für Sie.«
»Und, ähm, ich wollte Ihnen auch sagen...« Ich hatte das Gefühl, Floyd lese von einer Liste ab. »Wir haben Urlaub gemacht. Nur wir beide. Können Sie sich vorstellen, daß das unser erster Urlaub seit Jahren war – seit der Geburt von Ryan? Wir sind nach Hawaii gefahren. Aber, um die Wahrheit zu sagen...« Floyd lachte vergnügt in sich hinein. »Wir haben eine Menge Zeit im Hotel verbracht.« Für einen Moment war seine Verlegenheit einer kumpelhaften Vertraulichkeit gewichen.
»Floyd, das freut mich riesig. Wie geht es denn Ryan?«
»Ryan geht es prima. Man sollte es kaum glauben. Wir haben Ihnen doch erzählt, daß er ab und zu mal einen Rappel kriegt, wissen Sie noch? Er hat in den ganzen letzten Monaten keinen einzigen gehabt. Er hat angefangen, Fußball zu spielen. Ich glaube, das hat's gebracht.«
»Ach, wirklich?«
»Ja. Übrigens denken wir sogar daran«, fuhr Floyd unter Mißachtung meiner skeptischen Reaktion unverdrossen fort, »noch ein Kind zu adoptieren. Wissen Sie, wir wollten eigent-

lich immer noch ein zweites Kind haben, aber unsere Ehe schien uns eine Weile so ... so wackelig.«

»Floyd, ich freue mich für Sie.«

Er schwieg einen Augenblick, als wolle er sein Glück innerlich Revue passieren lassen. »Ja«, seufzte er vor Freude, »es läuft wirklich gut. Wissen Sie, wir wollten Sie schon seit zwei Monaten anrufen, aber wir hatten beide das Gefühl – also, das klingt jetzt verrückt, und bitte nehmen Sie es mir nicht übel, Doc –, aber wir hatten beide das Gefühl, daß wir etwas bei Ihnen gelassen hatten, das wir nicht wiederhaben wollten. Und wir haben nicht angerufen, weil wir nicht mal von ferne noch einmal damit zu tun haben wollten.«

Ich lächelte. Floyd hatte recht. Sie hatten tatsächlich Einstellungen, Überzeugungen und Verhaltensweisen hinter sich gelassen, aber da der Prozeß unbewußt geblieben war, hatten weder Judy noch er eine bewußte Vorstellung davon, was sie abgelegt hatten. »Floyd«, erwiderte ich mit Verschwörerstimme, »ich verstehe genau, was Sie meinen. Sogar besser, als Sie je begreifen werden.«

Floyd antwortete nichts, daher machte ich Anstalten, das Gespräch zu beenden. Plötzlich platzte er heraus: »Warten Sie! Ich habe noch gar nicht gesagt, weshalb ich eigentlich anrufe!«

»Oh! Warum rufen Sie denn an?«

»Also«, er stockte. Offenbar war seine Verlegenheit zurückgekehrt. »Judy und ich haben immer noch nur eine recht verschwommene Erinnerung an die letzte Sitzung, und wir fragen uns ...«

»Ja?«

»Wir fragen uns ...«

Er saß fest, und mir fiel plötzlich wieder ein, wie ich ihm aus der Patsche helfen konnte. »Nun reden Sie schon, Mann! Kommen Sie zur Sache!« bellte ich. »Hier gibt es Leute, die dringend meine Hilfe brauchen!«

»Also, was ich meine, ist ...« stotterte er. »Haben Sie sexuell mit uns gearbeitet? Ich meine, haben Sie etwas in bezug auf unsere sexuelle Beziehung gemacht?«

Ich spürte, wie er am anderen Ende der Leitung schwitzte. »Warum fragen Sie?«

»Weil sie toll ist! Sie war vorher auch schon nicht schlecht, aber jetzt ist sie phantastisch. Was haben Sie gemacht?«

Im stillen mußte ich lachen. Ich hatte den kommandierenden Hypnotiseur so überzeugend gespielt, daß sie wirklich glaubten, ich hätte sie einfach umprogrammiert. Aber jetzt war es höchste Zeit, die Anerkennung für ihre Veränderungen dorthin zu verlagern, wo sie hingehörte. »Floyd«, sagte ich, »was *ich* gemacht habe, ist nicht wichtig. Wichtig ist, was *Sie* gemacht haben. Was haben *Sie* denn für eine Erklärung dafür?«

Zu meiner Überraschung antwortete Floyd sofort. »Judy und ich haben eine Theorie. Vielleicht ist sie ja vollkommen daneben, aber in letzter Zeit wird viel darüber geschrieben, und, ich weiß nicht, wir sind ja eigentlich ganz normal, aber...«

»Sagen Sie schon, Mann!«

Unvermittelt, als wolle er es schnell hinter sich bringen, platzte er heraus: »Also, ich meine, ich habe mehr von meiner weiblichen Seite entdeckt, und Judy glaubt, daß sie mehr von ihrer männlichen Seite entdeckt hat. Wissen Sie, was ich meine?«

Ich mußte mir das Lachen verkneifen. *Wenn du wüßtest*, dachte ich. Aber ich sagte Floyd, was er hören wollte. »Floyd, inzwischen sollten Sie und Judy wissen, daß Ihnen vieles möglich ist, was Ihnen vorher nicht möglich war. Wenn Sie das Gefühl haben, Sie müßten verstehen, *warum* diese Veränderungen eintreten, können wir darüber sprechen. Aber nötig ist das überhaupt nicht. Sie brauchen sich nur darüber zu freuen.«

»Wirklich?«

»Ja.«

»Das ist gut, Doc. Das gefällt mir.«

Ein paar Sekunden war es still. Nur das Geräusch seines Atems war zu hören.

»Ist sonst noch etwas?« erkundigte ich mich.

»Nein, das war's.«

Trotz dieser Antwort schien Floyd nicht gewillt, aufzulegen. »Doc?«

»Ja?«

»Sie sind in Ordnung.«

Ich spürte, daß ich rot wurde. »Danke, Floyd.«

Wieder trat eine Pause ein, und diesmal waren wir beide verlegen.

»Also, wenn Sie noch irgend etwas...«

»Nee, das war's. Wir wissen, wo wir Sie finden, wenn wir Sie brauchen.«

»Ja, das stimmt«, pflichtete ich ihm bei.

Dann lachten wir beide und legten auf.

Floyd und Judy riefen nie mehr an. Lange Zeit nahm ich an, der Grund dafür sei, daß meine Intervention in Form des Rollenspiels ihnen dazu verholfen habe, sich besser ineinander einzufühlen und Lösungsstrategien für Streitfragen zu entwickeln. Außerdem vermutete ich, daß die Erwartung, sie würden scheitern, durch die Erwartung des Gelingens ersetzt wurde. Aber in letzter Zeit habe ich begonnen, mich zu fragen, ob diese Intervention die Ehe wirklich grundlegend geändert hatte oder ob sie lediglich eine Art Schnellverband war, der eine Scheidung verhinderte? Ohne Zweifel half sie den beiden, die akuten Konflikte zu lösen, aber reichte sie auch dazu aus, daß sie langfristige Verhandlungsfähigkeiten erwarben? Lernten sie, eine intime Beziehung zu führen und dabei ihre eigenen Grenzen zu respektieren? Schufen sie neue eheliche Umgangsformen, die sie als reife und einfühlsame Partner gestalteten? Oder änderten sie lediglich ein paar Schritte im alten Trott?

Ich weiß es nicht. Ich weiß, daß ich Floyd und Judy ganz anders behandeln würde, wenn sie heute zu mir kämen. Damals wandte man in der Arbeit mit Paaren nicht oft Hypnose an, aber da mir nichts anderes zur Verfügung stand, benutzte ich sie eben, und die autoritäre Vorgehensweise leistete mir hervorragende Dienste. Sie erlaubte mir, meine Unsicherheit hinter einer brüsken Fassade zu verstecken. Wie der Zauberer von Oz trat ich mit gespieltem Heldenmut auf und hoffte, meine Klienten würden nie den kleinen Mann hinter dem Vorhang zu sehen bekommen, dem das Herz bis zum Hals schlug.

Heute bin ich erheblich weniger daran interessiert, mich hinter einer Technik zu verstecken, und ich habe ein größeres methodisches Repertoire zur Verfügung, aus dem ich eine Intervention auswählen kann. Ich wende nicht bei allen Klienten

Hypnose an und habe nicht das Bedürfnis, meine Klienten zu übereilten Lösungen zu drängen. Ich habe (durch meine eigene Erfahrung mit Intimität und Sterblichkeit) gelernt, daß der Kampf ein wichtiger Teil des Weges ist. Würden mich Floyd und Judy heute anrufen, würde ich mich nicht so sehr darum bemühen, sie in meine Praxis zu locken, sondern darauf vertrauen, daß sie von selber kommen, wenn sie wirklich dafür bereit sind. Und wenn sie dann kämen, würde ich die erste Sitzung damit zubringen, mir ruhig anzuhören, wie sie ihr Problem wahrnehmen. Später würde ich vielleicht ein Rollenspiel unter Hypnose machen, aber nur als Teil einer größeren, weitergefaßten Intervention.

Allerdings ist mir klar, daß diese neue Strategie ironischerweise scheitern könnte, denn sie wäre den neununddreißig Stunden Gesprächstherapie ähnlicher, die die beiden schon gehabt hatten. Floyd und Judy fürchteten die Vorstellung, sie müßten sich ändern, wie die Pest, und konnten sich ihr nur in Trance nähern. Durch mein direktives Vorgehen schuf ich die Voraussetzungen für ein hypnotisches Theaterstück, das sie dann selbst schrieben und aufführten. Hätten wir mehr im Wachzustand gearbeitet, wäre dieses Stück vielleicht nie auf die Bühne gelangt.

Noch eine zweite Veränderung unterscheidet mich von dem Therapeuten jener Jahre, der Floyd und Judy behandelte. Zwar war mir auch damals schon bewußt, daß meine Klienten generationsübergreifenden Einflüssen ausgesetzt waren, aber meine Arbeit beschränkte sich doch überwiegend auf die Kräfte, die in der unmittelbaren Umgebung meiner Klienten am Werk waren. Heute weiß ich, daß unsere Probleme viele Dimensionen haben, daß aber in entscheidender Weise die Beziehungsmuster zu ihnen beitragen, die wir in der Kindheit gelernt haben. Ich glaube, daß wir fortwährend die in unserer Herkunftsfamilie wurzelnden Dramen in unserem gegenwärtigen Leben neu erschaffen, und daß das Ziel einer Therapie letztlich darin besteht, den Klienten zu helfen, sich von diesen frühen Familiendrehbüchern zu distanzieren.

Ironischerweise schienen Floyd und Judy diese Binsenweisheit besser zu kennen als ich. Sie brachten intuitiv Hinweise auf generationsübergreifende Einflüsse in die Therapie mit ein – ihre Andeutungen über Ryans »Rappel«, der aufhörte, sobald der eheliche Konflikt gelöst war, und Judys Aussage, daß sie Ryans Zorn ebenso fürchte wie den ihres Vaters –, aber ich nutzte sie nicht für unsere Arbeit und würdigte auch nicht die Rolle, die diese Einflüsse bei ihren Problemen spielten. Glücklicherweise kann die unbewußte Weisheit eines Klienten die Weisheit des Therapeuten übersteigen, und ich glaube, daß Floyd und Judy auch ohne meine »therapeutische« Aufmerksamkeit aus den Verbindungen Gewinn ziehen konnten, die sie unbewußt hergestellt hatten. Aber die Ironie entgeht mir nicht: Während ich dachte, daß ich die Intervention in meiner technikorientierten, autoritären Weise fest in der Hand hatte und leitete, waren mir meine Klienten schon ein Stück voraus und mehr auf Wachstum eingestellt als ich.

Und ebenso, wie mir die Bedeutung dieser Hinweise entging, blieb mir auch der weitere, bedeutsamere Kontext verschlossen: die Tatsache, daß ich nicht einfach den spontanen Austausch unbewußter Informationen vor Augen hatte, sondern eher einen Mikrokosmos, der das tiefreichende Übertragungsnetz veranschaulichte, das in allen Familien existiert. Ich sah das weitverzweigte emotionale Datennetz, durch das wir Gedanken und Gefühle, Erwartungen und Überzeugungen, Werte und Verhaltensweisen – die gelösten und die ungelösten Fragen einer Familie – über Generationen hinweg weitergeben. Ich wußte, daß ich Floyds und Judys unbewußtes Wissen voneinander zu sehen bekam. Aber außerdem zeigte sich mir, so deutlich, als sei es auf meinem Bildschirm erschienen, das Familienunbewußte bei der Arbeit.

Ich wußte, daß Floyd, als er Judy spielte und dabei erklärte, er fürchte Ryans Ärger ebenso, wie »sie« den Zorn ihres Vaters fürchte, Informationen ins Spiel brachte, die Judy ihm gegeben hatte. Vielleicht war ihm aufgefallen, daß sie ängstliche Blicke auf die Augen ihres Vaters gerichtet hatte, vielleicht hatte er einen Unterton in Kommentaren über ihre Eltern wahrgenommen, vielleicht hatte er verräterische Seufzer oder Pausen bemerkt, als sie das Familienalbum durchblätterte. Auf tausenderlei subtilen Wegen hatte sie ihre Geschichte offengelegt, und

Floyd hatte sie unbewußt aufgenommen. Und ebenso, wie er diese Botschaften von Judy aufgenommen hatte, hatte er andere Botschaften von seiner Familie aufgefangen. Und Judy wiederum hatte Botschaften von ihrer Familie aufgefangen. Und Ryan fing Botschaften von ihnen beiden auf! Die unbewußte Übertragung von Information fand die ganze Zeit über statt, unzählige Male am Tag, eine Nonstop-Übertragung von emotionalen Einsen und Nullen auf die intimen Rezeptoren der Familie. Und die Botschaften waren nicht auf die »Echtzeit« beschränkt. Sie flossen in der Zeit vor und zurück, verbanden Ryan mit seinen Großeltern, verbanden Verwandte, die gestorben waren, mit Verwandten, die noch nicht geboren waren, in einem fortwährenden Strom unbewußter Kommunikation, der zusammengenommen einen Familienkode aufbaute.

Heute weiß ich, daß wir alle an ein ebenso weitgespanntes Netz von unbewußten Daten angeschlossen sind. Wenn wir schon im voraus wissen, wie unser Ehepartner auf seine Eltern reagiert, wenn uns auffällt, wie ähnlich unser Kind seiner Oma oder seinem Opa ist, wenn wir feststellen, daß die Beziehungsmuster unserer Kernfamilie denen in unserer Herkunftsfamilie gleichen, dann wird uns lediglich klar, wie effizient dieses Netz arbeitet. Wir sind alle an ein riesiges unbewußtes Datennetz angeschlossen. Wir alle kennen die Mitglieder unserer Familie viel besser als wir glauben.

II
Die Zukunft als Geschichte

5
Der Junge, den seine Zukunft rettete

DER VIERZEHNJÄHRIGE PETE HANDLEY war auf dem besten Weg, in ernsthafte Schwierigkeiten zu geraten. Notorisches Schuleschwänzen, die Weigerung, Hausaufgaben zu machen, und hartnäckiges Lügen waren zu seinen Markenzeichen geworden. Der Schulpsychologe hatte ihn schon so gut wie abgeschrieben, und seine Mutter June – eine aufopfernde, wenn auch allzu dominierende alleinstehende Mutter, die den Lebensunterhalt für sich und ihre drei Kinder als Sekretärin verdiente – war entnervt, geschockt und sehr traurig.

Pete war nicht immer ein derart schwieriges Kind gewesen. Bis zum plötzlichen Tod seines Vaters vor zwei Jahren galt er im allgemeinen als folgsamer Junge und durchschnittlicher Schüler, der tat, was man von ihm verlangte. Doch nach dem Tod seines Vaters wurden die Probleme immer größer. Seit sechs Monaten schlich er sich allen Drohungen und flehentlichen Bitten zum Trotz nachts aus dem Haus und verschwand bis zum Morgengrauen. Je verzweifelter June versuchte, Pete an seinen nächtlichen Ausflügen zu hindern, desto hartnäckiger widersetzte sich dieser, bis June eines Nachts durch einen Anruf von der Polizei geweckt wurde. Pete war zusammen mit fünf anderen Jungen – alle ein paar Jahre älter als er – verhaftet worden. Sie wurden beschuldigt, ein Auto gestohlen zu haben.

Weil Pete noch so jung war und sich bisher nichts hatte zuschulden kommen lassen, wurde er nur zu fünf Stunden gemeinnütziger Arbeit verurteilt und die Festnahme aus seiner Akte getilgt. Daß ein zweites Vergehen nicht so milde bestraft werden würde, verstand sich von selbst. Als Pete nach Hause entlassen wurde, weinte er jämmerlich, versprach, fortan die älteren Jungen zu meiden, und gelobte Besserung. Drei Monate später war es dann wieder soweit: Diesmal wurden er und seine Freunde erwischt, als sie Junes Wagen kurzschlossen.

Daß June auf keinen Fall die Polizei benachrichtigen würde (wie die Jungs zweifellos richtig vermutet hatten), war klar, doch nun machte sie sich ernsthaft Sorgen um die Zukunft ihres einzigen Sohnes. Wie konnte sie sein offenbar unaufhaltsames Abgleiten in die Kriminalität verhindern? Wie ein Freund von ihr, der bei mir Selbsthypnose lernte, angekündigt hatte, rief sie mich an, und nachdem ich mir ihre voller Zorn und Enttäuschung vorgetragene Geschichte angehört hatte, vereinbarten wir einen Termin, an dem sie mit ihrem Sohn vorbeikommen sollte.

Wie ich vermutet hatte, saßen die beiden im Wartezimmer so weit auseinander, wie es der winzige Raum zuließ. June, die etwa Mitte dreißig sein mußte, stand sofort auf, um mich zu begrüßen. Sie war zierlich gebaut, ihr feingeschnittenes Gesicht wirkte angespannt. Pete lümmelte sich mit tief über die Augen gezogener Baseballkappe hinter einer Ausgabe von *Sport Illustrated* auf dem Stuhl. Seine rechte Hand war mit einem schmutzigweißen Verband umwickelt.

»Treten Sie ein«, forderte ich sie auf. Wie eine Dunstwolke, die sich über das Zimmer gelegt hatte, schlug mir Junes Verzweiflung entgegen.

June betrat sofort mein Sprechzimmer und ließ sich mit einem lauten Seufzer auf die Couch fallen.

Mit betonter Trägheit erhob sich Pete vom Stuhl und folgte mißmutig seiner Mutter. Alles an ihm strahlte Verachtung aus – für sich selbst nicht weniger als für andere. Sein gedrungener, muskulöser Körper schien aufs äußerste gespannt, sein Gesicht war wie zu einer finsteren Grimasse erstarrt, und seine ganze Haltung drückte Härte, Wut und Trotz aus. Wie häufig bei neuen jugendlichen Klienten überlief mich ein Schauder der Angst: Kann ich mit diesem Jungen arbeiten? Wird er mit mir sprechen? Kann ich überhaupt eine Hypnosebeziehung zwischen uns aufbauen?

Gleichzeitig tat er mir jedoch leid, weil ihm seine Niedergeschlagenheit deutlich anzumerken war. Die Angst seiner Mutter hatte die Atmosphäre des Wartezimmers geprägt wie ihr Zorn und ihre Enttäuschung unser vorheriges Telefongespräch. Ich konnte mir vorstellen, was Pete dabei empfinden mochte. Vielleicht waren Wut und Trotz für ihn die einzigen Möglichkeiten, sich davon abzugrenzen.

Im Büro blickte sich Pete mit ausdruckslosem Gesicht um und setzte sich dann auf den am weitesten von seiner Mutter entfernten Stuhl am anderen Ende der Couch. Der Abstand, der ihn dank dieser Aktion nun von seiner Mutter trennte, betrug in dem engen Zimmer ganze anderthalb Meter. Ich setzte mich auf den einzig übriggebliebenen Stuhl unmittelbar rechts neben Pete und sah Mrs. Handley direkt in die Augen.

»Ich bin ja so froh, daß wir so schnell zu Ihnen kommen konnten«, platzte sie heraus. »Ich war... naja, ich habe Ihnen ja schon am Telefon gesagt, was er alles anstellt, da können Sie sich ja vorstellen... Ich weiß einfach nicht, was ich noch tun soll ... oder an wen ich mich sonst wenden könnte... Ich bin sicher, daß es nicht nur seine Schuld ist... Wenn sein Vater noch leben würde... Sein Vater hat immer gesagt...« Eine Zeitlang redete sie einfach drauflos und streute ihr Anliegen so willkürlich aus, als rieselten Reiskörner über den Rand eines überfüllten Sackes. Währenddessen sah sich Pete mit eng über der Brust verschränkten Armen und mürrischem Gesicht im Büro um.

»Was erhoffen Sie sich eigentlich von Ihrem Besuch?« unterbrach ich Junes Monolog, der sonst wohl noch eine ganze Weile gedauert hätte.

Überrascht sah sie mich an, doch noch ehe sie etwas erwidern konnte, setzte ich fort: »Und wenn Sie fertig sind, kannst *du* uns die Wahrheit erzählen.« Ich drehte mich zu Pete um und zwinkerte ihm zu.

Zuerst sperrte er vor Überraschung den Mund auf, dann schaute er rasch weg.

June wußte offenbar nicht so recht, was sie von meiner Bemerkung halten sollte, setzte dann aber die Schilderung der bereits am Telefon erwähnten Probleme fort. Zum Schluß sagte sie: »Ich weiß nicht, warum er sich so benimmt. Er gleicht gar nicht mehr *meinem* Pete...«, dann drehte sie sich zu ihm um und fügte hinzu: »Er war immer so brav. Hat zu Hause geholfen und getan, was man ihm aufgetragen hat. Sein Vater hat immer gesagt, was er doch für ein braver Junge sei, der nie Schwierigkeiten mache.«

»Erzählen Sie mir etwas über Pete und seinen Vater.«

»Oh, Petey hat seinen Vater vergöttert. Jeff war Wartungsingenieur bei Boeing, wissen Sie, und Petey hat immer gesagt, er wolle auch Wartungsingenieur werden. Er hat seinen Vater wirklich sehr geliebt.« Sie überschüttete ihren Sohn mit einem Lächeln voll mütterlichem Stolz, worauf Pete sie demonstrativ mit Mißachtung strafte. »Meinen Sie nicht auch, daß er ruhig gehorchen könnte, wenn ich ihn darum bitte, zu Hause ein paar Dinge zu erledigen?« Ihr Ton war härter geworden. »Ich verlange ja gar nicht, daß er sich krummlegt oder so etwas. Höchstens, daß er mal kleinere Sachen erledigt, wie die Doppelfenster einzusetzen oder den Toaster zu reparieren. Wissen Sie, jetzt, wo er der Mann im Haus ist, könnte man doch eigentlich annehmen, daß er gerne hilft. Und daß er stolz darauf ist«, sie wandte sich an Pete, »wie es dein Vater immer war.«

Was für ein vertracktes Anliegen! Einerseits bevormundete June ihren Sohn, indem sie über ihn sprach, als sei er erst fünf Jahre alt, und im gleichen Atemzug machte sie ihn dann wieder zum »Mann im Haus«, der die Stelle des Vaters einnehmen sollte. Ich konnte verstehen, warum sie das tat. Sie versuchte auf die bestmögliche Art mit dem Verlust ihres Mannes, den an sie gestellten Anforderungen als Familienoberhaupt und den Problemen mit ihrem straffällig gewordenen Sohn fertig zu werden. Aus Kummer, Angst und Verwirrung benutzte sie Pete, um ihren Verlust erträglicher zu machen, und forderte von ihm, sich noch enger an die Familie zu binden – ausgerechnet zu dem Zeitpunkt, da er sich von ihr abzunabeln begann. Daß Pete dagegen aufbegehrte, war nur zu verständlich. Der Verlust seines Vaters, die Belastungen und Anforderungen, die die neue Familienkonstellation (er war nicht nur einziger Sohn, sondern gleichzeitig auch ältestes Kind) mit sich brachte, der Beginn der Pubertät – all dies setzte ihn gleichzeitig unter Druck, und unter dieser Last brach er fast zusammen. Sein gegenwärtiges Verhalten war ein Akt der Verzweiflung.

Während Junes Monolog war Pete auf seinem Stuhl immer mehr in sich zusammengesunken. Seine Reaktion auf ihre Worte war auf geradezu quälende Weise sichtbar. Manchmal schürzte er die Lippen zu einem kindischen Schmollmund und schien den Tränen nahe. Dann wieder verschränkte er die Arme über der Brust und starrte mißmutig und verschlossen vor sich hin. Dann wieder schaute er einfach weg und täuschte Desinteresse vor, als könne er uns aus seinen Gedanken verbannen, indem er so tat, als seien wir gar nicht vorhanden.

Mir taten beide leid, Mutter und Sohn, denn so provozierend und in sich widersprüchlich ihr jeweiliges Benehmen auch war, sie meinten es eigentlich gar nicht so. Sie waren nur die traurigen Hinterbliebenen einer Familie, die einen traumatischen Verlust erlitten hatte.

»Das hätte ich einfach nie von ihm gedacht«, fuhr June fort. »So schlecht ist er nämlich längst nicht. Seine Lehrerin im ersten Schuljahr hat sogar gesagt, er wäre der netteste und ruhigste Junge in der Klasse, wobei sie ausdrücklich das Wort ›nettester‹ benutzt hat. Ich möchte wirklich gern wissen…«, sie wandte sich Pete zu und starrte ihn anklagend an, »wie aus dem nettesten Jungen der Klasse bloß *so etwas* werden konnte?«

Da klar war, daß Pete nicht vorhatte, ihr zu antworten, drehte sie sich wieder zu mir um und meinte resigniert: »Ihm ist einfach alles egal. Er begreift überhaupt nicht, wohin ihn dieser Weg noch führen wird. Ich weiß nicht, wie man zu ihm durchdringen könnte. *Ich* kann es offensichtlich nicht. Vielleicht haben Sie ja mehr Glück bei ihm.«

Ich zog die Augenbrauen hoch, um ein »Vielleicht« anzudeuten, und wandte mich Pete zu. »So, und was ist die Wahrheit?« fragte ich ihn lächelnd. Meine Frage war zwar ernstgemeint, aber ich wollte ihr die Spitze nehmen.

Mit einem leisen Brummen würdigte er meinen Versuch, Partei für ihn zu ergreifen, blickte dabei aber weiterhin zu Boden.

Ich wartete auf seine Antwort.

»Peter, Mr. Calof hat dir eine Frage gestellt.«

»Lassen wir *ihn* doch mal zu Wort kommen.«

Pete drehte sich ein bißchen zu mir um, wobei er dem Blick seiner Mutter auswich.

»Was ist *deiner* Meinung nach los?« Ich wurde ernster. »Stimmt es, daß dir ganz egal ist, was passiert?« Ich war überzeugt davon, daß die Angelegenheit den Jungen intensiv beschäftigte, er sich jedoch weder klar ausdrücken konnte noch wußte, wie er sein sich beschleunigendes Abrutschen aufhalten könnte.

Pete murmelte etwas Unverständliches.

»Sprich lauter, Pete«, befahl June. »Mr. Calof kann dich nicht verstehen.«

Ich erkannte, daß ich zu Pete keinerlei Beziehung aufbauen konnte – von einer hypnotischen, in der ich mich allein auf ihn konzentrieren würde, ganz zu schweigen –, solange seine Mutter mit im Zimmer war.

»Vielleicht wäre es besser, wenn Pete und ich uns einen Moment unter vier Augen unterhalten würden«, sagte ich lächelnd zu June. »Ich glaube, wenn wir allein wären, würden wir vielleicht eher herausfinden, ob er die Konzentrationsfähigkeit eines Ingenieurs besitzt. Von dieser Gabe hängt es nämlich ab, inwiefern sich ein Mensch überhaupt für Hypnotherapie eignet. Wenn Pete nicht hypnotisierbar ist, hat es doch im Grunde keinen Zweck, überhaupt damit anzufangen. Wir würden nur unsere Zeit und *Ihr* Geld verschwenden.« Indem ich June versicherte, in ihrem Interesse zu handeln, wollte ich sie behutsam hinauskomplimentieren und gleichzeitig Petes Interesse für Hypnose wecken. Weil sein Vater Ingenieur gewesen war, hoffte ich, daß er auf die Herausforderung in bezug auf seine Konzentrationsfähigkeit eingehen würde.

June musterte mich halb zweifelnd, halb erleichtert. »In Ordnung«, lenkte sie ein, »das klingt großartig.« Dann erhob sie sich von der Couch, strich sich das Kleid glatt und verließ den Raum.

Sobald sie draußen war, packte mich der Schrecken. Dieses Gefühl kannte ich nur zu gut, denn trotz beachtlicher Erfolge, die ich bereits mit Jungen in seinem Alter erzielt hatte, löste damals jeder zornige Jugendliche in mir den Wunsch aus, davonzulaufen, denn angesichts ihrer erbitterten Wut fühlte ich mich klein und unwichtig. Das hing mit meinen chronischen Versagensängsten zusammen. Jedes Scheitern nahm ich sehr persönlich, und nichts läßt einen so leicht scheitern wie ein Trotzkopf von Teenager mit verschränkten Armen. Doch gleichzeitig empfand ich ein unglaubliches Hochgefühl, denn ich wußte, daß ich sehr gute Aussichten auf Erfolg hatte, wenn es mir gelang, eine Beziehung zu dem Jungen aufzubauen und ihn in Trance zu versetzen, denn dann würden mich die unbewußten Energien des Jungen wahrscheinlich zu einer Lösung des Problems führen. Etwas Ähnliches muß ein Chirurg empfinden, wenn er sich über einen aufgeschnittenen Körperteil beugt, oder ein Schauspieler beim Betreten der Bühne. Es ist wie ein Schachspiel zwischen Sieg und Niederlage, Sekundenbruchteile vor dem eigentlichen Geschehen. Und als ich mich Pete zuwandte, wußte ich, daß mir der Eröffnungszug zustand.

Für den Anfang, dachte ich, sollte ich es mit einem Gambit versuchen. »Warum drehst du deinen Stuhl nicht ein bißchen zu mir?« Tatsächlich lag mir weniger daran, unsere Position zueinander zu verbessern, als vielmehr seine Reaktion zu beobachten. Bisher hatte er einen Großteil der Sitzung damit zugebracht, seine Mutter und mich zu übersehen. Wenn er mir den Stuhl zudrehte, ließe sich das als Zeichen dafür deuten, daß er bereit war, sich auf mich einzulassen und zumindest ein Gespräch zu beginnen. Außerdem könnte es auf seine Bereitschaft schließen lassen, meinen Anweisungen zu folgen. Zu meiner Erleichterung rückte er wortlos den Stuhl in meine Richtung.

»Ich weiß nicht, ob du es weißt«, begann ich, »aber alles, was du hier sagst, ist vertraulich.« In Anspielung auf seine Mutter deutete ich zur Tür. »Verstehst du, was ich meine?«

Er nickte niedergeschlagen.

»Ich frage mich, ob es irgend etwas gibt, das du mir unter vier Augen sagen möchtest.« Ich hoffte, Pete davon überzeugen zu können, daß er bei mir – anders als zu Hause – seine Meinung äußern konnte, ohne daß er Angst haben mußte, dafür getadelt zu werden.

Immer darauf bedacht, meinem Blick auszuweichen, starrte er zur Tür und zuckte fast unmerklich mit den Schultern.

»Ich kann mir nicht vorstellen, daß dir einfach alles egal ist. Ich wette, dir macht das alles sogar ganz schön zu schaffen.«

Entrüstet warf er den Kopf zurück. »Sie kapiert's einfach

nicht. Wir wollten es doch überhaupt nicht klauen, sondern nur kurz ausleihen. Was war denn schon dabei? Aber sie macht ja um alles immer ein Riesentrara.«

»Das klingt so, als würdest du dich mit ganz schön harten Burschen rumtreiben.«

»Na und? Was ist denn dabei?«

»Willst du so sein wie die?«

»Ja.« Seine Stimme klang rauh, und er betastete den Verband an seiner Hand.

Ich merkte, daß diese Art von Unterhaltung uns nicht weiterbringen würde. Er hatte sich bewußt auf dieses Verhalten festgelegt, und daran würde auch eine Diskussion nichts ändern. Es war sinnvoller, wenn ich mein Möglichstes unternahm, um ihn in Trance zu versetzen.

»Ist dir klar, daß du wegen einer Hypnotherapie hier bist? Weißt du, was das bedeutet?«

»Ja. Es bedeutet, daß Sie mich in Trance versetzen können.«

»Das kann ich tun. Und was dann? Wie könnte ich dir deiner Meinung nach helfen?«

»Keine Ahnung. Dafür sorgen, daß ich bessere Noten bekomme oder so was.«

»Das wäre zum Beispiel etwas, was wir uns überlegen könnten. Und vielleicht fallen uns noch ein paar andere Dinge ein.« Ich machte eine kurze Pause, damit der Gedanke in sein Bewußtsein sickern konnte. »Ich will dir etwas über Hypnose erzählen, aber vielleicht hast du ja vorher noch ein paar Fragen.«

Er zuckte mit den Schultern und blickte weiterhin zu Boden.

»Nun gut, ein paar Dinge würde ich dir gern erklären. Du mußt wissen, daß das Ganze auf Partnerschaft beruht. Es handelt sich also nicht darum, daß *ich* etwas mit dir anstelle, sondern daß wir *zusammen* etwas machen. Und du brauchst dabei nichts tun, was du nicht möchtest oder normalerweise nicht machen würdest. Hypnose ist nur eine Möglichkeit, dir von deinem Inneren helfen zu lassen – wie, bestimmst du selbst. Ich muß noch nicht einmal wissen, wie du das machst.« Ich ließ ihn eine Weile darüber nachdenken. »Nun, was hältst du davon?«

Reserviert zog er eine Schulter hoch, aber mir schien, daß sich seine Miene etwas aufhellte.

»Glaubst du, damit kannst du irgend etwas anfangen?«
»Keine Ahnung.«
»Paß auf, ich will ganz offen sein. Ich glaube, du bist ein prima Kerl und verdienst es eigentlich, dich wohler in deiner Haut zu fühlen, aber dazu kann ich dich nicht zwingen. Wenn du willst, bin ich gern bereit, mit dir daran zu arbeiten, aber ich werde mit Sicherheit nichts unternehmen, bloß weil deine Mutter es will. Ich kann nur dann mit dir arbeiten, wenn *du* mich anheuerst. Und ich will nicht, daß du nur deshalb ja sagst, weil *sie* es will.«

Er blickte hoch. Einen Moment lang trafen sich unsere Augen, dann schaute er weg.

»Also was meinst du? Hast du Lust herauszufinden, was wir gemeinsam unternehmen könnten, damit alles besser wird? Denn sonst brauchen wir unsere Zeit nicht länger zu verschwenden. Deine Mutter bezahlt mich in jedem Fall.«

Er lachte verächtlich auf.

Ganz schön hart, der Junge, dachte ich, aber er ist offenbar interessiert. Ich hatte schon mit Jugendlichen gearbeitet, die mir mit unmißverständlichen Worten klipp und klar erklärt hatten, daß sie nicht das geringste mit mir zu tun haben wollten. Die Tatsache, daß Pete zugehört und geantwortet hatte und dabei sogar Interesse durchschimmern ließ, deutete darauf hin, daß er weitermachen wollte. Und trotz seiner Halsstarrigkeit gab ich die Hoffnung nicht auf, daß er sich ändern würde. Auf der Ebene des Bewußtseins hatte er sich zwar anscheinend für einen kriminellen Lebenswandel entschieden. Aber im *Innern*, hinter der harten Fassade, war er noch immer der Junge, der er gewesen war, bevor sein Vater starb – der »brave Junge«, der »netteste Junge der Klasse«. Mir fiel Junes Bemerkung ein, daß Pete offensichtlich nicht begreife, wohin ihn sein Weg führe. Der Junge in seinem Innern begriff es jedoch sehr wohl. *Er* wußte, daß Pete fehlgeleitet war, und kannte einen besseren Weg. Wenn ich an *diesen* Jungen appellieren würde, ihn dazu bringen könnte, Petes bewußte Einstellung zu beeinflussen, dann könnte meine Intervention durchaus erfolgreich sein. Plötzlich wußte ich, was ich zu tun hatte.

Die Frage war nur, wie ich ihn in Trance versetzen konnte. Einer direkten Trance-Induktion würde er sich zweifellos widersetzen; dafür war er viel zu unberechenbar. Ich mußte mich ihm auf indirektem Wege nähern, indem ich seine ganz persönlichen Werte, Beweggründe und Bedürfnisse ansprach. Einen Moment lang musterte ich ihn forschend, rief mir in Erinnerung, was ich von ihm wußte, und überlegte, wo ich am besten »einhaken« könnte. Als mein Blick über sein verschlissenes Seattle-Supersonics-Sweatshirt schweifte, kam mir eine Idee.

»Wußtest du eigentlich, daß Basketballmannschaften Hypnotherapeuten beschäftigen?« Ich sprach mit betont lebhafter Stimme, um dem Gespräch eine neue Wendung zu geben.

»Nn-Nn«, brummelte er, aber seine Augen leuchteten interessiert auf.

»Einige Mannschaften machen sich auf diese Weise die Kräfte ihres Unbewußten zunutze. Und mit diesen Kräften erhöhen sie ihre Konzentrationsfähigkeit und steigern ihre Leistung. Weißt du, was ich mit ›Unbewußtes‹ meine?«

»So ungefähr.« Er zog sich die Baseballkappe fast über die Augen und schielte unter dem Rand zu mir herüber.

»Ja, ich wette, du weißt es. Du hast bestimmt schon mal Vorahnungen gehabt oder erlebt, daß dir plötzlich aus unerfindlichen Gründen irgendwelche Dinge einfielen. Also weißt du, wovon ich spreche.«

Ich sah, wie er mit sich kämpfte, wie er zwischen seiner Neugier und dem Wunsch, nur ja seine abweisende Zurückhaltung nicht aufzugeben, schwankte. Die Anspielung auf die Sonics hatte sein Interesse geweckt; darauf mußte ich nun aufbauen. Wieder musterte ich ihn nachdenklich – seine verhüllten Augen, sein verstocktes Wesen, die über der Brust verschränkten Arme... Und dort, an seinem verbundenen Arm, entdeckte ich etwas, womit ich Pete vielleicht aus der Reserve locken konnte.

»Weißt du, mir ist gerade eingefallen, wie dein Unbewußtes dir helfen könnte. Aber ich frage mich, ob du die dafür nötige Intelligenz und Konzentration besitzt... Hast du Lust, es herauszufinden?«

Ohne mich anzuschauen, murmelte er: »Ich glaube schon.«

Ich zeigte auf seine verbundene Hand. »Hast du dich da verletzt?«

Er sah die Hand an, als habe sie ihn verraten. »Ja.«
»Tut es weh?«
Er war sich nicht sicher, wieviel Schwäche er zeigen durfte. »Ein bißchen.«
»Willst du, daß es aufhört, weh zu tun?«
Seine Augen leuchteten auf. »Ja.«
»Ja?«
»Ja.«
»Gut.« Ich hatte die Unterhaltung bewußt so gestaltet, daß er dreimal hintereinander »ja« sagen mußte; dadurch hatte ich eine *Ja-Haltung* bei ihm hervorgerufen – eine aufgeschlossene Gemütsverfassung, die seine Bereitschaft, sich auf das Kommende einzulassen, erhöhen würde. »Es ist ganz einfach. Du brauchst nur dazusitzen und auf deine Hände hinunterzuschauen...« Ich senkte die Stimme auf den bei Trance-Induktionen üblichen gedämpften Tonfall. »Sonst versucht jeder dir vorzuschreiben, was du tun sollst... Aber jetzt brauchst du einfach nur dazusitzen und darauf zu achten, ob deine linke oder deine rechte Hand zuerst taub wird...« Indem ich Pete, der sich gegen jeglichen Zwang sträubte, eine Pause einräumte, einen Ort, an dem er überhaupt nichts tun mußte, hatte ich einen weiteren Köder für ihn ausgeworfen. »Dabei spielt die Reihenfolge keine große Rolle. Worauf es ankommt, ist deine Fähigkeit, die Veränderung sofort zu bemerken. Vielleicht werden beide Hände gleichzeitig taub... oder vielleicht fängt es im Daumen oder an der Handkante an und breitet sich von dort zu den Fingern und schließlich über die ganze Handfläche aus... vielleicht wird aber auch alles auf einmal taub... oder du spürst nur einen bleiernen Druck von außen, als hättest du schwere Lederhandschuhe an...«

Pete stierte auf seine Hand, als sei sie ein Fremdkörper in seinem Schoß. Er rührte sich nicht, und sein Blick wirkte starr und abwesend. Mit der Leichtigkeit und Schnelligkeit eines Kindes war er bereits in eine leichte Trance eingetreten.

»Gut... Kannst du mir jetzt sagen, ob es in der Hand angefangen hat, mit der du gerechnet hattest, oder ob die andere die erste war? Oder hast du festgestellt, daß es in beiden Händen gleichzeitig begonnen hat?« Ich hatte die Frage absichtlich so verwirrend gestellt, um sein Denken zu zerstreuen und sein Unbewußtes für die Suggestion empfänglich zu machen.

»In beiden.« Seine Stimme klang bleiern.

»Sehr gut.« Ich war erleichtert: Der schwierigste Teil war überstanden. Ich hatte Pete in Trance versetzt, und wir hatten eine Hypnosebeziehung aufgebaut.

Aber solange er sich nicht dafür einsetzte, daß bei der Behandlung etwas herauskam, konnte ich ihm nicht weiterhelfen. Zwar war er einverstanden gewesen, in Trance zu treten, hatte jedoch bisher noch nicht gesagt, daß er sich ändern wolle – und diese verbindliche Zusage des Klienten braucht jeder Therapeut, um arbeiten zu können.

»So, Pete«, sagte ich in Zimmerlautstärke. »Komm jetzt wieder zurück, hellwach, den rechten Arm brauchst du allerdings nicht unbedingt aufzuwecken.« Um keinen Widerstand seinerseits hervorzurufen, gab ich ihm eine indirekte und offene posthypnotische Suggestion.

Pete setzte sich auf und sah mich an. Mit dem Aufwachen verschwand der Ausdruck von Abwesenheit aus seinem Gesicht. Kurz darauf blickte er nach unten und beugte die linke Hand. Die rechte blieb bewegungslos in seinem Schoß liegen.

Ich wußte, daß er unfähig war, sie zu bewegen, und konnte mir vorstellen, welches Drama sich in seinem Innern abspielte. Unbewußt würde er sich erleichtert fühlen: Die Unbeweglichkeit war ein Zeichen dafür, daß ungewöhnliche Dinge geschehen konnten, und das war ein gutes Omen für die Lösung seiner Probleme. Auf der bewußten Ebene hingegen war er wahrscheinlich verstört: Er konnte sich nicht erklären, was geschehen war, und wollte – um das Gesicht zu wahren – die Unbeweglichkeit seiner Hand sicher vor mir verbergen. (Klienten geben sich oftmals die größte Mühe, die seltsamen Phänomene einer Trance zu verschleiern oder rational zu erklären. Eine Klientin von mir, die fest entschlossen war zu verbergen, daß sie den Arm nicht bewegen konnte, bestritt diese Unfähigkeit nicht nur heftig, sondern behauptete sogar, sie *wolle* es einfach nicht. Ich dachte, ich könne sie mit der Bitte, auf ihre Uhr zu schauen und mir zu sagen, wie spät es sei, in Verlegenheit bringen, sie jedoch – in die Enge getrieben – hob den unbeweglichen Arm mit der anderen Hand hoch, hielt sich das Handgelenk vors Gesicht und verkündete stolz die Uhrzeit. Nichts in ihrem Verhalten ließ erkennen, daß ihr dieses groteske Manöver komisch vorgekommen wäre.)

»Besser geworden, oder?« fragte ich und deutete auf seine Hand.

Er starrte auf die Hand, dann zu mir und dann schnell wieder auf die Hand.

»Weißt du, ich hatte so ein Gefühl, als wärst du ein ausgesprochen heller Kopf, und ich freue mich, daß ich recht hatte. Ich wette, du kannst unter Hypnose eine Menge erreichen.«

Er betrachtete die Hand und schwieg. Noch immer schwankte er sichtlich zwischen Ablehnung und dem Wunsch mitzumachen. Aber jetzt war er wie verzaubert von dem, was geschehen war, und weitaus eher bereit zuzustimmen.

»Du hast erstaunliche Energien, die wir uns zunutze machen könnten.« Ich nickte in Richtung seiner Hand. »Hast du Lust, noch einen Schritt weiterzugehen?«

Er strich sich mit der linken Hand am Rand der Kappe entlang über die Stirn und murmelte irgend etwas.

»Was war das?«

Wieder murmelte er, unmerklich lauter.

»Tut mir leid, Pete, ich konnte dich nicht verstehen.« Ich wollte eine verbindliche Zusage von ihm hören.

»Einverstanden«, sagte er, diesmal lauter und gereizt.

»Pete, solange du hier keinen Einsatz zeigst, hat es keinen Zweck. Ich denke nicht daran, die ganze Arbeit allein zu machen. Das hier ist eine Partnerschaft. Allein schaffe ich es nicht.«

»Ich habe doch gesagt, daß ich einverstanden bin. Was wollen Sie denn noch?«

»Ich will hier keinen Mist erleben. Meinst du es wirklich ernst, oder willst du nur deine Mutter loswerden?«

»Hören Sie, was soll das? Ich habe doch ›einverstanden‹ gesagt. Wollen Sie, daß ich's brülle?«

»Nein. Ich will nur wissen, ob du es ernst meinst.«

»Jaaa, ich meine es ernst, okay? Ich meine es ernst.«

»Gut, das freut mich. Eine Zeitlang dachte ich, du seist nur einverstanden, weil deine Mutter es so will.«

Er machte eine wegwerfende Kopfbewegung.
»Also, können wir dann anfangen?«
»Ja.«
»Gut.« Ich sah ihm fest in die Augen, und zum ersten Mal hielt er meinem Blick stand. Ich merkte, daß er jetzt bereit war anzufangen. »Weißt du noch, was wir eben gemacht haben?« Ich zeigte auf seine Hand. »Die Hand schläft noch, nicht wahr? Warum schaust du sie nicht einfach an...«

Pete blickte auf seine Hand hinab.

»Ja, gut so... beobachte sie einfach genauso wie vorhin... und laß doch ruhig das, was in der Hand passiert, sich immer weiter ausbreiten... aber nur so schnell, wie du bereit bist, immer tiefer zu deinen inneren Kräften vorzudringen... ja, genau so, laß es sich einfach ausbreiten, und überleg dir einfach nur, wie entspannt du sein wirst, wenn dieses Gefühl von den Händen die Arme hochwandert und die Beine hinunter... und vielleicht läßt du deine Augen noch ein wenig auf, so lange, bis das Gefühl die Augen erreicht hat, und dann kannst du auch sie ausruhen lassen...«

Petes Augenlider flatterten.

»Gut... und nun kannst du sie schließen.«

Seine Augen fielen zu.

»Ja, genau so... laß dich einfach ganz tief sinken, und schlaf *jetzt*.«

Petes Kopf fiel vornüber auf die Brust, sein Körper sank auf dem Stuhl in sich zusammen.

»Nun ruh dich einfach bequem aus, und entspanne dich mit jedem Atemzug mehr... Gleich zähle ich bis drei... und bei drei öffnen sich deine Augen, und du siehst das Bild eines einundzwanzigjährigen Mannes vor dir... Ich möchte dir etwas über den Mann erzählen... Ich möchte, daß du verstehst, daß er als Junge glücklich war – und mit sich zufrieden... er war ein guter Schüler und hatte viele Freunde... Aber als er ungefähr zwölf Jahre alt war, geschah etwas... Plötzlich kümmerte er sich nicht mehr um sich oder die Schule und bekam Probleme... Ein Teil von ihm erkannte, daß er auf Abwege geriet, und wollte es unbedingt verhindern, wußte aber nicht wie. Das einzige, was er tun konnte, war, den Jungen zu bedauern. So verschlimmerte sich alles immer mehr... Der Junge begann sich zu hassen... die Menschen verabscheuten ihn... all seine Freunde waren Verlierer... die alten Freunde hatten ihn verlassen... sie studierten weiter und bekamen später gute Jobs, doch mit ihm wollten sie nichts mehr zu tun haben... und so ging es immer weiter und wurde immer schlimmer und schlimmer... und wenn du ihn im Alter von einundzwanzig Jahren siehst, Pete, dann ist er schon richtig auf den Hund gekommen... schau ihn dir ganz genau an, und versuch ihn zu verstehen. Versuch zu verstehen, was mit diesem Jungen geschehen ist, für den alles so gut angefangen hatte.«

Natürlich hätte ich Pete auch auffordern können, sich seine Zukunft unmittelbar und nicht mit Hilfe des eingebildeten »zukünftigen Pete« vorzustellen, doch ich hatte Angst, daß ihm seine Gegenwehr dann den Blick trüben könnte; daß er sein Selbstbildnis in ein rosigeres Licht tauchen würde. Indem ich Pete etwas von dem Bild distanzierte, wollte ich ihm Spielraum geben, um seiner Phantasie freien Lauf zu lassen.

»Und nun laß dich einfach weitertreiben, und während du dich treiben läßt, bereitet sich dein Unbewußtes darauf vor, die Suggestionen auszuführen... Ich fange jetzt an zu zählen... eins... mach dich fertig... zwei... weiter so... und jetzt drei, mach die Augen auf!«

Pete setzte sich auf und öffnete die Augen. Zuerst starrte er kurz ins Leere, dann fixierte er mit blinzelnden Augen eine Stelle auf der leeren Couch. Er reckte ein wenig den Hals, als wolle er besser sehen.

»Gut so. Schau genau hin. Nimm es in dich auf. Sieh dir an, was aus ihm geworden ist.«

Gebannt starrte Pete auf die Erscheinung, als handele es sich um ein mutiertes Tier, das er mit einer Mischung aus Neugier und Entsetzen betrachtete. Seine Mundwinkel spannten sich leicht, und er zog den Kopf ein Stück zurück, als wolle er den Abstand zwischen sich und dem, was er sah, vergrößern. Und was sah er? Ein verstörtes, völlig heruntergekommenes Geschöpf, das seelische und vielleicht auch körperliche Qualen litt? Die angespannten Mundwinkel und das Zurücknehmen des Kopfes deuteten darauf hin, daß das, was er sah, nichts Angenehmes sein konnte, und doch beobachtete er es weiter mit dieser seltsamen Faszination, als bedeute ihm die Gestalt nicht mehr als ein Schauspieler in einem Film. Damit die Intervention gelang, mußte ich die Leinwand entfernen und Pete einbeziehen.

»Und während du jetzt aufmerksam hinschaust«, sagte ich mit langsamer, eindringlicher Stimme, »dämmert dir allmählich, daß *du* der Mann bist, den du beobachtest, so wie *du* mit einundzwanzig Jahren sein wirst, wenn du weiter auf dem Weg bleibst, den du eingeschlagen hast...«

Drei oder vier Sekunden lang saß Pete, scheinbar ungerührt von meinen Worten, völlig reglos da. Dann begann sich langsam sein Gesicht zu verändern. Zuerst Ungläubigkeit, dann Begreifen, erneut Ungläubigkeit und schließlich Entsetzen – in rascher Folge spiegelte sein Gesicht seine Empfindungen wider, bis er plötzlich mit einem kurzen, erstickten Schrei den Kopf heftig zur Seite drehte und die Augen von dem Anblick abwandte.

»Schau hin, Pete, schau hin!« flüsterte ich.

Er preßte die Wange gegen die Stuhllehne.

»Nein, Pete, schau hin!«

Widerwillig wandte er sich der leeren Couch zu, drehte sich aber mit einem Ruck sofort wieder um. Ein herzzerreißendes Wimmern schnürte ihm die Kehle zusammen.

Ich erhob mich von meinem Stuhl, stellte mich hinter Pete und legte meine Hände jeweils rechts und links an seinen Kopf. »Du mußt hinschauen, Pete, damit du es verstehst!« Und mit fast unmerklichem Druck zwang ich ihn, seiner Zukunft ins Auge zu sehen.

In Petes Wachzustand hätte ich mir diese Geste niemals erlaubt, denn er hätte sie als Versuch, seinen Willen zu brechen, empfunden. In Trance jedoch war Petes Unbewußtes für meine Hilfe aufgeschlossen. Es würde den sanften Druck meiner Hände nicht als Zwang, sondern als physische Suggestion empfinden, als Stups, der ihm zu verstehen gab: *Du schaffst das, du hast die Kraft hinzuschauen.*

Pete zögerte einen Augenblick, dann drehte er mit Schwung den Kopf herum und blickte die Erscheinung an. Ich fühlte, wie er sich unter meinen Händen anspannte und wieder zurückwich. »Nein«, stöhnte er, doch nicht, weil er sich dem Hinsehen widersetzen wollte, sondern vor Entsetzen über das, was er sah.

»Doch.«

»Nein...« Doch noch ehe er das Wort ganz ausgestoßen hatte, fing er an zu weinen. Sein Kopf begann zwischen meinen Händen zu zittern, und seine schmalen Schultern hoben und senkten sich. Der fast ausgewachsene Körper wurde von kindlich hohen Schluchzern geschüttelt.

»Nun hast du es gesehen, Pete... und jetzt verstehst du im Innersten deines Wesens, daß du, wenn du so weitermachst, genauso enden wirst... Wenn du dich nicht anders entscheidest, wird *das* aus dir werden... Aber du weißt auch, daß das nur eine vorgestellte Zukunft ist... Sie hat nicht wirklich stattgefunden... und muß auch nicht stattfinden... Du hast die Wahl... Verstehst du?«

Ergeben senkte Pete den Kopf.

»Gut. Und jetzt laß das Bild einfach verschwinden... Es ist eine Erleichterung, es loszulassen... Laß es einfach los *jetzt*. Ob diese Phantasievorstellung jemals Wirklichkeit wird, hängt nun ausschließlich von dir ab.«

Ich merkte, wie sich sein Körper unter meinen Händen entspannte.

»Jetzt möchte ich dich noch einmal bitten, deine Vorstellungskraft anzustrengen.« Ich verließ den Platz hinter ihm und kehrte auf meinen Stuhl zurück. »Jetzt siehst du gleich Bilder von dir in einer *besseren* Zukunft... Die Bilder werden genauso hell und klar sein wie diejenigen, die du gerade gesehen hast... Und in dieser besseren Zukunft wirst du dich als die Person sehen, die du wirklich sein willst... die Person, die du eigentlich tief in deinem Innern bist... Du wirst dich ganz deutlich sehen, genau so, wie du wirklich sein möchtest, und wie du von nun an mit jedem Tag mehr und mehr werden wirst... Wenn ich bis drei gezählt habe und du die Augen öffnest, siehst du dieses lebendige Bild vor dir, und es zeigt dich als Einundzwanzigjährigen, der ganz genau so aussieht, handelt, denkt und fühlt, wie du es tief in deinem Innern eigentlich möchtest... Gut... eins... mach dich nun fertig... zwei... sink noch tiefer... und jetzt drei, Augen auf!«

Pete öffnete die Augen und konzentrierte sich auf die leere Couch. Zuerst zeigte sein Gesicht keine Reaktion, doch während ich es weiter beobachtete, wurde es plötzlich lebendig: Petes Gesichtszüge wurden sanfter, seine Lippen öffneten sich, seine Augenlider zuckten verwundert; schließlich verzog sich sein Mund zu einem kleinen, vorsichtigen Lächeln.

»Schau es dir gründlich an. Betrachte es ganz genau, als wolltest du es dir einprägen.« Ich wartete eine Weile, während Pete das Bild in sich aufnahm. »Jetzt schließ die Augen. Gleich zähle ich wieder bis drei, und bei drei wirst du in dieses Wunschbild eintreten und dieser Einundzwanzigjährige sein, und zwar so, wie du eigentlich sein willst. Du wirst es ausprobieren...dich hineinversetzen, fühlen, wie es ist...um sicherzugehen, daß es auch wirklich das ist, was du willst...Mach dich jetzt fertig... eins...laß dich tiefer und tiefer treiben...zwei...ja, so ist es gut...und jetzt drei.« Beim ersten Mal hatte ich Pete aufgefordert, mit offenen Augen zu halluzinieren, damit das Bild des schlechten Zukunfts-Petes außerhalb von ihm erschien. Den neuen Ideal-Pete sollte er dagegen verinnerlichen. Deshalb forderte ich ihn jetzt auf, die Augen zu schließen.

Nach wenigen Sekunden begannen seine Augenlider zu zukken, und sein Lächeln vertiefte sich.

»Gut so...Nun nimm dir Zeit, um zu erfahren, wie es ist, die bessere Ausgabe von dir zu sein...Fühl es, spür es, achte darauf, was du empfindest, wenn du dich bewegst und handelst und denkst...Achte darauf, wie du klingst und wie du dich selbst siehst...Stell dir jetzt vor, du wärst mit anderen zusammen... zu Hause...in der Schule...mit Freunden und an den unterschiedlichsten Orten deines Lebens...und erfreue dich an dem, was du erlebst...Und während du das tust und dich immer mehr in diese Bilder vertiefst, wird dein Unbewußtes dieses neue Wissen und diese neuen Möglichkeiten mit jedem Atemzug von dir aufnehmen und damit einen anderen Weg in deine Zukunft entwerfen.«

Gelassen und mit stillvergnügtem Gesicht saß Pete auf dem Stuhl. Ich ließ ihm Zeit, das Erlebte aufzunehmen.

Zwar hatte Pete sich jetzt eine bessere Zukunft vorgestellt und sie auch als die seine empfunden, doch noch wußte er nicht, wie er dorthin gelangen sollte. Als nächstes mußte ich ihm helfen, einen solchen Weg zu skizzieren. »Und nun laß die Dinge genau so, wie sie sind, denn ich möchte, daß du jetzt auf die Zeit zurückblickst, in der du vierzehn Jahre alt warst; und zwar auf den Tag vor sieben Jahren, an dem du zum ersten Mal zu mir in die Praxis kamst. In einer Reihe von Schnappschüssen wirst du all die Schritte sehen, die du von jenem Tag in der Zukunft zurück zu dem Jungen, der du heute bist, gemacht hast... wie du aufgewachsen bist... die Veränderungen in deinem Denken, deinen Überzeugungen und deinem Verhalten... und wie andere in deiner Umgebung, genau wie du, herangewachsen sind und sich verändert haben... Gut, halt dich jetzt bereit... mach dich fertig... Gut, dann tu es jetzt.«

Ich wartete, bis Pete die Bilder aufgenommen hatte, und fuhr dann fort.

»Gut. Und nun laß die Dinge wieder genau so, wie sie sind... Gleich zähle ich von eins bis drei, und bei drei wirst du zu jenem Tag vor sieben Jahren zurückgekehrt sein, zum heutigen Tag... und all die Schnappschüsse hängen noch in der Luft und bilden eine Brücke zwischen dir als Vierzehnjährigem und dir als Einundzwanzigjährigem... und dann siehst du, wie sich diese Schnappschüsse wie eine Ziehharmonika zusammenfalten und im Hintergrund deines Bewußtseins gespeichert werden, bis du sie brauchst... Verstehst du?«

Er nickte fast unmerklich. Mit den »Schnappschüssen«, die er in seinem Bewußtsein speicherte, würde er den Entwurf aufnehmen, der ihn in die Zukunft führte.

»Nun gut, eins... beginne zurückzugehen... zwei... du wirst immer jünger... und drei, du bist wieder vierzehn Jahre alt und läßt jetzt einfach all die Bilder von der Zukunft in den Hintergrund deines Bewußtseins fallen.«

Einen Moment lang saß Pete ganz ruhig da, mit demselben glückseligen Gesichtsausdruck. Dann wurden seine Atemzüge allmählich schneller. Er schien regelrecht zu glühen.

»Gut... Und nachdem du das jetzt gemacht hast, weißt du, daß du dank der Kräfte deines Unbewußten stets zur rechten Zeit das Richtige tun wirst, damit diese wunderbaren Veränderungen stattfinden können... Es ist, als seien sie für dich bereits

Wirklichkeit... Und mit jedem Tag, der vergeht, wirst du diesen Wunschbildern immer ähnlicher werden... Nun laß deinen Kopf wieder klar werden und ruh dich aus... Du hast heute eine Menge hervorragender Arbeit geleistet... Du kannst stolz sein auf das, was du getan hast, und dich darüber freuen, daß du mit deinem Unbewußten die Art von Zukunft gestalten kannst, die du dir wirklich wünschst... Alles, was du heute hier begonnen hast, wird sich auf einer sehr tiefen Ebene fortsetzen, ohne daß du darüber auch nur nachzudenken bräuchtest.«

Als Folge der Intervention hatte Pete ein neues Selbstbild geschaffen, das sich bereits in seinem Bewußtsein entfaltete. Nun brauchte er noch ein Werkzeug, mit dem er seinen Entwurf wieder verstärken konnte, wenn er sich aufzulösen drohte. Dazu sollte er Selbsthypnose einsetzen.

»Von Zeit zu Zeit, jedesmal, wenn du dir aufmunternde Suggestionen gibst, oder immer wenn dein Unbewußtes es für das beste hält, wirst du *zu diesem bestimmten Zustand zurückkehren* wollen... Im Zustand der Selbsthypnose wirst du Raum und Zeit finden, über bestimmte Dinge nachzudenken, über die du dir im Wachzustand normalerweise keine Gedanken machst... Dinge, die dich vielleicht eine Zeitlang beschäftigt haben...« Dabei dachte ich an Petes Trauer um seinen Vater, die Meinungsverschiedenheiten mit seiner Mutter, seine aufkeimende Sexualität – all die zahllosen problematischen Gefühle, die in den kommenden Monaten und Jahren auf ihn einstürmen würden. Wenn es ihm gelang, durch Selbsthypnose mit diesen Gefühlen ins reine zu kommen, bräuchte er sie nicht alle auszuleben.

Außerdem wollte ich, daß er durch Selbsthypnose unabhängiger wurde. Je öfter er seine Wunschvorstellungen ausprobierte, um so stärker würde sein Selbstbewußtsein werden und um so besser würde er sich gegenüber seiner Mutter und anderen behaupten können. June, so erkannte ich, würde diesen Prozeß unbewußt unterstützen können. Wenn ich Pete suggerieren würde, sich jedesmal, wenn seine Mutter an ihm herumnörgelte oder seine Hilfe übermäßig beanspruchte, in Selbsthypnose zu versetzen, könnte ich ihre andernfalls kontraproduktive Energie in einen Auslöser für seine weitere Entwicklung verwandeln.

»Und wenn sich deine Mutter auf dich stützt – nicht auf den Sohn, sondern auf den Mann im Haus –, entdeckst du vielleicht, daß die beste Art, ihr zu helfen, darin besteht, daß du ein Musterbeispiel an Ausgeglichenheit und Entspanntheit bist. Du wirst dann sogar jedesmal daran erinnert, diese bestimmte Haltung anzunehmen, und kannst *ihr* damit vielleicht sogar selbst beibringen, sich zu entspannen.« Zweifellos konnte auch June Entspannung nur guttun. Mein Ziel bestand jedoch nicht darin, daß Pete seiner Mutter Selbsthypnose beibrachte – das war dann doch zu unwahrscheinlich. Aber indem ich Pete suggerierte, daß er ihr etwas beibringen *könnte*, hoffte ich, sein Selbstbild in Beziehung auf sie zu verändern: ihn aus dem Jungen, der dauernd belehrt werden mußte, in einen jungen Mann zu verwandeln, der selbst etwas zu bieten hatte.

»Und während du diese Suggestionen jetzt tief in dein Unbewußtes sinken läßt, kann dein Kopf wieder klar und leer werden… Gleich werde ich von fünf bis eins zählen, und dann wirst du langsam wieder wach werden… Und bei eins wirst du dich hellwach fühlen und erfrischt und im Vollbesitz all deiner Kräfte, die du für die heutigen Aufgaben noch brauchst… Und wenn du aufgewacht bist, wirst du nur das von dieser Sitzung behalten haben, was dein Unbewußtes für wichtig hält… Kurz nachdem du aufwachst, wirst du die Uhr auf dem Tisch bemerken und sowohl überrascht als auch erfreut sein über das, was du hier heute erreicht hast… Und wenn du heute abend ins Bett gehst, wirst du in deinen Träumen die neuen Gedanken, Bilder und Gefühle weiterentwickeln, so daß sie in deinem Bewußtsein und deinem Körper sogar noch stärker werden… Mach dich jetzt fertig… fünf… alle Schwere fällt gleich von dir ab… vier… komm langsam wieder zurück… drei… bei jeder neuen Zahl fühlst du dich immer wacher und erfrischter…«

Bei eins setzte sich Pete auf und rieb sich die Augen. Dann sah er sich neugierig im Zimmer um. Er wirkte zwar erschöpft wie nach einem harten Arbeitstag, strahlte aber eine neugefundene Friedfertigkeit aus. Sein Blick war sanfter, und seine nachlässige Haltung beruhte jetzt nicht mehr auf Trotz, sondern auf Erschöpfung.

»Tja, scheint ganz so, als hättest du eine Menge zum Nachdenken.« Damit bestätigte ich, was er, wie ich wußte, empfand: daß sich gerade etwas Unerklärliches, Tiefgründiges ereignet hatte. »Was hältst du davon, wenn du jetzt gehst, bevor deine Mutter beschließt, die Sitzung ausfallen zu lassen?« Die Frage war natürlich absurd: Wir wußten beide, daß die Sitzung bereits stattgefunden hatte. Doch angesichts seiner noch immer erhöhten Bereitschaft, Suggestionen aufzunehmen, würde er nun überlegen: Kann die Sitzung überhaupt noch ausfallen? Bedeutet das, dies alles ist gar nicht wirklich geschehen? So vergaß er nicht nur das Vorgefallene schneller, sondern erinnerte sich außerdem daran, daß ich zu ihm und nicht zu seiner Mutter hielt.

Pete gluckste vor sich hin und folgte meinem Blick zur Uhr. Er mußte zweimal hinschauen. »Es ist schon fünf Uhr?«

»Huh, wie die Zeit verfliegt!«

»Booh...« Ungläubig zog er die Augenbrauen hoch.

Da ich nicht wollte, daß er sich bewußt mit dem, was wir getan hatten, beschäftigte, suggerierte ich ihm erneut posthypnotisch, daß er nicht versuchen solle, sich an die Vorgänge zu erinnern. »Ach weißt du, ich glaube, du brauchst überhaupt nicht darüber nachzudenken. Außerdem kannst du so deiner Mutter, falls sie dich fragt, was passiert ist, einfach sagen, daß du dich nicht mehr daran erinnerst.«

Er dachte einen Moment lang mit gerunzelter Stirn darüber nach, dann zuckte er die Schultern, als sei damit die Angelegenheit für ihn erledigt.

»Da wir gerade von deiner Mutter sprechen, sollen wir sie wieder hereinholen?«

Er schien meine Frage sorgfältig abzuwägen und nickte dann. Daraufhin betraten wir gemeinsam das Wartezimmer. June hatte sich bereits erhoben. Ich hatte den Eindruck, daß sie auf das Geräusch meiner Hand an der Türklinke gelauscht hatte.

»Ich denke, wir haben es geschafft«, verkündete ich. »Vielleicht vereinbaren wir irgendwann einen neuen Termin, aber zunächst sollten wir einmal abwarten, wie sich die Dinge in den nächsten Wochen entwickeln.«

Sie öffnete den Mund, um tausend Fragen zu stellen, doch mit einem Lächeln setzte ich mich darüber hinweg. »Wir hatten eine hervorragende Sitzung. Nun halte ich es für das beste, wenn wir die Dinge eine Weile gären lassen. Ich habe ihm eine Menge Hausaufgaben aufgegeben, und...«, ich lächelte Pete zu, »er weiß, wie er mich notfalls erreichen kann.« Dann gab ich zuerst Pete und dann seiner Mutter die Hand, und beide verließen die Praxis, wobei June ihrem Sohn dicht auf den Fersen blieb.

Drei Wochen später rief June an.

»Ach wissen Sie, es ist so eine Sache«, erzählte sie. »Im großen und ganzen ist es viel besser geworden. Er bleibt nachts zu Hause. Er spielt mit seinen Schwestern. Und er trifft sich auch wieder mit einigen seiner alten Freunde. Aber er macht die verrücktesten Sachen. Ich weiß einfach nicht, was ich davon halten soll. Neulich abends hat er mir ein Modell gezeigt, das er gebaut hatte. So etwas hat er seit der dritten Klasse nicht mehr getan. Und gestern kam er mitten in der Nacht weinend in mein Zimmer. Aber als ich ihn in den Arm nahm und ›Armer Petey, armer Petey‹ zu ihm sagte, stieß er mich weg und sagte ziemlich wütend: ›Nenn mich nicht so!‹ So habe ich ihn aber sein Leben lang genannt, Mr. Calof. Ich weiß nicht, was plötzlich in ihn gefahren ist.«

»Ich glaube...«

Aber June war noch nicht fertig. »Und er hat angefangen, alle möglichen Regeln aufzustellen. Er will zwar das Auto waschen, es aber nicht wachsen; oder Diana bei den Schulaufgaben helfen, sie aber nicht ins Bett bringen. Ich weiß nicht, woher er plötzlich all diese Regeln hat. Früher hat er entweder etwas gemacht, oder er hat es gelassen, aber jetzt muß er auf einmal für alles irgendwelche Regeln aufstellen.« Die Verwirrung in ihrer Stimme war nicht zu überhören. »Ich möchte nicht undankbar klingen, Mr. Calof. Ich meine, ich bin froh, daß er anscheinend diesen anderen Blödsinn aufgegeben hat, aber ich weiß einfach nicht, was ich insgesamt davon halten soll. Manchmal scheint er wieder ganz der alte Pete zu sein, und im nächsten Moment ist er einfach... so anders. Finden Sie das normal?« Sie kicherte, als sie merkte, wie töricht die Frage war.

»Das klingt, als würde Ihr Sohn versuchen, erwachsen zu werden, June«, erklärte ich. »Er versucht, mit dem Verlust seines Vaters und den Veränderungen in seiner Familie fertigzuwerden, und mit der Tatsache, daß sich sein Körper verändert und seine Hormone verrückt spielen... Er versucht herauszufinden, wer er ist, was zu ihm gehört und was nicht, wo seine Grenzen sind, und das ist eigentlich alles ganz normal. Wissen Sie, mit vierzehn steckt ein Junge in einer Art Zwickmühle. Teilweise ist er noch ein kleiner Junge, gleichzeitig will er aber schon ein Mann sein, und zwischen diesen beiden Polen schwankt er hin und her. Er probiert beide Rollen aus und versucht sie unter einen Hut zu bringen. Ich glaube, daß Sie jetzt einfach mehr von diesem Prozeß mitbekommen als vorher.«

Ich hörte sie am anderen Ende der Leitung atmen.

»Wissen Sie, wie Sie ihm dabei helfen können?«

»Wie?« Sie klammerte sich an meine Frage, in der Hoffnung, eine beruhigende und klare Antwort zu bekommen.

»Indem Sie ihn einfach schwanken lassen. Indem Sie es als unvermeidlich hinnehmen und nichts anderes erwarten. Indem Sie versuchen, ihn in beiden Rollen zu bestärken, egal, in welcher er sich gerade versucht. Natürlich müssen Sie ihm auch Ihre Grenzen klarmachen. Er muß sich dem Rahmen Ihres Haushalts und den dort herrschenden Wertvorstellungen anpassen. Aber innerhalb dieses Rahmens müssen Sie versuchen, ihm Raum zu geben, damit er ausprobieren kann, was er eigentlich sein will. Lassen Sie ihn der Pete werden, der er zu werden versucht. Ich kann Ihnen versichern, daß er jetzt eine tief verinnerlichte Idealvorstellung von sich hat, der er unbedingt zu entsprechen versucht.«

Ich glaubte zwar nicht, daß June tatsächlich imstande wäre, Pete den nötigen Spielraum für seine Versuche zu lassen, war aber dennoch zuversichtlich, denn ich glaubte, daß Pete – ungeachtet der Veränderungen von June – erwachsen werden würde. Er hatte nun eine Vision, eine Straßenkarte, die ihn dorthin führen würde, und ein Werkzeug, um unterwegs Kurskorrekturen vorzunehmen. Diese drei Dinge würden ihm dabei helfen, sich in seiner veränderten Familie eine Identität zu schaffen.

Was June wahrnahm, waren seine ersten Gehversuche auf dieser Straße; Versuche, die dazu führten, daß er plötzlich Regeln erfand; Schritte, die ihm ermöglichten, seine Mutter mit den Worten »Nenn mich nicht Petey!« wegzustoßen, und die ihn außerdem in die Lage versetzten, sich von dem kleinen Jungen zu befreien – dem Teil von ihm, der nachts weinte, der um den Tod des Vaters trauerte und der beschützt werden wollte. Zum ersten Mal fühlte und hörte Pete sein inneres Ich und *vertraute* ihm; zum ersten Mal definierte er sich nicht durch die Stimmen von anderen in seiner Umgebung.

Was bedeutete das für die Beziehung zwischen June und Pete? Angesichts von Junes Bedürfnis, sich an Pete, als Ersatz für ihren Mann, zu klammern, erwartete ich nicht, daß es ihr leicht fallen würde, Pete Raum für sein neues Ich zu gewähren. Ich sah eine Menge Konflikte voraus. Doch auch hier war ich optimistisch, denn solange Pete auf seine Mutter anders als früher reagierte, war auch sie gezwungen, anders auf ihn zu reagieren. Wenn er immer neue Regeln für das, was er tun oder nicht tun würde, festlegte, war sie gezwungen, mit ihm zu verhandeln, und in dem Maße, wie seine Ansichten wachsende Reife widerspiegelten, würde sie sie schließlich respektieren. Schritt für Schritt würden sie sich immer stärker als Erwachsene aufeinander beziehen.

»Nun, es klingt eigentlich nicht so, als müßte ich Pete sofort sehen. Aber ich möchte Sie bitten, ihm auszurichten, daß ich von ihm erwarte, daß er weiterhin Selbsthypnose macht.«

»In Ordnung«, sagte sie leise mit etwas zittriger Stimme.

»Wissen Sie, je weniger Sorgen Sie sich um ihn machen, desto mehr Zeit können Sie darauf verwenden, daß es Ihnen selbst wieder besser geht. Haben *Sie* denn jemanden, mit dem Sie sprechen können?«

»Oh, ich weiß nicht...« Sie wirkte verlegen.

»Vielleicht denken Sie einmal darüber nach.« Ich ließ den Gedanken einen Moment nachklingen. »Was halten Sie davon, wenn Sie mich in einem Monat wieder anrufen und mir erzählen, was in der Zwischenzeit geschehen ist?«

»In Ordnung«, murmelte sie. Am Zittern ihrer Stimme erkannte ich, wie sehr ich sie aus dem Gleichgewicht gebracht hatte.

June rief tatsächlich einen Monat später an. Ihr Bericht klang mehr oder weniger unverändert. Pete ging zur Schule, blieb nachts daheim und half zu Hause. Die Phase der Kriminalität schien hinter ihm zu liegen. Aber das Verhältnis zwischen ihm und June war gespannt. »Er scheint einfach seinen eigenen Willen zu haben«, klagte sie. »Aber wenigstens macht er nicht mehr solche Dummheiten.«

»Und was ist es für ein Gefühl, die Mutter eines sich normal entwickelnden Vierzehnjährigen zu sein?«

Sie schnalzte mit der Zunge. »Ich schätze, besser, als die Mutter eines vorbestraften Vierzehnjährigen zu sein. Junge, Junge, da haben Sie aber wirklich etwas mit ihm angestellt, hm?«

»Ich habe gar nichts mit ihm angestellt. Er hat alles ganz aus sich selbst heraus getan.« Natürlich hatte ich dabei geholfen, aber ich wollte Pete in den Augen seiner Mutter etwas mündiger erscheinen lassen.

»Was genau hat er denn aus sich selbst heraus getan?«

»Er tat genau das, was Sie ihm geraten hatten. Er fragte sich, wohin ihn sein Weg führen würde. Und wissen Sie was? Es stellte sich heraus, daß er die Antwort schon die ganze Zeit wußte. Ich habe ihm nur geholfen, sich darüber klarzuwerden.«

»Oh.« Es entstand eine peinliche Pause. »Naja, egal, ich glaube, es klappt.«

»Das klingt jetzt, als seien Sie als Familie auf dem richtigen Weg. Ich glaube nicht, daß es nötig ist, Sie noch einmal zu treffen, aber Sie wissen ja, daß Sie mich notfalls anrufen können.«

»Oh, ja«, sagte sie. »Das werde ich bestimmt tun.«

June rief nie wieder an. Ich vermute, sie hätte es getan, wenn Pete rückfällig geworden wäre; daher nehme ich an, daß er nicht wieder auf die schiefe Bahn geraten ist. Ich weiß, daß June meine letzte Antwort nicht ganz verstanden hat, obwohl ich nichts als die Wahrheit gesagt hatte. Pete hatte die Antwort tatsächlich die ganze Zeit gewußt. Er konnte sie nur nicht erkennen. Der ganze Druck von außen – seine Mutter, die Veränderungen innerhalb der Familie, seine Freunde – verhinderte, daß er seine innere Stimme hören konnte. Um diesem Druck standzuhalten, hatte er nur einen Weg gesehen: Die Kriminalität war für ihn die einzige Möglichkeit, sich selbst zu bestätigen. Durch Hypnose war es mir jedoch gelungen, die äußeren Stimmen zum Schweigen und ihm seine innere Stimme zu Gehör zu bringen. Von den Zwängen des bewußten Denkens, den physikalischen Grenzen und der Beschränkung auf einen einzigen Raum und eine bestimmte Zeit befreit, war er in der Lage, sich und seine Situation in einem anderen Licht zu sehen. Er konnte eine Zukunft sehen, in der ein anderes Ich heranreifte – ein Ich, das er eigentlich viel lieber sein wollte.

Ich glaube, wenn Pete später zu mir gekommen wäre – wenn er sich noch stärker mit seinen kriminellen Freunden abgekapselt und noch weiter von dem »braven Jungen«, der er einmal war, entfernt hätte –, wäre die Intervention vielleicht weniger erfolgreich verlaufen. Glücklicherweise hatte June jedoch bereits damals gehandelt, als Pete noch hin- und hergerissen war und ein Teil von ihm noch an dem »braven Pete« in seinem Innern festhielt. Dieser Teil war bereit, sich zu verwandeln, an sich zu arbeiten und eine neue Zukunft aufzubauen.

Daß Petes Zukunft ein reines Gedankengebäude war, tat ihrer Überzeugungskraft keinen Abbruch, denn für Pete war diese Zukunft durch und durch real: so real, als hätte er sie am eigenen Leib erlebt, gespürt und geschmeckt, so real, als wäre sie im Gedächtnis gespeichert und in ein Album geklebt worden. Neurologisch gesprochen hatte Pete bereits eine Annäherung an diese Zukunft erlebt: Die ersten Nervenbahnen waren angelegt, und die Bilder und Empfindungen lagerten in Gehirn und Körper, als hätten sie tatsächlich stattgefunden.

Dieses Phänomen, daß durch vorgestellte Handlungen tatsächliche neurologische und physiologische Reaktionen ausgelöst werden, ist ein Wesensmerkmal der Trance. Wenn beispielsweise ein Kriegsveteran in einer plötzlichen Rückblende die Vergangenheit wieder erlebt (eine natürliche Form von Trance) – wenn er sich zu Boden fallen läßt, um dem eingebildeten Granatfeuer zu entgehen, wenn sich sein Atem beschleunigt, wenn er bis zum Haaransatz rot wird und schließlich schweißgebadet ist –, sendet das Gehirn an den restlichen Körper Impulse, als ob das Ereignis tatsächlich stattfände. Wenn sich ein ruhender Mensch bei einer induzierten Trance einbildet, er fahre auf einem Trimmfahrrad, steigt die Konzentration von Fettsäuren in seinem Blut auf dieselben Werte an wie beim wirklichen Fahrradfahren. Sein Gehirn sendet dieselben Impulse an den Körper, als ob die eingebildete Tätigkeit tatsächlich ausgeführt würde. Ich erlebte einmal eine hypnotische Vorführung, bei der dem Hypnosekandidaten mitgeteilt wurde, er würde gleich mit einem glühenden Feuerhaken berührt; statt dessen berührte man ihn jedoch mit einem Eiswürfel. Innerhalb von wenigen Minuten bildete sich eine Brandblase auf seiner Haut – so, als habe der Feuerhaken tatsächlich existiert –, weil das Gehirn die *Vorstellungen* an den Körper weiterleitete.

Dieses Phänomen ist aber keineswegs nur auf die Trance beschränkt. Wer wäre nicht schon einmal schweißgebadet aus einem Alptraum erwacht? Oder beim Überraschungsmoment eines Filmes zusammengezuckt? Oder hätte erlebt, daß ihm beim Gedanken an sein Lieblingsessen das Wasser im Munde zusammenläuft? Da elektrochemische Impulse durch die Bahnen des Nervensystems vom Gehirn zum Körper und zurück fließen, löst etwas, das sich eigentlich nur in unseren Köpfen abspielt, häufig körperliche Reaktionen bei uns aus.

Manchmal machen wir uns sogar bewußt solche Überschneidungen zwischen Realität und Einbildung zunutze. Tänzer, Schauspieler und Musiker proben häufig vor dem Auftritt die Vorführung in ihren Gedanken. Basketballspieler gehen oft im Geist ihre Spielzüge durch, bevor sie das Spielfeld betreten. Ein Tennisschüler kann sich wieder und wieder den perfekten Vorhandschlag vorstellen, während er dabei im Sessel sitzt. Und wenn ich im Geist die Vorlesung einübe, die ich am nächsten Tag halten soll, stehe ich manchmal im leeren Hörsaal und stelle mir vor, ich spräche zu einem Publikum. Intuitiv und durch Erfahrung wissen wir, daß mentale Vorbereitung unsere Leistung steigert, was zum Teil daran liegt, daß dabei die Nervenbahnen, durch die unser künftiges Verhalten gesteuert wird, gestärkt werden.

Dasselbe galt für Pete. Nachdem er im Geist Pläne für sein zukünftiges Denken, Fühlen und Handeln entworfen hatte, würde er stets dazu neigen, sich auch entsprechend diesen vorgestellten Entwürfen zu verhalten. Es ist immer leichter, einem unterbrochenen Pfad zu folgen, als einen völlig neuen zu beschreiten – vor allem dann, wenn der Pfad zum gewünschten Ziel führt, was bei Pete, dessen Zukunftsweg die Lösung eines drängenden Problems versprach, zweifellos der Fall war.

Darüber hinaus verfügte Pete über einen eingebauten Mechanismus, der ihn darin bestärken würde, diesen Weg einzuschlagen. Weil er die Zwischenschritte auf dem Weg in diese Zukunft – die zunehmenden Veränderungen im Denken, Fühlen, Glauben und Handeln – abgesteckt hatte und die einzelnen Wegbiegungen deutlich gekennzeichnet waren, mußte er nicht mehr das Unterholz auskundschaften, um die richtige Richtung zu finden. Und durch Selbsthypnose konnte Pete seinen Weg sichern. Jedesmal wenn er sich in Trance seine Zukunft vorstellte, machte er sich ein schärferes Bild von ihr; dadurch verstärkte er im wahrsten Sinne des Wortes die Nervenbahnen, die diese Zukunft Wirklichkeit werden lassen würden.

Und aus noch einem anderen Grund lebte Pete entsprechend seiner vorgestellten Zukunft. In meiner zwanzigjährigen Berufserfahrung bin ich zu dem Schluß gekommen, daß im Menschen ein Heilungstropismus angelegt ist. Zwar sind wir angesichts von Schwierigkeiten oft verwirrt und neigen scheinbar zu Selbstzerstörung, doch sobald die gröbsten Hindernisse beseitigt sind, rappeln wir uns immer wieder auf. Das war auch bei Pete der Fall. Sobald sich seine Sichtweise geändert hatte und er seine Probleme in einem anderen Licht betrachtete, tat er, was alle Menschen tun: Er strebte nach dem, was gut für ihn war. Dieses Verhalten ist so natürlich wie das Verheilen eines Schnittes und so reflexiv wie das Drehen einer Pflanze zum Licht.

So lebte Pete die Zukunft, die er sich vorstellte – so wie wir alle es machen, denn niemand kann irgend etwas tun, ohne vorher eine gewisse Vorstellung davon zu haben. Sowohl die wichtigsten als auch die unwichtigsten Taten unseres Lebens entstehen zuerst in unseren Köpfen. Wir führen die Handgriffe beim Autoanlassen so automatisch aus, als seien es Reflexe. Tatsächlich senden jedoch Nervenzellen in unserem Gehirn – ausgelöst durch die vertraute Situation und die entsprechende Reaktion des Gehirns in der Vergangenheit – Impulse aus, in denen diese Handgriffe bereits im wesentlichen *vorgestellt* sind, bevor wir sie körperlich ausführen. Wir stellen fest, daß unser Leben ähnlich wie das unserer Eltern verläuft – nicht etwa, weil wir das wollen (im Gegenteil, wir haben uns sogar geschworen, anders zu werden!), sondern weil das der vertraute, von uns bereits vorgestellte Weg ist. Wir sagen uns, daß der neue Tag katastrophal werden wird, und siehe da, weil wir es uns so vorgestellt haben, wird er es auch. Unsere Zukunftsvorstellungen – bewußte wie unbewußte – diktieren uns unsere künftigen Wege, denn genau wie Pete bevorzugen auch wir einen zwar unterbrochenen, aber immerhin bereits vorhandenen Pfad. Die Zukunft ist kein riesiges, unbekanntes Gelände, sondern ein Land, das wir *alle* schon bereist haben. Sie ist nichts anderes als das Wandern unserer Körper entlang der verschlungenen Pfade, die wir in die Karten unseres Bewußtseins eingetragen haben.

6

Was sie in der Kristallkugel sah

> ...zwei Selbstmordversuche innerhalb des
> letzten Jahres... hochgradige Bulimorexie...
> Ausbleiben der Menstruation... verhaftet
> wegen Ladendiebstahls... lebt gegenwärtig
> in einer psychiatrischen Wohngemeinschaft...

ES WAR ZEHN VOR ZEHN, als ich mir noch einmal in Erinnerung rief, was ich über Carol Ferguson wußte. Mit ihren neunzehn Jahren saß sie eindeutig in der Klemme. Nach dreimonatiger Behandlung in einer ambulanten psychiatrischen Beratungsstelle war sie zwar anscheinend zu »rationaler Einsicht« in ihre Lage gelangt, doch an ihrem Verhalten hatte sich wenig geändert, und so hatte der Direktor des Zentrums, Paul Ellicott, sie jetzt an mich überwiesen. Paul war ein Familientherapeut, dem ich höchsten Respekt entgegenbrachte. Da ich hoffte, ihn als künftigen Partner zu gewinnen, kam mir seine Überweisung nicht nur sehr gelegen, sondern bedeutete gleichzeitig auch eine Herausforderung. Ich war zwar nervös, denn noch nie hatte ich einen Klienten behandelt, der so stark zur Selbstzerstörung neigte, aber gleichzeitig auch freudig erregt. Mit meiner fünfjährigen Berufspraxis betrachtete ich jeden Klienten als Musterbeispiel für die Wunder der menschlichen Seele. Daher sah ich der Begegnung mit Carol in gespannter Erwartung entgegen, so wie ein Kind in den kürzer werdenden Augusttagen ein Netz aus Hoffnungen und Fragen um den Lehrer des neuen Schuljahres spinnt.

Punkt zehn Uhr klopfte Carol an die Tür.
»Hallo!« sagte sie vergnügt. Man hätte meinen können, sie sei gerade auf einer Party eingetroffen.

Ich bot ihr an, sich zu setzen, was sie, nachdem sie ihren Mantel auf die Couch geworfen hatte, auch umgehend tat. Dann sah sie mich erwartungsvoll an.

»War es schwierig, hierherzufinden?«

»Oh, nein«, entgegnete sie munter. »Ihre Beschreibung war wirklich hervorragend. Ich habe einfach gemacht, was sie gesagt haben.«

Als ich nicht sofort etwas erwiderte, sprach sie weiter. »Ich komme gern in die Stadt. Wir wohnen in Bellevue. Naja, jetzt wohne ich ja nicht mehr zu Hause, aber als ich noch dort wohnte, kam ich nicht so oft hierher, deshalb macht es mir jedesmal Spaß.« Sie hatte die Hände im Schoß gefaltet und beugte sich beim Sprechen leicht vor. Die spinnenhaft dürren Handgelenke und Beine, die knochig aus ihrem Pullover und dem kurzen Rock hervorstachen, schienen ihre Eßstörungen noch zu unterstreichen. Ihr glattes blondes Haar war mit zwei Haarspangen ordentlich zurückgesteckt, und der lange Pony betonte die Hagerkeit ihres Gesichts.

»Haben Sie einen eigenen Wagen?« fragte ich und hoffte, durch ein wenig Geplauder einen Eindruck von ihrer Persönlichkeit zu gewinnen.

»Hm«, bestätigte sie eifrig. »Einen Chevy Impala. Er ist schon ein bißchen alt«, meinte sie naserümpfend, »naja, nicht wirklich alt, gerade mal zwei Jahre. Mein Vater hat ihn mir geschenkt.« Sie wippte leicht beim Reden. Ich fragte mich, ob sie wohl früher einmal Cheerleader war.

»Ein schönes Geschenk«, bemerkte ich.

»Ja. Naja, das ist schon eine Weile her, daß er ihn mir gab, bevor... naja, bevor ich versucht habe, mich umzubringen.«

»Können Sie mir das etwas näher erklären?«

»Hm«, sagte sie freundlich. »Vor ungefähr dreieinhalb Monaten schluckte ich eine Überdosis meiner Tabletten gegen leichte epileptische Anfälle. Die habe ich schon seit dem sechsten Schuljahr. Ich lag eine Zeitlang im Krankenhaus. Dann wurde ich entlassen und zur psychiatrischen Beratung geschickt. Ich ging ungefähr drei Monate lang dorthin, bis man mir sagte, daß ich mir aussuchen könne, ob ich dortbleiben oder zu Ihnen gehen wolle, und da beschloß ich, zu Ihnen zu kommen.«

»Und weshalb wollten Sie das?« Daß sie sich für Hypnotherapie entschieden hatte, war ein gutes Zeichen. Vermutlich glaubte sie, Hypnotherapie würde ihr helfen; in dem Fall würden ihre positiven Erwartungen unsere Erfolgsaussichten erhöhen.

»Weil ich dachte, Sie könnten mir helfen, daß ich aufhöre, mich ständig vollzustopfen und zu übergeben.«

»Hm.« Ich wartete ab, ob sie dem noch etwas hinzufügen wollte.

»Das ist alles«, sagte sie in entschiedenem Ton. »Ich möchte nicht zunehmen. Ich muß einfach nur aufhören, so zu spinnen, was das Essen betrifft – die ganze Zeit denke ich daran, wissen Sie. Und ich muß mit dem Kotzen aufhören. Das ist alles.«

Paul hatte erwähnt, daß Carol ihr Gewicht von dreiundvierzig Kilo bei ihrer Größe von 1,67 Meter für mehr als angemessen halte und auf gar keinen Fall zunehmen wolle. Keine Frage – ihrem Selbstbild fehlte jeder Bezug zur Realität. Zwar neigen Menschen, die unter Eßstörungen leiden, nicht selten zu einer Verkennung der Realität – ich weiß, daß sie sich häufig für zu dick halten –, aber bei Carol verblüffte mich dieser offenkundige Widerspruch noch stärker, weil ihr ganzes affektiertes Benehmen, die lässige, ungerührte Art, in der sie gesprochen hatte, den Eindruck erweckte, als habe sie mit den von ihr geschilderten Vorfällen nichts zu tun. Sie hatte ihren Selbstmordversuch auf dieselbe unbekümmerte Weise wie zuvor ihren Wagen beschrieben! Wo blieben die Gefühle, die jenen Handlungen zugrunde lagen? Gefühle, die sie dazu brachten, sich das Leben nehmen zu wollen? Oder sie zu zwanghaftem Hungern veranlaßten? Oder zu ihrer Einweisung in eine psychiatrische Wohngemeinschaft geführt hatten? Offensichtlich hatte sie bei der psychiatrischen Beratungsstelle über jene Vorfälle gesprochen, und wiederholte Gespräche können bekanntlich einer Sache den Stachel nehmen. Und dennoch – daß sie dieses Verhalten so lässig beschrieb, als beträfe es nicht sie, sondern eine andere Person, ließ darauf schließen, daß sie es ganz auf die intellektuelle Ebene abgeschoben und vollständig von ihren Gefühlen abgetrennt hatte.

Diese Dichotomie faszinierte mich. »Was sollte ich Ihrer

Meinung nach über Sie wissen, damit ich Ihnen helfen kann?«
Oft läßt sich mit einer pauschalen Frage am besten herausfinden, was ein Klient für wichtig hält.

Sie schürzte die Lippen und neigte den Kopf zur Seite. »Naja... es war das zweite Mal, daß ich versucht habe, mich umzubringen. Das erste Mal war ungefähr ein Jahr davor. Ich hatte es genauso gemacht. Und auch damals kam ich ins Krankenhaus. Aber ich mußte nach meiner Entlassung nicht zur Beratung gehen. Ich bekam nur eine eigene Wohnung.«

»Bis dahin hatten Sie bei Ihren Eltern gelebt?«

»Bei meiner Mutter und meinem Bruder. Er ist jünger als ich, aber wir sind nicht weit auseinander. Ich habe auch noch eine ältere Schwester, aber sie geht aufs College und wohnt nicht mehr zu Hause.« Sie fuhr sich mit den Fingern durchs Haar. »Meine Eltern leben getrennt. Ich glaube, damit hat das Ganze angefangen.«

»Tatsächlich?« In meinem Innern schrillte eine Alarmglocke. Unser Treffen fand im Jahr 1977 statt; diagnostizierte Eßstörungen waren mittlerweile nichts Unbekanntes mehr, und verschiedene namhafte Therapeuten vertraten seit kurzem die Theorie, diese Eßstörungen seien nicht etwa eine Krankheit des Individuums, sondern Ausdruck von Konflikten innerhalb der Familie – ein Nebenprodukt familiärer Interaktion. Obwohl ich bisher keine klinischen Erfahrungen mit Klienten, die unter Eßstörungen litten, gemacht hatte, leuchtete mir diese Vorstellung intuitiv ein – und nun schien auch Carol sie zu bestätigen.

»Können Sie das näher erklären?«

Wieder neigte sie den Kopf zur Seite. »Naja, es begann unmittelbar, nachdem sie sich getrennt hatten, vor ungefähr drei Jahren. Ich fing einfach an, jede Menge in mich hineinzustopfen und das Ganze dann wieder auszukotzen. Ich wollte auf keinen Fall zunehmen.«

»Und Sie glauben, zwischen Ihrer Esserei und der Trennung Ihrer Eltern besteht ein Zusammenhang?«

Sie nickte. »Als sie sich trennten, wollte ich mit niemand anderem mehr etwas zu tun haben. Nur noch mit der Familie. Ich wurde völlig in die Trennung hineingezogen.«

»Inwiefern?«

»Oh, meine Mutter kam jeden Abend heulend in mein Zimmer und erzählte gemeine Sachen über meinen Vater. Wir blieben immer lange auf und unterhielten uns. Ich versuchte ihr zu helfen. Aber dann hat es meinen Vater verrückt gemacht, daß ich mich so oft mit ihr unterhielt. Er wollte, daß ich zu ihm ziehe.«

»Wollten Sie das auch?«

Sie sah mich an, als erkläre sich die Antwort von selbst. »Ich konnte es nicht. Meine Mutter brauchte mich. Sie wäre todunglücklich gewesen.«

»Wie verstehen Sie sich mit Ihrer Mutter?«

»Manchmal richtig gut, wie damals, als sie sich trennten und sie jede Nacht mit mir geredet hat. Meistens versteht sie sich allerdings, glaube ich, besser mit meiner Schwester. Aber jetzt hat sie sowieso einen Freund, und ich sehe sie nicht mehr so oft.« Sie zuckte mit den Schultern und fügte gleichgültig hinzu: »Unser Verhältnis ist mal so, mal so.«

»Und wie finden Sie das?«

»Ich bin's gewöhnt. Und außerdem kann sie es sowieso nicht ändern. Ich glaube, sie ist nicht besonders glücklich. Das läßt sie halt manchmal an mir aus. Und an meinem Vater.«

»Inwiefern?«

»Daß sie zum Beispiel eine Zeitlang nicht mit ihm spricht. Und dann will er wieder nicht mit ihr reden. Und ich stecke genau dazwischen. Sie versuchen ständig, mich dazu zu bringen, Partei zu ergreifen.«

»Und was machen Sie in solchen Fällen?«

»Meistens halte ich zu meiner Mutter.« Als wolle sie meiner nächsten Frage vorgreifen, fügte sie hinzu: »Sie braucht mich mehr.«

»Wie reagiert Ihr Vater, wenn Sie zu Ihrer Mutter halten?«

»Er wird wütend und spricht nicht mehr mit uns.«

Es war einfach unglaublich! Alles, was Carol sagte, paßte zu dem, was ich über Familien mit Eßstörungen gehört hatte. Die Interaktion innerhalb solcher Familien schien typisch für das, was Therapeuten heute *psychosomatische Familien* nennen, nach Salvador Minuchin, der diesen Begriff geprägt hat. Typischerweise haben die Eltern in diesen Familien ernsthafte Eheprobleme und leiden unter unbewältigten Konflikten aus der eigenen Vergangenheit; doch anstatt diese Konflikte offen auszutragen – indem sie sie zugeben und darüber sprechen –, tragen sie sie über das Kind aus. Das heißt, indem sie vom Kind verlangen, Partei zu ergreifen und Bedürfnisse zu befriedigen, die der Ehepartner nicht erfüllt, und indem sie es, je nachdem, ob es diese Bedürfnisse erfüllt oder nicht, mit Zuneigung belohnen oder mit Liebesentzug bestrafen, machen sie es zum Faustpfand im ehelichen Kampf.

Wenn sich beim Kind körperliche Symptome zeigen – Kopf- oder Bauchschmerzen, Asthma, merkwürdige Eßgewohnheiten –, können diese früher oder später zum Brennpunkt familiärer Interaktion werden. In diesem Fall halten die daraus resultierenden Aktivitäten – wie etwa, das Kind zum Essen zu bewegen, es zum Arzt zu bringen und ihm eine kindgerechtere Lebensweise zu ermöglichen – die Familie in Atem und verdrängen die zugrundeliegenden Ehekonflikte. Nach außen hin scheint in der Familie alles zu stimmen, aber das Grundproblem schwärt weiter und verschlimmert die Symptome des Kindes.

Das Problem des Kindes und die Versuche der Familie, dieses Problem zu lösen, werden so zum Dreh- und Angelpunkt für die Bewahrung des Familienzusammenhalts. Tatsächlich wird die Krankheit zum Familienproblem, und alle Familienmitglieder verstärken sie durch unzählige Impulse. Damit die Familie intakt bleibt, wird in stillschweigendem Einverständnis verhindert, daß das Kind erwachsen wird und sich abnabelt. Und das Kind wird – anstatt ein Selbstgefühl und eigene Bedürfnisse zu entwickeln – zu einem Instrument der Familie und muß seine Bedürfnisse denen der anderen unterordnen. Das entsprach genau dem von Carol beschriebenen Szenario: Sie sollte die Bedürfnisse der Eltern befriedigen, Partei ergreifen und zum Wohl der Familie auf ein eigenständiges Leben verzichten.

Aberwitzigerweise entsprach das aber ohne Frage auch Carols Bedürfnissen. Auf ihre Krankheit reagierte die Familie mit Aufmerksamkeit und Besorgnis, was Carol half, ihr eigenes, unabhängiges Ich abzustecken. »Ihr könnt nicht über mich bestimmen: Ihr könnt mich nicht zum Essen zwingen!« erklärte sie, wenn nicht mit Worten, dann durch ihr Verhalten.

Paul hatte mir erklärt, daß Carol die Eigendynamik innerhalb ihrer Familie »vom Verstand her« recht gut durchschaue, und das hatte sie in der Tat gerade bewiesen. Trotzdem verblüffte mich aufs neue, daß sie dabei keinerlei Gefühl zeigte. Ihr Wissen schien ausschließlich verstandesmäßig begründet, als hätte sie sämtliche Gefühle, die diese Erkenntnisse mit sich brachten, verbannt.

»Sie sagten vorhin, daß Sie mit niemandem außerhalb der Familie etwas zu tun haben wollten, als sich ihre Eltern trennten.« Ich sah sie fragend an.

»Ich habe mir große Sorgen um sie gemacht, deshalb fühlte ich mich verpflichtet, alles andere zurückzustellen.«

»Und was haben Sie alles zurückgestellt?«

»Ach, Sport und Ausgehen und solchen Kram. Ich hatte einfach das Gefühl, daß ich eher zu Hause gebraucht wurde.«

Carol beschrieb ihr erstes Jahr in der High-School, eine Zeit, in der die meisten Teenager, vom leidenschaftlichen Wunsch nach Unabhängigkeit getrieben, aus ihren Familien ausbrechen. Sie hingegen hatte sich während dieses Jahres immer enger an ihr Zuhause geklammert. Auch das entsprach Beobachtungen bei Familien mit Eßstörungen. Da das Kind sich nicht getrennt von der Familie sehen kann, begegnet es den Herausforderungen des Erwachsenwerdens, indem es sich innerlich zurückzieht und sich noch stärker auf die Familie konzentriert.

»Gibt es sonst noch irgend etwas, was ich Ihrer Meinung nach wissen sollte?«

Einen Moment lang lehnte sie sich nachdenklich auf ihrem Stuhl zurück, dann richtete sie sich keck wieder auf und sah mir in die Augen. »Unmittelbar nachdem sie sich getrennt hatten und ich damit anfing, mich vollzustopfen und mich zu übergeben, nahm ich von sechzig auf vierzig Kilo ab. Aber dann spielte meine Elektrolytversorgung verrückt, und ich mußte ins Krankenhaus. Dort haben sie dafür gesorgt, daß ich zunahm, bis ich dreiundvierzig wog. So viel wiege ich auch im Moment. Bei der psychiatrischen Beratungsstelle mußte ich versprechen, dieses Gewicht zu halten.«

»Und wie fühlen Sie sich damit?«

»Naja, ich glaube, es ist ganz in Ordnung so... Eigentlich

würde ich gerne noch etwas abnehmen, aber ich möchte mein Versprechen halten.«

»Ist es Ihnen wichtig, Ihr Versprechen zu halten?«

»Oh, ja! Ich halte immer, was ich verspreche!« Das sagte sie mit einer solchen Inbrunst, daß sie mich an eine Pfadfinderin erinnerte. Milton Erickson nannte unter Bulimie leidende Mädchen »Kleine Heilige«, weil sie sich – und andere – strengen moralischen Regeln unterwerfen. Ehrlichkeit, gutes Benehmen, Freundlichkeit werden zu verbindlichen Verhaltensregeln erhoben, als könnten die Mädchen durch ein vollkommenes Verhalten ihre unvollkommene Umwelt wieder in Ordnung bringen. Indem sie versuchen, jedermann aufs vollste zufriedenzustellen, ihr Idealgewicht zu erreichen, die besten Noten zu bekommen und die schönsten Kleider zu tragen, hoffen sie die emotionale Beständigkeit zu finden, nach der sie sich sehnen. Aber weil Vollkommenheit etwas absolut Unmögliches ist, sind sie in einem endlosen Prozeß gefangen, in dem sie immer unerbittlicher ein unerreichbares Ziel verfolgen.

Carols Bericht faszinierte mich. Jede ihrer Aussagen warf neue Fragen auf, doch im Augenblick mußten wir erst einmal weitermachen. Unser Treffen war ein Aufnahmegespräch, und wir hatten nur fünfzig Minuten Zeit. Deshalb machte ich mir lediglich ausgiebig Notizen auf meinem Schreibblock und stellte ihr noch ein paar abschließende Fragen.

»Wie steht's mit Verabredungen?«

Sie errötete. »Ich verabrede mich nicht oft.«

»Hatten Sie einen Freund?«

Sie senkte den Blick. »Ab und zu. Aber irgendwie habe ich aufgehört, mich zu verabreden, als sich meine Eltern trennten. Und meine Mutter... naja, sie hat sich immer nur aufgeregt, wenn ich ausgehen wollte. Als ob ich vergewaltigt würde oder sowas.«

»Glauben Sie, sie sorgt sich um Ihre Sicherheit?«

»Sie will einfach nicht, daß ich sexuelle Beziehungen habe.« Sie kicherte. »Ich meine, wir reden nie über solche Dinge.« Sie unterbrach sich kurz. »Aber das macht nichts. Im Moment wäre es für mich sowieso nicht so gut, mit Männern auszugehen.«

»Warum nicht?«

»Ich muß einfach erst einmal meine Probleme auf die Reihe kriegen. Wenigstens das Kotzen, finde ich.« Sie warf mir einen bedeutungsvollen Blick zu. »Ich hoffe, Sie können mir helfen; Sie sind meine letzte Hoffnung. Wenn auch das scheitert, bleibt mir vermutlich nichts anderes übrig, als mich umzubringen.«

Normalerweise nehme ich Selbstmorddrohungen sehr ernst, vor allem, wenn die betreffende Person bereits zwei Selbstmordversuche hinter sich hat. Doch Carols Drohung erschien mir nicht so ernstgemeint. Ihre Stimme ließ eigentlich jeden dringlichen Unterton vermissen, und wie ich von ihrem Betreuer in der psychiatrischen Beratungsstelle erfahren hatte, bestand bei ihr, wenigstens im Moment, keine unmittelbare Selbstmordgefahr. Daher faßte ich ihre Worte nicht als Ultimatum, sondern als Flehen auf: *Bitte arbeiten Sie mit mir. Ich habe es mit »Gesprächstherapie« versucht, doch es hat nicht geholfen. Jetzt wende ich mich an Sie.*

Ich beschloß, sie in der noch verbleibenden Zeit zu hypnotisieren – auch, weil sie es erwartete und ich ihre Erwartungen erfüllen wollte. Eine kurze, entspannende Trance würde Carol den Unterschied zwischen dieser und ihrer vorigen Therapie erkennen lassen und sie zum Wiederkommen anspornen. Ferner würde durch die Trance ein Gefühl der Vertrautheit zwischen uns entstehen, das sich für unsere zukünftige Arbeit als nützlich erweisen konnte. Aber mindestens ebenso ausschlaggebend für meine Entscheidung, sie zu hypnotisieren, war meine Neugier. Ihre Schilderung war so rational, so vom Verstand her diktiert gewesen. Was mochte sich dahinter verbergen? Vielleicht würden dreißig Minuten genügen, um von Carols Unbewußtem ein paar Hinweise zu bekommen.

Carol hatte auf ihrem Anmeldeformular geschrieben, daß sie »irgendwie Angst« vor Hypnose habe. Doch als ich sie fragte, erzählte sie mir, daß sie sogar schon einmal hypnotisiert worden sei, und zwar bei einer Hypnosevorführung in einem örtlichen Klub. Fast noch mehr erstaunte mich, daß sie sich, wie sie sagte, kaum an dieses Erlebnis erinnern konnte. Da Amnesie normalerweise nur nach einer tiefen Trance eintritt, gehörte Carol offenbar zur Minderheit jener Menschen, die ohne weiteres in tiefe Trance fallen können. Eigentlich war das gar nicht so verwunderlich, neigen doch Personen, die zu tiefer Trance fähig sind, in auffälligem Maße zu Dissoziation – und was, wenn nicht ein meisterhafter Akt der Dissoziation, war Carols Schilderung? Die Fähigkeit, ihre quälende Vergangenheit ohne die geringste Gefühlsregung zu enthüllen, war darauf zurückzuführen, daß sie die entsprechenden Gefühle restlos ausgrenzen konnte. Angesichts dessen konnte ihre Bulimorexie eigentlich nur eine Art hochgradiger Dissoziation sein. Im Moment des In-sich-Hineinstopfens existierte für sie ausschließlich das vor ihr stehende Essen; in dem Moment, wo sie es wieder von sich gab, beschränkte sich ihre Umwelt auf die Vorgänge in ihrem Körper. Beide Handlungen dienten Carol dazu, eine Mauer zwischen sich und ihren Gefühlen zu errichten. Da Carols gesamter Erfahrungsschatz dissoziativ war, war Trance für sie im Grunde ein vertrauter Zustand.

Um ihr zu einer Trance zu verhelfen, forderte ich sie auf, sich genau so hinzusetzen wie damals auf der Bühne und alles zu erzählen, was sie von jener Sitzung im Nachtklub noch wußte. Daraufhin lehnte sie sich im Stuhl ganz zurück, schloß die Augen und legte die Hände mit den Handflächen nach oben in den Schoß. Dann begann sie stockend zu schildern, was damals geschehen war. Zwischendurch warf ich hin und wieder trancefördernde Suggestionen ein, wobei ich mich großzügig des Vokabulars des Bühnenhypnotiseurs bediente, dem ich bei verschiedenen Gelegenheiten zugehört hatte. Während ich sprach, entspannte sich Carol sichtlich.

»Und weil Sie die Probleme, die Sie heute zu mir geführt haben, lösen wollen, merken Sie vielleicht, während Sie mir zuhören, daß Ihre Hände taub werden...« Ich berührte ihre Hände, zuerst nur ganz sanft, dann etwas druckvoller. Carol reagierte nicht. Als ich etwa zehn Minuten lang gesprochen hatte, sackte sie auf dem Stuhl zusammen.

»Und jetzt, Carol, möchte ich mit Ihrem Unbewußten sprechen. Und zwar möchte ich unter vier Augen mit ihm sprechen, ohne daß ihr Bewußtsein dabei zuhört.« Selbst im Zustand tiefer Trance können die Beobachtungen eines Menschen durch Abwehrmechanismen beeinträchtigt werden. Solche Abwehrmechanismen wollte ich so weit wie möglich aus dem Weg räumen, damit Carols Unbewußtes frei und ungehindert mit mir sprechen konnte.

Beim Klang meiner Worte öffnete Carol die Augen und setzte sich aufrecht auf den Stuhl.

»Sind Sie bereit, mit mir zu sprechen?«

»Ja.« Ihre Stimme klang warm und freundlich, wenn auch merklich gedämpfter als vorher.

»Ich möchte, daß Sie mir alles erzählen, was ich Ihrer Meinung nach wissen sollte, um Carol zu helfen. Und Sie werden ruhig erzählen können – selbst Dinge, über die Carol bei vollem Bewußtsein nicht sprechen kann.«

»Sie mag sich nicht«, sprudelte es aus ihrem Unbewußten heraus. »Sie glaubt, sie sei häßlich.«

Ich nickte. Ihre Worte überraschten mich zwar nicht – etwas Ähnliches hätte Carol vermutlich auch bei vollem Bewußtsein zugegeben –, wohl aber die Emotion, die ich aus ihnen heraushörte. Sie klangen ausgesprochen resigniert. »Sonst noch etwas?«

»Sie ist sehr unzuverlässig, und manchmal ist sie nicht besonders nett zu anderen.«

Eine interessante Beobachtung, besonders angesichts Carols früherer Behauptung, sich strikt an ihre Versprechen zu halten, dachte ich. Wie Erickson bemerkt hatte, gelang es den »Kleinen Heiligen« oftmals nicht, nach ihrem eigenen Ehrenkodex zu leben.

»Aber manchmal kann sie auch richtig nett sein«, fuhr die Stimme fort. »Manchmal tut sie zuviel für andere. Und dann will sie bemitleidet werden.« Sie zögerte. »Und sie wird oft wütend. Sie zeigt es zwar nicht und spricht mit niemandem darüber, aber wenn sie wütend ist, redet sie manchmal über andere – hinter deren Rücken.«

Was für eine perfekte Beschreibung einer psychosomatisch gestörten Familie, dachte ich. Das Kind »tut zuviel« für die anderen Familienangehörigen, weil es sich für deren Wünsche aufopfert. Und die Eltern erzählen dem Kind »gemeine Dinge« übereinander, anstatt ihre Gefühle offen auszusprechen. Sie kritisieren die Kinder, wenn sie wütend aufeinander sind, und rücken sie in den Mittelpunkt ihres persönlichen Konflikts. Diese

Dynamik hatte die bewußte Carol zwar bereits anklingen lassen, genau beschrieben wurde sie jedoch von ihrem Unbewußten, das gleichzeitig deutlich machte, daß auch Carol diese Verhaltensweisen angenommen hatte.

»Sie tratscht ziemlich oft über andere«, erzählte das Unbewußte weiter. »Aber sie erwartet, daß andere nicht über sie tratschen. Und wenn sie erlebt, daß jemand über andere herzieht, regt sie sich auf.«

War das ein weiterer Beweis für das »Kleine-Heilige«-Syndrom? Falls ja, ahnte ich, wie es entstanden war. Unbewußt erkannte und verurteilte Carol dieses Verhalten bei ihren Eltern – wie sie es bei sich selbst erkannte und haßte. Daher wehrte sie sich bewußt dagegen und leugnete es, indem sie sich für strenge moralische Regeln einsetzte. In Carols bewußtem Universum hielt sie *immer* ihre Versprechen und sprach *nie* hinter deren Rücken über andere, denn der kleinste Ausrutscher, die kleinste Abweichung von diesen Regeln hätte die Wahrheit enthüllen können: daß Versprechen in ihrer Familie selten gehalten wurden und daß Menschen nicht immer meinten, was sie sagten.

Nun war ich neugierig. Carol hatte auf meine pauschale Frage mit einer Beschreibung der Eigendynamik in ihrer Familie geantwortet. Was würde sie antworten, wenn ich ihr direktere Fragen stellte? »Glauben Sie, daß der Zustand, in dem Carol hierherkam, etwas mit ihrer Familie zu tun hat?«

Sie schwieg einen Moment, dann nickte sie fast unmerklich. »Ihre Mutter hat sie immer angeschrien, weil sie angeblich alles falsch machte.« Ihre Stimme klang wieder resigniert. Oder traurig?

»Inwiefern falsch?«

»Mutter hat mich immer angeschrien, weil ich mich ihrer Meinung nach falsch ernährte oder zuviel aß, und war außer sich, weil ich eine Diät machte.«

Mir fiel auf, daß sie nicht mehr in der dritten Person von sich gesprochen hatte. Die Dissoziation zwischen ihrem Bewußtsein und ihrem Unbewußten war aufgehoben, was normalerweise auf eine starke Gefühlsregung hindeutet. Kein Wunder! Sie schilderte eine ausweglose Situation: Ihre Mutter schrie sie an, wenn sie zuviel aß *und* wenn sie Diät hielt. Carol konnte es gar nicht richtig machen.

»Was ist mit Carols Vater?«

»Ihr Vater war eigentlich immer nett. Aber er sagte nie etwas. Er hat nie wegen ihr verrückt gespielt... nicht allzuoft jedenfalls. Und dann ist er fortgegangen. Er hat sie verlassen.«

Weshalb hatte sie gestutzt? Ihre Pause schien ein Hinweis darauf zu sein, daß sie das Gesagte noch einmal überdacht hatte, als sei ihr eingefallen, daß er doch außer sich sein konnte – allerdings nur, wenn sie es verdiente. Sie schien ihn von der Verantwortung freizusprechen: Er spielte zwar verrückt, aber schuld daran war sie. Und, wie zur Bestätigung, verließ er sie schließlich.

»Und was empfand sie dabei?«

»Sie war traurig. Sie dachte, es sei ihre Schuld. Sie dachte, daß sie irgend etwas getan hätte, als sie klein war.«

»Stimmt das denn?«

»Nein.« Ihre Stimme wurde sanfter.

»Aber das weiß Carol nicht, oder?«

»Nein«, murmelte sie. Ihre Stimme war voller Mitgefühl.

Ich staunte über das hohe Maß an Selbsterkenntnis, das ihr Unbewußtes bewies. Eigentlich hatte ich lediglich gefragt, was ich von ihr wissen müsse, und daraufhin hatte es ausführlich die Eigendynamik in Carols Familie beschrieben – und fast alles, was es gesagt hatte, paßte zu dem, was ich über Familien, in denen Bulimie auftrat, gehört hatte. Angesichts dieser Entdeckung überlief mich ein Schauder. Ich hatte vorsichtig eine Theorie überprüft, und Carols Unbewußtes schien deren Richtigkeit zu bestätigen!

Ich hatte noch Dutzende von Fragen, aber für dieses Mal war unsere Zeit beinahe abgelaufen. So dankte ich nur noch dem Unbewußten für seine große Hilfe und gab Carol die Suggestionen, die ich bei einer Intervention normalerweise am Ende der Utilisationsphase der Trance gebe. Ich sagte ihr, daß sie in den kommenden Wochen weniger über ihr Problem nachdenken und eine Verbesserung ihrer Stimmung und ihres Aussehens erleben werde; ich erklärte, daß sie von unserem Gespräch nur das behalten werde, was ihr Unbewußtes für angemessen hielt, und suggerierte ihr, daß sie in Zukunft, sooft ich von eins bis fünf zählen und es zu ihrem Besten sein werde, in Trance fallen werde. Dann weckte ich sie auf.

Als Carol erwachte, fühlte sie sich entspannt, bestritt aber, in Trance gewesen zu sein. Ich war zufrieden. Ihre Amnesie bestätigte, daß das, was ich erlebt hatte, tatsächlich ihrem Unbewußten entstammte; daß es sich um Wahrnehmungen handelte, die so tief im Innern verwurzelt waren, daß sie sich ihrem Bewußtsein nicht erschlossen. Doch als ich mit Carol weitere Termine vereinbaren wollte, zeigte sie sich enttäuscht. »Die Sitzung war so kurz«, beklagte sie sich. »Ich dachte eigentlich, wir könnten alles in einer erledigen.«

Mir fiel ein, daß sie angeblich gekommen war, damit ich ihr half, mit der maßlosen Esserei und dem anschließenden Erbrechen aufzuhören. Anscheinend hatte sie eine Art Schnellschuß in Verhaltens-Hypnotherapie erwartet, womit man häufig etwa schlechte Angewohnheiten zu bekämpfen versucht. Aber unbewußt, dachte ich, muß sie sich offenbar im klaren darüber gewesen sein, daß sie nicht nur deshalb hier war. Angesichts des Scharfsinns ihres Unbewußten und der Geschwindigkeit, mit dem es mich in die Geheimnisse ihrer Familie eingeweiht hatte, mußte Carol auf einer tieferen Ebene die Chance erkannt haben, sich aus der Familiendynamik zu befreien, um sich von ihren Eltern zu lösen und sich selbst als ganze, eigenständige Person sehen zu können.

»Ich weiß nicht, ob mir weitere Sitzungen überhaupt helfen«, wandte sie zögernd ein. »Und außerdem habe ich nicht viel Geld. Vermutlich kann ich es mir gar nicht leisten wiederzukommen.«

Ich erkannte, daß sich Carols Bewußtsein der Vorstellung einer Veränderung widersetzte. Unbewußt spürte sie, daß etwas passiert war: Wir hatten eine Beziehung aufgebaut, sie hatte mir wichtige Informationen mitgeteilt, eine größere Veränderung war möglich. Aber größere Veränderungen sind unheimlich, und die bewußte Carol brauchte ein Gefühl von Sicherheit und Kontrolle, das Gefühl, daß sich nichts überstürzen würde.

Plötzlich hatte ich eine Idee. Am selben Nachmittag fand meine wöchentliche Beratung mit fünf Therapeuten statt, die sich wie ich mit Hypnotherapie beschäftigten. Wenn ich Carol dazu brachte, sich als Demonstrationsobjekt zur Verfügung zu stellen, konnte ich noch einmal unentgeltlich mit ihr arbeiten. Und wenn sie das Gefühl hatte, daß sie es tat, um uns zu *helfen* und nicht um *therapiert* zu werden, würde ihre bewußte Abwehrhaltung möglicherweise geschwächt. Da mein Vorschlag vermutlich Carols »heilige« Neigung, anderen zu helfen, ansprechen würde, hatte ich das Gefühl, er könne ihr zusagen.

»Mir ist da gerade etwas eingefallen«, begann ich. »Heute nachmittag halte ich einen Hypnosekurs für eine Gruppe von Therapeuten ab, und einige von ihnen interessieren sich besonders für Eßstörungen. Hätten Sie nicht vielleicht Lust, zu Demonstrationszwecken im Beisein der anderen mit mir zu arbeiten? Ich weiß, daß Sie Ihre Zeit dafür opfern müßten, aber dafür wäre es natürlich kostenlos. Und für die anderen wäre es sehr nützlich.«

Carol war sofort interessiert. »Meinen Sie, die würden von mir etwas lernen?«

»Da bin ich mir sicher.«

»Glauben Sie, die könnten dann Mädchen wie mir besser helfen?«

»Ja, das glaube ich.«

»Dann mache ich es gerne.«

Die nächsten fünf Stunden verbrachte ich mit Zusammenkünften und Sitzungen, doch unterschwellig fieberte ich dem Nachmittag entgegen. Ich war überzeugt, daß Carols scharfsinniges Unbewußtes nach den vorangegangenen Enthüllungen erneut bestätigen würde, daß Eßstörungen ihre Ursache in den Familien hatten. Damit ich Carols Enthüllungen später noch einmal überprüfen konnte, wollte ich die Sitzung sogar auf Tonband aufnehmen.

Doch das war längst nicht alles. Carols Unbewußtes war außergewöhnlich und seine Leistung einfach erstaunlich. Die meisten Klienten, selbst diejenigen, die zur tiefen Trance fähig sind, verbringen die ersten Sitzungen mit Übungen. Nach vier bis acht Stunden *Trance-Training* wird geübt, allmählich tiefer zu sinken, auf Suggestionen zu reagieren und sich während der Trance zu unterhalten. Zu überzeugenden Trance-Ergebnissen, wie etwa der Enthüllung familiärer Verhaltensmuster oder lebenslanger emotionaler Probleme, kommt es frühestens nach ein paar Sitzungen. Gewisse Abwehrmechanismen der Menschen bleiben selbst im Trancezustand wirksam, und nur wenn diese Abwehrmechanismen abgeschwächt werden, kann Vertrauliches enthüllt werden. Doch obwohl Carol als Fremde zur Tür hereinspaziert war und wir nur geringes Vertrauen zueinander fassen und eine entsprechende Beziehung aufbauen konnten, hatte sie mir innerhalb von fünfzig Minuten die Lebensgeschichte ihrer Gefühle anvertraut. Ihre Trance-Fähigkeit war wirklich erstaunlich.

Doch das war längst nicht alles. Gerade als Carol bewußten Widerstand erkennen ließ, war mir meine Gruppensitzung eingefallen, an der Carol nun, dank ihrer ausgeprägten Opferbereitschaft, teilnehmen würde. Beinahe unglaublich, wie das alles zusammenpaßte!

Den ganzen Tag über ahnte ich, daß etwas Bedeutendes geschehen würde. Zwar wußte ich nicht genau, was, geschweige denn, wie es passieren würde, aber ich wußte, daß das Potential dazu vorhanden war. Und ich spürte – was hin und wieder in der Hypnotherapie vorkommt –, daß es durch fast alles, was ich unternehmen würde, ausgelöst werden konnte.

Fünf Stunden später kehrte Carol zurück. Die Therapeuten saßen bereits in meinem Sprechzimmer, als ich Carol aus dem Wartezimmer holte, wo sie mit aschfahlem Gesicht und schlotternden Knien saß. Einen Moment lang war ich betroffen: Ich hatte sie dazu gebracht, etwas zu tun, was sie eigentlich nicht wollte. Doch als ich sie fragte, ob sie lieber auf die Sitzung verzichten und mich statt dessen in der nächsten Woche unter vier Augen treffen wolle, widersprach sie sofort.

»Oh, nein!« meinte sie munter. »Ich will es wirklich machen! Ich bin einfach nur aufgeregt, das ist alles.«

Also gingen wir in mein Sprechzimmer, wo sie Mantel und Handtasche auf den Boden legte und ich sie mit den fünf Therapeuten bekannt machte. In dem winzigen Raum stießen wir fast mit den Knien aneinander, doch als Carol sich auf einen Stuhl setzte, lächelte sie über das ganze Gesicht. Obwohl die Hypnose noch gar nicht begonnen hatte, machte sich bereits ein hypnotisches Element unseres Treffens bemerkbar. Carol befolgte meine Suggestionen: Sie benahm sich, als sei sie nicht als Klientin da, sondern allein, um den Therapeuten zu helfen, und hatte deshalb tatsächlich viel von der Ängstlichkeit abgelegt, mit der die Sitzung andernfalls verbunden gewesen wäre. Als ich fragte, ob ich die Sitzung auf Tonband aufnehmen könne, war sie sofort einverstanden.

»Gut.« Ich lächelte Carol zu. Ich bemerkte, daß sie einen anderen Rock als am Vormittag trug, einen längeren, weniger saloppen, den sie offenbar für diesen Anlaß passender fand. »Könnten Sie vielleicht der Gruppe ein paar Dinge über sich erzählen, die Sie für wichtig halten, und erklären, weshalb Sie überhaupt zur Therapie kamen?«

Carol setzte sich aufrecht hin, die Hände auf dem Schoß gefaltet. »Ja gut«, begann sie schüchtern. »Ich ... also ... vor ungefähr drei Jahren machte ich eine Phase durch, in der ich jede Menge aß und danach wieder erbrach. Dadurch nahm ich auf dreiundvierzig Kilo ab, die ich auch heute noch wiege. Zur gleichen Zeit trennten sich meine Eltern, und ich verkroch mich irgendwie in ein Schneckenhaus. Ich wollte mit niemandem, außer mit der Familie, etwas zu tun haben.«

Ich war von ihrer Wortwahl zutiefst beeindruckt: *in ein Schneckenhaus verkriechen.* Sofort sah ich ein winziges Lebewesen vor mir, das verängstigt und zurückgezogen aus seinem Schneckenhaus herausspähte. Überdies war es eine treffende Metapher für ihren Körper: Als Folge ihrer Krankheit war auch er zu einem Schneckenhaus geworden, eine zerbrechliche Hülle dessen, was er einmal gewesen war.

»Und dann ... also ... lassen Sie mich überlegen ... ich glaube, vor etwa einem Jahr, nahm ich eine Überdosis Tabletten und wurde ins Krankenhaus gebracht. Nach der Entlassung ging zuerst alles ganz gut, ich habe mich nicht mehr so oft übergeben und so. Aber dann hat es wieder angefangen, mit Süßigkeiten und solchen Sachen.

Und dann, warten Sie mal ... ach ja, dann habe ich eine Wohnung gefunden und zum ersten Mal allein gelebt und mich sehr einsam gefühlt. Also habe ich wieder eine Überdosis genommen, denn ich aß wieder soviel und hatte deshalb angefangen zu klauen. Als ich erwischt wurde, nahm ich eine Überdosis. Danach kam ich wieder ins Krankenhaus. Und jetzt will ich unbedingt damit aufhören, weil es schon viel zu lange so geht.«

Am Schluß hatte sie schneller gesprochen, und ihre Stimme hatte lebhafter geklungen, so vergnügt und sachlich wie am Vormittag. Ich warf den Therapeuten einen kurzen Blick zu, um zu sehen, ob sie die Diskrepanz zwischen Carols Worten und ihrer Schilderung ebenso verblüffte wie mich. Einige erwiderten meinen Blick, als wollten sie sagen: *Sie ist ja völlig daneben!*

Ich bedankte mich bei ihr und fügte hinzu: »Ich weiß, daß es schwer für Sie ist.«

Carol lachte und schüttelte verneinend den Kopf.

»Gut, und jetzt legen Sie doch einfach Ihre Hände auf die Oberschenkel und machen es sich bequem. Erinnern Sie sich noch daran, wie Sie heute vormittag gemerkt haben, daß Ihre Hände langsam taub wurden? Gut, ich möchte, daß Sie jetzt wieder genauso darauf achten. Gut. Und jetzt fünf... entspannen Sie sich völlig... vier... Sie spüren, daß Sie immer schläfriger werden... drei... und tiefer und tiefer sinken... zwei... lassen Sie sich einfach gehen... ganz, ganz tief, Ihr Körper wird ganz locker und schlaff... und eins.«

Während ich zählte, sackte Carol immer mehr in sich zusammen. Nun saß sie mit geschlossenen Augen auf dem Stuhl, ihr Kopf war auf die Schulter gesunken.

»Jetzt möchte ich noch einmal mit Carols Unbewußtem unter vier Augen sprechen. Wenn ich bis drei gezählt habe, werden Ihr Unbewußtes und ich allein sein... eins... sinken Sie tiefer, und entspannen Sie sich noch mehr... zwei... noch tiefer... drei.«

Bei drei richtete Carol sich auf und öffnete die Augen. Blicklos starrte sie vor sich hin, ohne die fünf Therapeuten, die kaum einen Meter von ihr entfernt saßen, wahrzunehmen. Weil ich sie aufgefordert hatte, unter vier Augen mit mir zu sprechen, konnte sie sie tatsächlich nicht sehen; damit war eingetreten, was Hypnotherapeuten als *negative Halluzination* bezeichnen.

»Hallo«, sagte ich.

»Hallo«, erwiderte sie herzlich. Genau wie am Vormittag klang die Stimme ihres Unbewußten älter und reifer als die der bewußten Carol.

»Wie schön, wieder mit Ihnen zu sprechen. Ob Sie wohl so nett wären, das ein oder andere, was Sie mir vorhin erzählt haben, noch einmal zu wiederholen?« Ich wollte, daß auch die Gruppe Carols Beschreibung ihrer Familie hörte. Ich wollte, daß sie sahen, was ich gesehen hatte: wie alles mit den bekannten Verhaltensmustern von Familien, in denen Bulimie vorkam, übereinstimmte.

Carol nickte.

»Sie können sich genau an alles, was Sie mir vorhin gesagt haben, erinnern; wiederholen Sie es einfach noch einmal. Ich fragte Sie, ob es irgend etwas gebe, das ich über Carol wissen sollte, und was antworteten Sie mir da?«

Eine der bemerkenswerten Fähigkeiten des Unbewußten besteht darin, sich praktisch wortwörtlich zu wiederholen. Carol erzählte nun mit fast genau denselben Worten, was sie am Vormittag gesagt hatte.

»Sie mag sich nicht«, sagte sie. »Sie glaubt, sie sei häßlich. Und sie ist sehr unzuverlässig, und manchmal ist sie nicht besonders nett zu anderen. Aber manchmal kann sie auch richtig nett sein. Manchmal tut sie zuviel für andere. Und dann will sie bemitleidet werden.«

»Und dann sprachen Sie auch noch über Wut.«

»Ich habe gesagt, daß sie oft wütend wird. Sie zeigt es zwar nicht und spricht mit niemandem darüber. Aber wenn sie wütend ist, redet sie manchmal über andere – hinter deren Rücken.

Und manchmal wird sie nervös, weil ihr alles nicht schnell genug geht.«

Ich lauschte gespannt. Der letzte Satz war neu, wobei »nervös« ein interessanter Ausdruck war. Was das Unbewußte als »nervös« empfand, konnte das Bewußtsein bereits in Panik versetzen. Offenbar konnten wir einen weiteren flüchtigen Blick in Carols heimliches Leben werfen: Es öffnete sich ein Fenster zum weitläufigen Garten ihrer Emotionen, den sie sonst so sorgsam vor Blicken abschirmte.

»Und dann habe ich gefragt, ob Sie glauben, daß ihr Zustand

etwas mit ihren Eltern zu tun habe, und was haben Sie da gesagt?«

Es entstand eine Pause, dann antwortete sie: »Ja.« Ihre Stimme hatte einen entschieden kindlichen Tonfall. Anscheinend hatte der Gedanke an die Kindheit sie veranlaßt, auf eine kindliche Stufe zurückzufallen.

»Können Sie mir das näher erklären?«

Wieder entstand eine Pause, und dann erklang erneut die ruhige Stimme von Carols Unbewußtem. »Ihre Mutter hat sie immer angeschrien, weil sie sich ihrer Meinung nach falsch ernährte oder zuviel aß, und war außer sich, weil sie eine Diät machte. Und sie hat sie oft angeschrien und war oft wütend auf sie. Aber ihr Vater war eigentlich immer nett. Er sagte nie etwas. Hat nicht allzuoft wegen ihr verrückt gespielt... Und dann ist er fortgegangen. Er hat sie verlassen.«

»Und was empfand sie dabei?«

»Sie war traurig. Dann begann sie zu essen und sich zu übergeben, um es loszuwerden... um das Problem zu verbergen.«

Ich warf den Therapeuten rasch einen Blick zu, um festzustellen, ob ihnen die Berichtigung aufgefallen war.

»Inwiefern konnte sie es damit verbergen?«

»Sie mußte nicht daran denken, weil sie mit etwas anderem beschäftigt war.«

Die Offenheit des Unbewußten war verblüffend! Zwar vermuteten Therapeuten bereits, daß sich Menschen durch zwanghaftes Verhalten von unerwünschten Gedanken und Gefühlen ablenken, doch jetzt breitete das Unbewußte dies alles sozusagen schwarz auf weiß vor uns aus!

»Und Sie erzählten mir außerdem, was sie in bezug auf die Trennung ihrer Eltern von sich selbst dachte.«

»Sie dachte, es sei ihre Schuld. Sie dachte, sie hätte etwas Schlimmes gemacht, als sie klein war.«

»Ja. Danke... Ich glaube, das war mehr oder weniger alles, worüber wir heute vormittag gesprochen haben. Gibt es sonst noch irgend etwas, was ich Ihrer Meinung nach wissen sollte?«

Sie schwieg einen Augenblick. »Sie erinnert sich gut an ihre Träume. Sie träumt immer vom Essen oder hat schreckliche Träume über das St-St-Stehlen, und sie denkt immer, die Träume seien Wirklichkeit!« Auch wenn die Stimme durch die Trance gedämpft klang, blieben mir Carols Panik und die Angst, die sie zum Stottern gebracht hatte, nicht verborgen. Einen Moment später wurde ihre Stimme zwar wieder ruhiger, doch aus dem, was sie sagte, sprach weiterhin das Entsetzen. »Das macht ihr solche Angst. Sie geht abends ins Bett und denkt ans Frühstück, und dann träumt sie einen unheimlichen Traum über das Essen und wacht mit Kopfschmerzen auf.« In der komprimierten Rede des Unbewußten klang das Gesagte so einfach, doch die darin beschriebene Wirklichkeit war qualvoll: chronische Alpträume in der Nacht, gefolgt von Kopfschmerzen am Tage, und dazu das Bewußtsein, daß sich alles mit jedem Zubettgehen gnadenlos wiederholen würde. Jetzt verstand ich, weshalb sie mit Selbstmord gedroht hatte, falls unsere Therapie versagen sollte.

»Als sie klein war, hatte sie oft Angst«, fuhr Carol fort. »Sie fürchtete sich vor der Dunkelheit. Sie hatte immer Angst, ihre Mutter würde sterben. Hat ihr immer gesagt, sie solle nicht sterben. Sie dachte, wenn ihre Mutter sterben würde, brächte sie sich um, damit sie bei ihr bleiben könne.«

Zwar haben die meisten Kinder eine enge Bindung an die Mutter und Angst davor, ihren Tod zu erleben, doch nur die wenigsten beschäftigen sich so intensiv damit. War Carols Fixierung auf die Mutter ein weiteres Beispiel für ihre Verstrickung in die Familie – ein Symptom dafür, wie schwach ausgeprägt ihr Selbstgefühl sogar als Kind war? Was konnte bloß diese besondere Angst ausgelöst haben? Kinder, die eheliche Streitereien miterleben, fürchten oft, daß ihre Mutter stirbt. Hatte Carol eine solche Szene miterlebt? Bisher deutete nichts darauf hin.

Ich erwog, sie nach dem Verhältnis ihrer Eltern zu fragen, unterließ es aber. Wenn man dem Unbewußten eine vage formulierte Aufgabe gestellt hat, läßt man es am besten umherstreifen und achtet auf das, was *es* einem mitteilen will, sowie auf die Reihenfolge dabei. Eine Zwischenfrage kann indirekt suggerieren, daß ein Punkt besonders wichtig sei; ich hingegen wollte wissen, was für das Unbewußte wichtig war, und nicht meine Prioritäten über die seinen stellen.

Und tatsächlich, während ich überlegte, fing Carol wieder an zu sprechen. »Als sie klein war, versprach ihre Mutter ihr, daß sie sich niemals scheiden lassen würde.« Voller Enttäuschung senkte sie die Stimme. »Aber dann tat sie es doch.«

»Erinnert sich Carol bewußt an dieses Versprechen?«

»Ja! Das tut sie! Sehr sogar. Es war abends, als ich ins Bett ging, als Mutter mir versprach: ›Ich werde mich niemals scheiden lassen.‹ ... Aber sie tat es doch.« Bei den letzten Worten wurde ihre Stimme kindlich und bockig, als empfände Carol noch immer den Zorn und Kummer ihrer Kindheit. Ich fand es erstaunlich, daß Carol diese Gefühle auch mit neunzehn Jahren noch so stark empfand, denn während die meisten Kinder Kummer bei der Scheidung der Eltern empfinden und sich verraten fühlen, sind diese Gefühle mit neunzehn, wenn das Kind selbst das Elternhaus verläßt, im allgemeinen abgeklungen. Mit neunzehn Jahren lernen die meisten Kinder, das Leben ihrer Eltern als losgelöst von ihrem eigenen zu betrachten. Bei Carol schien das anders zu sein.

Ich erinnerte mich daran, wie strikt Carol darauf bestand, ihre Versprechen einzuhalten, und mit welch »heiliger« Unerbittlichkeit sich unter Bulimie leidende Menschen gegen Fehlverhalten und Widersprüchlichkeiten der Eltern wehren. Vielleicht hatte Carols Kummer über den Wortbruch der Mutter die eine oder andere dieser Verhaltensweisen bei ihr ausgelöst.

»Und sie hatte ständig Angst, von ihrem Vater verprügelt zu werden. Immer wenn wir Ärger gemacht haben, wenn die Kinder Ärger gemacht haben, hat ihr Vater sie verprügelt. Mit seinem Gürtel. Einmal hat sie...« Sie hielt inne. Dann sprach sie leise weiter, und in ihrer Stimme schwang ein unheilverkündender Unterton, als sehe sie die Szene vor sich, während sie gleichzeitig unbemerkt bleiben wollte. »Sie erinnert sich daran, daß ihrem kleinen Bruder einmal mit dem Gürtel der Hintern versohlt wurde und ... er hinterher dicke rote Striemen dort hatte.« Sie verstummte einen Augenblick, dann fügte sie rasch hinzu: »Das hat ihr Angst eingejagt und sie traurig gemacht.«

Stufenweise veränderte sich das Bild, das Carol von ihrem Vater zeichnete. Hatte sie ihn zuerst noch als »nett« bezeichnet und später gesagt, er habe nicht »allzuoft« verrückt gespielt, so enthüllte sie jetzt, daß er die Kinder mit einem Gürtel verprügelt hatte. Im Verlauf ihrer Schilderung hatte er sich aus einem gütigen in einen gewalttätigen Menschen verwandelt, der seine Kinder so prügelte, daß sie Striemen davontrugen. Als sie die Prügelszene beobachtete, hatte sie Angst bekommen und war traurig geworden. Ihre Pausen beim Sprechen zeigten, daß es ihr noch immer schwerfiel, dieses verborgene Thema anzutasten.

»Carol hat doch seit dem sechsten Schuljahr leichte epileptische Anfälle«, bemerkte ich. »Haben sie eine psychische Ursache?«

Sie zögerte lange mit der Antwort. Schließlich sagte sie mit kindlich hoher und zaghafter Stimme: »Nein.«

»Sie haben sie also nicht veranlaßt?«

»N-nein.« Sie sprach das Wort so weinerlich aus, als hätte sie Angst, bestraft zu werden.

Sofort erkannte ich, daß ich einen Fehler gemacht hatte. Mit meiner Frage, ob ihre epileptischen Anfälle eine psychische Ursache hätten, hatte ich von ihr eine wissenschaftliche Erklärung ihres Verhaltens verlangt. Eine derartige Bitte kann einen Klienten leicht erschrecken, da sie ihm möglicherweise den Eindruck vermittelt, der Therapeut habe die Rolle des verständigen Helfers abgelegt und fordere statt dessen den Klienten auf, seine Aufgabe zu übernehmen. Darauf reagiert der Klient unter Umständen mit Regression – benimmt sich plötzlich vorsichtig, hilflos und kindlich –, und genau das hatte Carol getan. Mein Fehler wurde noch dadurch schlimmer, daß ich Carol unverhohlen gefragt hatte, ob sie die Anfälle »veranlaßt« habe. Ein Klient, besonders wenn er sich in tiefer Trance befindet, kann diese Worte nicht nur als Frage, sondern auch als Anschuldigung verstehen: *Du hast sie veranlaßt!* Carol fühlte sich schuldig und wich ängstlich zurück, wie ein Kind vor dem drohenden elterlichen Zeigefinger.

Ich hatte diese Fragen gestellt, weil emotionale Probleme sich manchmal in somatischen Beschwerden, wie etwa epileptischen Anfällen, äußern. Obwohl Carol es bestritt, hatte ich den Verdacht, daß ihre Anfälle das Symptom eines unausgesprochenen Konflikts waren: des Konflikts zwischen dem, was sie an Erkenntnisen und Gefühlen gegenüber ihrer Familie zuließ, und dem, was sie abspaltete.

Damit das Unbewußte sich von meinem Fauxpas erholen konnte, wechselte ich rasch das Thema. »Gibt es *sonst* noch irgend etwas, was ich Ihrer Meinung nach wissen sollte?«

Sofort klang Carols Stimme wieder reifer. »Sie ist ungeduldig, weil sie sich bei der Lösung des Problems anscheinend selbst den Weg versperrt. Und sie hat es satt, eingesperrt zu sein.«

Eingesperrt? – Ein unmißverständlicher Versprecher. Aber warum? Carol war nicht mehr in stationärer Behandlung, wenigstens nicht in einem Krankenhaus, auch wenn sie in einer Wohngemeinschaft leben mußte. Vielleicht hatte sie sagen wollen, daß sie alles, was damit zusammenhing, satt hatte: ins Krankenhaus eingeliefert zu werden, Selbstmordgedanken zu hegen, unter Bulimie zu leiden und ängstlich und unglücklich zu sein. Vielleicht hatte sie sagen wollen, daß sie mit all dem Schluß machen wollte und jetzt bereit war, sich heilen zu lassen.

»Sie kommt sich oft so blöd vor«, fuhr sie fort. Der mißbilligende Tonfall war unüberhörbar. »Sie glaubt, daß jeder andere, den sie sieht oder trifft, alles besser könne als sie. Sie sieht immer nur das Schlechte, nie das Gute.«

»Haben Sie eine Ahnung, woran das liegen könnte?«

Nachdenklich hielt sie inne. »Ihre Mutter«, behauptete sie zögernd, »ihre Mutter ist schuld daran.«

»Inwiefern?«

»Sie hat sie ständig zum Arzt geschleppt, so daß sie sich immer krank gefühlt hat. Ihre Mutter hat gesagt, mit ihr würde schon seit langer Zeit etwas nicht stimmen.«

Meinte sie damit ihre epileptischen Anfälle? Oder ihre Eßgewohnheiten? Ich wußte es nicht. Aber anscheinend waren Carols Symptome schon seit ihrer Kindheit eines der Hauptthemen in der Familie.

»Sie bevorzugte immer...«, sie hielt inne. Dann sprach sie leise weiter: »...meine Schwester. Sie hat sie immer bevorzugt. Und das hat, glaube ich, eine Menge ausgemacht.«

Der Wechsel des Pronomens, das Zurückfallen in die erste Person – ein Zeichen für einen heftigen Gefühlsausbruch – war nicht zu überhören.

»Begreift die bewußte Carol diese Zusammenhänge?«
»Teilweise.«
»Aber nicht völlig?«
»Nein, sie wird schnell konfus.«

Carols Konfusion konnte ich mir vorstellen. Ich konnte mir vorstellen, wie sie Stück für Stück die gestörten Verhaltensmuster der Familie erkannte – den furchteinflößenden Vater, der die Kinder grün und blau schlug; Vergleiche, die zugunsten der Schwester ausfielen; die Fixierung aufs Essen; die Aufforderung, bei den Streitereien ihrer Eltern Partei zu ergreifen. Und ich konnte mir auch vorstellen, welchen Schmerz diese Erkenntnisse bewirkten. Und was geschah dann? Das bedrückende Wissen würde langsam verblassen, sich wie Nebel auflösen und verziehen und schließlich aus ihrem Bewußtsein verdrängt werden. Ab und zu würde sie sich an Bruchstücke erinnern, aber das Ganze, das Schema, wäre zu verschwommen, um es zu erkennen. Folglich wurde sie »konfus«.

Außerdem vermutete ich, daß sie noch auf andere Weise mit den bitteren Familienwahrheiten umging: indem sie nämlich das Verhalten ihrer Eltern rational erklärte, verharmloste und idealisierte. »Sie kann es nicht ändern«, hatte sie von ihrer Mutter gesagt und dadurch rational erklärt, warum ihr gegenseitiges Verhältnis »mal so, mal so« war. »Er hat nicht ... allzuoft wegen mir verrückt gespielt«, hatte sie von ihrem Vater behauptet und damit die Momente, in denen er es doch tat, heruntergespielt. Als »nett« hatte sie den Vater beschrieben und ihn trotz seiner Schläge mit dem Gürtel und seiner Wut idealisiert. Auch diese gestörte Wahrnehmung trug vermutlich zu ihrer Konfusion bei, denn während sie ihre Wunschbilder entwarf, mußte ihr gleichzeitig eine eindringliche innere Stimme die Wahrheit zugeflüstert haben. Wenn Carol wieder gesund werden wollte, mußte sie ihre »Konfusion« überwinden. Irgendwie mußte sie zu einem klareren Bild von ihrer Vergangenheit gelangen.

»Glauben Sie, wenn Carol einen Blick in ihre Vergangenheit werfen würde, könnte sie ihre Lage besser begreifen?«

»Das hat sie schon versucht, aber sie sieht dann jedesmal nur die guten Dinge, die passiert sind, als sie klein war. Die schlechten kann sie nicht sehen. Sie versucht herauszufinden, ob das an ihr liegt. Deshalb geht sie zu einem Therapeuten.«

Plötzlich erkannte ich, daß Carol das Problem unter dem falschen Blickwinkel betrachtete. Sie schaute nicht in die Vergangenheit, um zu verstehen, wie die familiären Interaktionen zu ihren Problemen beigetragen hatten, sondern um herauszufinden, was *sie* falsch gemacht hatte. Weil ihre bewußten Abwehrmechanismen verhinderten, daß sie die »schlechten Dinge« – die destruktiven Elemente der Familieninteraktion – erkennen konnte, analysierte sie statt dessen ihr eigenes Handeln und suchte dort nach dem Fehler.

Nun wußte ich, was zu tun war. Indem mir Carols Unbewußtes erklärt hatte, weshalb ihre frühere Therapie erfolglos geblieben war, hatte es mir gleichzeitig gezeigt, wie ich helfen konnte.

»Wäre es nützlich, wenn *ich* ihr beim Blick in ihre Vergangenheit helfen würde?«

»Ja.«

»Auch in die schlechten Abschnitte?«

Sie hob leicht die Stimme: »Ja.«

»Und Sie würden bestimmen, an was sie sich nach dem Aufwachen noch erinnern könnte?«

»Ja.«

»Und wofür würden Sie sich entscheiden?«

Sie hielt einen Moment nachdenklich inne. »Naja, an das, wovon ich weiß, daß es sie aufregt, würde ich sie sich nicht erinnern lassen!«

Ich lächelte; es klang so einleuchtend. »Dann werde ich Ihnen jetzt erklären, was ich vorhabe, und würde gern Ihre Meinung dazu hören, einverstanden?«

Sie nickte.

»Gleich möchte ich, daß Sie ein Bild von all den wichtigen Menschen entwerfen, mit denen Sie in Ihrem Leben zu tun hatten, auch von solchen, an die Sie sich vielleicht gar nicht mehr bewußt erinnern. Ich möchte, daß Sie diese Menschen in einem zeitlichen Ablauf sehen: angefangen damals, als Sie noch ein ganz kleines Baby waren, bis zum heutigen Tag. Und während Sie das tun, möchte ich, daß ein anderer Bereich Ihres Bewußtseins erkennt, wie diese Menschen auf unterschiedliche Weise

Ihre Persönlichkeit geprägt haben: wie sie zu Ihren Ängsten beigetragen haben; wie sie Ihr Selbstgefühl beeinflußt haben; ob sie Veränderungen in Ihrem Leben bewirkt haben. Außerdem möchte ich, daß dieser Bereich Ihres Bewußtseins sieht, wie sich diese Menschen zueinander verhalten haben und wie sich wiederum *dieses* Verhältnis auf Sie ausgewirkt hat.« Ich wartete einen Moment, damit ihr Bewußtsein alles verarbeiten konnte.

»Und während diese beiden Bereiche Ihres Bewußtseins beschäftigt sind, möchte ich, daß sich ein *dritter* Bereich – allerdings ohne daß Sie etwas davon merken – all diese Beziehungen und Wechselbeziehungen einprägt.« Ich machte wieder eine Pause. »Glauben Sie, das wäre nützlich?«

Carol nickte entschlossen. »Ja.«

»Gut. Dann können Sie jetzt die Augen schließen und schlafen, während ich mich kurz mit anderen unterhalte. Wenn Sie spüren, daß ich Ihr Knie berühre, so«, ich beugte mich vor und berührte sie sanft am Knie, »wissen Sie, daß ich wieder mit Ihnen spreche. Dann werde ich bis drei zählen, und bei drei werden Sie die Augen öffnen und mit der Aufgabe, die wir gerade besprochen haben, beginnen. Wenn Sie am heutigen Tag angekommen sind, wird Ihnen der Bereich Ihres Bewußtseins, der sich alles eingeprägt hat, ein völlig neues Bild zeigen. Es wird ein Bild von Ihnen sein, irgendwann in der Zukunft, aber all Ihre neugewonnenen Erkenntnisse sind darin berücksichtigt. Verstehen Sie?«

Carol nickte.

»Gut. Dann können Sie jetzt tiefer sinken...immer tiefer...«

Carol schloß die Augen und sank langsam zur Seite.

Die Aufgabe, die ich Carol gestellt hatte, war außerordentlich kompliziert, und wenn sie nicht so hervorragend hypnotisierbar gewesen wäre, hätte ich nie so früh etwas Derartiges versucht. Doch weil ihr Unbewußtes so entgegenkommend und offenbar einsichtig war, glaubte ich, daß sie es schaffen würde. Ich hatte ihr Unbewußtes in drei Bereiche mit verschiedenen, aber gleichzeitig zu erfüllenden Aufgaben eingeteilt. Ein Bereich würde sozusagen ihr Leben im Film darstellen: Während sich die bedeutenden Ereignisse vor seinen Augen ausbreiteten, würde es sie noch einmal erleben. Das allein würde Carol jedoch nicht helfen, ihre Vergangenheit in einem anderen Licht zu sehen, denn sie würde ihr Leben einfach noch einmal genau so erleben, wie sie es bereits getan hatte. Was sie sähe und erlebte, würde dieselben Gefühle wie beim ersten Mal auslösen und zu denselben Mißdeutungen führen. Um ihr Leben anders zu sehen – aus einer Perspektive, die die gegenseitigen Abhängigkeiten innerhalb der Familie berücksichtigte –, müßte sie den Film überdies aus einem gewissen Abstand betrachten, distanziert von den durch diese Erlebnisse hervorgerufenen Gefühlen. Nur so wäre sie offen für eine Neuinterpretation ihrer Vergangenheit. Deshalb hatte ich einen *anderen* Bereich ihres Bewußtseins aufgefordert, Carols Leben in seinem zeitlichen Ablauf zu beobachten, jedoch nicht nachzuerleben. Dieser Teil würde die Gefühle in abgeschwächter Form wahrnehmen, so als ob Carol sie nicht wirklich, sondern als Film erleben würde. Aufgrund dieser emotionalen Distanz könnte Carol ihr Leben aus einer weniger subjektiven Perspektive betrachten.

Indem ich Carol ferner aufforderte, sich mittels eines *dritten* Bereichs ihres Bewußtseins das, was sie sah, einzuprägen, ließ ich diesen Bereich ein *weiteres* Mal in die Vergangenheit zurückkehren, diesmal allerdings auf eine Beobachterposition, um von dort aus die familiären Interaktionen auf eine rein rationale, analytische Weise zu betrachten. Völlig losgelöst von Gefühlen und mit dem verstandesmäßigen Wissen, das sie sich in ihrer früheren Therapie angeeignet hatte, würde dieser Bereich – veranlaßt durch mein Stichwort, die neugewonnenen Erkenntnisse in Carols Zukunftsbild zu berücksichtigen – Carols Vergangenheit neu interpretieren und dabei hoffentlich das Bild einer Familie aufzeichnen, deren gestörte Interaktionen ein Klima geschaffen hatten, in dem Carols Probleme prächtig gedeihen konnten.

Diesen Bereich forderte ich auf, im geheimen zu arbeiten, denn ich wollte ein unverfälschtes Ergebnis erhalten, eines, das nicht durch Carols früheres Denken oder ihre Gefühle beeinträchtigt wurde. Anders als das Bewußtsein kann das Unbewußte in nichtlinearen Bahnen denken. Es kann eine Situation ganzheitlich überblicken, mannigfaltige Gesichtspunkte und unterschiedliche Zeiträume gleichzeitig überschauen. Ich wollte ihm freie Hand geben, damit es seine innere Weisheit heranziehen konnte, wenn es Carol ein neues Verständnis der Vergangenheit vermittelte. Ich traute ihm zu, ihr zu zeigen, was sie sehen mußte.

Ich sprach ein paar Minuten mit meiner Beratergruppe, zum einen, um ihre Gedanken zu erfahren, zum anderen, um Carols Unbewußtem die Gelegenheit zu geben, sich mit der Aufgabe zu beschäftigen. Dann berührte ich sie leicht am Knie.

»Wo, glauben Sie, werden die ersten Bilder entstehen?« half ich ihr auf die Sprünge.

»Als ich ein Baby war?« fragte sie mit klagender Stimme.

»Können Sie schon welche erkennen?«

»Ja.«

»Beobachten Sie sie einfach weiter. Ich denke, wir sollten sie etwa auf diese Höhe herunterkommen lassen.« Als würde ich nach etwas greifen, das vor ihrem Gesicht schwebte, streckte ich den Arm aus und senkte ihn in Richtung ihres Schoßes. Manche Kliniker glauben, daß der Zugang zu Gefühlen erleichtert wird, wenn man den Blick gesenkt hält, während man sich etwas vorstellt, und ich wollte Carol die Sache so leicht wie möglich machen.

»Beobachten Sie jetzt einfach den Verlauf der Zeit. Und sagen Sie mir ab und zu, wie alt sie jeweils sind.« Ich nahm an, daß die Bilder mit Lichtgeschwindigkeit durch Carols Bewußtsein schießen würden. Natürlich konnte sie mir nicht alles erzählen, was sie sah. Aber das wollte ich auch gar nicht, denn das wäre an sich schon eine gewaltige Aufgabe gewesen. Das Unbewußte denkt in Metaphern, Bildern, Gefühlen und Empfindungen. Um all diese Bilder in Sprache zu übersetzen, hätte ein weiterer Teil ihres Bewußtseins aktiviert werden müssen. Eine solche Forderung hätte Carols Trance abschwächen oder ihre Konzentration ablenken können. Statt dessen bat ich sie deshalb, »ab und zu« die Bilder zu schildern.

Carol saß aufrecht auf dem Stuhl. Ihre Augen fixierten eine Stelle vor ihr. Die Pupillen huschten hin und her, als folgten sie den sich abspulenden Bildern. »Sie spielt mit dem Nachbarmädchen, ihrer besten Freundin...«, sagte sie. »Jetzt geht sie zur Schule. Es ist ihr erster Schultag...« Ihre Stimme bekam einen kindlichen Klang. »Das Nachbarmädchen und sie steigen in den Bus... Ihre Mutter winkt zum Abschied... Sie hat ein bißchen Angst, aber weil ihre Freundin bei ihr ist, macht es nichts.«

Wie interessant, daß sie mit dem ersten Abschied von ihrer Familie beginnt, dachte ich. Es war dasselbe Problem, das sie nach der Trennung der Eltern bis heute verfolgte: in die Welt hinauszuziehen, sich von der Familie zu entfernen und sich zu einer eigenständigen Person zu entwickeln.

»Jetzt ist sie mit ihrer Lehrerin zusammen... Am Ende des Jahres merkt sie, daß sie ihre Lehrerin nicht mag, weil sie ihre Freundin und sie getrennt hat, ihnen nicht erlaubt, nebeneinanderzusitzen.« Während die nächsten Bilder unkommentiert vorüberflogen, entstand eine lange Pause. »Jetzt ist sie in der fünften Klasse. Sie hat einen gemeinen Lehrer. Er zwingt sie, Gymnastik zu treiben, zweimal am Tag, und achtzehnmal um den Sportplatz zu laufen... Er hat nie vor der Fahne salutiert. Er war Zeuge Jehovas.« Wieder entstand eine lange Pause. »Jetzt geht sie zur High-School... Mit ihrer Schwester versteht sie sich nicht besonders. Sie streiten sich. Ihre Mutter schreit sie an. Ihre Schwester ist Cheerleader, und ihre Mutter ist sauer, weil sie nicht auch Cheerleader ist.«

Ich fragte mich, nach welchen Kriterien sie entschied, was sie mir mitteilen wollte. Einige ihrer Kommentare wunderten mich nicht, wie etwa die Bemerkung über die Trennung, zuerst von der Mutter, später von der Freundin. Oder über das Bündnis zwischen Mutter und Schwester, durch das sich Carol ausgeschlossen und geschmäht fühlte, und das auf anschauliche Weise die Familiendynamik verdeutlichte. Aber wieso verweilte sie bei ihrem Lehrer genauso lange wie bei Mutter und Schwester? Kommentierte sie einfach nur, was ihr gerade einfiel? Oder sprach sie die Dinge aus, die ihr am wichtigsten waren? Ich wußte es nicht. Aber ich mußte es auch nicht herausfinden, schließlich brauchte ich ihre Vergangenheit nicht zu interpretieren. Carols Unbewußtes zeigte ihr, was sie sehen mußte; *es* würde, wenn nötig, die Dinge umdeuten.

»Jetzt wird sie krank... sie will mit niemandem reden.«

Ich nahm an, daß sie sich auf die Zeit nach der Trennung ihrer Eltern bezog.

»Sie will mit ihrem Vater reden. Sie streitet mit ihrer Mutter... Ihre Mutter weint nachts. Darüber ist sie sehr traurig...« Eine lange Pause entstand. »Jetzt spricht sie nachts mit ihrem Bruder und erzählt ihm, daß sie Tabletten nehmen will. Er findet das blöd. Sie geht rein und macht es.«

Nun entstand eine längere Unterbrechung, geschlagene zehn Sekunden. Als sie weitersprach, war ihre Stimme sehr leise. »Jetzt sieht sie ein verschwommenes Bild von ihrer Mutter... sie wedelt mit Blumen über ihrem Gesicht... sie fragt: ›Was ist denn los?‹...« Carol starrte auf die Szene, die sich vor ihr abspielte, konzentrierte sich auf die Bilder, die nur sie sehen konnte, und langsam begann ihre Unterlippe zu zittern. Sie blinzelte schnell ein paarmal, doch der Tränenstrom war nicht mehr aufzuhalten. Stumm liefen ihr die Tränen über die Wangen und sammelten sich in den Mundwinkeln. Wegen der tiefen Trance war Carols Bewegungsfähigkeit stark eingeschränkt, und sie konnte weder schluchzen noch ihr Gesicht verbergen oder sich vor Kummer zusammenkrümmen. Allein ihre Tränen ließen die heftigen Emotionen erkennen – Emotionen, die so stark waren, daß die dreiteilige Dissoziation in ihrem Bewußtsein zusammenbrach. Der Bereich, der die Szenen wie einen Film *betrachtete*, war nach und nach selbst in das Geschehen eingetreten und wurde nun von seinen Empfindungen überwältigt.

»*Sie* brauchen doch nicht die Gefühle, die *sie* hatte, zu empfinden«, beschwor ich sie, in der Hoffnung, die Bewußtseinsspaltung wiederherzustellen.

Carol schniefte und hörte allmählich auf zu weinen. Kurz darauf sprach sie weiter. »Und dann ging sie weg!« Ihre Stimme klang ungläubig, als versuche sie zu verstehen, was sie sah. »Jetzt ist sie in einem anderen Raum... ihr Vater ist bei ihr... sehr besorgt. Sie ist schwerkrank.«

Ich begriff, daß sie ihr Koma beschrieben hatte: Ihr »Weggehen« bedeutete, daß sie ins Koma gefallen war. Bei dem »anderen Raum« mußte es sich um ein anderes Zimmer im Krankenhaus gehandelt haben, in dem sie nach Verlassen der Intensivstation gelegen hatte.

Wieder entstand eine Pause, während die Bilder an ihr vorbeirasten. »Ihr Vater bringt sie in sein Haus... nun kann sie Arbeit suchen. Sie will nicht mehr bei ihrer Mutter wohnen.« Wieder eine lange Pause. »Jetzt will ihr Vater, daß sie auszieht. Sie will aber nicht. Sie ist noch nicht soweit... Sie zieht allein in eine Wohnung... Alles geht ganz gut. Jetzt gehen sie einen Berg hinunter... Sie versucht, ihrem Vater ihre Gefühle zu erklären... aber er versteht sie nur zum Teil.« Wieder entstand eine lange Pause, dann sagte sie mit matter Stimme: »Da ist ihr Bruder. Sie schaut ihren Bruder an.«

Von Paul wußte ich, daß sie vor beiden Selbstmordversuchen mit ihrem Bruder gesprochen hatte.

Sie schwieg lange, bevor sie mit sanfter Stimme weitersprach. »Sie ist wieder im Krankenhaus. Sie sieht ihn für zwei Minuten, dann ist sie weg.«

War damit ein weiteres Koma gemeint? Ich nahm es an, da ihren Worten wieder eine lange Pause folgte.

»Jetzt sieht sie ihre Mutter. Den Freund ihrer Mutter... er heißt Jack.« Beim Sprechen begann ihr Kinn erneut zu zittern, und wieder fing sie an zu weinen.

Warum weinte sie? Weil Jack ihren Vater ersetzt hatte? Oder weinte sie, weil das gesamte Bild, das sie von ihrem Leben gemalt hatte, so traurig war? Sie hatte neunzehn Jahre Revue passieren lassen und nichts Positives erwähnt. Keine Familienurlaube, keine Geburtstagsfeiern, keine beschaulichen Momente im Schoß der Familie. Natürlich hatte sie mir vermutlich noch nicht einmal ein Zehntel dessen, was sie gesehen hatte, erzählt, aber sie hatte nicht eine einzige herzliche Erinnerung erwähnt. Vielleicht weinte sie, weil sie abermals ihre Familie sah – und dabei die Gefühle empfand, die sie vorher geleugnet hatte.

»Sie können ganz ruhig bleiben, wenn Sie mir erzählen, wen Sie sehen«, sagte ich sanft, um die Bewußtseinsspaltung zu fördern.

Carol hörte auf zu weinen und begann erneut zu sprechen, aber ihre Stimme klang schwach und traurig und wie aus weiter Ferne. »Jack und ihre Mutter besuchen sie jeden Abend im Krankenhaus. Sie verliert ihre Arbeitsstelle nicht. Sie scheint Glück zu haben. Sie will wieder arbeiten, aber der Arzt läßt sie nicht.« Sie hielt inne. Ihre Augen folgten dem imaginären Film. »Jetzt hat sie eine neue Familie gefunden. Eine bessere.«

Meinte sie damit die Wohngemeinschaft?

»Sie streiten nicht. Sie sind sehr nett zu ihr. Sie will nichts mehr mit ihrer anderen Familie zu tun haben.« Sie brach ab und blinzelte. Dann wurde ihr Blick unkonzentrierter. Sie lehnte sich entspannt im Stuhl zurück.

»Sind wir jetzt in der Gegenwart angelangt?«

»Ja.«

»Gut.«

Es war mehr als gut, es war außerordentlich! In weniger als fünf Minuten hatte sie direkt vor meinen Augen neunzehn Jahre ihrer Vergangenheit wiedererlebt und neu interpretiert! Und ich kannte nur einen Bruchteil dessen, was sie gesehen hatte. Sie schien Gefühle berührt zu haben, die vorher unaussprechlich waren. Hatte die Distanz also etwas bewirkt? Hatte sie »neue Erkenntnisse« gesammelt, die zu einer Veränderung führen würden? Es würde sich herausstellen: In den nächsten Monaten würden wir sie weiter beobachten. Allerdings wäre das, was sie mir als nächstes sagen würde, ein nützlicher Hinweis auf ihr künftiges Verhalten.

Damit Carol ihr gewandeltes Verständnis auch in die Tat umsetzen konnte, hatte ich ihr vorher erklärt, daß sie sich ihre Zukunft vorstellen würde. Sich anhand ihrer »neugewonnenen Erkenntnisse« eine Zukunft *vorzustellen*, war eine Generalprobe für sie; die Chance, ein neues Drehbuch in einer sicheren Umgebung auszuprobieren, bevor sie sich damit in die Welt hinaus wagte. Würde das Drehbuch vom Erwachsenwerden handeln? Von der Befreiung von der Familie? Von neuem Selbstgefühl und von Selbstachtung? Wir würden es gleich erfahren.

»Jetzt möchte ich, daß Sie kurz die Augen schließen, und wenn Sie sie wieder öffnen, sehen Sie vor sich in der Luft eine Kristallkugel schweben... Und wenn Sie sie sehen, wissen Sie sofort, weshalb sie dort ist!« Die Vorstellung von einer Kristallkugel ist so mächtig – voller Magie und Macht und wunderbarer Möglichkeiten –, daß sie weitaus beredter zu ihrem Unbewußten sprechen würde als die nichtssagende Anweisung: »Stellen Sie sich Ihre Zukunft vor.«

»Bei der Zahl drei...eins...zwei...drei!«

Carol öffnete die Augen und starrte ins Leere.

»Gut so«, ermunterte ich sie. »Können Sie mir sagen, was Sie sehen?«

»Ich sehe sie«, meinte sie zögernd. »Sie ist jetzt mit ihrem Freund zusammen. Sie tanzen.« Ihre Stimme wurde lauter. »Sie hat viele Freunde. Sie ist sehr unternehmungslustig. Sie macht die unterschiedlichsten Sachen!« Sie sprach jetzt schneller, und ihre Stimme klang zuversichtlich. »Sie ist künstlerisch begabt...sie töpfert!« Sie machte eine lange Pause, als in ihrem Bewußtsein die Zeit verging. »Jetzt ist sie wieder allein in einer Wohnung...Sie ist sehr glücklich!«

Carol stellte sich ihre Gesundung vor! Verabredungen, Treffen mit Freunden, »die unterschiedlichsten Sachen«: Sie knüpfte Verbindungen außerhalb der Familie an. Sie kam aus ihrem Schneckenhaus hervor.

Noch immer starrte Carol ausdruckslos ins Leere, wo sich für sie im Innern der Kristallkugel die Bilder entfalteten. Nachdem sie ein paar Sekunden lang geschwiegen hatte, rief sie plötzlich freudig aus: »Jetzt hat sie ein Baby im Arm!...Sie scheint überglücklich zu sein!«

Ich wartete ab, was sie noch sagen würde, doch sie schwieg.

»Zu welcher Jahreszeit ist sie in der Wohnung?« Das Bild mit dem Baby war eindeutig in der ferneren Zukunft, aber ich war neugierig, in welcher Zeitspanne sie die unmittelbareren Ereignisse ansiedelte.

»Winter....Draußen schneit es...Es ist zwei Wochen vor Weihnachten!«

Heute war der elfte November. Ob sie kommendes Weihnachten meinte? Das schien mir unrealistisch.

»Was wiegt sie ungefähr?«

»Dreiundfünfzig Kilo!« antwortete Carol voll Freude.

»Hat sie sich sonst noch verändert?«

»Sie ist sehr hübsch!...Sie ist glücklich!« Sie strahlte übers ganze Gesicht. Gegen dieses Leuchten war ihre oberflächliche Fröhlichkeit vom Vormittag noch nicht einmal ein matter Abglanz gewesen.

»Fällt Ihnen sonst noch etwas an ihr auf?«

Carol starrte lange in die imaginäre Kristallkugel, schließlich schüttelte sie fast unmerklich den Kopf. Dann blinzelte sie ein paarmal und lehnte sich entspannt zurück. Selbst mit leerem Blick und offenem Mund strahlte sie noch eine gewisse Glückseligkeit aus.

Sie hatte es geschafft. Sie hatte sich eine völlig geheilte Carol vorgestellt – eine Carol, die sich von der Familie lossagte, sich hübsch fand und – welche Freude! – statt ihrer jetzigen dreiundvierzig sogar dreiundfünfzig Kilo wog. Offenbar hatte sie ein völlig neues Bild ihres Selbst verinnerlicht. Und das Baby? Da es zwei Dinge voraussetzte – erstens die Wiederkehr ihrer Periode und somit das Ende ihrer Bulimorexie; zweitens, daß sie nicht mehr das Bedürfnis hatte, selbst Kind zu sein, da sie jemand anderen bemuttern konnte –, faßte ich es als endgültiges Zeichen dafür auf, daß sie wieder gesund würde.

»Gut«, sagte ich sanft. »Sie können die Kristallkugel wieder loslassen.«

Carol schloß die Augen.

»Gut so... Nun können Sie die Augen wieder öffnen und mich anschauen... aber dabei einfach tief weiterschlafen.« Als Carol die Augen geöffnet hatte, lächelte ich sie herzlich an. »Das schaffen Sie doch, oder?«

»Ja!« antwortete sie umgehend.

»Gut. Dann schlafen Sie jetzt.«

Sie schloß die Augen und sank langsam zur Seite.

»Schlafen Sie einfach ein paar Minuten lang ganz tief... Sie haben eine Menge geleistet... Sie haben eine Pause verdient... Ich werde mich kurz mit anderen unterhalten und erst wieder mit Ihnen sprechen, wenn ich Sie am Knie berühre.«

Ich sprach ein paar Minuten mit meinen Besuchern über alles, was wir erlebt hatten, und gab Carol Zeit, die Vorgänge in ihrem Bewußtsein zu verarbeiten. Dann wandte ich mich ihr wieder zu. Als ich ihr Knie berührte, setzte sie sich auf und öffnete die Augen.

»Gut so... Sie können mich anschauen... Sie schlafen noch tief... Meinen Sie, daß Sie es jetzt allein schaffen?«

»Ja!« Die Zuversicht und der Eifer in ihrer Stimme waren schwerlich zu überhören.

»Kann ich sonst noch irgend etwas für Sie tun?«

Sie schüttelte den Kopf.

»Was sollte Ihrer Meinung nach Carol *bewußt* wissen, damit sie das Richtige tut? Ich glaube nicht, daß sie sich an alles erinnern muß.« Ich wollte, daß das Unbewußte einiges von dem, was Carol getan hatte, in ihr Bewußtsein dringen ließ, denn Carol würde ihre neugewonnenen Erkenntnisse leichter in die Tat umsetzen können, wenn sie sich bewußt mit ihnen beschäftigte.

»Ich werde ihr die glücklichen Momente in Erinnerung rufen.«

Ich war froh, daß es so einfach war. »Gut. Werden Sie sich darum kümmern?«

»Hm.«

»Haben Sie alles Wichtige bedacht?« Bevor ich sie aufweckte, wollte ich mich vergewissern, daß sie auch alles Nötige überdacht und neu interpretiert hatte.

»Hm.«

»Gut. Ich werde Sie jetzt aufwecken. Sie können die Augen schließen.«

Carol tat, wie ihr geheißen, und neigte sich schwerfällig zur Seite.

»Gleich zähle ich von fünf bis eins. Bei eins wird Carol hellwach sein und sich nur an das erinnern, was ihr Unbewußtes für sinnvoll und nützlich hält... Und es wird Sie nicht überraschen, daß noch andere Personen im Zimmer sind... sie wirken sehr herzlich und freundlich.« Ich wollte vermeiden, daß die Anwesenheit meiner fünf Berater sie beunruhigte oder in Verlegenheit brachte.

»Sie werden sich gut und erfrischt fühlen und irgendwie das Gefühl haben, daß sie demnächst eine angenehme Überraschung erleben... Vielleicht, vielleicht aber auch nicht, werden Sie wissen, daß Sie mich noch einmal treffen müssen...«

Ich brach ab. Eigentlich hatte ich sagen wollen: »Vielleicht, vielleicht aber auch nicht, werden Sie mich noch einmal treffen müssen«, und ihr damit indirekt suggerieren wollen, daß es keinen Grund für eine Fortsetzung der Therapie gab, doch in Wirklichkeit hatte ich das Gegenteil suggeriert. Weshalb nur? Ich merkte, daß ich dem von Carol hier Vorgeführten zum Teil tatsächlich etwas skeptisch gegenüberstand. Sie war überaus entgegenkommend gewesen. Sie hatte alles so hervorragend gemacht, genau so, wie ich es von ihr verlangt hatte. War es zu gut, um wahr zu sein? Hilda Bruch, eine der ersten, die sich wissenschaftlich mit dem Problem von Eßstörungen beschäftigt hatte, war die »enorme Willfährigkeit« aufgefallen, die unter Eßstörungen leidende Frauen während ihrer Behandlung häufig erkennen lassen. Sie erklären sich mit allem einverstanden und erfinden sogar Dinge, die der Therapeut ihrer Meinung nach hören will. Sollte das etwa gerade geschehen sein? Innerhalb einer Sekunde sah ich Carol in meiner Phantasie die Praxis auf Nimmerwiedersehen verlassen und in sich hineinlachen vor Vergnügen darüber, wie sie mich und meine Kollegen reingelegt hatte. Als ich meinen Versprecher erkannte, merkte ich, daß ich Carol wiedersehen wollte, damit ich ihre Veränderung überprüfen konnte.

»Bei jeder Zahl werden Sie sich immer wohler fühlen... allem gewachsen... Und wahrscheinlich werden Sie später Selbsthypnose erlernen wollen.« Mit dieser Suggestion konnte ich sie ermuntern wiederzukommen. »So, fünf, Sie beginnen ein Wohlgefühl zu empfinden... vier, es wird immer angenehmer...«

Carol begann zu lächeln und sich aufzurichten.

»Gut so... es ist sehr angenehm!... drei, Sie können kaum das Lächeln unterdrücken... zwei, Sie sind jetzt fast wieder hier und fühlen sich wunderbar... eins!«

Carol setzte sich richtig auf, öffnete die Augen und begann zu schmunzeln.

»Hallo«, begrüßte ich sie.

»Hallo!« Sie schäumte vor Temperament geradezu über.

»Haben Sie gut geschlafen?« Damit wollte ich die Amnesie, unabhängig vom Grad des Erinnerungsverlustes, für den sich das Unbewußte entschieden hatte, verstärken.

Sie lachte. »Ja!«

»Gut! Fühlen Sie sich wohl?«

Sie nickte.

»Lassen Sie sich einfach noch ein paar Sekunden Zeit, um sich wieder zu sammeln.«

Als ich mich diese Worte sagen hörte, merkte ich, daß ich erneut einen Fehler gemacht hatte. Während der Trance hatte ich Carols Unbewußtes aufgefordert, sich in drei Bereiche zu spalten, hatte es dann aber versäumt, diese Teile vor dem Aufwecken wieder zu vereinen. Ich wurde mir meines Fehlers erst bewußt, als ich mich sprechen hörte. Indem ich Carol jedoch, ohne selbst darüber nachzudenken, gesagt hatte, sie solle sich wieder »sammeln«, wurde es ihr möglich, die Teile – unbewußt – selbst wieder zu vereinen.

Als Carol nach ihrem Mantel und ihrer Handtasche griff, bemerkte sie die Therapeuten. Einer von ihnen lächelte und sagte: »Hallo«, und Carol grinste zurück.

»So unheimlich sehen sie gar nicht aus, oder?«

»Nö«, meinte Carol vergnügt. Die Anwesenheit der anderen schien ihr nicht das Geringste auszumachen.

Erstaunlich, dachte ich. Wenn ich gerade mit mindestens teilweisem Gedächtnisverlust aus einer Trance erwacht wäre und eine Gruppe Fremder vor mir sähe, wäre ich einigermaßen befangen. Ich würde mich fragen, was ich wohl verraten haben könnte. Aber Carol wirkte völlig gelassen, nein, eigentlich sogar mehr als gelassen. Sie war richtig unbekümmert, wie sie so über das ganze Gesicht grinste, als sie den Mantel anzog und die Tasche an sich nahm. Ihre Unbekümmertheit weckte bei mir erneut Zweifel hinsichtlich der Glaubwürdigkeit dessen, was sie uns vorgeführt hatte. Angenommen, sie hatte gar nicht wirklich ihre Vergangenheit neu interpretiert? Angenommen, sie fühlte sich nur deshalb so wohl, weil ich es ihr vor dem Aufwecken suggeriert hatte? Angenommen, sie kam nach Hause, wurde immer niedergeschlagener und brachte sich um? Anfangs hatte ich mich darauf verlassen, daß sie nach Aussage des behandelnden Arztes nicht selbstmordgefährdet sei, doch das war vor der Intervention gewesen. Was, wenn der Mißerfolg der Intervention all ihre Hoffnungen zerstörte? Ich mußte unbedingt bald wieder von ihr hören.

»Ob Sie mich wohl bitte in zwei Tagen anrufen würden? Einfach nur, um mir zu sagen, wie es Ihnen geht.« Wenn ihr die Intervention geholfen hatte, würde sie in zwei Tagen positive Veränderungen feststellen; wenn nicht, würde ich noch eingreifen können, bevor sie völlig verzweifelte.

»Einverstanden«, willigte Carol ein.

Sie hatte früher am Tag erwähnt, daß sie am gleichen Abend mit Freunden aus der Wohngemeinschaft ausgehen wolle.

»Amüsieren Sie sich gut heute abend«, wünschte ich ihr.

»Das werde ich bestimmt!« sagte sie kichernd und winkte der Gruppe liebenswürdig zu. »War mir ein Vergnügen, Sie alle kennengelernt zu haben.« Dann stolzierte sie zur Tür hinaus.

Entgegen meinen Befürchtungen rief Carol zwei Tage später an und erzählte von ihren Fortschritten.

»Es geht mir gut«, sagte sie schnell, »doch ich fürchte, es klappt nicht, denn ich kann mich noch an fast alles erinnern, was Sie mir gesagt haben.«

Ihre Formulierung verwirrte mich, denn ich hatte ihr nichts gesagt. Anscheinend hatte sie den erlebten »Trialog« ihres Bewußtseins in einen Dialog mit einer Autoritätsperson umgewandelt.

»Woran können Sie sich denn erinnern?«

»Ich habe versucht, das Erinnern zu unterdrücken, aber ich erinnere mich daran, in die Kristallkugel geschaut zu haben, und an einige Dinge aus meiner Kindheit. Heißt das, die Hypnose hat nicht gewirkt?«

Ich versicherte ihr, daß es das ganz und gar nicht bedeutete, sondern daß ihr Unbewußtes zuließ, daß sie sich erinnerte, weil sie jetzt dazu bereit war. Sie protestierte mehrmals, und schließlich bat ich sie mit Hilfe einer Suggestion, ihr Unbewußtes zu fragen, ob *es* das Erinnern für ein Zeichen von Fortschritt hielt. Am anderen Ende der Leitung wurde es für einige Augenblicke still, dann hörte ich Carol laut ausatmen.

»Ich glaube, sie wirkt doch«, sagte sie. »Jetzt fühle ich mich entspannter.«

»Na, sehen Sie«, beruhigte ich sie. »Dann erzählen Sie mir doch, wie es Ihnen ergangen ist.«

»Seit ich bei Ihnen war, habe ich mich nicht mehr vollgestopft oder übergeben. Es ist wie nach dem Essen, ich fühle mich eigentlich satt.«

Das war Musik in meinen Ohren. Menschen mit Eßstörungen fühlen sich normalerweise nach dem Essen nicht satt. Häufig haben sie die körperlichen Wahrnehmungen dissoziiert, so daß sie kein Sättigungsgefühl empfinden; oft sehnen sie sich so sehr nach emotionaler Zuwendung, daß deren körperliches Gegenstück, das Bedürfnis zu essen, unersättlich wird. Daß Carol körperliche Wahrnehmungen dissoziierte, überraschte mich nicht: Es war eine nachvollziehbare Reaktion auf die Prügel, die sie wiederholt hatte einstecken müssen. Beendete sie diese Dissoziation, wenn sie sich langsam nach dem Essen satt zu fühlen begann? Und würde sie sich, wenn das der Fall war, auch an andere Gefühle und Erfahrungen, die sie abgespalten hatte, erinnern?

»Ich habe auch das Gefühl, daß mich das Problem nicht mehr so belastet.«

Wieder verblüffte mich ihre Wortwahl. Sollte das bedeuten, daß sie sich langsam von der Familie, von deren belastenden Forderungen befreite?

»Ich habe viel seltener ans Essen gedacht«, erzählte sie weiter. »Ich hatte nicht mehr das Gefühl, etwas essen zu müssen, sobald ich etwas Eßbares sah. Ach ja, und seit ich bei Ihnen war, hatte ich keinen einzigen Alptraum mehr!«

»Wow!« sagte ich. »Das sind aber wirklich gute Nachrichten!«

»Ja!« Sie klang hocherfreut, als registriere sie zum ersten Mal ihre Fortschritte.

Daraufhin vereinbarten wir, uns neun Tage später zu treffen, um ihre Fortschritte zu besprechen – allerdings unter dem Vorbehalt, daß sie mich, falls sie sich Sorgen machte, früher anrief. Nachdem ich aufgelegt hatte, fragte ich mich, weshalb ich diesen Vorbehalt geäußert hatte? Erwartete ich denn, daß Carol Grund zur Sorge haben würde? Oder drückten sich darin meine eigenen Bedenken aus? Ich merkte, daß ein Teil von mir noch immer an der Wirksamkeit der Intervention zweifelte. Die Behandlung von Eßstörungen kann, wie ich wußte, Jahre dauern. Wie konnte ich da erwarten, sie nach einer einstündigen Sitzung geheilt zu haben? In banger Erwartung sah ich Carols nächstem Besuch entgegen.

Als Carol neun Tage später kam, tanzte sie genauso fröhlich in meine Praxis herein wie beim ersten Mal, doch in dem Moment, als sie den Mund aufmachte, fiel mir eine Veränderung auf. Ihre Stimme klang älter, ein bißchen ernster – eher wie die Stimme, mit der sie in Trance gesprochen hatte.

»Wie ist es Ihnen ergangen?«

»Gut!« beteuerte sie. »Ich habe mich nur einmal vollstopfen und übergeben müssen. Das war, nachdem ich mit meiner Mutter gesprochen hatte.«

»Was ist denn passiert?«

Sie schnitt eine Grimasse. »Sie hat gesagt, ich sei blöd, weil ich erlaubt habe, daß Sie mich hypnotisieren.«

»Und was haben Sie da gesagt?«

»Ich habe gesagt, daß es mir geholfen hat. Aber dann habe ich mich aufgeregt.« Sie hielt inne und zog die Nase kraus. »Doch das war vor einer Woche und seitdem ist nichts mehr passiert!«

Ich war hocherfreut. Der beste Beweis für die Heilung eines Klienten ist seine Fähigkeit, einen Rückfall zu verkraften. Solange wir das nicht – wiederholt – erleben, wobei die Rückfälle mit der Zeit seltener werden, sind wir nicht völlig vom Genesungsprozeß überzeugt. Deshalb waren nicht nur Carols Fortschritte, sondern auch ihr Freßanfall eine erfreuliche Nachricht.

»Wie kommen Sie mit Ihrer Familie zurecht?«

»Ich versuche, sie nicht so oft zu sehen. Ich glaube, es ist besser so. Sie machen mich bloß verrückt.« Sie machte eine Pause. »Aber obwohl ich mich dieses eine Mal übergeben mußte, habe ich es geschafft, ein Pfund zuzunehmen!«

Sie hatte es *geschafft*, ein Pfund zuzunehmen? Vor weniger als zwei Wochen hatte sie sich noch standhaft geweigert, zuzunehmen.

»Ich glaube, ich habe jetzt auch eine bessere Einstellung mir selbst gegenüber«, fuhr sie fort. »Ich meine, ich fühle mich sicherer. Ich bemühe mich, nicht immer so streng mit mir zu sein.«

»Das klingt doch großartig.«

»Ja.« Sie nickte nachdenklich. »Und ich glaube, ich habe auch anderen gegenüber eine bessere Einstellung.«

»Inwiefern?«

»Oh, einfach weniger kritisch. Ich meine, daß es in Ordnung

ist, daß sie nicht perfekt sind. Wie Lisa, meine Zimmergenossin; sie hatte sich meine Bürste ausgeliehen und sie mir nicht wiedergegeben, und als ich die Bürste dann brauchte, wußte ich nicht, wo sie war. Früher hätte ich ihr deshalb echt ein paar Takte erzählt – ich wäre stocksauer gewesen und hätte ihr beigebracht, daß man geliehene Sachen immer zurückgibt... Aber aus irgendeinem Grund habe ich es nicht getan. Ich dachte nur, na gut, wahrscheinlich hat sie es vergessen. Ich meine, es ist ja nur eine Haarbürste.«

Ich mußte lächeln. Der Heiligenschein der »kleinen Heiligen« verblaßte vor meinen Augen. »Das klingt, als würden Sie Fortschritte machen.«

Sie nickte, dann kniff sie leicht die Augen zusammen. Ihr Blick wurde weicher, und ich sah, wie sie in sich ging. »Wissen Sie, seit ich Sie das erste Mal sah, denke ich über alles mögliche nach.« Sie sprach, als würde sie jedes Wort sorgfältig abwägen. »Ich habe über meine Selbstmordversuche nachgedacht. Und ich glaube, ich habe mich dafür entschieden zu leben.« Wie zur Bestätigung nickte sie leicht mit dem Kopf. »Vielleicht wollte ich ja gar nicht wirklich Tabletten schlucken.«

»Wie meinen Sie das?«

»Ich meine, eigentlich wollte ich mich gar nicht umbringen, aber damals hatte ich das Gefühl, ich müßte es tun. Wie als Reaktion auf irgend etwas. Es ist schwer zu erklären.«

Ich versuchte, Carol nähere Einzelheiten zu entlocken, aber sie konnte sich nicht klarer ausdrücken, und nach ein paar Fragen bedrängte ich sie nicht weiter. Was sie auch immer zu dieser Aussage gebracht haben mochte – bis jetzt hatte sie es noch nicht klar in ihrem Bewußtsein umreißen können. Vielleicht würde sie bei einem späteren Treffen mehr dazu sagen. Hier und heute konnte ich nur vermuten, daß sie langsam begriff, daß ihr Handeln durch verwickelte Familieninteraktionen heraufbeschworen worden war.

»Gut«, meinte ich, nachdem wir eine Weile geplaudert hatten, »das klingt, als würden Sie das Nötige tun. Was halten Sie davon, wenn ich Ihnen heute eine Hypnose zur ›Verstärkung‹ gebe und wir uns in etwa drei Wochen wiedersehen?«

Bereitwillig stimmte Carol zu, also induzierte ich noch einmal eine tiefe Trance und bat sie, mich unter vier Augen mit ihrem Unbewußten sprechen zu lassen.

»Hallo«, sagte ich, als sie sich aufrichtete und die Augen öffnete. »Wie schön, wieder mit Ihnen zu sprechen.«

»Hallo!« lächelte sie zurück.

»Was glauben Sie, wie es ihr geht?«

»Gut«, berichtete das Unbewußte ruhig. »Sie ist viel glücklicher als früher. Und viel geduldiger. Sie regt sich nicht mehr so über sich selbst auf.«

Damit bestätigte das Unbewußte, was Carol zuvor gesagt hatte.

»Sie vermißt ihre Eltern ein bißchen ... Sie wird sie eine Zeitlang nicht sehen. Später wird sie sie wiedersehen, aber dann wird ihr Verhältnis ein anderes sein.«

Prophezeite das Unbewußte eine Lockerung der Familienbande? Es hatte von einem veränderten Verhältnis nach einer Zeit der Trennung gesprochen. War das ein Zeichen dafür, daß sich Carol später unter Bedingungen, die sie selbst festlegte, wieder der Familie anschließen würde?

»Wie beurteilen Sie ihre Entwicklung insgesamt?«

»Oh, sie macht eindeutig Fortschritte. Etwa drei Viertel des Weges liegen noch vor ihr. Sie wird noch ein paarmal zuviel essen und sich übergeben – ungefähr noch drei Wochen lang. Danach wird sie es nie mehr tun. Wenn es passiert, wird sie jammern, weil sie glaubt, es handele sich um Rückfälle, aber es sind eigentlich keine richtigen Rückfälle.« Sie warf mir einen nüchternen Blick zu und fügte dann, wie mir zuliebe, hinzu: »Es ist besser für sie, es schrittweise zu tun.«

Ich mußte in mich hineinlachen. Was Carols Unbewußtes über ihren Genesungsverlauf voraussagte, entsprach genau dem therapeutischen Schema. Viele Menschen können während des Heilungsprozesses, wenn sie sich auf den Gedanken einer Veränderung einstellen, ins Wanken geraten. Sie probieren praktisch ab und zu ihre alten Symptome noch einmal aus, um sicherzugehen, daß sie sie tatsächlich loswerden wollen.

»Im Grunde wird sie sich so entwickeln, wie sie es in der Kristallkugel sah«, fügte das Unbewußte mit entschiedenem Nikken hinzu. »Genau so.«

Natürlich, dachte ich. Das hätte ich mir eigentlich denken können. Das Unbewußte hatte diese Genesung ja damals prophezeit. Jetzt übersetzte es die gesehenen Bilder lediglich in Worte.

»Gut, vielen Dank. Sie waren sehr hilfsbereit.«

Sie lächelte, als sei das Vergnügen ganz auf ihrer Seite gewesen.

»Glauben Sie, es würde Carol nützen, wenn sie Selbsthypnose lernt, damit sie Sie selbst zu Rate ziehen kann?«

»Ja«, pflichtete das Unbewußte mir bei. »Das wäre gut.«

Daraufhin gab ich Carol ausführliche Anweisungen für den Einsatz von Selbsthypnose und suggerierte ihr, wie wertvoll es sei, auf ihre innere Weisheit zu vertrauen. Danach weckte ich sie auf.

Carol erwachte entspannt und vergnügt. Offenbar hatte sie sich für eine totale Amnesie entschieden. Ich wiederholte die Anweisungen zur Selbsthypnose und zeigte ihr, wie sie sich eine Trance induzieren konnte. Dann zog ich meinen Terminkalender hervor, um unser nächstes Treffen festzulegen. Als ich mir das Kalenderblatt für den nächsten Monat genauer ansah, überlief mich ein leichter Schauder. Der vereinbarte Tag für unseren letzten Termin war der elfte Dezember – genau zwei Wochen vor Weihnachten.

Zwei Tage später rief Carol an und bat mich um Rat. Ihr Vater hatte sie eingeladen, Weihnachten mit ihm zu verbringen, und sie wollte wissen, ob ich das für eine gute Idee hielte.

»Ich weiß es nicht«, erklärte ich ihr. »Aber Sie wissen es, tief in Ihrem Innern. Befragen Sie doch mit Selbsthypnose Ihr Unbewußtes, und folgen Sie *seinem* Rat.«

Carol erklärte sich einverstanden, und das war das letzte, was ich bis zu unserem Termin von ihr hörte.

Am elften Dezember kam sie zu ihrer letzten Sitzung. Sie blieb erwartungsvoll in der Tür stehen, und als ich sie fragend ansah, warum sie nicht hereinkäme, verzog sie mit gespieltem Schmollen das Gesicht. »Fällt Ihnen denn nichts auf?« fragte sie. »Merken Sie keinen *Unterschied*?«

Kaum hatte sie ausgesprochen, fiel es mir auf. Ihr Gesicht

war ein wenig voller geworden, wodurch Backen und Kinn nicht mehr so streng wirkten, und die Haut hatte ihre ungesunde Blässe verloren. »Sie haben zugenommen.«

Sie errötete. »Fünf Kilo. Es war ganz leicht.«

»Leicht?«

»Ja. Ich brauchte mich überhaupt nicht anzustrengen. Es passierte einfach.«

Ziemlich bemerkenswert, dachte ich. Vor fünf Wochen hatte sie sich noch strikt geweigert, zuzunehmen, und jetzt war sie von der Leichtigkeit, mit der sie zugenommen hatte, beeindruckt.

Sie ließ sich lässig auf den Stuhl fallen. »Ich habe mich hin und wieder gewogen. Das ist, glaube ich, ein gutes Zeichen.«

Anscheinend hatte sie sich jahrelang mit einer regelrechten Besessenheit mehrmals täglich gewogen, bis ihr in der psychiatrischen Beratungsstelle jegliches Wiegen verboten wurde. Daher ließ die Tatsache, daß sie sich jetzt gelegentlich wog, auf eine Normalisierung schließen.

»Und wie fühlen Sie sich so?«

»Gut.« Plötzlich wurde ihr Gesicht ernst. »Aber seit unserer letzten Begegnung habe ich mich zweimal vollgestopft und übergeben.«

»Und wie war Ihnen dabei zumute?«

»Ich bekam Angst, daß es doch nicht klappen würde.«

»Wissen Sie, wodurch die Esserei ausgelöst wurde?«

»Ja. Es passierte, nachdem ich mit meiner Mutter gesprochen hatte.« Sie seufzte. »Wir verstehen uns noch immer nicht.«

»Und woran liegt das?«

»Sie ist so egoistisch! Ständig verlangt sie alles mögliche von mir. Aber für mich will sie nie etwas tun.«

»Was verlangt sie denn von Ihnen?«

»Oh, sie und ihr Freund hatten Streit, und da wollte sie, daß ich zu ihr komme. Aber sie kommt nie zu *mir*, wenn ich sie anrufe und ihr sage, daß *ich* einsam bin.«

Offensichtlich wurde Carol allmählich das wahre Verhalten ihrer Mutter bewußt. Ihr würden noch einige schmerzliche Momente bevorstehen, je klarer ihr Bild von ihrer Familie werden würde, dachte ich. Doch letztlich, so glaubte ich, würde sie gestärkt daraus hervorgehen.

»Haben Sie sich entschieden, ob Sie Ihren Vater besuchen wollen?«

»Ja.« Sie war überraschend fröhlich. »Ich habe getan, wozu Sie mir geraten haben – ich habe mein Unbewußtes gefragt, und es hat mir gesagt, es sei in Ordnung.«

Ich lächelte, hocherfreut, daß sie gelernt hatte, sich von ihrem Unbewußten leiten zu lassen.

Dann berichtete sie mir von ihren Plänen, die Wohngemeinschaft zu verlassen, und sie erzählte, daß sie, um ausziehen zu können, Arbeit finden müsse. Eine Weile unterhielten wir uns über Berufsaussichten und die Vor- und Nachteile des Alleinlebens.

»Ich habe das Gefühl, ein neues Ich zu bekommen«, sagte sie schließlich in einer Art Zusammenfassung. Sie schaute aus dem Fenster, und ich hatte den Eindruck, daß sie ihre neuen Eigenschaften bewertete. Doch plötzlich verdüsterte sich ihr Blick. »Aber ich will nicht, daß das neue Ich zunimmt!« Ihre Stimme hatte wieder jenen reservierten und warnenden Unterton wie am Anfang, bei ihrer allererster Sitzung, als sie es abgelehnt hatte, zuzunehmen.

Das bestürzte mich. Vorhin hatte sie sich so über die Zunahme von fünf Kilo gefreut, und noch fehlten ihr fünf Kilo zu dem vorgesehenen Gewicht von dreiundfünfzig Kilo. Weshalb machte sie plötzlich diesen Rückzieher? Aber dann fiel mir ein, daß Carol die Vorstellung einer Gewichtszunahme abwechselnd akzeptieren und ablehnen würde – genau wie es das Unbewußte angekündigt hatte.

»Ich kann auch auf andere Weise zulegen«, überlegte sie, »es muß doch nicht auf der Waage sein. Ich meine, ich lege ja schon zu... es *proportioniert* sich schon von allein.«

Ich mußte über ihre Wortwahl lächeln. Es proportionierte sich in der Tat von allein. Ihr Körper nahm weiblichere *Proportionen* an. Sie aß mittlerweile angemessenere *Portionen*. Und ihr Verständnis von sich und ihrer Familie wuchs in *Proportion* zu dem, was sie verkraften konnte. »Sie haben recht«, bemerkte ich. »Ich glaube, Sie legen überall dort zu, wo es darauf ankommt.«

Und nachdem wir noch ein wenig geplaudert hatten, einigten

wir uns darauf, daß Carol nicht wiederzukommen brauchte, aber natürlich kommen konnte, wenn sie das Bedürfnis dazu verspürte.

Als sie aufstand, warf ich zufällig einen Blick aus dem Fenster. Zu meiner Überraschung hatte es angefangen zu schneien – ein nicht gerade alltägliches Ereignis in Seattle.

Carol folgte meinem Blick und bemerkte es auch. »Es schneit!« rief sie voll kindlicher Freude, griff hastig nach ihrem Mantel und flitzte, fast ohne Abschiedsgruß, zur Tür hinaus.

Erst als sie weg war, begriff ich es wirklich: Es schneite in Seattle. Carol hatte zwar nicht alle ihre prophezeiten Ziele erreicht, aber sie war ohne Frage auf dem richtigen Weg. Und bis Weihnachten waren es ja noch zwei Wochen.

Ein halbes Jahr später rief ich Carol an, um mich zu erkundigen, wie es ihr ging. Jemand aus der Wohngemeinschaft gab mir die Telefonnummer der Wohnung, die sie vor vier Monaten gemietet hatte. Als ich Carol erreichte, klang ihre Stimme fröhlich und stark.

»Sie sind umgezogen«, bemerkte ich.

»Ja!« rief sie aus. »Junge, war ich vielleicht froh, *da* rauszukommen.«

»Wie gefällt Ihnen das Alleinsein?«

»Es ist schön. Endlich werde ich nicht mehr ständig beobachtet.«

»Fühlen Sie sich nicht einsam?«

Sie zögerte eine halbe Sekunde. »Manchmal bin ich einsam. Aber das macht nichts. Es ist nicht so wie beim letzten Mal. Ich meine, ich nehme bestimmt keine Überdosis oder sowas.« Sie kicherte ein bißchen, als sei es ihr peinlich, sich daran zu erinnern.

»Prima. Was hat sich sonst noch verändert? Erzählen Sie es mir.«

Sie überlegte eine Minute. »Ich arbeite in einem Büro. Den ganzen Tag hefte ich irgendwelche Papiere ab. Aber es macht mir Spaß. Die Leute sind richtig nett.«

»Das klingt gut.«

»In letzter Zeit sehe ich meine Familie etwas häufiger. Ich

hatte sie lange nicht gesehen. Aber vor ein paar Wochen habe ich mit meinem Vater zusammen gegessen, und das war ganz gut. Er hat zwar damit angefangen, daß ich aufs College gehen sollte, und sich beklagt, daß ich ihn nicht häufiger besuche, aber ich habe einfach nicht weiter darauf geachtet. Ich glaube, das war gut. Früher hat es mich immer regelrecht verrückt gemacht, wenn er sowas gesagt hat.« Sie hielt inne, als überlege sie. »Ich meine, wahrscheinlich gehe ich schon irgendwann aufs College, vielleicht in einem Jahr oder so. Aber noch bin ich nicht soweit.«

Ich lächelte. »Und wie verstehen Sie sich mit Ihrer Mutter?«

»Nicht so gut. Ich glaube, ich verkrafte es noch nicht, sie so oft zu sehen. Sie hat sich von diesem Jack getrennt und wollte mich eine Weile lang ständig besuchen. Aber ich habe ihr gesagt, daß ich das nicht für eine so gute Idee halte.«

»Wie hat sie das aufgenommen?«

»Sie hat sich aufgeregt. Und dauernd angerufen. Sie wollte, daß meine Schwester mich überredet. Aber jetzt scheint sie sich wieder einigermaßen beruhigt zu haben. Sie ruft hin und wieder an, aber das ist auch so ziemlich alles. Ich nehme an, sie hat kapiert, daß sie mich nicht dazu überreden kann.« Carol schwieg einige Augenblicke. »Aber wissen Sie was?« Ihre Stimme klang plötzlich wieder vergnügt. »Seit Monaten habe ich mich weder vollgestopft noch übergeben! Kein einziges Mal!«

»Das gibt's ja gar nicht!«

»Doch... Und Selbsthypnose mache ich auch immer noch.«

»Und wie klappt das?«

»Ganz klasse. Ich hatte gerade ein Problem mit meiner Schwester und beschloß, mich zu hypnotisieren, um vielleicht eine Lösung zu träumen. Und das ist auch tatsächlich passiert.«

»Das ist wirklich klasse«, stimmte ich ihr zu. In Wirklichkeit war es mehr als klasse. Noch vor ein paar Monaten hatte sich Carol geweigert, ihr Unbewußtes auch nur zur Kenntnis zu nehmen, und jetzt bat sie es um Rat. Wenn das kein Beweis für ihre Gesundung war!

Wir plauderten noch ein paar Minuten, bis Carol meinte, sie müsse gehen, da ihr Freund warte. Ich versicherte ihr herzlich, wie sehr es mich gefreut hätte, sie kennengelernt zu haben, und dann legten wir auf. Anschließend dachte ich über das nach, was sie gesagt hatte.

Ihre Heilung schien praktisch abgeschlossen. Sie hatte aufgehört, sich mit Essen vollzustopfen und sich zu übergeben. Sie klang, als sei sie glücklich und mit ihrem Alleinleben zufrieden. Sie baute eine neue Beziehung zu ihren Eltern auf. Tatsächlich entwickelte sich alles so, wie es ihr Unbewußtes vorhergesagt hatte. Aber mich verblüffte noch etwas – etwas in ihrer Beschreibung ihrer Mutter. Sie hätte sich wieder beruhigt, hatte Carol gesagt. *Sie hat kapiert, daß sie mich nicht dazu überreden kann.* Im nachhinein schienen diese Worte einen tieferen Sinn zu haben, wiesen sie doch auf eine ganz neue Ebene der Veränderung hin. Carol war nicht die einzige, die sich veränderte: Auch ihre Mutter hatte sich verändert. Angesichts von Carols Weigerung, sie zu verhätscheln, hatte sie schließlich nachgegeben und gewährte Carol nun anscheinend die Autonomie, die ihr zustand. Würde sich diese Insel der Autonomie auf andere Gebiete ausdehnen können? Würde Carols Mutter lernen, Carol als »andere«, als Mensch mit anderen, eigenen Bedürfnissen und Wünschen zu betrachten? Ich hatte das Gefühl, daß sie es schaffen würde, denn von nun an, so glaubte ich, würde Carol darauf bestehen, anders behandelt zu werden.

Und was war mit Carols Vater? Würde auch er sich infolge von Carols Entwicklung verändern? Vielleicht waren die Zeichen dafür bereits gesetzt. Carol hatte sich geweigert, zwei seiner ständigen Forderungen zu erfüllen. Wie lange würde es dauern, bis auch er nachgeben und ihre Autonomie anerkennen würde?

Ich dachte über das nach, was ihr Unbewußtes vorausgesagt hatte: Nach einer Zeit der Trennung würde *sie* nicht mehr dieselbe sein, folglich würde sich auch das Verhältnis der anderen Familienmitglieder zueinander verändern. Und genau das geschah gerade. Carols Veränderung löste Veränderungen in der Familie aus.

Auf einmal überfiel mich ein unheimlicher Gedanke. Ich war der Familie nie begegnet, und doch konnte sie sich dem Geschehen nicht entziehen. Die Intervention in Carols Unbewußtes hatte Veränderungen in der Familie herbeigeführt. Plötzlich begriff ich – aufgrund eigener Erfahrung – die Vernetzung innerhalb von Familien. Wie bei einer Hand, deren fünf Finger mit einem Gummiband umwickelt sind, ruft die Veränderung eines Familienmitglieds Anpassungen bei allen anderen hervor. »Verändern Sie das Kind, und lassen Sie die Familie lernen, anders mit ihm zu leben«, sollte Milton Erickson später zu mir sagen, als er meine Beobachtungen bestätigte, daß sich infolge der veränderten Wahrnehmung eines Familienmitglieds die familiären Beziehungen verändern.

Einige Jahre nachdem ich Carol begegnet war, verfaßte ich eine ausführliche Beschreibung ihrer Geschichte für ein Fachbuch. Da mich der Herausgeber gebeten hatte, meine Intervention mit der Vorgehensweise der traditionellen Psychotherapie zu vergleichen, las ich, um mir eine Vergleichsgrundlage zu verschaffen, noch einmal einige Aufsätze zum Thema Eßstörungen. Was ich las, verblüffte mich. Carols Vorgehensweise war durchaus mit der Methode vergleichbar, mit der psychotherapeutische Langzeitpatienten behandelt werden, hatte aber nur einen Bruchteil der Zeit erfordert. Was jene in vielleicht zwei bis drei Jahren erreicht hatten, war Carol in weniger als zwei Stunden gelungen, ohne daß sie einen der Schritte ausgelassen hätte. Als ich die Aufsätze las und die Parallelen erkannte, erfüllte mich Ehrfurcht. Genau wie Carols Unbewußtes neunzehn Jahre zu einem fünfminütigen Rückblick zusammengestrichen hatte, hatte es den traditionellen Behandlungsverlauf von Bulimorexie auf einen Bruchteil seiner selbst verkürzt. Erneut versetzte mich die Macht des Unbewußten in Erstaunen.

Doch trotz der *Ähnlichkeit* mit einer traditionellen Gesprächstherapie wies Carols Fall einen bemerkenswerten Unterschied auf. Das übliche wechselseitige Geben und Nehmen zwischen Therapeut und Klient hatte bei Carol als vertrauliches Gespräch zwischen ihr und ihrem Selbst stattgefunden. Zwar hatte ich hierfür den Boden bereitet, indem ich ihr suggeriert hatte, zu untersuchen, wie die Beziehungen in der Vergangenheit ihre Persönlichkeit beeinflußt hatten, indem ich sie aufgefordert hatte, anhand ihrer neuen Erkenntnisse eine Zukunftsvision zu schaffen, und indem ich jene Dreiteilung ihres

Bewußtseins hervorgerufen hatte, mit der sie diese Aufgabe erfüllen sollte. Aber von dem Moment an, als mich ihr Unbewußtes sozusagen abgelöst hatte, war ich verstummt. Ich hatte weder Anstöße gegeben noch etwas gedeutet; die Neuinterpretation war allein innerhalb ihres Bewußtseins vonstatten gegangen. In gewissem Sinne hatte ihr Unbewußtes zwei Rollen übernommen – ihre und meine.

Was hatte ihr Unbewußtes in die Lage versetzt, in so kurzer Zeit diese beiden Rollen zu spielen? Die Frage läßt sich nur zum Teil beantworten. Durch die Trance war es uns gelungen, viele von Carols bewußten Abwehrmechanismen außer Kraft zu setzen, so daß sie rasch zu ihrem inneren Wissen vordringen konnte. Daneben hatten wir eine Metaebene *außerhalb* der Familie schaffen können, von wo aus sie die familiären Interaktionen besser überschauen konnte. Doch das erklärt noch nicht völlig, was geschehen war. Noch etwas anderes war gleichermaßen beteiligt: etwas, das das Unbewußte dazu befähigte, alles, was es sah, konstruktiv zu verarbeiten, und den richtigen Weg zu wählen – den der Heilung statt den des Stillstands. Wodurch wiederum *das* ermöglicht wurde, weiß ich nicht genau, denn dieser Teil des Unbewußten ist ein Geheimnis. Die westliche Kultur kann diese Art von höherer Intelligenz, deren Wirken ich regelmäßig bei meinen Klienten beobachte, weder benennen noch sich einen Begriff davon machen.

Nach der Vorstellung der östlichen Religionen hat jeder von uns »ein Antlitz, das er bereits vor der Geburt besaß«, eine intuitive Weisheit, umfassender als alles Wissen, das wir uns im Laufe unseres Lebens aneignen. Ich glaube, daß dieses Wissen im Unbewußten steckt. Und ich glaube auch, daß es Carol dabei half, sich und ihre Familie in einem anderen Licht zu sehen.

Einen Fall wie Carol erlebt man wohl nur einmal. Das Zusammentreffen bestimmter Umstände, die zu ihrer Gesundung führten – die außergewöhnliche Begabung, die sie bei der Trance-Arbeit bewies, das rationale Wissen, das sie sich bei der psychiatrischen Beratungsstelle angeeignet hatte, das zufälligerweise an jenem Nachmittag stattfindende Beratertreffen, ihre Hilfsbereitschaft anderen gegenüber, ihre eigene »Ungeduld« –, all diese Faktoren führten zu einem so schnellen und »wunderbaren« Heilungsprozeß, wie ich wohl keinen mehr erleben werde. Aber Carol ist nicht einzigartig. Was sie erreicht hat, kann jeder von uns erreichen. Wir alle besitzen gewisse Fähigkeiten zur Trance-Arbeit. Wir alle können unserem Unbewußten »befehlen«, uns auf neue Art und Weise zu sehen. Für manche mag der Blick in die Kristallkugel aufschlußreicher sein als für andere, aber hineinschauen können wir alle. Wir alle haben einen unbewußten Heiler in uns.

III

Die Einheit von Seele und Körper

7
Jenseits des Schmerzes

TERRY YEAKEL WAR SEIT FAST DREI JAHREN MEINE PATIENTIN. Zweimal wöchentlich kam sie in meine Praxis und enthüllte nach und nach die traurige und brutale Wahrheit ihrer durch ständigen sexuellen Mißbrauch geprägten Kindheit. Um darüber hinwegzukommen, hatte Terry das Erlebte hochgradig dissoziiert. Den Schmerz, die Angst und die unfaßbare Wahrheit, daß ihre Eltern derartiges zulassen konnten, hatte sie so verdrängt, daß sie sich fast nicht mehr daran erinnerte. Auf diese Weise konnte sie sich weiterhin sicher fühlen. Diese seelische Spaltung – in zugegebenes und geleugnetes, bewußtes und unbewußtes Wissen –, bei der es sich um eine Form von Trance handelt, ist die wichtigste Bewältigungsstrategie für Opfer von chronischem Mißbrauch.

Terry hatte aufgrund der Erfahrungen aus ihrer Vergangenheit einen bissigen Humor entwickelt. Was ihr an Selbstachtung fehlte, machte sie durch ihre ausgeprägte Persönlichkeit mehr als wett. Voller Sarkasmus karikierte sie Menschen und Situationen und trug ihre mit Entschiedenheit vertretenen Überzeugungen so vehement und theatralisch vor, als gelte es, eine sie umringende Reporterschar zu beeindrucken. Oft steckte sie mich mit ihrem spontanen, rauhen Lachen an, und im Verlauf von aberhundert Sitzungen, in denen ich sie immer besser kennenlernte, erwarben wir große Achtung voreinander.

Während dieser Jahre war es uns Schritt für Schritt gelungen, die schützende Trance, mit der sich Terry umgab, zu durchdringen und ihr viele von ihr geleugnete Erfahrungen wieder bewußt zu machen, so daß sie sich mit ihnen auseinandersetzen und sie überwinden konnte. Aber ironischerweise sollte sich während eines kleinen Schlenkers im Verlauf unserer Therapie ausgerechnet Terrys Fähigkeit, Erlebtes abzuspalten, ein weiteres Mal als Schutz erweisen, denn mit ihrer Hilfe konnte sich Terry, die allergisch auf chemische Betäubungsmittel reagierte, ohne Narkose einer fünfstündigen Operation unterziehen.

Es war ein heißer Tag im Juni, als Terry, nervöser und erregter als sonst, in meiner Praxis erschien. Unbehaglich rutschte sie mit ihrem übergewichtigen Körper auf dem Stuhl hin und her, ihre dunklen Augen wichen meinem Blick aus, und ihr rundes, volles Gesicht schien stärker gerötet als sonst. Ich führte ihr Unbehagen auf die Probleme, die wir in den vorangegangenen Sitzungen angesprochen hatten, zurück und war daher überrascht, als sie mitten in der Sitzung plötzlich herausplatzte: »Ich möchte Sie um einen Gefallen bitten.«

»Um welchen?« fragte ich und überlegte, was sie wohl auf dem Herzen haben könnte.

»Ich muß operiert werden. Ich habe ein Geschwür. Hier...« Sie berührte den rechten Kiefer. »Und bei der Hypnoanästhesie brauche ich Ihre Hilfe.«

Ich musterte ihr Gesicht, als sähe ich es zum ersten Mal: Die schmalen und wohlgeformten, wie immer karminrot geschminkten Lippen, die feingeschwungene Nase und die tiefliegenden Augen mit den langen Wimpern, die so gar nicht zu den Pausbacken und dem wulstigen Hals zu passen schienen, erweckten den Eindruck, als hätte ein Bildhauer aus einem Tonklumpen sorgfältig die zartesten Gesichtszüge herausgemeißelt, sich dann aber, noch vor Vollendung seines Werks, gelangweilt wieder davon abgewandt. Ich mußte zugeben, daß bei Terrys fleischigen Wangen ein Tumor tatsächlich nicht so leicht auffallen würde.

»Das tut mir leid für Sie.« Ich war aufrichtig betroffen, denn ich wußte, welche Ängste diese Vorstellung bei Terry auslösen mußte. Erst vor zwei Jahren war es bei ihr während einer Operation – als Reaktion auf die Betäubungsmittel – zu einer lebensbedrohlichen Verengung der Luftröhre gekommen. Und heute wie damals rief die Aussicht, in völlig hilflosem Zustand von einem männlichen Arzt aufgeschnitten und wieder zugenäht zu werden, schmerzhafte Erinnerungen an die Vergangenheit in ihr wach. »Ich helfe Ihnen gern, Terry. Selbstverständlich können wir über eine Hypnoanästhesie sprechen. Sie sollte eigentlich machbar sein, allerdings bräuchten wir ein paar Sitzungen, um uns darauf vorzubereiten. Wir könnten mit Ihrem Arzt sprechen...«

»Nicht nötig, ich habe schon mit ihm gesprochen. Er ist einverstanden.«

»Sie haben schon mit ihm gesprochen?« Daß Terry mit dem Chirurgen gesprochen hatte, bevor sie mich konsultierte, kam mir seltsam vor. Unsere Beziehung war eng und vertraut, und normalerweise weihte Terry mich in ihre Pläne ein.

»Wir mußten einen Termin vereinbaren...«

»Oh?« Sofort wurde ich hellhörig. »Wann soll die Operation stattfinden?«

»Am Dienstag.«

»Am Dienstag!« Dienstag war in vier Tagen. Ich versuchte meine Bestürzung zu verbergen. »Warum so plötzlich?«

Niedergeschlagen zuckte sie mit den Schultern, und da begriff ich: Terry wußte zwar bereits seit einiger Zeit von der bevorstehenden Operation, hatte sie aber, wie sie es auch sonst mit unangenehmen Wahrheiten tat, verdrängt.

Nun kam allmählich die ganze Wahrheit heraus. Schon seit mindestens einem Jahr wucherte das Geschwür in Terrys Gesicht. Bereits vor Monaten hatte der Arzt sie gedrängt, es entfernen zu lassen – eine Biopsie hatte ergeben, daß es sich um eine gutartige Geschwulst handelte; problematisch war jedoch, daß sie immer noch wuchs –, doch Terry hatte sich geweigert. Man hatte sie, wie sie sagte, schon »zu oft aufgeschnitten«, und keinesfalls würde sie sich noch einmal »unters Messer begeben«. Falls sich außerdem die Biopsie als falsch und die Geschwulst als bösartig herausstellen sollte, wollte Terry es zumindest nicht wissen. Folglich war der Tumor weiter gewachsen, und erst als er diese Woche auf einen Gesichtsnerv zu drücken begann, hatte sich Terry mit dem Gedanken an die Operation abgefunden.

Und jetzt brauchte sie, wegen ihrer Allergie, eine Hypnoanästhesie.

Es fiel mir schwer, ruhig zu bleiben. Zwar hatte ich bei verschiedenen Zahnoperationen, natürlichen Geburten und einem Kaiserschnitt bereits hypnotische Anästhesien vorgenommen, doch Terrys Fall stellte eine weitaus größere Herausforderung dar. Wie Terry mir erklärte, würde der Chirurg die Haut auf beiden Gesichtshälften abschälen, die darunterliegenden Schichten loslösen, die Geschwulst von den empfindlichen Gesichtsnerven abschaben und Terrys Gesicht schließlich wieder zunähen. Die Operation würde fünf Stunden dauern – vier Stunden länger als jeder meiner früheren Fälle. Und während die anderen Operationen bei posthypnotischer Suggestion stattgefunden hatten – ich hatte im voraus mit den Patienten geübt, sie dann in meiner Praxis hypnotisiert und ihnen Suggestionen gegeben, die sie während der Prozedur befolgen sollten –, würde die Hypnoanästhesie bei Terry im Krankenhaus erfolgen. Wir müßten nicht nur auf die ruhige, abgeschirmte Umgebung, in der ich zu arbeiten gewohnt war, verzichten, sondern auch auf die für eine Hypnosebeziehung erforderliche ausschließliche Interaktion zwischen Therapeut und Patient. Würden Terry und ich überhaupt in der Lage sein, eine Trance über fünf lange Stunden aufrechtzuerhalten? Bei soviel Ablenkung um uns herum? Würden nicht meine eigene Aufregung und meine Ängste meine Konzentration ablenken und unsere Beziehung gefährden?

Und nicht zu vergessen, Terrys eigene Angst. Da die Situation traumatische Erinnerungen an ihre Vergangenheit auslösen konnte, würde ich sie psychisch betreuen, in Sicherheit wiegen und vor und während des Geschehens abschirmen müssen.

Konnten wir uns in der viel zu kurzen Zeit, die uns noch verblieb, angemessen auf diese Anforderungen vorbereiten? Normalerweise benötigte ich zur Vorbereitung eines derartigen Vorgangs mehrere Sitzungen. Ich würde Terry veranlassen, durch Gespräche mit dem Chirurgen die einzelnen Schritte der Operation kennenzulernen, damit wir uns Suggestionen, die auf ihre spezielle Situation zugeschnitten waren, überlegen konnten. Ich würde mich persönlich mit dem Operationsteam unterhalten und erklären, wie beeinflußbar Terry sein und wie wörtlich sie jedes Wort auffassen würde, weshalb sich alle Beteiligten vor unbedachten Äußerungen hüten mußten. Wir würden im Geist vorher alles durchspielen, damit sich Terry bei der eigentlichen Operation sicher fühlte. Aber nun blieb uns nicht mehr genügend Zeit, irgend etwas von alledem richtig vorzubereiten.

Ich überdachte kurz die Situation. Zweifellos war Terry aufgrund ihrer zahlreichen Hypnoseerfahrungen in der Lage, sich in den für eine derartige Aufgabe unerläßlichen tiefen Trancezustand versetzen zu lassen. Außerdem bestand zwischen uns ein solches Vertrauensverhältnis, daß es uns eigentlich gelingen mußte, die erforderliche Hypnosebeziehung aufzubauen. Wenn ich früh genug im Krankenhaus eintraf, konnte ich vorher mit dem Operationsteam sprechen. Und wenn ich vor der Operation eine Stunde mit Terry zubrachte, konnte ich die Trance einleiten und hatte noch genügend Zeit, ihr weitergehende Suggestionen zur Schmerzkontrolle, Angstbewältigung und Heilung zu geben ... Es könnte gelingen, beschloß ich. Es mußte!

Also versprach Terry, vor der Operation ein Gespräch zwischen dem Operationsteam und mir zu organisieren, und ich vereinbarte mit ihr, daß wir uns am Dienstagmorgen um sechs Uhr im Wartezimmer des Krankenhauses treffen würden.

Bei meiner Ankunft war das Wartezimmer leer. Ich meldete mich bei der Schwester am Empfang. Sie wußte nichts von Terrys Hypnoanästhesie.

»Ist das Operationsteam hier? Wir sollten uns vorher treffen.«
»Davon weiß ich nichts.«
»Ist Mrs. Yeakel da?«
»Ja, sie wird gerade vorbereitet.«
»Aber ich bin ihr Therapeut«, erklärte ich und versuchte, trotz der Tatsache, daß sich unsere Pläne gerade in Luft auflösten, ruhig zu bleiben. »Ich muß sie auf die Hypnoanästhesie vorbereiten.«
»Es tut mir leid, aber die Patientin wird gerade auf die Operation vorbereitet, und dabei sind keine Besucher zugelassen.«

Wiederholt erklärte ich ihr die Lage, und damit ich endlich Ruhe gab, erklärte sich die Schwester schließlich dazu bereit, Terry ins Wartezimmer zu bringen.

Blaß und unbeholfen erschien Terry in ihrem Operationskittel.

»David!« rief sie aus, sichtlich erleichtert, mich zu sehen. Ich legte ihr den Arm um die Schulter und führte sie zu zwei Stühlen in einer Ecke, wo wir uns für einen Moment hinsetzten. Gerade als wir um einen ungestörten Raum bitten wollten, erschien eine Schwester und teilte uns mit, daß die Besuchszeit zu Ende sei.

»Er ist kein Besucher, er ist mein Therapeut.«

»Er kann sie später sehen.«

»Nein, er muß sich um mich kümmern, bevor ich hineingehe.«

»Es tut mir leid«, die Schwester lächelte herablassend. »Aber der Doktor hat uns keine besonderen Anweisungen gegeben, und ich muß Sie jetzt wieder zurückbringen.«

Terry sah mich erschrocken an.

»Ich bin sicher, Dr. Radke kann das Mißverständnis aufklären, wenn Sie mit ihm sprechen«, sagte ich. »Wir haben alles mit ihm besprochen. Ich werde bei ihrer Operation dabeisein.

Die Schwester schaute mich skeptisch an. »Ich muß sie nun zurückbringen. Aber ich werde es mit dem Doktor klären.« Und damit führte sie Terry hinaus. Ich hörte nur noch die schlappenden Sandalen und Terrys wiederholte Erklärungsversuche.

Zehn Minuten später erschien die Schwester wieder. »Sie können sie fünf Minuten sehen«, schnauzte sie mich an, »danach müssen auch Sie sich für die Operation fertigmachen. Es geht gleich los.«

Ich spürte, wie die Wut in mir hochstieg. *Ihr wollt meine Hilfe*, dachte ich. *Eure Patientin reagiert allergisch auf Betäubungsmittel. Ich bin hier, um für eine sichere Alternative zu sorgen, doch dann stellt ihr euch quer!* Es war die gleiche Wut, die ich beim Umgang mit allopathischen Medizinern verspürt hatte: Noch in den siebziger Jahren wußte diese Gruppe so wenig über Hypnotherapie, daß sie mich nicht als Fachmann, sondern als Spinner betrachtete. Aber dem Ärger folgte sofort die Erkenntnis, daß Wut kontraproduktiv wirken mußte. Wenn ich mich aufregte oder mich in meinen Ärger gegen das Krankenhaus hineinsteigerte, gefährdete ich nur Terrys Behandlung. Statt dessen beschloß ich, ihnen eine Lektion zu erteilen: Ich würde ihnen den Nutzen der Hypnotherapie – und meine Professionalität – *beweisen*, indem ich meine Aufgabe hervorragend erfüllte. Also biß ich mir auf die Zunge, dankte der Schwester und ließ mir den Weg zum Vorbereitungsraum zeigen.

Terry lag auf einer Trage; ein weißes Laken bedeckte sie vom Hals abwärts. An der Haltung ihrer Hände – sie lagen seitlich am Körper mit den Handflächen nach oben – konnte ich erkennen, daß sie bereits versuchte, sich zu hypnotisieren, denn diese meditationsähnliche Stellung nahm sie gelegentlich auch in meiner Praxis ein. Ich sah jedoch, daß ihre Anstrengungen vergeblich waren. Ihre Augenlider flatterten, sie atmete flach, und ihr Gesicht war angstverzerrt.

»Terry«, sagte ich sanft.

Sofort schlug sie die Augen auf und wandte mir den Kopf zu.

»Sie haben richtig Angst, nicht wahr? Ich wette, Sie fragen sich, ob uns noch genügend Zeit bleibt. Keine Sorge, wenn wir sofort beginnen, haben wir ausreichend Zeit. Jede Menge Zeit, um Ihr Unbewußtes vorzubereiten. Wir werden's schon schaffen.«

Terry nickte, das Flattern ihrer Augenlider hatte etwas nachgelassen. Da ich ausdrückte, was sie empfand, fühlte sie sich verstanden. Damit hatte ich bei ihr eine *Ja-Haltung* hervorgerufen – *ja, Sie verstehen mich!* –, die es ihr erleichtern würde, sich von meinen folgenden Worten allmählich in Trance versetzen zu lassen.

»Jetzt ist alles wieder gut, Terry. Hören Sie mir einfach nur zu. Alles andere ist unwichtig. Sie sind jetzt hier bei mir, hören zu, atmen ganz ruhig und wollen, daß endlich aller Streß und Schmerz, alle Sorgen und Ängste von Ihnen abfallen. Und weil Sie nur den Wunsch haben, *alles andere weit wegzuschieben*, können Sie sich ganz auf meine Stimme und auf das, was ich sage, konzentrieren und *jetzt* in eine Trance eintreten.« Diese Worte hatte ich zuvor bereits unzählige Male zu Terry gesagt. Da sie mit dieser Vorgehensweise vertraut war und es die momentane Situation verlangte, fiel sie fast sofort in eine mittlere Trance. Nun mußte ich diesen Trancezustand vertiefen und stabilisieren. Damit die Anästhesie nicht unterbrochen wurde und Terry auch unerwartete Anforderungen bei der Operation bewältigte, damit sie mit dem Arzt in Verbindung blieb, während sie sich gleichzeitig in ihr »Inneres« zurückzog, und damit sie den Belastungen der Situation gewachsen war, brauchte Terry eine sehr, sehr tiefe Trance. »Mit jedem Atemzug spüren Sie, wie Sie sich mehr und mehr entspannen und sich völlig gehenlassen...« Während ich langsam von eins bis zwanzig zählte, wurden Terrys Atemzüge langsam und gleichmäßig – Anzeichen dafür, daß sich ihre Trance vertiefte.

Doch mein Unbehagen wurde dadurch nicht gelindert. Am Vortag hatte ich mir kurz überlegt, wie ich die Hypnose herbeiführen wollte. Nach allem, was ich über Terry wußte – über ihre Persönlichkeit, ihre Geschichte, ihre Gefühle sich selbst und der Operation gegenüber –, mußte ich sechs entscheidende Punkte berücksichtigen: erstens, Terrys Beziehung zu mir (sie mußte in einer engen Hypnosebeziehung zu mir bleiben, damit meine Stimme sie während der Operation führen und ermutigen konnte); zweitens, ihr Verhältnis zu ihrem Ich und ihrem Körper (trotz Preisgabe der bewußten Kontrolle über ihren Kopf mußte sie das Gefühl haben, beteiligt zu sein, und durfte sich keinesfalls machtlos fühlen); drittens, ihre Beziehung zum Operationsteam (sie mußte dessen Sachkenntnis vertrauen und in der Lage sein, zu hören und gegebenenfalls zu befolgen, was ihr gesagt wurde); viertens, die Schmerzbewältigung (ich mußte ihr helfen, den Schmerz von sich fernzuhalten, indem ich ihn betäubte und ablenkte, so daß sie ihn als Hitze, Kälte oder Druck wahrnahm); fünftens, die Bewältigung ihrer Ängste (indem ich zu ihrer Entspannung beitrug und ihr das Gefühl gab, daß sie gut aufgehoben und in fähigen Händen war); und sechstens, den Heilungsprozeß (indem ich Terry vermittelte, daß ihr Unbewußtes dank seiner Erfahrung und Weisheit den Schnitt rasch und sicher verheilen ließ). Nach diesen Überlegungen hatte ich, im Vertrauen darauf, daß mir in den folgenden Stunden etwas einfallen würde und ich, wenn ich Terry im Krankenhaus traf, die passenden Worte fände, die Angelegenheit vorläufig abgehakt. Auch jetzt zweifelte ich eigentlich nicht daran, die richtigen Worte zu finden, aber mir fehlte einfach die Zeit, um sie Terry mitzuteilen! In den uns verbleibenden fünf Minuten hatte ich gerade noch genügend Zeit, ihr diese Suggestionen in Grundzügen zu vermitteln.

»So... jetzt liegen Sie bequem... Weil Sie möchten, daß alles angenehm und erfolgreich verläuft, weil Sie so schnell wie möglich gesund werden möchten, weil Sie dem Team vertrauen und wollen, daß es unter den besten Bedingungen arbeiten kann, werden Sie auf diese Stimme reagieren können und alles mit Leichtigkeit schaffen... Und weil Sie Vertrauen haben, macht es Ihnen nichts aus, dem Arzt ihren Körper vom Hals aufwärts anzuvertrauen, während der restliche Körper vom Hals abwärts ganz in Ihrer Obhut bleibt...« Da diese Frau als Kind mißhandelt worden war, war es besonders wichtig, ihr zu versichern, daß sie die Kontrolle über ihren Unterleib behielt.

»Aber es besteht wirklich nicht der geringste Grund zur Sorge, denn Ärzte und Schwestern sind bestens gerüstet, sich um alles zu kümmern, während Sie sich ausruhen... Sie brauchen nichts anderes zu tun, als sich immer mehr zu entspannen und sich einer großen Ruhe zu überlassen, während Sie auf einer anderen Ebene die mächtigen Heilkräfte Ihres Körperbewußtseins sammeln... und sich auf morgen freuen, wenn Sie schon längst auf dem Weg der Besserung sind... Und vom Verheilen werden Sie kaum etwas spüren, die Heilkraft Ihres Körpers wird zu den Wunden fließen und dazu beitragen, daß sie glatt und narbenlos verheilen, so daß man schon bald kaum noch sehen kann, daß Sie überhaupt operiert wurden... Denken Sie jetzt einfach nur noch an den morgigen Tag... Geben Sie sich einfach dem Klang dieser Stimme hin, und lassen Sie sich treiben... und während Sie sich treiben lassen und sich ganz entspannt fühlen, können Sie, falls nötig, den Doktor hören und sehen und auf ihn reagieren.«

Für den Fall, daß der Arzt Terry während der Operation Anweisungen würde geben müssen, war es wichtig, daß auch zwischen den beiden eine Hypnosebeziehung bestand; aufgrund meiner Erfahrungen gab ich Terry allerdings eine Suggestion, die all das herausfiltern würde, was sie stören könnte. Bei meiner ersten Hypnoanästhesie während einer Zahnoperation hatte der Zahnarzt irgendwann verwundert ausgestoßen: »Erstaunlich! Das müßte eigentlich weh tun!«, woraufhin die Patientin, beeinflußt von seinen Worten, fast vom Stuhl gesprungen wäre. Der Zahnarzt hatte mich in meiner Praxis anrufen müssen, damit ich sie wieder beruhigte, ihr die Angst und das Gefühl, »betrogen« worden zu sein, nahm und sie anschließend über Telefon erneut in Trance versetzte.

»Während der Operation werden Sie – auch wenn ich nicht mit Ihnen spreche – meine Gegenwart deutlich spüren. Und wenn ich mit Ihnen spreche, werden Sie ganz offen und empfänglich für die Suggestionen sein und wissen, daß sie Sie beruhigen und Ihnen helfen... Jetzt werden Sie gleich merken, daß Sie hinausgerollt werden, und dabei werden Sie sich noch tiefer sinken lassen, an einen Ort intensiver Ruhe... und sobald Sie merken, daß die Trage anhält und Sie die Ärzte und Schwestern um sich spüren, werden Sie im Vergleich zu jetzt doppelt so tief versunken sein und sich kaum noch für das, was um Sie herum geschieht, interessieren, sondern sich statt dessen treiben lassen und vielleicht etwas Schönes träumen.«

Als ich die Trance induziert hatte und Terry entspannt auf der Trage lag, ging ich in den Vorbereitungsraum des Operationsteams, um mir die Hände für die Operation zu schrubben. Eigentlich hatte ich diese Zeit nutzen wollen, um mit dem Team zu sprechen – um zu erläutern, was ich vorhatte, um vor unbeabsichtigten Suggestionen zu warnen, um zu erklären, wie empfänglich Terry für die Stimmung der Beteiligten sei, weshalb unter allen Umständen Ruhe bewahrt werden müsse –, doch als ich in den Vorbereitungsraum kam, waren Ärzte und Schwestern schon verschwunden. Also wusch ich mich eilig mit Hilfe einer Schwester und zog Mundschutz und Kittel über.

Beim Hinausgehen erblickte ich mich im Spiegel über dem Waschbecken, und plötzlich, als ich meinen Blick über dem Mundschutz auffing, fand eine Verwandlung in mir statt. Ich war nicht länger der Hypnotherapeut David Calof, sondern wurde statt dessen zu Dr. Kildare – einem der heldenhaften Ärzte, die ich in meiner Jugend verehrt hatte. Inmitten des strahlenden Lichtes und der glänzenden Kacheln veränderte sich meine gesamte Wahrnehmung. Als sei ich tatsächlich Chirurg, packte mich die Erregung meiner lebenserhaltenden Arbeit und die Herausforderung meines bevorstehenden aufsehenerregenden Falles, und ich stellte mir bereits die Ehrungen vor, die meinen Erfolg krönen würden. Mit erhobenen Armen schritt ich in den

Operationssaal, um mir Handschuhe über die geschrubbten Hände streifen zu lassen.

Was mir als erstes entgegenschlug, war der scharfe Geruch eines Desinfektionsmittels, der mir stechend in die Nase stieg, und augenblicklich stürzte mein Phantasiegebilde in sich zusammen. *Ich bin kein Dr. Kildare*, merkte ich, *ich bin David. Und ich nehme an der ersten Operation meines Lebens teil.* Wie eine Woge schlug die bange Erkenntnis über mir zusammen, daß ich mich, um meinen Ängsten zu entrinnen, in meine Phantasie geflüchtet hatte! Ich schüttelte den Kopf, um zur Besinnung zu kommen, und sah mich im Operationssaal um.

Terry saß zurückgelehnt auf einem Operationsstuhl in einem hellen Lichtkreis in der Mitte des Raumes. Ihre Augen waren halb geschlossen, und ihr Gesichtsausdruck wirkte verträumt, als hätte sie gerade 40 Milligramm Valium geschluckt. Eine Krankenschwester war damit beschäftigt, Terrys Kopf mit Sandpäckchen zu umgeben, um zu verhindern, daß sie das Gesicht bewegte. Eine zweite Schwester ordnete Operationsbesteck auf einem Tablett. Das Klappern und Klirren des Metalls klang wie eine rhythmische Untermalung der gedämpft aus verborgenen Lautsprechern ertönenden Bachfuge. Hinter Terrys Stuhl unterhielten sich zwei Männer in Kitteln und Mundschutz. Einer von ihnen blickte auf, als ich eintrat.

»Sind Sie der Hypnotiseur?« fragte er.

»David Calof«, antwortete ich, »Hypnotherapeut.«

»Dr. Radke. Sehr erfreut.«

Ich wollte schon die Hand ausstrecken, als mir einfiel, daß wir ja steril waren.

Ich hatte mir im voraus die Begegnung mit dem Chirurgen ausgemalt. Wie ich gehört hatte, war er ein älterer Herr mit einer sehr angesehenen Praxis – das Gegenteil von mir, einem langhaarigen, neunundzwanzigjährigen »Alternativ-Heiler«. Was er wohl davon halten würde, daß ich jetzt zu seinem Team gehörte?

Dr. Radke nickte unverbindlich. »Das ist Dr. Chan, unser Anästhesist. Er wird die lebenswichtigen Funktionen überwachen.« Er deutete mit der Hand auf eine Batterie von Sauerstoffmasken, Schläuchen, Flaschen und Meßgeräten. »Wir haben alles für eine Narkose vorbereitet ... falls wir eine brauchen.«

Tatsächlich stach in diesem Moment eine Schwester die Nadel einer Kanüle in eine Vene an Terrys Hand und klebte sie fest. Terry hatte es abgelehnt, vor der Operation ein Beruhigungsmittel zu nehmen, denn sie brauchte all ihre Konzentration, um in Trance zu bleiben, und ein einschläferndes Beruhigungsmittel konnte dabei hinderlich sein. Trotzdem war man darauf vorbereitet, ihr notfalls eines zu verabreichen.

Ich erkannte, in welch paradoxer Situation der Chirurg steckte. Wegen Terrys Allergie hoffte er natürlich, daß die Hypnose gelänge, gleichzeitig war er jedoch – als Laie auf diesem Gebiet – begreiflicherweise äußerst skeptisch.

»Sind wir soweit?« fragte er und schaute der Reihe nach die Schwestern, den Anästhesisten und schließlich mich an. Seine Stimme klang unbeschwert, als würde er statt einer schwierigen Operation ein Golfspiel in Angriff nehmen.

Wir alle nickten.

»Gut, fangen wir an.« Er winkte mich neben Terrys Stuhl. Das Team stellte sich auf die andere Seite.

»Terry«, sagte ich sanft. »Ich bin jetzt da. Können Sie mich hören?«

»Ja.« Terrys Stimme klang sanft und gedämpft.

»Liegen Sie auch bequem?«

»Ja.«

»Gut. In Ordnung. Ich denke, nun sollten Sie noch ein wenig tiefer versinken. Sind Sie bereit?«

»Ja.«

»Sie machen das wunderbar... und jetzt, wo ich wieder bei Ihnen bin, können Sie Ihre Konzentration *noch mehr nach innen richten*... immer tiefer, bis Sie ganz entspannt sind... Lösen Sie sich von jeglicher Spannung, die Sie noch irgendwie und irgendwo spüren... Sie brauchen sich nur auf das immer stärker werdende Wohlgefühl der Geborgenheit zu konzentrieren, und während ich mit Ihnen spreche, lassen Sie sich immer tiefer sinken... Und wenn Sie bereit sind anzufangen, hebt sich automatisch ein Finger Ihrer linken Hand und gibt uns ein Zeichen. Ich warte ganz in Ruhe auf Ihre Antwort.« Indem ich Terry um ein Handzeichen bat, erübrigte sich eine gesprochene Antwort, die möglicherweise die Trance hätte abschwächen können.

Nach einer Weile zuckte Terrys linker Zeigefinger hoch.

»In Ordnung.« Ich nickte dem Arzt zu, daß er anfangen könne. Die Schwester reichte ihm ein Skalpell, und er beugte sich über Terrys Gesicht. Behutsam berührte er mit der stumpfen Kante des Skalpells ihren Kiefer. »Können Sie das spüren?«

Sofort relativierte ich das Gesagte: »Sie spüren nur einen leichten Druck, nicht wahr?« Schmerzbewältigung in der Hypnoanästhesie besteht nicht darin, dem Patienten zu erklären, der Schmerz sei nicht vorhanden – was unglaubwürdig wäre –, sondern man suggeriert ihm, daß er ihn als etwas anderes – als Druck, Ziehen, Hitze oder Kälte – wahrnimmt. Dagegen hatte der Chirurg Terry suggeriert, sie könne etwas *spüren*, was bedeutete, daß sie Schmerz empfinden könne. Indem ich Terrys Gefühl als Druck bezeichnete, wollte ich diese Suggestion abwandeln.

Terrys Antwort bestand in einem schwachen Murmeln. Noch schien sie sich wohlzufühlen.

Der Chirurg berührte sie erneut, diesmal mit der Schneide seines Instruments. »Und wie ist es jetzt?«

Wieder schaltete ich mich ein: »Sie spüren wieder einen leichten Druck, aber sonst nichts, stimmt's?«

»Nnn.«

Er berührte sie ein drittes Mal, wobei er diesmal die Haut leicht anritzte. Ein leuchtend roter Blutstropfen erschien. »Geht das?«

»Ja.« Terrys Stimme klang schläfrig.

Der Chirurg sah mich kurz an.

»In Ordnung. Jetzt mache ich mal einen kleinen Test.« Wieder berührte er ihren Kiefer mit dem Skalpell. Diesmal machte er einen schwachen, knapp drei Zentimeter langen Schnitt. Winzige Blutstropfen quollen aus der Wunde.

Terry rührte sich nicht.

Der Chirurg zog leicht die Augenbrauen in die Höhe und warf der Schwester einen Blick zu. »Gut«, sagte er mit leicht zweifelnder Stimme. »Wie ich sehe, machen Sie das ausgezeichnet. So, uh! Sind Sie bereit?«

»Ja.«

»Gut...«, er holte tief Luft und blickte rasch zur Schwester.

»Dann fangen wir an.« Sein Gesicht sprach Bände, als er sich über Terrys Kopf beugte.

»Das ist für Sie das Zeichen, Terry, sich einfach noch tiefer sinken zu lassen und ganz zuversichtlich zu sein...« Der warme und beruhigende Ton meiner Stimme schwächte die Worte des Chirurgen ab. Mit seinem »Fangen wir an« hatte er Terry vor dem bevorstehenden Beginn gewarnt – eine Warnung, durch die er Terrys Aufmerksamkeit vielleicht nach außen lenken konnte. Ich mußte dieser Warnung entgegenwirken, sie in das Signal, noch tiefer zu sinken, *umwandeln*.

Terry atmete tief ein und ließ die Luft mit einem langsamen, gleichmäßigen Brummen wieder ausströmen. Als sie ausgeatmet hatte, legte der Chirurg den rechten Zeigefinger auf Terrys Kiefer und zeichnete vom oberen Ende des Ohres bis zum Kinn die Linie ab, an der er den Schnitt plante.

Plötzlich wurde mir das Außergewöhnliche seiner Situation bewußt. Die Hypnoanästhesie wirkte – und nun mußte er mir vertrauen, genau wie Terry mir und ihm vertraute. Wir drei befanden uns jetzt in einem Kreis wechselseitiger Abhängigkeit, und der Angelpunkt dieses Kreises war das Stadium von Terrys Hypnose.

»Wir werden mit einem schönen kleinen Schnitt, genau hier am Ohr beginnen...«, murmelte der Chirurg, mehr zu sich selbst als zu Terry.

»Ja«, mischte ich mich sofort ein, »aber darum brauchen Sie sich jetzt eigentlich gar nicht zu kümmern, denn Sie sind in sicheren Händen. Das Wichtigste ist, daß Sie schon jetzt Kräfte fürs Gesundwerden sammeln...«

Der Chirurg warf mir einen flüchtigen Blick zu, als wolle er die Absicht hinter meinen Worten verstehen. Ich hatte das Gefühl, daß er schließlich begriff, weshalb ich *seinen* alles andere als hilfreichen Suggestionen entgegenwirkte. Dann wandte er seine Aufmerksamkeit wieder Terry zu und blieb während der restlichen Operation die meiste Zeit stumm. Kurz darauf setzte er das Skalpell unterhalb von Terrys Schläfe an, spreizte die Haut mit Daumen und Zeigefinger seiner anderen Hand und drückte die Klinge in das gespannte Fleisch. Das austretende Blut leuchtete im Licht des Operationssaals hell auf Terrys Backe.

Auf einmal überkam mich eine Welle der Übelkeit und Angst. Es lag nicht am Blut: Ich hatte schon öfter tiefe Wunden gesehen, und der Anblick von Blut hatte mir nie etwas ausgemacht. Wahrscheinlich kam alles zusammen: Mir wurde plötzlich vollkommen klar, wo ich war, was geschah, und welche Verantwortung ich trug. Was wäre, wenn ich versagen würde? In banger Vorahnung malte ich mir die Folgen aus: Terry würde hysterisch werden, bei vollem Bewußtsein mit aufgeschnittenem Gesicht vom Stuhl springen...

Zwar sagte mir mein Verstand, daß es dazu nicht kommen würde. Selbst wenn mir etwas zustieße, würde Terry, allein schon aus Eigeninteresse, in Trance bleiben. Doch ich war nicht in der Lage, die Stimme der Vernunft zu hören. Das einzige, was ich wahrnahm, war meine Panik. Und als sie zunahm, merkte ich, daß meine Augen nach innen rollten und mir die Knie weich wurden. Es war, als ob von überall her Nadeln auf mich einstechen würden.

Aber so plötzlich, wie mich dieses Bild befallen hatte, löste es sich auch wieder auf. Erleichtert spürte ich, wie die Nadelstiche nachließen und meine Haut zu kribbeln begann. Und mit den Nadelstichen verschwanden auch Übelkeit und Panik. Auf einmal war mein Horizont scharf umgrenzt – ich nahm nur noch das unmittelbare Umfeld der Operation wahr. Der Raum war verschwunden, die Gerüche verflogen, das Getuschel des Teams verstummt. Alles war glasklar und ruhig. Auch innerlich hatte ich mich wieder beruhigt, meine inneren Zwiegespräche waren verklungen. Nur noch der Lichtkreis und meine Aufgabe darin existierten.

Von nun an kam mir die Operation wie ein Film vor, von dem ich wie gebannt war. Ich verfolgte die sorgfältigen Bewegungen des Arztes, als würde er statt eines menschlichen Gesichts ein anatomisches Modell aufschneiden und sezieren. Sein erster Schnitt hatte die Hautschichten durchdrungen. Jetzt steckte er ein gabelähnliches Instrument in die Öffnung und hob die Hautschichten an, wobei er das darunterliegende gelblich schwammige Fett freilegte. Unter dem Fett konnte ich purpurrote Muskelstränge erkennen.

Während der Chirurg arbeitete, hielt ich unaufhörlich einen

suggestiven Monolog. »Sie machen das prima, alles verläuft bestens... und Sie können unbesorgt und ruhig bleiben und sich einfach treiben lassen...« Ich achtete auf Terrys Atmung, die Bewegung ihrer Hände, die leichten Veränderungen ihres Gesichtsausdrucks und forschte nach Anzeichen für eine mögliche Anspannung. Wenn sie hin und wieder die Augenbrauen runzelte oder ihre Atemzüge unregelmäßig und flach wurden, gab ich ihr zusätzliche Suggestionen zur Verstärkung ihrer Versunkenheit und ihres Losgelöstseins. »Und jetzt noch tiefer... lassen Sie sich hinabsinken und alle Sorgen oder Unannehmlichkeiten vollkommen hinter sich...« Als einmal eine Schale laut gegen einen Metalltisch klirrte, bezog ich das Geräusch mit ein. »Und genau wie dieser Mißton verklingt, werden auch alle anderen störenden Empfindungen, Gedanken oder Gefühle abklingen... und dabei werden Sie daran denken, daß es nur auf Ihre Fähigkeit ankommt, sich unbesorgt von allem wegtreiben zu lassen, im Bewußtsein, daß diese Stimme Ihnen überallhin folgt, wie tief Sie auch gehen...«

Als die Haut aufgeklappt war, konnte ich darunter die Wucherungen des Tumors erkennen. Grau und teigig, von Fett und Muskeln umwoben, schien er gleichzeitig Bestandteil und Fremdkörper des gesunden Gewebes zu sein. Jetzt begann der Chirurg damit, die oberen Schichten von Terrys Gesicht abzulösen, um den gesamten Tumor freizulegen. Ich war entsetzt, mit welcher Gewalt er dabei vorging. Mit einem löffelähnlichen Instrument sägte und stemmte er das Gewebe auf, als gelte es, eine Sehne in einem Stück Hühnerbrust zu durchtrennen. Als er die Hautschichten abgelöst hatte, rollte er sie wie ein Blatt Papier vom Kieferrand zur Nase. Plötzlich stieg eine neue Welle der Angst in mir auf. Das Plastikmodell war verschwunden, und an seiner Stelle sah ich jetzt Terry auf dem Stuhl: Terry, mit ihrem ansteckenden Lachen, die mir Einblick in ihre Seele gewährt und mir ihre Vergangenheit anvertraut hatte. Und nun löste sich Terrys Gesicht buchstäblich auf. Die Gesichter, das begriff ich damals, sind es, durch die wir Menschen uns voneinander unterscheiden. Und nun war Terrys Gesicht praktisch verschwunden. Wieder gaben meine Knie nach, und ich suchte nach einem Halt.

Aber wie schon zuvor, gewann auch diesmal irgend etwas in meinem Innern die Oberhand. Vor meinen blinzelnden Augen verwandelte sich die Szene: Zwar blieben die Bilder dieselben, doch sie belasteten mich nun nicht mehr. Terry wurde wieder zum Modell und die Operation zu einem wissenschaftlichen Projekt, dem ich mit erstaunlicher Sachlichkeit beiwohnte. Erneut umgab mich ein Schutzwall, hinter dem ich mich bis zum Ende der Operation verschanzte.

Während der folgenden Zeitspanne – ich hatte jedes Zeitgefühl verloren – verlief die Operation ohne Zwischenfälle. Sorgfältig schnitt und schabte der Chirurg die Wucherung von den dünnen Nerven und Muskeln. Terry saß ruhig auf dem Stuhl. Sie schien zu schlafen und nichts zu merken. Ich redete fast unaufhörlich – in einem sanften Hintergrundgesumm aus Suggestionen.

Seit dem ersten Schnitt hatte Terry kaum geblutet. Als der Chirurg die unteren Schichten herausmeißelte, floß immer nur dann Blut, wenn er eins der winzigen Blutgefäße, die Terrys Backe versorgten, durchtrennte. Jedesmal kauterisierte er diese Stelle sofort, um die Blutung zu stillen. Als ich ihm dabei zusah, kam mir jedoch der Gedanke, daß Terry dafür eigentlich selbst sorgen könnte. Daher begann ich, als der Arzt das nächste Mal in ein Blutgefäß schnitt, zu sprechen, wobei ich die Stimme etwas hob, damit er mir zuhörte.

»Terry, ich werde Sie gleich darum bitten, daß Sie Ihre Vorstellungskraft einsetzen, um uns zu helfen. Ich möchte, daß Sie sich vor ihrem geistigen Auge vorstellen, die abgeschnittenen Enden dieser kleinen Blutgefäße zu verschließen und völlig zu versiegeln, damit die kostbare Flüssigkeit nicht herausfließt... Stellen Sie es sich ganz anschaulich vor, das Versiegeln... und tun Sie es einfach *jetzt*. Vielleicht werden Sie dabei ein angenehm kühles Gefühl an dieser Stelle spüren.« Indem sich Terry vorstellte, daß die betreffende Stelle auskühlte, würde sie ihr Blut von dem Schnitt ablenken können.

Fast noch während ich sprach, verlangsamte sich der Blutfluß. Sekunden später war er völlig versiegt. Die Schwester, die den Kauter hielt, starrte ungläubig auf die Wunde. Ihre Augen wurden glasig, als sei auch sie in Trance gefallen. Dann drehte sie sich um und schaute mich an.

Ich begegnete ihrem staunenden Blick. *Ja!* Es *ist* ein Wunder, wollte ich sagen, aber schauen Sie *Terry* an, nicht mich. *Sie* ist diejenige, die das fertigbringt.

Ich folgte dem Blick der Schwester zurück zu Terry, und plötzlich packte auch mich ein Gefühl von Ehrfurcht. Ich hatte während meines Berufslebens schon öfter erlebt, daß Patienten in einer einzigen hypnotischen Sitzung von ständigen Kopfschmerzen geheilt oder für immer von chronischen Schmerzen befreit wurden; anderen hatte ich dabei helfen können, ihre Asthmaanfälle durch Öffnen der Atemwege zu beenden oder die Blutzirkulation in den Fingern anzuregen, um dem unangenehmen Bleichwerden entgegenzuwirken, das mit dem Reynaud-Syndrom einherging. Doch obwohl psychophysiologische Phänomene für mich fast alltäglich waren, empfand ich angesichts Terrys Fähigkeit, auf Verlangen ihre Blutung zu stillen, Demut. Diese körpereigene Selbstheilungskraft und Selbstbeherrschung erschien mir so tiefgründig und schöpferisch, daß sie eine geradezu spirituelle Dimension besaß – und ich bin davon überzeugt, daß diese Fähigkeit im Innern eines jeden Menschen angelegt ist.

Über unseren Mundschutz hinweg sahen der Chirurg und ich einander in die Augen. Ich erkannte, daß er während seiner fünfunddreißigjährigen Berufserfahrung noch nie etwas Derartiges erlebt hatte. Was würde er wohl davon halten? Würde er diesen Vorfall auf irgendeine Weise in seinen medizinischen Bezugsrahmen einpassen, etwa indem er ihn einfach als merkwürdige Anekdote in den Annalen unerklärlicher Heilungen festhielt? Oder würde er die Grenzen seines Weltbilds überschreiten und dieses Ereignis Terrys Körperbeherrschung, ihrer bewußten Willenskraft sowie der Einheit von Seele und Körper zuschreiben? Für den Bruchteil einer Sekunde suchten seine Augen die meinen – und signalisierten ein Lächeln. Zum ersten Mal seit Beginn der Operation spürte ich ein Gefühl der Verbundenheit zwischen uns.

Auch im weiteren Verlauf der Operation unterband Terry weiterhin das Bluten der Wunde, wobei sie ruhig und schläfrig blieb. Mit der Präzision eines Uhrmachers löste der Chirurg den spinnwebartigen Tumor aus dem gesunden Wirtsgewebe heraus. Als er mit seinem winzigen, keilförmigen Instrument einen Nerv berührte, stöhnte Terry plötzlich auf und unternahm einen schwachen Versuch, ihm ihren Kopf zu entwinden. Eilig nickte er der Schwester zu, die daraufhin eine Novocainspritze vom Tablett nahm.

»Alles in Ordnung, wir haben eine Injektion vorbereitet«, sagte er und hielt die Nadel über Terrys Gesicht. »Wir helfen Ihnen jetzt. Sie spüren nur einen kleinen Stich.«

Sofort hob ich die Hand, um ihn zurückzuhalten. »Ja«, fügte ich hinzu, »gleich werden Sie sich wieder wohlfühlen... ja, jetzt können Sie es spüren... da kommt der Stich...«

Mit der spritzbereiten Nadel über Terrys Gesicht hielt der Arzt mitten in der Bewegung inne und sah mich an. So verstrichen einige Sekunden, die mir wie Stunden erschienen, und in jenen Momenten ließen seine Augen erkennen, was in seinem Innern vorging. Sie offenbarten mir all seine Gefühle: seine anfängliche Verwirrung, dann sein Verständnis und schließlich seine Unschlüssigkeit. Und mit einer Stimme, die tief und beruhigend wie gleichmäßig strömender Regen klang, pflichtete er mir schließlich bei. »Das stimmt«, sagte er. »Das war schon alles. Sie spüren schon die Wirkung, nicht wahr?«

Fast sofort entspannte sich Terry wieder. Ihre Atemzüge wurden tiefer und gleichmäßiger. Die Falten auf ihrer Stirn verschwanden. Eine Weile musterte der Chirurg mit zusammengekniffenen Augen und gerunzelten Brauen aufmerksam Terrys Gesicht, da er sich offenbar vergewissern wollte, daß sie tatsächlich so schmerzfrei war, wie sie wirkte. Dann gab er der Schwester wortlos die aufgezogene Spritze zurück.

Höchst konzentriert beugte er sich erneut über Terrys Gesicht. Als er die letzten Reste des Tumors entfernte, begannen einige Kapillargefäße zu bluten. »Jetzt können Sie diese Äderchen einfach schließen«, erklärte ich ihr. »Stellen Sie sich einfach vor, daß Sie die Enden versiegeln.«

Für ein paar Minuten hörte es auf zu bluten, dann fing es wieder an.

»So, meine Liebe, jetzt müssen wir die Blutung aber stillen.«

Überrascht sahen die Schwestern und ich auf. Es war der Chirurg, der gesprochen hatte. Doch ohne unsere Blicke zu erwidern, blieb er mit gesenktem Kopf völlig in seine Arbeit vertieft, als könne er an seinem Benehmen nichts Seltsames entdecken. Sekunden später hörte es auf zu bluten, und immer wenn es wieder anfing, forderte von nun an stets der Chirurg Terry auf, die Blutung zu unterdrücken.

Sobald der Chirurg die Geschwulst restlos aus Terrys Backe entfernt hatte, zog er die Haut straff und nähte sie mit mehreren fortlaufenden Stichen vor Terrys Ohr wieder an. An der Naht stand ein etwa zweieinhalb Zentimeter breiter Hautlappen über, den er rasch abschnippelte. Nun war Terrys Gesicht allerdings unsymmetrisch: Die rechte Hälfte war neu gestrafft, während die linke rund und pausbäckig wie zuvor war. Ohne zu zögern wandte sich der Chirurg Terrys linker Gesichtshälfte zu und machte am dortigen Kiefer einen entsprechenden Schnitt. Mit kräftigem Zerren zog er an der Haut, bis die linke Gesichtshälfte in etwa der rechten entsprach. Nachdem er die gestraffte Haut vor dem linken Ohr wieder angenäht hatte, stand auch hier ein zweieinhalb Zentimeter breiter Hautlappen über. Nun stellte er sich genau vor Terry und verglich die beiden Gesichtshälften miteinander. Nachdem er an beiden Seiten kleinere Korrekturen vorgenommen hatte, schnitt er die überstehende, vor den Ohren hochgezogene Haut ab und schloß die Wunden mit winzigen inneren Stichen. Die Oberfläche bedeckte er mit Operationsband, um die oberste Hautschicht abzudichten.

Sofort hatte Terry ein neues Gesicht bekommen. Die Fettpolster an Kinn und Kiefer waren verschwunden und durch eine einzige feste und glatte Rundung ersetzt. Vor dieser Rundung zeichneten sich Terrys Gesichtszüge klar umrissen und grazil ab. Mir verschlug es beinahe den Atem. Es war Terry – aber etwas Wesentliches hatte sich verändert. Mir schien, als habe sich ein Bildhauer erneut seinem Werk zugewandt – diesmal, um es zu vollenden. Durch sorgfältiges Wegmeißeln der äußeren Gesteinsschichten hatte er eine Schönheit enthüllt, die niemand in dem Stein erwartet hätte.

Obwohl das unerwartete Facelifting ohne Frage Terrys Aussehen erheblich verbessert hatte, empfand ich Wehmut. *Ich werde nie mehr das vertraute Gesicht wiedersehen,* dachte ich. *Wie wird Terry auf die Veränderung reagieren?* Die Vorstellung, die wir selbst von uns haben, ist aufs engste mit unserem Spiegelbild verknüpft. Wie würde sich diese äußere Veränderung auf ihr inneres Ich auswirken?

Als Dr. Radke Terry anschließend mit Mullbinden das Gesicht umwickelte, gab ich ihr postoperative Suggestionen. »Schon während Sie die weichen Mullbinden auf Ihren Wangen spüren, läßt Ihr Körper bereits alles tüchtig verheilen... und weil Sie schnell wieder ganz gesund werden wollen, lassen Sie sich jetzt sogar noch tiefer sinken, damit all Ihre Energie in die Heilung fließen kann... und wir beschwören nun die tiefste Weisheit des Körpers, den Heilprozeß zu beschleunigen... Lassen Sie sich jetzt einfach treiben... Außerhalb Ihres Körpers gibt es nichts, was Ihre Aufmerksamkeit erfordert... Um alles Nötige kümmern sich fähige Hände... Sie brauchen sich einfach nur in einen natürlichen Schlaf fallen zu lassen und erst wieder wach zu werden, wenn es für Ihren Körper Zeit ist, aufzuwachen... Nichts braucht Sie jetzt mehr bei Ihrer Erholung zu stören... Falls Sie irgendwelche Schmerzen spüren sollten, lassen Sie sie einfach hinter sich, indem Sie noch tiefer sinken.«

Als Terry auf eine Trage gelegt wurde, setzte ich die Suggestionen fort und sah ihr nach, als sie von einem Krankenpfleger durch die Flügeltüren in den Raum geschoben wurde, in dem die Patienten aus der Narkose erwachen. Sobald sie draußen war, nahmen die Mitglieder des Operationsteams die Mundschutze ab. Erwartungsvoll sah ich den Chirurgen an, doch zu meiner Überraschung unterhielt er sich kurz mit einer der Schwestern über eine bevorstehende Operation, scherzte mit dem Anästhesisten über x-beliebige Dinge und begab sich dann zum Umkleideraum. Der Anästhesist folgte ihm, und mir blieb nichts anderes übrig, als mich anzuschließen.

Im Umkleideraum streifte sich Dr. Radke mit einer behenden Bewegung Kopfbedeckung und Handschuhe ab und begann, einen Operationsbericht in ein Aufnahmegerät zu diktieren. In knappen, rätselhaften Sätzen zählte er die Einzelheiten des Falles auf: Er beschrieb die entfernte Geschwulst sowie die Nerven und Muskeln, die sie umschlungen hatte, und erwähnte seine verschiedenen Schnitte. Gegen Ende seines Berichts wandte er sich an den Anästhesisten: »Jimmy, welche Beruhigungsmittel haben Sie ihr vorher gegeben?«

Der Anästhesist sah ihn erstaunt an. »Überhaupt keins.«

Verblüfft starrte der Chirurg den Anästhesisten an, sichtlich bemüht, sich einen Reim auf diesen außergewöhnlichen Vorfall zu machen. *Alle Patienten bekommen vor einer Operation ein Beruhigungsmittel. Wie hätte sie denn sonst so ruhig bleiben können?* Dann entspannten sich langsam seine Gesichtszüge, er verzog den Mund zu einem schiefen Lächeln und drehte sich zum ersten Mal, seit wir den Operationssaal verlassen hatten, zu mir um. Obwohl er kein Wort sagte, empfand ich, als sich unsere Blicke trafen, dieselbe Vertrautheit wie in jenem Moment, als wir Terry einstimmig den Einstich der Novocainspritze suggerierten. Langsam schüttelte er den Kopf – erstaunt? Bewundernd? Wer weiß. Dann wandte er sich abrupt wieder seinem Diktat zu. »Kein präoperatives Sedativum verabreicht. Keine Anästhesie...äh, statt dessen diese *Hypno*anästhesie.« Er machte eine Pause. »Alles andere ohne besondere Vorkommnisse.« Dann legte er das Mikrophon auf das Gerät zurück.

»So«, sagte er und schlug die Hände zusammen, wobei er niemand Bestimmten ansah. »Ich besorge mir jetzt eine Tasse Kaffee. Ich habe in einer Stunde noch eine Operation.«

Er klopfte mir auf den Rücken und ging zur Tür. »Machen Sie's gut!«

»Sie auch.«

Dann hob er die Hand zum Gruß und war verschwunden.

Als ich das Krankenhaus verließ und über den Parkplatz ging, stand ich noch ganz unter dem Bann der Ereignisse. Ich war mit meiner Leistung zufrieden, aber als noch überwältigender empfand ich die Schönheit dessen, was ich gesehen hatte, und – als dessen Auslöser und Zeuge – das Gefühl einer besonderen Ehre. Am Auto angelangt, drehte ich mich noch einmal zum Krankenhaus um. Als wäre die weiße Gebäudefassade eine riesige Kinoleinwand, spulten sich auf einmal die Gefühle und Bilder des Morgens wie ein Film vor meinen Augen ab. Das Fehlen jeglicher Vorbereitungszeit, der Druck, funktionieren zu müssen, die Gerüche, die Bachfuge, meine plötzliche Übelkeit, das

Entsetzen beim Anblick von Terrys aufgeklapptem Gesicht...
Die Realität all jener Ereignisse, die ich zuvor aus meiner Konzentration verbannt hatte, stürzte so heftig auf mich ein, daß sich mein Magen zusammenzog. Mir schlotterten die Knie, und ich mußte mich am Türgriff festhalten, um nicht umzukippen. Einige Augenblicke lang mußte ich mich ans Auto klammern, bis ich mich soweit beruhigt hatte, daß ich wieder stehen konnte.

Aber selbst in dem Moment, als ich erschöpft am Auto lehnte, blieb ein Teil von mir distanzierter Beobachter. Ich hörte eine innere Stimme frohlocken: »Du hast dich über *sie* gewundert, Calof, aber *du* bist ein ebensolches Wunder. Du hast genauso gehandelt wie sie – mittels Trance all das abgespalten, was du nicht ertragen konntest!«

Die Stimme hatte recht. Ich *war* in Trance gefallen und hatte in diesem Zustand meine Gefühle, körperlichen Empfindungen und das Wissen, daß es *Terrys Gesicht* war, das aufgeschnitten wurde, völlig von mir abgetrennt. Alles, was meine Arbeit hätte behindern können, war glatt und restlos von mir abgefallen – wie Eismassen von einem Gletscher –, und nur das übriggeblieben, was ich brauchte, um meine Aufgabe mit äußerster Konzentration und Präzision zu erledigen.

Ich mußte lauthals lachen. Ohne mir dessen bewußt zu sein, hatte ich meine eigene Behandlungsmethode an mir selbst ausprobiert! Auch ich war in Trance gewesen, und erst jetzt, als ich wieder daraus erwachte, begriff ich, wie sehr ich darauf angewiesen war.

Ich war seit etwa einer Stunde wieder in meiner Praxis, als eine Schwester aus dem Krankenhaus anrief.

»Mr. Calof? Können Sie mit Terry Yeakel sprechen? Es geht ihr ziemlich schlecht.«

Terry kam ans Telefon, fast wahnsinnig vor Schmerzen und Enttäuschung. Anscheinend hatte sie Schmerzen verspürt und versucht, die Trance zu vertiefen, um die Schmerzen zu überwinden, als die für das Aufwachzimmer zuständigen Schwestern ihr Stöhnen hörten. Sie waren herbeigeeilt, um ihr ein Schmerzmittel zu spritzen und wollten sich auch durch ihr abwehrendes Gestammel nicht davon abbringen lassen. Durch den sich anschließenden Wortwechsel ließ Terrys Trance nach, wodurch ihr die ganze Heftigkeit des Schmerzes bewußt wurde. Die Einschnitte, die bereits zu verheilen begonnen hatten, fingen an zu bluten und brachten die mittlerweile völlig aus der Trance erwachte Terry zur Verzweiflung.

Mit einem Reinduktionssignal versetzte ich Terry über Telefon erneut in Trance und verstärkte meine früheren Suggestionen zur Schmerzbewältigung, Eindämmung der Blutung und Beschleunigung des Genesungsvorgangs. Ich erklärte Terry, wie sie sich durch Ausschalten jeder unnötigen Störung vor weiteren hinderlichen Zwischenfällen schützen und – falls irgend etwas den Trancezustand unterbrechen sollte – aus eigener Kraft schnell wieder in Trance versetzen könne. Dann erinnerte ich sie daran, daß sie aufwachen würde, sobald ihr Körper dazu bereit sei, und im Wissen, daß die Schwestern ihre Lage nun verstehen und ganz in ihrem Sinne handeln würden, unbesorgt und beruhigt sein könne.

Dann legte ich auf und überdachte den Vorfall noch einmal. Einerseits ging das Mißgeschick auf mein Versagen zurück. Zwar hatte die Weigerung des Krankenhauspersonals, mich vorzulassen, und der hierdurch bedingte Zeitmangel meinen Plan, die Schwestern rechtzeitig zu instruieren, zunichte gemacht. Aber nichtsdestotrotz trug ich als Terrys Therapeut die Verantwortung dafür, daß sie sich sicher fühlte. Indem ich zugelassen hatte, daß Terrys »Grenzen« überschritten wurden, hatte ich ihr Vertrauen verletzt.

Aber andererseits hatte sich eine völlig andere Dynamik ausgewirkt – eine Dynamik, die auf geradezu klassische Weise hypnotisch schien. Die Schwestern hatten gewußt, daß sich Terry in Trance befand und eine erfolgreiche Hypnoanästhesie hinter sich hatte. Als sie Terry Schmerzmittel anboten, hatte diese abgelehnt. Weshalb hatten sie trotzdem darauf bestanden, ihr eines zu verabreichen? Die einfachste Antwort lautet, daß sie ihr helfen wollten. Ebensogut könnte die Antwort jedoch auch im System selbst begründet sein: Sie bestanden darauf, weil sie in ihrer persönlichen Vorstellung von Heilung gefangen waren. Selbst angesichts gegenteiliger Beweise ließ ihre Ausbildung und Erfahrung nur eine bestimmte Sichtweise der Dinge zu. Sie *konnten buchstäblich nicht sehen*, daß Terry ihre Hilfe nicht brauchte – genau wie eine Person in Trance Dinge nicht sehen kann, deren Vorhandensein der Hypnotiseur verneint. Tatsächlich besaßen also die von der Schulmedizin vermittelten Überzeugungen die Macht von hypnotischen Suggestionen. Die Schwestern befolgten sie lediglich.

Terry blieb über Nacht im Krankenhaus, und irgendwann ging ihr Trancezustand in normalen Schlaf über. Als sie am nächsten Morgen erwachte, spürte sie leichte Schmerzen, konnte sich aber selbst wieder in Trance versetzen und den Schmerz überwinden. Als sie das Krankenhaus vormittags verließ, lehnte sie ein Rezept für Schmerzmittel ab.

Zehn Tage später erschien sie zu ihrem gewohnten Termin in meiner Praxis. Ich hatte schon früher Frauen gesehen, die ihre nach einem Facelifting deutlich aufgedunsenen und entstellten Gesichter mit allen erdenklichen raffinierten Methoden tarnen mußten, und konnte mir deshalb vorstellen, was mich erwartete. Auf Terrys Anblick allerdings war ich absolut nicht vorbereitet. Praktisch nichts deutete auf die Operation hin. Ihr Gesicht war weder geschwollen noch wies es Druckstellen auf, und ihre Narbe war so unscheinbar, daß man sie kaum sah. Aber noch verblüffender war, daß Terry einfach glänzend aussah. Diese Frau, die nie stolz auf ihr Aussehen gewesen war und früher vor Komplexen beinahe im Boden versunken wäre, wirkte – als sie so begeistert vor mir stand – natürlich, selbstbewußt und mit sich selbst zufrieden.

»Sie sehen prächtig aus«, rief ich aus.

»Ich *fühle* mich auch prächtig!« jubelte sie. »Können Sie sich das vorstellen? Dr. Radke hat mir gesagt, er habe noch nie jemanden gesehen, bei dem alles so schnell verheilt ist. Ist doch nicht zu fassen! Ich hab's geschafft!«

Ich grinste. Terry war offensichtlich von ihrer Fähigkeit, so schnell gesund zu werden, genauso beeindruckt wie von ihrem neuen Aussehen. Und das leuchtete mir durchaus ein, denn für jemanden, der sich nicht das Geringste zutraute, war das in der Tat eine beachtliche Leistung.

Mit den gewaltigen Fortschritten, die Terry anschließend in

der Therapie machte, gewann sie rasch an Selbstbewußtsein und Selbstachtung. Wir arbeiteten ein weiteres Jahr zusammen, in dessen Verlauf Terry Diät hielt und mit einem sinnvollen Gymnastikprogramm begann. Am Ende der Therapie hatte sie über fünfzehn Kilo abgenommen. Diese Veränderungen sowie eine Beförderung weckten in Terry ein ganz neues Interesse für ihre Garderobe, und am Ende des Jahres stellte sie in ihrer unverwechselbar lebhaften Art fest: »Jetzt entspricht mein Inneres meinem Äußeren: verändert, verbessert und auf Touren gebracht!« Was für eine interessante Wortwahl, dachte ich, denn damit hatte sie den Nagel auf den Kopf getroffen: die inneren Vorgänge sind vom äußeren Erscheinungsbild nicht zu trennen. Was sich in der Psyche abspielt, zeigt sich immer auch am Körper, genau wie körperliche Vorgänge ihre Spuren in der Seele hinterlassen. Terrys bemerkenswerte Genesung und ihr gewandeltes Aussehen spiegelten den Prozeß wider, der in ihrem Innern stattfand: die Bewältigung ihres Kindheitstraumas und die Entfaltung einer »neuen Terry«, die nicht länger von ihrer Vergangenheit gezeichnet war.

Ich sprach nie wieder mit Dr. Radke, obwohl ich mich oft gefragt habe, was er von dem Fall hielt. Die wenigen Sekunden, in denen er die Anästhesie-Suggestion übernommen hatte, standen mir deutlich vor Augen, denn in jenem Moment hatten wir unsere Differenzen vergessen und dachten beide nur an Terrys Heilung. In jenem Moment tat er, was die Schwestern nicht geschafft hatten: Er setzte sich über seine Erfahrung und Ausbildung hinweg, warf eingefahrene Vorstellungen über Bord und gewann neue Erkenntnisse über die körpereigene Selbstbeherrschung und Selbstheilungskraft. Mag seine Einsicht auch nur auf die Zeit der Operation beschränkt gewesen sein – bereits verflogen, noch ehe er den Umkleideraum erreichte –, so bin ich doch davon überzeugt, daß diese Erfahrung irgendwo in seinem Gedächtnis weiterlebt. Wäre es die einzige derartige Erfahrung für ihn gewesen, hätte er sie vielleicht für immer aus dem Bewußtsein verbannt – die Unvereinbarkeit zwischen seiner Alltagspraxis und dem, was er erlebt hatte, wäre zu groß gewesen, um festgehalten zu werden. Aber die meisten Chirurgen prägen sich medizinische Ausnahmefälle ein: Patienten, deren innere Einstellung die Genesung beeinflußte; Patienten, deren Tumore überraschend einschrumpften oder verschwanden. War diese Akte, die der Chirurg im Kopf führte, nicht beträchtlich angewachsen, sobald dieser Fall dort gespeichert wurde? Und wie konnte sie sich, allein aufgrund ihrer Größe, mittlerweile überhaupt noch verbergen lassen?

Ich frage mich, ob es der westlichen Medizin gelingen wird, unsere Kraft zur Selbstbeherrschung und Selbstheilung zu integrieren. Das Lächeln des Chirurgen, als er den Umkleideraum verließ, und sein seltsames Kopfschütteln gehen mir nicht aus dem Kopf. Vielleicht erkannte er – wenn auch nur für wenige Augenblicke –, daß sich unsere Paradigmen nicht widersprechen oder gegenseitig ausschließen müssen. Vielleicht begriff er, daß sie sich ergänzen können, so wie er und ich es taten.

8

Krankheiten aus dem Körper spülen

ANFANGS KAM NANCY SHEPHARD zusammen mit ihrem Freund Paul zu mir in die Praxis. Sie war dreiundzwanzig Jahre alt, klein, hatte ein herzförmiges Gesicht und kastanienbraunes Haar, das ihr in widerspenstigen Locken über die Schultern fiel. Aufgeweckt und erwartungsvoll saß sie bei unseren Gesprächen da und wirkte mit ihrer Naivität manchmal gedankenverloren wie ein Kind, das bei der Betrachtung eines schillernden Kristallüsters ins Träumen gerät. Da eine derartige Entrücktheit ein Trancephänomen ist, erstaunte es mich nicht, daß sich Nancy leicht hypnotisieren ließ. Bei einem alkoholabhängigen Vater und einer lethargischen Mutter hatte sie offenbar in der Kindheit gelernt, sich in Träume zu flüchten und dem Kummer ihres Zuhauses zu entfliehen.

Zwei Monate, nachdem wir mit der Therapie begonnen hatten, trennte sich Nancy von Paul und kam von nun an allein zu mir. In ziemlich rascher Folge wechselte sie die Liebhaber – auf Paul folgte Brad, auf Brad Todd –, bevor sie erkannte, daß all ihre Beziehungen stets nach demselben traurigen Muster gestrickt waren. Sie suchte sich Männer aus, zu denen sie sich gefühlsmäßig kaum hingezogen fühlte, schlief mit ihnen, ohne daß es ihr besonderen Spaß gemacht hätte, und verachtete sich hinterher dafür. Als sich dieses Verhaltensmuster immer deutlicher abzeichnete, begannen wir über ihr Verhältnis zu ihren Eltern und Geschwistern zu sprechen, da ihre anderen Beziehungen in mancher Hinsicht offenbar immer neue Variationen dieses Verhältnisses waren.

Eines Tages wirkte Nancy ungewöhnlich zerstreut. »Ich habe das Gefühl, daß Sie heute noch etwas anderes beschäftigt«, sagte ich schließlich, nachdem wir zwei Drittel der Sitzung bereits hinter uns hatten.

Sie sah mich kurz an, dann schaute sie weg.

»Sie scheinen nicht ganz hier zu sein...«

Sie preßte ihre Lippen zusammen, und ich merkte, daß sie die Tränen nur mühsam zurückhielt. In den zehn Monaten, die ich Nancy nun kannte, hatte ich sie trotz des ständigen Auf und Ab in ihrem Liebesleben und unserer oft quälenden Gespräche über ihre Familie nie weinen gesehen.

»Möchten Sie mit mir darüber reden?«

Eine einzelne Träne kullerte ihr über die Wange. Sie wischte sie mit der Hand fort. »Ich habe gerade erfahren...« Beim Sprechen aber ließen sich die Tränen nicht mehr zurückhalten, und Nancy brach zusammen. Eine Zeitlang weinte sie mit abgewandtem Gesicht stumm vor sich hin. Dann putzte sie sich mit einem tiefen Seufzer die Nase und drehte sich wieder zu mir um. »Ich habe gerade erfahren, daß ich vielleicht Krebs habe.«

»Oh, nein.« Meine Stimme klang ruhig, doch Nancys Worte erschütterten mich tief. »Was ist denn los?«

»Kurz bevor ich hierherkam, rief mich mein Frauenarzt an. Mein Abstrich war nicht in Ordnung. Und nun soll ich eine Biopsie machen lassen und muß vielleicht operiert werden, und es kann sein, daß es Krebs ist«, stieß sie hervor, als entlade sich plötzlich der ganze Druck ihres geheimen Kummers.

Meine gynäkologischen Kenntnisse waren zwar dürftig, aber aus Erfahrungen mit anderen Klientinnen wußte ich einiges über zervikale Anomalien, daher konnte ich mir aus dem, was Nancy über ihr Gespräch mit dem Arzt erzählte, die Geschichte zusammenreimen. Offenbar war Nancys Abstrich mit dem Befund *Carcinoma in situ* – einem Oberflächenkarzinom auf dem Gebärmutterhals – aus dem Labor zurückgekommen. Der Arzt hatte Nancy für den folgenden Tag zu einer Kolposkopie bestellt, bei der er ihr etwas vom Gebärmutterhalsgewebe für eine Biopsie entnehmen wollte. Falls sich auch dieses Gewebe als präkanzerös erwies, sollte sich Nancy einer Konisation unterziehen – einem ambulanten Eingriff unter Vollnarkose, bei dem der Arzt ein konusförmiges Stück des Gebärmutterhalses entnehmen würde, in der Hoffnung, auf diese Weise alle präkanzerösen Zellen zu entfernen.

»Als ich meinte, daß mir morgen zu früh sei, hat er gesagt,

ich müsse aber, die Sache dulde keinen Aufschub.« Wieder versagte ihr die Stimme. Wir wußten beide, was das Drängen des Arztes zu bedeuten hatte.

»Er hat gesagt, das kommt daher, daß man oft die Geschlechtspartner wechselt.« Nancy senkte den Kopf, ihr Kinn begann zu zittern.

»Nancy...«

Aber schon verbarg Nancy ihr Gesicht in den Händen und fing an zu weinen. »Ich fühle mich so schmutzig«, jammerte sie. »Ich glaube, es ist alles meine Schuld.«

Eine empfindlichere Stelle hätte der Arzt mit seinen Worten nicht treffen können. Nancy schlief nicht mit Männern, weil sie es wirklich wollte, sondern um ihre Zuneigung zu gewinnen, und dafür fühlte sie sich schuldig und irgendwie beschmutzt. Nun hatte der Arzt im Grunde genommen ihre Gefühle bestätigt. Mir kam es vor, als hätte er ihr mit moralisch erhobenem Zeigefinger erklärt, sie habe die verdiente Strafe bekommen.

»Nancy, ich weiß, daß Sie erschrocken und niedergeschmettert sind. Sie haben gerade etwas Schreckliches erfahren. Aber vielleicht kann ich Ihnen ja das ein oder andere über Ihre Situation erklären.«

Schluchzend unterdrückte sie die Tränen und schaute mich an.

»Auch wenn ich bestimmt kein Fachmann bin, was Krebs betrifft, weiß ich doch, daß sich bei Frauen aus vielen Gründen anomale Zellen im Gebärmutterhals bilden können. Verschiedene Geschlechtspartner sind nur ein möglicher Grund. Außerdem weiß ich, daß es zwischen Ihrem jetzigen Zustand und Krebs verschiedene Stadien gibt. Bei einigen Ihrer Zellen wurde ein anomales Wachstum festgestellt. Anomale Zellen können – müssen aber nicht – zu Krebs führen. Manchmal sterben alle krankhaften Zellen ab, und der Gebärmutterhals normalisiert sich wieder. Wußten Sie das?«

Sie schüttelte den Kopf.

»Manche Ärzte glauben auch, daß Krebs, oder sein Vorstadium, bei einem geschwächten Immunsystem auftritt. Wenn die Widerstandskräfte des Immunsystems geschwächt sind, können sich kranke Zellen entwickeln. Aber es gibt Möglichkeiten, das

Immunsystem zu stärken, damit es widerstandsfähiger ist.« Ich machte eine Pause. »In jedem Fall können wir mit Hypnose einiges tun, um Ihnen alle erforderlichen Schritte zu erleichtern.«
 Ihre Augen wurden größer.
 »Würde Ihnen das zusagen?«
 Sie nickte.
 »Gut. Es gibt verschiedenes, was wir unternehmen könnten...« Ich dachte einen Moment nach. »Aber wichtig ist, daß ich Ihnen unbedingt empfehle, weiterhin zu Ihrem Arzt zu gehen und seinen Rat zu befolgen. Die Kolposkopie sollten Sie auf alle Fälle vornehmen lassen, und vielleicht müssen Sie auch, trotz allem, operiert werden.«
 »Weil Ihre Methode vielleicht doch nicht hilft?«
 »Das habe ich nicht gesagt. Ich sage lediglich, daß unsere Aufgabe darin besteht, ergänzend zu Ihrer wie auch immer gearteten medizinischen Behandlung zusammenzuarbeiten.«
 »Glauben Sie, daß ich vielleicht nicht operiert werden muß?«
 »Das hoffe ich zumindest. Aber Sie müssen auch weiterhin zu Ihrem Arzt gehen. Möglicherweise rät er Ihnen zu anderen Dingen als ich – dann müssen Sie entscheiden, was Sie tun. Ich kann Ihnen nicht empfehlen, sich dem Rat Ihres Arztes zu widersetzen.«
 Nancy musterte mich ängstlich. »Glauben Sie denn, es könnte mir helfen?«
 »Ich glaube, unsere Chancen stehen sehr gut. Es wäre nicht das erste Mal, daß Hypnose eine ärztliche Behandlung beeinflußt.«
 Tatsächlich schätzte ich die Chance, Nancy durch Hypnose helfen zu können, außerordentlich hoch ein. Zumindest, so dachte ich, konnte Hypnose ihr bei der Bewältigung von Schmerzen und Angst nützen, falls sie tatsächlich operiert werden mußte. Aber aus zwei Gründen war ich auch zuversichtlich, daß sie ihr bei einer nichtoperativen Heilung würde helfen können. Erstens hatte Nancy hervorragende Fähigkeiten bei der Arbeit in Trance bewiesen, und zweitens war sie eine Überlebenskünstlerin: In ihrer Kindheit hatte sie gelernt, aus schwierigen Situationen das Beste zu machen. Ganz anders war es mir einmal bei der Behandlung einer an Brustkrebs leidenden Frau er-

gangen, einer herzlichen und aufgeschlossenen Person, der es jedoch aufgrund ihrer überaus zuvorkommenden Art schwerfiel, sich die Kräfte ihres Unbewußten zunutze zu machen. Wir mußten lange daran arbeiten, bevor sie erkannte, daß es wichtiger war zu siegen als aufzugeben, und erst dann war sie in der Lage, ihre Krankheit zu bekämpfen. Dieses Problem hatte Nancy nicht.

»Mir schwebt da etwas vor, was wir machen könnten«, deutete ich an. »Allerdings glaube ich, daß es eher gelingt, wenn ich Ihnen nicht genau erkläre, was es ist. Es würde auf jeden Fall außerhalb meiner Praxis stattfinden.«

Fragend verzog Nancy das Gesicht.

»Manchmal, wenn ich es für nützlich und angebracht halte, treffe ich Klienten auch außerhalb der Praxis, zum Beispiel im Krankenhaus. Einmal half ich einer Klientin, ihre Fahrphobie zu überwinden, indem wir die Therapiestunden in einem Auto abhielten. Und einmal habe ich sogar eine Sitzung mit einem Klienten, der unter Flugangst litt, an den Flughafen verlegt...«

Nancy lachte kurz auf.

»Es würde nur etwa eine Stunde dauern und nichts an der Klient-Therapeut-Beziehung ändern, so daß es im Grunde eine normale Sitzung wäre.«

Sie dachte über den Vorschlag nach, und ich merkte, daß ihr Abenteuergeist geweckt war. »In Ordnung, dazu bin ich bereit.«

»Nun, das ist nicht das einzige, was wir tun könnten. Es gibt noch verschiedene andere Möglichkeiten, die wir statt dessen ausprobieren könnten.«

»Nein«, beharrte sie nachdrücklich. »Ich bin für diese.«

»Wenn es Ihnen lieber wäre, erkläre ich Ihnen natürlich, was ich vorhabe... aber ich glaube, es klappt besser, wenn ich es nicht tue.« Ich wollte sie beruhigen, indem ich ihr das Gefühl gab, mitzubestimmen, sie dabei aber gleichzeitig in die richtige Richtung lotsen.

Diesen »heimlichen« Trick – eine vielversprechende Intervention anzudeuten, ohne jedoch meine Pläne zu enthüllen – wende ich hin und wieder bei meinen Klienten an, da er in ihnen die Erwartung weckt, daß etwas besonders Wirksames passieren wird. Da positive Erwartungen bei der Behandlung eine

Hauptrolle spielen, erledigen die Klienten so noch vor Beginn der Intervention bereits selbst einen Großteil der Arbeit.

Ich habe einmal eine Frau behandelt, die zum »vierten und letzten Mal« versuchte, mit dem Rauchen aufzuhören. Bei unserer ersten Sitzung saß ich lange schweigend da, scheinbar in tiefes Nachdenken versunken, bevor ich ankündigte, daß ich genau wüßte, was zu tun sei: eine ungewöhnliche, nur in den schwierigsten Fällen angewandte Behandlungsmethode, die meiner Meinung nach bei ihr jedoch wirken könnte. Die einzige Bedingung sei, daß ich ihr nicht im voraus sagen könne, was ich unternehmen würde. Ihre Miene hellte sich auf, und sie stimmte sofort zu. Bei der nächsten Sitzung sagte ich ihr, ich hätte den Eindruck, sie sei innerlich noch nicht bereit. Durch das Hinauszögern wurde ihre Erwartung gesteigert. Auch bei der dritten Sitzung schickte ich sie wieder fort. In der vierten Woche war sie schließlich so gespannt, als säße sie auf glühenden Kohlen.

Nun sei sie innerlich bereit, teilte ich ihr mit. Ich versetzte sie in Trance und forderte sie auf, sich vorzustellen, sie würde einen Eiswürfel aus dem Gefrierfach nehmen, ihn in Zitronensaft tauchen und im Mund schmelzen lassen. Nachdem sie das getan hatte, erklärte ich ihr, daß sie in den nächsten zwei Wochen jedesmal, wenn sie Lust auf eine Zigarette bekäme, losgehen und sich einen kalten und sauren Eiswürfel besorgen würde, um daran zu lutschen. Daraufhin weckte ich sie auf und schickte sie nach Hause.

Nun ist diese Behandlungsmethode keineswegs so ungewöhnlich wie sie klingt. Der Wunsch nach einer Zigarette wird durch die Verknüpfung bestimmter Vorstellungen, Empfindungen und Sinneswahrnehmungen ausgelöst. Indem ich die Frau aufforderte, immer wenn sie Lust auf eine Zigarette verspürte, einen Eiswürfel zu lutschen, veränderte ich einen Teil dieser Gleichung. Kälte und Geschmack würden ihren Mund und die Geschmacksknospen überlisten, wodurch das orale Bedürfnis, das den Griff zur Zigarette auslöste, ausgeschaltet würde. Da somit ein Teil der Gleichung aufgehoben war, würde ihr Drang zu rauchen sinken.

Drei Wochen später rief sie an und erzählte, sie habe eine Woche lang nicht geraucht und verspüre auch nur geringe Lust dazu. Ein halbes Jahr später teilte sie mir mit, daß sie sich keine einzige Zigarette angesteckt habe. Nach all den fehlgeschlagenen Versuchen hielt die Frau die Behandlung für ein Wunder. Dabei hätte in Wirklichkeit, angesichts ihrer hochgespannten Erwartungen, fast alles gewirkt.

Wie diese Frau schien auch Nancy bereits von der geheimnisvollen Idee überzeugt. »Nein«, winkte sie mit der Hand ab. »Sie müssen es mir nicht erklären.«

»Wann soll die Kolposkopie stattfinden?«

»Morgen um elf.«

»Teilt man Ihnen dann auch schon das Ergebnis der Biopsie mit?«

»Hm.«

»Holt Sie hinterher jemand ab?«

»Nein, ich meine, ich habe nicht darüber nachgedacht. Aber ich glaube nicht.«

»Wäre es Ihnen recht, wenn ich Sie abholen würde? Dann könnten wir sofort mit dem, was ich mir vorstelle, beginnen. Oder wäre Ihnen das unangenehm?«

Sie dachte über meinen Vorschlag nach. »Ich glaube, das wäre in Ordnung.«

Also verabredeten wir, wann und wo wir uns treffen würden.

Bevor sie fortging, wollte ich ihr jedoch noch einige Suggestionen geben, damit sie die Kolposkopie besser ertrug. Einige Monate zuvor hatte ich ihr beigebracht, ihre heftigen Menstruationskrämpfe durch Selbsthypnose zu lindern, und dank einiger Übung war sie mittlerweile in der Lage, bestimmte Stellen an den Oberschenkeln und am oberen Teil des Unterleibs so zu berühren, daß der dazwischenliegende kritische Bereich schmerzfrei war. Also versetzte ich sie in Trance und suggerierte ihr, mit derselben Fähigkeit am folgenden Tag die Empfindungen in diesem Körperteil abzuwehren.

»Ich möchte, daß Sie wissen, daß die ganze Prozedur so schnell vorbei sein wird, daß Sie kaum etwas davon merken«, fügte ich hinzu. »Stellen Sie sich einfach vor, es sei bereits Abend...Sie legen den Kopf aufs Kissen, lassen den Tag ausklingen...und haben schon ein ganzes Stück des Genesungsprozesses geschafft, den wir jetzt sofort einleiten...indem wir die tiefe Heilkraft Ihres Körpers anrufen, alle Energien dort zu bündeln, wo sie am nötigsten gebraucht werden...Und wenn Sie mich das nächste Mal sehen, wird Ihr Unbewußtes sich bereits auf den nächsten Genesungsschritt vorbereitet haben...«

Nancy erwachte ausgeruht und entspannt. Ich wünschte ihr bis zum nächsten Tag alles Gute.

Hätte ich Nancy nicht so gut gekannt und hätte zwischen uns kein Vertrauensverhältnis bestanden, hätte ich ihr niemals vorgeschlagen, mich außerhalb der Praxis zu treffen. Doch unser Verhältnis war sorgfältig abgesteckt und unsere therapeutische Aufgabe klar definiert. Ich war überzeugt, daß wir uns unbesorgt außerhalb der Praxis treffen konnten, ohne dadurch unsere zukünftige Arbeit zu gefährden.

Die Idee zu meinem Vorschlag war mir gekommen, während Nancy mir ihren Befund erklärte. Ich hatte mich an die Arbeit von Carl und Stephanie Simonton erinnert, die in den späten Siebziger Jahren eine sogenannte Krebs-*Überwachungstheorie* entwickelt hatten. Sie vertraten die Auffassung, daß das menschliche Immunsystem einer kleinen Stadt entspricht. Genau wie eine Stadt von Verbrechen und Feuer heimgesucht wird, kann der Körper von Krebs befallen werden. Und genau wie Polizei und Feuerwehr die Ordnung aufrechterhalten, indem sie sich laufend für deren Wahrung und Wiederherstellung einsetzen und Krisen bereits im Entstehen anpacken, sorgt das Immunsystem für die Erneuerung der Zellen und bekämpft Fremdkörper, um den Ausbruch bösartiger Krankheiten zu unterdrücken. Allerdings passiert es hin und wieder, daß sich in einer Stadt Feuer oder Verbrechen ausbreiten. In solchen Fällen trommeln die Bereitschaftskräfte Verstärkung aus der Umgebung zusammen. Genauso verhält es sich mit dem Immunsystem, das verborgene Kraftreserven zur Bekämpfung eindringender Zellen aufbietet. Nur wenn die Verstärkungsmannschaften ihrer Aufgabe nicht gewachsen sind – weil die vorhandenen Widerstandskräfte nicht ausreichen –, können sich Feuer, Kriminalität oder Krebs ausbreiten. Dann stellt sich die Frage, wie man das Immunsystem unterstützt, damit es seine vorhandenen Energien möglichst wirksam einsetzt und zusätzliche Verstärkung zur Bekämpfung der Eindringlinge mobilisiert.

Die Simontons gründeten ein Heilzentrum, wo sie neben Chemotherapie und Bestrahlungen auch auf die Vorstellungskraft der Patienten zurückgriffen, um ihnen zu helfen, die Abwehrkräfte ihres Immunsystems zu steigern. Und obwohl sie Patienten in fortgeschrittenen Krebsstadien behandelten, konnten sie deren Lebenserwartung in beeindruckendem Maße erhöhen. Während Nancy sprach, hatte ich mich gefragt, ob wir die Überwachungstheorie wohl auch einfach ganz wörtlich auslegen konnten, indem wir in Nancys Unbewußtem die Stadt als Metapher für ihren Körper benutzten und Nancys vermeintlichen »Schmutz« auf die gleiche Weise in Angriff nahmen wie eine Stadt den ihren.

Was ich auch tun würde, es mußte rasch geschehen. Anomale Zellen verbreiten sich sprunghaft, und das Drängen des Arztes setzte uns unter Zeitdruck. Als Nancy erklärte, sie würde am folgenden Tag die Werte der Biopsie erfahren, wurde mir klar, daß dies der richtige Zeitpunkt zum Handeln war. Sollte das Ergebnis schlecht ausfallen, war sie sicher äußerst suggestibel: Wie jemand, dessen Welt plötzlich kopfstand, würde sie vor lauter Angst nach jedem Strohhalm greifen. Da sie außerdem jeden weiteren Eingriff unbedingt vermeiden wollte, war sie für meine Suggestionen besonders empfänglich.

Außerdem konnte ich, wenn ich mit ihr arbeitete, negative Autosuggestionen bei ihr verhindern. Sich selbst überlassen, würde sie sich die schlimmsten Szenarien ausmalen. Sie würde sich nicht nur in die Vorstellung, daß sie Krebs hatte, hineinsteigern, sondern sich angesichts der Bemerkung ihres Arztes möglicherweise auch einreden, daß sie es nicht schaffen konnte, wieder »sauber« zu werden. Wenn ich hingegen sofort handelte, konnte ich Suggestionen einstreuen, die das Gegenteil bewirkten, und damit einen »Stromkreis« zur Nutzung ihrer Heilenergie in Gang setzen.

Am nächsten Tag parkte ich vor dem Ärztehaus, in dem sich die Praxis von Nancys Arzt befand, stieg aus und lehnte mich an den Wagen. Eine Viertelstunde später erschien Nancy – blaß und sichtlich erschüttert. Das Ergebnis der Biopsie stand ihr im Gesicht geschrieben.

Als sie zum Wagen kam, berührte ich sie sanft am Arm. Sie kräuselte angestrengt die Lippen, um nicht zu weinen.

»Na schön«, meinte ich. »Das sieht nach Plan B aus.«

Sie rang sich ein halbherziges Lächeln ab.

»Nun denn, in dieser Sitzung brauchen Sie nichts anderes zu tun, als Ihr Unbewußtes für eine neue Denkweise zu öffnen… Ich werde uns in ungefähr einer Stunde wieder hierher zurückbringen, und bis dahin fahre ich uns sicher und aufmerksam durch die Gegend, so daß Sie überhaupt nicht auf das, was sich um Sie herum abspielt, zu achten brauchen.« Ich sprach langsam, wie bei einer Trance-Induktion.

Sie blinzelte. Ich hielt ihr die Wagentür auf, und sie stieg ein. Dann setzte ich mich hinter das Steuer.

»Jetzt werde ich Sie gleich auffordern, etwas zu tun, was Ihrem bewußten Denken vielleicht nicht besonders sinnvoll erscheint… doch Ihr Unbewußtes begreift, daß Ihnen dadurch möglicherweise geholfen werden kann.«

Sie nickte.

»Können wir anfangen?«

»Hm.« Sie blickte starr geradeaus, doch ich spürte, daß sie sich geistig auf meine Worte einstellte. Wir waren dabei, eine hypnotische Beziehung aufzubauen.

»Gut, dann möchte ich, daß Sie jetzt die Augen schließen und solange geschlossen lassen, bis ich Sie auffordere, sie wieder zu öffnen. Sind Sie bereit dazu?«

Erleichtert schloß sie die Augen. In diesem Moment war die Trance für sie eine Flucht vor ihren Sorgen, eine Reise zu einem Ort, an dem es noch Hoffnung gab.

»Gut. Sobald Sie merken, daß der Wagen losfährt, brauchen Sie einfach nur dazusitzen, die Zeit zu vergessen und darauf zu warten, daß sich die Spannungen des Tages verflüchtigen… Erinnern Sie sich einfach an die anderen Sitzungen, bei denen ich auch so mit Ihnen sprach und Sie sich weder zu bewegen noch zu denken brauchten… Genau dasselbe können Sie jetzt, während des Fahrens, tun… Und wenn ich nun anfange zu zählen, lassen Sie sich einfach noch tiefer sinken… eins… gut so…

zwei... entspannen Sie sich immer mehr... und drei... lassen Sie sich einfach völlig gehen.«

Nachdem Nancy tief Luft geholt und wieder ausgeatmet hatte, fiel ihr Kopf nach vorn. Sie war in einer Trance mittlerer Tiefe.

Während Nancy ruhig dösend neben mir lehnte, fuhr ich zu einem etwa zweieinhalb Kilometer entfernten heruntergekommenen Stadtteil. Die Straßenfronten waren von Bars und Wärmestuben gesäumt, in deren Schatten sich düstere Seitengassen verbargen.

»Sie können Ihre Augen jetzt öffnen«, sagte ich, als ich in eine dunkle Häuserschlucht einbog. »Aber Sie brauchen Ihren schlafenden Körper nicht aufzuwecken.« Langsam fuhr ich durch die holprige, mit Müll übersäte Gasse. Auf einer Seite saßen zwei Männer mit aufgedunsenen Gesichtern an eine Hauswand gelehnt. Eine leere Schnapsflasche lag zwischen ihnen.

»Schauen Sie nur hin«, sagte ich. »Nehmen Sie es einfach in sich auf.«

Sie blinzelte, wandte aber den Kopf nicht ab.

Kurz vor dem Ende der Straße forderte ich sie auf, die Augen zu schließen, denn ich wollte, daß sie nichts als die Gassen sah. In der Dunkelheit der angrenzenden Seitenstraße ließ ich sie die Augen wieder öffnen. Unter einer Zeitung lag mit ausgestreckten Armen und Beinen ein Mann, neben sich zwei verschiedene Schuhe und ein Kleiderbündel. Wasser aus dem Rinnstein rieselte dicht an seinem Kopf vorbei. Als wir uns dem Ende der Gasse näherten, forderte ich Nancy erneut auf, die Augen zu schließen, und bat sie in der nächsten Straßenschlucht, sie wieder zu öffnen. Ein Mann, der dort gegen eine Hauswand urinierte, starrte uns wütend an, als wir an ihm vorbeifuhren. Ich kurbelte mein Fenster herunter und forderte Nancy auf, dasselbe zu tun. Sofort drang der Gestank des in der warmen Frühlingsluft vor sich hin faulenden Mülls ins Auto.

Mit aufgerissenen Augen saß Nancy auf dem Beifahrersitz, als wir uns durch die Seitenstraßen schlängelten. Auch wenn sie nichts sagte, konnte ich ihre Gedanken lesen: *Das ist grauenhaft. Wieso bringen Sie mich hierher?*

»Schauen Sie nur hin«, forderte ich sie auf. »Nehmen Sie es einfach in sich auf. Sie brauchen es nicht zu verstehen.« Ich wollte nicht, daß sie über das, was wir taten, nachgrübelte, denn bewußtes Denken hätte die Trance abgeschwächt. Ich wollte nur, daß sie die Bilder vom Schmutz in sich aufnahm.

Nachdem wir eine Viertelstunde, die mir wie eine Ewigkeit vorkam, langsam durch die Gegend gefahren waren, lenkte ich den Wagen aus den engen Gassen zurück auf eine Hauptverkehrsstraße. Nancys Gesicht war aschfahl und schmerzerfüllt.

»Und nun können Sie die Augen wieder schließen und sich treiben lassen... Es gibt nichts, worüber Sie nachdenken müßten... nichts, was Sie tun müßten...« Nancy sank der Kopf auf die Brust, und sie fiel wieder in einen schlafähnlichen Zustand.

Nun fuhr ich zu einem hoch oben auf einem Hügel angelegten Park mit Aussicht über die Stadt. Wir stiegen aus, und ich führte Nancy, deren Augen weiterhin geschlossen waren, zu einem Aussichtspunkt, von dem aus sich uns ein weiter Blick bot.

»Gleich werden Sie die Augen öffnen«, sagte ich. »Aber Sie bleiben tief versunken im Zustand des Wohlbefindens, brauchen überhaupt nicht auf Ihren Körper zu achten, sondern sich nur von dem, was Sie sehen, überwältigen zu lassen.«

Nancy öffnete die Augen und ließ sie meinem ausgestreckten Finger folgen. Vor uns breiteten sich die Innenstadt und die angrenzenden Bezirke, der Hafen, die vorgelagerten Inseln und der Freeway aus. Alles glitzerte in der Frühlingssonne.

»Schauen Sie einfach nur hin...«, sagte ich zu ihr. »Ist das nicht herrlich? Von hier haben wir einen so weiten Blick über die Stadt... und können sehen, wie groß sie eigentlich ist... So viele Bezirke... so viele Straßen... so viele Hochhäuser... Alles scheint so solide, nicht wahr?... Alles gehört zusammen, der Hafen und der Freeway, und die Straßen führen alle in die Innenstadt... und so viele Gebäude... Von der Stadtmitte aus erkennt man einfach nicht, wie groß die Stadt eigentlich ist, wie weit sie sich ausdehnt... und sehen Sie all die Baukräne?... Ja, da werden überall noch mehr Häuser gebaut... Was für eine glitzernde, pulsierende Stadt... Man stellt sich so leicht vor, daß ein Feuer oder irgendeine Katastrophe große Schäden in der Stadt anrichten könnte, aber von hier oben sieht man, daß das eigentlich gar nicht passieren kann, weil die Stadt so riesig ist... und schon so lange besteht... Natürlich hat es eine Menge Katastrophen gegeben, aber keine davon hatte langfristige Auswirkungen... Die Stadt hat sich immer wieder davon erholt...« Ich sprach langsam, in einschläferndem Tonfall, und Nancy folgte meiner Stimme wie einem an der Peripherie entlangfahrenden Finger.

»Oh... und da unten waren wir vorhin... Ist das nicht komisch, von hier oben sieht es so viel kleiner aus als von unten... Dort unten empfanden wir es als so grauenhaft... so bestürzend... es schien uns überall zu umgeben... Aber von hier oben sieht man, daß es gar nicht überall ist... Es ist nur ein kleines, begrenztes Gebiet.

Dort unten hat man sich gefragt, wer das alles jemals aufräumen sollte... Aber von hier oben sieht man, daß es eigentlich ganz einfach ist. Man könnte alles mögliche unternehmen... Die Müllabfuhr könnte durch die Straßen fahren und den Dreck einsammeln und wegbringen... Dann könnte die Straßenreinigung kommen und die Straßen abspritzen und *allen Schmutz und Dreck aus diesen Straßen waschen*... Und falls sie dort nicht genug Müllautos haben, könnten sie aus Ballard oder vom Capitol Hill oder aus Queen Anne Lastwagen kommen lassen... Die Gassen da unten sind zwar eng... vielleicht zu eng für die Müllautos... aber ich bin sicher, daß die Techniker der Stadt eine Lösung finden... oder vielleicht die Ladenbesitzer auffordern können, ihre Mülltonnen an die Ecken zu rollen, wie es auch in anderen Bezirken geschieht...«

Im übertragenen Sinn ließen sich meine Bilder auf den Körper beziehen, was für meine Zwecke völlig ausreichte. Tatsächlich hätte ich, selbst wenn ich es gewollt hätte, auch gar keine Eins-zu-Eins-Beziehung herstellen können. Meine Kenntnisse über chemische Vorgänge und Funktionen des menschlichen Organismus sind bescheiden – zu gering, um auch nur ein metaphorisches Heilverfahren zu verordnen. Aber verordnen wollte ich ohnehin nicht. Ich wollte lediglich Nancys schöpferischem Unbewußten Material liefern. Seine eigene, ihm innewohnende Weisheit würde sich aus meinem weitschweifigen Vortrag das Nützliche herausziehen und die Bilder in Werkzeuge für Nancys Heilung umwandeln. Ich konnte mir die fehlenden Kenntnisse später, nachdem sich meine Strategie als richtig erwiesen hatte, aneignen – allerdings würde ich nie genau wissen, welche meiner Worte die Auslöser waren.

»Einige Häuser, die wir gesehen haben, machten einen ziemlich brandgefährdeten Eindruck...aber selbst wenn eines von ihnen Feuer fangen würde, wäre die Feuerwehr sofort dort... Über die ganze Stadt sind Feuerwachen verteilt, die innerhalb von wenigen Minuten Löschzüge zur Bekämpfung jedes Feuers losschicken können...selbst bei richtig großen Bränden...Und heutzutage ist die Feuerwehr hervorragend ausgerüstet...das Wasser spritzt mit gewaltigem Druck aus den Schläuchen... Brände unter Kontrolle zu bringen und zu löschen ist heute wesentlich einfacher als früher...

Und dieser Bezirk ist ganz leicht zu erreichen, weil er so zentral liegt...ja, innerhalb von Minuten kann aus allen Stadtteilen die Feuerwehr hier sein...Achten Sie nur einmal darauf, von wie vielen Straßen und Hauptverkehrsadern er durchzogen ist...Schauen Sie auf den Verkehr, der jetzt über den Highway in seine Richtung fließt...Und die Menschen müßten noch nicht einmal mit dem Auto fahren...sie könnten auch mit dem Schiff kommen...Sehen Sie, dort legt gerade eine Fähre an... und ein Tanker steuert in den Hafen...und sogar der Flughafen ist in der Nähe...

Manche halten diesen Bezirk für eine dreckige, öde Gegend, dabei ist er in Wirklichkeit ein hochwertiger Stadtteil...Hier stehen einige der schönsten Bauwerke der Stadt...Manche dieser schönen alten Gebäude müßten renoviert werden, aber das ist leicht machbar...ein paar Reparaturen, hier und da etwas Farbe, ein wenig saubermachen...ein paar neue Abwasserrohre...und schon wären diese alten Häuser wieder wie neu...Architekten könnten Pläne für die Renovierung entwerfen... Tischler, Installateure, Maler und Maurer bei der Instandsetzung helfen...«

In diesem Stil redete ich ungefähr zwanzig Minuten lang, und die ganze Zeit lauschte Nancy wie elektrisiert meiner Stimme. Dann wurde es Zeit zu gehen. Bevor wir aufbrachen, wollte ich diese Erfahrung allerdings noch in Nancys Unbewußtem einkapseln, sie einer möglichen bewußten Einmischung entziehen, damit sie in einem verborgenen Teil ihres Geistes vor sich hin »kochen« konnte.

Ich hob leicht die Stimme, um einen neuen Gedankengang anzudeuten. »Sie haben nun eine sehr wichtige Erfahrung gemacht, über die Sie jetzt aber eigentlich nicht groß nachdenken müssen... Ihr Unbewußtes kann seinen eigenen Sinn und Nutzen daraus ziehen... und außerdem würde es zuviel Kraft kosten, wenn Sie darüber nachdenken müßten, wo doch Ihre Energie anderswo benötigt wird... Und während der nächsten Tage, Wochen und sogar Monate werden Sie merken, daß Sie in Ihren Gedanken und Ihrem Körper eine ganze Menge Arbeit erledigen... und Ihr Unbewußtes wird dafür sorgen, daß Sie diese Erkenntnisse zur rechten Zeit und auf die richtige Weise zu Ihrem Nutzen und im Sinne Ihres Genesungsprozesses anwenden... Tatsächlich sind Sie schon jetzt, noch während wir hier stehen, damit beschäftigt.

Jetzt können Sie all diese Dinge aus Ihren Gedanken verbannen... Und falls Sie in Zukunft jemals daran denken sollen oder Ihr Unbewußtes es für wünschenswert hält, werden Sie sich daran erinnern... Und natürlich auch immer dann, wenn es für Sie wichtig wäre, mit jemandem darüber zu sprechen.« Nancy sollte sich nicht verpflichtet fühlen, das Erlebte oder ihren Zustand zu verschweigen, sondern, wenn sie es wünschte, mit Freunden, der Familie oder ihrem Arzt darüber reden, wobei ich gleichzeitig aber auch die Möglichkeit einer totalen Amnesie offenhalten wollte.

»Jetzt drehen wir uns gleich um und steigen ins Auto... und wenn Sie wieder im Wagen sitzen, werden Sie feststellen, daß unsere Zeit beinahe um ist, und dann sollten Sie sich auf die Fahrt konzentrieren und sich darauf vorbereiten, hellwach und erfrischt zu Ihrer Arbeit zurückzukehren... Also, dann wollen wir *jetzt* mal.« Meine Worte suggerierten Nancy nicht nur indirekt, wieder aufzuwachen – langsam, im von ihr gewählten Tempo –, sondern lenkten sie außerdem vom Erlebten ab, wodurch ihr Unbewußtes es verarbeiten konnte, ohne vom logischen Denken in Frage gestellt zu werden. Ich wandte mich zum Wagen. Nancy folgte mir.

Schweigend fuhren wir zum Ärztehaus zurück. Unterwegs wurde Nancy immer munterer. In ihre Augen kehrte Leben zurück, und die Anzeichen der Trance verschwanden.

»Wir haben nur eine gute Stunde gebraucht«, bemerkte ich beiläufig, als wir auf den Parkplatz einbogen. Indem ich das Versprechen erwähnte, das ich ihr gegeben hatte, bevor sie in Trance fiel, hoffte ich eine Brücke von jenem Gespräch zum jetzigen Augenblick zu schlagen, damit sich die Intervention noch tiefer in ihr Unbewußtes eingraben konnte.

Sie sah auf die Uhr. »Sehr gut«, bemerkte sie. »Ich muß wieder an die Arbeit. Mein Chef bringt mich um, wenn ich schon wieder zu spät komme.« Ihre Stimme klang fröhlich, ohne den leisesten Unterton eines von Sorgen geplagten Menschen.

»Würden Sie übermorgen um fünf zu mir kommen?« Ich wollte ein paar Zusatztermine mit ihr vereinbaren, um über ihren Zustand auf dem laufenden zu bleiben.

Sie war einen Moment lang überrascht, dann stimmte sie zu.

»Gut.« Ich lächelte. »Was halten Sie davon, wenn wir uns diesmal in der Praxis treffen?«

Ein Ausdruck der Verwirrung huschte über ihr Gesicht, als sei ihr, trotz der Tatsache, daß wir in meinem Wagen auf dem Parkplatz ihres Arztes saßen, nicht bewußt, daß wir uns jemals woanders getroffen haben könnten. Dann lächelte sie unsicher und sagte: »In Ordnung«, stieg aus dem Wagen und schlug die Tür zu.

Zwei Tage später kam Nancy wieder in meine Praxis. Sie ließ sich sofort auf den Stuhl fallen und beklagte sich bitterlich über ihren Chef. Ich ließ sie ein paar Minuten reden, bis ihr die Puste ausging. Dann versuchte ich, das Gespräch in andere Bahnen zu lenken.

»Und was haben Sie sonst noch erlebt?« tastete ich mich vor. Ich war gespannt, wie sie wohl auf die vorangegangene Sitzung reagiert hatte.

»Nicht viel. Ich habe mit meiner Mutter gesprochen. Sie hat mir die Hölle heiß gemacht, weil ich nicht zum Geburtstag meines Vaters gekommen bin...« Damit kam Nancy auf eines ihrer ständigen Probleme zurück – die Meinungsverschiedenheiten mit ihren Eltern.

Zwanzig Minuten lang ließ ich mich auf das neue Thema ein, dann versuchte ich ein weiteres Mal, neuen Gesprächsstoff einzuflechten. »Und was ist sonst noch geschehen? Was ist Ihnen in dieser Woche noch aufgefallen?«

Sie zuckte die Achseln. »Ich weiß nicht. Sonst eigentlich nicht viel, glaube ich. Dieser Jeff hat mich angerufen und wollte, daß wir uns wieder treffen, aber ich glaube nicht, daß ich das will. Ich glaube, er paßt nicht besonders gut zu mir...« Wieder vertiefte sie sich in ein Dauerproblem.

Trotz verschiedener Anknüpfungspunkte erwähnte Nancy unsere letzte Sitzung oder ihren Gesundheitszustand mit keinem einzigen Wort. Wir beendeten die Sitzung mit der Vereinbarung, uns vier Tage später, zu ihrem gewohnten Termin am Dienstag, wiederzusehen.

Als Nancy nach dem Wochenende wieder zu mir kam, wiederholte sich die letzte Sitzung mehr oder weniger. Nachdem sie zunächst eine Tirade über ihren Chef losgelassen hatte, ging sie ohne Unterbrechung zu ihren Eltern über. Diesmal wollte ich sie allerdings nicht so einfach davonkommen lassen. Die Zeit verging; womöglich verschlechterte sich ihr Zustand; sie stand unter dem Druck, sich operieren zu lassen. Falls *sie* es nicht zur Sprache brachte, würde ich es tun. Doch ich wollte behutsam vorgehen. Wenn sie tatsächlich unsere Sitzung in der Stadt vergessen hatte, wollte ich sie nicht daran erinnern, denn Amnesie wäre ein Zeichen dafür, daß es in ihrem Unbewußten gärte.

»Ich wüßte gern, wie Ihnen die vorletzte Sitzung gefallen hat«, meinte ich.

Nancy kniff leicht die Augen zusammen, als durchsuche sie eine Art innere Datenbank, sagte aber nichts.

»Bisher hatten wir eigentlich noch keine Gelegenheit, *hier in der Praxis* darüber zu sprechen.«

»Ja...« Sie schien verwirrt. »Ich meine, es ist gut für mich, mit Ihnen über alle Probleme zu reden.« Meine Anspielung war ihr offensichtlich völlig entgangen.

»Ist es nicht gut, zu wissen, daß Ihr Unbewußtes die *Übersicht* behält, ohne daß Sie groß darauf achten müßten?«

Sie sah mich ausdruckslos an. »Ich glaube schon.« Anscheinend hatte sie keine Ahnung, wovon ich sprach.

Ich war begeistert. Daß sich unser Ausflug ihrem Bewußtsein restlos entzog, bedeutete, daß sie in einer sehr tiefen Trance gewesen sein mußte: Sie hatte die Suggestionen völlig verinnerlicht. Das ließ mich hoffen, daß die Intervention auf dem Hügel sich als ein voller Erfolg entpuppen würde.

Ich beschloß herauszufinden, welche Gedanken sie sich über ihren Gesundheitszustand machte. »Wie haben Sie sich diese Woche gefühlt – körperlich, meine ich?«

Sie wurde hellhörig. »Prima.«

»Gut geschlafen?«

»Ja.«

»Keine quälenden Gedanken?«

Ein verschmitztes Lächeln huschte über ihr Gesicht, dann schüttelte sie den Kopf.

Ich betrachtete sie genauer. *Was hatte dieser Blick zu bedeuten? Weshalb das verschmitzte Lächeln?* Plötzlich begriff ich: Unsere Unterhaltung fand auf zwei Ebenen statt! Auf einer bewußten Ebene verlief unsere Unterhaltung so beiläufig, als sei alles wie immer, während wir uns auf einer unbewußten Ebene über die Wahrheit unterhielten. Wie Nancys flüchtige Geste signalisiert hatte, wußte sie unbewußt so gut wie ich, daß wir über ihre gesundheitlichen Probleme sprachen; indem sie jedoch das Wissen von der Intervention aus ihrem Bewußtsein ausblendete, schützte sie es vor dessen Einmischung. Das bewußte Denken bewegt sich in linearen Bahnen und kann durch sein penibles Nachfragen den eher runden, ganzheitlichen Denkprozeß des Unbewußten behindern.

»Na schön, da es Ihnen anscheinend sehr gutgeht, wie wäre es, wenn Sie noch einen Schritt weitergehen würden?« schlug ich vor. »Ich könnte Ihnen etwas zeigen, wodurch das, was wir bereits getan haben, noch verstärkt würde.« Es war Zeit, Nancy beizubringen, ihre unbewußten Anstrengungen mit Hilfe ihrer Einbildungskraft zu vervielfachen. Diese doppelte Herangehensweise würde sie im Kampf gegen die präkanzerösen Zellen bestärken und sie von einer passiven Rezipientin zu einer aktiven Teilnehmerin der Intervention machen. Dazu mußte ich zwar unser »Geheimnis« auf die Ebene des Bewußtseins heben – die Einbildungskraft ist auf deutliche Hinweise angewiesen –, doch ich hatte das Gefühl, daß sich das Risiko lohnte.

»Ja«, versicherte Nancy. »Das möchte ich.«

»Dann will ich Ihnen beibringen, Ihre Einbildungskraft zu benutzen. Man kann nämlich lernen, seine Phantasie zu steuern und dem Immunsystem zu befehlen, die anomalen Zellen abzutöten.«

Ich forschte in Nancys Gesicht nach möglichen Anzeichen von Unbehagen bei der Erwähnung der Zellen, aber sie nickte lediglich.

»Gleich werde ich Sie auffordern, sich Bilder von Ihren kranken Zellen auszudenken. Danach werden Sie sich Ihr Immunsystem vorstellen. Sie werden Bilder sehen, auf denen Ihr Immunsystem die kranken Zellen bekämpft und abtötet und durch Atmen, Schwitzen und andere Ausscheidungsprozesse hinausspült. Verstehen Sie, was ich meine?«

»Ja.«

»Gut. Dann können Sie sich jetzt einfach entspannen, die Augen schließen und sich in Ihr Inneres zurückziehen... gut so... und jetzt eins... immer tiefer, mit jeder Zahl... zwei... entspannen Sie sich immer mehr... und drei... lassen Sie sich einfach völlig gehen.«

Nancys Kopf fiel nach vorn.

»Nun möchte ich, daß Sie sich solche Bilder, wie ich sie gerade beschrieben habe, vorstellen... Lassen Sie sich dabei Zeit... Sie brauchen sich nicht zu beeilen... Nicken Sie einfach mit dem Kopf, wenn die Bilder erscheinen.«

Nach zwanzig Sekunden nickte Nancy leicht. Anders als das Bewußtsein, das durch lineares Denken und Ausprobieren verschiedener Möglichkeiten manchmal minutenlang nach einem Bild sucht, kann das Unbewußte fast augenblicklich ein Bild entwerfen.

»Können Sie sie sehen?«

Wieder nickte sie einmal.

»Gut... Warten Sie einen Moment, um auch sicher zu sein,

daß es die richtigen Bilder sind, daß es genau die Bilder sind, die Sie wollen, genau so, wie Sie sie wollen.« Nancy sollte die Bilder gutheißen, damit sie sich ganz und gar auf das Programm einließ. Ihr Fazit sollte lauten: *Ja, mit diesen Bildern kann ich arbeiten.*

Kurz darauf nickte sie wieder.

»Gut.« Ich gab ihr Suggestionen, damit ihr Unbewußtes die Bilder verarbeiten konnte, und weckte sie dann aus der Trance.

»Können Sie mir erzählen, was Sie gesehen haben?«

»Einen Feuerwehrschlauch.«

»Beschreiben Sie ihn mir.«

»Er ist groß.«

»Ist er schwer?«

»Und wie!«

»Aber Sie können ihn noch allein tragen?«

»Hm!« Sie hatte leidenschaftslos begonnen, doch jetzt steigerte sich ihre Begeisterung.

»Beschreiben Sie seinen Wasserstrahl.«

»Er ist stark.«

»Wie stark?«

»Stark genug, um ein Gebäude umzudrücken.«

»Stark genug, um alles, was ihm im Weg steht, hinwegzufegen?«

Ein breites Lächeln erhellte ihr Gesicht. »Oh ja!« jubelte sie im Brustton der Überzeugung.

»Und was ist mit den kranken Zellen? Wie haben Sie sich die vorgestellt?«

»Als Blätter. Kleine grüne Blätter.«

»Was passiert mit ihnen, wenn Sie den Schlauch auf sie richten?«

»Sie fallen von den Bäumen und landen im Rinnstein, und dann werden sie braun und vertrocknen. Und dann kann ich sie mit dem Schlauch wegspülen!«

Nancys Vorstellung freute und ermutigte mich. Die Simontons hatten festgestellt, daß die Vorstellungswelt eines Krebspatienten oft ein verläßlicher Indikator für seine Einstellung zur Heilung ist. Patienten, die sich ihre kranken Zellen schwach und ihr Immunsystem stark vorstellen, weisen höhere Genesungsraten auf als jene, bei denen es umgekehrt ist. Bei einem Mann, zum Beispiel, der sich seine Kehlkopfkrebszellen als hartnäckige Granitsplitter vorstellte, gleichzeitig aber seine weißen Blutkörperchen als Lieferanten einer scharfen Säure sah, ging der Krebs zurück. Ein anderer, der sich seine Kehlkopfkrebszellen als Teer und seine weißen Blutkörperchen als Schneeflocken vorstellte, starb kurze Zeit später. Die Versuche der Simontons, Patienten zu einer Veränderung ihrer Vorstellungen zu ermutigen, verliefen allerdings nicht immer erfolgreich. Anscheinend ist auch die Bereitschaft der Menschen, ihre Vorstellungen zu verändern, ein zuverlässiger Indikator für ihre Einstellung zur Heilung. Bei Patienten, die sich vorstellten, ihr Immunsystem zu stärken und ihre Krebszellen zu schwächen, stieg die Lebenserwartung, während sich bei denen, die sich weigerten, ihre Vorstellung zu verändern, der Zustand meistens verschlechterte. Deshalb war die Tatsache, daß sich Nancy ihre kranken Zellen als zarte Blätter und ihre angreifenden weißen Blutkörperchen als mächtigen Feuerwehrschlauch vorstellte, ein positives und ermutigendes Zeichen.

Darüber hinaus begeisterte mich, wie sehr ihre Vorstellungen mit unserer Stadtrundfahrt übereinstimmten. Auf dem Hügel hatte ich über Feuerwehrautos und Abwasserkanäle gesprochen. Daß sie diese Bilder übernommen hatte, ließ darauf schließen, daß ihr Unbewußtes die Metapher verinnerlicht hatte und sie nun zu Nancys Vorteil einsetzte.

»Während Sie in Ihrer Vorstellung die Blätter wegspritzen, stellen Sie sich außerdem bitte vor, daß der betroffene Körperteil warm wird. Lassen Sie uns das ein paarmal üben. Schließen Sie einfach die Augen, und stellen Sie sich vor, wie Sie die Blätter wegspritzen, während der Körperteil gleichzeitig warm wird.« Auch wenn mir hierfür durchschlagende medizinische Beweise fehlten, schien mir doch logisch, daß die Durchblutung des Gebärmutterhalses durch die Vorstellung von Wärme gefördert würde. Und Blut, so nahm ich an, würde die zur Heilung benötigten Wirkstoffe transportieren und die Giftstoffe wegspülen. Auf die Überwachungstheorie übertragen, war Blut das Vehikel, mit dem die Verstärkungskräfte zu den bereits im Einsatz befindlichen Mannschaften gelangten.

Nachdem Nancy ihr Bild vom Wegspülen der kranken Zellen ein paarmal abgerufen hatte, schlug ich ihr vor, es außerhalb der Praxis auf zwei verschiedene Weisen anzuwenden: zwei- bis dreimal täglich durch Selbsthypnose und außerdem »in freien Minuten während des Tages – vielleicht an einer Ampel, beim Duschen oder beim Essen«. Diese Sitzungen aus dem Stegreif waren *ständige Suggestionen*, denn die erinnerten Bilder versuchten, genau wie bei hypnotischen Suggestionen, Nancys bewußtes Denken zu umgehen. Indem Nancy Selbsthypnose und Autosuggestion kombinierte, könnte sie die Wirkung unserer Arbeit noch erhöhen.

»Wann müssen Sie wieder zum Arzt?« fragte ich, als sie gerade aufbrechen wollte.

Sie zog die Nase kraus. »Er will, daß ich mich so bald wie möglich operieren lasse. Ich habe ihm zwar erklärt, ich wolle noch eine Weile warten, aber er hat gesagt, höchstens noch zwei Wochen.«

»Gut, dann haben wir ungefähr zehn Tage Zeit, um zu sehen, wie gut es anschlägt. Möchten Sie erst zu Ihrem regelmäßigen Termin wiederkommen oder lieber etwas früher?«

»Früher!«

Also kam Nancy drei Tage später wieder. Sie schien förmlich zu glühen.

»Ich weiß nicht, was dort unten passiert«, verkündete sie, noch ehe sie sich setzte, »ich spritze jedenfalls die Blätter weg!« Sie hielt einen imaginären Feuerwehrschlauch in der Hand und ließ ihn vor ihrem Körper kreisen, als spritze sie mit einem kräftigen Wasserstrahl auf die Blätter.

»Weiter so! Und, fallen sie ordentlich runter? Wie ist es?«

Sie beugte die Armmuskeln wie ein Gewichtheber. »Kinderleicht.« Dann wurde sie ernster. »Am Anfang war es ein bißchen schwierig. Der Schlauch war ziemlich schwer, und bei all dem Wasser, das herauskam, kaum zu drehen. Und die Blätter klebten manchmal richtig fest. Sie wollten einfach nicht abfallen. Aber mittlerweile, seit gestern oder so, ist es viel einfacher geworden. Ich glaube, ich habe den Dreh jetzt raus.«

»Ist ja unglaublich! Spüren Sie auch die Wärme?«
Sie nickte eifrig. »Klar.«
»Großartig. Dann lassen Sie uns das Ganze jetzt noch ein wenig verstärken. Wie wär's, wenn ich dabei ein Band aufnehme, das Sie sich zu Hause vorspielen können?«
Da Nancy einverstanden war, schaltete ich das Tonband ein und versetzte sie in eine mittlere Trance. Während sie sich entspannte, gab ich ihr Suggestionen. »Wir appellieren jetzt an die Heilkraft des Körpers, immer stärker zu werden... damit der Organismus in vollendeter Harmonie arbeitet... damit alle Grundstoffe, die Sie täglich beim Atmen und Essen zu sich nehmen, direkt an die Stelle im Körper geleitet werden, wo sie am meisten bewirken... damit alle Giftstoffe aus dem Körper herausgespült werden... und damit alle anomalen Zellen abgetötet und ausgeschieden werden...«
Ich beobachtete Nancys Gesicht und ihren Körper, um zu erkennen, ob sie zuhörte und sich entspannte, aber während ich sprach, war ich mit einem Teil meiner Gedanken woanders. Nancys Bericht klang optimal, ich hätte keinen besseren erwarten können. Doch was war, wenn der Eindruck täuschte? Wenn sie nicht *wirklich* die präkanzerösen Zellen aus ihrem Körper spülte? Wenn ihr Schwung nur vorgetäuscht war? Wenn sich ihr Befinden, während sie den imaginären Schlauch schwang, in Wirklichkeit *verschlechterte?*
Plötzlich bekam ich Angst. Trotz meines Glaubens an die Heilkraft unseres Unbewußten, trotz der zahlreichen Fälle von selbst herbeigeführter Heilung, von denen ich gelesen oder die ich selbst erlebt hatte, sah ich auf einmal ein Szenario vor mir, in dem die Behandlung fehlschlug und sich Nancys Zustand verschlechterte.
»Nancy«, sagte ich, als wir das Verstärkungsband aufgenommen hatten und sie aus der Trance erwacht war. »Wann haben Sie vor, wieder mit Ihrem Arzt zu sprechen?«
Sie neigte den Kopf zur Seite. »Er hat gesagt, in zwei Wochen, das ist dann nächsten Mittwoch.« In vier Tagen.
»Sie wissen ja, falls er Ihnen sagt, sie müßten unbedingt operiert werden, werde ich Ihnen nicht davon abraten.«
Nancy nickte. »Ich glaube, wenn er mir sagt, es muß sein,

werde ich es wohl tun.« Ihre Stimme klang resigniert. »Aber ich wünsche es mir ganz bestimmt nicht.«

»Ich weiß.«

Wir schwiegen beide einen Moment.

»Doch ich glaube nicht, daß ich mich operieren lassen sollte, ohne mich vorher noch einmal untersuchen zu lassen!« Nancy wurde wieder munter. »Ich meine, all diese Spritzerei hat doch bestimmt geholfen. Deshalb glaube ich, daß ich erst noch einen Abstrich machen lassen sollte, bevor sie mich operieren, um zu sehen, ob es besser geworden ist. Meinen Sie nicht auch?«

»Doch, auf jeden Fall. Vielleicht machen sie es nur ungern, weil sie denken, Sie müßten operiert werden. Aber ich finde, Sie sollten darauf bestehen.«

Nancy versprach, um einen zweiten Abstrich zu bitten, und wir verabredeten uns für Dienstag zu ihrem gewohnten Termin.

Am Dienstag kam sie atemlos in meine Praxis gestürzt. »Es ist besser geworden!« rief sie. »Es ist kein *Carcinoma in situ* mehr, sondern eine *schwere Dysplasie*! Das ist eine ganze Kategorie besser!«

»Sie haben den Abstrich machen lassen? Super!«

»Ich habe ihn heute morgen machen lassen, und gerade hat der Arzt mir telefonisch den Befund mitgeteilt! Können Sie sich das vorstellen! Es klappt!«

In die Freude, die ich darüber empfand, mischte sich meine Erleichterung.

»Der Arzt hat gesagt, das sei sehr ungewöhnlich. Und daß ich mich trotzdem sofort operieren lassen müßte. Aber ich habe ihm gesagt, daß ich in zwei Wochen erst noch einen Abstrich machen lassen möchte.« Sie klang überdreht wie ein Schulmädchen, das gerade mit Bravour eine schwierige Prüfung bestanden hat.

»Und war er einverstanden?«

»Klar. Er hatte ja keine Wahl!«

Ich freute mich über ihre Begeisterung – dadurch wurden die Anstrengungen ihres Unbewußten nur gefördert. Doch beim Gedanken, daß Nancy dem Rat ihres Arztes zuwiderhandelte, zuckte ich leicht zusammen. Dennoch, ihr Arzt hatte immerhin zugestimmt...

»Na schön, da Sie das so gut hinkriegen, wie wär's, wenn wir jetzt mit einer regulären Sitzung weitermachen und vielleicht am Schluß das Ganze noch einmal auffrischen?«

»Ja!«

Daraufhin unterhielten wir uns über Nancys Familie, und obwohl sie sich bemühte, bei der Sache zu bleiben, merkte ich während der Sitzung immer wieder, daß ihre Gedanken abschweiften. Am Schluß frischten wir ihre Bilder vom Wegspülen der kranken Zellen noch kurz in einer Trance auf und einigten uns darauf, uns an Nancys gewohntem Termin eine Woche später wiederzusehen.

Am nächsten Dienstag war Nancys Stimmung sehr viel gedämpfter.

»Ich glaube zwar, daß ich das Spritzen ganz gut mache«, sagte sie mit unüberhörbarer Besorgnis in der Stimme, »und es geht auch immer leichter, aber, ich weiß nicht... Irgendwie bin ich beunruhigt. Was ist, wenn...?«

»Wenn Sie nächste Woche untersucht werden und es nicht besser geworden ist?«

»Was ist, wenn es *schlimmer* geworden ist?«

»Wenn es schlimmer geworden ist, werden Sie sich wohl operieren lassen müssen«, sagte ich mit sanfter Stimme.

»Ich weiß.«

Daraufhin unterhielten wir uns eine Weile über ihre Angst und über die Einzelheiten einer Konisation, damit sie sich darunter etwas vorstellen konnte. Doch dann wollte ich sie noch einmal darauf hinweisen, daß sie eine gewaltige Heilkraft in ihrem Körper entfesselt hatte und sich nicht auf das Negative konzentrieren sollte. »Wissen Sie, Sie haben wirklich tüchtig an ihrer Vorstellung gearbeitet«, bemerkte ich. »Ich denke, Sie machen das alles ganz hervorragend.«

»Das hoffe ich jedenfalls«, antwortete sie. Noch niemals hatte ihre Stimme so verzagt geklungen.

Nancys dritter Abstrich sollte am folgenden Freitagnachmittag gemacht werden und sein Ergebnis am Montag vorliegen. Den ganzen Montag wartete ich auf Nancys Anruf. Als sie sich schließlich meldete, hatte ich gerade eine Sitzung mit einem anderen Klienten und mußte sie auf später vertrösten.

Kaum hörte sie meine Stimme am Telefon, brüllte sie so laut, daß ich den Hörer zehn Zentimeter vom Ohr weghalten mußte. »Sie sind weg!« schrie sie. »Ich bin geheilt!«

»Also war der Abstrich normal?«

»Völlig normal! Als hätte es nie irgendwelche komischen Zellen gegeben!«

Ich spürte förmlich ihr Strahlen durch die Leitung.

»Das ist ja phantastisch!« jubelte ich. »Sie haben es geschafft.«

»Ich weiß.« Sie klang sehr stolz auf sich. »Ich habe sie alle weggespritzt.«

Am Dienstag kam sie zu ihrem gewohnten Termin. Wir sprachen über ihren Sieg, und ich empfahl ihr, die Vorstellung vom Wegspritzen der Blätter noch ein paar Monate beizubehalten, um sich vor einem Rückfall zu schützen. Dann aber war ich neugierig, ob sie sich nach ihrer Genesung wieder an unsere Fahrt durch die Stadt erinnerte.

»Erinnern Sie sich noch an den Tag, an dem ich Sie vor der Praxis Ihres Arztes getroffen habe?«

»Dunkel«, murmelte sie. »Ich erinnere mich, daß ich in Ihrem Auto saß... Sind wir irgendwohin gefahren?«

»Auf den Queen-Anne-Hügel.«

Sie blinzelte. »Ja? Irgendwie erinnere ich mich. Was haben wir da oben gemacht?«

»Nur miteinander gesprochen.«

»Hmm... Ich glaube, viel weiß ich nicht mehr davon. Es ist alles ziemlich verschwommen.«

Ich wartete.

»Und worüber haben wir gesprochen?«

»Oh, über die Aussicht und so.« Ich hatte eigentlich nicht die Absicht, unsere Unterhaltung wiederzugeben. Wenn Nancys Unbewußtes beschlossen hatte, das Gespräch nicht in ihr Bewußtsein dringen zu lassen, sah ich keinen Grund, dem zuwiderzuhandeln. Offensichtlich machte ihr Unbewußtes seine Sache hervorragend.

Nancy schaute mich einen Moment erwartungsvoll an, doch als sie merkte, daß ich nichts mehr sagen würde, machte sie ein gleichgültiges Gesicht. »Wie ulkig, daß ich mich nicht mehr erinnere«, meinte sie, wobei sie weder sonderlich interessiert noch überzeugt klang. Dann zuckte sie die Achseln und gab den Versuch, sich zu erinnern, auf.

Nancy blieb noch ungefähr ein Jahr lang meine Klientin. Gegen Ende dieser Zeit begann sie sich wieder zu verabreden. Allerdings stürzte sie sich nicht wie früher sofort in eine ernsthafte Beziehung, sondern traf sich von Zeit zu Zeit mit verschiedenen Männern. Und – was am vielversprechendsten war – sie war entschlossen, erst dann mit ihnen ins Bett zu gehen, wenn sie von der Beziehung überzeugt war. Ich begrüßte ihre Entscheidung, zeigte sie doch eine bedeutende Stärkung ihrer Selbstachtung. Nancys Vorstellung, mit Schmutz behaftet zu sein, war nahezu verschwunden und einem stärkeren, »saubereren« Selbstgefühl gewichen.

Während dieses Jahres ließ Nancy alle drei Monate einen Abstrich machen, so daß ihr Arzt den Zustand ihres Gebärmutterhalses kontrollieren konnte. Die Werte waren immer normal.

Was hatte zu Nancys Heilung geführt? War es die Wirkung des Bildes – das Erschließen innerer Ressourcen, um mit den anomalen Zellen aufzuräumen, so wie durch den Einsatz menschlicher Ressourcen die trostlosen Gassen, die wir besucht hatten, vom Schmutz befreit werden könnten? War es Nancys imaginäres Wegspritzen der kanzerösen Blätter? Oder war es das Gefühl von Hoffnung und Kraft, das durch diese beiden Erlebnisse hervorgerufen wurde? Ich glaube, daß all diese Dinge eine Rolle spielten – weil sie im Grunde alle ein und dasselbe sind, nämlich Mittel, um zum Zweck der Heilung unbewußte Ressourcen zu mobilisieren.

Wie kam diese scheinbare Wunderheilung zustande? Niemand kann es mit Sicherheit sagen, obwohl Tausende solcher Geist-Körper-Heilungen bekannt sind. Westliche Forscher haben zahllose Theorien aufgestellt. Die meisten stimmen darin überein, daß der Körper chemische Stoffe absondert, die in einer endlosen Schleife Botschaften vom Gehirn zum Körper und wieder zurück übertragen. Statt aber, wie traditionell angenommen, von einer hierarchischen Dualität auszugehen, bei der das Gehirn den Körper dominiert, bilden in diesem Modell Gehirn und Körper einen Organismus in ständiger Wechselwirkung. Östliche Yogis, Philosophen und Heiler haben diese Einheit von Geist und Körper, deren Untrennbarkeit den meisten östlichen Religionen und Heilmethoden zugrunde liegt, längst begriffen.

Selbst im Westen sehen wir gewisse Aspekte der Einheit von Geist und Körper als erwiesen an. So erkennen wir zum Beispiel an, daß das Unbewußte das autonome Nervensystem steuert: das Pumpen von Herz und Lunge, den Blutfluß durch Venen und Arterien, das Zucken der Augenmuskeln, die Adrenalinausschüttung und die Verdauung. Wir wissen, daß wir einige dieser Vorgänge durch unseren Geist beeinflussen können. Durch Biofeedback können wir zum Beispiel den Blutdruck senken, die schmalen Luftwege der Lunge öffnen, Blutgefäße im Gehirn abschwellen lassen oder Finger und Zehen aufwärmen. Wir haben beobachtet, daß betäubte Operationspatienten dank Suggestionen ihren Blutdruck senken und Blutungen eindämmen können, und wissen, daß durch Einbildungskraft der Herzschlag, die Muskelspannung und der psychogalvanische Reflex beeinflußt werden können. Wenn sich durch mentale Anstrengungen diese Funktionen beeinflussen lassen, wenn wir den Blutfluß so steuern können, daß unsere Hände warm oder Kopfschmerzen gedämpft werden – ist es dann wirklich zu weit hergeholt, zu glauben, wir könnten auch, so wie Nancy es tat, den Blutfluß zu einer bestimmten Stelle im Körper lenken?

Darüber hinaus haben wir in den letzten dreißig Jahren gelernt, daß wir wesentliche Faktoren unserer Abwehrkräfte steuern können. Ergänzend zur Arbeit der Simontons haben Studien an krebskranken Kindern bewiesen, daß dank der Einbildungskraft die Lebenserwartung der Krebspatienten erhöht werden kann. Wie andere Studien gezeigt haben, kann eine regelmäßige seelische Beruhigung durch Meditation die Häufigkeit von Krankheiten verringern und das Abreagieren von Streß durch Tagebuchschreiben die Widerstandskräfte stärken.

Vor dreißig Jahren haben wir im Westen noch geglaubt, diese und andere physiologische Prozesse nicht steuern zu können. Daher bin ich sehr gespannt, was uns die nächsten dreißig Jahre über die Heilkraft des menschlichen Geistes offenbaren werden.

IV
Innere Stimmen

9

Die Frau, die wieder sehen lernte

»Ich würde gern mal mit einer Klientin bei Ihnen vorbeikommen«, sagte Carla am Telefon. Carla war eine Kollegin und frühere Studentin von mir, die mich in schwierigen Fällen ab und zu um Rat fragte. »Sie hat ein ungewöhnliches Problem. Ich glaube, das wird Sie interessieren.«

»Erzählen Sie mir mehr darüber«, drängte ich. Meine Neugier war geweckt.

»Um die Vertraulichkeit zu wahren, will ich sie Jane nennen. Sie ist siebenunddreißig. Vor einem Jahr kam sie zu mir und klagte über ständige Alpträume, Panikanfälle, Schlaflosigkeit und allgemeine Depression. Von Beginn der Therapie an hatte sie Phasen, in denen sie offenbar irgendeine Art von Kindesmißbrauch nacherlebte. Sie stritt allerdings stets jede Bedeutung dieser Vorfälle ab. Was auch immer damals geschehen sein mag, es muß ihr so verhaßt sein, daß sie es nicht erträgt, sich damit zu beschäftigen. Und genau das macht diesen Fall so interessant.«

Carla hob eindringlich die Stimme. »David, Jane wird blind. Sie hat eine Art degenerative Augenkrankheit, die ihre Ärzte vor ein Rätsel stellt. Sie wissen nicht, wodurch die Krankheit ausgelöst wurde, stellen aber fest, daß sie sich verschlimmert, und halten sie für irreversibel. Zwar wird sie bereits seit siebzehn Jahren allmählich schlimmer, aber im letzten Jahr hat plötzlich eine rapide Verschlechterung eingesetzt. Mittlerweile kann Jane überhaupt nicht mehr lesen und fast nicht mehr arbeiten. Sie ist übrigens Künstlerin.«

Carla schwieg und gab mir Zeit, das Gehörte zu verarbeiten.

»Gleichzeitig sind wir in der Therapie an einem Stillstand angelangt. Nachdem Jane zunächst monatelang Fortschritte gemacht hatte, ist sie jetzt total blockiert.«

»Hm.« Langsam dämmerte mir, was Carla meinte. »Und Sie glauben...«

»Ja! Ich glaube, da besteht ein Zusammenhang. Ich glaube, wir haben uns einem Thema genähert, das sie nicht sehen will, und ihre Aversion ist so stark, *daß sie buchstäblich absichtlich erblindet.*«

In den Jahren als Hypnotherapeut habe ich viele Fälle erlebt, in denen Klienten ihre Krankheiten oder körperlichen Schwächezustände unbewußt selbst herbeiführten, und fast immer drückten diese Krankheitssymptome die seelischen Konflikte der Klienten aus. So klagte eine Klientin über lautes Klingeln in den Ohren. Als ich mich nach ihrer Ehe erkundigte, erzählte sie mir, ihr Mann sei »aufdringlich«; und als ich sie fragte, wie sie mit dieser Aufdringlichkeit umgehe, antwortete sie: »Ich schalte ihn aus.« Offenbar war ihr nicht bewußt, daß ihr Körper dasselbe tat. In einem anderen Fall hatte ein junges Mädchen mit aufbrausender, strenger Mutter Ausschlag an den Händen bekommen. Während sie unter Hypnose über ihre Mutter sprach, verkrampften sich ihre Hände zu einem Würgegriff. Als ich sie aufforderte, sich die Hände anzuschauen und mir zu sagen, was sie sah, wiederholte sie ständig: »Ich sehe rot, ich sehe rot« – ein bildhafter Ausdruck für ihre uneingestandenen Gefühle gegenüber ihrer Mutter. Und gleichzeitig war der Ausschlag eine Methode, ihre Hände für den durch sie verkörperten unverzeihlichen Wunsch zu bestrafen.

In allen diesen Fällen wurden die Probleme der Klienten über den Körper ausgetragen, und sobald wir den zugrundeliegenden Konflikt gelöst hatten, klangen auch die körperlichen Symptome ab. Ein ähnliches Phänomen deutete Carla hier an. Aber aus ihrer Aufgeregtheit hörte ich auch noch etwas anderes heraus. Bei meinen früheren Klienten hatten die Probleme zu bekannten psychosomatischen Leiden geführt – Krankheiten, die nach Auffassung der Mediziner durchaus seelische Ursachen haben konnten. Dagegen war bei Jane die Verschlechterung der Augen offenbar rein organisch bedingt. Falls Carlas Theorie stimmte, zerstörte sich Janes Körper in seinem Eifer, dem Unbewußten behilflich zu sein, regelrecht *selbst*. Auch wenn sich dieses vollendete Zusammenspiel von Geist und Körper aus unseren früheren Beobachtungen ableiten ließ, war eine solche Macht des Unbewußten doch äußerst verblüffend.

Angesichts dieser Macht mußte man sich allerdings zwangsläufig fragen: Wenn die Wechselwirkung von Geist und Körper zu einer solchen Selbstzerstörung führen konnte, wäre dann nicht umgekehrt auch eine Selbstheilung denkbar? Wenn Janes Erblinden ein Sinnbild war für ihre Weigerung, sich mit ihren Problemen auseinanderzusetzen, würde sie dann, wenn sie die Bereitschaft entwickelte, sich mit ihnen zu beschäftigen, ihr Sehvermögen zurückgewinnen können? Diese Möglichkeit hörte ich zumindest ebenfalls aus Carlas aufgeregter Stimme heraus. Wenn es uns gelang, Janes Erblinden aufzuhalten oder rückgängig zu machen, konnten wir nicht nur die Wechselbeziehung von Geist und Körper beweisen, sondern gleichzeitig zeigen, daß das Ausmaß psychosomatischer Phänomene weitaus größer war als bisher angenommen, und uns diese Phänomene für die Heilung von Krankheiten zunutze machen.

»Was, glauben Sie, ist es, das sie nicht sehen will?« fragte ich gespannt.

»Meiner Meinung nach ist es sexueller Mißbrauch durch die Mutter. Sie erinnert sich, vom Bruder ihrer Mutter mißbraucht worden zu sein, aber alles deutet darauf hin, daß die Mutter das gleiche getan hat. Gelegentlich fällt sie in ihre Kindheit zurück und duckt sich, als erwarte sie, geschlagen zu werden. Manchmal schreit sie: ›Nein, Mama!‹ oder: ›Stop, Mama!‹ Wenn sie kurz darauf ›zu sich kommt‹, hat sie keine Ahnung, was geschehen ist.

Außerdem kommt es während der Sitzung gelegentlich zu Phasen, in denen sie das Gefühl hat, bei ihrer Mutter im Bett zu liegen und zu spüren, wie die Mutter sie nach unten schiebt und ihren Kopf mit den Beinen umklammert. Dabei gerät sie regelmäßig in Panik, kann kaum noch atmen und schreit: ›Nein, Mama! Ich will nicht! Ich will nicht!‹«

Carla brach ab, damit ich ihre Worte überdenken konnte. Klienten mit traumatischer Vergangenheit erleben ihr Trauma in Rückblenden manchmal so konkret, als wirke es unverändert fort. Solche Rückblenden hatte ich in meiner Praxis selbst häufig erlebt, und was Carla schilderte, klang erschreckend vertraut: ein Kind, das zu oralem Sex gezwungen worden war.

»Vor einigen Monaten begannen sich diese Vorfälle zu häufen. Manchmal konnte sie sich hinterher an absolut nichts mehr erinnern; manchmal hinterließ das Erlebte bei ihr ein unbestimmtes Unbehagen. Aber in der darauffolgenden Sitzung bestritt sie jedesmal, daß irgend etwas geschehen sei, und lenkte das Thema ganz von ihrer Mutter weg. Und jetzt haben wir uns völlig festgefahren.« Carla klang frustriert.

»Was erzählt sie über ihre Kindheit?«

»Sie skizziert das übliche Bild einer alkoholgeschädigten Familie. Sie sagt, es sei hart gewesen. Ihr Vater war Alkoholiker im Spätstadium und nur selten zu Hause. Ihrer Mutter ›brannte oft die Sicherung durch‹. Jane erinnert sich an Dutzende von Vorfällen, bei denen ihre Mutter sie geschlagen hat – einmal mit dem Telefonhörer, einmal mit dem Nudelholz, und einmal hat die Mutter sie die Treppe hinuntergeworfen. Und sie erinnert sich, daß sie häufig angeschrien wurde – weil sie angeblich blöd und an allem schuld war. Anscheinend hat sie sich oft den Mund mit Seife ausgewaschen, weil sie etwas ›Schlimmes‹ oder ›Schmutziges‹ getan hatte. Sie hat kaum deutliche, zusammenhängende Erinnerungen, nur bruchstückhafte, aber die fügt sie nicht zu einem Bild zusammen. Obwohl die einzelnen Erinnerungsfetzen so entsetzlich sind, leugnet sie, daß jemals etwas ›wirklich Schlimmes‹ passiert sei.

Gleichzeitig überfallen sie jedoch Gefühle und Träume, die auf besonders schweren Mißbrauch hindeuten. Nachts wacht sie in Panik auf, voller Angst, etwas ›Böses‹ sei in ihrem Zimmer. Wenn wir über ihre Mutter sprechen, bricht ihr vor lauter Panik der Schweiß aus. Sie hat mir einige ihrer Bilder mitgebracht. Sie zeichnet sich stets als kleinen, auf dem Rücken liegenden Hund. Über ihr steht eine große Hündin, deren Genitalien sich in der Nähe von Janes Mund befinden, und fletscht drohend die Zähne. Jane ist entsetzt darüber, daß solche Empfindungen und Bilder aus ihr herauskommen – aber ich glaube, noch größere Angst hat sie davor, herauszufinden, weshalb sie solche Bilder malt.«

Was Carla beschrieb, war typisch für Opfer von ständigem Kindesmißbrauch. Fast immer leugnen oder verharmlosen sie die Erinnerung. Sie können gar nicht anders, denn die Vorstellung, daß ihre Eltern so etwas getan haben, wäre unerträglich peinigend für sie. Also splittern sie die Erinnerungen in Hunderte von Bruchstücken auf, die nur verkraftbare Spuren in ihrem Bewußtsein hinterlassen. Mit rationalen Erklärungen wie »Ich hatte eine schwere Kindheit«, »Er hat das ja nur ein- oder zweimal mit mir gemacht«, oder »So schlimm war es auch wieder nicht« wird häufig brutaler und chronischer Mißbrauch verschleiert. Doch auch wenn Wissen, körperliche Wahrnehmungen und Gefühle in tausend Einzelteile zersprungen sind – vergessen sind sie deshalb noch lange nicht. Sie machen sich auf unerwartete Weise bemerkbar: durch Panikanfälle und Schlaflosigkeit, in Träumen und Kunstwerken, durch scheinbar unerklärliche zwanghafte Handlungen und durch eine unbestimmte Angst vor dem mißbrauchenden Elternteil. Sie existieren am Rande des Bewußtseins, wie lärmende Nachbarn, die gegen die Rohrleitungen hämmern und gelegentlich an der Tür klingeln.

»Zeigen sich bei ihr Anzeichen für eine multiple Persönlichkeit?« Für einige Opfer schweren chronischen Mißbrauchs sind die traumatischen Erlebnisse so überwältigend, daß sie buchstäblich zu Brüchen in der sich entwickelnden Persönlichkeit des Kindes führen. Der unerträgliche Schmerz und das furchtbare Wissen werden aus Selbstschutz vom Bewußtsein abgespalten und kristallisieren sich mit der Zeit zu *alternierenden Persönlichkeiten*. Manche von ihnen entstehen, um Schmerz und Leid der Kindheit zu verkraften, während andere der Bewältigung von Gefühlen wie Angst, Schuld oder Scham dienen. Wieder andere helfen dem Kind, schwierige Situationen durchzustehen: Während die eine ihm vielleicht ermöglicht, in der Schule ein »normales« Gesicht aufzusetzen, zeigt sich eine andere nur nachts, um mit Papa fertigzuwerden, wenn er wieder einmal betrunken ist. Diese veränderlichen Persönlichkeiten tauchen jeweils als Reaktion auf die täglichen Anforderungen des Lebens auf und erleichtern dem Kind, sich von den unannehmbaren Seiten seiner Gegenwart und Vergangenheit zu distanzieren.

Persönlichkeitsspaltung hört jedoch nicht unbedingt mit dem Ende des Kindesmißbrauchs auf. Bleibt die Aufsplitterung der Erfahrungen unbehandelt, kann sie zu einer lebenslangen Gewohnheit werden, und anstatt eine integrierte, erwachsene Persönlichkeit zu entwickeln, die mit den unterschiedlichsten Gefühlen umgeht und den verschiedensten Aufgaben gewachsen ist, schafft sich das Opfer unter Umständen auch noch als Erwachsener solche wechselnden Persönlichkeiten. So entsteht die eine, um den Gang aufs College zu erleichtern, während eine andere dazu dient, die Erziehung der eigenen Kinder zu bewältigen. Als Jugendliche hat das Opfer vielleicht über ein Dutzend verschiedene Persönlichkeiten verinnerlicht, die ihm alle dabei helfen, das tägliche Leben zu bewältigen, und es vor dem vollen Ausmaß der Erfahrungen seiner Vergangenheit schützen.

»Sie ist keine multiple Persönlichkeit«, sagte Carla. »Aber sie hat ohne Frage dissoziative Störungen. Sie hat ausgeprägte Persönlichkeits*teile* entwickelt, die zwar im allgemeinen nicht nach außen dringen und dominieren, ihr Verhalten aber eindeutig beeinflussen. Sie überfluten sie mit Gedanken und Gefühlen und ringen mit ihr um die Macht, so daß sie manchmal regelrecht paralysiert ist.«

»Beschreiben Sie mir diese Teile.«

»Nun ja, insgesamt gibt es vermutlich Dutzende davon, aber Sie müßten nur mit dreien arbeiten – den drei Teilen, die am meisten in diesen Kampf verwickelt sind. Eine ist ein ›kleines Mädchen‹, eine Fixierung von Jane auf der Stufe einer Sechsjährigen. Als dieses kleine Mädchen erlebt sie jene schrecklichen Phasen. Dann gibt es den ›Teenager‹, einen Teil von Jane, der hart, zornig und rebellisch ist und ihrem Selbstschutz dient. Und es gibt die ›Mutter‹. Sie ist wütend und beschimpft die anderen beiden. Alle drei geraten ständig miteinander in Konflikt – sie sind in denselben gestörten Beziehungen gefangen, die Janes Familie beherrschten – und tun alles, um Janes emotionale Probleme nicht nach außen dringen zu lassen.«

»Haben Sie mit ihnen gesprochen?«

»Ja, das habe ich.«

Bei dissoziativen Störungen treten zwar, anders als bei einer multiplen Persönlichkeit, die verschiedenen Teile im allgemeinen nicht äußerlich wahrnehmbar in Erscheinung; sie dominieren die Person nicht, sind aber – dicht unter der Oberfläche und durchaus vertraut mit der Außenwelt – stets anwesend; man kann sogar mit ihnen sprechen, etwa vergleichbar mit Selbstgesprächen, die jeder von uns gelegentlich führt. Mitunter ist es schwierig, durch das Bewußtsein zu diesen Teilen vorzudringen, denn sie enthalten Material, das die Person bewußt vor jeder Wahrnehmung abschirmt. In Hypnose können wir diesen Widerstand jedoch umgehen, indem wir das Bewußtsein des Klienten außer Kraft setzen. Sobald der Widerstand wirkungslos ist, lassen sich die Teile der Persönlichkeit – häufig mit unterschiedlichem Verhalten, Mienenspiel und Stimmen – zum Vorschein bringen.

»Ich habe sogar auf drei verschiedene Arten mit ihnen gesprochen«, fuhr Carla fort. »Manchmal gerät Jane in eine Art *Schwebezustand*. Dann pendelt sie zwischen Trance und Wachsein hin und her, hört die verschiedenen Stimmen und teilt mir mit, was sie sagen. Manchmal induziere ich eine Trance und wende mich direkt an die unterschiedlichen Persönlichkeitsteile. In solchen Fällen verändert sich Janes Stimme, und ich habe das Gefühl, daß die Teile direkt durch Jane zu mir sprechen. Und manchmal – wenn ich Jane dazu dränge, über Dinge zu reden, die sie wirklich quälen – fällt Jane auch spontan in Trance und verwandelt sich in das kleine Mädchen.«

»Wie nimmt Jane die verschiedenen Teile ihrer Persönlichkeit wahr?«

»Sie ist sich ihrer bewußt. Ich glaube, sie hat das Gefühl, aus einer Ansammlung von Stimmen zu bestehen, zwischen denen sie innerlich zerrissen wird. Ihr Selbstgefühl ist voller Brüche. Sie merkt, daß sie Dinge tut, die sie eigentlich nicht tun will, als ob ihr Körper gar nicht zu ihr gehöre. Sie hat einmal gesagt, in ihrem Innern sei es so laut, als sei sie mit lauter schreienden Menschen in einem kleinen Haus eingesperrt.«

»Haben Sie mit ihr darüber gesprochen, daß zwischen ihrer zunehmenden Erblindung und dem Stillstand in der Therapie möglicherweise ein Zusammenhang besteht?«

»Das kann sie sich durchaus vorstellen. Sie ist zwar nicht völlig überzeugt davon, doch weil die Ärzte keine medizinische Ursache finden, leuchtet ihr ein, daß es eine emotionale geben könnte.«

»Was meinte sie zu Ihrem Vorschlag, mich zu treffen?«

Carla lachte leise. »Sie wissen doch, was passiert, wenn man Hypnotherapie vorschlägt. Plötzlich setzt bei den Leuten eine Art magisches Wunschdenken ein. *Ich werde meine Augen schließen, und wenn ich wieder aufwache, bin ich geheilt.* Obwohl sie weiß, daß das nicht stimmt, gefällt ihr die Idee, weil sie so verzweifelt wünscht, daß es ihr besser geht.«

»Glauben Sie, sie erwartet, daß wir an ihrer Blindheit etwas ändern?«

»Das denke ich eigentlich nicht. Sie will zwar nicht blind werden, hat aber den Verdacht, daß die Blindheit einen bestimmten Zweck erfüllt, und letzten Endes denke ich, daß sie sich mehr vor dem, was dadurch verschleiert wird, fürchtet. Ich glaube eher, sie hofft, daß Sie ihre anderen Symptome zum Verschwinden bringen. Seitdem wir in eine Sackgasse geraten sind, hat sie fast ständig Alpträume und Panikanfälle, und mittlerweile würde sie am liebsten das Haus nicht mehr verlassen. Vor allem diese Dinge hofft sie wieder in den Griff zu kriegen.«

»Na ja, dann will ich sie mir mal ansehen.« Ich schlug meinen Terminkalender auf.

»Moment, da wäre noch etwas. Sie hat solche merkwürdigen Vorstellungen von Koffern.«

»Koffern?«

»Ja. Im Geiste sieht sie endlose Reihen von Koffern – wie Gräber auf einem Friedhof. Sie erscheinen ihr oft im Traum und tauchen in ihren Bildern auf. Auch das kleine Mädchen und der Teenager haben sie erwähnt. Sie fürchten sich davor. In den Koffern muß irgend etwas sein, was sie nicht sehen oder wahrhaben wollen.«

»Klingt wie eine gute Methode, unerwünschte Dinge zu verbergen.«

»Hm.«

»Haben Sie versucht, die Schlösser zu öffnen?«

»Haben wir. Und seitdem verschlimmert sich ihre Blindheit.«

Nachdem ich den Hörer aufgelegt hatte, grübelte ich über unser Gespräch nach. Die Vorstellung von den Koffern machte mich neugierig: Aller Wahrscheinlichkeit nach waren sie Janes Methode, ihre problematischen Gefühle und ungewollten Empfindungen, ja sogar ihre quälenden Erinnerungen zu unterdrücken. Die Tatsache, daß sie sich offenbar so häufig aufdrängten und Jane alles daransetzte, ihnen aus dem Weg zu gehen, ließ darauf schließen, daß Jane sie möglicherweise würde öffnen müssen, damit es ihr besser ging. Aber die Koffer zu öffnen, war nicht meine Aufgabe. Ich sollte nur ein vorübergehender Berater sein, während die Untersuchung des Kofferinhalts eine langfristige Angelegenheit war. Meine Aufgabe bestand darin, Janes Widerstand zu überwinden und den Knoten zu lösen, der die Therapie in die Sackgasse geführt hatte. Natürlich *konnte* das auch heißen, sie an den Punkt zu bringen, an dem sie bereit war, die Koffer zu »adressieren«, um sie später zusammen mit Carla zu öffnen. Wichtiger war jedoch, mit den unterschiedlichen Teilen ihrer Persönlichkeit zu arbeiten, da hier ganz eindeutig die Ursache für ihre fortschreitende Erblindung lag.

Nach Carlas Beschreibung entsprachen Janes untergeordnete Persönlichkeiten denen, die wir bei den meisten Opfern schweren Mißbrauchs finden. Das war nicht verwunderlich: Angesichts der geschilderten Vergangenheit Janes, zu der sexueller Mißbrauch durch den Onkel und brutale Bestrafung durch die Mutter gehörten, war nur zu verstehen, daß sie aus Selbstschutz solche »Behälter« erfand.

Als Reaktion auf die ständig wiederkehrende Anforderung, den Schmerz zu bewältigen und das Wissen um den Mißbrauch zu leugnen, entsteht häufig ein »kleines Mädchen« als Teil der Persönlichkeit. Jedesmal, wenn das Mädchen mißbraucht wird, schottet es sich instinktiv vom Geschehen ab. Manche Kinder halten das Erlebte auf Bildern fest, die sie an die Wand malen; andere stellen sich vor, an der Zimmerdecke zu fliegen; wieder andere stellen sich ihr Erlebnis als Film vor, den sie aus einem gewissen Abstand unbeteiligt betrachten. Was sich das Kind auch einfallen läßt – es sondert sich damit von dem Erlebten ab. Durch sein Vorgehen kann es nicht nur seine körperlichen Empfindungen verdrängen *(wo ich bin, tut nichts weh)*, sondern, neben dem Wissen, daß ein Elternteil oder ein anderer Familienangehöriger ihm so etwas angetan hat, auch die Erkenntnis, daß der Mißbrauch an *ihm* verübt wurde. Da es auf diese Weise einen Großteil des Erlebten in sein Unbewußtes verbannt hat, ist es in der Lage, das Geschehen, wenn es sich wiederholt, zu überstehen, ohne es völlig bewußt mitzuerleben.

Die Notwendigkeit, das Erlebte zu verdrängen, wird durch die Familie noch verstärkt. Normalerweise werden die Vorfälle im nachhinein mit keinem Wort erwähnt, was sie unwirklicher erscheinen läßt. Oder sie werden als »schlechter Traum« oder »Zeichen väterlicher Liebe« umgedeutet, wodurch sich beim Kind der Eindruck verstärkt, seine Wahrnehmung sei falsch. Außerdem wird das Kind ermahnt, nur ja nicht zu verraten, daß es durch irgend etwas aus der Fassung gebracht wird, wodurch es sich gezwungen sieht, blaue Flecken oder Ängste hinter einer Maske aus Gleichgültigkeit zu verstecken. Diese Versuche, den Mißbrauch zu vertuschen, fördern beim Kind die Verdrängung des Erlebten, und nach kurzer Zeit hat es nur noch eine nebelhafte, verzerrte Vorstellung von der Wahrheit.

Weil das Kind durch diese Abspaltung geschützt wird – sowohl in seiner Psyche als auch innerhalb der Familie – greift es jedesmal, wenn es mißbraucht wird, zu dieser Methode. Der Vorgang wird allmählich zur Routine, zu einer Art geistig-körperlicher Angewohnheit. Die »Orte« im Gehirn, an denen das Erlebte in Bruchstücken gespeichert wird, werden zu ausgeprägten Nervenschablonen. Schritt für Schritt setzen sie sich zu den verschiedenen Teilen der Persönlichkeit zusammen. Jedesmal, wenn später ein Erlebnis die Person an den Mißbrauch erinnert – indem es ähnliche Gefühle oder Empfindungen weckt –, sorgen jene Nervenschablonen dafür, daß der Kind-Teil in den Vordergrund tritt. Carla zufolge war Janes »kleines Mädchen«, das die Vergangenheit immer wieder in Rückblenden durchlebte, zutiefst verängstigt. Das sind solche Kind-Teile fast immer, denn sie kennen keine andere Wirklichkeit als den Mißbrauch: Für sie hat die Tortur nie aufgehört.

Außerdem beherbergte Jane laut Carla einen zornigen »Teenager-Teil« in ihrem Innern. Auch er war entstanden, um für Jane unannehmbare Gefühle, Empfindungen und Wissen zu unterdrücken. Auf die Jugend fixierte Teile der Persönlichkeit enthalten häufig sämtliche mit Sexualität, Auflehnung und Wut eines Menschen einhergehenden Gefühle, da Jugendliche diese Gefühle besonders stark empfinden, gleichzeitig aber die Erfahrung machen, daß derartige Empfindungen in ihren Familien und Kulturkreisen gefürchtet oder unstatthaft sind. Da die Jugendlichen nicht dazu ermutigt werden, solche Gefühle in ihre Persönlichkeit zu integrieren, bleiben die Gefühle abgetrennt und werden in einen rebellischen Teenager-Teil verbannt.

Sexualität mußte für Jane wegen der Belästigung durch ihren Onkel besonders problematisch gewesen sein, denn mit der ihrem Alter entsprechenden Entwicklung ihrer Sexualität wurde auch das Gespenst der Vergangenheit wieder heraufbeschworen. Bedeutete ihr aufkeimendes sexuelles Verlangen etwa, daß sie diesen Sex in ihrer Kindheit gewollt und womöglich noch dazu beigetragen hatte? Das war völlig unannehmbar für sie, denn wenn es stimmte – welches Bild mußte sie dann von sich haben? Wie konnte sie je damit leben? Deshalb blieb ihr gar nichts anderes übrig, als diese Dinge abzutrennen und so gut es ging aus ihrem Selbstgefühl zu verbannen. Falls sie, wie Carla vermutete, auch von ihrer Mutter sexuell belästigt worden war, mußten sich die Ängste enorm verstärkt haben. Dadurch beschleunigte sich die Entstehung eines Teenager-Teils noch.

Carla zufolge war Janes »Teenager« zornig. Bei mißbrauchten Kindern ist der Zorn besonders groß, denn zusätzlich zu der ganz normalen Wut in diesem Alter, die im übrigen der Abnabelung von den Eltern den Weg ebnet, schäumen diese Jugendlichen vor Wut über die Täter, die ihnen so etwas angetan haben. Doch es ist verboten, die Wut herauszulassen: In den meisten Familien, in denen Kinder mißbraucht werden, dürfen nur die Eltern wütend werden, während Kinder dafür bestraft, geächtet oder verspottet werden. Also muß der Jugendliche seinen Zorn verleugnen. Die ständige Verbannung solcher Empfindungen an einen Ort jenseits des Bewußtseins gräbt immer tiefere Furchen im Gehirn des Heranwachsenden. Und in dem Maße, wie diese Nervenbahnen entstehen, festigt sich der Teenager-Teil.

»Mutter-« und »Vater-Teile« werden wiederum gebildet, weil

alle Kinder ihre Eltern internalisieren. Wir verinnerlichen Werte, Ermahnungen und Standpunkte unserer Eltern und erschaffen uns multiple, innere Eltern, die uns beeinflussen. Da sie die Dichotomie unserer Wahrnehmungen von den Eltern verkörpern, formen wir uns stets sowohl gute als auch schlechte innere Mütter und Väter.

Auch Kinder, die von ihren Eltern ständig mißbraucht wurden – körperlich oder sexuell –, schaffen sich gute und böse innere Eltern, doch sind bei ihnen unter Umständen die bösen Eltern weitaus einflußreicher. Die inneren Stimmen, Triebe und Bilder, von denen diese Kinder beherrscht werden, sind meistens strafend und anklagend, genau wie die äußeren, wirklichen Eltern, die Modell gestanden haben. Ich habe viele dieser »bösen Eltern« getroffen und in Trance mit ihnen gesprochen, und dennoch ist es jedesmal wieder ein Schock für mich, wenn ich sie über ihre Kinder reden höre. »Sie ist böse! Sie ist der letzte Abschaum!« schreien sie als Echo der Wut und Anschuldigungen der Eltern. Anscheinend war es dieser schlechte Mutter-Teil in Jane, der zu ihrer Sackgasse beitrug.

Abartigerweise aber bildet das Kind sogar den schlechten Eltern-Teil aus Selbstschutz. Indem das Kind sich einredet, es sei böse, bewahrt es sich gleichzeitig die notwendige Illusion, daß seine Eltern gut sind. Mutter oder Vater mißhandeln es *zu Recht:* Es hat den Mißbrauch verdient. Ferner gewinnt das Kind dadurch ein Gefühl der Kontrolle über eine unkontrollierbare Situation, denn jetzt kann es sich einbilden, seine Situation könnte sich verbessern, wenn es sich nur genügend Mühe geben und »lieb genug« werden würde. Eine weitere Form von Selbstschutz besteht darin, daß die verinnerlichten Eltern die Grenzen der tatsächlichen Eltern nachbeten und so das Kind davor bewahren, diese Grenzen zu überschreiten und sich den Zorn der Eltern zuzuziehen. Die absolute Grenze wird dabei am striktesten eingehalten: *Wenn du verrätst, was zu Hause passiert, setzt es noch Schlimmeres!* Folglich nimmt das Opfer aus Angst und Selbstschutz sein Geheimnis oft mit ins Grab.

Die Teile von Janes Persönlichkeit, mit denen ich arbeiten mußte, waren demnach: ein Kind, eine Jugendliche und eine Mutter, alle mit ihren persönlichen Gefühlen und Empfindungen hinsichtlich der Vergangenheit, alle mit jeweils zwingenden Gründen, jede Erinnerung daran zu unterdrücken. Doch das war, wie ich wußte, nur die Hälfte dieser herausfordernden Aufgabe. Wie Carla sagte, wiederholte das Trio aus bruchstückhaften Persönlichkeiten die gestörten Familienbeziehungen und war untereinander zerstritten. Daher mußte ich nicht nur mit ihnen als Individuen arbeiten, sondern auch ihre Beziehungen, ihre Bündnisse und ihre Zwistigkeiten, durch die sie in das Familiensystem eingebunden waren, berücksichtigen.

Da ich in der Vergangenheit bereits viele Mißbrauchsopfer behandelt hatte, konnte ich mir ungefähr vorstellen, wie die Persönlichkeitsteile zusammenhingen. In der Regel fürchtet das verängstigte kleine Mädchen die Mutter, und die Mutter züchtigt das kleine Mädchen. Oft hütet sich das Mädchen auch vor der Jugendlichen mit ihren Wutausbrüchen, ist aber zugleich auf ihren Schutz vor der Mutter angewiesen. Die Jugendliche gibt häufig dem Kind die Schuld für ihre schlechte Behandlung (indem sie denkt: Wäre das Mädchen stärker gewesen, wäre nichts passiert) und verachtet dessen Schwäche, weil sie darin ihre eigene wiedererkennt, doch gleichzeitig identifiziert sie sich mit dem Kind und will es beschützen. Was Jugendliche und Mutter verbindet, ist gegenseitiger Haß. Die Jugendliche verachtet die Mutter für das, was diese getan hat, wagt aber nicht, es offen auszudrücken und reagiert statt dessen ihre Wut an der ganzen Person und an dem kleinen Mädchen ab.

Die Folge dieser Konflikte ist ein ungeheuer auseinanderfallendes Selbstgefühl, doch ironischerweise erfüllt auch das eine Schutzfunktion, denn solange das Individuum »mit sich selbst nicht klarkommt«, kann es auch die Erinnerungen aus seiner Vergangenheit nicht genau untersuchen. Falls Jane von ihrer Mutter sexuell mißbraucht worden war, trübte – was ihr sehr gelegen kam – das Geplänkel ihrer verschiedenen Teile nicht nur ihr Bewußtsein für diese Wahrheit, sondern unterdrückte auch eine Unmenge weiterer, durch diese Bewußtheit hervorgerufene Fragen, wie etwa: *War ich schuld daran, daß es geschah? Hat es mir gefallen? Wenn meine Mutter so etwas getan hat, kann sie mich nicht lieben, und wenn sie mich nicht lieben kann, wer kann es dann überhaupt? Ich muß schlecht sein, unsagbar schlecht. Ich bin nicht mehr zu retten.* All jene so quälenden – so verdammungswürdigen – Gefühle wurden in Schach gehalten, den Konflikten der verschiedenen Teile untergeordnet. Solange es keine harmonische Wechselbeziehung zwischen den Teilen ihres Ichs gab, konnte Jane folglich nicht gesund werden.

Doch wie konnte man diese entzweite Gruppe zu einträchtigem Handeln bewegen? Die Lösung dieses Problems erforderte all mein Geschick als Familientherapeut, denn ich mußte mit allen über die Bildung eines funktionierenden Familienteams verhandeln. Die Aufgabe war schwierig, aber nicht unlösbar, denn obwohl die Teile sich untereinander nicht verstanden, hatten sie ein gemeinsames Ziel. Trotz ihrer oft schädlichen Auswirkungen, *wollten sie alle Jane schützen*. Wenn es mir gelang, sie an diesen Vorsatz zu erinnern, könnte ich sie – vorausgesetzt, ich zeigte ihnen eine bessere Methode, ihre Konflikte auszutragen – vielleicht veranlassen, ihren Streit beizulegen und zusammenzuarbeiten. Darin bestand jedenfalls meine Aufgabe.

Carla führte Jane ins Zimmer und geleitete sie, beinahe ohne sie dabei zu berühren, zum Sessel. Mir fiel sofort die Selbstsicherheit auf, die Jane ausstrahlte. Trotz der zentimeterdicken Brillengläser und Carlas führendem Arm gab sie in keiner Weise zu erkennen, daß sie nichts sehen konnte. Sie war groß und schlank, hatte wildes, dunkles Haar, das fächerförmig bis zur Taille herabfiel, und bewegte sich mit einer scheinbar natürlichen Ungezwungenheit und Entschlossenheit. Ganz in Schwarz gekleidet und ohne jeden Schmuck, erinnerte sie mich mit ihrer stolzen und herausfordernden Körperhaltung, ihrer erhabenen, unversöhnlichen Miene und ihren klobigen, zupackenden Händen an eine Kriegerin oder ein Totem. Alles an ihr zeugte von einer eisernen Stärke, die anziehend und abstoßend zugleich war.

Jane nahm rasch Platz, ohne sich im Zimmer auch nur einmal umzusehen, und nahm eine angespannte und aufrechte Haltung ein. Plötzlich merkte ich, daß sie – da Carlas Vorbereitung auf unser Treffen in ihr die Erwartung geweckt hatte, hypnotisiert zu werden, und sie außerdem aufgrund ihrer brutalen Kindheit zur Dissoziation neigte – bereits in eine leichte Trance gefallen war.

»Normalerweise lasse ich in Sitzungen wie dieser zunächst einmal Sie beide zu Wort kommen«, begann ich, als die beiden Frauen Platz genommen hatten. »Ich werde vorerst nur aufmerksam zuhören, und wenn ich es für angebracht halte, eine Bemerkung zu machen oder eine Frage zu stellen, werde ich das tun.« Indem ich sie aufforderte, in meiner Gegenwart mit der Sitzung zu beginnen, betonte ich, daß ich zwar Berater, aber nicht Mittherapeut war. Gleichzeitig gewann ich so einen Eindruck von ihrer Beziehung. Bevor ich mich in eine Beratung einschalte, muß ich wissen, ob die festgefahrene Situation allein auf den Klienten oder teilweise auf die Interaktion mit seinem Therapeuten zurückzuführen ist.

Carla lächelte Jane herzlich an. »Lassen Sie uns noch einmal wiederholen, was wir uns von der heutigen Sitzung versprechen. Anscheinend haben wir uns irgendwo festgefahren...« Sie überließ es ihrer Klientin, den Satz zu beenden.

Jane nickte. Ihre Hände, die mit den Handflächen nach oben auf ihrem Schoß lagen, ballte sie beim Sprechen zu Fäusten. Ihre Stimme klang tief und heiser. »Ich glaube, ich will diese Sperre überwinden. Meine Symptome verschlimmern sich, und ich weiß, daß es daran liegt, daß ich mich verschließe. Aber bei manchen Ihrer Fragen stirbt in meinem Innern einfach alles ab, und ich möchte nur noch schlafen.«

»Wissen Sie noch, woran Sie denken oder was Sie fühlen, unmittelbar bevor das passiert?«

Langsam ließ Jane den Kopf nach hinten und zur Seite kreisen und kniff dabei leicht die Augen zu. Eine gewohnheitsmäßige Geste, vermutete ich, doch gleichzeitig drückte sich darin etwas Zurück- oder Ausweichendes aus. »Ich denke an *sie*.«

»An Ihre Mutter?«

»Hm.«

»Sie hatten noch andere Gefühle, als wir über Ihre Mutter sprachen. Stärkere Gefühle. Können Sie die David beschreiben?«

»Panik. Ich gerate in Panik. Manchmal bekomme ich regelrechte Schweißausbrüche.«

»Erinnern Sie sich noch daran, was Sie in dem Moment gedacht oder gesehen haben?«

Mit halb geschlossenen Augen schüttelte sie den Kopf. Im Gegenlicht des Fensters bildete ihr Haar einen dunklen Heiligenschein um ihren Kopf. »Kaum... es sind einfach Bilder... und Gefühle.«

»Könnten Sie die Bilder vielleicht beschreiben?«

»Manchmal sehe ich ihr Schlafzimmer; in der Wohnung, in der wir lebten, als ich klein war. Oder ich sehe sie... Nein, ich sehe sie eigentlich nicht, ich fühle sie... als spürte ich ihre Anwesenheit.« Ihre Stimme klang zwar kühl, doch ihr Gesicht sah jetzt verhärmt aus. »Manchmal höre ich sie meinen Namen rufen.«

»Und was geschieht dann?«

»Dann gerate ich in Panik. Ich will da nicht hineingehen. Ich atme immer schwerer und fange an zu schwitzen. So, wie es mir auch nachts geht.«

»Und dann?«

»Dann verschwindet es wieder. Und dann fragen Sie mich, was los ist, und ich sage: ›Ich weiß nicht.‹« Jane sah Carla an und lachte, und Carla lächelte zurück. In diesem Moment wirkten sie sehr vertraut miteinander.

»Sie haben auch Wutanfälle bekommen, die sich gegen ihre Mutter richteten.«

Jane nickte reumütig. »Ja, ich will... manchmal möchte ich ihr weh tun.«

»Wissen Sie noch, woran Sie dachten, wenn Sie solche Gefühle hatten?«

Sie seufzte. »Es ist schwer... an dasselbe... an diese Bilder.«

»Bilder von Ihrer Mutter und dem Schlafzimmer?«

»Eigentlich sind es gar keine Bilder.« Sie kniff die Augen zusammen, als versuche sie ein inneres Bild schärfer zu sehen. »Ich spüre sie irgendwie... als käme sie mir zu nahe, als würde ich ersticken.« Sie zog eine Grimasse und schlug die Augen auf.

»Ich habe David von Ihren Erlebnissen in unseren Sitzungen erzählt, bei denen Sie offenbar das Gefühl hatten, Ihre Mutter würde Sie ersticken, indem sie Ihren Kopf so hielt, daß Sie keine Luft mehr bekamen.«

In Janes Gesicht zuckte es, dann stieß sie ein kurzes, hartes Lachen aus. »Ja, das sagen Sie.«

»Wissen Sie denn nicht mehr, daß Sie das gesagt haben? Erinnern Sie sich nicht an Ihr Gefühl, zu ersticken?«

Die klobigen Hände verkrampften sich in ihrem Schoß. »Doch, manchmal... nachts.« Ihre Stimme brach ab, als müsse sich Jane das Gefühl aus großer Ferne in die Erinnerung zurückrufen. Plötzlich setzte sie sich auf und schüttelte den Kopf. »Ich begreife es nicht.«

»Was begreifen Sie nicht?«

»Wieso ich ausgerechnet so empfinde. Ich meine, es ist ja nicht so, daß es wirklich passiert wäre, also weshalb tauchen dauernd diese Gefühle auf?«

»Was glauben Sie, woher diese Gefühle kommen?«

»Ich weiß es nicht.« Ihre Stimme klang schneidend. »Aber es kotzt mich an. Ich weiß, wonach es aussieht, aber ich weiß, daß das nicht passiert ist. Meine Mutter war zwar schwierig und manchmal grob zu mir. Aber sie hat mich geliebt. Ich weiß, daß sie mich geliebt hat.«

Mir schien der Moment zum Eingreifen gekommen.

»Was würde es für Sie bedeuten, wenn diese Gefühle tatsächlich wahr wären?« fragte ich sanft.

Jane drehte sich zu mir um, und jetzt fiel mir zum ersten Mal ihre fehlende Sehkraft auf. Sie schielte leicht und schien mit den Augen mein Gesicht abzutasten, als suche sie nach der Person hinter der Stimme. »Sie sind aber nicht wahr.«

Ich nickte. Was sie sagte, war mir nur zu vertraut; ich hörte es von all meinen Klienten mit dissoziativen Störungen – denn diese Störungen äußern sich in Selbstverleugnung, im systematischen Aufbau einer Persönlichkeit, allein zu dem Zweck, die Vergangenheit zu leugnen.

»Ich verstehe. Ich verstehe, daß Sie hoffen, sie wären nicht wahr.« Wenn ich Janes Vertrauen gewinnen wollte, mußte ich mich in ihre unnachgiebige Abwehrhaltung hineinversetzen. »Aber, nur mal angenommen, sie wären wahr. Was würde das für Sie bedeuten?«

Ihr Gesicht verdüsterte sich, und ihr Mund wurde zu einem harten Strich. Sie warf Carla kurz einen fragenden Blick zu, dann schaute sie zu Boden. »Wenn sie wirklich wahr sind, dann hätte ich es verhindern müssen.«

Ich schloß kurz meine Augen vor der Sinnlosigkeit dieses Denkens. Genau das glauben die meisten Opfer – daß sie den Mißbrauch, trotz ihrer Ohnmacht als Mädchen in der Gewalt erwachsener Verführer, hätten *verhindern* können. (An diesen Gedanken klammern sie sich aus verschiedenen Gründen: Häufig gaben ihre Familien ihnen die Schuld an dem Mißbrauch, indem sie ihnen vorwarfen: *Du bist böse! Du hast ihn dazu gebracht!* und ein Mädchen ist eher bereit zu glauben, sie habe den Mißbrauch veranlaßt, als sich vorzustellen, ihr Vater tue ihr absichtlich weh. Ferner erhält das Kind durch den Glauben, es hätte den Mißbrauch verhindern können, eine Illusion von Kontrolle. Doch leider wirkt sich das, was in der Kindheit schützt, verhängnisvoll für die Erwachsene aus: Dann nämlich verachtet sie sich, weil sie den Mißbrauch zugelassen hat.)

Grübelnd starrte Jane weiterhin stur auf den Boden, als ließe sich nur durch regungsloses Dasitzen verhindern, daß sich ihre unliebsamen Gedanken bewahrheiteten.

Sanft drängte ich weiter: »Was würde es noch bedeuten, wenn diese Gefühle wahr wären?«

Gesicht und Körper Janes zeigten keinerlei Regung, nur ihr Mund öffnete und schloß sich ein paarmal hintereinander, als hätte sie meine Frage erwartet. »Daß ich sterben müßte, weil ich es nicht wert wäre, weiterzuleben.«

Auch das war mir nur zu vertraut: das Vermächtnis des Opfers – seine doppelte Selbstverdammung. *Weil ich schlecht bin, ist so etwas geschehen; weil so etwas geschehen ist, bin ich schlecht.* Beides bedeutete ein und dasselbe: Ich bin schlecht, ich verdiene den Tod. Es ist eine Spirale der Verzweiflung, die die Opfer manchmal in den Selbstmord treibt.

Aber Jane glaubte – oder wollte zumindest glauben –, daß ihre Gefühle und Bilder nicht der Wirklichkeit entsprachen. Sie war meiner Bitte nachgekommen und hatte mir gesagt, was es bedeuten würde, falls sie – rein hypothetisch – zutrafen. Was aber würde es für sie bedeuten, wenn sie nicht stimmten? Auch das mußte ich in Erfahrung bringen. »Und was wäre, wenn diese Gefühle nicht wahr wären?« fragte ich.

Noch immer starrte sie zu Boden. Nur ein schwaches Zucken ihrer Augenbrauen ließ darauf schließen, daß sie mich gehört hatte. Als sie schließlich antwortete, war ihre Stimme voller Verachtung. »Dann bin ich eine Lügnerin, weil ich mir so etwas ausgedacht habe.«

Eine Welle aus Wut und Trauer stieg in mir empor – Wut auf Familien, die solche Verwüstungen anrichten, und unendliche Trauer über ihre unschuldigen Opfer. Denn in Janes Worten erkannte ich ein weiteres Stück, das sich in dieses Schema fügte: die nicht enden wollende Selbstverachtung, zu der die Opfer verdammt sind. Einerseits glaubte Jane, sie habe den Mißbrauch verdient, und verfluchte sich dafür, ihn veranlaßt zu haben; andererseits hielt sie sich für verabscheuungswürdig, weil sie eine so schmutzige Geschichte erfunden hatte.

Ich warf Carla einen flüchtigen Blick zu und sah, daß sie ähnlich dachte.

Plötzlich blickte Jane auf und suchte mein Gesicht. »Aber warum sollte ich mir so etwas ausdenken? Warum sollte ich solche Bilder sehen, wenn sie nicht wahr sind?«

Ich hielt den Atem an: Sie steuerte direkt auf den Rand des Abgrunds zu. »Ich weiß nicht. Das wäre sicherlich eine Untersuchung wert.« Ich starrte sie schweigend an und ließ ihre Frage im Raum – buchstäblich zwischen uns in der Luft – stehen. »Aber wenn es wirklich stimmt«, fragte ich schließlich, »warum möchten Sie sich dann daran erinnern?«

Sie starrte mich lange Sekunden herausfordernd an, als erwarte sie, daß ich die Frage selbst beantwortete. Dann hob sie mit einem tiefen Atemzug das Gesicht zur Decke. »Weil«, sagte sie bedächtig und voller Inbrunst, »meine Alpträume und Panikanfälle vielleicht abnehmen und ich mich wieder auf die Straße wage, wenn es wahr ist und wenn ich mich daran erinnere.« Sie senkte den Blick kurz auf mich und wandte sich dann Carla zu. »Und Carla glaubt...« – ein schwaches Lächeln umspielte ihre Lippen – »...daß Erinnern meinen Augen helfen könnte.«

Nun war es also heraus. Aber glaubte Jane auch, was sie gesagt hatte? Oder war ihr Lächeln am Ende nur ein gönnerhaftes Schulterklopfen für ihre treue Therapeutin? Oder ein wehmütiger Anflug von Hoffnung? Oder ließ sich darin ein verborgenes Wissen erkennen, als sichtbares Zeichen, daß der von uns angenommene Zusammenhang tatsächlich bestand? Ich wußte es nicht. Aber vielleicht würden wir es bald herausfinden, denn nun hatte Jane mich ja darum gebeten, ihr bei der Ergründung ihrer Probleme zu helfen.

»Wären Sie uns zuliebe bereit, jetzt mit einer kleinen Untersuchung zu beginnen?«

Sie drehte sich wieder zu mir um. In ihren Augen spiegelten sich Angst und Hoffnung. »Ich glaube schon. Teile von mir haben zwar schreckliche Angst... aber andere Teile wollen es.«

Ich bezweifelte zwar, daß sich Jane bewußt auf die verschiedenen Teile ihrer Persönlichkeit – das Kind, die Jugendliche, die Mutter und ihre anderen inneren Stimmen – bezog, doch unbewußt, da war ich mir sicher, hatte sie absichtlich dieses Wort gewählt. Denn widersprüchliche Gefühle sind nichts anderes als ein Kampf zwischen verschiedenen Teilen unseres Ichs, bei dem alle Teile oder Gruppen darum wetteifern, die Oberhand zu gewinnen.

»Ich weiß, daß Sie mit Carla über die unterschiedlichen Teile in Ihrem Innern – das kleine Mädchen, die Jugendliche und die Mutter – gesprochen haben. Ich würde diesen Teilen jetzt gerne ein paar Fragen stellen. Wären Sie bereit, mir zu erzählen, was sie antworten?«

»Sie können es ja versuchen. Aber normalerweise klappt es besser, wenn Carla mich in Trance versetzt.«

Sie forderte mich auf, sie zu hypnotisieren, sie zu untersuchen! Ich war überglücklich. Da heute nur ein Beratungsgespräch stattfand – wir hatten nur eine fünfzigminütige Sitzung vereinbart –, mußten wir uns sputen. Dank Janes Eifer gewannen wir Zeit für die Intervention.

»Ich könnte das auch, wenn Sie möchten. Sollen wir gleich anfangen? Fühlen Sie sich wohl und entspannt?«

Sie nickte.

»Gut... Nehmen Sie doch ruhig die Brille ab. Wenn Sie die Augen geschlossen haben, brauchen Sie sie ohnehin nicht, und wir wollen doch nicht, daß sie Ihnen im Weg ist.« Bevor ich Klienten in Trance versetze, bitte ich sie immer, die Brille abzusetzen. Ich möchte nicht, daß sie sich verletzen, falls ihr Kopf nach vorn fällt oder sie eine heftige Bewegung machen. Außerdem möchte ich jede körperliche Ablenkung möglichst vermeiden: Schon durch das Gefühl einer Brille auf der Nase wird die Aufmerksamkeit auf die Außenwelt gelenkt und die innere Konzentration zerstreut.

»Wie Sie wissen, werden Sie, wenn Sie in Trance sind, nur solche Dinge tun, die zu Ihrem Besten sind...« Ich sprach in Tonfall und Lautstärke einer Trance-Induktion. »Falls ich Ihnen eine Frage stelle, die nicht zu Ihrem Besten ist, brauchen Sie sie nicht zu beantworten... und sollte es aus irgendeinem Grund nicht zu Ihrem Besten sein, im Trancezustand zu bleiben, können Sie einfach die Augen öffnen und aufwachen. Verstehen Sie?«

Sie nickte zögernd. Ihre Augen wurden bereits glasig. Wie für die meisten Opfer von Kindesmißhandlung war Trance für Jane ein vertrauter Zustand: eine eingeübte Bewältigungsstrategie, eine Methode, der Brutalität und dem Schmerz zu entfliehen, indem man sich in eine innere Welt treiben läßt.

»Und jetzt, während Sie entspannt dasitzen, möchte ich, daß Sie auf Ihre Hände hinunterschauen und sie, während Sie sie beobachten, einfach tun lassen, was sie wollen... Es gibt nichts, was Sie jetzt tun müßten, und nichts, was Sie versuchen müßten, *nicht* zu tun... Vielleicht merken Sie, daß, während ich mit Ihnen spreche und Sie sich weiter entspannen, Ihr Bewußtsein dazu neigt, sich treiben zu lassen... Das ist ganz in Ordnung, lassen Sie es einfach treiben.«

Als ich die kurze Induktion beendet hatte, waren Janes Augen geschlossen, und ihr Kopf hatte sich zur Seite geneigt.

Ich mußte bei Jane langsam vorgehen, um das für eine gemeinsame Arbeit nötige Vertrauen aufzubauen. Sie hatte bereits schwere Verletzungen erlitten und hütete sich mit gutem Grund davor, anderen zuviel Kontrolle über sich zu überlassen. Um keine Abwehrreaktion bei ihr auszulösen, würde ich mich wiederholt ihrer Zustimmung vergewissern müssen und mich mit ihrem ausdrücklichen Einverständnis und äußerster Vorsicht dem heikelsten Thema annähern.

Mit ruhiger, klangvoller Stimme begann ich zu sprechen:

»Ob mir Ihr Innerstes wohl sagen würde – vielleicht, indem es den Zeigefinger der linken Hand hebt –, ob es bereit wäre, einige Fragen zu unserer heutigen Arbeit zu beantworten?« Mit einem Finger zu beginnen, war eine Vorsichtsmaßnahme. Die verschiedenen Teile einer Persönlichkeit fühlen sich leicht bedroht; werden sie zum Sprechen aufgefordert, fühlen sie sich unter Umständen ausgeliefert. Indem ich Jane bat, den Finger zu heben, statt zu sprechen, vermied ich es, einen der Teile herauszufordern, bevor wir die Möglichkeit gehabt hatten, Vertrauen aufzubauen, und bat statt dessen um eine Antwort unmittelbar aus ihrem tiefen Unbewußten – dem Ort, an dem Jane eins war, ungeteilt und unversehrt.

Langsam, mit dem für eine unbewußte Reaktion charakteristischen Zucken, hob sich der Zeigefinger von Janes linker Hand.

»Danke.«

Der Finger sank herab.

»Gut, hier kommt die erste Frage. Glaubt Janes Unbewußtes, es wäre zu Janes Bestem, die Probleme, über die wir gesprochen haben, zu untersuchen?«

Wieder hob sich der Zeigefinger.

»Danke.«

Der Finger sank herab.

»Glaubt das tiefe Unbewußte, daß es sich günstig auf Janes Symptome auswirken würde, wenn Jane die Probleme untersucht, die ihre Therapie ins Stocken gebracht haben?«

Nach einer Pause von mehreren Sekunden hob sich der Zeigefinger.

»Danke.«

Der Finger sank herab.

»Würde sich eine Untersuchung dieser Probleme eventuell auch günstig auf Janes Sehvermögen auswirken?«

Janes Hand lag ruhig in ihrem Schoß. Fünf, zehn Sekunden vergingen, dann hob sich langsam der Zeigefinger. Diesmal hob er sich höher und zog die Hand leicht mit.

Wir hatten die Bestätigung: Es bestand ein Zusammenhang zwischen Janes Blindheit und ihren Konflikten. Plötzlich wurde ich sehr aufgeregt und wechselte kurze Blicke mit Carla. Doch sofort erklang in meinem Kopf eine Stimme: »Abwarten, du hast keinen empirischen Beweis«, und ich mußte ihr rechtgeben. Den sicheren Beweis dafür, daß Janes Erblindung psychosomatisch war, hätten wir nur dann, wenn Jane ihre eigentlichen Probleme löste *und* sich ihre Sehkraft verbesserte. Das aber mußten wir erst noch abwarten.

»Ich wüßte gern, ob vielleicht irgendeine Seite oder ein Teil von Jane mit mir sprechen oder mich auf irgend etwas aufmerksam machen möchte.«

Jane saß unbeweglich auf ihrem Stuhl. Ihr Kopf war zur Seite geneigt. Nichts deutete darauf hin, daß sie mich gehört hatte.

»Machen Sie es sich ganz bequem, während Sie zuhören, und achten Sie nur darauf, ob Sie in Ihrem Innern irgendeine Reaktion spüren.«

Fünf Sekunden verstrichen. Janes Augen begannen unruhig hinter den Augenlidern hin und her zu rollen, und ihr Atemrhythmus beschleunigte sich. Dann krümmte sie sich plötzlich, wie von einer inneren Feder gezogen, auf ihrem Stuhl zusammen, setzte sich auf die angewinkelten Beine, zog die Schultern hoch und schlang schützend die Arme um ihre Taille. Mit weit aufgerissenen Augen inspizierte sie gehetzt und ängstlich das Zimmer. Eine unverkennbare Verwandlung vollzog sich: Die siebenunddreißigjährige Frau nahm Körpersprache und Mienenspiel eines verängstigten kleinen Mädchens an.

Mich überkam eine Welle aus Verwunderung und Mitgefühl. Obwohl ich dieses Phänomen schon Hunderte von Malen erlebt habe – die blitzschnelle und totale Verwandlung eines Klienten in eine andere Person –, bewegt mich dieser erstaunliche Vorgang jedesmal aufs neue. Doch neben Ehrfurcht empfand ich auch Mitgefühl für das kleine Mädchen, das jetzt vor mir saß. Nichts an ihr erinnerte an Jane. Sie war von Kopf bis Fuß ein sechs- bis siebenjähriges Mädchen.

»Ich wette, du hast Angst«, sagte ich sanft. »Aber hier wird dir nichts Schlimmes passieren. Keiner wird dir weh tun, und wir lassen auch niemanden herein, den du hier nicht haben willst.« Das Mädchen war in der Zeit seines Traumas erstarrt. Sie nahm zwar mich und die Praxis wahr, lebte jedoch in der Zeit vor dreißig Jahren – der Zeit, in der sie mißbraucht wurde.

Nun fürchtete sie buchstäblich, daß jemand sie in meiner Praxis sehen oder hören und ihrer Mutter davon erzählen könnte. »Hier kann uns niemand hören, also können wir uns ruhig unterhalten, oder?«

Sie starrte mich mit großen Augen an, nickte dann aber unmerklich.

»Weißt du, wer Carla ist?«

Erneut vorsichtiges Nicken.

»Und weißt du auch, daß Carla dir nichts antun will?«

Nicken.

»Na ja, Carla hat gedacht, es sei vielleicht gut für uns, wenn wir uns ein wenig unterhielten. Wärst du damit einverstanden?«

Wieder nickte sie ganz leicht, sperrte aber weiterhin wachsam die Augen auf.

»Wäre es dir recht, wenn Carla bei uns bleiben würde?« Ich deutete auf Carla, wodurch diese ins hypnotische Blickfeld des Mädchens geriet.

Das Mädchen schien beruhigt durch Carlas Anwesenheit und nickte wieder, diesmal etwas stärker.

»Weißt du, wer ich bin oder was wir hier machen?«

Sie steckte den rechten Daumen in den Mund.

»Laß dir für die Antwort ruhig soviel Zeit, wie du willst. Wir haben es überhaupt nicht eilig, und wenn du nicht willst, brauchst du auch gar nicht zu antworten.«

Verträumt kringelte sie den Zeigefinger um die Nase.

»Verstehst du denn, daß ich hier bin, um dir zu helfen, damit es dir wieder besser geht?«

Ohne die Hand zu bewegen, nickte sie zögernd.

»Das ist gut. Nicht wahr, Carla?« Ich bezog Carla für einen Moment mit ein, um das Kind zu beruhigen. Sie blickte es freundlich an. Dann drehte ich mich wieder zu dem Mädchen um. »Gibt es vielleicht irgend etwas, das du mir sagen oder mich fragen möchtest?«

Sie starrte mich mit wachsamen Augen an, blieb aber reglos und stumm.

Der Wunsch, uns Erleichterung zu verschaffen, indem wir jemandem unsere furchtbaren und verletzenden Geschichten erzählen und uns über unsere Gefühle und Gedanken aussprechen, liegt in der menschlichen Natur. Persönlichkeitsanteile jedoch, die das Geheimnis vom Mißbrauch in der Kindheit bergen, fürchten sich davor, denn in der Regel haben ihre Aggressoren gedroht, ihnen etwas Geliebtes wegzunehmen oder sie oder einen anderen geliebten Menschen noch schlimmer zu mißbrauchen, falls sie etwas verraten würden. Da sie nie so etwas wie Sicherheit kennengelernt haben, können sie sich nicht vorstellen, jemandem ohne Angst ihre Geheimnisse zu offenbaren. Sie befürchten, daß selbst die Person, der sie sich anvertrauen, genau wie sie von dem Wissen überwältigt wird.

Eine halbe Minute lang herrschte Schweigen. Noch immer beäugte sie mich wie ein verängstigter kleiner Vogel.

Ich lächelte sie freundlich an. »Ich bin stolz auf dich, denn ich finde es ganz prima, daß du hier bist und dich ein bißchen umsiehst. Wir können uns auch wieder treffen, aber vielleicht möchtest du ja lieber jetzt erst einmal schlafen und in Ruhe gelassen werden.«

Sie nickte und lutschte weiter am Daumen.

»Gut, dann laß doch jetzt einfach die Augen schwer werden und zufallen und schlaf wieder ein...«

Sie schloß die Augen. Einen Sekundenbruchteil später öffnete sie sie wieder und sah sich ein letztes Mal verstohlen um. Ich kannte diesen Blick, hatte ihn sowohl bei Kindern als auch in kindlichen Persönlichkeitsteilen von Erwachsenen gesehen. In der für sie bedrohlichen, weil ungewohnten Situation einer therapeutischen Sitzung und aus Angst, in Schwierigkeiten zu geraten, weil sie ihre Geschichte offenbart haben, geben sie nur ungern ihre Wachsamkeit auf. Doch schon im nächsten Moment schlossen sich die Augen des Mädchens wieder, und langsam, als werde die Luft herausgelassen, entspannte sich der Körper. Regungslos und schlaff, den Kopf an der Lehne, die Arme locker zur Seite gespreizt, den Mund geöffnet, lag er ausgestreckt auf dem Stuhl. Das kleine Mädchen war verschwunden. Und, wie so oft, wenn ein Persönlichkeitsteil aufgegeben, ein anderer aber noch nicht an seine Stelle getreten ist, schien der Körper plötzlich nur noch eine Hülle zu sein.

Ich warf Carla einen kurzen Blick zu. Es war wichtig, daß sie während der Sitzung »bei mir« blieb. Mein Ziel war es, die

Spannungen in der Kommunikation zwischen den Fragmenten von Janes Bewußtsein auszugleichen und Jane und Carla den Weg zu ebnen, damit sie in ihrer Therapie die Arbeit mit diesen Fragmenten fortsetzen konnten. Deshalb mußte Carla mit dem, was geschah, einverstanden sein. Sie begegnete meinem Blick und nickte.

»Nun«, wandte ich mich wieder an Jane. »Möchte nicht vielleicht eine weitere Seite von Jane mit mir sprechen oder mich auf etwas aufmerksam machen?«

Zunächst blieb der Körper leblos. Dann blitzten plötzlich die Augen auf und starrten leuchtend wie irisierender Marmor in den Raum. Im nächsten Moment erwachte der Körper zuckend zum Leben. In Trotzhaltung, mit nach vorn gezogenen Schultern und über der Brust verschränkten Armen, die Lippen zu einem dünnen, gereizten Strich zusammengepreßt, warf mir Jane aus wachsam beobachtenden Augen einen finsteren Blick zu. Sie hatte sich in einen mißtrauischen, zornigen Teenager verwandelt.

»Hallo«, begann ich.

Sie starrte mich wütend und feindselig an, als könne sie durch Schweigen die Situation unter Kontrolle bringen.

»Ich freue mich, daß du mit mir sprechen willst.«

Sie nickte einmal widerwillig mit dem Kopf.

»Tja, ich frage mich, was du mir wohl sagen willst.«

»Was ich Ihnen sagen will, ist, daß Sie mit dem ganzen Quatsch aufhören sollen.«

»Welchen Quatsch meinst du denn?«

»*Sie* weiß, welchen Quatsch.« Sie deutete mit dem Kopf zu Carla. »Der ganze Kram, den sie mit mir untersuchen will.«

»Ach ja, Carla hat mir ein bißchen von euren Sitzungen erzählt, aber ich habe mir noch keine Gedanken darüber gemacht. Und ich finde, ich sollte noch keine Vermutungen anstellen, bevor ich nicht deine Meinung gehört habe. Wärst du denn bereit, mir zu helfen, damit ich verstehe, was bei deiner Arbeit mit Carla passiert ist?«

Sie musterte mich verdrießlich. »Halten Sie sich einfach da raus, ja?« Trotz des drohenden Untertons ihrer Stimme verriet die Frage am Ende des Satzes Unsicherheit.

Ich lehnte mich betont zurück, um den Eindruck eines größeren Abstands zu erwecken. »Weißt du, ich bin nicht hier, um dir weh zu tun oder um meine Nase in Dinge zu stecken, die mich eigentlich nichts angehen. Ich bin nur hier, um zu sehen, ob ich Carla bei ihrer Arbeit mit Jane und euch helfen kann.«

Die offenkundige Feindseligkeit des jungen Mädchens überraschte mich keineswegs. Wie alle zornigen, rebellischen Jugendlichen kompensierte auch Janes Teenager-Teil seine Unsicherheit durch knallhartes, selbstbewußtes Auftreten. Doch aufgrund des Mißbrauchs durch einen Elternteil mußte sich Jane, über die normale Unsicherheit einer Heranwachsenden hinaus, klein und schwach gefühlt haben. Durch ihr schiefes, für ein mißhandeltes Kind charakteristisches Denken – *Ich war nicht stark genug, um es zu verhindern* – verstärkte sich ihr Ohnmachtsgefühl noch. Und da sie glaubte, daß Mißbrauch durch Schwäche geradezu herausgefordert wurde, setzte sie alles daran, ihre erschreckende Zerbrechlichkeit hinter einem sorgfältig konstruierten Äußeren zu verbergen. Um das Vertrauen der Jugendlichen zu gewinnen, mußte ich sie als das, was sie repräsentieren wollte, ansprechen.

»Ich bin beeindruckt, daß Jane einen so harten Teil in sich hat, der sie beschützt.«

Ihre zusammengekniffenen, mißtrauischen Augen starrten mich unverwandt an.

»Du mußt deine Sache gut machen, sonst wärst du wohl kaum hier, um mich unter die Lupe zu nehmen.«

Ihre Augen flackerten leicht, und sie schien ein wenig milder gestimmt. Ich hatte ihr ein überraschendes Kompliment gemacht. Außerdem hatte ich sie in eine Zwickmühle gebracht. Einerseits wollte sie zwar die Therapie durchkreuzen, weil wir uns an Janes Abwehrmaßnahmen zu schaffen machten. Doch andererseits besteht die Ironie »feindselig« gestimmter Persönlichkeitsteile – Teile, die dem Ich durchaus schaden können – ja gerade darin, daß sie trotz ihrer schädlichen Auswirkungen, ihrer zornigen Drohgebärden und ihrer Aufsässigkeit in der Therapie die Hilfe des Therapeuten *wollen*, weil sie ursprünglich eine Schutzfunktion hatten. In der Therapie erlaubt der Klient diesen verborgenen Teilen, an die Oberfläche zu kommen, damit sie in die therapeutische Beziehung eingebunden werden können. Daß die Jugendliche ihr Gesicht gezeigt, mich in ein Gespräch verwickelt hatte, war ein Zeichen dafür, daß Jane bereit war, eine Zusammenarbeit mit mir zu riskieren.

»Ich weiß, daß du mir nicht traust«, fuhr ich fort. »Und du bist dir keineswegs sicher, ob du überhaupt hier sein willst. Aber du mußt mich auch nicht mögen, um hier etwas für dich zu erreichen. Du mußt mich noch nicht einmal mögen, um mir zu vertrauen.«

Sie schob die Unterlippe über die Zähne und fuhr mit der Zunge darüber, als schleife sie sorgfältig eine Klinge. »Na gut, ich habe gehört, was Sie gesagt haben. Ich kann mir ja mal anhören, was sie meint. Meistens bohrt sie allerdings Scheiße aus mir raus. Sie wollen, daß sie nachsieht, was in diesen Koffern ist. Also, das erlaube ich ihr nicht. Haben Sie kapiert? Das werde ich nicht zulassen.« Ihre Stimme war krächzend, eine Spur dunkler als die von Jane, und ihre Augen huschten beim Sprechen unruhig hin und her.

»Ja, ich finde auch, sie sollte keinesfalls in diese Koffer schauen, solange ihr, du und die anderen, nichts davon haltet.«

»Genau, davon halten wir nämlich überhaupt nichts. Kapiert? Also lassen Sie uns doch einfach in Ruhe. Wir kommen schon allein damit zurecht.«

»Ich versuche nur, euch vielleicht dabei zu helfen.«

»Wir brauchen aber keine Hilfe.«

»Ihr scheint wirklich alles unter Kontrolle zu haben... Nur eine Sache macht mir Sorgen...«

Sie musterte mich argwöhnisch. »Welche denn?«

»Na ja, mir scheint, daß ihr, indem ihr euch ständig streitet und die Koffer verschlossen laßt, genau das tut, was die Mutter will.«

Sie holte tief Luft, sichtlich erschüttert. Ich hatte den Finger auf die Schwachstelle ihrer Strategie gelegt. Sie betrachtete ihr Handeln als *Schutz* für Jane; ich nannte es *Betrug*. Sie glaubte, Jane durch ihr Handeln den Anblick quälender Bilder zu ersparen; ich unterstellte ihr, sie befolge damit den ausdrücklichen Befehl der Mutter, nichts zu verraten.

»Das ist nicht wahr«, zischte sie.

»Na ja, natürlich braucht sie nicht mehr mit der Faust auf den

Tisch zu hauen, damit ihr macht, was sie will. Ihr macht es ja ohnehin schon. Wirklich schade, daß ihr euch beim Versuch, Jane zu schützen, zu Handlangern eurer Mutter gemacht habt. Ich wette, sie ist mit euch zufrieden. Du bist wirklich eine gehorsame Tochter.«

Regungslos saß sie da. Ihr Gesicht war bleich geworden, und in ihren Augen spiegelte sich eine Mischung aus Feindseligkeit und Panik. Hinter der Panik bildeten sich langsam Tränen.

»Falls ich euch allen einen Weg zeigen könnte, Jane bei dem zu helfen, wovor ihr solche Angst habt, was auch immer es ist – einen Weg, der niemanden überfordert und eurer Mutter nicht in die Hände spielt –, würde euch das reizen?«

»Das können Sie ja doch nicht.«

»Vielleicht nicht.«

»Bestimmt nicht.«

Ich beugte mich leicht auf dem Stuhl nach vorn. »Ich will dasselbe wie du. Ich will, daß Jane in Sicherheit ist und selbst auf sich aufpassen kann – und nicht weiter im Dunkeln leben muß, wegen nichts und niemandem. Meinst du nicht auch, daß wir zusammenarbeiten könnten, um einen Weg zu finden, sie dorthin zu bringen?«

Sie drehte den Kopf zur Seite, atmete tief ein und blinzelte ein paarmal kurz.

Ich wartete auf ihre Antwort.

»Ich weiß nicht...«

Ich schwieg weiter.

Sie räusperte sich. »Vielleicht.«

»Das könnte allerdings bedeuten, daß man sich auch mit den Koffern, egal, was drin ist, beschäftigen müßte...«

»Nein!« Sie fuhr heftig zu mir herum.

»Das ist genau die Antwort, die *sie* von dir hören will.«

Sie blickte mich finster an und wandte sich ab.

Ich wartete.

Sie blinzelte wieder und verschränkte die Arme noch fester vor der Brust.

Ich wartete.

Einen Moment später fragte sie mit sanfterer Stimme: »Was muß ich tun?«

Im Tonfall einer Trance-Induktion antwortete ich: »Du *mußt* überhaupt nichts tun, aber vielleicht interessiert dich ja, daß du es langsam tun *kannst*... so langsam, daß du es am Anfang gar nicht merkst... nicht schneller, als dein Unbewußtes für richtig hält... und nur so schnell, daß du auch mithalten kannst... Wenn du also bereit bist, den nächsten Schritt zu tun, mach einfach die Augen zu und laß dich treiben... mit jedem Atemzug immer tiefer.«

Ihre Augenlider senkten sich herab, und langsam löste sich die Spannung ihres Körpers.

»Jetzt spreche ich mit allen Seiten von Janes Seele, mit allen Altersstufen... Vielleicht entdeckt ihr plötzlich, daß ihr die nächsten Schritte mit Carla zusammen macht, allerdings nur so schnell, daß sich jede im Innern ganz sicher dabei fühlt... Und wenn ihr das tut, werdet ihr auch merken, daß ihr einen Teamgeist entwickelt, der es euch ermöglicht, die nächsten Schritte entsprechend euren eigentlichen Interessen zu unternehmen... Und wenn ihr irgendwann meint, es sei zu eurem Besten, das alte Gepäck zu öffnen, werdet ihr das auch tun, allerdings nicht so schnell, daß es euch überfordert oder ihr nichts lernt oder keinen Nutzen daraus zieht... Und vielleicht stellt ihr fest, daß ihr das Gepäck auf gut Glück anpackt... einmal dieses Stück, einmal ein anderes, vielleicht die kleineren zuerst, vielleicht nach einem Schema, das eurem tiefsten Innern entspricht... ohne euch im einzelnen über jeden Schritt völlig im klaren zu sein, solange ihr nicht das allerletzte Stück untersucht habt.« Da die verschiedenen Teile von Janes Persönlichkeit anscheinend das Öffnen der Koffer als Alles-oder-Nichts-Unternehmen betrachteten, wollte ich ihnen zeigen, daß es sich auch in kleineren, leichter zu bewältigenden Schritten durchführen ließ.

»Nur wenn ihr euch die jeweiligen Informationen aus jedem einzelnen Koffer zunutze macht, erst wenn ihr die jeweiligen Gefühle einbezieht, werdet ihr zum nächsten übergehen können... und dann zum übernächsten... und zum überübernächsten... Und falls ihr vorübergehend irgendeinen Koffer wieder schließen müßt, vielleicht um Kräfte zu sammeln oder aus irgendeinem anderen guten Grund, könnt ihr das machen... und ihn ohne weiteres wieder öffnen, wenn die Zeit dafür reif ist... Und auf diese Weise entscheidet nur ihr allein über das Öffnen und Schließen der Koffer...

Nun stellt euch einmal den möglichen Verlauf vor... Stellt euch vor, dabei nur so schnell vorzugehen, daß auch der am wenigsten bereite Teil mitmacht... Seht ihr das jetzt vor euch? Wenn ja, nickt mit dem Kopf.«

Janes Kopf senkte sich leicht.

»Und wenn ihr alles richtig verstanden habt und wirklich bereit seid, den Plan genau so auszuführen, wie ihr ihn euch vorgestellt habt, nickt einfach noch einmal.«

Jane saß vorgebeugt auf dem Stuhl; ihre Augen waren geschlossen. Dann nickte sie unmerklich.

»Gut, dann kannst du jetzt die Augen wieder öffnen, aber bleib weiterhin ganz entspannt.«

Das junge Mädchen öffnete die Augen. Ihre Hände lagen locker auf dem Schoß. Alle Härte war von ihr abgefallen, und sie wirkte plötzlich teilnahmslos.

»Wie fühlst du dich?«

Mit leiser Stimme antwortete sie: »Gut.«

»Und was meinst du?«

Eine kurze Pause entstand. »Vielleicht klappt es.«

»Glaubst du, daß einige Teile Probleme damit haben könnten?«

»Nur die Mutter.«

Die Mutter, nicht *meine* Mutter. *Meine* Mutter würde so etwas nicht machen, denken die Opfer von Mißbrauch. *Meine* Mutter muß weg sein, ersetzt durch diese Schurkin.

»Meinst du die äußere Mutter?«

»Nein.«

»Die innere Mutter?«

»Ja.«

»Ich verstehe. Und wie kommt ihr miteinander aus?«

Sie zuckte die Achseln. »Gut.«

»Was hältst du von ihr?«

»Nichts.«

»Empfindest du überhaupt nichts für sie?«

Sie machte eine wegwerfende Kopfbewegung. »Die kann mich mal.«

Der Ausdruck war ihr keineswegs ungewollt herausgerutscht. Zwar hatte das junge Mädchen viel zu große Angst vor der Mutter und deren angedrohter Vergeltung, um ihre Geschichte unumwunden zu erzählen, doch jetzt, im Kreis von Verbündeten, konnte sie sie unbewußt ausplaudern.
»Kann sie uns hören?«
»Oh ja, sie hört sogar zu. Vermutlich beobachtet sie uns auch. Sie sagt, sie habe Augen im Hinterkopf.«
»Glaubst du, sie hätte Lust, sich mit mir zu unterhalten?«
Sie lachte höhnisch auf.
»Würdest du sie mal fragen?«
Sie zuckte leicht die Achseln, aber ich sah, daß ihre Augäpfel in den Höhlen zurückrollten und sie den Kopf baumeln ließ. Das waren Anzeichen dafür, daß sich die Trance vertiefte – natürliche Bewegungen des Körpers, wenn ein Mensch nach innen geht und auf das Unbewußte zugreift. Der Teenager beriet sich mit den anderen Teilen. Fünf Sekunden später kehrte er wieder zurück.
»Sie will nicht mit Ihnen reden.«
»Ob wir wohl etwas tun könnten, damit sie sich wohler fühlt? Könntest du sie vielleicht fragen, ob wir irgend etwas tun könnten, damit sie sich hier sicherer fühlt?«
Das Mädchen zuckte mit den Schultern, um die Zwecklosigkeit dieses Unterfangens anzudeuten, doch wieder rollten ihre Augen nach hinten. Eine Sekunde später kehrte sie zurück.
»Sie hat gesagt: ›Vergessen Sie's.‹«
»Vielleicht möchte sie sich ja ein wenig im Zimmer umsehen. Ich habe nichts dagegen, wenn du aufstehst und herumgehst, ihr ein paar Dinge zeigst...« Ich wußte, daß der Mutter-Teil mißtrauisch sein würde. Wie alle dissoziierten Teile der Persönlichkeit verkörperte sie das Verbotene und Unerträgliche: all die Dinge, die niemand wahrhaben wollte und die Jane und die anderen zu leugnen versuchten. Sie fürchtete vielleicht, daß ich sie bestrafen, sie aus Jane herauszerren und vernichten wollte. Und da sie mit dem Täter identifiziert wurde, war sie sicher besonders wachsam: überzeugt, ich würde an ihr etwas auszusetzen haben, ihr die Kontrolle über ihr Kind entreißen und sie unmißverständlich verdammen, wenn ich von den Geheimnissen er-

führe. Sie war offenbar noch entschlossener als die anderen auf Distanz zu mir bedacht.

»Nein«, sagte der Teenager grimmig. »Sie will sich nicht hier umsehen.«

Trotz dieser Weigerung und trotz all der guten Gründe, mich auf Distanz zu halten, wußte ich, daß die Mutter eine Zusammenarbeit mit mir in Erwägung zog. Genau wie bei dem Teenager war die Tatsache, daß sie sich mit mir in Verbindung gesetzt hatte, ein Zeichen dafür, daß sie bereit war, mein Angebot zu prüfen. Meine Aufgabe bestand darin, dieses vorsichtige Interesse zu fesseln.

»Gut, vielleicht könntest du ihr ja folgendes ausrichten«, begann ich. Von den meisten anderen Teilen der Persönlichkeit verachtet, fühlte sich die Mutter wahrscheinlich verabscheuungswürdig und mißverstanden. Wenn ich aber bei ihren Gefühlen »mitspielte«, war sie vielleicht eher bereit, sich zu beteiligen. »Ich weiß, daß es einen guten Grund geben muß, warum sie sich weder mit mir unterhalten will noch möchte, daß du und das kleine Mädchen mit mir sprecht. Kannst du ihr ausrichten, daß ich das respektiere? Und ihr sagen, daß ich ihre Position gern besser verstehen würde, denn ich wette, sie fühlt sich oft mißverstanden?«

Die Augen des jungen Mädchens verengten sich zu schmalen Schlitzen. Das letzte, was sie wollte, war, daß ich mich auf die Seite der Mutter schlug. Sie sagte jedoch nichts, und wieder rollten ihre Augen zurück. Sekunden später kehrte sie zurück.

»Was hat sie gesagt?«

»Nichts.«

»Konntest du ihr Gesicht dabei sehen?«

»Ja.«

»Was machte es für einen Eindruck?«

»Weiß ich nicht.«

»Das weißt du nicht? Kannst du denn beschreiben, wie es aussah oder wie sie reagierte?«

»Es war komisch.«

»Inwiefern?«

Der Teenager machte ein finsteres Gesicht. »Weiß ich nicht. Es war halt komisch. Sie sah nicht so wütend aus.«

»Hm. Das ist interessant. Was hältst du davon?«
Das junge Mädchen zog fragend die Augenbrauen hoch.
»Glaubst du, sie fühlt sich etwas besser verstanden?«
»Ich weiß nicht.«
Dem jungen Mädchen war sein Leben lang eingeschärft worden, nur ja nichts zu verraten. Deshalb konnte sie sich nicht so leicht vorstellen, daß ihre Mutter, nachdem ich das Thema mit den Koffern angeschnitten hatte, zur Zusammenarbeit mit mir bereit wäre.
»Wie wär's, wenn ich kurz selbst mit ihr sprechen würde? Könntest du mir, wenn ich ihr ein paar Dinge mitteile, sagen, wie sie reagiert hat?«
»Ich glaub' schon.« Sie sah mich an, als hätte ich sie aufgefordert, den Finger an eine Flamme zu halten.
»Gut, versuch einfach dein Bestes.« Dann senkte ich die Stimme und sprach voller Anteilnahme weiter: »Ich spreche nun mit der Mutter. Glauben Sie mir, ich kann mir denken, daß Sie eine der einsamsten Aufgaben der Welt haben.« Es war in der Tat eine einsame Aufgabe: Sie verkörperte die Person, die von der übrigen Jane am meisten gefürchtet und gehaßt wurde. Und auch wenn sie diese Rolle ursprünglich übernommen hatte, um Jane zu schützen, so war das längst vergessen. Wie die Kapos in Auschwitz, die ihre jüdischen Mitgefangenen im Auftrag der Nazis überwachten, hatte sie sich mittlerweile so mit dem Täter identifiziert, daß sowohl sie selbst als auch die anderen Persönlichkeitsteile sie nur in diesem Licht sahen. Wenn es mir gelänge, sie an ihre ursprüngliche Schutzfunktion zu erinnern, könnte ich ihren Panzer vielleicht allmählich aufweichen.
»Die anderen verstehen vielleicht nicht, was Sie eigentlich bezwecken...Ich glaube, sie erkennen nicht, daß Sie – genau wie die anderen – versuchen, Jane vor noch Schlimmerem zu bewahren...Sie haben geholfen, bestimmte Regeln aufzustellen und einzuhalten, damit sie nicht in Schwierigkeiten kommt... Sie glauben, daß schreckliche Dinge geschehen, wenn Jane und die anderen Ihre Anweisungen nicht befolgen. Letzten Endes versuchen Sie, so mitfühlend und fürsorglich wie möglich zu sein...Aber ich glaube, das begreifen die anderen noch nicht.« Eigentlich waren meine Worte für alle Fragmente von Janes Per-

sönlichkeit bestimmt, um dem Teenager und dem Kind ein anderes Bild von der Mutter zu vermitteln und ihnen zu ermöglichen, die innere Mutter von der äußeren zu unterscheiden. Indem ich ihnen sagte, daß sie die Mutter »noch« nicht verstanden, deutete ich an, daß sie es im Lauf der Zeit tun würden – eine subtile Suggestion für Teenager und Kind und ein Angebot an die Mutter, das, wie ich hoffte, ihren Widerstand brechen würde.

»Erzähl mir, wie sie jetzt aussieht«, sagte ich, wobei ich leicht die Stimme hob, um dem Teenager zu signalisieren, daß er gemeint war.

Der Teenager bewegte sich schwach. »Sie hört zu.«

»Hat sie irgend etwas gesagt?«

»Nein, sie hört nur zu.« In der Stimme des Mädchens schwang eindeutig Überraschung mit – Überraschung darüber, so nahm ich an, daß ihre Mutter mir nicht die Hölle heiß gemacht hatte.

Erneut änderte ich den Tonfall meiner Stimme. »Jetzt spreche ich zur Mutter... Ich habe nicht den Eindruck, daß Sie möchten, daß Jane blind bleibt und von ihren Gefühlen und ihrem Wissen abgeschnitten ist... Ich glaube, Sie wollen nur nicht, daß Jane erschüttert oder verletzt wird... Ursprünglich waren Sie ihre Beschützerin, aber sogar Sie selbst haben das inzwischen längst vergessen... Jetzt müssen Sie langsam wieder lernen, daß Sie eigentlich gekommen sind, um allen zu helfen. Sie können noch eine ganze Menge tun, um ihnen Helligkeit und Zuversicht zu bringen... Ich glaube, wenn Sie eine Möglichkeit dazu sähen, würden Sie keine Sekunde zögern... Noch haben Sie Zeit, die Mutter zu sein, die sie sich immer gewünscht, aber nie bekommen haben.«

Das junge Mädchen hatte die Beine ausgestreckt und die Augen geschlossen.

»Wärst du bereit, sie zu fragen, wie sie auf das, was ich gesagt habe, reagiert?«

Einen Moment später öffnete sie die Augen. »Sie hat gesagt, Sie würden nichts verstehen. Es geht einfach nicht.«

Die Mutter hatte gesprochen! Zwar sträubte sie sich noch, aber sie hatte sich am Gespräch beteiligt.

Wieder wechselte ich den Ton, um mit der Mutter zu sprechen. »Ich verstehe Ihre Gefühle. Vielleicht befürchten Sie, daß alles auf einmal passieren muß oder sich völlig Ihrer Kontrolle entzieht, oder daß es schreckliche Folgen haben könnte... Aber dazu muß es doch nicht kommen... Sie alle können es nach und nach anpacken, und zwar so, daß sich niemand überfordert oder abgedrängt oder ausgeschlossen fühlt... Sie können sicher sein, daß keiner davon so überwältigt würde, daß er keinen Nutzen daraus ziehen könnte... Und auf diese Weise könnten Sie ihnen eine bessere Mutter sein als die, die sie bisher hatten, denn Sie helfen ihnen damit, erwachsen zu werden...«

Ich machte eine Pause, denn ich wußte, daß sie sich mit an Sicherheit grenzender Wahrscheinlichkeit zurückziehen würde, wenn ich sie zu sehr bedrängte. »Ich glaube nicht, daß Sie sich hier und jetzt entscheiden sollten. Ich möchte, daß Sie zu gegebener Zeit darüber nachdenken und dann tun, was Sie für das Beste halten.«

Einen Moment lang schien alles in der Schwebe. Regungslos saß das junge Mädchen mit zurückgelegtem Kopf und geschlossenen Augen auf ihrem Stuhl. Dann nickte sie ganz unmerklich.

Mir lief ein Schauder über den Rücken. Bei jeder früheren Gelegenheit hatte das Mädchen die Antwort der Mutter in *Worte* gefaßt – diesmal jedoch nicht. Hieß das etwa, das Nicken stammte von der Mutter selbst? Hatte sie sich überwunden, um mir persönlich zu antworten? Wenn ja, war das ein fabelhaftes Zeichen: Die Mutter hätte sich uns, wenn auch mit äußerster Vorsicht, für einen Augenblick angeschlossen.

»Was hältst du davon?« fragte ich das junge Mädchen, als sie die Augen wieder öffnete.

»Ich weiß nicht.« Sie schien verunsichert. »Ich glaube nicht, daß sie's gut findet.«

Auch ich war nicht davon ausgegangen, daß es der Mutter gefallen würde, und selbst jetzt hatte ich noch meine Zweifel, ob sie mich nicht einfach hereingelegt, mich zufriedengestellt hatte, um mich loszuwerden.

»Schön«, meinte ich aufmunternd, »zumindest scheint sie zugehört zu haben.«

»Ja.« Die Stimme des Mädchens klang zaghaft.

»Hast du Angst, du mußt später dafür büßen, daß du mit mir gesprochen hast?«

»Ein bißchen.«

Nur *ein bißchen?* Früher hätte das Mädchen schreckliche Angst gehabt, ausgeschimpft zu werden. Wenn sie sich jetzt nur »ein bißchen« fürchtete, mußte sich etwas verändert haben. Die Mutter war offenbar entschieden nachsichtiger geworden!

Aus einer plötzlichen Überzeugung heraus lächelte ich sie an. »Na, wir werden abwarten müssen, aber ich habe das Gefühl, daß etwas Entscheidendes passiert ist – daß sich jetzt im Innern vielleicht einiges verändert hat –, und daß du weiter vorankommst.«

Sie griff sich ein Büschel Haare und rieb es an ihrem Gesicht wie ein Kind, das sich an eine Decke kuschelt. Dann schaute sie mir in die Augen und nickte.

Nun war es Zeit, daß wir unsere Aufmerksamkeit wieder dem kleinen Mädchen zuwandten. Mutter und Teenager hatten die ersten zaghaften Schritte in Richtung einer Zusammenarbeit gemacht; nun mußte ich auch das Kind in diesen Kreis hineinziehen. Angesichts der Tatsache, daß die Mutter milder gestimmt war, vermutete ich, daß auch die Feindseligkeit des Teenagers dem Kind gegenüber nachgelassen hatte und er vielleicht positiver eingestellt war.

»Ob du mir jetzt wohl auch bei dem kleinen Mädchen helfen würdest?«

Der Teenager ließ das Haar fallen und zog verächtlich eine Braue hoch. »Diese Nervensäge? Was soll ich denn mit der?« Ihre Worte klangen hart, aber nicht überzeugend. Ganz schwach war ein zärtlicher Unterton herauszuhören.

»Vielleicht könntest du ja in den nächsten Wochen einfach in ihrer Nähe bleiben und sie ein bißchen unterstützen, damit sie sich wohler fühlt und nicht mehr so ängstlich ist. Ich denke, die Mutter wird jetzt weniger auf ihr herumhacken, und du solltest dich auch zurückhalten. Sie braucht eine große Schwester, und die könntest du für sie sein. Meinst du nicht auch?«

Sie runzelte die Stirn und verdrehte die Augen. »Ja, vielleicht.«

»Danke.«

Mit einem Achselzucken tat sie meinen Dank ab.

»Gibt es sonst noch irgend etwas, was du mir jetzt sagen oder mich fragen möchtest, denn langsam geht unsere gemeinsame Zeit zu Ende.«

»Komme ich noch einmal wieder?« Sie hatte schnell, fast trotzig gesprochen, um mich nicht merken zu lassen, daß sie es heimlich hoffte.

»Das weiß ich nicht. Das mußt du mit Carla besprechen, aber ich bin sicher, daß ich auf dem ein oder anderen Weg von deinen Fortschritten hören werde.«

Sie nickte; offenbar genügte ihr die Antwort.

»Du hast deine Sache hier heute ganz prima gemacht. Ich habe eine Menge von dir verlangt, und ich bin dir für deine Zusammenarbeit wirklich dankbar. Und wenn du jetzt nichts mehr sagen willst, kannst du einfach die Augen schließen und dich ausruhen...« Ihre Lider flatterten und schlossen sich allmählich über den Augen. »Gut so... Laß dich einfach treiben... mit jedem Atemzug immer tiefer... Darf ich jetzt bitte mit Jane sprechen, die noch in einer tiefen Trance ist?«

Einen Moment lang saß das junge Mädchen regungslos auf dem Stuhl, dann streckte sie sich langsam aus. Der Kopf hob sich leicht, und dabei teilte sich der Haarvorhang und enthüllte das ganze Gesicht, das auf einmal so sanft aussah, als hätte ein weicher Waschlappen die Spannung weggewischt.

»Hallo, Jane.«

»Hallo.« Ihre Stimme klang wachsam, und ihre Augen schienen eine Art innere Bestandsaufnahme vorzunehmen. Ein schwaches Lächeln umspielte ihre Mundwinkel, verschwand aber sofort wieder, als sei sie nicht sicher, ob sie dem Gefühl, das es ausgelöst hatte, trauen sollte.

»Ich habe gerade mit dem kleinen Mädchen, mit dem Teenager und mit der Mutter gesprochen«, sagte ich. »Sind Sie sich dieser drei Persönlichkeitsteile bewußt?«

Sie nickte.

»Sie alle haben sich darauf geeinigt, auf ihre Weise zusammenzuarbeiten, um Ihnen zu helfen und die Probleme, durch die Ihre Therapie blockiert wird, zu bewältigen. Spüren Sie schon etwas davon?«

Einen Augenblick lang war Jane still, dann nickte sie.

»Können Sie mir sagen, was für ein Gefühl es ist?«

Sie räusperte sich, als habe sie lange nicht gesprochen. »Es ist ruhiger.« Ihre unverkennbare rauhe Stimme klang erfreulich ungezwungen. »Nicht mehr so angespannt.«

»Gut... Entspannen Sie sich jetzt einfach, und lassen Sie Ihren Kopf wieder klar werden. Ihr Unbewußtes ist bereits dabei, einen Plan für das weitere Vorgehen zu entwerfen, und bei der Arbeit mit Carla werden Sie diesen Plan noch ausfeilen... Und je mehr Sie dabei die Konflikte beleuchten, durch die Sie im Dunkel festgehalten werden, desto größer wird Ihre innere Ausgeglichenheit... Und mit jedem neuen Tag wächst Ihre Zuversicht, und Sie kommen dem gemeinsamen Ziel ein Stück näher und werden *Erkenntnisse auf einer tieferen Ebene gewinnen*... Und mit jedem neuen Tag werden Sie bewußter erkennen, daß Ihr Unbewußtes eine Menge fruchtbarer Arbeit leistet... Und wenn Sie jetzt bereit sind, in den normalen Wachzustand zurückzukehren, nicken Sie einfach mit dem Kopf.«

Janes Kopf senkte sich leicht.

»Gleich werde ich rückwärts von zwanzig bis eins zählen, und bei eins werden Sie hellwach, ausgeruht und erfrischt sein... Zwanzig... langsam wieder zurückkommen... fünfzehn... alle Schwere fällt von Ihnen ab... zehn... die Hälfte des Weges liegt jetzt hinter Ihnen... fünf... mit jeder Zahl wird Ihnen wohler zumute... zwei die Augen öffnen sich... und jetzt, eins... Sie sind hellwach... hellwach... und vielleicht haben Sie Lust, sich auszustrecken.«

Jane öffnete die Augen, blinzelte ein paarmal, streckte die Arme hoch über den Kopf und wölbte ihren stattlichen Rücken. Sie blickte sich rasch im Zimmer um, ließ die Augen einen Moment auf Carla ruhen und richtete sie dann auf mich.

Ich war sicher, daß sie sich völlig verändert fühlte – weniger angespannt, weniger »laut« und so ausgeglichen und erleichtert wie nie zuvor. Höchstwahrscheinlich hatte sie eine dunkle Ahnung von dem, was wir gemacht hatten, auch wenn sie sich an keinerlei Einzelheiten erinnern konnte. Doch da ich nicht wollte, daß sie sich darauf konzentrierte, warf ich ihr rasch ein verschmitztes Lächeln zu. »Haben Sie schon einmal einen Schokoladen-Elch gesehen?«

Verwundert zogen sich ihre dichten Augenbrauen zusammen.

»Hier.« Ich reichte ihr eine Schachtel von der Ecke meines Schreibtischs.

Vorsichtig hob sie den Deckel hoch. In der Schachtel war ein riesiges Stück Schokolade in Form eines Zeichentrick-Elchs. Sie lachte lauthals los, und Carla und ich lachten mit.

Zu genau diesem Zweck steht die Schachtel auf meinem Tisch. Wenn ein Klient aus einer Trance, in der er hart gearbeitet hat, erwacht, ist es am besten, das Erlebte erst einmal gären zu lassen. Ich wollte, daß Janes Unbewußtes diese Vorgänge frei, ohne Einmischung des Bewußtseins, verarbeitete. Als Jane in meiner Praxis erschien, waren sämtliche Teile ihrer Persönlichkeit entschlossen, den ungelösten, durch die Koffer verkörperten Problemen aus dem Weg zu gehen. Jetzt betrachteten sie das Problem mit anderen Augen: *Wie können wir an die Koffer herankommen, vielleicht sogar ihren Inhalt untersuchen, ohne dabei die Kontrolle zu verlieren?* Sie brauchten Spielraum, um ohne störende Einmischung des Bewußtseins über diese Frage nachzudenken. Der Elch mit seinem Überraschungseffekt war die ideale Ablenkung.

Wenn ich auch nicht wollte, daß Jane über unsere Sitzung nachgrübelte, so wollte ich doch, daß sie begann, genauer auf ihre inneren Stimmen zu hören. Sie waren zwar immer da, aber Jane hatte sie zu ignorieren versucht, weil ihr die durch sie vermittelten Gefühle Angst einjagten. Um geheilt zu werden, mußte sich Jane jetzt die Geschichten der Stimmen anhören und ihre gemeinsame Angst anerkennen. Nur wenn sie die Fragmente ihres Bewußtseins zusammensetzte, konnte sie zu einer vollständigen, gesunden Persönlichkeit werden. Sie mußte auch zuhören, weil es eine Strapaze war, *nicht* zuzuhören. Die inneren Stimmen auszuschalten, ihre Gefühle abzulehnen und ihr Wissen abzustreiten, erforderte eine gewaltige Anstrengung. Durch Zuhören dagegen wurde diese Energie für die Heilung und die Aufgaben des täglichen Lebens freigesetzt.

»Und jetzt hätte ich noch eine Bitte an Sie, Jane. Ich möchte, daß Sie den verschiedenen Teilen Ihrer Persönlichkeit zuhören und sie kennenlernen. Könnten Sie das einmal versuchen?«

Jane zögerte. Ich sah, wie sie nach innen horchte und die Stille bemerkte, bevor sie antwortete.

»Ja.«

»Gut. Dann möchte ich, daß Sie sich jeden Tag eine oder fünf oder zehn Minuten, wie lange, spielt keine Rolle, hinsetzen und ihnen zuhören. Mit der Zeit werden Sie sich vielleicht sogar mit ihnen unterhalten können. Es wird Ihrer Therapie mit Carla nützen, wenn Sie das tun. Verstehen Sie?«

Jane drehte sich zu Carla um, die zur Bestätigung nickte.

»Ja.«

Nun, da Jane ihre Aufgabe akzeptiert hatte, war meine Arbeit als Berater getan: Ich hatte Ansatzpunkte für das Einfühlungsvermögen und die Identifikation der verschiedenen Persönlichkeitsteile miteinander geschaffen und sie zur Zusammenarbeit ermuntert. Und ich hatte ihnen geholfen, zu erkennen, wie sie sich auf für sie akzeptable Weise dem verbotenen Material nähern konnten. Diese Veränderungen würden bei Janes Arbeit mit Carla Früchte tragen. Ob sie auch Auswirkungen auf ihre Sehkraft haben würden, mußten wir abwarten.

Erst drei Monate später hörte ich wieder von Carla. Sie traf sich einmal die Woche mit Jane, und die Arbeit machte Fortschritte. »Sie steht in engerem Kontakt zu ihren verschiedenen Teilen«, berichtete Carla. »Sie erscheinen in ihren Träumen, sie führt täglich Zwiegespräche mit ihnen und schreibt in ihrem Tagebuch über sie. Sie ist weniger depressiv und viel zuversichtlicher als früher. Und sie erinnert sich häufiger an traumatische Erlebnisse mit ihrer Mutter. Aber noch bin ich nicht überzeugt davon, daß wir aus der Sackgasse herausgekommen sind. Ich habe nach wie vor das Gefühl, daß sie etwas zurückhält.«

»Was machen ihre Augen?«

»Ich habe nicht danach gefragt. Falls sie tatsächlich besser werden, geschieht es möglicherweise jenseits ihrer bewußten Wahrnehmung, und ich fürchte, dieser Prozeß würde nur gestört, wenn wir darüber sprechen. Und falls *nicht* – na ja, ich möchte nicht die Erwartung schüren, daß sich ihre Sehkraft verbessern müßte, und damit riskieren, daß Jane sich als Versagerin fühlt.«

»Ja, ich denke, Sie haben recht.«

»Aber ehrlich gesagt habe ich den Eindruck, daß es ungefähr gleich geblieben ist.«

»Gleich? Es hat sich nicht verschlimmert?«

Schweigend dachten wir beide über die Bedeutung von Carlas Worten nach.

»Eigentlich ist es schon ermutigend«, deutete sie vorsichtig an. »Es ist sicher ermutigend. Aber ich glaube, wir haben es immer noch nicht geschafft. Ich würde gern noch einmal mit ihr vorbeikommen.«

Also kamen Carla und Jane wieder. Jane betrat den Raum mit derselben totemähnlichen Haltung wie beim ersten Mal, mit derselben Sicherheit, die so nachdrücklich über ihr fehlendes Sehvermögen hinwegtäuschte.

Wieder forderte ich die beiden auf, die Sitzung zu eröffnen und mir zu erklären, was sie zu mir geführt habe. Und wieder begann Carla, indem sie sich an Jane wandte.

»Ich habe den Eindruck, daß Sie wesentlich besser mit Ihren verschiedenen Teilen zusammenarbeiten und daß Ihnen innerlich vielleicht etwas leichter zumute ist. Oder...?«

Jane stimmte zu. »Ich habe mich, wie soll ich sagen, innerlich weniger angespannt gefühlt. Als hätte jemand ein Ventil geöffnet und etwas Druck abgelassen.«

Carla ermunterte sie, fortzufahren.

»Und ich habe mich an viel mehr erinnert.« Sie verzog das Gesicht. »Das war schon komisch.«

»Sie haben sich an einige problematische Dinge erinnert.«

Jane schwieg einige Sekunden. »Deshalb ist es ja, glaube ich, auch so schwer.«

»Schwer?«

»So schwer, weiterzumachen. Deshalb kämpfe ich noch immer dagegen an.«

Carla nickte verständnisvoll.

»Was glauben Sie, woran es liegt?« fragte ich Jane.

Betrübt drehte sie sich zu mir um. »Ich weiß es nicht. Ich glaube, wir brauchen weiter Ihre Hilfe.«

»Wie finden Sie es, wieder hier zu sein?«
»Gut.«
»Möchten Sie einen Schritt weiter gehen?«
»Ja.«
»Soll ich Sie hypnotisieren?«
»Hm.«

Also hypnotisierte ich Jane mit derselben Induktion wie beim letzten Mal. Als sie in einer tiefen Trance war, fragte ich, ob irgendein Teil von ihr etwas zu sagen wünsche, und genau wie beim letzten Mal erschien das Kind zuerst. Jane hatte ihre langen Beine auf dem Stuhl angewinkelt, umklammerte mit den Armen schützend ihren Oberkörper und hatte den Kopf wie eine Schildkröte zwischen die Schultern gezogen. Ihre großen Augen spähten vorsichtig in die Runde. Doch als ich genauer hinsah, stellte ich einen beträchtlichen Unterschied zwischen diesem Kind und dem verängstigten vom letzten Mal fest. Jenes Mädchen war schreckerfüllt gewesen, dies hier war wachsam, aber gleichzeitig neugierig. Auf ihrem Gesicht lag ein Anflug von Stolz, als habe sie ihre Angst überwunden und das Zimmer aus freien Stücken betreten. Was für ein Unterschied im Vergleich zum letzten Mal, dachte ich. Das letzte Mal hatten Teenager und Mutter das Mädchen als Opferlamm ins Zimmer getrieben, um mich unter die Lupe zu nehmen. Diesmal hatte sie selbst *beschlossen*, als erste zu kommen, und die anderen hatten sie gewähren lassen; demnach brachten sie mir immerhin so viel Vertrauen entgegen, daß sie bereit waren, ihr verwundbarstes Glied aufs Spiel zu setzen.

»Wie geht es dir?« fragte ich das kleine Mädchen sanft. Trotz ihrer Tapferkeit spürte ich, daß eine einzige falsche Bewegung sie in die Flucht schlagen konnte.

Ihre Augen weiteten sich.

»Geht es da drin jetzt ein wenig netter zu?«

Sie nickte heftig.

»Möchtest du uns irgend etwas erzählen oder fragen?«

Sie schüttelte den Kopf.

»Wolltest du einfach nur mal vorbeikommen und ›Hallo‹ sagen und dich ein wenig umschauen?«

Sie kicherte leise. »Hm.«

»Eine gute Idee. Ich freue mich, daß du das getan hast.«

Voller Stolz schaute sie mich an, und zu meiner großen Überraschung begann sie über das ganze Gesicht zu strahlen. Das hatte ich bei Jane noch nie erlebt.

»Ist sonst noch irgend etwas?«

Sie schüttelte den Kopf.

»Gut, wenn es sonst nichts mehr gibt, ob ich dann wohl mit dem Teenager sprechen könnte, mit dem ich mich das letzte Mal unterhalten habe?«

Gehorsam nickte das Kind und schloß die Augen, und im nächsten Moment, wie von einem Windstoß verwandelt, streckte sich der Körper aus, und der Teenager setzte energisch die Füße auf den Boden. Seine Unterarme lagen auf den Knien, die Hände baumelten zwischen den Beinen. Das von dichtem Haar eingerahmte Gesicht mit trotzig vorgerecktem Kinn drehte sich zu mir hin.

Wieder fiel mir sofort der Unterschied auf. Zwar hatte das junge Mädchen – ähnlich wie beim letzten Mal – eine trotzige Teenager-Haltung eingenommen, ließ aber die frühere Anspannung vermissen. Ihre deutliche Reserviertheit und offenkundige Feindseligkeit mir gegenüber waren verschwunden. Auch sie wirkte wachsam, gleichzeitig aber gesprächsbereiter.

»Hallo«, sagte ich lächelnd. »Wie geht es dir?«

Sie nickte einmal. »Gut.«

»Wie geht es innen zu?«

Sie sah sich kurz um, bevor sie eine Antwort gab. »Es geht besser. Na ja, die Kleine ist 'ne Nervensäge und heult die ganze Zeit. Ich wünschte, sie würde sich mal zusammenreißen.« Sie machte eine Pause. »Aber *sie* nervt nicht mehr ganz so.«

»Hat Jane euch besser zugehört?«

»Sie versucht's.«

»Das ist gut. Erinnerst du dich noch an die letzte Sitzung?«

»Ja.« Sie musterte mich zurückhaltend. »Ich hab' drüber nachgedacht.«

»Und was hast du gedacht?«

Sie schwieg einen Moment. »Weiß ich nicht.«

»Findest du es immer noch unheimlich, an die Koffer zu denken?«

»Unheimlich nicht...« Sie zuckte zusammen und schüttelte den Kopf, als wolle sie einen lästigen Gedanken verscheuchen. Plötzlich begann sie mit der Faust aufs Knie zu hämmern. »Ich bin stinksauer! Ich bin so verdammt stinksauer auf sie. Ich könnte...« Ihre Augen sprühten vor Zorn. »Ich könnte sie umbringen.«

»Wen umbringen?«

»Sie wissen, wen.«

»Meinst du diejenige, mit der ich das letzte Mal gesprochen habe?«

»Nein. Die andere.«

Die andere. Die äußere Mutter. Das junge Mädchen unterschied zwischen den beiden. Ein weiteres Zeichen des Wandels: Es bedeutete, daß das Mädchen einem Bündnis mit der inneren Mutter nicht mehr so ablehnend gegenüberstand, daß die Mutter nicht mehr so eindeutig mit dem äußeren Aggressor identifiziert wurde und nicht mehr in gleichem Ausmaß Zielscheibe des jugendlichen Zornes war.

»Ist es das, wovor du Angst hast? Daß du sie umbringen könntest?«

Für den Bruchteil einer Sekunde trafen sich unsere Augen. Die des Mädchens waren angsterfüllt.

»Hast du Angst, daß etwas passiert, wenn du dich an mehr erinnerst?«

Die Angst in ihren Augen verwandelte sich in helle Panik. Ihr Blick irrte wild durchs Zimmer, dann zurück zu mir.

»Oder fürchtest du dich in Wirklichkeit vor dem, was sie dir antun könnte? Was sie dir antun könnte, wenn du die Koffer öffnest oder etwas verrätst?«

Das junge Mädchen ließ den Kopf auf die Knie fallen und fing an zu schluchzen.

Ich unterdrückte das Verlangen, sie tröstend zu berühren. Sie fühlte sich entlarvt und wäre zurückgeschreckt, hätte ich mit einer solchen Geste reagiert. Und ich wollte ihr im Gegenteil ja zu verstehen geben, wie sehr ich es würdigte, daß sie ihre gespielte Tapferkeit aufgegeben und die dahinter verborgene Angst gezeigt hatte. Deshalb tröstete ich sie nur mit Worten und hoffte, ihr damit zu vermitteln, daß sie sich auch jetzt, mit entblößter

Seele, bei mir sicher fühlen konnte. »Das ist doch ganz normal«, flüsterte ich. »Es tut ja wirklich weh. Und es ist gut, es herauszulassen. Du brauchst nicht mehr still zu sein.«

Sie weinte weiter, den Kopf über die Knie gebeugt, die Haarmähne als schützenden Vorhang vor dem Gesicht, und während sie weinte, sprach ich mit gleichmäßiger Stimme auf sie ein. »Das tut gut... das tut gut... ja... ja...«

Nach einigen Minuten richtete sie sich laut schniefend wieder auf.

»Wie alt ist die äußere Mutter denn heute?«

Sie putzte sich die Nase. »Zweiundsiebzig.« Ihre Stimme war belegt vom Weinen.

»Wie sieht sie aus? Kannst du dir ihr Gesicht jetzt vorstellen? Welche Farbe hat ihr Haar?« Von Carla wußte ich, daß sich Jane und ihre Mutter auseinandergelebt hatten, die Mutter krank und der Vater vor einigen Jahren gestorben war.

»Grau«, sagte sie müde. »Sie hat graue Haare.«

»Das stimmt«, bekräftigte ich. »Sie hat graues Haar. Sie ist jetzt viel älter. Sie ist nicht mehr so stark. Sie kann dir gar nicht mehr weh tun.«

Prüfend sah sie mir in die Augen, ob sie mir auch glauben konnte.

»Sie hat dir sehr weh getan. Es ist dein gutes Recht, wütend zu sein.« Ich hielt einen Moment inne. »Aber wütend zu sein heißt nicht, daß du wie deine Mutter bist.«

Sie wich zurück, als hätten ihr meine Worte einen Stich versetzt.

Die meisten Kinder, die von ihren Eltern schwer mißbraucht worden sind, werden von heftigem Zorn verzehrt, der in dissoziativen Persönlichkeiten wie Janes Mutter- und Teenager-Teilen zurückgehalten wird. Als unbewußt schwärende Wunde wächst der Zorn weiter, wobei er jedoch seine kindliche Form behält. Bei Erwachsenen äußert sich die Wut gemäßigter – in Worte gefaßt, durch die Vernunft reguliert und so weit bezähmt, daß sie auf gesellschaftlich akzeptierte Weise ausgedrückt werden kann. Aber bei einem Kind ist der Zorn reiner, unverfälschter Selbstschutz; überwältigt von seinem Gefühl spürt das Kind nur noch den heftigen, wütenden Drang, um sich zu schlagen – Auge um Auge, Zahn um Zahn –, wann immer es sich bedroht fühlt. Ein solcher Zorn steckte auch in Jane – und sie hatte beinahe mehr Angst vor ihm als vor ihrer Mutter. Doch mehr noch als die vorgestellten Folgen dieses Zorns fürchtete sie dessen Bewandtnis: *Wenn ich zornig bin, bin ich wie meine Mutter; wenn ich zornig bin, bin ich genauso schlecht wie sie.*

Bis vor kurzem hatte Jane den Zorn einigermaßen in Schach halten können. Doch nun, da sie genauer auf die Stimmen ihrer inneren Teile hörte, nun, da diese begannen, die Deckel der Koffer anzuheben, stieg der Zorn an die Oberfläche. Jetzt verstand ich, was für diesen letzten Widerstand verantwortlich war. Es war nicht nur Angst vor Konflikten und Stoff aus der Kindheit. Es war auch Angst vor diesem aufwühlenden, verzehrenden Zorn. Um Jane bei ihrer Entwicklung zu unterstützen, mußten wir ihr helfen, diesen Zorn sicher zu verwandeln oder zu verarbeiten.

»Es ist dein gutes Recht, wütend zu sein«, wiederholte ich, »und ich weiß auch, daß dir deine Wut große Angst einjagt. Wenn ich dir aber helfen könnte, damit umzugehen, wenn ich dir helfen könnte, ihn so abzureagieren, daß du niemandem weh tust und nicht wie deine Mutter wirst – wärst du dann daran interessiert?«

Das Mädchen schauderte, als fröstele es sie plötzlich. »Wie wollen Sie das denn machen?« fragte sie in unverkennbar herausforderndem Ton.

»Wir können dir mit Hypnose helfen, deinen ganzen Zorn auf sichere und angemessene Weise auszudrücken. Du wirst dir in deinem Kopf einen stabilen, sicheren, dichten Behälter erschaffen, und sobald du in diesem Behälter bist, kannst du unbesorgt all deine aufgestauten Gefühle ausdrücken. Auch wenn dir dabei alles ganz wirklich vorkommt und du glaubst, du seist sehr laut und würdest herumtoben, wird dein Körper die ganze Zeit ruhig auf dem Stuhl sitzen.«

Jane hatte nie gelernt, daß man seine Wut auch unbesorgt ausdrücken konnte, denn ihre Eltern hatten ihr genau das Gegenteil gezeigt. Was ich vorschlug, war im Grunde eine Umschulung, eine Gelegenheit für sie, zu lernen, daß sie solche mächtigen Gefühle ausleben konnte, ohne damit irgend jemandem zu schaden. Auf diese Weise würde sie in Zukunft solche Gefühle herauslassen können, statt sie im Innern zurückzuhalten, wo sie sich gegen sie selbst richteten oder ihr gesamtes Handeln bestimmten.

Ich ließ ihr etwas Zeit, um die Idee abzuwägen. »Soll ich dir mehr darüber erzählen?«

Sie nickte einmal.

»Sobald du in den Behälter hineingehst, wirst du all deine alte Angst, wütend auf Menschen zu werden, die dich verletzt haben, hinter dir lassen. Du wirst dich frei und ohne Hemmungen ausdrücken können, und diese Befreiung der Gefühle wird sehr befriedigend sein. Vielleicht wirst du dich dabei viel stärker als sonst fühlen, und vielleicht wirst du feststellen, daß dir viel leichter und schneller als sonst Worte einfallen. Und die ganze Zeit wird dein Körper ruhig auf diesem Stuhl sitzen und sich bequem ausruhen.« Wieder ließ ich sie über die Idee nachdenken. »Hast du Lust, das mal auszuprobieren?«

Zögernd nickte sie wieder.

»Was du in dem Behälter machst, geht nur dich ewas an. Vielleicht willst du es mir erzählen, vielleicht willst du es aber auch lieber für dich behalten. Du hast nach der Uhr drei Minuten Zeit, um alles zu erledigen, aber deinem Innersten kann es wie unendlich viel Zeit vorkommen. Ich werde mit dem Stift klopfen, wenn die Hälfte der Zeit vorbei ist, und dann noch einmal kurz vor dem Ende, damit du rechtzeitig fertig wirst.

Und weil mir deine Sicherheit genauso am Herzen liegt wie meine eigene, behalte ich mir das Recht vor, das Ganze abzubrechen, wenn ich glaube, daß eine Fortsetzung nicht zu deinem Besten wäre. Wenn ich ›Stop‹ sage, werden sich augenblicklich die Bilder auflösen, und du wirst dich sofort entspannen und noch tiefer in Trance gehen, wobei du immer meine Stimme hören wirst. Verstehst du?«

Wieder ein Kopfnicken.

»Und bevor wir anfangen, werden wir uns noch mit den anderen besprechen, denn wir wollen nur weitermachen, wenn sie alle einverstanden sind. Ich glaube, am besten wäre es, wenn wir die Mutter bitten, zuzuschauen, allerdings ohne sich einzumischen.« Ich hatte Angst, daß es andernfalls, wenn wir den Zorn der Mutter gleichzeitig mit dem des Teenagers auslösen würden, für Jane zuviel werden könnte. Mit der Wut der Mutter mußten wir uns später befassen. »Und vielleicht wäre es am besten, wenn auch Jane aus einer gewissen Entfernung zuschaut. Vielleicht könnten wir sie selbst bestimmen lassen, wie nah sie dabeisein möchte. Bist du einverstanden?«

Sie nickte wieder.

»Und vielleicht sollten wir das kleine Mädchen in ein schönes Zimmer bringen, ein schalldichtes Zimmer mit dicken Wänden und lauter Spielzeug, wo sie spielen kann, bis wir sie wieder abholen, was meinst du?«

Wieder ein Nicken.

»Möchtest du weitermachen?«

Nach knapp einer Sekunde: »Ja.«

»Gut... dann möchte ich, daß du jetzt die Mutter fragst, ob sie bereit wäre, sich danebenzustellen und zuzuschauen, und daß du danach Jane bittest, sich auszusuchen, aus welcher Entfernung sie das Geschehen beobachten will. Könntest du das jetzt tun und mir dann sagen, was sie davon halten?«

Das junge Mädchen schloß die Augen. Zehn Sekunden später kehrte es zurück. »Die Mutter ist einverstanden«, murmelte sie, »und Jane hat gesagt, sie will nicht zu nah dabei sein. Sie will aus einiger Entfernung zuschauen.«

»Danke, das ist gut. Kannst du jetzt die Kleine in ihr Zimmer begleiten?«

Noch einmal zog sich der Teenager in sein Inneres zurück. Vierzig Sekunden später war er wieder da.

»Ist sie in Sicherheit?«

»Ja.«

»Gut, dann können wir weitermachen... Jetzt möchte ich, daß du dir, noch während ich spreche, deinen Behälter vorstellst... einen Behälter, der so stabil ist, daß er all deinen aufgestauten Zorn und deine aufgestauten Gefühle aushält, ohne auch nur das Geringste durchzulassen... Manche Leute haben dazu einen Bunker benutzt, andere ein Gewölbe, nimm das, was dein Unbewußtes für das Beste hält... Laß jetzt einfach ein

Bild in deinem Kopf entstehen... laß dir Zeit... und sag mir Bescheid, wenn es da ist.«

Fünf Sekunden vergingen.

»Eine unterirdische Höhle.«

»Sehr gut... Nun, manche Leute wollen, wenn sie in ihre Behälter hineingehen, ihren Angreifern direkt gegenübertreten... andere haben es lieber, wenn ihre Angreifer zurückgehalten werden oder hinter kugelsicherem Glas sind... Was du auch brauchst, du wirst es bekommen... Verstehst du?«

Ein Kopfnicken.

»Gut... Dann möchte ich dir jetzt noch etwas zeigen, damit du beruhigt sein kannst, daß dein Körper, auch wenn du vielleicht meinst, du würdest herumtoben oder Krach machen, in Wirklichkeit ganz still und ruhig auf dem Stuhl sitzen wird.«

Die Trennung von Geist und Körper ist ein verbreitetes Phänomen in der Hypnotherapie. Wir machen bei Induktionen Gebrauch von ihr, wenn wir dem Klienten sagen, sein Arm werde sich ganz von selbst heben, ohne daß er sich bewußt darum bemüht; wir wenden sie bei Hypnoanästhesien an, damit die Klienten den Schmerz besser bewältigen können, und bei Interventionen zur Suchtkontrolle, um Menschen, die mit dem Rauchen aufhören wollen, zu helfen, ihr Verlangen zu »vergessen«. Dieses Dissoziationsphänomen ist für die Hypnose von entscheidender Bedeutung.

»Ich zähle jetzt von eins bis fünf, und bei fünf möchte ich, daß du deinen Körper *hier* sitzen siehst...«, ich lehnte mich zur Seite in Richtung eines freien Stuhls. »Aber dein Geist wird weiterhin *dort* bei dir bleiben.« Ich beugte mich in Richtung des Mädchens. Auch wenn sie ihre Augen geschlossen hatte und meine Bewegungen nicht sehen konnte, war sie durch die Hypnose-Beziehung ganz auf meine Stimme eingestellt. Dadurch, daß meine Stimme aus verschiedenen Richtungen kam, wurde die Botschaft meiner Worte noch verstärkt.

Ich begann langsam zu zählen. »Kannst du deinen Körper *hier* sehen?«

Sie nickte einmal.

»Und bei ihm sind sämtliche Empfindungen, die mit Muskelbeherrschung und Bewegung zu tun haben. Verstehst du?«

Ein weiteres Nicken.

»Während du den Körper *hier* beobachtest, möchte ich, daß du versuchst, einen Arm zu heben.«

Ihr rechter Arm spannte sich leicht, hob sich aber nicht.

»Hast du den Arm hochgehoben?«

»Ja.«

»Wie hoch?«

»Ungefähr einen halben Meter.«

»Das ist gut... Während du zuschaust und begreifst, daß der Körper *hier* und du *dort* bist, möchte ich, daß du jetzt einmal versuchst, *dort* aufzustehen.«

Ganz unmerklich beugte sich das junge Mädchen auf dem Stuhl nach vorn. Im nächsten Augenblick entspannte sie sich wieder.

»Es geht nicht, oder?«

»Nein.«

»Das liegt daran, daß der eigentliche Körper hier drüben ist... Und jetzt kannst du auch völlig verstehen und einsehen, daß ganz egal, was du *dort* auch fühlen magst, der Körper sich *hier* einfach nur bequem ausruht. Verstehst du das?«

Ein Nicken.

»Hast du noch Fragen?«

Sie schüttelte den Kopf.

»Bist du bereit, anzufangen?«

»Ja.«

»Dann geh jetzt in die Höhle... Aber dabei wirst du immer mit dieser Stimme in Verbindung bleiben, auch wenn du die Höhle hinter dir verbarrikadiert hast.«

Ich wartete einen Augenblick. »Bist du drin?«

Ein Nicken.

»Siehst du die Leute, auf die du so wütend bist?«

Wieder ein Nicken.

»O.k., dann mach dich jetzt fertig... Gleich zähle ich von eins bis fünf, und bei fünf fängst du an... eins... halt dich bereit... zwei... geh noch tiefer... drei... gleich geht's los... vier... es ist fast soweit... und fünf... *jetzt* fang an.«

Binnen drei Sekunden begann das junge Mädchen schneller zu atmen, ihre Haut wurde rot, und die Muskeln spannten sich, als würden sie isometrisch in zwei Richtungen gleichzeitig gezogen. Die Augen schossen unter den Augenlidern von einer Seite zur anderen. Ab und zu gab sie ein ersticktes Stöhnen, wie das Winseln eines schlafenden Hundes, von sich.

»Gut so«, ermutigte ich sie, »laß es raus... spür es... ja... laß es raus...«

Nach anderthalb Minuten klopfte ich mit dem Stift. »Jetzt bleibt dir noch einmal genausoviel Zeit. Blick dich um. Sieh nach, ob du noch andere Gefühle entdeckst, die du ausdrücken willst. Prüf nach, ob es nicht irgendwo noch etwas gibt.«

Ihre Muskeln spannten sich, ihr Mund öffnete sich, und sie stieß einige Klagelaute aus.

Als der Sekundenzeiger meiner Uhr zwanzig vor zwölf anzeigte, begannen sich ihre Atemzüge zu verlangsamen und ihre Muskeln zu entspannen – Anzeichen dafür, daß die Intensität ihrer Vorstellungen abnahm.

»Prüf nach, ob es noch irgend etwas gibt, was du ausdrücken willst«, ermahnte ich sie, »denn gleich hören wir auf.«

Wieder verkrampfte sich ihr Gesicht. An ihrem Haaransatz glitzerten Schweißperlen.

»Die Zeit ist fast abgelaufen... gut so... Bereite dich vor, jetzt gleich aufzuhören...« Der Sekundenzeiger näherte sich der Zwölf. »Fertig! Laß es nun sein. Du kannst *jetzt* aufhören.«

Es dauerte ein paar Sekunden, bis die Spannung in ihrem Körper nachließ. Zuerst beruhigten sich die Hände auf ihrem Schoß, dann sank sie mit einem Ausatmen tief in den Sessel zurück. Langsam wich die Farbe aus ihrem Gesicht. Das Haar an ihren Schläfen war feucht.

»Jetzt kannst du dich ausruhen... einfach ausruhen... Du hast etwas Großartiges vollbracht und kannst stolz auf deine Leistung und dein Können sein... und eine tiefe Dankbarkeit gegenüber allen Seiten von Jane empfinden, weil sie es ermöglicht haben... Was du heute hier begonnen hast, wird sich in der Zukunft fortsetzen... Du kannst damit rechnen, daß sich die positiven Auswirkungen dieser Arbeit sowohl in den Sitzungen mit Carla als auch im täglichen Leben bemerkbar machen... Jetzt kannst du die Höhle verlassen und in dieses Zimmer zurückkehren, noch immer tief schlafend... und später, wenn du aufwachst, wirst du dich an soviel oder sowenig von diesem Erlebnis erinnern, wie dein Unbewußtes für richtig hält... Jetzt laß dich einfach eine Zeitlang treiben, um das Erlebte zu verarbeiten. Ich werde dich gleich wieder ansprechen.« Ich wartete eine Minute. »Jetzt möchte ich bitte noch einmal mit dem Teenager sprechen.«

Das junge Mädchen öffnete die Augen und richtete sie langsam in meine Richtung. Dann ließ es, noch immer keuchend, seinen Blick durchs Zimmer schweifen.

»Ist ja gar nichts kaputtgegangen.« Ihre Stimme klang ungläubig.

»Nein.«

»Ich dachte...«

»Das hast du dir nur vorgestellt.«

»Alles nur vorgestellt...?« Die Worte kamen zögernd und zweifelnd, während sie sich das Geschehen zu erklären suchte.

»Soll ich dir irgend etwas zu dem, was du gerade gemacht hast, erklären?«

Sie packte ein Büschel Haare und rieb es an ihrem Gesicht. »Nein.«

»Möchtest du mir vielleicht irgend etwas darüber erzählen?«

Sie öffnete den Mund, brachte aber kein Wort heraus.

»War es intensiv?«

»Ja.«

»Glaubst du, du bist etwas losgeworden?«

»Ich habe ihr die Meinung gesagt.« Ein schwaches Lächeln umspielte ihre Lippen. »Das ganze Zeug, das ich angestaut hatte, wissen Sie? Es sprudelte einfach so aus mir raus... und als mir nichts mehr einfiel, was ich sagen konnte, habe ich sie *gepackt* und das getan, was sie mir einmal angetan hat...« Sie griff mit den Händen nach vorn in die Luft und preßte sie zusammen, als bohrten sich ihre Daumen wie eine Zange in eine imaginäre Kehle. Ich habe einfach die ganze Zeit zugedrückt und zugedrückt und zugedrückt...« Die Augen geschlossen, stieß sie bei jeder Wiederholung den Kopf nach vorn. »Ich hab' nicht losgelassen.« Sie schlug die Augen auf und sah mich an. Ihr Blick war klar und offen.

»Wie hast du dich dabei gefühlt?«

Sie überlegte, dann begann sie zu lächeln. »Richtig gut«, sagte sie sanft. »*Richtig gut.*«

»Gut. Ob du nun wohl einmal bereit wärst, nach innen zu den anderen zu gehen und mir zu erzählen, wie es dort aussieht?«

Sie nickte kurz, dann rollten ihre Augen zurück, und ihr Kopf neigte sich zur Seite. »Es ist ruhiger«, berichtete sie, als sie zurückkam.

»Kannst du deine Mutter sehen?«

»Ja.«

»Wie geht es ihr?«

»Ich weiß nicht, es ist schon wieder so komisch.«

»Inwiefern?«

»Sie sieht so… sie sieht irgendwie traurig aus.«

»Ist ja interessant. Weißt du, worüber sie traurig ist?«

Sie schüttelte den Kopf.

»Kannst du sie mal fragen?«

Erneutes Kopfschütteln, diesmal energischer.

»Na gut, das müssen wir jetzt auch nicht unbedingt herausfinden. Aber es ist eine interessante Vorstellung. Vielleicht…«

Während ich sprach, hatte das junge Mädchen die Augen geschlossen, doch plötzlich riß sie sie wieder auf. »Ich glaube, es tut ihr leid, wie sie uns behandelt hat«, stieß sie mit bebender, ungläubiger Stimme hervor.

»Aah«, nickte ich. »Das könnte sein. Vielleicht sieht sie das Geschehen jetzt klarer.«

Daß die Mutter möglicherweise Reue über das, was sie gesehen hatte, empfand, klang einleuchtend. Den Teenager dabei zu beobachten, wie er seine Wut an einem Bild der tatsächlichen Mutter abreagierte, hatte es ihr zweifellos erleichtert, sich von dieser abzusetzen. Als Folge hatte sie jetzt vielleicht eher ein Gespür dafür, in welcher Beziehung sie zu Jane und den anderen stand, wie verhaßt ihr Rollenbild und wie tragisch ihr persönliches Verhalten gewesen war. Früher hatte sie sich als einzelne Akteurin betrachtet; jetzt sah sie sich vielleicht ebenfalls als Mißbrauchsopfer und Gruppenmitglied.

»Weißt du«, erklärte ich, »bisher hast du dich ganz auf deinen Schmerz konzentriert. Aber genau wie Jane wirst du einsehen müssen, daß ihr alle verletzt worden seid und daß ihr alle versucht, Jane zu helfen – sogar die innere Mutter.«

Einen Moment lang sah mich das junge Mädchen mit großen Augen an und versuchte, meine Worte mit ihrer eigenen inneren Auffassung in Einklang zu bringen. Dann füllten sich langsam, wie von einer verborgenen Quelle gespeist, ihre Augen mit Tränen. Vielleicht begriff auch sie jetzt die Mutter als Teil von ihnen und verspürte Gewissensbisse wegen ihrer bisherigen Feindschaft. Vielleicht erkannte sie, daß nicht nur die Mutter, sondern auch sie selbst Jane verletzt hatte. Vielleicht empfand sie nun, nachdem sie ihren Schutzpanzer abgestreift hatte, den Verlust und die Trauer, die sie seit ihrer Jugend verborgen hatte.

»Das muß wirklich weh tun«, tröstete ich. »Sehr, sehr weh tun.«

Sie wimmerte ein paar Sekunden leise, dann trocknete sie sich die Tränen mit dem Ärmel.

»Weißt du«, schlug ich vor, »ich finde, die Mutter hat uns sehr geholfen. Ob du ihr vielleicht sagen könntest, wie dankbar ich für ihre Hilfe bin, und sie fragst, ob sie noch irgend etwas sagen möchte?«

Die Augen des Mädchens rollten sofort zurück – ohne den offenkundigen Argwohn vom letzten Mal, als ich mich mit ihrer Mutter »verbündet« hatte. Ein paar Sekunden später richtete sie sich wieder auf und öffnete die Augen. »Sie hat gesagt, Sie würden zu viele Fragen stellen.« Ihre Augen leuchteten auf. »Aber dafür, daß Sie so ein Quälgeist sind, findet sie Sie ganz in Ordnung.«

Ich mußte grinsen. »Na schön, richte ihr meinen Dank aus. Und sag ihr, ich finde sie auch ganz in Ordnung.«

Das Mädchen verschwand und kehrte mit einem Anflug von Lächeln auf dem Gesicht einen Moment später zurück.

»Jetzt sollten wir aber mal nach der Kleinen sehen«, sagte ich. »Kannst du mal gucken, wie es ihr geht?«

Sie ging in sich, dann kam sie wieder.

»Es geht ihr ganz gut. Ich meine, sie sieht ein bißchen traurig oder verwirrt aus oder so. Aber es scheint ihr ganz gut zu gehen.«

»Glaubst du, sie hat irgend etwas gesehen oder gehört?«

»Glaub' ich eigentlich nicht.« Sie zögerte einen Moment. »Aber gespürt muß sie es haben.«

Ich gab ihr recht. Janes gesamter innerer Organismus war gerade erschüttert worden. Das hatte natürlich auch das Kind gespürt. »Meinst du, es wäre gut, wenn sie jetzt die Mutter sieht?«

Das junge Mädchen dachte kurz darüber nach, dann nickte es zögernd. Früher hätte sie das Kind um jeden Preis vor der Mutter abgeschirmt.

»Könntest du ihr dabei zur Seite stehen?«

Ihre Augen rollten zurück, und sie verschwand.

»Wie hat sie reagiert?« fragte ich, als sie zurückkehrte.

»Ich glaube, sie ist ziemlich verwirrt.«

Davon war ich überzeugt. Der Mutter-Teil, den sie gerade gesehen hatte, unterschied sich gewaltig von dem, den sie bisher gekannt hatte. »Sag ihr, daß alles besser werden wird. Es gibt zwar noch Wichtiges zu tun, aber ich glaube, daß es innen ein bißchen ruhiger und leichter werden wird.«

Der Teenager richtete meine Botschaft aus.

»Versteht sie das?«

»Ich glaube, sie versteht, daß gerade etwas wirklich Wichtiges passiert ist.«

»Hat sie sonst noch irgend etwas auf dem Herzen?«

»Sie will Ihnen sagen, daß sie froh ist, heute hergekommen zu sein.«

»Das freut mich«, erwiderte ich. »Ich bin auch froh darüber. Sag ihr, daß sie alles ganz prima gemacht hat und stolz auf sich sein kann. Und du, möchtest du noch irgend etwas sagen?«

Der Teenager schüttelte den Kopf.

»Dann möchte ich dir noch einmal danken, für alles, was du heute getan hast.«

Sie nickte und sah rasch weg. Ich war gerührt von dieser flüchtigen Geste, und eine Welle der Zuneigung, die ich früher nie für möglich gehalten hätte, durchflutete mich. »Ich weiß, daß dich die unterschiedlichsten Gefühle bewegen müssen«, sagte ich sanft, »die du vielleicht nicht gleich einordnen kannst. Laß sie am besten einfach auf dich zukommen. Carla, kann sie Sie anrufen, falls sie in den nächsten Tagen Ihren Rat braucht?«

»Selbstverständlich.«

»Nun gut, wenn es sonst nichts mehr gibt, würdest du dann noch einmal innen nachsehen und mir sagen, ob dort alles in Ordnung ist...ob irgend jemand noch irgend etwas sagen möchte, bevor wir für heute Schluß machen?«

Sie nickte, rollte die Augen zurück und schüttelte dann den Kopf.

»Glaubst du, es wäre gut, Jane jetzt aufzuwecken?«

»Ja.«

»Gut...dann schließ einfach die Augen, und laß dich tiefer sinken, und schlaf jetzt...Jeder sinkt tiefer und tiefer...und gleich zähle ich rückwärts von zwanzig bis eins, und bei eins wirst du als Jane hellwach sein und dich erfrischt fühlen...Und auch wenn es nicht nötig ist, sich an alles, was heute hier geschehen ist, zu erinnern, wirst du deutlich das Gefühl haben, daß du einen großen Schritt nach vorn gemacht hast, auf den du unerhört stolz sein kannst. Schon in den kommenden Tagen wirst du aus dieser Arbeit Nutzen ziehen...Und jetzt zwanzig...langsam wieder ins Zimmer zurückkommen...achtzehn...wieder in den Körper zurückkehren...zehn...entspannt und ausgeruht fühlen...fünf...mit jeder Zahl ein bißchen mehr zurückkommen...und eins, hellwach.«

Als ich mit dem Zählen begann, erschlaffte der Körper des jungen Mädchens. Jedesmal, wenn einer der verschiedenen Teile der Persönlichkeit verschwand, ein anderer aber seinen Platz noch nicht eingenommen hatte, wirkte der Körper wie eine leere Hülle. Doch während ich zählte, begann er sich allmählich, zuerst nur ganz schwach, zu bewegen, und bei »eins« streckte er sich langsam im Sessel aus. In einer Reflexbewegung warf Jane den Kopf zurück, so daß sich ihr dichtes Haar fächerförmig ausbreitete, wandte mir das Gesicht zu und sah mich an.

Ich wartete, bis sie etwas sagte.

»Ich muß eingeschlafen sein.«

»Wie geht es Ihnen?«

Sie verzog den Mund zu einem Lächeln. »Besser, glaube ich. Mir ist innerlich ein bißchen leichter zumute.«

»Sie haben heute einen großen Schritt getan. Was meinen *Sie*, Carla?«

Carla strahlte ihre Klientin an. »Das würde ich auch sagen.«

Jane drehte sich zu ihr um, und als sich ihre Blicke trafen, schienen sie sich einig darüber, daß sich etwas Tiefgreifendes ereignet hatte. Jane öffnete die Lippen und berührte mit der Hand ihre Wange, als wolle sie sich ihrer selbst vergewissern; dann rieb sie sich die Augen.

Erst fünf Monate später hörte ich wieder von Carla.

»Jane sieht in ihren Träumen wieder hundertprozentig«, sagte sie.

»Und was bedeutet das?«

»Anscheinend waren ihre Traumbilder ihr gesamtes Erwachsenenleben hindurch unscharf. Doch in den letzten Monaten sind sie scharf geworden.«

Ein ahnungsvoller Schauder durchlief mich. Wenn sich ihr Sehvermögen in ihren Träumen verbesserte, könnte es dann nicht auch in der Wirklichkeit zu einer entsprechenden Veränderung ihres Augenlichtes kommen? »Was machen ihre Augen?«

»Ich habe noch nicht danach gefragt, obwohl ich vor Neugier fast sterbe.«

Die Enttäuschung versetzte mir einen Stich, auch wenn ich verstand, daß Carla nicht fragen wollte. »Wie läuft die Therapie?«

»Gut! Sie unterhält sich regelmäßig mit den verschiedenen Teilen ihrer Persönlichkeit. Die Zusammenarbeit ist besser geworden, es gibt mehr Auseinandersetzungen. Ein paar neue Erinnerungen an ihre Mutter wurden wachgerufen. Und in den Sitzungen ist sie längst nicht mehr so defensiv.«

»Das hört sich doch gut an.«

Zwei Monate später rief Carla wieder an.

»Sie *liest*, David! Sie mußte sich schon eine schwächere Brille verschreiben lassen! Und stellen Sie sich vor, als ich sie gefragt habe, seit wann sie etwas von einer Verbesserung spüre, sagte sie, daß sie gleich nach der ersten Sitzung bei Ihnen gemerkt habe, daß sich ihre Augen nicht weiter verschlechterten, und ein paar Wochen später hatte sie sogar den Eindruck, sie würden besser. Doch aus Angst, es könne wieder aufhören, hat sie nichts davon gesagt. Und folgendes wird Sie besonders freuen, David. Ich habe mit einem ihrer Ärzte gesprochen. Er war völlig verblüfft. Er hat gesagt, es gebe definitive Anzeichen für eine Verbesserung ihrer Sehzellen...« Carla begann zu lachen. »Und dann hat er gesagt: ›Aber wir wissen, daß das eigentlich unmöglich ist.‹«

Auch ich mußte schmunzeln. Schon früher hatte ich erlebt, daß verblüffte Ärzte nur äußerst widerwillig körperliche Veränderungen akzeptieren, die modernen medizinischen Erklärungsmustern widersprechen.

Carla war nun nicht mehr zu bremsen. »Und immer mehr Erinnerungen werden wach. Sie erinnert sich an einige brutale Szenen mit ihrer Mutter – richtig sadistischer sexueller Mißbrauch. Und langsam läßt sie ihre Wut auch stärker heraus. Und wenn der Ärger verraucht ist, dringt sie zu ihrer wirklich tiefempfundenen Trauer durch.« Fast atemlos hielt sie inne. »Es klappt, David. Wir haben die Sperre überwunden.«

»Das klingt, als hätte sie einen unkomplizierten Weg gefunden, mit den Koffern umzugehen: immer nur ein paar auf einmal.«

Carla gluckste vergnügt am anderen Ende der Leitung. »Sie haben recht«, sagte sie. »Genau das macht sie.«

Acht Monate später traf ich Carla bei einer Konferenz.
»Jane hat die Therapie abgebrochen«, sagte sie.
»Nein!«
»Doch.« Ihre Stimme war dunkel. »Es ärgert mich.«
»Was ist passiert?«
»Ich glaube, sie hatte genug. Genug von den Gesprächen. Keine Lust mehr, weiter in dem ganzen alten Kram herumzuwühlen.«
»Zu dumm. Sie hatte doch solche Fortschritte gemacht.«
»Wem sagen Sie das! Als sie aufhörte, waren ihr ihre verschiedenen Seiten schon so viel vertrauter. Sie akzeptierte deren Gefühle und Erinnerungen; sie *integrierte* sie. Sie war selbstbewußter und entspannter. Ihre sozialen Beziehungen festigten sich. Sie war längst nicht mehr so wütend und konnte viel bes-

ser mit ihrem Kummer umgehen... Das ist es ja, was mich aufregt.« Carla sah mich verärgert an. »Wir hatten es fast geschafft. Ich dachte wirklich, sie würde durchhalten.«

»Was war mit ihren Augen?«

»Oh, ihre Augen waren prima.«

»Prima?«

»Ja. Das heißt, sie wurden immer besser.«

»Das ist ja sagenhaft. Wirklich erstaunlich.« *Mein Gott, die Frau kann wieder sehen*, dachte ich, *was wollen Sie denn mehr?* Aber ich verstand Carlas Enttäuschung. Es ist hart, wenn ein Patient vorzeitig die Therapie abbricht.

Carla nickte resigniert. »Vermutlich haben Sie recht. Es ist wirklich wunderbar.«

Schweigend dachten wir einen Moment über Jane nach.

»Was ist Ihre Prognose?«

Carla antwortete umgehend, als habe sie sich diese Frage schon öfter gestellt. »Ich nehme an, sie wird ihre Sehkraft behalten. Sie hadert auch nicht mehr so mit sich. Und ich glaube, sie hat genug von den Koffern geöffnet und geht inzwischen mit ihren Gefühlen über das, was sie dabei entdeckt hat, so ehrlich um, daß sie nicht länger auf eine derart primitive Selbstverleugnungsstrategie angewiesen ist.«

»Sie haben beide gute Arbeit geleistet.«

»Ich weiß!« Frustriert warf Carla mir einen finsteren Blick zu, doch im nächsten Moment war sie schon wieder besänftigt. »Wissen Sie, zur letzten Sitzung brachte sie mir ein paar ihrer Zeichnungen mit. Und ich sage Ihnen, es hat mich fast umgehauen. Es waren Selbstporträts – und zwar von verblüffender Ähnlichkeit. Sie hat wirklich ihre Wesenszüge eingefangen, sowohl ihre Launenhaftigkeit als auch ihre Gesichtszüge. Aber noch mehr umgehauen hat mich die *Ausführung* selbst. Es waren Federzeichnungen. Sie wissen ja, wie die sind: lauter ganz, ganz dünne Striche...«

Carla sah mich prüfend an, ob ich verstand, was sie sagen wollte.

»Sie meinen, sie mußte ziemlich gut sehen können, um sie zu zeichnen?«

Carla nickte bedächtig. »Jane hatte aufgehört zu *arbeiten*. Als wir in unserer Sackgasse festsaßen, *konnte sie nicht mehr gut genug sehen, um zu zeichnen.*« Sie hielt inne und sah mich scharf an. »Und zu dem Zeitpunkt, als sie die Therapie abbrach, deutete nichts darauf hin, daß die Fortschritte zum Stillstand gekommen wären.«

Wenn man Janes Geschichte liest, wird einem schon ein bißchen seltsam zumute. Jane selbst hatte bewirkt, daß sie blind wurde! Was war das für ein Mechanismus, der – aus Gründen des Selbstschutzes – eine derartig schwerwiegende Selbstzerstörung zuließ?

Vielleicht kommt es Ihnen weniger befremdlich vor, wenn Sie an vertrautere Erscheinungen denken. Wir alle haben schon von Menschen gehört, die »vor Sorgen krank« wurden oder einen »nervösen Magen« haben. Vielleicht kannten Sie ja sogar jemanden, der »an gebrochenem Herzen starb« oder den Tod so lange hinauszögerte, bis eine geliebte Person ans Sterbebett kam. Vielleicht äußern sich angestaute Spannungen bei Ihnen in Nackenverspannungen; vielleicht bekommen Sie Kopfschmerzen, wenn Sie sich ängstigen. Solche Erscheinungen bezeichne ich als *Botschaften des Körpers*. In ihnen spiegeln sich unsere emotionalen Probleme wider; auf diese Weise bringt unser Körper sie uns gewissermaßen zu Gehör.

Auf den ersten Blick scheint die Art, in der sich Janes emotionale Konflikte körperlich äußerten, verheerender, als Sie oder ich es uns jemals ausmalen würden. Aber stimmt das wirklich? Ich hatte einen Freund, der sein Leben lang geraucht hatte. Als Ärzte in seinen Lungen präkanzeröse Zellen entdeckten, ermahnten sie ihn, das Rauchen aufzugeben. Er hielt sich nicht daran und starb fünf Jahre später an Lungenkrebs. Ich wunderte mich über seinen Starrsinn während dieser letzten fünf Jahre – bis ich erkannte, daß sein selbstzerstörerisches Verhalten keineswegs neu war. Sein Leben lang hatte dieser von Konflikten gezeichnete Mann mit seinem Schicksal gehadert. Seine Krankheit war der körperliche Ausdruck eines Drehbuchs, nach dem er sein Leben lebte – eine noch radikalere Ausdrucksform als die von Jane.

Für jeden von uns ist der Körper eine Bühne, auf der wir unsere emotionalen Probleme austragen. Nur dem Grad, nicht aber dem Wesen nach, unterscheiden wir uns dabei von Jane.

Aber was ist mit Janes unterschiedlichen Persönlichkeitsteilen – dieser Kakophonie von inneren Stimmen, von denen sie beherrscht wurde? Wie seltsam, daß ein Mensch so fragmentiert sein kann, daß er solch unterschiedliche Persönlichkeiten in seinem Innern beherbergt, denken Sie? Gut, seltsam vielleicht – aber durchaus nicht so verschieden von Ihnen oder mir.

Jeder von uns distanziert sich in der Kindheit von unerfreulichen Seiten seiner Erfahrungen ebenso wie von nicht akzeptablen Trieben und Wünschen. Ereignisse, die uns zutiefst erschüttern, die unser Sicherheitsgefühl oder unsere Selbstachtung bedrohen, werden entweder an den Rand des Bewußtseins gedrängt oder verleugnet. Wird dieses Verdrängen, durch Erziehungsberechtigte und unsere Umwelt verstärkt, zur Gewohnheit, kann sich das abgespaltene Material zu unterschiedlichen Teilen unserer Persönlichkeit verbinden, die – mit jeweils individueller Sicht auf die Welt – als Reaktion auf Reize auftauchen und wieder verschwinden.

Während jedoch Janes Persönlichkeitsteile starr, personifiziert und konstant waren, nehmen unsere eher wechselnde Gestalt an, entstehen und lösen sich wieder auf. Doch genau wie bei Jane handeln unsere verschiedenen Teile nicht allein. Jeder von uns hat in seinem Innern eine Fülle widerstreitender und zusammenwirkender Wechselbeziehungen. Was uns davor bewahrt, der Herrschaft dieses zusammengewürfelten Haufens zu erliegen, ist unser *Über-Ich* (das Freud das *Ego* nannte), eine Art *Über-Teil*, der als Führer fungiert und die anderen anspornt, an einem Strang zu ziehen. Diese oberste Gewalt gleicht die konkurrierenden Seiten unserer Persönlichkeit aus, so daß keine von ihnen eine zu dominierende Rolle spielt, und erinnert jene Seiten, die sich absondern wollen, daran, daß sie uns untertan sind.

Jane dagegen fehlte das starke Über-Ich. Weil sie in ihrer Kindheit ihr Bewußtsein hatte spalten müssen, war sie nicht in der Lage gewesen, ein unabhängiges Ich herauszubilden und ihre verschiedenartigen Teile zu integrieren – sich zu einem reiferen Menschen zu entwickeln. Statt also ein gemeinsames Ziel zu verfolgen, lagen ihre unterschiedlichen Teile in ständigem Streit. Statt gemeinsam eine Identität zu bilden, blieben sie einander fremd. Statt im Chor zu singen, brachen die Stimmen in ein schreckliches kakophonisches Gemecker aus.

Was uns demnach von Jane unterscheidet, ist nicht das Vorhandensein oder die Anzahl innerer Teile, sondern die Harmonie, die zwischen diesen Teilen herrscht. Mag sein, daß wir manche unserer Seiten nicht mögen; mag sein, daß wir mit unseren inneren Stimmen streiten; vielleicht beobachten wir uns manchmal sogar selbst und fragen uns, »was über uns gekommen ist«. Aber anders als Jane begreifen wir im großen und ganzen, daß jede dieser Stimmen, jeder dieser Triebe oder Impulse zu *uns* gehört. Für letztlich jeden von uns ist es dieses veränderliche Firmament von Teilen, dieser gewaltige und vielstimmige Chor, der das Lied unseres Ichs singt.

10

Der Ruf aus dem Grab

Eigentlich gab es zwei Helene Townsends.
Die eine war die professionell fröhliche Grundschullehrerin, die jede Woche in einem adretten Hemdblusenkleid in meiner Praxis erschien, das kastanienbraune Haar ordentlich frisiert und mit Haarspray fixiert, die gummibesohlten Schuhe auf Hochglanz poliert. Klein, mollig und pausbäckig, die Aktentasche stets mit Kinderbüchern und Kinderbildern vollgepackt, bot Helene einen vertrauten Anblick: Sie war die lächelnde Lehrerin aus meinem Zweitkläßlerlesebuch.

Aber als die Minuten unserer Sitzungen verrannen, löste sich diese Helene allmählich auf. Erst verschwand das Lächeln, dann die stramme Lehrerinnenhaltung. Dann erschlaffte allmählich das Gesicht, tiefe Furchen erschienen rings um ihren Mund, der Unterkiefer hing herab und zog ihr Gesicht in die Länge. Sie sank tiefer und tiefer in ihren Sessel, als habe das Wissen darum, was sie hier wollte, ihren Körper bleischwer werden lassen. Diese Helene sprach langsam, denn der Fluß ihrer Worte wurde von einem tiefen Kummer gebremst. Und obwohl sie selten weinte, wirkten ihre Augen, als sei sie ständig den Tränen nahe.

Helene war zu mir gekommen, weil sie, wie sie sagte, »chronisch depressiv« war. Ihre Nächte waren erfüllt von einer »diffusen Angst«, die sie oft bis in die Morgenstunden wachhielt. Wenn sie schlief, wachte sie häufig auf und hatte Träume, die sie ängstigten und verstörten. Nur tagsüber war sie »sicher«, denn am Tag konnte sie im Umgang mit ihren Schülern die Depression beiseite schieben. Sie hatte es schon vier- oder fünfmal mit Therapie versucht, aber jedesmal nach ein paar Monaten abgebrochen. Diesmal war sie entschlossen, »durchzuhalten«, und erhoffte sich von der Hypnose den entscheidenden Unterschied zu ihren bisherigen Erfahrungen.

An dem Tag, an dem Helene zum ersten Mal in meine Praxis kam, war es warm, und während sie sprach, fächelte sie sich am offenen Kragen ihres blaßrosa Kleides Luft zu. Schweißtropfen erglänzten wie Perlen auf ihrem fülligen Hals. Sie erzählte mir, daß sie als Einzelkind bei einem alkoholabhängigen Vater und einer »depressiven« Mutter aufgewachsen sei, die sich in einer »unglücklichen« Ehe eingesperrt fühlte. Sie führte ihre Probleme auf ihren Vater zurück, einen »schwierigen« Mann, der launisch und unberechenbar war und zu gewalttätigen Jähzornanfällen neigte. Sie und ihre Mutter fürchteten ihn.

»Woher wußten Sie, daß Ihre Mutter vor ihm Angst hatte?« fragte ich sie.

»Sie hat es mir gesagt«, antwortete Helene. »Nachts, im Bett, sagte sie mir, er ruiniere ihr Leben. Sie nannte mich ihr Traumkind und sagte, ich sei der einzige Sonnenstrahl in ihrem Leben.«

Dieses Bett, so stellte sich heraus, teilten sich Helene und ihre Mutter. Helenes Vater schlief allein in einem angrenzenden Zimmer.

Im Gegensatz zum Vater hatte Helene ihre Mutter als eine »Heilige« in Erinnerung, die ihr schweres Los geduldig ertrug. »Sie war schön!« schwärmte Helene. »Wenn wir nicht gewesen wären, hätte sie wirklich etwas erreichen können.«

»Wenn *wir* nicht gewesen wären?« fragte ich, überrascht, daß sie sich selbst miteingeschlossen hatte.

Sie nickte. »Mein Vater und ich. Wir waren einfach nicht das, was sie sich vom Leben erhofft hatte. Sie hatte etwas Besseres verdient.« Und sie schaute mir sehnsüchtig in die Augen, als hoffe sie, dort ein besseres Leben für ihre Mutter zu finden.

Obwohl es um die Verhältnisse in Helenes Elternhaus nicht zum besten stand, hatte die Familie doch das Image der Rechtschaffenheit. Der Vater besaß das einzige Autohaus in der Kleinstadt, in der sie wohnten, und das verschaffte der Familie Respekt und Ansehen. Er war in Interessenverbänden aktiv, die Mutter in kirchlichen Gruppen. Über diese Aktivitäten hinaus hatten sie jedoch offenbar wenige soziale Kontakte.

Die Sorge um das Image erstreckte sich offenbar auch auf die äußere Erscheinung. Helene berichtete, daß ihre Mutter »Stunden« vor dem Spiegel zubrachte, ihre Kleidungsstücke aufeinander abstimmte und sich schminkte (allerdings verkroch sie sich auch immer wieder tagelang und lief nur im Bademantel herum). Helene liebte die Stunden des Kleideranprobierens und des Schminkens, denn es war für sie die Zeit intensivster Nähe und Gemeinsamkeit. Weniger erfreut war sie über die Tatsache, daß ihre Mutter ebenso peinlich genau über Helenes Erscheinung wachte. Ein Haar am falschen Platz, ungewaschene Hände, ein zerknitterter Rock konnten giftige mütterliche Redeschwälle entfesseln.

»Ist das oft vorgekommen?« fragte ich.

»Ständig«, seufzte sie. »Ich war noch nie sehr ordentlich.«

Angesichts der sorgfältigen Pflege, die man Helenes Haar und Kleidung ansah, hörte ich diese Aussage mit Skepsis. »Was hat sie denn beispielsweise bemängelt?«

»Ach, sie entdeckte irgendwo einen Fleck auf meiner Bluse und warf mir dann vor, ich würde absichtlich eine schmutzige Bluse anziehen.«

»Und warum sollten Sie das ihrer Meinung nach absichtlich tun?«

»Um sie vor ihren Freundinnen bloßzustellen. Oder damit sie zu spät kam.«

Helene schaute mich an, als läge die Antwort auf der Hand. »Sie hatte eine Menge Gründe dafür parat, daß ich so etwas machte.«

Das Bild, das vor meinem inneren Auge von Helenes Mutter entstand, war nicht ganz so heiligmäßig, wie ihre Tochter es vorgegeben hatte. Vielmehr war diese Mutter selbstsüchtig und unreif, eine Frau, die die Bedürfnisse ihrer Tochter mit ihren eigenen überdeckte. Sie holte Helene zu sich ins Bett und verweigerte ihr auf diese Weise die Autonomie, die daraus entsteht, daß man alleine schlafen lernt. Sie bürdete ihrer Tochter eine unrealistische Verantwortung auf, indem sie ihr sagte, sie sei der einzige Sonnenstrahl in ihrem Leben. Sie beschäftigte sich stundenlang mit ihrem Äußeren, als sei die Beziehung zu ihrem eigenen Gesicht im Spiegel ungeheuer wichtig. Und sie interpretierte die Handlungen ihrer Tochter als gegen sich gerichtet, als sei sie selbst die Sonne und Helene ein Planet, der um sie kreiste.

Helene schien meine Gedanken lesen zu können, denn sie fügte plötzlich hinzu: »Das klingt, als sei sie gemein gewesen, und das war sie nicht. Sie hatte einfach ein schweres Leben. Manchmal wurde es ihr zuviel, und sie ließ es an mir aus.«

Ich werde immer hellhörig, wenn ich den Satz höre, »sie ließ es an mir aus«. Da Kinder aus Selbstschutz dazu neigen, ihre Kindheit zu vergolden, verbirgt sich hinter diesem Satz häufig eine Geschichte von emotionalen, verbalen oder physischen Mißhandlungen.

»Können Sie noch ein bißchen mehr darüber sagen?« hakte ich nach.

»Ach, wenn sie einen schweren Tag hatte und ich nach Hause kam, schrie sie mich immer an.«

»Was sagte sie denn zum Beispiel?«

»Sie sagte, ich sei eine Plage oder ich sei ihr im Weg oder ich verstünde nicht, wie schwer sie es habe. Manchmal sagte sie, wenn sie nicht auf mich Rücksicht nehmen müßte, könnte sie gehen und ein gutes Leben führen.« Helene sah mich an, als seien die Worte ihrer Mutter vollkommen gerechtfertigt gewesen. Und wie zum Beweis dafür fügte sie an: »Ich war ungezogen. Ich ging ihr auf die Nerven.«

Rasch fuhr sie fort: »Aber sonst war sie sehr liebevoll.« Wie schon vorher, schien sie die Verurteilung gehört zu haben, die in ihren eigenen Worten steckte, und wollte sie zurechtrücken. »Sie sagte mir dauernd, daß sie mich liebe und daß sie mich brauche, daß ich alles sei, was sie habe. Wir standen uns sehr nahe.« Sie machte eine Pause und blickte eine Weile zu Boden. Ich hatte das Gefühl, sie schaue nach innen. »Meine arme Mutter«, murmelte sie schließlich. »Sie war so eine arme, verlorene Seele. Sie hatte ein so trauriges Leben... und so kurz.«

»So kurz?«

»Ja.« Helene sah überrascht aus. »Habe ich das nicht gesagt? Sie starb, als ich neun war.«

»Wie starb sie?«

»Sie brachte sich um.«

Ich gebe mir Mühe, meine persönlichen Reaktionen aus den Sitzungen mit meinen Klienten herauszuhalten, aber meine Augen müssen meine Überraschung zu erkennen gegeben haben, denn Helene fügte hastig an: »Es war ebenso schwer, mit meinem Vater zu leben, und ich war eine solche Last...« Als wäre diese Logik fraglos überzeugend, blickte sie mir fest in die Augen.

Ich versuchte, in ihrem Blick zu lesen, aber es gelang mir nicht.

»Was können Sie mir über ihren Tod erzählen?«

Helene blickte einen Moment nach unten: »Ich habe sie gefunden.«

»Oh«, entfuhr es mir wider Willen, als mich der Schrecken durchzuckte. Eine Neunjährige, die ihre Mutter tot vorfindet... Eine Überdosis? Erstickt? Erhängt? Ich konnte mir nur vorstellen, was sie gesehen hatte, nur ahnen, was sie gefühlt hatte.

»Wie war das für Sie?«

Helene lächelte ein wenig, mit klaren Augen. »Es war ihr Ausweg. Ihr Elend war vorbei.«

»Ja. Und wie hat sich das für Sie angefühlt?«

»Für mich?« Sie sah mich mit leerem Blick an, als hätte sie über diese Frage noch nie nachgedacht. »Es war natürlich schwer... aber vielleicht war es besser für sie.«

Wieder eine Antwort, die sich auf ihre Mutter bezog. Wo war ihre eigene Gefühlsreaktion auf den Tod ihrer Mutter? Und ihr hartnäckiges Festhalten daran, daß der Tod eine Lösung gewesen sei: Hieß das, daß sie vielleicht auch für sich selbst eine solche Lösung ins Auge faßte? Depressive Menschen, deren Eltern Selbstmord begangen haben, tun das oft.

»Haben Sie schon einmal daran gedacht, sich umzubringen?«

»Ich habe ab und zu mal daran gedacht.« Sie sah weg, und schaute mich dann wieder intensiv an. »Manchmal... wenn ich die Stimmen höre.«

»Die Stimmen?«

»Ja.«

»Können Sie mir etwas darüber sagen?«

»Es gibt zwei. Eine ist ein Kind.« Helene verengte die Augen. »Es hat Angst. Ich höre es weinen.« Sie schaute mich an, um zu sehen, was ich davon hielt. Als ich nickte, sprach sie weiter. »Die andere ist eine Erwachsene. Eine Frau.«

»Sie sagen, daß Sie das Kind weinen hören«, sagte ich. »Und was ist mit der Frau? Hören Sie sie manchmal? Sagt eine der beiden Stimmen manchmal etwas zu Ihnen?«

»Ja.«

»Was sagen sie?«

»Die Frau sagt schlimme Sachen.« Der Satz kam mit einer seltsamen, kindlichen Intonation heraus.

»Welche Art von schlimmen Sachen?«

»Daß ich schmutzig oder unordentlich bin oder zu nichts tauge...« Sie hielt inne, als sei die Liste der Eigenschaften zu lang und zu selbstverständlich, um sie im einzelnen aufzuzählen.

»Sagt sie noch irgend etwas anderes?«

»Manchmal sagt sie, daß ich es verdiene, zu sterben.«

»Was halten Sie davon?«

»Ach, manchmal denke ich, daß sie bestimmt recht hat. Ich meine, ich denke darüber nach, wie schön es wäre, nicht mehr weitermachen zu müssen, einfach aufzuhören, mich anzustrengen, verstehen Sie?« Sie sah mir forschend in die Augen, als suche sie nach einem Zeichen des Verständnisses. Dann sagte sie rasch: »Aber ich würde es nicht machen. Wer würde sich dann um Dulcy kümmern?«

Dulcy war Helenes Hund und, soweit ich bisher wußte, ihr einziger enger Gefährte und das einzige, was sie liebte.

»Ich möchte, daß Sie mir etwas versprechen, Helene. Ich möchte, daß Sie es mich unbedingt wissen lassen, wenn sich diese Gedanken irgendwie ändern, solange wir zusammenarbeiten. Sind Sie dazu bereit?« Wenn Klienten Selbstmordgedanken offenbaren, ist es manchmal nötig, einen Vertrag zum Thema Suizid auszuhandeln. Er soll garantieren, daß die Klienten bestimmte, vorher abgesprochene Schritte unternehmen – etwa, einen Freund oder eine Freundin anrufen, ein Entspannungstonband hören, das wir gemeinsam aufgenommen haben, oder mich anrufen –, ehe sie ihr Vorhaben ausführen. Ich sage ihnen dann auch, wann und wo ich außerhalb der Praxis zu erreichen bin, und verlange ihre Bereitschaft, offen und ehrlich über ihre Selbstmordgedanken zu sprechen.

Als ich ihr dieses Vorgehen darlegte, nickte Helene. Unerwartet und fast wider Willen huschte der Anflug eines Lächelns über ihr Gesicht.

Die nächsten paar Sitzungen brachten wir damit zu, einander kennenzulernen. Wie viele Klienten mußte Helene mich erst testen – sich vergewissern, daß sie mir vertrauen konnte, sich vergewissern, daß meine Reaktionen verläßlich waren, sich vergewissern, daß ich eine unterstützende Haltung einnahm und sie nicht verurteilte –, ehe sie mir ihre innersten Gefühle und Gedanken offenbarte. Aus diesem Grund kamen ihre Antworten häufig stockend, sie gab ihre Informationen nur mit Vorsicht preis und verhielt sich steif und zurückhaltend. Aber als wir länger über ihre Vergangenheit und ihre nächtlichen Schrecknisse sprachen, taute sie allmählich auf. Ein Wendepunkt war unsere sechste Sitzung, in der sie mir von ihren bisherigen Therapeuten erzählte. Offenbar hatte sie in ihrer Praxis jeweils »Anfälle« gehabt, bei denen verwirrende Gefühle und Empfindungen auftraten, Phasen, in denen sich ihr unwillkommene, traumähnliche Bilder so mächtig und explosionsartig von innen her aufdrängten, als seien sie Wirklichkeit. Diese Phasen ängstigten Helene, aber statt ihr bei ihrer Bewältigung beizustehen, hatten die Therapeuten sie jedesmal »kritisiert«, sie aufgefordert aufzuhören und »in die Wirklichkeit zurückzukehren«. »Sie gaben mir das Gefühl, ich sei böse«, sagte sie. »Sie wollten, daß ich die Bilder kontrollierte – und das konnte ich nicht.« Mit dem Gefühl, sie sei niederträchtig und verständnislos behandelt worden, hatte sie ihre Versuche, Hilfe zu finden, aufgegeben.

Ich vermutete, daß Helene eine Reihe von halluzinatorischen Rückblenden erlebt hatte – Bilder, Gefühle und Empfindungen aus der Vergangenheit, die als Material in ihrem Unbewußten gespeichert waren, kamen an die Oberfläche und brachen in ihr Bewußtsein ein. Das geschieht sowohl innerhalb als auch außerhalb der Therapie, besonders bei Klienten, die ein Trauma erlitten und tief in sich begraben haben. Therapeuten, die nicht mit den Nachwirkungen von Traumen vertraut sind, sehen diese Episoden leicht als pathologische Phänomene an, die der Klient zu unterdrücken lernen muß, und nicht als Ausdruck unbewältigter Erfahrung, die man durcharbeiten muß. Im allgemeinen versuchen sie, den Klienten in die Wirklichkeit zurückzuholen, statt sich mit ihm zusammen auf den Bereich des Unbewußten einzulassen, wo das belastende Material gespeichert ist. Hypnotherapeuten, die mit unbewußten Prozessen vertraut sind, betrachten diese Anfälle hingegen meist als wertvolle Beiträge zur Therapie. Ich versicherte Helene, daß ich solche Anfälle, falls sie während einer Therapiestunde auftreten sollten, als wichtige Botschaften aus dem Unbewußten ansehen, ihnen viel Aufmerksamkeit widmen und sie mit Respekt behandeln würde. Diese Worte erleichterten sie sichtlich.

Offenbar machte es diese Zusicherung plötzlich möglich, daß sich Helene ernsthaft auf unsere Arbeit einließ, denn in der folgenden Woche trat sie ganz anders auf und hatte mir etwas zu offenbaren. Sie streifte ihre brave Lehrerinnenhaftigkeit so schnell ab, wie sie ihre Aktentasche zu Boden fallen ließ, plumpste in den Sessel und platzte damit heraus, daß sie einen Alptraum gehabt habe, über den sie sprechen wolle – eine schreckenerregende Rückkehr in das Elternhaus ihrer Kindheit, in dem sie auf einen »Psychopathen« traf, der drohte, er werde sie umbringen, wenn sie nicht eine Therapie mit ihm mache.

»Was halten Sie davon?« fragte ich sie.

»Ich denke, der Psychopath war mein Vater.«

»Ihr Vater? Wieso meinen Sie das?«

Sie massierte ihre Hände. »Ich glaube, er fühlt sich bedroht, weil ich bei Ihnen eine Therapie mache.«

Ihre Antwort faszinierte mich. Sie hatte den Satz so formuliert, als sei ihr Vater selbst bedroht, als benütze er Helenes Traum als Medium, durch das er sprach, und nicht so, als sei der Traum ein Ausdruck ihrer eigenen Gefühle. Das brachte mich auf den Gedanken, daß Helene mit ihm verschmolzen war. In irgendeinem Sinne lebte er noch in ihr, und sie hatte kein vollständiges Selbstgefühl entwickelt.

»Wovon könnte er sich bedroht fühlen?«

Sie massierte weiterhin ihre Finger. »Er hat Angst, ich würde ihn bloßstellen«, sagte sie ruhig.

»Bloßstellen?« Diese Wortwahl erschien mir interessant.

»Ach, wissen Sie«, sagte sie ausweichend, »Ihnen einfach die

Wahrheit darüber sagen, wie schwierig es war, mit ihm zu leben.«

Ich legte den Kopf schräg, als wolle ich fragen, was sie damit meine.

»Er war doch eine solche Säule der Gesellschaft. Die Leute wußten nicht... sie wußten nicht, wie schwierig er zu Hause war.«

»Sie haben mir gesagt, Sie hätten Angst vor ihm gehabt.«

Sie nickte langsam, als erinnere sie sich an unser Gespräch.

»Können Sie noch mehr darüber sagen?«

Im Gegensatz zu den meisten Klienten, deren Blicke wandern, hatte Helene die unheimliche Gewohnheit, mir direkt in die Augen zu schauen und meinen Blick lange Zeit festzuhalten, ohne zu blinzeln. Jetzt sah sie mich beharrlich an, als suche sie in meinen Augen eine Antwort auf meine Frage. Schließlich schüttelte sie den Kopf. »Ich habe nur sehr wenige Kindheitserinnerungen an meinen Vater. Nur kleine Fetzen hie und da. Nichts Habhaftes.«

»Was wissen Sie denn noch?«

»Ich habe ein paar Erinnerungen daran, daß ich mit ihm irgendwohin gegangen bin – zum Parkplatz, zum Mittagessen.«

»Nichts von zu Hause?«

»Nein.«

»Nichts?«

Sie seufzte und schloß die Augen. Sie preßte die Lippen zusammen, schürzte sie, preßte sie wieder zusammen, als mühe sie sich darum, die Vergangenheit zurückzuholen. Allmählich kam ihr Mund zur Ruhe. Einen Augenblick später vertiefte sich ihre Atmung merklich. »Ich sehe unser Haus«, sagte sie langsam, »unsere Küche.« Ihre Stimme war höher als sonst und klang monoton. »Ich bin in der Küche und mache Hausaufgaben.« Helene hatte eine Rückblende, sie war spontan in Trance gefallen.

Nun ist eine spontane Trance in einer Therapie nichts Ungewöhnliches, nicht einmal in einer Therapie, in der nicht mit Hypnose gearbeitet wird. Immer, wenn ein Mensch »nach innen geht«, um eine Erinnerung heraufzuholen oder einem Gefühl nachzuspüren, läßt er die Außenwelt hinter sich. Er blendet die

Wahrnehmung der äußeren Umgebung aus, genau wie ein Mensch in Hypnose, wenn er die Suggestionen eines Hypnotherapeuten befolgt. Aber Helene schien in eine tiefe Trance gefallen zu sein. Ihre Haltung, ihre Atmung, ihre Stimme waren typisch für das Verhalten in tiefer Trance, und sie schien die Szene vor sich zu halluzinieren, als spiele sie sich wirklich gerade ab. Eine spontane tiefe Trance ist ungewöhnlich. Sie kommt hauptsächlich bei Klienten vor, die eine extrem ausgeprägte Fähigkeit zur Dissoziation und zur geistigen Versenkung haben, also bei Menschen, die leicht in eine innere Welt eintauchen können. Kinder sind gut im Dissoziieren, denn sie können sich leicht in phantasievolle Spiele vertiefen, und Einzelkinder, die sich in der Kindheit imaginäre Freunde und eine farbige innere Welt ausgedacht haben, sind oft auch als Erwachsene gut im Dissoziieren. Aber die meisten Klienten, die zu einer spontanen tiefen Trance fähig sind, haben einen chronischen Mißbrauch in der Kindheit überlebt, indem sie die Trance als Mittel benutzten, sich ihrem Trauma zu entziehen.

»Mein Vater ist im Haus«, fuhr Helene fort. Ihre neue Stimme, mit ihrem höheren, kindlichen Tonfall, klang jetzt nervös.

»Was macht er?« Obwohl ein Teil Helenes in der Zeit zurückgegangen war und sich als kleines Mädchen betrachtete, war ein anderer Teil bei mir und konnte meine Stimme hören. Wahrscheinlich baute sie meine Stimme in die Logik ihrer Trance ein und hörte mich als freundlichen Fremden, der mit ihr in dem Haus war, und nicht als den Therapeuten, den sie als Erwachsene konsultiert hatte.

»Er brüllt wieder. Er schwenkt die Arme und schreit herum... Ich hoffe, er sieht mich nicht.«

»Warum?«

Sie schüttelte heftig den Kopf. »Es ist besser, wenn er mich nicht sieht.«

»Was geschieht, wenn er Sie doch sieht?«

Sie schüttelte wieder den Kopf, und plötzlich öffneten sich ihre Augen. Sie blickte sich rasch im Zimmer um.

»Helene?« fragte ich sanft.

Sie schaute mich einen Moment mit leerem Blick an, als wisse sie nicht recht, wo sie sei, und dann fokussierten ihre Augen.

»Können Sie mir sagen, was geschehen ist?«

Sie atmete tief aus und ließ ihren Kopf gegen die Sessellehne fallen. »Ich dachte an meinen Vater.«

»Was haben Sie gedacht?«

»An... einfach daran, wie es war.« Sie schaute mich an und seufzte, dann hob sie den Kopf und richtete sich im Sitzen auf. Als sie sprach, hatte ihre Stimme wieder Festigkeit gewonnen. »Er war ein schwieriger Mann, mein Vater. Unglücklich. Er konnte manchmal hart sein.«

»In welcher Weise?«

»Er schlug mich ab und zu. Nicht oft. Wahrscheinlich nur dann, wenn ich es verdient hatte.« Ihre Stimme klang sachlich. »Als meine Mutter starb, hatte er mich am Hals. Es war nicht leicht, Vater und Mutter zugleich zu sein, besonders als ich ins Teenageralter kam.«

»Und wie war es, im Teenageralter seine Tochter zu sein?«

Helene blickte zu Boden. Zum ersten Mal spürte ich, daß sie meinem Blick auswich. »Es war in Ordnung.«

»Nur in Ordnung?«

Sie schaute mich wieder an und lächelte. »Ach wissen Sie, wir waren uns nicht immer einig. Und es gibt Dinge, die will man einfach nicht seinem Vater preisgeben.«

»Was denn zum Beispiel?«

Sie wirkte verlegen. »Ach, wissen Sie, private Dinge. Teile von sich *selbst*.« Wieder wandte sie den Blick ab, als fürchte sie sich auch, diese Teile mir preiszugeben.

Ich wußte, was sie meinte – denn ich hatte natürlich auch *meinem* Vater große Teile meiner selbst vorenthalten. Aber ich merkte, daß ich eine andere Antwort erwartet hatte. Ich hatte damit gerechnet, daß sie ihm nicht sagen wollte, daß sie ihre Periode bekommen hatte oder daß sie sich mit Jungen verabredete oder daß sie Mühe hatte, mit den Veränderungen in ihrem Körper umzugehen – Dinge, die ein Mädchen leichter mit seiner Mutter bespricht. Aber Helenes Antwort deutete etwas Tieferes an, nämlich, daß ihr Vater sie in irgendeiner Weise dazu aufgefordert hatte, ihm etwas von sich *selbst* preiszugeben. War das ein bildliches Preisgeben, wie etwa, daß er zu viele Fragen stellte, sich zu sehr in ihr Leben, ihre Gedanken und Gefühle einmischte? Oder deutete Helene etwas anderes an, ein körperliches Preisgeben, wie bei körperlichen Mißhandlungen oder sexuellem Mißbrauch? Ich mußte aufpassen, daß ich keine voreiligen Schlüsse zog und Helenes Denken dadurch in eine bestimmte Richtung lenkte. Diese Frage ließ sich nur dadurch klären, daß ich stets mit offenem Ohr auf Helenes Antworten hörte.

Als Helene zu ihrer nächsten Sitzung erschien, war ihr Gang forscher als sonst, ihre professionelle Lehrerinnenrolle stärker ausgeprägt. Sie legte ihre Aktentasche auf den Boden, setzte sich steif in ihren Sessel und sah mir in die Augen.

»Ich hatte zwei Erinnerungen«, sagte sie spröde. »Ich weiß nicht, warum, aber diese beiden Erinnerungen fielen mir nach unserer letzten Sitzung ein. Ich kann nicht viel mit ihnen anfangen, aber ich dachte, ich sollte sie Ihnen mitteilen.«

»Bitte.«

»Die erste ist aus der Zeit, als ich acht war. Ein Nachbarjunge erlaubte mir, mit seinem Fahrrad zu fahren. Es war ein Jungenrad, und ich hatte Angst, ich würde mich an der Stange verletzen. Und als ich nach Hause kam, sah ich...« Sie machte eine Pause und zum ersten Mal schwankte ihre Stimme ein wenig. Ob aus Verlegenheit darüber, daß sie mir das berichtete, oder wegen der Erinnerung selbst, konnte ich nicht sagen. »Als ich nach Hause kam, sah ich, daß ich einen roten Flecken in meinem Schlüpfer hatte... ich glaube, es war Blut.« Sie errötete und schaute weg, und sprach dann schnell weiter, als könne sie sich durch die Eile weitere Verlegenheit ersparen. »Die zweite Erinnerung ist aus der Zeit, als ich sieben war. Ich fand wieder... einen Blutflecken. Und meine Mutter schrie mich an, weil ich mich nicht ordentlich gewaschen hatte.« Sie schaute mich ganz kurz an und sagte: »Das ist alles.«

»Wie verstehen Sie das?« Ich bezweifelte, daß selbst eine harte Landung auf der Stange eines Jungenrades das Hymen beschädigen und zum Bluten bringen konnte, und mir war überhaupt nicht klar, wie mangelhafte Hygiene Blutflecken in der Unterhose verursachen konnte. Aber Helene war offenbar mit ihrer Logik vollkommen zufrieden.

»Es sind einfach Dinge, die passiert sind«, erklärte sie. »Ich weiß nicht, warum sie mir jetzt wieder eingefallen sind. Meine Mutter hatte mich davor gewarnt, mit diesem Rad zu fahren, und sie hatte recht.«

»Und die andere Erinnerung?«

Sie rieb ihre Finger. »Ich schätze, das ist ein paarmal passiert. Ich war wohl nicht sehr sauber.«

»Was bedeutet das für Sie, nicht sauber zu sein?«

»Ich weiß nicht...« Sie drückte mit einer Hand die Finger der anderen zusammen. »Ich schätze, ich war nicht sehr ordentlich.«

»Was heißt das, nicht ordentlich?«

Helene schloß die Augen, als wolle sie meine Frage aussperren, und atmete tief durch. Der Seufzer schien sie zu entspannen, denn während ich sie betrachtete, wich die Steifheit allmählich aus ihrem Körper. Ihr Gesicht löste sich so weit, daß ihr Kinn schließlich im offenen Ausschnitt ihres Kleides ruhte. Die Hände lagen schlaff in ihrem Schoß. »Ich weiß nicht«, sagte sie nach ein paar Minuten, »ich weiß nicht, warum mir das gerade jetzt einfällt, aber ich habe eben an meinen Vater gedacht. Ich dachte an ihn auf dem Totenbett. Habe ich Ihnen gesagt, wie krank er war? Er starb erst vor ein paar Jahren an Krebs, und ich pflegte ihn bis zu seinem Ende. Es war sehr, sehr schwer.« Ihre Stimme brach, und sie begann leise zu weinen. Nach ein paar Minuten putzte sie sich die Nase und schaute mich an. »Ist das nicht merkwürdig?« fragte sie leise. »Warum ist mir das jetzt eingefallen?«

Einige Wochen später kam Helene in derselben betont professionellen Verfassung zu mir. Ich hatte inzwischen gelernt, daß dieses Verhalten ein Signal war, ein Hinweis darauf, daß sie emotionsgeladenes Material mitbrachte. Es war, als wolle sie sich gegen das Unbehagen wappnen, das das nun folgende Gespräch unweigerlich mit sich bringen würde. Diesmal sagte sie, sie habe einen Fernsehfilm angeschaut, »einen albernen Spielfilm«, in dem ein kleines Mädchen in einer Geisterbahn eingesperrt wird. Aus irgendeinem Grund hatte diese Szene sie zu Tränen gerührt.

»Was haben Sie dabei gefühlt?«

»Es war ihr Schreien. Sie schrie, damit jemand aufmachte, aber wie laut sie auch schrie, es kam niemand, um sie herauszuholen.«

»Woran erinnert Sie das?«

»Ich weiß nicht. Ich hatte solche Angst und solche Klaustrophobie.«

»Haben Sie sich schon früher jemals so gefühlt?«

Sie schüttelte verwirrt den Kopf. »Ich weiß nicht... ich glaube nicht...« Sie schloß die Augen, um in ihrem Gedächtnis zu suchen, und als sie sich entspannte, trat die schon vertraute Verwandlung ein. Ihr Gesicht lockerte sich, und ihr weiches Doppelkinn verschwand in ihrem Kragen. Wieder hatte meine gezielte Bitte, sie möge sich in eine Zeit zurückversetzen, in der sie sich vielleicht so gefühlt hatte, eine spontane Trance ausgelöst.

»Ich sehe mein Schlafzimmer«, begann sie langsam nach einigen Sekunden. Ihre Stimme war wieder hoch und mädchenhaft.

»Was sehen Sie im Schlafzimmer?«

»Ich sehe ein Mädchen.«

»Was macht sie?«

»Sie ist auf dem Bett.«

»Wäre es für Sie in Ordnung, mit ihr zu sprechen?«

Helene beugte sich etwas vor, als nähere sie sich dem Mädchen. Hinter ihren geschlossenen Lidern schienen ihre Augen zu fokussieren, zu starren. Dann wurde ihr Gesicht langsam angespannt. »Es passiert etwas«, sagte sie. »Sie bekommt Angst. Sie hat vor etwas Angst... Etwas kommt zur Tür herein. Was ist es?« Die Frage klang schrill vor Furcht. »Ich mag es nicht. Laß es nicht kommen. Bitte, laß es nicht kommen! Ich habe Angst! Bitte halte es auf. Jemand soll es bitte aufhalten!« Ihre Stimme wurde immer höher, ihre Atmung heftiger und tiefer. »Helft ihr doch! Jemand soll ihr helfen! Bitte, helft ihr...« Plötzlich begann sie zu schluchzen. Ihre Hände legten sich vor ihr Gesicht wie eine Schutzmaske, und auf ihren Fingern glänzten Tränen.

Ich bemerkte den Wechsel von der dritten Person in die erste, den Gebrauch von »sie«, dann »ich«, dann wieder »sie« für das

Mädchen. Offenbar war Helene in der Zeit zurückgegangen, hatte sich selbst auf dem Bett gesehen, als sei sie eine dritte Person im Zimmer. Aber als ihre Gefühle immer stärker wurden, als das Erlebnis einen realeren Charakter annahm, war sie in das Bild »hineingefallen« und hatte die Erfahrung vollständig wiedererlebt. Gleich darauf hatte sie sich in dem Bestreben, sich von dem Schrecken zu distanzieren, wieder herausgenommen und sich selbst von außen gesehen.

»Ja«, sagte ich beruhigend. »Sie hat große Angst. Und was geschieht jetzt?«

Aber Helene konnte nicht antworten. Sie schluchzte weiter, nach vorn gebeugt, Hände und Gesicht im Schoß verborgen. Langsam richtete sie ihren Oberkörper auf und sah mich an. Ihre Augen waren rot, ihre Wangen tränennaß.

»Helene?« Sie war immer noch ein Stück weit in Trance.

Sie schüttelte den Kopf, kaum merklich, als verlange es zu viel Anstrengung. Aber einmal begonnen, schien diese Bewegung ein Eigenleben zu entwickeln. Sie wurde stärker und schneller, bis sie sich von einer Geste des Nichtverstehens in eine Geste der Verneinung verwandelt hatte. Die Bewegung schien sie vollends aus der Trance herauszuholen.

»Das war nicht ich«, versicherte sie mir, »ich weiß nicht, woher das kam, aber das war nicht ich.«

»Was bedeutet es für Sie?«

Sie schüttelte weiter den Kopf. »Ich weiß es nicht. Es kommt von dem Film. Das kleine Mädchen sah genau wie das Kind in dem Film aus.«

»Können Sie mir von ihr erzählen?«

»Sie war einfach ein Mädchen in einem Film«, wiederholte sie. Ihre Stimme erlaubte keinen Widerspruch.

»Ich frage mich, ob es einen Zusammenhang zwischen diesem kleinen Mädchen und der Stimme in Ihrem Kopf gibt, von der Sie schon einmal gesprochen haben.«

Helene schüttelte hastig den Kopf. »Nein, was meinen Sie damit? Es ist einfach nur ein Film.«

»Wären Sie vielleicht bereit, einen Augenblick nach innen zu horchen und festzustellen, ob Sie das kleine Mädchen hören können, das Sie manchmal hören?«

Helene preßte die Lippen zusammen. »Ich verstehe nicht, wozu...« Aber sie schloß die Augen. Gleich darauf riß sie sie wieder auf. »Ich höre sie. Sie schreit immer noch.«

»Immer noch?«

Sie schüttelte verwirrt den Kopf. »Ich meine nicht ›immer noch‹. Ich weiß nicht, warum ich das gesagt habe. Sie schreit. Ich habe sie gerade schreien hören.«

»Es ist nicht dasselbe Schreien?«

»Nein. Vielleicht doch. Was bedeutet das?«

»Ich weiß es nicht. Vielleicht lohnt es sich, darüber nachzudenken.«

Helene starrte mir in die Augen, als solle ich mich ja nicht unterstehen, eine engere Verbindung herzustellen. Aber ihre Zähne bissen auf ihrer Unterlippe herum, als kaue sie an meinen Worten.

In der folgenden Woche kam Helene zu früh zu ihrer Sitzung. Als ich die Tür zum Wartezimmer öffnete, saß sie steif auf der Kante eines Stuhls und hielt ein Blatt Papier in der Hand. Ihre professionelle Haltung wirkte angeschlagen.

Ich geleitete sie in mein Sprechzimmer, wo sie mir wortlos das Blatt Papier reichte. Es war eine Bleistiftzeichnung von einem kleinen Mädchen, das nackt, mit ausgebreiteten Armen und gespreizten Beinen auf einem Sofa lag. Im Vordergrund schwebten zwei monströs große Hände.

»Das habe ich gezeichnet«, sagte sie kühl. »Ich habe keine Ahnung, warum.«

»Was fühlen Sie, wenn Sie das sehen?«

Sie trommelte mit ihren plumpen Fingern auf die Armlehne des Sessels. »Es ist entsetzlich. Ich finde es widerlich.«

»Hat es irgendeine Bedeutung für Sie?«

»Natürlich nicht. Es geht um das kleine Mädchen...« Helene brach unvermittelt ab, als sei ihr versehentlich etwas herausgerutscht.

Ich wartete darauf, daß sie weitersprach.

»Das kleine Mädchen aus dem Film. Ich glaube, es ist dasselbe Kind.«

Ich wartete stumm.

»Das bin nicht ich.« Sie sah mich durchdringend an, als wolle sie sich vergewissern, daß ich ihr glaubte. »Ich weiß nicht, warum ich eine Zeichnung von dem kleinen Mädchen machen sollte, aber ich weiß, daß es nichts mit mir zu tun hat.«

»Meinen Sie, irgendein Teil von Ihnen weiß mehr darüber?«

Helene betrachtete mich irritiert, schloß aber die Augen. »Ich kann mir nicht vorstellen, daß ich etwas finden werde.« Aber sie lehnte sich zurück und holte tief Luft. Einige Sekunden lang atmete sie tief ein und aus, ihre Nasenflügel blähten sich leicht, und ein kleines, goldenes Kreuz blitzte immer wieder in der Sonne auf, als es sich mit ihrer Brust hob und senkte. Allmählich wurde ihre Atmung schneller. Ihre Atemzüge wurden kürzer und flacher, wurden zu einem kurzatmigen, angsterfüllten Keuchen. Wieder hatte meine Aufforderung, nach innen zu gehen, eine tiefe Trance ausgelöst, ohne daß eine formelle Induktion erforderlich gewesen wäre.

»Was ist? Können Sie mir sagen, was geschieht?«

»Er kommt! Er kommt! Schicken Sie ihn weg, ach bitte, schicken Sie ihn weg!«

»Wer kommt?«

»Mein Daddy! Mein Daddy kommt, ach, lassen Sie ihn nicht kommen, bitte, lassen Sie ihn nicht kommen. Ich will nicht, daß er kommt!« Ihre Arme stießen vor ihr in die Luft.

»Was geschieht jetzt?«

»Ich weiß nicht, es ist dunkel, es ist so dunkel, daß ich nichts sehen kann, oh nein, Daddy, nein!« Sie fuchtelte mit den Armen und schlug hilflos nach der Erscheinung vor ihren Augen.

»Ja, Sie haben Angst, aber selbst, während Sie dort sind, spüren Sie, daß ich bei Ihnen bin. Und Sie wissen, daß Sie auch hier bei mir sind.« Diese Formulierung des Satzes in der einen wie in der anderen Richtung ermöglichte es Helene, an beiden Orten gleichzeitig zu sein – im Bild und dennoch geschützt in meiner Praxis.

Helene schlang beide Arme um ihren Körper, als hülle sie sich in eine Decke, und allmählich beruhigte sich ihr Atem. Ohne daß sie einen Laut von sich gab, quollen Tränen unter ihren geschlossenen Lidern hervor, und sie wischte sie mit der Hand weg. Aber als hätte die Berührung der Tränen das Trauma wieder aufgefrischt, vergrub sie plötzlich den Kopf in ihrem Schoß und schluchzte.

»Was passiert gerade?« fragte ich.

Immer noch zu einer Kugel zusammengerollt, schüttelte sie den Kopf.

»Sehen Sie noch Bilder?«

Sie nickte.

»Hätten Sie gerne Hilfe, um eine gewisse Distanz zu ihnen aufzubauen?«

Wieder ein Nicken.

»Okay.« Meine Stimme nahm den fließenden Tonfall des Suggerierens an. »Vielleicht können Sie sich vorstellen, daß wir das Mädchen jetzt sofort gemeinsam aus dem Haus herausholen... Wissen Sie einen sicheren Ort, an den wir sie bringen können?«

Zaghaft bewegte sie den Kopf, und eine angstvolle Stimme flüsterte: »Unter die Treppe.«

»Also, dann bringen Sie sie am besten gleich dorthin...« Ich wartete ein wenig. »Fühlt sie sich jetzt sicherer?«

»Ja.«

»Gut. Meinen Sie, es ist in Ordnung, wenn wir ein anderes Mal wieder zu ihr gehen und mit ihr sprechen?«

»Sie hat Angst, daß er uns hören kann.«

»Könnte er uns unter der Treppe hören?«

»Nein.«

»Dann könnten wir vielleicht dort mit ihr sprechen. Wäre das in Ordnung?«

»Ja.«

»Also gut... Und jetzt können Sie sich einfach entspannen... Sie haben sehr hart gearbeitet... und wenn Sie dazu bereit sind, können Sie Ihre Augen öffnen.«

Kurz darauf richtete sich Helene in ihrem Sessel auf. Ihr Gesicht sah abgespannt aus, ihre Augen waren halb geschlossen, als sei schon das Gewicht der Lider eine drückende Last. Langsam schüttelte sie den Kopf. »Es ist nicht wahr, es ist nicht wahr, es ist nicht wahr.«

»Was ist nicht wahr?« fragte ich behutsam.

Sie berührte ihre Stirn, als wolle sie auf die Bilder in ihrem Kopf zeigen.

»Wissen Sie, die Art und Weise, in der Sie darauf bestehen, daß diese Bilder nicht wahr sind, läßt mich vermuten, daß Sie wegen ihrer Bedeutung mit sich selbst im Kampf liegen.«

Sie hörte auf, ihren Satz wie eine Litanei zu wiederholen. Langsam kehrte wieder Festigkeit in ihr Gesicht zurück. »Es kann nicht wahr sein. Ich weiß, es kann nicht wahr sein, denn er würde mich nie dazu zwingen, ihn dort zu küssen.«

»Helene«, sagte ich sanft, »unsere Stunde ist um. Aber ich möchte gerne, daß Sie zwischen heute und der nächsten Sitzung darüber nachdenken, warum Sie wohl etwas erfinden sollten, von dem Sie nicht glauben mögen, daß es wahr ist.«

Helene antwortete nicht und sah mir auch nicht in die Augen.

Obwohl Helene hartnäckig behauptete, das Mädchen in den Rückblenden sei nicht sie selbst, wußten wir beide, daß sie es doch war. Sie war ein *Teil* von Helene – ein Teil ihrer Persönlichkeit, der sich in der Kindheit abgespalten hatte. Und die Ähnlichkeit mit anderen kindlichen Anteilen, die ich schon bei so vielen Klienten gesehen hatte, erhellte die Umstände der Entstehung dieses Teils. Kindliche Anteile, die in ständigem Schrecken leben, sind wie Behälter, die die Menschen anlegen, um ihre Erfahrung des chronischen Mißbrauchs abzukapseln und zu verbergen.

Weil die Erfahrung des chronischen Mißbrauchs so traumatisch ist – so schreckenerregend, so schmerzhaft, so schädigend für das Sicherheitsgefühl, das ein Kind bei seinen Eltern sucht –, wird das Erleben dieser Erfahrung fragmentiert, und die Bruchstücke werden in das Unbewußte abgeschoben. Aber das Unbewußte ist nicht luftdicht abgeschlossen, und wenn ein Ereignis der Gegenwart eine Assoziation auslöst, die das Trauma berührt, bahnen sich die Bruchstücke irgendeinen Weg ins Freie: Die betreffende Person bekommt Angst, hat Alpträume und unerwünschte Bilder und Empfindungen. Im Extremfall »wird« eine Frau wieder zu dem kleinen Mädchen, das dem Trauma noch immer ausgesetzt ist. Ein Traum, ein Fernsehfilm oder sogar der

Geruch des Rasierwassers ihres Vaters in einem vollbesetzten Aufzug konnten bewirken, daß Helenes »kleines Mädchen« auftauchte und sie auf der Stelle in den Abgrund des Schreckens stürzen ließ.

Hätte Helene über den Mißbrauch sprechen können, solange er im Gange war (hätte man ihr Raum gegeben, ihre Wut, ihren Kummer und ihr Gefühl des Verlustes auszudrücken), hätte sie eine unterstützende Familie gehabt, die ihr Gelegenheit gab, die normalen Aufgaben der Entwicklung zu bewältigen (mit der Unabhängigkeit zu experimentieren, lieben und vertrauen zu lernen, ein abgelöstes Selbst herauszubilden), hätte sie das Wissen um das Tun ihres Vaters zwar wahrscheinlich verletzt, aber sie hätte die Erfahrung nicht zwangsläufig in Form eines inneren Anteils in sich vergraben müssen. Aber mit einem Vater, der Helene chronisch mißbrauchte, und mit einer Mutter, die Helenes Bedürfnisse mit ihren eigenen überdeckte, hatte Helene nicht die Chance erhalten, über das Trauma zu sprechen und es zu verarbeiten. Die Folge davon war, daß der traumatisierte Teil von Helene ein verschrecktes kleines Mädchen blieb. Und jetzt, in der Sicherheit der Therapie, kam dieses kleine Mädchen hervor, um seine Geschichte zu erzählen.

Ich wußte, wenn wir ihrem Schrecken weiterhin Gehör schenkten, würde Helene allmählich das Kind als Teil ihrer selbst anzunehmen beginnen. Und indem sie das tat, würde sie die Geschichte ihres Mißbrauchs *verarbeiten*: Sie würde zulassen, daß das Wissen um das Geschehene in ihr Bewußtsein sikkerte, und die damit verbundenen Gefühle akzeptieren. Allmählich würden die halluzinatorischen Rückblenden sich in Erinnerungen verwandeln, in Erlebnisse, die sie mit Worten wiedergeben konnte, ohne die dazugehörigen Gefühle, Körperempfindungen und Verhaltensweisen noch einmal erleben zu müssen.

»Sind Ihnen nach unserer letzten Sitzung noch irgendwelche Gedanken gekommen?« fragte ich bei unserer nächsten Zusammenkunft.

Helene sah furchtsam zu mir herüber. »Ich habe sie gehört.«

»Was haben Sie gehört?«

»Sie weint – sie weint immer. Aber jetzt hat sie auch Worte.«
»Was sagt sie?«
Ihre Stimme sank zu einem weinerlichen Flüstern herab. »Es ist alles meine Schuld... es ist alles meine Schuld... es ist alles meine Schuld...« Sie schüttelte ärgerlich den Kopf. »Sie sagt es immer und immer wieder.«
»Was glauben Sie, warum sie das sagt?«
»Ich weiß nicht!« Ihre Augenbrauen zogen sich unwirsch zusammen. »Ich wollte, sie würde aufhören.«
»Was glauben Sie denn, was sie für ihre Schuld hält?«
»Alles!« Die Antwort kam scharf, wie aus der Pistole geschossen. »Alles ist ihre Schuld... all das...« Sie schwenkte den Arm. »Dieses Fiasko.«
»Was für ein Fiasko?«
»Mein Leben. Die Tatsache, daß ich hier bin. Daß ich nicht...«
»Daß Sie nicht was?«
»Daß ich nichts richtig machen kann... daß ich nicht...« Helene ließ die Hände niedergeschlagen in den Schoß fallen, und ihre Mundwinkel zogen sich bekümmert nach unten. »Ich verdiene es nicht, zu leben.«
»Was gibt Ihnen dieses Gefühl?«
»Sie sagt es mir.«
»Sie?«
»Die andere.«
»Meinen Sie die Stimme der älteren Frau, die Sie hören?«
Sie nickte.
»Was sagt sie?«
Helene durchlief ein Schauder. »Daß ich es verdiene, zu sterben. Daß ich nicht gut genug bin. Daß ich nicht am Leben sein sollte.«
Starke Gefühle wallten in ihr auf. »Wären Sie wohl dazu bereit, einen Moment nach innen zu gehen und herauszufinden, ob Sie diese Stimme auch jetzt hören können?«
Ihr Mund wurde zu einem Strich. »Das kann ich nicht tun.«
»Warum nicht?«
Sie schüttelte den Kopf. »Sie macht mir Angst.«
»Ich werde bei Ihnen sein.«

»Ich will sie nicht hören. Ich höre sie schon zu oft. Ich will sie nicht ermutigen.«

»Ich weiß, daß diese Stimme Sie ängstigt. Aber ich denke, es ist wichtig, mehr über sie zu erfahren. Festzustellen, woher sie kommt, damit Sie mit ihr fertigwerden können.«

Helenes Blick wanderte über den Fußboden. »Ich hasse sie.«

»Das weiß ich. Aber vielleicht könnten Sie es dennoch für kurze Zeit tun. Und mir dann mitteilen, was sie sagt.«

Sie rang die Hände. »Nur eine Minute.« Sie schloß die Augen. Ihre Lider flatterten, und ihre Hände umklammerten einander fest in ihrem Schoß. Sekunden später öffnete sie die Augen. »Ich habe es nicht fertiggebracht.«

»Was ist passiert?«

»Ich habe einfach immer wieder gehört...« Sie bewegte den Kopf, als wolle sie die Worte abschütteln.

»Was haben Sie gehört?«

Ihre Stimme wurde zu einem Zischen: »»Hör nicht auf ihn. Er versteht nicht. *Ich* weiß, was du brauchst.‹«

»Das klingt, als hätten Sie sie doch gehört.«

»Ich hasse sie!«

»Das weiß ich. Und ich denke, es hat Sie Mut gekostet, zu tun, was Sie gerade getan haben – bereitwillig nach innen zu gehen und zu horchen.«

Helene sank in sich zusammen. Ihre Haltung wirkte plötzlich müde, ihre Gesichtszüge gealtert.

Ausgehend von dem, was Helene mir über ihre Mutter erzählt hatte, schien es mir wenig zweifelhaft, daß die ältere innere Stimme die ihrer »schlechten inneren Mutter« war, jener Teil von Helene, der die kritischen Worte, Verhaltensweisen und die Werte der wirklichen Mutter internalisiert hatte (ebenso wie eine davon getrennte »gute innere Mutter« die positiven Verhaltensweisen und Worte ihrer Mutter beinhaltete). Da ich wußte, wie bösartig die Stimme sie attackierte, vermutete ich, daß in dieser »schlechten Mutter« Wut gespeichert war. Kinder aus Familien, in denen Mißbrauch geschieht, werden bestraft, wenn sie ihre Wut zeigen, daher hatte Helene wahrscheinlich ihre Wut nach innen gelenkt. Die Wut auf ihre Eltern, weil sie

sie mißbrauchten, die Wut auf ihre Eltern, weil sie sie nicht beschützten, die Wut auf das Leben wegen der Ungerechtigkeit, der es sie ausgesetzt hatte: All das war in dieser schlechten inneren Mutter untergebracht.

Unter der Wut lag eine klaffende Wunde, die Helenes Kummer und Trauer über den Verlust der Eltern und der Kindheit, die sie verdient gehabt hätte, in sich barg. Aber wie ein Verband, der an einer nässenden Wunde festgeklebt ist, lag ihre Wut hartnäckig und schützend darüber und war nur schwer und unter Schmerzen zu lösen.

Im Laufe unserer gemeinsamen Arbeit war diese Stimme der schlechten Mutter offenbar lauter geworden. Statt sich nur gelegentlich in Helenes Denken hineinzudrängen wie am Anfang, war sie nun eine ständige, dunkle und verurteilende Gefährtin in ihrem Kopf. Und ihre Botschaften, die sich sowohl an Helene als auch an das kleine Mädchen richteten, waren bösartig und immer gleich. »*Du verdienst es nicht, zu leben ... Du bist ein böses kleines Luder ...*«

Jetzt verstand ich die kummervolle Klage des Kindes. Wie so häufig in Familien, in denen Mißbrauch vorkommt, hatte man Helene vorgeworfen, die Übergriffe seien ihre Schuld – und ebenso jedes andere Unglück der Familie. Das ständige Trommelfeuer von Schmähungen hatte das Selbstbild Helenes als Kind geprägt, und jetzt übernahm der kindliche Teil Helenes diesen Part.

Diese fortwährende Leier der Selbstanklage spielte mit Sicherheit eine entscheidende Rolle bei Helenes Schwierigkeiten. Sie erschwerte es ihr, den sexuellen Mißbrauch durch ihren Vater zu verarbeiten, denn solange Helene sich selbst dafür verantwortlich machte, konnte sie ihren Vater nicht anklagen und ihre Wut nicht richtig spüren. Und diese ständige Leier trug möglicherweise auch die Schuld an Helenes Selbstmordgedanken. Nicht, daß das Kind oder die schlechte Mutter ihr auftrugen, sich umzubringen (sie sagten ihr, sie »verdiene es, zu sterben«, aber nicht, sie solle sich töten), aber die ständigen Angriffe verschlimmerten ihre Depression, und angesichts des suizidalen Rollenvorbildes konnte diese anhaltende Depression leicht einen Drang zur Selbsttötung hervorrufen.

Um Helene zu einer Heilung zu verhelfen, mußten wir daher die Quelle der Selbstanklagen angehen, die jetzt nicht mehr zu unterdrückende schlechte Mutter. Wenn ich der Mutter ein anderes Ventil für ihre Wut bieten konnte – wenn ich sie dazu bringen konnte, mit mir darüber zu sprechen, statt Helene und das Kind damit zu bombardieren – dann konnte ich ihr vielleicht auch helfen, durch die Wut hindurch zu dem darunterliegenden Schmerz vorzudringen. Dieser Schmerz war Helenes Schmerz, und die Bildung des Mutteranteils hatte dazu dienen sollen, ihn abzuwehren. Sobald Helene diesen Schmerz empfinden konnte, würde ihr Bedürfnis verschwinden, die schlechte Mutter im Rollenspiel aufrechtzuerhalten. Dann konnte sie sie als das sehen, was sie wirklich war – ein trauriger und verletzlicher Teil ihrer selbst.

Daher begann ich nun, systematisch mit der schlechten Mutter zu sprechen, und hoffte sie dadurch in einen Dialog zu ziehen, ihr Vertrauen zu gewinnen. In jeder Sitzung forderte ich Helene auf, nach innen zu gehen und zu horchen. Sie stimmte mir stets nur widerwillig zu und brachte dann ihre Standardlitanei von Anklagen vor: »*Du bist die Luft nicht wert, die du atmest... Du bist nicht besser als ein Esel... Hör nicht auf ihn, er versteht nichts.*«

Nachdem ich mir diese Tiraden mehrere Wochen lang angehört hatte, beschloß ich, sie mit einer Suggestion anzugehen. Ich bat Helene: »Ich werde jetzt einige Worte sagen und möchte gern, daß Sie dann nach innen horchen und mir sagen, wie die Stimme darauf reagiert.«

Helene stimmte zu und schloß die Augen.

»Ich kann sehen«, begann ich sehr langsam und senkte dabei die Stimme, um anzudeuten, daß ich mich an die Mutter wandte, »daß Sie sehr zornig sind. Sie haben das Gefühl, sehr schlecht behandelt worden zu sein.« Ich hoffte, ihr Vertrauen wecken zu können, wenn ich ihr Mitgefühl entgegenbrachte.

Helenes Augen blieben zwanzig Sekunden lang geschlossen, dann öffnete sie sie halb. »Sie hat gesagt: ›Ich habe nicht das *Gefühl*, ich *weiß* es.‹«

Ich nickte, um ihr zu zeigen, daß ich sie gehört hatte. »Könnten Sie mir weitergeben, was sie jetzt sagt?« Wieder senkte ich die Stimme. »Ich bin sicher, daß Sie das Gefühl haben, niemand versteht Sie.«

Wieder schloß Helene die Augen. Gleich darauf öffnete sie sie wieder und seufzte. »Sie hat gesagt: ›Die anderen werden mich nie verstehen, Sie auch nicht.‹«

»Vielleicht verstehe ich mehr, als Sie glauben. Beispielsweise verstehe ich, daß Sie eine Menge Schmerz zu ertragen hatten, und ich glaube, Sie haben lange Zeit versucht, diesen Schmerz auszudrücken. Deshalb sind Sie so grob zu ihnen. Ich glaube nicht, daß Sie sie verletzen wollen. Ich glaube, das tun Sie nur, weil Sie selbst verletzt sind.«

Helene schloß die Augen und horchte nach innen. Ihre Antwort kam schnell: »›He, Sie können sich die Psychologie schenken, okay? *Sie* ist deswegen zu Ihnen gekommen, nicht ich.‹«

Ich dachte daran, sie darauf hinzuweisen, daß auch sie zu mir gekommen war. Hätte sie nicht mit mir kommunizieren wollen, hätte sie Schweigen bewahren können. Aber ich bezweifelte, daß dieser Hinweis sie überzeugt hätte, und schlug einen anderen Weg ein. »Wissen Sie, Sie haben jetzt schon ganz schön lange auf die anderen eingedroschen und versucht, sie zum Zuhören zu bewegen. Aber ich kann mir nicht vorstellen, daß Ihnen das viel Befriedigung gegeben hat.«

»›Ach, nein? Sie empfangen die Botschaft deutlich genug!‹«

»Aber das ist nicht dasselbe wie zuhören. Dasselbe wie Ihnen geben, was Sie brauchen – jemanden, mit dem Sie reden können, jemanden, dem Sie Ihre Geschichte erzählen können.« Der Mutteranteil war zwar hartgesotten, aber dennoch nur ein verletzter Teil von Helene, und wie alle verletzten Seelen hoffte sie dadurch ein Stück weit Trost zu finden, daß sie jemandem, der sie nicht verurteilte – der sie weder ausbeuten noch verlassen würde –, erzählen konnte, wie schlecht sie behandelt worden war. Ich wollte ihr zeigen, daß ich dieser Jemand sein konnte.

Helene saß still da, die Augen geschlossen. Eine Minute später öffnete sie sie und schüttelte den Kopf. Offenbar hatte der Mutteranteil nicht reagiert.

Ich versuchte es noch einmal. »Wissen, Sie, ich würde gerne hören, was Sie zu sagen haben. Ich weiß, wie bedrückend es da drinnen sein muß, und ich würde gerne zuhören – wenn Sie bereit wären, mit mir zu sprechen.«

Helene schloß die Augen. Ich bemerkte erst jetzt, wie zerfurcht ihr Gesicht war. Tiefe Linien zogen sich von der Nase zum Mund, viel tiefer eingegraben als noch vor ein paar Monaten. Eine volle Minute verstrich. Überlegte sich die schlechte Mutter mein Angebot? Schließlich öffnete Helene die Augen. »Sie hat nichts gesagt«, berichtete sie müde. »Sie hat nur gelacht.«

»Na ja, wenigstens hat sie nicht nein gesagt.«

»Nein«, sagte Helene leise, »sie hat nicht nein gesagt.« Sie sah nicht getröstet aus.

Im Laufe der folgenden Wochen übermittelte Helene ähnliche Dialoge zwischen dem Mutteranteil und mir. Die Mutter begann jedes Gespräch damit, daß sie gegen Helene wütete und mir versicherte, ich würde sie nie verstehen. Es endete jedesmal im Schweigen, als würde sie mein Angebot überdenken. Aber mit der Zeit schien ihr Interesse an dem, was ich zu sagen hatte, zu wachsen. Ich spürte, daß ihr unsere Beziehung allmählich Spaß machte. Nach mehreren Wochen hatte ich das Gefühl, daß ich ein wenig Einfluß gewonnen hatte.

»Ich merke, daß Sie ein wenig Befriedigung daraus gezogen haben, mit mir zu sprechen«, erklärte ich eines Tages. »Ich würde diese Gespräche gerne fortsetzen. Wären Sie wohl als Gegenleistung dazu bereit, Helene und das kleine Mädchen in Ruhe zu lassen?«

Helene schloß die Augen und nahm meine Worte nach innen mit. Fünfundvierzig Sekunden lang saß sie still da, wobei ihre Hände, die sie im Schoß hielt, einander kneteten. Schließlich öffnete sie die Augen. »Sie sagt«, flüsterte Helene, »daß sie keinerlei Garantie geben kann.«

Ich wog die Antwort des Mutteranteils ab. »Das klingt, als sei sie bereit, es zu versuchen.«

Helene runzelte die Stirn, als überdenke sie als Reaktion auf meinen Kommentar noch einmal, was sie gehört hatte. Dann zogen sich ihre Mundwinkel zu einem kleinen, schüchternen Lächeln nach oben.

Sowie Helene in der folgenden Woche meine Praxis betrat, sah ich, daß sich etwas verändert hatte. Sie sah weniger müde aus, als hätte sie endlich einmal gut geschlafen, und die Linien in ihrem Gesicht wirkten weniger tief eingegraben.

»Wie ging es diese Woche?«

»Ich glaube, besser. Ich habe keine Alpträume gehabt. Ich habe nicht so viel Angst gehabt.« Ihre Worte klangen wie Fragen, als könne sie es selbst kaum glauben.

»Haben Sie sie gehört?«

Sie verengte die Augen, suchte in sich nach einer Antwort. »Es ist anders. Ich höre sie … aber es ist anders … sie ist nicht mehr so feindselig. Ein- oder zweimal hat sie angefangen, über mich herzuziehen, hat aber dann aufgehört.«

»Sehr gut.« Ich war höchst erfreut über diese Neuigkeit. »Sollte ich versuchen, jetzt mit ihr zu reden?«

Helene nickte zögerlich.

»Würden Sie sie fragen, ob es ihr recht ist?«

Helene schloß die Augen. Zehn Sekunden später öffnete sie sie wieder und nickte.

»Also gut, dann vermitteln Sie bitte meine Worte nach innen.« Ich drosselte mein Sprechtempo, um zu verdeutlichen, daß ich mit dem Mutteranteil sprach. »Könnten Sie mir bitte sagen, wie die letzte Woche für Sie war?«

Helene lauschte einige Sekunden, mit angespanntem Gesicht. Dann öffnete sie die Augen. »Sie hat gesagt: ›Beschissen. Wie würde es Ihnen gefallen, eine Woche lang den Mund zugeklebt zu kriegen?‹«

Ich nickte und deutete ihr wieder an, sie solle meine Botschaft nach innen vermitteln. »Ich weiß es zu würdigen, daß Sie sie weniger gepiesackt haben. Ich weiß, wie schwer das gewesen sein muß.«

Helene schloß die Augen und öffnete sie wieder. »Sie hat gesagt: ›Sie haben überhaupt keine Ahnung, wie das ist.‹«

»Was weiß ich denn nicht?«

Helene horchte nach innen. »»Was es bedeutet, vor dem eigenen Kind gefesselt und geknebelt zu werden.‹«

»Können Sie mir sagen …«

Aber noch ehe ich den Satz beenden konnte, schloß Helene

die Augen und riß sie dann gewaltsam wieder auf. »Gefesselt und geknebelt zu werden und zusehen zu müssen, wie dein Kind herumvögelt!« Sie schleuderte die Worte so kraftvoll heraus, daß ich leicht zurückfuhr.

Ihre Emotion war so stark und die Sprache so drastisch, daß ich mich fragte: Hat sie sich so gefühlt – gefesselt und geknebelt, unfähig, einzugreifen – als ihre Tochter mit ihrem Mann schlief? »Wie meinen Sie das –herumvögeln?«

Fast ehe sie die Augen schloß, spuckte Helene die Antwort aus. »Genau das macht sie – vögeln. Das verdorbene kleine Luder.«

»Was bringt Sie dazu, das zu sagen?«

Helenes Augenlider sanken schwer herab, und ihre Hände krampften sich in ihrem Schoß ineinander. Als sie den Blick hob, war ihre Stimme ein höhnisches Zischen. »Sie *wissen*, was sie gemacht hat.«

»Ich weiß, was *geschehen* ist.«

»Sie hat es selbst provoziert.« Die Antwort kam schnell, war schon heraus, ehe die Augen sich geschlossen hatten.

»Wie hat sie es provoziert?«

»Wie es alle machen.«

»Aber warum sollte sie es provozieren? Warum sollte ein Kind so etwas wollen?«

»Wenn sie es nicht wollte, hätte sie es verhindern sollen.«

»Sagen Sie mir, wie.«

»Sie hätte nein sagen sollen. Ihn wegstoßen. Genau wie jede andere.«

»Hat sie es nicht versucht?«

»Wenn Sie das versuchen nennen... Sie hat nicht alle ihre Kräfte eingesetzt.«

»Und was geschah, als sie es versuchte?«

»Was meinen Sie damit?«

»Ist es dadurch nicht noch schlimmer für sie geworden?«

Ein lange Pause trat ein, ehe sie antwortete. Als sie es tat, war ihre Stimme überraschend resigniert. »Hm.«

»Also hat sie doch gelernt, daß er, wenn sie aufhörte, zu kämpfen, sondern es über sich ergehen ließ, nicht so hart mit ihr umging, oder?«

Helene schloß die Augen. Zwanzig oder dreißig Sekunden verstrichen, ehe sie sie wieder öffnete. Als sie es tat, nahm ihre Stimme wieder einen defensiven Klang an. »Vielleicht konnte sie ihn ja wirklich nicht wegstoßen, aber ich weiß, daß es ihr gefallen hat. So wie sie vor ihm herumgetanzt ist. Sie hat ihn gereizt.«

Sie war noch immer entschlossen, zu kämpfen – aber ich wußte, daß sie meine Botschaft empfangen hatte.

Die nächsten paar Sitzungen waren spannungsgeladen, da die innere Mutter das kleine Mädchen erbarmungslos attackierte, weil es seinen Vater verführt habe, und sich bitterlich über ihr so ungerechtes Schicksal beklagte. Ich begegnete ihrer Wut und ihrem Schmerz weiterhin mit Mitgefühl, und versuchte dann, ihre Vorstellungen einer »Realitätsprüfung« zu unterziehen, indem ich sie darauf hinwies, wie ohnmächtig das Mädchen gegenüber seinem Vater war. Ganz allmählich milderte sich die Schärfe ihrer Angriffe. Als ihre Sicherheit abbröckelte, führte ich ein neues Thema ein.

Eines Tages, nachdem der Mutteranteil eine seiner nun abgeschwächten Attacken gegen das provozierende Benehmen der Tochter geritten hatte, faßte ich mir ein Herz und sagte: »Ich weiß, daß Sie diese Dinge sehr stark empfinden. Aber es könnte wichtig für uns sein, herauszufinden, woher diese Gefühle kommen. Möglicherweise waren diese Gefühle ursprünglich nicht die Ihren. Es könnte sein, daß sie von jemand anderem stammen.« Ich wollte, daß sich der Mutteranteil von der äußeren Mutter zu unterscheiden lernte und erkannte, daß er lediglich ein Abbild der Mutter war und nicht die Mutter selbst, und daß er diese Gefühle, obwohl die äußere Mutter diese Gefühle gehabt haben mochte, nicht unbedingt selbst haben mußte.

»Das ist ja wohl ein Witz! Was soll das heißen?« kam es verächtlich zurück.

»Das soll heißen, daß das Modell für Ihre Gefühle vielleicht jemand anders war, eine äußere Figur...«

Helene saß mehrere Sekunden lang still da. Als sie antwortete, war ihre Stimme hart. »Sie hat gesagt: ›Wollen Sie mir etwa sagen, daß ich mich selbst nicht kenne?‹«

»Nein. Ich glaube, daß Sie sich selbst sehr gut kennen. Ich frage mich nur, ob Sie nicht ein Stück weit die Last von jemand anderem auf sich genommen haben, ein Gewicht tragen, das Sie im Grunde nicht zu tragen bräuchten.«

Wieder war Helene nahezu dreißig Sekunden still. Dann kam ihre Stimme, schmerzlich, fast flüsternd: »Sie sagt: ›Ich habe viel zu tragen, das ist wahr.‹«

Ich spürte, wie sich etwas in mir entspannte. Der Mutteranteil hatte nicht geleugnet, daß meine Worte ein Körnchen Wahrheit enthalten mochten.

In den darauffolgenden Sitzungen wurde die Tonart unserer Gespräche sanfter. Als hätten meine Worte ihre Abwehr durchlöchert, behauptete die innere Mutter weniger hartnäckig, das kleine Mädchen sei an allem schuld, und begann statt dessen, ein gewisses Verständnis und sogar Mitgefühl für das Kind zu zeigen. Schon ehe ich sie drauf hinwies, räumte sie ein, daß das Mädchen gewiß keine Freude an dem gehabt hatte, was man mit ihr machte, sondern daß sie in Wahrheit ein Opfer gewesen war. Schritt für Schritt begann sie zu begreifen, daß sie nicht die äußere Mutter war, sondern vielmehr ein Teil von Helene. Schließlich begann sie eines Tages wegen des Schmerzes, den man dem Kind zugefügt hatte, zu schluchzen – ein lautes, herzzerreißendes, kummervolles Schluchzen –, denn jetzt begriff sie, daß dieses Kind sie selbst war. Danach sprachen wir mehrere Sitzungen lang über Möglichkeiten, wie sie Helene von innen her helfen konnte, und im elften Monat von Helenes Therapie hatte sich der Mutteranteil von einem schlechten in einen wohlwollenden verwandelt.

Zwischen den Sitzungen, in denen wir den Dialog mit dem Mutteranteil führten, hatten wir auch weiterhin über Helenes Vater gesprochen. Sie hatte gelegentlich Erinnerungsfetzen mitgebracht, hatte manchmal ihre Rückblenden. Aber erst jetzt, da Helene von dem steten Vorwurf befreit war, sie selbst habe zum Mißbrauch eingeladen und sogar Freude daran gehabt, konnte sie die Situation objektiv betrachten. Zum ersten Mal sah sie, daß sie als hilfloses Opfer der Gewalt des Vaters ausgeliefert gewesen war. Und als ihr diese Erkenntnis dämmerte, kamen die verdrängten Erlebnisse langsam an die Oberfläche.

Nun bekamen unsere Sitzungen ein bestimmtes Muster. Helene kam stets zu früh zu ihren Terminen und brachte ein Erinnerungsbruchstück, eine Zeichnung, einen Tagebucheintrag oder einen Traum mit, um mit mir darüber zu sprechen. Jede ihrer Mitteilungen begann zögernd und widerwillig, jede mündete in eine spontane Trance ein, in der sie Rückblenden erlebte. Im Laufe der Zeit zeichnete sich aus ihren Erfahrungen ein klares und unmißverständliches Bild des wiederholten sexuellen Mißbrauchs ab.

Und als sich die bewußten und die unbewußten Bilder von ihrem Vater zu vermischen begannen, begann Helene offen zu trauern – um den Vater, den sie gerne gehabt hätte, um die Kindheit, die ihr vorenthalten wurde, um das innere Kind, das so große Schmerzen gelitten hatte. Und als sie diese Gefühle verarbeitete, veränderte sich die Stimme des kleinen Mädchens. Von der Notwendigkeit befreit, die Gefühle für Helene zu speichern, wurde es ruhiger und stiller und fühlte sich sicherer. Da es auch gleichzeitig von den Anschuldigungen der schlechten Mutter erlöst wurde, erhob es seine Stimme nicht mehr so hartnäckig, und sie klang auch weniger bedrückt.

Als Helene Fortschritte machte, verschlimmerten sich erwartungsgemäß die Symptome, die sie in die Therapie gebracht hatten. Nicht ständig – eine stete Verschlechterung hätte mich mit Sorge erfüllt –, aber phasenweise. Helene berichtete von verstärkter Schlaflosigkeit und zunehmenden nächtlichen Ängsten sowie von Zeiten bedrückender Lethargie und Verzweiflung. Ich war auf diese Rückschläge gefaßt und sah sie als Teil des natürlichen Veränderungsprozesses an: Vielen Klienten geht es erst einmal schlechter, wenn sie das ganze Ausmaß ihres Leids, ihres Schmerzes und ihres Verlustes an sich herankommen lassen.

Ich sah sogar voraus, daß die Suizidgefahr wachsen würde. Menschen, die schweren Mißbrauch erlebt haben, tragen einen so tiefen Schmerz in sich, daß sie oft meinen, nur der Tod könne ihnen Erleichterung bringen. Auf ihnen lastet ein so schreckliches Geheimnis, daß sie glauben, nur der Tod könne es tief genug begraben. Und sie leiden unter einem so überwältigenden Schuldgefühl, daß sie denken, nur der Tod könne sie davon entbinden. Sie tragen diese Gefühle tief in sich begraben, zusammen mit dem unbewußten Wissen um den Mißbrauch, und wenn das Wissen um den Mißbrauch bewußt wird, steigen diese Gefühle mit an die Oberfläche empor. Dann verstärkt sich auch oft die Selbstmordneigung.

Bei Helene würde der Sog zum Selbstmord ganz besonders stark sein, da sie die Mutter dabei als Rollenmodell hatte. Der Selbstmord eines Elternteils allein veranlaßt einen Menschen noch nicht dazu, sich das Leben zu nehmen. Aber wenn der Betreffende auch eigene Gründe hat, wie etwa eine schwere Depression oder Mißbrauch durch einen Elternteil, kann ihn der elterliche Suizid als Lösung für ein augenscheinlich unlösbares Dilemma dazu motivieren, denselben Ausweg zu wählen.

Und richtig erklärte mir Helene, als wir den Mißbrauch seitens ihres Vaters durchsprachen, daß ihre Selbstmordgedanken zunähmen. Während sie anfangs nur etwa einmal in der Woche aufgetreten waren, drängten sie sich ihr nun fast täglich auf. Sie wurden auch eindringlicher. Hatte sie sie früher noch abschütteln können, fesselten sie nun ihre Aufmerksamkeit.

Überraschend war allerdings für mich, daß die Selbstmordneigung im Laufe der Zeit nicht abnahm. Im allgemeinen verringert sie sich, wenn ein Mißbrauchsopfer seine Gefühle aufarbeitet. Das Opfer sieht ein, wie irrational seine Schuld- und Schamgefühle sind, und baut ein gesünderes Selbstbild auf, in dem der Tod nicht mehr länger ein notwendiger Begleiter ist. Helene arbeitete eindeutig ihre Gefühle auf. Sie hatte geweint und getrauert, gewimmert und geschrien, und sie hatte eingeräumt, daß ihre Vergangenheit zwar sehr schmerzhaft war, daß sie aber nicht mehr das Bedürfnis empfand, ihr durch Selbstmord zu entfliehen. Aber der Sog Richtung Tod wurde stärker. Als wir im vierzehnten Monat der Therapie angelangt waren, stand er im Mittelpunkt unserer Gespräche.

Und im selben Maße, in dem dieser Sog zunahm, wurden auch die Symptome stärker. Ihre Ängste mehrten sich, die Schlaflosigkeit nahm zu, ihr Energiepegel sank. Ich fürchtete nicht um Helenes Sicherheit – sie hatte sich keine Selbstmordpläne zurechtgelegt und erklärte, sie stehe nicht kurz davor, aktiv zu werden –, aber ich war beunruhigt und verwirrt. Warum eskalierten ihre Selbstmordphantasien, nachdem sie doch mit dem Mißbrauch durch den Vater und den Anklagen der schlechten Mutter fertiggeworden war?

»Es sitzt in jeder Faser meines Körpers«, sagte sie eines Tages bitter zu mir, als wir über ihre nagenden Gedanken an den Tod sprachen. »Es ist wie ein Drehbuch, nach dem ich spielen muß.«

Im Laufe der Wochen ging es mit Helene weiter bergab. Nun berichtete sie, daß sie kaum noch genug Energie habe, sich abends etwas zu kochen, und das Abendessen manchmal ganz ausfallen lasse. An manchen Wochenenden verließ sie kaum ihr Bett. Und ihr Äußeres, auf das sie immer mit peinlicher Sorgfalt geachtet hatte, wirkte mit der Zeit weniger gepflegt. Ihre Schuhe und ihre Aktentasche waren jetzt abgestoßen, ihr Haar wurde am Ansatz sichtbar grau, das Tuch oder die Brosche, die ihren schlichten Kleidern Stil und Pfiff gegeben hatten, fehlten nun.

»Was ist los, Helene«, fragte ich eines Tages, nachdem sie in ihren Sessel geplumpst war und mir ihr schmerzgezeichnetes Gesicht zugewandt hatte. »Sie sehen bedrückter aus, als ich Sie je gesehen habe.«

Sie atmete tief aus und massierte sich mit einer Hand den Hals. »Ich weiß nicht. Ich fühle mich müde. Verloren.«

»Können Sie mir mehr darüber sagen?«

Sie schloß die Augen und lehnte den Kopf an die Sessellehne. Die Hand rieb weiterhin ihren Hals, als könne sie ihrer Kehle Worte abringen. »Ich weiß nicht recht, warum ich hier bin. Ob ich hier sein muß. Vielleicht sollte ich gehen.«

»Hier? Was meinen Sie mit ›hier‹?«

»Hier...« Plötzlich öffnete sie die Augen, schaute mich an und lächelte. »Ich meine nicht hier in Ihrer Praxis, David. Ich weiß, warum ich *hier* bin. Wenn Sie nicht gewesen wären, hätte ich schon längst aufgegeben.« Sie hielt inne, und ihre Stimme bekam wieder ihren leidenden Klang. »Ich meine *hier*. In diesem Leben. *Hier*.«

»Können Sie noch mehr darüber sagen?«

Sie fingerte an ihrem Kleid herum, sagte aber nichts.

»Sind es die Stimmen?«

»Nein.« Sie blickte mich direkt an, ihre Stimme und ihr Gesicht drückten Verwirrung aus. »Nicht die Stimmen. Nicht wie früher... Es ist anders... stärker. Es ist wie ein Sog. Ich spüre ihn überall... in meiner Haut... in meinen Poren... Er ist überall in mir, David, wie ein Krebsgeschwür.«

»Helene, ich frage mich, ob es sich vielleicht lohnen könnte, innen anzufragen. Vielleicht weiß der Mutteranteil etwas über dieses Gefühl.«

Helene schloß die Augen und hob ihr Gesicht dem Licht entgegen, als lade sie die Stimme ihrer Mutter zum Sprechen ein. Bald darauf öffnete sie die Augen und sah mich an. »Sie hat gesagt: ›Es ist eine dunkle Wolke. Sie hängt über uns.‹«

Ich senkte die Stimme, um die Mutter direkt anzusprechen. »Sagen Sie mir etwas über diese Wolke. Was geschieht, wenn sie über Sie kommt?«

Helene schloß die Augen und übermittelte mir die Worte des Mutteranteils: »Wir möchten schlafen. Nicht mehr weitermachen.«

»Sie möchten sterben?«

»Es ist schwarz. Wir möchten nicht mehr weitermachen.«

»Wissen Sie, woher sie kommt?«

»Nein.«

Also war es nicht der Mutteranteil. Es war etwas Größeres, etwas Tieferes, etwas, das sie ebenfalls betraf. Aber was? Ich fühlte mich nicht direkt beunruhigt: Ich wußte, daß wir mit der Zeit herausfinden würden, welche Kraft Helene in den Tod ziehen wollte. Die beschwerliche Reise, die wir schon hinter uns gebracht hatten, hatte uns das Vertrauen und die Beziehung beschert, die wir brauchten, um auch dieses Hindernis zu bewältigen. Aber ich war frustriert. Was war noch übrig? Was übersah ich? Helenes Fall erinnerte mich an eines dieser dreidimensionalen Puzzles aus Holz, in dem die Teile erst dann zusammenpassen, wenn man den einen Teil gefunden hat, an dem alle anderen hängen. Ich drehte und wendete Helenes Geschichte in meinem Kopf, genau wie ich als Junge die Teile dieser Puzzles in der Hand gedreht hatte, und suchte nach dem entscheidenden Hinweis. Sicherlich hatte ich alle Teile vor mir. Aber welcher war der Schlüssel zum Ganzen?

In den nächsten paar Sitzungen wuchs meine Frustration. Helene wurde immer hoffnungsloser und niedergeschlagener, und sie hüllte sich in ihre Agonie wie in ein Leichentuch. Ihr Gesicht sah zehn Jahre älter aus, ihr Gang verwandelte sich in ein schwerfälliges Schlurfen, ihre Erscheinung ließ nur noch ein Minimum an Pflege erkennen. Bis jetzt war ich sicher gewesen, daß Helenes Todesgedanken nur *Gedanken* waren, jetzt machte ich mir Sorgen, daß sie nahe daran sein könnte, zur Tat zu schreiten. Am Ende einer jeden Sitzung erneuerte ich unseren Vertrag zum Thema Selbstmord und ließ mir von ihr versprechen, daß sie mich zuerst anrufen würde, wenn sie den Drang verspürte, zu handeln. Jedesmal, wenn mein Telefon spät nachts läutete, betete ich, es möge nicht Helene sein.

Eines Tages erschien sie in so düsterer Stimmung in meiner Praxis, wie ich sie noch nie gesehen hatte.

»Es hat keinen Sinn«, murmelte sie, als sie trübselig in den Sessel sank. »Ich sehe keinen Sinn mehr darin, weiterzumachen.«

»Sagen Sie mir, wie Sie sich fühlen.«

Sie blickte zerstreut im Zimmer umher. »Was ist das?« Sie zeigte auf eine indianische Maske, die ich schon lange an der Wand hängen hatte.

»Warum interessiert Sie das?«

Sie sah verärgert aus und wandte ihre Aufmerksamkeit dem Fenster zu. »Ich könnte springen.« Sie schien eine abstrakte Möglichkeit auszusprechen, nicht eine unmittelbare Absicht.

»Sie wirken heute besonders unglücklich.«

Sie schaute mich zum ersten Mal an. »Ich kann nicht mehr kämpfen.«

»Denken Sie über Möglichkeiten nach, sich das Leben zu nehmen?«

»Ich muß dorthin gehen.«

»Wohin?«

»Es gibt ein Reich, in das ich gehen muß. Es ist wie ein Friedhof. Ein Friedhof für verlorene Seelen.«

Das Bild beeindruckte mich. Ich konnte mir den Ort im Geiste vorstellen: Ein in Nebel gehüllter Friedhof, auf dem geisterhafte Erscheinungen wandelten. Aber da war noch etwas anderes in ihren Worten: In welchem Kontext hatte ich sie schon einmal gehört?

Ich ließ mir von Helene das Versprechen geben, daß sie nicht versuchen würde, sich umzubringen, ohne vorher mit mir zu reden, und nahm am Abend meine Aufzeichnungen zu ihrem Fall mit nach Hause, um sie durchzusehen. Ihre Akte war prall mit teils getippten, teils handgeschriebenen Seiten gefüllt, die Protokolle all unserer Sitzungen enthielten. Nach zwei Stunden Lektüre fand ich, wonach ich gesucht hatte: Am 12. September 1986 hatte Helene ihre Mutter eine »verlorene Seele« genannt.

Natürlich! Natürlich war ihre Mutter eine verlorene Seele, Helene hatte sie buchstäblich *verloren*. Plötzlich hatte ich die vielfältigen Bedeutungen des Wortes »verloren« vor Augen. Helene hatte ihre Mutter *verloren*, als sie neun war. In der Therapie hatten wir ausführlich über die schlechte innere Mutter gesprochen, die wirkliche Mutter jedoch so gut wie ignoriert; im Grunde hatten wir die wirkliche Mutter in unseren Sitzungen *verloren*. Und *ich* fühlte mich verloren: Ich hatte alle mir verfügbaren Möglichkeiten durchdacht, um einen Sinn in Helenes Selbstmordtendenzen zu finden, und hatte nun jede Vorstellung davon *verloren*, wie ich weitermachen sollte. Und dann waren da noch Helenes Gefühle des *Verlustes*: Helenes Mutter war nicht einfach gestorben, sie hatte sich umgebracht, und Helene hatte sie gefunden. Welche Gefühle von Verlust – und Schuld – hatte das wohl verursacht? Ich erkannte, daß das ein Bereich war, den wir erforschen mußten.

Es war nichts Ungewöhnliches, daß wir dieses Thema so lange beiseite gelassen hatten. Im allgemeinen arbeiten Klienten jeweils nur mit einem Elternteil. Wenn sie starke Emotionen aus der Kindheit ausgraben, brauchen sie das Gefühl, einen schützenden Elternteil zu haben, auf den sie sich verlassen können; den Lack von beiden Eltern gleichzeitig abzukratzen, wäre viel zu hart. Da Helene zuerst das Thema Vater ansprach, hatten wir uns darauf konzentriert, und als es abgeschlossen war, hatte sich die Arbeit natürlicherweise der schlechten inneren Mutter zugewandt. Ich hatte die ganze Zeit über gewußt, daß wir noch einmal zum Tod ihrer Mutter zurückkehren mußten, ich hatte sogar an den Rand mancher Protokolle geschrieben:

»Kümmere dich um die Mutter«, »Tod der Mutter?« oder »Was ist in bezug auf die Mutter noch ungeklärt?« Aber da so zahlreiche andere Dinge uns in Atem hielten, war das Thema nicht angesprochen worden. Jetzt war es an der Zeit.

Bei unserer nächsten Sitzung brachte mich Helene jedoch noch einmal aus der Fassung. Ich erkannte sie kaum wieder, als ich sie im Wartezimmer erblickte. Zum ersten Mal, seit ich sie kannte, waren ihre Haare ungekämmt und standen ihr in widerspenstigen Büscheln vom Kopf ab. Ihre Gürtelschlaufen waren leer. Zwei große kaffeebraune Flecken verunzierten auf Brusthöhe ihr Kleid, an dem ein Knopf fehlte. Offenbar hatte sie sich tagelang nicht umgezogen. Zu ihren Füßen lag die Aktentasche flach auf dem Boden, und ihr Inhalt quoll daraus hervor. Ein Paar Strümpfe und eine Rolle Verbandsmull lagen als wirrer Knäuel da. Eine ähnliche Mullbinde war um ihren rechten Arm gewickelt.

»Helene«, sagte ich und rang um eine gefaßte Stimme. Ich konnte mir nicht vorstellen, daß sie so in die Schule gegangen war. Oder war sie gegangen und wieder nach Hause geschickt worden? »Kommen Sie herein.«

Wie eine neunzigjährige Frau, die von einer Katastrophe ganz benommen ist, stemmte sie sich von ihrem Stuhl hoch und schlurfte auf mein Sprechzimmer zu.

»Und Ihre Sachen?«

Sie wandte sich um und folgte mit den Augen meinem ausgestreckten Finger. »Oh.« Stöhnend bückte sie sich und stopfte die Sachen geistesabwesend in ihre Tasche.

»Helene«, fragte ich sie eindringlich, als sie sich im Sprechzimmer gesetzt hatte, »was ist denn los?« Besonders besorgt war ich wegen des Verbandes, aber ich wagte nicht zu fragen: Wenn ich sie fragte, lief mir Helene vielleicht davon. Ich mußte unbedingt abwarten, wenigstens eine Weile, und hören, was sie zu sagen hatte.

»Ich bin verzweifelt.«
»Was ist los?«
Sie schüttelte nur den Kopf.
»Es sieht so aus, als sei es gerade ein bißchen schwer für Sie.«

»Ja.« Es war mehr ein Ausstoßen von Atemluft als ein Wort.
»Können Sie mir sagen, was geschehen ist?«
»Es war ein schlechter Tag. Ein schlechter Tag. Montag, nicht wahr? Ich hatte einen schlechten Tag.«
»Was machte ihn schlecht?«
»Ich habe das Drehbuch für das Frühlingstheaterstück verloren, deshalb konnte ich nicht in die Schule gehen. Was werden die Kinder sagen?«
»Was haben Sie den ganzen Tag gemacht?«
Sie blickte durch mich hindurch, als wäre ich gar nicht da.
»Ich bin herumgefahren.«
»Helene, für mich sieht es so aus, als würde gerade etwas sehr Wichtiges geschehen.«
Sie ließ nicht erkennen, ob sie mich gehört hatte.
»Haben Sie sich verletzt?«
Sie blickte auf ihren Arm und winkte ab, wie um meine Frage zu verscheuchen. »Ich habe mich verbrannt«, sagte sie. »Es ist nicht schlimm.«
»Sind Sie damit beim Arzt gewesen?«
»Nein.«
»Muß die Wunde ärztlich versorgt werden?«
Sie seufzte, als würde ich auf Nebensächlichkeiten herumreiten.
»Helene, ich möchte, daß Sie mir zusichern, daß Sie die Wunde ärztlich versorgen lassen, wenn es notwendig ist. Tun Sie das?«
»Ja«, sagte sie müde.
Ich mußte mich auf sie verlassen. Klienten zu berühren ist in den meisten Therapieformen verpönt, und als jemand, der schweren Mißbrauch erlebt hatte, war Helene in bezug auf körperliche Grenzen besonders empfindlich; selbst ein liebevolles Tätscheln auf dem Rücken konnte bedrohlich auf sie wirken. Eine Untersuchung ihres Arms hätte gewiß das Vertrauensverhältnis zwischen uns gestört.
»Wie haben Sie sich verbrannt?«
»Beim Abendessenkochen.«
»Im allgemeinen sind Sie doch ziemlich vorsichtig. Es sieht Ihnen gar nicht ähnlich, sich aus Versehen zu verbrennen.«

Einen Moment lang sah sie mir in die Augen, dann schloß sie ihre Augen halb und schaute weg.

»Helene, ich bin beunruhigt über das, was hier vorgeht. Wären Sie bereit, die Augen zu schließen und nach innen zu horchen und mir dann zu sagen, was Sie sehen, hören oder fühlen?« Auf der bewußten Ebene war Helene offenbar entschlossen, distanziert zu bleiben. Vielleicht fanden wir, wenn wir tiefer gingen, eine Antwort.

Helene wiegte den Kopf und seufzte ärgerlich, aber sie schloß die Augen. Einige Sekunden lang ließ sie den Kopf schlaff hängen, und ihre Hände kneteten einander in ihrem Schoß, aber allmählich kamen ihre Bewegungen zur Ruhe. Ihr Kinn senkte sich auf ihr schmutziges Kleid hinab. Gleich darauf begann sie zu weinen, kurze, scharfe Atemstöße kündeten von der Intensität ihres Schluchzens.

»Helene?«

Sie schien nichts zu hören.

»Helene?«

Sie bewegte sich leicht, als habe meine Stimme nur knapp den Raum zwischen uns überbrückt.

»Helene. Ich bin David.«

Wieder regte sie sich. Ohne die Augen zu öffnen, schien sie nach meiner Stimme zu suchen.

»Können Sie mir sagen, was passiert?«

Ihre Stimme klang hohl, als spräche sie aus einem Grab heraus. »Heute ist der Tag.«

»Der Tag?«

»Der Tag, an dem sie starb.«

Ich fühlte, wie mir der Atem in der Kehle stockte. Zumindest in ihrem Unbewußten hatte Helene gewußt, daß dieser Tag heranrückte! Der Jahrestag eines wichtigen Ereignisses löst oft eine heftige unbewußte Reaktion aus, und ganz tief in ihrem Inneren hatte sich Helene bereit gemacht. Das erklärte die rasche Verschlechterung ihres Zustands. Sie hatte sich darauf vorbereitet, den Tag dadurch zu begehen, daß sie ihrer Mutter folgte.

»Wie fühlen Sie sich dabei?«

»Ich bin verzweifelt«, wimmerte sie. »Ich bin voller Kummer. Ich habe keine Hoffnung.«

»Was noch? Lassen Sie es einfach kommen.«

»Ich will, daß es aufhört. Ich will nicht mehr so weiterleben. Ich bin dieses Lebens so müde.«

Durch ihre Worte hindurch konnte ich die Stimme ihrer Mutter hören, der verzweifelnden Mutter, die sich in einer tödlichen Falle gefangen fühlte. Hätte sie dasselbe gesagt? »Ich frage mich, ob Ihre Mutter auch so empfunden hat.«

Helene zuckte leicht zusammen.

»Wissen Sie, wir haben sehr wenig über den Tod Ihrer Mutter gesprochen.«

»Aah«, wimmerte Helene.

»Können wir das jetzt tun?«

Resigniert nickte sie.

»Können Sie mir von dem Tag erzählen, an dem Ihre Mutter starb?«

Sie schüttelte ihren Kopf so langsam, als wäre er mit einem bleiernen Gewicht beschwert. »Ich habe es Ihnen schon gesagt. Ich habe sie gefunden.«

»Wie war das für Sie?«

»Ich habe es Ihnen gesagt, ich ...« Ihre Stimme verlor sich. Hinter den geschlossenen Lidern bewegten sich ihre Augen, sie sahen etwas.

»Können Sie mir sagen, was Sie erleben?«

»Nnhh. Nichts.«

Aber ihr Atem beschleunigte sich.

»Es sieht so aus, als würde etwas versuchen, Sie zu berühren. Ich frage mich, ob Sie wohl bereit wären, sich davon berühren zu lassen?«

Ihre Augen schlossen sich fester, und ihre Schultern zogen sich in einer defensiven Bewegung zu ihrem Kinn hoch. Aber auch dies bot keinen Schutz gegen die Macht des Bildes. Hinter den Lidern standen die Augen nun fast still, blickten gespannt geradeaus.

»Sehen Sie etwas?«

»Ja.« Es war die Stimme des kleinen Mädchens.

»Kannst du mir sagen, was du siehst?«

»Ich sehe meine Mami ...«

»Was macht sie?«

»Sie spricht mit mir. Sie schreit mich an.«
»Was sagt sie?«
»Sie fuchtelt mit den Armen... Sie sieht wütend aus... traurig und wütend... sie schreit. Sie schreit: ›Ich kann das nicht mehr aushalten... Es ist alles deine Schuld...‹« Helene hielt inne, schreckte plötzlich in ihrem Sessel zurück. »Sie hat den Revolver!... Den glänzenden Revolver aus der Küchenschublade... Sie hat gesagt, ich solle den Revolver nie anrühren... Warum hat sie ihn? Sie schwenkt ihn durch die Luft... Hör auf, Mami! Hör auf, ihn zu schwenken!... Oh, jetzt weint sie. Weine nicht, Mami. Ich werde brav sein. Ich verspreche es, ich werde brav sein...« Plötzlich stand ein Ausdruck blanken Entsetzens in Helenes Gesicht. »Nein, Mami! Tu das nicht! Richte nie einen Revolver auf dich selbst! Du hast gesagt...oh!« Der Laut, halb verschluckt, entfuhr ihrem Mund, und Helenes Blick richtete sich auf den Boden. Sie starrte nach unten, das Kinn ruckte nervös vor und zurück. Einige Sekunden verstrichen, dann kam ihre Stimme wieder, jetzt ruhiger, weniger entsetzt. »Mami?... Mami, schläfst du?... Schläfst du, Mami?... Wach auf, Mami! Wach auf!...« Helenes Hand griff zögernd in die Luft und stieß die Mutter an – erst vorsichtig, dann stärker und dann heftig und flehentlich. Dann sank sie abrupt in sich zusammen, rollte sich zu einer Kugel ein und schluchzte.

»Ja«, tröstete ich, »ja...«

Sie weinte lange, den Kopf in den Armen verborgen, und dann begann sie sich zu wiegen – langsam, fast unmerklich –, als sei sie Mutter und Kind zugleich.

»Helene?«

Sie regte sich, setzte sich aber nicht auf.

»Helene, wenn Sie so weit sind, und Sie können sich so viel Zeit lassen, wie Sie brauchen, können Sie die Augen öffnen und in die Gegenwart und zu mir zurückkehren.«

Helene stöhnte ein wenig und richtete dann langsam ihren Oberkörper auf.

»Ich habe nicht gewußt... Ich dachte, ich hätte sie gefunden...« Die Worte tropften langsam von ihren Lippen, flach und tonlos. »Ich habe sie im Stich gelassen.«

»Im Stich gelassen? Wieso?«

»Ich hätte sie davon abhalten sollen.«

»Sie glauben, Sie hätten sie davon abhalten sollen?«

Sie schüttelte den Kopf, tadelte sich selbst. »Wenn ich braver gewesen wäre...«

»Aber haben Sie nicht in jeder nur möglichen Weise versucht, braver zu sein – und es hat keinen Unterschied gemacht?«

Sie starrte mir traurig in die Augen.

»Wenn Sie so reden, Helene, dann denke ich, Sie vergessen, daß es viele andere Belastungen im Leben ihrer Mutter gab. Ihren Vater ... vielleicht ihre eigenen Eltern ... Meinen Sie nicht, sie könnten etwas damit zu tun gehabt haben?«

Sie schaute mich eine Sekunde lang an, als hätte ich in einer fremden Sprache gesprochen, und wandte sich dann ab.

»Glauben Sie nicht, daß die Kräfte, die sie schließlich dazu bewogen haben, sich das Leben zu nehmen, vielleicht schon lange angelegt waren, als Sie geboren wurden?«

»Hmm«, murmelte sie. Aber ihr Blick blieb unverändert, sie schaute zum Fenster hinaus.

Ich dachte an die »Suizidbotschaft«, die Helenes Mutter hinterlassen hatte – an die fünf Worte: »Es ist alles deine Schuld.« Das Kind hörte sie als: »*Ich bin schuld am Tod meiner Mutter, jetzt habe ich es verdient, zu sterben!*«

Aber das war nicht die einzige Botschaft, die Helenes Mutter hinterlassen hatte. Durch ihre Beziehung zu Helene hatte sie ihr noch eine zweite Botschaft übermittelt, die ebenso mächtig war. Sie hatte ihre Tochter gebeten, das Bett mit ihr zu teilen, sie hatte behauptet, Helene sei der einzige Sonnenstrahl in ihrem Leben, sie hatte Helenes Leben so gestaltet, daß es den Bedürfnissen der Mutter entsprach. Durch diese Handlungen hatte sie ihre Tochter eisern im Griff gehabt – und eine tiefe, unbewußte Botschaft hinterlassen: *Ich brauche dich, Helene, trenne dich nicht von mir, Helene, laß mich nicht allein!*

Plötzlich war Helenes »Drehbuch« klar. Natürlich hatte sie gesagt, es sei »in jeder Faser ihres Körpers« verankert, daß sie sterben müsse. Es lag nicht daran, daß ihre Mutter eine suizidale Depression in ihr geschürt und ihr den Selbstmord vorexerziert hatte. Es lag noch nicht einmal daran, daß Helene Zeugin dabei gewesen war. Vielmehr wichtiger war, daß ihre Mutter ihr diese beiden heimtückischen Botschaften gegeben hatte: *Ich brauche dich bei mir, Helene; du verdienst es, zu sterben.* Ihre Mutter hatte bis zu dem Tag, an dem sie starb, an diesem Drehbuch für Helene geschrieben, und seit jenem Tag hatte Helene gegen sein gnadenloses Ende angekämpft.

Wir schwiegen einige Minuten lang, in denen Helene dasaß und zu Boden starrte. Ihr Gesicht verriet nichts über den Tumult in ihrem Inneren – gab keinen Hinweis auf die monumentale Veränderung, die gerade stattgefunden hatte. Vor sechsunddreißig Jahren war ein Teil von Helene Zeugin beim Selbstmord ihrer Mutter gewesen, und in jenem Augenblick unerträglichen Schreckens hatte sich dieser Teil abgespalten; Helene hatte ihn aus ihrem Bewußtsein verbannt. Einen Bruchteil einer Sekunde später war ein *anderer* Teil an die Oberfläche gekommen und hatte die Mutter auf dem Boden liegend vorgefunden. »Wach auf, Mami!« hatte dieser Teil gerufen und in aller Unschuld geglaubt, die Mutter könnte schlafen. Denn dieser Teil, der gerade erst neu geboren war, hatte die Tat der Mutter wirklich nicht gesehen.

Jetzt plötzlich war der verbannte Teil wieder ins Bewußtsein zurückgekehrt, und zum ersten Mal seit sechsunddreißig Jahren *wußte* Helene – wußte und fühlte mit ihrem ganzen Sein –, daß sie Zeugin beim Tod ihrer Mutter gewesen war. Und zusammen mit diesem Wissen tauchten zwei verzerrte, sie verurteilende Gefühle auf: Sie fühlte sich für den Tod der Mutter verantwortlich, weil sie ihn nicht verhindert hatte, und weil sie für ihn verantwortlich war, verdiente sie es, zu sterben.

Ich beobachtete ihr totenblasses, regungsloses Gesicht. »Woran denken Sie?«

Sie stieß einen tiefen Seufzer aus. »Zumindest mußte sie nicht leiden.« Ihre Worte richteten sich ebenso an sie selbst wie an mich.

»Ja. Und welches Gefühl gibt Ihnen das?«

»Ich habe daran gedacht, mir einen Revolver zu besorgen...«

»Damit Sie tun können, was Sie getan hat?«

»Es steckt in mir. Ich kann nicht mehr widerstehen.«

»Aber Sie haben keinen Revolver?«

»Nein.«

»Denken Sie an einen anderen Weg?«

Abwesend, als sei sie nicht recht bei der Sache, nickte sie.

Bisher hatte Helene schon mehrere Möglichkeiten erwogen, wie sie sich umbringen könnte, aber sich noch für keine entschieden. Ein Patient gilt dann als dem Selbstmord nahe, wenn er eine bestimmte Methode ins Auge gefaßt hat *und* sich besorgt hat, was er dazu braucht. Wenn sich jemand von geschätzten Besitztümern trennt und sich aus Bindungen löst, zeigt das im allgemeinen das letzte Stadium seiner Todesbereitschaft an.

»Woran haben Sie gedacht?«

»Rasierklingen.«

»Haben Sie welche gehortet?«

»Ja.«

»Wären Sie bereit, mir Ihre Rasierklingen zu geben?« Die Frage klang dumm. Selbst wenn Helene mir die Rasierklingen gab, konnte sie sich sofort neue kaufen. Aber wenn ein Mensch einmal beschlossen hat, wie er sich umbringen will, lädt sich das Instrument, das er benutzen will, mit einer Art magischer, emotionaler Aura auf. Wenn er dieses Instrument einem Therapeuten übergibt, übergibt er ihm gleichzeitig diese Aura – und die Kraft, den Akt durchzuführen, ist zumindest zeitweilig gebrochen.

Zum ersten Mal in dieser Sitzung sah mir Helene in die Augen. »Das kann ich nicht tun.«

»Helene...«

Aber sie schnitt mir das Wort ab, indem sie plötzlich aus ihrem Sessel aufstand. Ihre Bewegung war knapp und präzise, sie schien sich wie ein Phönix aus ihrer Lethargie zu erheben. Ihr Blick war stählern. »Ich bin Ihnen für all Ihre Hilfe dankbar, David.« Jetzt war auch ihre Stimme flach und scharf wie eine Rasierklinge. »Aber ich glaube nicht, daß ich Sie noch weiter in Anspruch nehmen muß.« Dann drehte sie sich um und ging mit eiserner Entschlossenheit in Richtung Tür. Die Aktentasche mit ihrem überquellenden Inhalt lag vergessen auf dem Boden.

Ich fühlte, wie mir innerlich kalt wurde. Depression, Wut, Elend – jedes starke Gefühl bei einem selbstmordgefährdeten Klienten ängstigt mich weniger als Kälte und Distanz. Eine Klientin drohte mir einmal damit, sich ein Messer in die Brust zu stoßen – nachdem sie sich meine Visitenkarte aufs Herz gelegt hatte, damit ich in ihre Tat mit hineingezogen würde. Eine andere hielt sich eine Pistole an den Kopf, während sie mir am Telefon schilderte, wie ihre Kinder im Nebenzimmer schliefen. In diesen Fällen gab es noch ein Interesse – an mir, an den Kindern, etwas, womit man arbeiten konnte, was man als Köder benutzen konnte, um diese Menschen dazu zu bewegen, ihr Vorhaben noch einmal zu überdenken. Aber wenn ein Klient losgelassen hat, wie jetzt Helene, wenn die Augen kalt werden, wenn eine Aktentasche, die monatelang wie ein Talisman durch schwere Zeiten mitgetragen wurde, auf dem Boden liegen bleibt, wenn unsere Beziehung so leichthin aufgegeben wird – dann weiß ich kaum, was ich tun soll.

Als einzige Rettung fiel mir ein, an den Teil in ihr zu appellieren, der bereit war, sich um andere zu kümmern, wie sie sich um ihre Mutter gekümmert hatte. »Ja, Helene«, sagte ich, meine Worte abwägend, »Sie können gehen. In ein paar Minuten können Sie gehen. Aber meinen Sie nicht, Sie schulden es mir, daß wir hier zu irgendeiner Art von rundem Schluß kommen?«

Ihre Augen begegneten den meinen für eine Sekunde und glitten dann wieder zur Seite.

Ich wartete.

Sie rührte sich nicht.

»Wenn Sie vorhaben, mich zu feuern, habe ich dann nicht wenigstens das Gefühl verdient, irgendwie mit Ihnen abgeschlossen zu haben? Oder spielt das keine Rolle?«

Sie stand da, noch immer starr, und atmete kaum.

»Wir haben jetzt lange Zeit miteinander gearbeitet. Meinen Sie nicht, wir sollten ein besseres Ende finden?«

Als würde langsam durch ein kleines Loch Luft entweichen, begann Helene zu erschlaffen.

»Helene.« Meine Stimme war sanft. »*Sie* möchten sterben, aber es gibt Teile in Ihnen, die nicht sterben wollen. Es gibt Teile in Ihnen, die noch Hoffnung haben... die glauben, daß es einen besseren Weg an all dem vorbei gibt. Auch *sie* verdienen es, gehört zu werden.«

Helene ließ den Kopf hängen. Sie antwortete nicht.

»Wissen Sie, was meine Sorge ist, Helene? Meine Sorge ist, daß, wenn Sie sterben, auch diese Teile mitgerissen werden... so wie Sie von Ihrer Mutter mitgerissen wurden.«
Ein leises Wimmern kam aus ihrem Mund.
Fast eine volle Minute verstrich, bis sie den Blick hob. Sie flüsterte nur: »Sie hat ihrem Schmerz ein Ende gemacht.«
Die Bitte war unüberhörbar. Helene war einen Schritt weit vom Abgrund zurückgetreten, aber mehr auch nicht.
»Helene, Sie bringen mich in eine Situation, in der ich verpflichtet bin, etwas zu unternehmen. Ich muß von Gesetzes wegen versuchen, Sie an einem sicheren Ort unterbringen zu lassen, wenn Sie selbst nicht für Ihre Sicherheit bürgen können. Können Sie mir garantieren, daß Sie sich zwischen jetzt und unserer nächsten Zusammenkunft kein Leid antun?«
Sie schloß die Augen, öffnete sie dann wieder. »Das kann ich nicht.«
»Dann haben wir wohl keine Wahl. Es sieht so aus, als wäre es das beste für Sie, für kurze Zeit in ein Krankenhaus zu gehen – bis wir verstehen können, was Sie dazu bringt, so zu empfinden.« Ich ließ meine Worte einwirken. »Was meinen Sie dazu?«
Ihr Blick umwölkte sich. »Und was ist mit Dulcy?«
Ihr Hund. In ihrer Sorge sah ich ein Fünkchen Hoffnung.
»Kann Ihre Cousine sie solange hüten?« Helenes Cousine wohnte in der Nähe und war offenbar ihre nächste Verwandte oder Freundin.
»Hmm.« Sie nickte abwesend.
»Soll ich sie anrufen, oder möchten Sie das gern tun?«
»Sie.«
Ich schlug die Telefonnummer der Cousine in meinen Unterlagen nach und rief sie an; glücklicherweise war sie zu Hause. Ich erklärte ihr die Lage und bat sie, eine Tasche für Helene zu packen, sie dann in meiner Praxis abzuholen und sie ins Krankenhaus zu bringen. Während ich sprach, behielt ich Helene im Auge, aber sie machte keine Anstalten zu gehen. Vielmehr schlurfte sie zu ihrem Sessel und ließ sich hineinfallen.
Dann mußte ich Helenes Aufnahme ins Krankenhaus arrangieren. Da ich kein Arzt bin, habe ich kein Einweisungsrecht, al-

so rief ich einen Kollegen an, einen Psychiater, der mir schon früher in solchen Fällen geholfen hatte. Seine Sekretärin versprach, die Botschaft weiterzugeben, und kurz darauf rief er mich zurück und stimmte meinem Vorschlag zu, Helene in die psychiatrische Abteilung eines Krankenhauses einzuweisen.

Dann mußten wir nur noch auf die Ankunft der Cousine warten. Ich setzte mich auf den Stuhl neben Helene und betrachtete sie. Es machte mir Sorgen, daß ich sie ins Krankenhaus schicken mußte. Eine psychiatrische Abteilung ist nicht auf tiefgehende emotionale Arbeit ausgelegt. Ihre Aufgabe ist es, Patienten zu stabilisieren – sicherzustellen, daß sie essen, schlafen und sich waschen –, zu verhindern, daß sie sich umbringen, und die Belastungen des täglichen Lebens so lange von ihnen fernzuhalten, bis sie wieder selbst damit fertigwerden können. Es fehlt dort an Zeit, um einem suizidalen Patienten wirklich zur Heilung zu verhelfen. Der von mir hinzugezogene Arzt würde ihr behandelnder Psychiater sein und die Betreuung an mich delegieren. Ich mußte meinen Tagesplan umstellen, damit ich sie jeden zweiten Tag besuchen konnte. Gemeinsam würden wir die Gefühle ergründen, die den Selbstmord ihrer Mutter umgaben. Aber ich hegte nicht die Erwartung, daß wir große Fortschritte erzielen würden. Die wahre Heilung würde erst einsetzen, wenn sie wieder entlassen war. Also hoffte ich hauptsächlich darauf, daß Helene mit dem Pflegepersonal kooperieren und einen fundamentalen Lebenswillen zeigen würde, damit sie bald wieder nach Hause durfte.

Helene schien sich meiner Anwesenheit nicht bewußt zu sein. Sie saß zusammengekauert in ihrem Sessel und ließ den Kopf über den Schoß hängen wie eine alte Frau in einem Pflegeheim.

Als sie im Krankenhaus ankam, wurde Helene unendlich schwierig. Meine schlimmsten Befürchtungen bewahrheiteten sich. Ihre Depression und ihre Selbstmordneigung waren so stark, daß sie eine vollständige Verweigerungshaltung annahm. Sie leistete Widerstand, als die Schwestern sie dazu bewegen wollten, sich anzuziehen. Sie weigerte sich zu essen. Sie weigerte sich, an den täglichen Gruppentherapiestunden teilzunehmen. Ich ging jeden zweiten Tag zu ihr, und wir brachten die meiste Zeit damit zu, ihre jeweils jüngste Verweigerung zu besprechen. Zwischen den Besuchen bombardierte mich das Pflegepersonal mit Anrufen, weil Helenes »Verteidigungsakte« sie alle irritierten und frustrierten. Ich sah diese Verhaltensweisen nicht als Verteidigungsakte an, sondern als Signale dafür, daß Helene nicht mehr leben wollte.

Die Aussicht, daß Helene nach einer Woche entlassen werden könne, schwand schon bald. Am Ende der ersten Woche war klar, daß sie noch mindestens eine weitere Woche bleiben mußte. Das machte die Krankenhausärzte nervös. Im allgemeinen sehen sie es lieber, wenn Psychiatriepatienten rasch wieder gehen. Sie sind nicht auf eine Langzeittherapie eingerichtet, und Helene war besonders anstrengend. Dadurch wuchs der Druck auf mich, bei Helene eine Besserung herbeizuführen, damit sie entlassen werden konnte.

Mitte der zweiten Woche bekam ich eines Morgens einen Anruf vom Krankenhaus. Helene hatte einen Selbstmordversuch unternommen. Sie hatte versucht, sich mit der Telefonschnur zu erhängen.

Nach der letzten Sitzung des Tages ging ich ins Krankenhaus. Hatte ich schon bisher Ungeduld mit Helene empfunden, so fühlte ich jetzt offene Feindseligkeit. Das Personal im Schwesternzimmer, das dem Aufzug gegenüber lag, verdrehte die Augen, als ich aus dem Aufzug trat. *Jetzt sehen Sie mal, was sie angestellt hat*, schienen sie zu sagen, und ich empfand ihre Blicke wie Dolchstiche: *Es ist Ihre Schuld*, sollte das heißen, *warum geht es ihr nicht besser? Wann holen Sie sie heraus?*

Ich wünschte verzweifelt, ich wüßte eine Antwort. Ich hatte die Hoffnung nicht aufgegeben und glaubte noch immer, daß wir ihre Selbstmordneigung besiegen konnten. Aber die Zeit lief uns davon. Das Krankenhaus drohte, sie in die Psychiatrische Anstalt des Bundesstaates zu verlegen, einen unerträglich deprimierenden Ort, der zu weit von Seattle entfernt lag, als daß ich sie regelmäßig hätte besuchen können. Wenn Helene erst einmal dort war, würde es ihr nie mehr besser gehen. Aber welche Alternativen gab es? Ihre Versicherung lief ab. Ich hatte keine Kollegen an anderen Krankenhäusern, die als behandelnde Ärzte fungieren konnten. Nach Hause konnte ich sie auf keinen Fall schicken. Wir waren am Ende unserer Möglichkeiten angelangt. Unter den bitterbösen Blicken des Personals durchflutete mich eine Welle der Verzweiflung. Helene *mußte* es in den nächsten Tagen durchschlagend besser gehen – und ich hatte keine Ahnung, wie ich das bewerkstelligen sollte.

Helene war in einen kahlen Raum verlegt worden, in dem nur ein Bett, ein Stuhl und eine Kommode standen. Das einzige Fenster ging auf eine Mauer hinaus und war mit Maschendraht gesichert. Helene saß zu einer Kugel zusammengerollt auf dem Bett und lehnte sich an das Kopfteil. Sie kehrte der Tür den Rücken zu.

»Helene...«

Beim Klang meiner Stimme schüttelte sie den Kopf.

»Helene...«

Sie schüttelte ihn stärker, drehte ihn heftig von einer Seite zur anderen, als wolle sie den Klang meiner Stimme aus ihren Ohren vertreiben.

»Helene, wenn Sie nicht sprechen möchten, könnten Sie mir dann bitte einfach nur zuhören?«

Aber sie schüttelte den Kopf immer weiter und weiter und setzte die Bewegung sogar noch fort, als ich den Versuch, mit ihr zu reden, schon aufgegeben hatte.

»Nun, ich sehe, daß Sie nicht zuhören möchten, also werde ich einfach still dasitzen, und wir werden sehen, ob wir vielleicht einen anderen Weg der Verständigung finden.«

Ich setzte mich auf den Stuhl, und kurz darauf erschien eine Sozialarbeiterin in der offenen Tür: Als akut gefährdete Selbstmordkandidatin wurde Helene nun in Abständen von fünfzehn Minuten überwacht. Ich wollte gerade nicken, aber die Sozialarbeiterin hatte mir schon den Rücken zugekehrt und bedeutete mir, ich solle ihr folgen. Ergeben folgte ich ihr, auf eine neue Flut von Beschwerden gefaßt. Aber statt dessen zog sie draußen auf dem Flur etwas aus der Tasche und ließ es in meine Hand fallen.

»Sie hat gesagt, das sollten wir Ihnen geben.«

Ich blickte hinunter. In meiner Hand lag ein Stück Papier, das viele Male zusammengefaltet worden war, ganz offensichtlich, um seinen Inhalt zu verbergen. Innen fand ich Helenes vertraute Lehrerinnenschrift, deren sonst so säuberliche Linien jetzt von Angst verzerrt waren. Ich strich die Falten in dem Papier glatt und las:

An David,
Ich weine und weine und weine. Sie sagen mir, es sei gut, zu weinen, aber sie verstehen mich nicht. Für mich ist es keine Erleichterung. Ich werde nie Erleichterung finden. Denn ich betrauere meinen eigenen Tod. Niemand versteht mich! Es ist so viel Müll in mir. Müll und Verschmutzung. Ich bin Gift! Ein verbittertes, verwüstetes, fauliges, vergiftetes Krebsgeschwür, entstellt von Jahren des stummen Weinens und Weinens und Weinens, in denen niemand kam. Jahrelang habe ich unter der Erde gelebt, fern von der Sonne und von menschlicher Wärme, und ich friere bis ins Mark. Es hat keinen Sinn mehr, David. Sie müssen mich gehen lassen.

Ich hielt den Atem an. Die Verzweiflung in diesen Worten war so abgrundtief, daß ich das Gefühl hatte, der Frau, die sie geschrieben hatte, nicht entgegentreten zu können. Aber dann las ich den Brief noch einmal, und beim zweiten Mal bemerkte ich hinter der Verzweiflung noch einen anderen Ton, der nicht mehr zu überhören war, wenn man ihn erst einmal wahrgenommen hatte. Helenes Brief war eine Bitte, eine Hoffnung gegen alle Hoffnung, daß dieses eine Mal jemand ihren Schmerz wahrnehmen würde. Er war ihr letzter, verzweifelter Schrei aus der Finsternis, die Hoffnung, daß diesmal jemand kommen würde.

Ich erkannte, daß jetzt der Zeitpunkt für ein anderes Vorgehen gekommen war. Alle Versuche, über den Tod ihrer Mutter zu sprechen, alle Versuche, sie zu stabilisieren, hatten sie nur dem Abgrund nähergebracht. Wenn bei Helene eine Besserung eintreten sollte, ehe das Krankenhaus sie in eine staatliche Institution überwies, mußten wir etwas radikal anderes versuchen, einen gezielten Schlag mitten ins Herz der Selbstmordtendenz führen. Aber wie?

Ich mußte weg von hier – weg von den Schwestern, weg von Helene, irgendwohin, wo ich zur Ruhe kommen und einen klaren Gedanken fassen konnte. Ich ging den Gang entlang zum Aufzug, und als sich die Tür öffnete, stieg ich ein.

Aus Erfahrung wußte ich, daß ich immer, wenn ich einen toten Punkt überwinden wollte, mit dem bewußten Herumgrübeln an einem Problem aufhören mußte. Wenn es mir gelang, meinen Gedanken freien Lauf zu lassen, wenn ich meine jeweiligen Vorannahmen loslassen konnte, schickte mir das Unbewußte vielleicht einen hilfreichen Einfall. Also ging ich unter dem Vorwand, zu Abend essen zu wollen, in die Cafeteria, kaufte mir ein Sandwich und eine Tasse Kaffee und setzte mich an einen Ecktisch. Dort, mitten zwischen klappernden Tabletts und von Geplauder umgeben, lehnte ich mich zurück und ließ meinen Blick schweifen. An einem Tisch in der Nähe fielen mir eine Mutter und ihr halbwüchsiger Sohn auf. Ich betrachtete sie geistesabwesend, bemerkte nur mit halbem Auge ihre Interaktionen und dachte bald an meine eigene Mutter. Meine Gedanken streiften in einer natürlichen Trance frei umher, und mir kam der Trauergottesdienst für meine Mutter in den Sinn, der schon viele Jahre zurücklag. Ich erinnerte mich an einen Spruch, den mir der Rabbiner im Anschluß daran gesagt hatte:

Du bist von mir gegangen, aber das Band, das unsere Seelen verbindet, kann niemals zertrennt werden; dein Bildnis lebt in meinem Herzen fort.

Damals hatte ich seine Worte als eine figurative Anspielung auf die geistige Verbindung zwischen Eltern und Kind angesehen. *Wie wahr*, hatte ich gedacht, *selbst nach dem Tod lassen wir nicht los*. Aber plötzlich hörte ich das Gebet in anderer Weise – ich hörte es *wörtlich*. Wir alle tragen Elternanteile in uns, und wenn wir genau hinhören oder in Trance gehen, können wir mit diesen inneren Anteilen kommunizieren. Vielleicht existiert sogar das Band selbst – die Kraft, die uns selbst dann noch mit unseren Eltern verbindet, wenn sie gestorben sind – ebenfalls in uns, in einer Form, die kommunizieren kann. *Vielleicht kann sich das Band selbst in eine Form verdichten, mit der wir sprechen können.*

Zwei Dinge zogen Helene in den Tod: das Gefühl, daß sie es verdient habe, zu sterben, und die ausdrückliche Aufforderung, bei ihrer Mutter zu bleiben. Beides hatte sie seit ihrer Kindheit in sich getragen, beides hatte all ihr Tun gefärbt und eine Art Brennglas gebildet, durch das sie ihr Leben betrachtete. Diese Dinge existierten nicht in einer einzigen, lokalisierbaren Form in ihr, wie die schlechte Mutter, vielmehr durchdrangen diese Schubkräfte, die so primär und lebensprägend waren, *jede* Faser ihres Körpers. Wäre es wohl möglich, diese lebensprägende Kraft »anzurufen« – sie aus den Orten in der ganzen Persönlichkeit Helenes, in denen sie sich eingenistet hatte, »zusammenzuziehen« – und sie zu bitten, eine Stimme anzunehmen, die mit mir sprechen konnte? Ich hatte keine Ahnung; ich hatte noch nie zuvor so etwas versucht. Aber wenn ich es versuchte – und wenn es klappte –, dann konnte ich direkt mit der Kraft sprechen, die Helene in den Tod zog. Plötzlich war mir meine Intervention klar: Ich würde Helene hypnotisieren und darum bitten, mit dieser »Kraft« sprechen zu können. Was ich sagen würde, wenn sie sich tatsächlich formierte, wußte ich noch nicht. Aber zumindest hatte ich – endlich – das Gefühl, daß ich wußte, was ich tun konnte.

Als ich in Helenes Zimmer zurückkehrte, saß sie noch immer in derselben Haltung zusammengerollt auf dem Bett, ein übergroßes, verzweifeltes Kind.
»Ich habe Ihren Brief gelesen«, sagte ich.
Zu meiner Überraschung drehte sie sich um und schaute mich an. Ihre Augenlider waren schwer und ihre Bewegungen langsam, aber sie sah mich die ganze Zeit an. Ich erkannte, daß ich zwei Helenes gleichzeitig vor mir hatte: Ihren dunklen, verzagten Teil, der den Tod herbeisehnte, aber auch die winzigen, zerbrechlichen Anteile, die sich ans Leben klammerten. Die Stimmen dieser zerbrechlichen Anteile waren es, die mich in dem Brief angerufen hatten, und sie waren es auch, die jetzt den schweren Körper zu mir umdrehten und darauf vertrauten, daß ich ihnen half, den Sog in Richtung Tod zu besiegen. Wieder spürte ich die Last meiner Verantwortung, die Ungeduld des Krankenhauses, Helenes stetigen, deutlichen Verfall. Und ich

sah, wie wichtig es war, daß ich entschlossen handelte, denn wenn ich zögerte, würden sich diese Teile im Stich gelassen fühlen. Sie würden ihren Willen zum Kampf aufgeben, und die Intervention würde mit Sicherheit scheitern.

»Ich habe gründlich nachgedacht«, sagte ich fest. »Ich möchte Sie gerne in Trance versetzen und dann mit Ihnen arbeiten.«

Einen endlosen Augenblick lang verharrte sie still und verschlossen, wie eine Statue, auf dem Bett. Dann hob sie sehr langsam den Kopf und öffnete die Augen. »Ja«, hauchte sie.

Ich spürte, daß wir beide erleichtert waren.

Ich vereinbarte mit dem Pflegepersonal, daß uns niemand stören würde, dann schloß ich die Tür und zog den Stuhl näher ans Bett heran. Ich benutzte ein Reinduktionssignal, das wir bei unserer gelegentlichen Hypnosearbeit in der Praxis eingeübt hatten, um Helene in Trance zu versetzen. Dann ermutigte ich sie dazu, tiefer zu gehen.

»Mit jedem Atemzug werden Sie immer empfänglicher für Ideen und Möglichkeiten, Dinge zu sehen und Dinge zu hören, die Ihnen helfen können, die Schwierigkeiten der letzten Zeit zu überwinden...«

Helene hatte sich so gedreht, daß ihr Rücken am Kopfteil des Bettes lehnte und ihre Beine, in Krankenhausdecken eingewickelt, lang ausgestreckt vor ihr lagen. Als ich zu ihr sprach, wurde ihr Kopf schwer, dann fiel er kraftlos zur Seite.

»Und je mehr Sie versuchen, einen Weg durch diese Schwierigkeiten hindurch zu finden, umso leichter wird es für Sie, auf Ihre tiefsten Gedanken, Einstellungen und Gefühle zu achten... So ist es recht... Nun wüßte ich gerne, ob es in Ordnung ist, mit der Kraft zu sprechen, die Helene so hartnäckig in Richtung Tod gezogen hat... Wenn das für das Unbewußte in Ordnung ist, dann nicken Sie einfach leicht mit dem Kopf.«

Langsam senkte sich Helenes Kopf und hob sich wieder.

»Danke... Und jetzt, während Sie tiefer gehen... möchte ich gerne aus allen Aspekten von Helenes Persönlichkeit jenen Sog zum Selbstmord herbeirufen... diesen ganzen Sog Richtung Mutter... und ich möchte, daß dieser ganze Sog jetzt mit einer eigenen Stimme zu mir spricht.«

Ich beobachtete Helenes Gesicht scharf. Ihre Augen waren geschlossen, ihr Kinn ruhte auf dem Kragen ihres Nachthemdes. Sie atmete flach mit offenem Mund und saß regungslos still.

»Wenn diese Kraft da ist, kann sie dann bitte dieser Stimme entgegenkommen... Bitte komm dieser Stimme entgegen.«

Helene regte sich ein bißchen.

»So ist es recht... komm näher... komm in dieses Zimmer... diese Stimme wird dich zu mir bringen... ja...«

Helene regte sich wieder, diesmal ein wenig mehr. Dann öffnete sich ihr Mund plötzlich weit, und eine unbekannte Stimme, zart und erstaunt, kam heraus. »Woher wußten Sie, daß ich da bin?«

Ein Frösteln durchlief mich. *Wer sprach da?* Ich hatte darauf gehofft, diese Kraft in der Trance zuammenziehen zu können, aber ich hatte mit etwas viel Undeutlicherem gerechnet – Helenes Stimme, wie in Trance und aus weiter Ferne –, aber nicht eine klare Persona mit einer eigenen Stimme. Diese Stimme klang so, wie ich mir die Stimme der wirklichen Mutter vorgestellt hatte – jung und verzweifelt und voller Angst. Verdichtete sich die Kraft in der Persona der Mutter?

Aber welche Form diese Kraft auch immer annahm, sie hatte geantwortet. Ich war plötzlich in Hochstimmung. Nachdem ich monatelang mit Helenes wachsender und gestaltloser Selbstmordneigung gekämpft hatte, spürte ich jetzt, daß ich endlich den Kern getroffen hatte. Augenblicke wie diese – in denen ein Klient sich in der tiefsten Schicht öffnet und mich einläßt – gehören zu den intimsten in einer Therapie. Und in ihnen liegt das größte Potential für eine Veränderung.

»Ich spüre Ihre Gegenwart«, sagte ich langsam. Ich wollte in einer Weise reagieren, die unser Bündnis nicht bedrohte, das ich als sehr zerbrechlich empfand.

»Was wollen Sie?«

»Ich möchte einfach nur reden.«

»Worüber?«

»Über Helene. Sie hat das Gefühl, Sie ziehen sie Richtung Tod.«

»Ich brauche sie bei mir. Ich dachte, der Tod würde mir Frieden bringen. Aber ohne sie gibt es keinen Frieden.«

Wieder durchlief mich ein Frösteln: Die Stimme antwortete, als *sei* sie Helenes Mutter, als sei sie noch immer »am Leben«, obwohl sie gestorben war! Einen unheimlichen Augenblick lang hatte ich das Gefühl, sie strecke die Hand aus dem Grab. Ich mußte mich selbst daran erinnern, daß hier in Wirklichkeit nicht die Mutter sprach, sondern vielmehr ein Konstrukt von Helenes Geist, eine Ansammlung von Gefühlen und Haltungen, die ich künstlich zusammengezogen hatte.

Und dann ging mir auf: Natürlich mußten sie sich in der Persona von Helenes Mutter verdichten – denn die Mutter war die Quelle, aus der sie entsprungen waren. Welche bessere Möglichkeit gab es, ihnen eine Stimme zu verleihen, als die Gestalt der Frau, mit der sie so eng verbunden waren? Unbewußt mußte Helene das Gefühl gehabt haben, diese Kräfte gingen von ihrer Mutter aus. Für sie *waren* sie die Mutter: Die Mutter, die sie in ihr Grab zog.

Und darin offenbarte sich auch noch ein weiterer Grund für die Macht dieser Kraft. Helene hatte sich nie von ihrer Mutter gelöst. Da ihr die Erfahrungen vorenthalten wurden, die zur Autonomie führen, hatte sie nie ein eigenständiges Selbstgefühl entwickeln können. Als ihre Mutter starb, war es, als sei ein Teil von ihr selbst verschwunden – und sie hatte sich seither stets danach gesehnt, sich wieder mit diesem Teil zu vereinen. Deshalb war der Drang zum Selbstmord so unwiderstehlich. Er war Helenes letzter Versuch, dieses Band zu festigen. Wenn Helene tot war, konnte sie nichts mehr von ihrer Mutter trennen. Sie mußte sich nie einem Leben ohne sie stellen.

Einen Augenblick lang fühlte ich einen freudigen Triumph: Ich wußte jetzt, was ich zu tun hatte! Helene hatte es so klar für mich zurechtgelegt wie eine Gebrauchsanweisung. Ich hatte darum gebeten, mit dem »Sog zum Selbstmord« reden zu können, und Helene hatte mir diese »Mutter« geliefert. Meine Aufgabe war es jetzt, mit dieser Mutter zu verhandeln, sie irgendwie dazu zu bewegen, ihren Griff zu lösen. Würde das möglich sein? Ich hatte keine Ahnung, was ich sagen oder wie ich argumentieren sollte, um sie zu überzeugen. Aber es gab Hoffnung. Erstens hatte Helene diese »mütterliche Kraft« produziert, damit ich mit ihr reden konnte, und das hieß, daß sie ernstlich

Fortschritte machen wollte. Andernfalls hätte sie diese »Mutter« hinter den Kulissen behalten. Zweitens hatte sie durch die Art und Weise, in der sie die Kraft gestaltet hatte, die Beziehung zu ihrer Mutter ins Spiel gebracht. Wir konnten uns mit der Dynamik zwischen den beiden Frauen beschäftigen, als hätte ich beide vor mir. Und drittens glaubte ich, daß meine Arbeit mit Helene sie wirklich schon gestärkt hatte und daß sie durch die Verarbeitung der Problematik mit ihrem Vater und mit der schlechten inneren Mutter stark genug geworden war, auf eigenen Füßen zu stehen. Die einzige Frage war, wie ich das Problem anpacken mußte – und ob ich der Aufgabe gewachsen war.

Ich griff ihre letzten Worte auf und versuchte es auf einem anderen Weg. »Gibt es *nichts* anderes, das Ihnen Frieden bringen würde?«

»Sie ist der einzige Friede, den es je für mich geben wird.«

»Aber Sie halten doch schon jetzt an ihr fest, und Sie sind dennoch unglücklich.«

»Sie ist noch nicht bei mir. Ich bin immer noch allein.«

In ihren Worten drückte sich eine so quälende Leere aus. Wieder stellte ich mir Helenes Mutter vor. Obwohl ihre Taten so gefühllos waren, und obwohl sie ihrer Tochter mit ihrem Narzißmus das eigene Leben geraubt hatte, hatte sie ihr keinen Schaden zufügen wollen. Sie war nur eine verängstigte Frau, die ein Kind bekommen hatte, als sie selbst noch ein Kind war. Sie war noch jung gewesen, vielleicht gerade erst zwanzig, als sie Helenes Vater geheiratet hatte, einen Mann, der neunzehn Jahre älter war als sie. Sie war unsicher und naiv, der ältere Mann, der in der Stadt eine prominente Position hatte, versprach, ihr das Leben zu geben, das sie sich immer erhofft hatte: Reichtum, Sicherheit und Glück. Aber der Schuß ging nach hinten los. Ihr Mann war Alkoholiker und obendrein gewalttätig. Anstatt sie mit seiner Liebe zu umgeben, kommandierte er sie herum, erwies ihr keinen Respekt und drohte ihr mit Schlägen. Ihr Traum zerplatzte wie eine Seifenblase. Dann wurde sie schwanger – und in dem Baby wurde der Traum noch einmal lebendig. Jetzt würde sie jemanden haben, der sie liebte, der sie respektierte, der ihr für immer gehören würde. Aber auch dieser Traum zerbrach. Ihr Mann nahm ihr das Traumkind weg – schändete es! –, und da ihr Mann sie einschüchterte und sie sich selbst nicht größer als ein Kind fühlte, hatte sie keine Kraft, zu kämpfen. Am schlimmsten war, daß sie, wenn ihr Kind in seinen Schmerzen nach ihr rief, nicht reagieren konnte, weil sie selbst zu viel Angst hatte.

Daher stieß sie ihr Traumkind weg. Sie begann es zu hassen, ihm das Unglück anzulasten, das sie getroffen hatte, begann zu glauben, wenn das Traumkind nicht wäre, könnte sie diesem Loch entfliehen und das gute Leben finden, von dem sie noch immer träumte.

Und doch gab es Augenblicke, in denen sie so tun konnte, als seien die schrecklichen Dinge nicht geschehen, in denen sie so tun konnte, als gehöre das Kind immer noch ihr. Nächtliche Augenblicke im Bett, wenn sie und ihr Traumkind sich aneinanderkuschelten, wenn sie es in ihren Armen halten und ihm sagen konnte, daß sie es liebte und wieviel es ihr bedeutete, daß es in einer grausamen und häßlichen Welt der einzige Sonnenstrahl in ihrem Leben war.

Um Helenes Mutter zu erreichen, mußte ich an diesen Traum appellieren, das war mir nun klar. Ich mußte ihr zeigen, daß trotz der Verwüstung ihres Lebens ein Teil des Traumes noch immer wahr werden konnte. Sie konnte noch immer Ehre und Respekt ernten, konnte noch immer den Schaden wiedergutmachen, den sie ihrem Kind zugefügt hatte. Indem sie ihrem Traumkind das Leben zugestand, konnte sie sich selbst erlösen.

Diese Vorstellung würde jedoch schrecklich für sie sein: Sie hatte so viel Angst davor, loszulassen, war so darauf fixiert, Helene zu sich zu holen. Ich mußte die Idee langsam einführen, und zwar erst dann, wenn ich ihr zu verstehen gegeben hatte, daß ich ihre Bedürfnisse verstand.

»Ich höre, daß Sie sehr unglücklich sind«, sagte ich sanft zu ihr. »Sie haben jetzt keinen Frieden und hatten auch keinen Frieden im Leben. Sie wünschen sicher, vieles anders gemacht zu haben.«

»Es war nicht das Leben, das ich hätte leben sollen.« Ihre Stimme klang kummervoll und resigniert.

»Das kann noch kommen. Sie können das in Ordnung bringen.«

»Was meinen Sie damit?« Ihre Reaktion kam so schnell, daß ich wußte, ich hatte ihr Interesse geweckt.

»Sie haben das Gefühl, Ihr Leben sei ein Fehlschlag gewesen. Sie hatten eine schlechte Ehe. Sie glauben, sie seien eine schlechte Mutter gewesen. Sie meinen, ihr Leben sei zu nichts gut gewesen... Aber Sie können das in Ordnung bringen. Es ist nicht zu spät.«

»Was meinen Sie?« fragte sie wieder, diesmal eindringlicher, interessierter.

»In der ganzen Zeit, in der Helene noch ein Kind war, haben Sie Ihre Hoffnung in sie gesetzt. Sie haben gehofft, sie würde Sie retten. Sie haben gehofft, sie würde Ihrem Leben Sinn geben. Sie haben gehofft, sie würde Ihr Leben zu dem machen, was es eigentlich sein sollte.« Ich wartete ab und beobachtete sie, um zu sehen, ob ich ihre Motive richtig erfaßt hatte.

Ihre Augen waren geschlossen und ihr Kopf gesenkt, aber ganz langsam und müde nickte sie.

»Sie kann es immer noch!« flüsterte ich. »Sie kann Sie noch immer erlösen... *wenn Sie sie lassen.*«

Ihr Kopf hörte auf zu nicken. Statt dessen hob er sich etwas und zeichnete einen engen, gequälten Kreis in die Luft, als suche sie hinter den geschlossenen Lidern nach der Stimme, die ihr diesen Gedanken eingegeben hatte.

»Wenn Sie sie leben lassen, *wird* Ihr Leben einen Sinn haben. Sie werden dann nicht vergebens gelebt haben.«

»Es ist zu spät.«

»Es ist nicht zu spät. Sie können noch immer Ihr Leben erlösen.«

»Ich bin jenseits der Erlösung.«

»Nur wenn Ihre Tochter stirbt! Ihr Leben war schwer; so vieles ist schiefgegangen. Aber Sie haben der Welt eine wunderbare Tochter geschenkt. Die Menschen lieben sie.« Ich machte eine Pause. »Ihr Leben kann durch dieses Geschenk erlöst werden, das Sie der Welt gemacht haben.«

Sie schüttelte müde den Kopf, als hätten meine Worte sie erschöpft.

»Sie kann Ihnen noch immer Frieden bringen. Eine andere Art von Frieden. Den Frieden, der in dem Wissen besteht, daß Sie der Welt dieses Geschenk hinterlassen haben.«

Langsam hörte das Kopfschütteln auf, und Helenes Kopf kam auf ihrer Brust zur Ruhe. Ihre Schultern fielen schlaff herab, und sie schien in sich selbst versunken zu sein. Aus der Tiefe ihrer Brust kam ihre Stimme, leise und traurig. »Aber was würde dann mit mir geschehen?«

Das klang so klagend wie die angstvolle Frage eines Kindes. In diesem Augenblick öffnete sich mein Herz, öffnete sich dieser unirdischen Frau, die ihre Tochter zu sich ins Grab ziehen wollte. »Dann könnten Sie ausruhen«, sagte ich leise zu ihr. »Dann könnten Sie endlich ausruhen.«

Sie schwieg lange Zeit. Nichts bewegte sich hinter Helenes Augen, selbst ihre Atmung schien aufgehört zu haben. Schließlich sprach sie wieder, wimmerte: »Ich habe Angst, allein zu sein.«

Wider Willen atmete ich tief aus. Ich hatte nicht gemerkt, wie angespannt ich war, aber jetzt spürte ich, daß sich mein Rücken Wirbel für Wirbel entspannte. Sie hatte zugestimmt! Noch nicht mit Worten, aber durch die Resignation in ihrer Stimme. Die Angst, die sie ausdrückte, war eine Angst, die sie bereits angenommen hatte.

»Vielleicht müssen Sie gar nicht allein sein.«

»Ich habe sonst niemanden.«

»Vielleicht werden Sie im Frieden nicht allein sein.«

»Aber wer wird bei mir sein?«

»Vielleicht können Sie ein Bild sehen...«

»Ein Bild?«

»Ein Bild von etwas, das Ihnen helfen kann.«

Sie schwieg, als versuche sie, die Bedeutung meiner Worte zu erfassen.

»Vielleicht können Sie einmal nachsehen. Vielleicht ist da etwas in der Ferne.«

Hinter ihren Lidern rührte sich etwas.

»Sehen Sie etwas?«

Sie schwieg.

Ich wartete. Ihre Augen blieben intensiv auf etwas gerichtet, starrten in die Dunkelheit hinter ihren Lidern, bereit, dort etwas zu sehen.

»Sehen Sie etwas?«

»Ja.« Leise.
»Was sehen Sie?«
»Ich sehe ein Licht.«
»Ein Licht?«
Sie nickte leicht, ihre Augen waren noch immer auf ihr Ziel gerichtet.
»Kommt es näher?«
»Ja.«
»Können Sie sehen, was es ist?«
»Ein Wesen ... ein Lichtwesen.«
»Ist es jetzt nahe bei Ihnen?«
»Ja.«
»Wie fühlt es sich an?«
»Warm, wie die Sonne.«
»Ist es ein gutes Gefühl?«
»Ja.«
»Ich werde jetzt still sein, damit Sie sich Zeit nehmen können, mit diesem Wesen zusammenzusein. Wenn Sie wieder bereit sind, mit mir zu sprechen, lassen Sie einfach Ihren Kopf nicken.«
Eine Minute verstrich. Sie saß still da, den Kopf gesenkt, die Augen geschlossen. Dann nickte sie ein klein wenig.
»Können Sie mir sagen, wie das für Sie war?«
»Er bringt mir Frieden. Er hat gesagt, er kann mir endlich den Weg zum Frieden zeigen.«
»Wie wird das geschehen?«
»Er sagt, ich kann mit ihm gehen.«
»Möchten Sie das tun?«
Sie schwieg etwa fünfzehn Sekunden. Dann sagte sie entschlossen: »Ja. Das möchte ich.«
Einen Augenblick später zuckten die Finger ihrer rechten Hand.
»Nimmt er Ihre Hand?«
»Ja.«
»Fühlen Sie sich sicher?«
»Ja.«
»Fühlen Sie sich allein?«
Es entstand eine Pause von vielleicht zwei Herzschlägen, ehe

sie antwortete. »Nein.« Das Wort hatte eine stille Anmut, es war frei von Angst.

»Meinen Sie, daß Sie jetzt bereit sind, zu gehen?«

»Ja.«

»Dann werden Sie das auch gleich tun können. Aber zuerst möchte ich Ihnen noch sagen, daß ich mich sehr freue, daß wir dieses Gespräch führen konnten. Und ich freue mich, daß Sie diese Entscheidung getroffen haben, denn ich glaube, daß es die richtige für Sie ist.« Ich machte eine Pause. »Es ist das Liebevollste, was Sie für Ihre Tochter tun konnten.«

Ihr Kopf hob sich leicht, als komme er meinen Worten entgegen.

»Und jetzt können Sie, wenn Sie soweit sind, langsam gehen.«

Sie saß still da, die Augen geschlossen wie schon die ganze Zeit, und während ich sie ansah, verschwand die Spannung aus ihrem Gesicht. Allmählich nahmen ihre Gesichtszüge die Leichtigkeit des Schlafes an. Sechzig, neunzig Sekunden vergingen. Dann fiel sie plötzlich, als hätte sie einen Schlag auf den Solarplexus erhalten, auf das Bett. Klageschreie drangen aus ihrem offenen Mund. Ihr Rücken zog sich zusammen und fiel auf die Bettdecke.

Drei oder vier Minuten lang hielt der Weinkrampf an, dann ging das Schreien in Schluchzen über, und die heftigen Konvulsionen ihres Körpers flauten ab. Ihre Finger begannen die Bettdecke zu kneten. Das Krankenhausnachthemd klaffte auf dem Rücken auseinander und ließ ihre weiße, braungesprenkelte Haut sichtbar werden. Plötzlich fühlte ich mich verlegen, als hätte ich, als ich ihren Rücken sah, die Grenzen der Intimität überschritten.

Kurz darauf streckte sie sich aus und zog, noch immer weinend, die Bettdecke bis an ihr Gesicht hoch. Doch die Bewegungen, die ich sah, waren nicht mehr die einer Frau in Trance. Die Frau, die ich betrachtete, wirkte präsent, selbstgesteuert – wach.

»Helene?« fragte ich sie überrascht.

Sie nickte leicht durch ihr Schluchzen hindurch.

»So ist es recht, so ist es recht. Sie können endlich weinen.«

Als wären meine Worte eine Erlaubnis gewesen, verstärkte sich ihr Weinen.

Die nächsten fünf oder zehn Minuten tröstete ich sie, »hielt« sie in meinen Worten, und allmählich ließ ihr Schluchzen nach. Als es abgeklungen war, trocknete sie sich mit einem Zipfel der Bettdecke die Augen.

»Möchten Sie mir von dem erzählen, was geschehen ist?« fragte ich sanft.

Sie nickte probeweise, als sei sie sich nicht sicher, und ohne nachzudenken, streckte ich die Hand aus – vielleicht, um sie zu unterstützen, zu trösten, ihr zu bestätigen, daß sie es wirklich war – ich weiß es selbst nicht. Aber zu meiner Überraschung nahm sie meine Hand und führte sie kurz an ihr Gesicht. Die Haut unter meinen Fingern fühlte sich feucht und weich an, als sie meine Hand erst an die eine, dann an die andere Wange drückte.

Sie sah mir lange in die Augen, und ich stellte fest, daß Verwirrung und Erstaunen ihren Blick umwölkten. »Ich hatte einen Traum.« Sie blickte mir in die Augen, um nachzusehen, ob er tatsächlich wahr sein konnte. »Ich habe geträumt, daß sie gegangen ist...« Sie schloß die Augen und kniff sie zusammen, als wolle sie wieder nach innen blicken. »Sie hat mich hier berührt...« Helene drückte meine Hand fester an ihre Wange, »und dann hat sie geflüstert... genau wie früher... ›Ich liebe dich, Traumkind‹... und dann ging sie fort.« Tränen strömten über Helenes Wangen. Sie legte ihre Hand auf den Mund und begann wieder zu weinen.

»Das macht Sie traurig.«

Sie nickte.

Gleich darauf schniefte sie ein wenig und putzte sich die Nase. »Ich war noch nie richtig traurig über ihren Tod. Aber jetzt fühle ich...« Ein kleines Lächeln erschien auf ihrem Gesicht. »Ich fühle mich leichter, als hätte sich etwas gelöst. Und ich fühle mich furchtbar, furchtbar traurig.«

»Das klingt so, als würden Sie endlich um Ihre Mutter trauern.«

Sie nickte. Ihr Mund zuckte unter dem Einfluß der konkurrierenden Wünsche, zu lachen und zu weinen.

Aber Helene hatte nicht nur ihre Mutter verloren. Sie hatte auch ihr *Selbst* gefunden. Sie hatte die autonome Helene befreit, die ihr früher vorenthalten wurde. Ihr Gefühl von Leichtigkeit, ihr Drang zu lachen: Das waren Anzeichen dafür, daß Helene das ebenfalls spürte.

»Wissen Sie, ich glaube, jetzt, nachdem Sie Ihre Mutter losgelassen haben, können Sie manches etwas klarer sehen. Sie können sich selbst sehen und all die Bedürfnisse, die Sie hatten, und die Ihre Mutter nie erfüllt hat.« Helene hatte ihr Leben im Dienste ihrer Mutter gelebt, ihre eigenen Bedürfnisse waren weit aus ihrem Gesichtskreis verbannt gewesen.

Helene trocknete sich die Augen.

»Und ich denke, nachdem Sie wissen, daß Sie von Ihrer Mutter getrennt sind, können Sie auch *sie* deutlicher sehen – und sehen, in wie vieler Hinsicht sie Ihre Bedürfnisse nicht erfüllt hat.«

Neue Tränen liefen über Helenes Wangen und sammelten sich in den Mundwinkeln.

»Und vielleicht können Sie Ihre Mutter auch als eine Frau sehen, die selbst ein schwieriges Leben hatte, und Sie können verstehen, daß Aspekte ihres eigenen Lebens dafür verantwortlich waren, daß sie sich so und nicht anders verhielt. Sie hat es nicht Ihretwegen getan.«

Bei meinen Worten verbarg Helene den Kopf in ihren Armen und begann wieder zu schluchzen.

Ich wußte, daß sie nun eine Phase der Trauer durchleben würde – sie würde den Tod ihrer Mutter betrauern, der wirklichen und der idealen, den Verlust, den sie als Person mit eigenen Bedürfnissen jetzt empfand. Aber die Tiefe ihrer Trauer würde aufgewogen werden durch die große Freude, die sie darüber empfinden würde, daß sie sich zum ersten Mal frei fühlte. Befreit von den Ketten, die sie den Großteil ihrer fünfundvierzig Lebensjahre gefesselt hatten, frei, ihr Leben ganz allein zu gestalten und ihr Drehbuch so zu schreiben, wie es ihr gefiel.

Wir waren ein Weilchen still und ließen die eindrucksvolle Erfahrung auf uns einwirken. Dann lehnte sich Helene in ihre Kissen zurück und schloß die Augen.

Ich merkte, wie müde wir beide waren. Meine Uhr zeigte 21.05 Uhr, wir hatten über zwei Stunden miteinander gearbeitet. Die Nacht war heiß, das Krankenhaus war kaum klimatisiert, und mein Körper war schweißgebadet.

»Es sieht so aus, als bräuchten Sie ein bißchen Ruhe«, sagte ich und meinte uns beide. »Wie wäre es, wenn ich morgen wiederkäme?«

Sie nickte.

Als ich aufstand, um zu gehen, streckte sie die Hand aus. Ich drückte sie herzlich und führte sie dann, ohne nachzudenken, an meine Wange. Dann ging ich und schloß die Tür hinter mir.

Auf dem Weg nach draußen schaute ich im Schwesternzimmer vorbei und sagte, sie bräuchten Helene nicht mehr wegen Selbstmordgefahr zu überwachen.

Helene wurde drei Tage später aus dem Krankenhaus entlassen. Nachdem sie sich zu Hause noch eine Woche lang erholt hatte, nahm sie den Unterricht wieder auf und brachte das Schuljahr ohne Probleme zu Ende. Sie setzte die Therapie noch ein Jahr lang fort, und wir sprachen noch weiter über ihre Mutter und ihre Kindheit und ebenso über aktuelle Themen. Sie berichtete nicht mehr von Selbstmordgedanken. Statt dessen bekam sie nach und nach das Gefühl, nun »Herrin« ihres Lebens zu sein, und erlebte gleichzeitig »Fünkchen von Glück«, die sie nie erwartet hatte.

Als Helene die Therapie beendet hatte, bekam ich im darauffolgenden Jahr eine Weihnachtskarte von ihr, eine Karte, die sie selbst gestaltet hatte. Auf der Außenseite war eine leuchtende Sonne zu sehen, deren Strahlen an den Rändern in ein Spektrum bunter Farben übergingen. Darunter standen in Helenes perfekter Lehrerinnenschrift die Worte: »Ich grüße Sie mit *Wärme* in diesen Feiertagen.«

Innen hinein hatte sie geschrieben:

Für David
Danke, daß Sie mich aufgetaut haben.
Helene

Epilog
Die Werkstatt des Ich

MANCHMAL BENEIDE ICH MEINE KLIENTEN. Allerdings nicht wegen ihres Lebensstils oder ihres Geldes oder sonstiger Besonderheiten ihres Lebens, sondern allein wegen ihrer Fähigkeit zur Trance. Denn viele meiner Klienten erzielen dank ihrer außergewöhnlich geschickten Handhabung von Trancephänomenen beachtliche Erfolge. Ich könnte mich nie wie Terry Yeakel fünf Stunden lang ununterbrochen selbst betäuben, während ein Chirurg mein Gesicht häutet und wieder zusammennäht. Oder mein gesamtes Leben innerhalb von Minuten neu interpretieren wie Carol, das junge Mädchen, das unter Bulimie litt. Terry und Carol sowie viele andere meiner Klienten verfügen in besonderem Maße über hypnotische Fähigkeiten – zum Teil aufgrund ihrer Persönlichkeit, zum Teil aufgrund ihrer Lebensumstände –, an die mein eigenes Talent nicht im entferntesten heranreicht. Manchmal beneide ich sie um diese Gabe.

Dennoch bin auch ich nach Jahren der Übung in der Lage, mich zu hypnotisieren. Ich habe gelernt, durch Hypnose Streß zu bewältigen, Probleme zu lösen, meine Psyche zu erforschen und hin und wieder sogar verborgene Wahrheiten über mich selbst zu erkennen, die mein Bewußtsein nie zugeben würde. Und zweimal hat mir Selbsthypnose vermutlich das Leben gerettet.

Der erste Vorfall ereignete sich im Sommer 1985, als ich in Nordmexiko Urlaub machte. Ich wohnte in einer einsamen Villa und hatte mir trotz der Hitze von 45 Grad angewöhnt, jeden Nachmittag einen langen Dauerlauf zu machen. An jenem besonderen Nachmittag hatte ich mir ein nasses T-Shirt um den Kopf gewickelt, Wasser über Hals und Brust gegossen und war losgelaufen. Ich joggte zunächst gemächlich durch das Tor, hinter dem die grüne Oase der Villa endete, und hinaus in die staubige Hügellandschaft der Wüste. Dann steigerte ich das Tempo, und die trockene, stauberfüllte Hitze senkte sich mit bleierner Schwere auf mich herab.

Ich war ungefähr eine Dreiviertelstunde gelaufen, als ich plötzlich in ein unvermutet hinter einer Bodenwelle auftauchendes Schlagloch trat. Im Sturz hörte ich ein Knacken, als sei ich auf einen Zweig getreten. Ich versuchte aufzustehen und ging auf der Stelle wieder zu Boden, denn ein heftiger Schmerz explodierte in meinem Knöchel. Mühsam setzte ich mich auf. Ich schaute mir mein Bein an, und eine Welle von Übelkeit überkam mich. Mein linker Fuß stand seitlich in einem Winkel von 45 Grad ab und ließ sich nicht mehr bewegen: Mein Knöchel war gebrochen. Es sah aus, als sei aus unerfindlichen Gründen ein fremder Fuß an meinem Bein angebracht worden. Der Anblick dieses schiefen, grotesk verdrehten Fußes entsetzte mich, und ohne auch nur nachzudenken packte ich ihn mit beiden Händen und drehte ihn wieder in seine normale Stellung. Vor Schmerz fiel ich fast in Ohnmacht.

Panik durchzuckte mich wie ein Adrenalinstoß. Ich war mindestens drei Meilen von der Villa entfernt; nie und nimmer würde ich den Rückweg schaffen. Aber dort, wo ich war, konnte ich auch nicht bleiben: In der Wüste würde ich vor Hitze umkommen. Der Boden war bereits jetzt zu heiß, um noch länger darauf zu sitzen, und in der Umgebung gab es nirgends Schatten. Ich verbrachte den Urlaub allein und hatte niemandem in der Villa gesagt, wohin ich gehen würde. Ehe irgend jemand auf die Idee käme, nach mir zu suchen, würden Tage vergehen.

Wie giftiges Gas senkte sich die Gewißheit auf mich: *Du wirst sterben! Wenn du nicht etwas unternimmst, wirst du sterben!*

Von diesem Gedanken beflügelt, stützte ich mich, das verletzte Bein in der Luft, mit den Händen ab und hievte mich in den Stand. Vorsichtig versuchte ich den Fuß aufzusetzen. Stechender Schmerz durchzuckte mein Bein und blieb mir wie Brechreiz in der Kehle stecken. Sofort kehrte die Panik zurück. Die Hitze stieg mir in Brust und Kopf, und ich war nahe daran, in Tränen auszubrechen.

Ich versuchte zu hüpfen, doch der durch die Erschütterung ausgelöste Schmerz war genauso heftig wie der Schmerz beim Versuch, den Fuß aufzusetzen; außerdem wußte ich, daß es ausgeschlossen war, drei Meilen weit durch unbefestigtes und staubiges Hügelland zu hüpfen. Ich versuchte im Sitzen vorwärts zu rutschen, aber die Hitze des Bodens verbrannte mir Hände und Gesäß, und meine Beinmuskeln zitterten so stark, daß ich den Fuß nicht länger hochhalten konnte. Durch diese kurzen Anstrengungen hielt ich zwar zunächst meine Panik in Schach, doch als sich jeder Versuch als vergeblich erwies, befiel sie mich aufs neue.

Nimm dich zusammen, schärfte ich mir ein. *Du schaffst es, wenn du einen klaren Kopf behältst.*

Ich schaffe es nicht.

Du schaffst es.

Ich schaffe es nicht!

Du schaffst es! Denk an die ERSTE HILFE... Ruhigstellen, Eis, feuchter Umschlag, Fuß hochlegen...

Es war die Stimme eines über mir stehenden Teils meines Ichs – eines Teils, der sich mit Verletzungen auskannte, eines Teils, der jetzt, da der Rest von mir vor Panik wie gelähmt war, gelassen und ruhig auftauchte und einen Plan entwickelte.

Du kannst den Fuß nicht ruhigstellen, du hast kein Eis, du kannst ihn nicht hochlegen, aber du kannst einen Verband machen. Nimm dein T-Shirt, schiene den Fuß damit, schnür den Schuh enger, hypnotisiere dich. Hypnotisiere dich, um den Schmerz zu unterdrücken.

Ich gehorchte der Stimme wie einem Lehrer, stand auf, den linken Fuß angehoben, und schloß die Augen. Sofort begann ich zu schwanken. *Ich schaffe es nicht,* dachte ich. *Es geht nicht.*

Tu es! befahl die Stimme. *Beruhige dich.*

Ich atmete tief durch, wieder und wieder, und dabei merkte ich, daß sich mein angstvolles Herzklopfen allmählich beruhigte. *Eins... einatmen... zwei... ausatmen... drei...* Beim Atmen und Zählen legte sich meine Panik, und ich hörte die Stimme zu mir sprechen wie zu einem Klienten: *Laß deine Muskeln in der Hitze der Sonne geschmeidig werden... vier... In diesem Augenblick kann überhaupt nichts Schlimmes passieren... fünf... Du hast genügend Zeit für alles... sechs...*

Als ich bis zwanzig gezählt hatte, spürte ich, daß ich in Trance war. Die Panik war verflogen; ich hatte nicht länger das Gefühl, mitten in der Wildnis in einer tödlichen Falle zu sitzen.

Jetzt wirst du das Bein ausschalten und dich auf den Weg machen. Schalte die Nerven aus ... laß sie einfach einschlafen ... denn wenn die Nerven eingeschlafen sind, wird das Bein nicht mehr schmerzen ... Ich stellte mir das Netz von Nerven in meinem Bein als Plan sich überschneidender Fasern vor, die auf Knopfdruck abgeschaltet werden, von Rot auf Blau springen.

Ich öffnete die Augen und blickte in die Wüste hinaus. Ringsum, soweit das Auge reichte, nichts als Hügel – ockerfarbenes Geröll, dazwischen Gestrüpp und Kakteen. Die Hügel in der Ferne flimmerten in der Hitze. Ich sah hinunter auf meinen Knöchel. Oberhalb des Schuhs war er angeschwollen wie ein Ballon, aufgebläht wie türkischer Honig. Wieder fühlte ich Panik in mir aufsteigen, aber ich schloß die Augen und ließ sie abklingen. *Das Bein ist ausgeschaltet,* wiederholte ich. *Du spürst es kaum.* Mein T-Shirt triefte vor Schweiß, aber ich nahm es vom Kopf und band es, so fest ich konnte, als behelfsmäßige Schiene um den Knöchel. Dann setzte ich vorsichtig den Fuß auf und belastete ihn.

Es schmerzte – aber nicht annähernd so sehr wie vorher. Sofort verlagerte ich mein Gewicht auf den anderen Fuß. Ich hatte einen Schritt gemacht! Vorsichtig belastete ich den verletzten Fuß aufs neue. Wieder dieser Schmerz, doch er ließ sich aushalten. Ich verlagerte das Gewicht auf den anderen Fuß; ein zweiter Schritt. *Achte nicht darauf, du wirst später darauf achten.* Ich machte einen dritten und dann einen vierten Schritt. *Einen Fuß nach dem anderen. Auf diese Weise kommst du hier raus und wieder zurück zum Haus. Einen Fuß nach dem anderen; einen Fuß nach dem anderen ...* Die Worte wiegten mich in einen Rhythmus, dem ich meine Schritte anpaßte.

In dieser schmerzlindernden Trance schleppte ich mich zur Villa zurück. Die Situation hatte etwas Unwirkliches. Ich wußte, ich war mit meinem gebrochenen Knöchel mutterseelenallein in der ausgedörrten Wüste, meilenweit von jeder Hilfe entfernt. Und doch war ich gleichzeitig woanders: an einem kühlen, ruhigen, ganz anderen Ort. Angestrengt versuchte ich, an nichts zu denken, denn sämtliche Gedanken verwandelten sich sogleich in Panik. *Ich werde nie wieder laufen können...Hier gibt es Schlangen...Die Sonne geht unter...* Ich verbannte jeglichen Gedanken aus meinem Bewußtsein. *Darüber mußt du nicht nachdenken...Geh einfach automatisch weiter...einen Fuß nach dem anderen...einen Fuß nach dem anderen...*

Irgendwann erblickte ich in der Ferne eine Anhöhe, von der ich wußte, daß sie sich in der Nähe der Villa befand. Während sich der Pfad zwischen den Hügeln hinauf- und hinabschlängelte, tauchte die Anhöhe immer wieder auf, um kurz darauf erneut zu verschwinden. Jedesmal, wenn ich sie sah, fixierte ich sie mit einem bohrenden Blick, der mir half, über mich hinauszuwachsen.

Hin und wieder verlor ich vor Schmerz fast das Bewußtsein, dann wurde ich unachtsam und trat zu fest auf oder belastete den Fuß zu lange. Sofort erfaßte ich dann wieder meine verzweifelte Lage und mußte erneut mit aller Gewalt jeden Gedanken daran verbannen: *Dein Bein ist ausgeschaltet...Geh einfach automatisch weiter...einen Fuß nach dem anderen...*

Drei Stunden, nachdem ich mir den Knöchel gebrochen hatte, erreichte ich endlich die Anhöhe, die ich so lange vor Augen gehabt hatte. Vom Gipfel aus konnte ich die von einer dichten Hecke aus Bougainvilleen umgebene Villa mit ihrem Ziegeldach und dem plätschernden Springbrunnen vor mir liegen sehen. Erleichterung durchflutete mich, wie damals, als ich fünf Jahre alt war und plötzlich meine Mutter mitten in dem Kaufhaus, in dem ich mich verlaufen hatte, vor mir stand. Unwillkürlich stiegen mir Tränen in die Augen. Gleichzeitig verspürte ich einen unbändigen Stolz. *Ich hatte es geschafft!*

Doch mit dem Stolz wurde mir leider auch der Schmerz wieder aufs heftigste bewußt. Es war, als ob jetzt, da ich in Sicherheit war und den Trancezustand abschütteln konnte, die Wirklichkeit des Bruchs in ihrem ganzen Ausmaß auf mich einstürzte. Nur unter Aufbietung all meiner Kräfte schaffte ich auch noch die letzten tausend Schritte, dann lehnte ich mich erschöpft an den Zaun der Villa. Gäste rekelten sich am Schwimmbad, beschlagene Gläser mit klirrenden Eiswürfeln in den Händen. Ich stellte mir das Gefühl ihrer eiskalten Getränke in meiner Hand vor, spürte die Kälte in meinem Mund und malte mir aus, wie sie sich ausbreitete und die Schmerzen meines sich jetzt bemerkbar machenden Sonnenbrandes linderte. Als ich unter den leicht verwunderten Blicken der Gäste in den Hof humpelte, fühlte ich mich wie ein aus der Schlacht heimkehrender Krieger.

Aberwitzigerweise steigerte sich mein Triumphgefühl noch, als ich kurze Zeit später an der Rezeption erfuhr, daß es in unmittelbarer Nähe keinen Arzt gebe, daß ich jedoch, wenn ich wollte, einen Tierarzt aufsuchen könnte. *Wie passend*, dachte ich. *Allein durch meine Willenskraft hatte ich dieses Martyrium überstanden, und nun mußte ich es auch allein zu Ende bringen.* Das Fehlen eines Arztes – das lächerliche Angebot, einen Tierarzt zu konsultieren – untermauerte noch meinen Stolz auf meine Leistung. Also packte ich mein Bein in Eis, legte es den Abend über hoch, und ergatterte am nächsten Tag, nach einer grauenvoll schmerzhaften Packerei, eine Mitfahrgelegenheit nach San Diego. Dort bestätigte der Arzt in der Notaufnahme, was ich bereits vermutet hatte: Ein Band war, zusammen mit einem Knochensplitter, vom Knochen abgerissen. Der Arzt legte mir einen provisorischen Gipsverband an und nahm mir meine schlimmsten Befürchtungen, indem er mir versicherte, ich würde wieder laufen können. Als er mir von seiner Teilnahme am Boston-Marathon erzählte, wußte ich, daß ich ihm glauben konnte, und buchte, noch immer berauscht von meiner inneren Stärke, den nächsten Flug nach Seattle.

Erst im Flugzeug begriff ich das ganze Ausmaß dessen, was geschehen war – daß ich, dank meiner Fähigkeit, mit Selbsthypnose meine Panik und meinen Schmerz zu bewältigen, in der Lage gewesen war, auf einem gebrochenen Knöchel drei Meilen weit durch eine ausgedörrte Wüste zu laufen. Was wäre geschehen, wenn ich zur Selbsthypnose unfähig gewesen wäre? Ich weiß, daß ich den Rückweg irgendwie geschafft hätte; ich bezweifle, daß der Tod so unausweichlich war, wie ich geglaubt hatte. Aber der Marsch hätte länger gedauert, wesentlich mehr Schmerzen verursacht und vermutlich schweren Wasserverlust und einen Sonnenstich bedeutet. Auch vor diesem Ereignis hatte ich mich schon unzählige Male in meinem Leben hypnotisiert: zur Schmerzlinderung, um körperliche Heilungsprozesse zu beschleunigen, um Kräfte zur Lösung eines Problems zu sammeln. Doch jetzt spürte ich zum ersten Mal, daß Selbsthypnose mich vor weitaus schwereren körperlichen Schäden bewahrt hatte. Was ich damals allerdings nicht wußte, war, daß mein Erlebnis in der Wüste nur eine Trockenübung für ein noch schrecklicheres und wirklich lebensgefährliches Erlebnis sein sollte.

Ich war seit ungefähr einer Woche wieder zu Hause, trug meinen Gips wie eine Tapferkeitsmedaille und genoß gewissermaßen die tägliche Herausforderung, mit nur einem gesunden Bein zu kochen und mich anzuziehen, als meine gute Freundin und Joggingpartnerin Nancy vorschlug: »Komm, wir besteigen den Mount Rainier.« Ich dachte, sie mache einen Scherz oder wolle mich provozieren, weil sie jetzt ohne mich joggen mußte.
»Klar doch«, sagte ich. Seit kurzem schaffte ich es mit Krücken zum Badezimmer; warum also nicht den Mount Rainier besteigen? Er ist der dritthöchste Berg Nordamerikas und von seinem in über 3000 Metern Höhe gelegenen »Basislager« bis zu seinem 4392 Meter hohen Gipfel mit Gletschern bedeckt und von Gletscherspalten durchzogen – ein Übungshang für den Mount Everest, wegen des ähnlichen Terrains beider Berge. »Der Berg«, wie er genannt wird, ist ferner ein Wahrzeichen der nordwestlichen Pazifikregion – bei klarem Wetter ragt er majestätisch empor, meistens jedoch hüllt er sich geheimnisvoll in Wolken. Seit meiner Kindheit halte ich täglich nach dem Mount Rainier Ausschau.
»Nicht jetzt. In einem Jahr«, sagte sie. »Bis dahin werden wir trainieren.« Sie richtete die Augen auf meinen Gips. »Das ist ein gutes Ziel.«
Mit Handschlag besiegelten wir den Plan, und sobald der Gips weg war, begannen wir mit einem disziplinierten und anstrengenden Programm aus Laufen, Treppensteigen und Bergwandern als Vorbereitung auf unsere Besteigung. Im folgenden Juli, fast ein Jahr nachdem ich mir den Knöchel gebrochen hatte, fuhren wir zur Paradise Lodge, der Ausgangsstation für den Aufstieg.

Annähernd zweitausend Menschen besteigen jeden Sommer unter Leitung erfahrener Bergführer in zwanzig- bis fünfundzwanzigköpfigen Gruppen den Mount Rainier, und jeder einzelne von ihnen muß zuvor ein dreivierteltägiges Training absolvieren. Daher verbrachten wir unseren ersten Tag in Gesellschaft anderer Rainier-Novizen damit, uns Grundkenntnisse des Bergsteigens anzueignen: Wir lernten, unseren Zehen mit Eispickel und Steigeisen Halt im Eis zu verschaffen; uns abzufangen, falls wir auf einem Gletscher ausrutschten; das Sicherungsseil, das uns in Vierergruppen aneinander band, zu handhaben; uns am Berg zu sichern, um nicht vom Gewicht eines stürzenden Gruppenmitglieds in die Tiefe gezogen zu werden; und wir lernten, hemmungslos »Achtung!« zu brüllen, falls wir selbst ins Rutschen kämen. Zwar brauchten uns unsere Lehrer nicht daran zu erinnern, daß jedes Jahr zwei oder drei Menschen am Mount Rainier ums Leben kommen – das war allen klar. Doch durch ihre Einführung verringerten sie die Gefahr, daß einem von uns derartiges zustoßen würde. Während der Übungen prüften sie, wem sie den Aufstieg nicht zutrauten, und nach Abschluß des Trainings war unsere Gruppe um drei Mitglieder geschrumpft.

Am nächsten Morgen versammelten wir uns mit den anderen Bergsteigern vor der Lodge. Für die meisten von uns war es der erste Aufstieg, und als wir in 2011 Metern Höhe unsere fünfundzwanzig Kilo schweren Bündel schnürten und die für den nächsten Tag benötigten Steigeisen und Helme daran befestigten, bestätigten wir uns gegenseitig unsere Nervosität und Aufgeregtheit. Um halb zehn an jenem ersten Morgen brachen wir, unter dem Gewicht unserer Ausrüstung ächzend, von der Lodge auf – eine auseinandergezogene Linie aus vierundzwanzig Bergsteigern mit einem Führer an jedem Ende. Zunächst folgten wir einem Pfad durchs Geröll, bald darauf stapften wir schon durch Schneefelder. Wir hatten Glück: Das Wetter war gut. Am Tag zuvor war eine Gruppe auf allen vieren vom Gipfel zurückgekehrt; sie mußten gegen Windböen ankämpfen, die mit einer Geschwindigkeit von knapp hundert Stundenkilometern über sie hinwegfegten und die Temperatur auf minus achtzehn Grad sinken ließen.

Um fünf Uhr erreichten wir Camp Muir, eine Steinhütte in 3050 Metern Höhe, und sofort setzte ein lebhaftes Treiben ein: Wir breiteten unsere Sachen zum Trocknen aus, überprüften die Ausrüstung und bereiteten das Essen zu, auf das keiner Lust hatte, weil einem in dieser Höhe der Appetit vergeht. Als die Sonne unterging, hüllte uns die Dunkelheit ein wie eine Decke aus Samt, auf der Abermillionen funkelnder Sterne prangten. In der Ferne erhob sich in einem noch dunkleren Samtton der fünfundsechzig Kilometer entfernte Umriß des Mount St. Helens vor dem angestrahlten Nachthimmel über Portland.

Die himmlische Ruhe wurde jedoch durch die allgegenwärtigen Geräusche des Berges gestört. Wie entgleisende Züge donnerten unaufhörlich Steinschläge und Lawinen um uns herum zu Tal. Obwohl ich wußte, daß wir in der winzigen Steinhütte sicher waren, fiel mir ein Ausspruch Edmund Hillarys, des ersten Besteigers des Mount Everest, ein: »Es gibt keine Bergbezwinger – nur Überlebende.«

Um ein Uhr in der Frühe weckten uns die Bergführer, damit wir uns für den letzten Aufstieg fertigmachten. (Der nächtliche Aufbruch garantierte, daß wir die gletscherbedeckten Abschnitte des Berges hinter uns gelassen hätten, bevor die Sonne das Eis aufweichen und den Aufstieg zu einem tückischen Abenteuer machen würde.) Es herrschte extreme Kälte, und trotz meiner Schichten aus »expeditionstauglicher« Polypropylen-Unterwäsche, langer Wollunterhose und Wollpullover, Goretex-beschichtetem Daunenanorak und Goretex-Hose fror ich. Schließlich setzte ich noch meinen Sicherheitshelm auf und schnallte die Steigeisen und den Gurt, an dem das Seil befestigt würde, an. Um halb drei waren wir, jeweils zu viert durch ein Seil verbunden, bereit zum Aufstieg.

Meine Gruppe brach als letzte auf, und während wir, nur von den kleinen Lichtkreisen der Stirnlampen an unseren Helmen beleuchtet, warteten, konnte ich beobachten, wie sich die ersten drei Gruppen langsam und schweigend den Berg hinaufschlängelten. Der Anblick war herrlich. Von Dunkelheit umgeben und bis auf die Stirnlampen unsichtbar, sahen die Bergsteiger wie Perlen auf einem zu den Sternen emporschwebenden Armband aus. Doch während ich sie beobachtete, wurde mir plötzlich bewußt: *Da mußt du auch hoch!* Da geriet ich auf einmal in Panik. *Das ist doch verrückt!* dachte ich. *Nie und nimmer kannst du diesen Berg besteigen!* Und nur unter Aufbietung all meiner Kräfte widerstand ich dem Drang, mein Seil loszureißen und zurück in die Hütte zu fliehen. Einen Augenblick später kam das Aufbruchzeichen für meine Gruppe. Ich sah, wie sich die Reihe meiner Mannschaftsgefährten auseinanderzog und vor mir in die Dunkelheit tauchte, spürte den Ruck des Seils an meiner Taille, und ehe ich mich's versah, folgte ich bereits den anderen nach, gefangen in meinem kleinen Lichtkreis. *Konzentriere dich auf deine Füße,* dachte ich. *Konzentriere dich auf das Seil. Vergiß alles andere, laß es einfach von dir abfallen.* Ich ließ all mein Denken um diese Worte kreisen und heftete die Augen auf den angestrahlten Boden, der steil unter meinen Füßen anstieg. Obwohl ich die Hälfte meines Gepäcks in Muir zurückgelassen hatte, lastete der Rucksack schwerer als am Tag zuvor auf meinem vom Schleppen wunden Rücken, und mit den Steigeisen war es nahezu unmöglich, auf dem losen Geröll Fuß zu fassen. Stolpernd und rutschend, bis auf die Knochen durchgefroren und jetzt schon erschöpft, fragte ich mich entsetzt, wie ich den Aufstieg eigentlich bewältigen wollte.

Am Tag zuvor war uns beigebracht worden, stoßweise zu atmen, wobei die Luft mit einem lauten *Psuu* aus der Lunge ausgestoßen wird. Durch dieses kräftige Ausatmen entsteht in der Lunge ein Gegendruck, der die Aufnahme der dünnen Luft erleichtert. Jetzt, da ich in Panik und durch das Seil gefesselt war, zwang ich mich zu atmen. *Psuu... Psuu... Laß dich vom Atmen wegtragen...* Ich hatte das schwache Gefühl, ich könnte das Atmen als Trance-Induktion benutzen, um meine Angst zu überwinden.

Versuch reinzukommen, dachte ich. *Mach einen Schritt nach dem anderen...* Bei jedem Schritt trieb ich den Eispickel in den zerbröckelnden Fels, um das Gleichgewicht nicht zu verlieren. *Schritt... Schritt... Eispickel... Schritt... Schritt... Eispickel...* Immer wieder, im dumpfen, durch meine Atemzüge ergänzten Rhythmus: *Schritt... Schritt... Eispickel... Psuu... Schritt... Schritt... Eispickel... Psuu...*

Während ich bergauf stieg, erinnerte ich mich an ein Gefühl, das ich als Kind hatte. Jeden Abend, wenn ich im Bett lag und noch nicht einschlafen konnte, stellte ich mir vor, ich läge auf dem Boden eines Ruderboots. In Decken gekuschelt, über mir der Himmel, wurde ich durch das sanfte Schaukeln des Bootes in Schlaf gewiegt. Das Gefühl von der Sicherheit und Geborgenheit dieser Trance – denn genau das war es im Grunde, ein Zustand innerer Sammlung, in dem der Rest der Welt ausgeblendet war – war das Schönste, das ich mir vorstellen konnte. Es war genau das, wonach ich mich jetzt, mitten in der eisigen Nacht, sehnte, während ich auf diesen furchteinflößenden Berg hinaufkletterte. Mit diesem Bild als Antriebskraft konzentrierte ich mich auf die Gleichmäßigkeit meiner Schritte und meiner Atmung und ging sanft in eine Trance über. Meine Welt umfaßte nur noch den Lichtkreis von einem halben Meter Durchmesser.

Die nächsten zwei Stunden stapften wir langsam bergauf; die Atemstöße meiner Gefährten zehn Meter vor und hinter mir klangen wie das Echo meiner eigenen. Plötzlich prasselte ein Steinhagel herab; die Steine sprangen durch die Lücken zwischen uns, trafen das Seil und verfehlten nur knapp meinen Kopf. Kurz darauf hörte ich sie weiter unten in der Tiefe auf Felsen aufschlagen. Eigentlich hätte ich erschrocken sein müssen – um ein Haar wäre ich getroffen worden –, doch statt dessen erschien mir der Zwischenfall wie eine Mahnung an die lebendige Existenz des Berges. »Wir besteigen den Berg nur, wenn er uns wohlgesinnt ist«, dachte ich, und als ich auf die sich entfernenden Klänge lauschte, kam es mir vor, als bestätige der Berg meine Gedanken. Ich kann dich wie ein Insekt wegschnippen, schien er zu sagen. Und in jenem Moment, so nah an den Sternen, hatte diese Mahnung an meine eigene Geringfügigkeit etwas beinahe Heiliges.

Eine Stunde später hielten wir an, um uns auf der zehn bis zwölf Zentimeter breiten Felskante, an der wir entlanggeklettert waren, auszuruhen. Unsere Verschnaufpausen dauerten nie lange, höchstens zwei bis drei Minuten, denn die eisige Luft vor dem Morgengrauen ließ uns innerhalb von wenigen Minuten vor Kälte mit den Zähnen klappern. In der Hoffnung, meine Beine zu entlasten, lehnte ich mich gegen den Berg, Rücken und Fersen an die Felswand gepreßt. Während ich dort stand, warf ich einen Blick nach vorn; zum ersten Mal, seit wir Camp Muir verlassen hatten, blickte ich vom Berg weg, hinaus ins Leere. Langsam brach die Dämmerung an, verblaßte die Dunkelheit zu Grau, und als sich meine Augen an das Licht gewöhnten, merkte ich, daß ich über den Kreis meiner Stirnlampe hinaussehen konnte. Was ich sah, waren meine Stiefel mit den gezackten Steigeisen an der Spitze, die gut fünf Zentimeter über den schmalen Felsvorsprung, auf dem ich stand, hinausragten. Unter ihnen stürzte senkrecht die Felswand knapp achthundert Meter tief ins ewige, grenzenlose Eis. Die Oberfläche des Gletschers war von unzähligen Gletscherspalten durchzogen, deren mehr als hundert Meter tiefe Abgründe unsichtbar im Dunkel lagen. Genau in diesem Moment löste sich ein Dreckklumpen von meinem Stiefel und kullerte über den Rand der Felskante ins Nichts. Ich hatte das Gefühl, hinterhergezogen zu werden.

Vor Schreck gefror mir auf der Stelle das Blut in den Adern. Ich hätte mein Gesicht von dem schwindelerregenden Anblick abwenden müssen, doch ich konnte nicht, denn ich wußte genau, daß ich bei der kleinsten Bewegung abstürzen würde. Ich wollte wenigstens die Augen abwenden, aber ich wußte, daß ich bei der geringsten Augenbewegung das Gleichgewicht verlieren würde. Ich wollte um Hilfe rufen, konnte aber den Mund nicht öffnen, kein Wort formen, denn der Klang meiner Stimme hätte mich hinabkippen lassen. Und mit schrecklicher Gewißheit wußte ich, daß sich jeden Moment das Seil spannen würde und ich mich bewegen müßte – daß mich jedoch zuvor der Zug des Seiles kopfüber in den Abgrund befördern würde.

Schon spielte sich die Szene vor meinen Augen ab: Meine Gefährten, die sich nicht mehr absichern konnten, weil ich nicht »Achtung!« gerufen hatte, würden ebenfalls über die Felskante hinabstürzen. Ich sah sie über mir durch den Himmel purzeln, immer schneller kopfüber durch die Luft wirbelnd, hinab in die Gletscherspalten. 36 Meter in der Sekunde – bei achthundert Metern würde es zwanzig Sekunden dauern, bis wir auf dem Gletscher aufschlugen. Eine Ewigkeit: Zeit genug, um nachzudenken, zu beten, sich zu erinnern, ein Leben zu leben. Tiefe Scham erfüllte mich. Meine Gefährten müßten sterben, weil sie an *mich* gekettet waren! Was konnte ich tun? Nichts. Mir blieb nichts anderes übrig als zu springen. Ich konnte springen und allem ein Ende machen; ich konnte mich hoch hinaufschwingen... Doch nein, ich konnte nicht springen, denn ich war an meine Gruppe angebunden, und jeden Moment würde sich das Seil spannen, und ich würde hinabstürzen.

Der Kreis zog sich immer enger zusammen, und als er sich schloß, merkte ich, wie ich langsam aber sicher verrückt wurde. Es war das Ende. Ich hatte alle Lösungsmöglichkeiten ausgeschöpft, all meinen Verstand, all mein Geschick und alles Glück, das mich am Leben hätte halten können, aufgebraucht. Es war aussichtslos. Wie ein Klient, der in dem Moment, in dem er merkt, daß er seine Augen nicht öffnen kann, die Tatsache, daß er in Trance ist, akzeptiert, gab ich die bewußte Kontrolle auf und ließ mich gehen.

In meinem Innern schrie eine winzige Stimme auf: *Mama!*

Und in dieser Sekunde tat sich ein kleines Loch in der Zeit auf. Mein Bewußtsein brach in Stücke; ich spürte, wie es schwand – spürte, wie es in ein Dutzend voneinander losgelöster Einheiten zerfiel, jede von ihnen mit einer bestimmten Aufgabe betraut, die nötig war, um mein Leben zu retten. Ein Teil hielt meinen Körper fest, sorgte dafür, daß er sicher auf dem Felsvorsprung blieb. Ein anderer plante für den Moment, da sich das Seil spannen würde; einer kümmerte sich um meine Angst; wieder ein anderer beruhigte das verängstigte Kind. Und über all dem redete eine höhere Stimme ruhig und vernünftig auf mich ein – so, wie ich sonst meinen Klienten zuredete.

Du hast Angst, hörte ich die Stimme sagen, und mir war, als spräche nicht ich, sondern eine fremde, beruhigende Kraft zu mir.

Hm. Ich brachte kaum eine Antwort heraus.

Gut, hör zu, du hättest vor ein paar Minuten, als du in der Dunkelheit aufgestiegen bist, mindestens ebensoviel Angst haben müssen, nur wußtest du es nicht, stimmt's?

Stimmt.

Nun gut, du brauchst jetzt nur all die Angst wieder dorthin zu tun, wo du sie vorher aufbewahrt hast, stimmt's?

Noch ehe ich antworten konnte, spürte ich, wie es geschah.

Ich spürte, wie der Schreck und das lähmende Entsetzen nachließen und mich ein Gefühl der Ruhe überkam. Ich empfand eine ungeheure Erleichterung angesichts der Erkenntnis, daß etwas Größeres als ich, etwas, das der Verantwortung besser gewachsen war, die Kontrolle übernommen hatte. Und in dem Moment, als sich meine Muskeln entspannten und der Felsvorsprung unter meinen Füßen fester wurde, wußte ich, daß ich gerettet war.

Vor mir leckte gerade die erste Röte der Sonne über den Horizont. Als würde sie tatsächlich bereits Hitze ausstrahlen, wurde mir schlagartig wärmer, und ich war völlig überwältigt von dem Anblick, der sich mir bot: der Himmel ein unermeßliches, schillerndes Meer aus Farben, so intensiv, als tropften sie unmittelbar aus der Sonne. Ehrfurcht ergriff mich – vor dem Himmel und vor der Erkenntnis, daß hoch über der Erde meine Gefährten und ich Zeugen eines Schauspiels waren, das außer uns niemand sehen konnte. Im nächsten Moment spürte ich den Ruck des Seils, drehte meinen Fuß in Längsrichtung zur Felskante und setzte den Aufstieg fort. Jede Erinnerung an den Zwischenfall war verflogen. Ich hatte das vage Gefühl, etwas verdrängt zu haben, und versuchte es aufzuspüren, so, wie man eine Tasche nach einem vermißten Schlüssel abtastet. Doch da ich nichts fand, nichts finden *wollte*, versenkte ich mich wieder in den beruhigenden Rhythmus der Schritte und ließ mich von meinen Steigeisen und dem Eispickel zum Gipfel bringen.

Der restliche Aufstieg verlief ohne Zwischenfälle. An einem Punkt namens Disappointment Cleaver, knapp zwei Stunden vom Gipfel entfernt, gab es eine letzte Möglichkeit, den Aufstieg abzubrechen. Jeder Muskel meines Körpers schrie mir zu, aufzuhören, doch entschlossen blieb ich an dem Seil, das mich an meine Gruppe band. Mit stechenden Kopfschmerzen von der Höhe und der gleißenden Helligkeit erklommen wir um halb neun Uhr morgens den Gipfel. Impulsiv, noch ehe ich wußte, was ich tat, beugte ich mich hinunter und berührte den Boden. Dann fielen Nancy und ich uns mit tränenüberströmten Gesichtern in die Arme.

Die Feier dauerte allerdings nicht lange, da wir nur zwanzig Minuten auf dem Gipfel blieben. Die meiste Zeit saß ich – zu glücklich und zu müde, um mich zu bewegen – einfach nur da und genoß die Aussicht. Plötzlich fiel mir ein, daß ich einen Eintrag in mein Tagebuch machen sollte, doch das Tagebuch war in meinem Rucksack und der Rucksack vier Meter von mir entfernt, und ich konnte einfach nicht aufstehen, um es zu holen.

Du mußt aufstehen, befahl ich mir.
Ich kann nicht.
Du mußt.
Ich mache es beim nächsten Mal.
Was meinst du mit: beim nächstem Mal?
Das hier werde ich noch einmal machen, das schwöre ich!

Offenbar hatte ich mich von mir überzeugen lassen, denn nachdem ich noch ein Weilchen sitzengeblieben war, stand ich auf und genoß zusammen mit meinen Gefährten die Aussicht vom Gipfel; das Tagebuch war vergessen. Dann schnallten wir uns die Rucksäcke auf, hakten das Seil ein und begannen den Abstieg, einen grauenvollen Schritt nach dem anderen. Mit jedem Schritt traten wir ins Nichts, unfähig, den Boden unter uns zu erkennen, in der Hoffnung, uns mit den Steigeisen an unseren Absätzen im Eis festzukrallen. Meine Beine zitterten unkontrolliert, und ich hatte das Gefühl, als löse sich durch die ständige Erschütterung meiner jäh aufsetzenden Schritte jedes einzelne meiner Organe aus seinem umgebenden Gewebe. Viereinhalb Stunden später tauchte, klein wie eine Streichholzschachtel, die Paradise Lodge unter uns auf.

Während ich die Lodge im Auge behielt – mir den Duft einer heißen Schokolade und das Knistern des Kaminfeuers vorstellte –, wurde mir allmählich bewußt, wie sehr meine Füße schmerzten. Bei jedem Schritt hatte ich das Gefühl, über ein Bett aus glühenden Kohlen zu laufen. Je stärker ich mich auf dieses Gefühl konzentrierte, desto unerträglicher wurde es. Ich versuchte auf jede erdenkliche Weise, meine Füße zu entlasten, doch beim Bergabwandern mit einem fünfundzwanzig Kilo schweren Rucksack konnte ich da nicht viel machen. Schließlich erreichten wir Muir, wo ich die Skistöcke an mich nahm, die ich am Vortag dort zurückgelassen hatte. Indem ich mich beim Gehen auf sie stützte, konnte ich den Druck auf meine Füße wenigstens etwas lindern.

Gegen sechs Uhr saßen Nancy und ich wieder im Auto und streiften uns die Schuhe von den Füßen. Meine Socken waren blutig von aufgeplatzten Blasen. Ganz offensichtlich waren sie nicht erst vor etwa zwei Stunden, als ich sie zum ersten Mal gespürt hatte, entstanden, sondern schon einige Zeit vorher. Doch während ich mich auf den schwierigen Abstieg konzentrierte, hatte ich sie in meinem Hochgefühl über die Bergbesteigung und meinem Eifer, wieder nach unten zu kommen, nicht wahrgenommen.

Als ich auf meine blutigen Füße starrte, stieg plötzlich ein anderes Bild in mir auf: der Blick über den Felsvorsprung, als sich in der Morgendämmerung der unter mir liegende Gletscher mit seinen Spalten enthüllte. Plötzlich spürte ich einen Adrenalinstoß im Magen, und die gesamte Erinnerung strömte zurück: der Schreck und die Panik, das Gefühl des Sturzes, das Bild meiner durch die Luft segelnden Gefährten. Es war wie die Erinnerung an ein tatsächliches Geschehen, bei der ich jedes einzelne Gefühl noch einmal genau nachempfand. Diesmal jedoch, in der Sicherheit meines Wagens, konnte ich die Empfindungen genießen. Ich konnte sie auskosten, so wie ich als Kind mit dem Schrecken gespielt hatte, wenn ich es wagte, mir Fernsehsendungen anzusehen, von denen ich wußte, daß sie mir Angst einjagen würden.

Ich hatte den ganzen Zwischenfall vergessen! Da erkannte ich plötzlich, daß ich in Trance gefallen war; daß in jener Situation mein Entsetzen diese Reaktion in mir hervorgerufen – ausgewählt – hatte. Zu dem Zeitpunkt, als ich keine Möglichkeit mehr sah, als ich bewußt nicht mehr das Geringste unternehmen konnte, war mein Unbewußtes eingesprungen. Und hatte seine Sache großartig gemacht! Als ich mir seine Worte in Erinnerung rief, erkannte ich, daß es genau so zu mir gesprochen hatte, wie ein begnadeter Hypnotherapeut mit einem verängstigten Klienten sprechen würde. Mit den Worten: »Du hast Angst« hatte es mein Entsetzen *gezügelt* – oder gebilligt – und damit eine *Ja-Haltung* hervorgerufen, die mich veranlaßte, seiner nächsten Suggestion zu folgen. Dem Beschwichtigen hatte es *Anleitungen* folgen lassen – Suggestionen, die es mir ermöglichten, meine Angst wieder wegzustecken. Nach jeder Erklärung hatte es gefragt: »*Stimmt's*«, und damit eine weitere Ja-Haltung ausgelöst und eine Antwort von mir gefordert, als sei noch jemand anderes – ein beschützender Vater, der mich in die Arme nahm – bei mir gewesen. Und wie ein kluger Therapeut hatte es von mir nicht mehr verlangt, als ich bewältigen konnte, indem es in ganz einfachen Worten mit mir sprach, so, wie man mit einem verängstigten Kind spricht.

Sobald meine Angst wieder in kleine Bestandteile aufgelöst und ich wieder zu bewußter Kontrolle bereit war, hatte sich dieser innere Weise zurückgezogen. Und wäre jetzt nicht der schreckliche Anblick meiner blutigen Socken gewesen, hätte ich mich vielleicht überhaupt nicht mehr an ihn erinnert.

Während Nancy und ich noch über die menschliche Fähigkeit, Angst und Schrecken abzuspalten, staunten – auch sie hatte den gleichmäßigen Rhythmus ihrer Schritte und Atemzüge als tranceförderlich empfunden –, merkte ich, daß es nun Zeit war, den Eintrag in mein Tagebuch nachzuholen. Ich zog es aus dem Rucksack, schlug es auf, und da – auf der letzten Seite, in offensichtlich durch Erschöpfung und Kälte zittriger Schrift – stand eine einzige Zeile geschrieben: *Auf dem Gipfel zu stehen ist wie vor dem Angesicht Gottes zu stehen.*

»Mein Gott, Nancy, wann habe ich denn das geschrieben?« rief ich aus.

Doch da Nancys Gruppe meiner voraus gewesen war und wir kaum Zeit gehabt hatten, uns auf dem Gipfel zu umarmen, bevor sie sich mit den anderen an den Abstieg machen mußte, hatte sie nicht gesehen, ob ich meinen Rucksack geöffnet hatte. Wann hatte ich das geschrieben? Ich zermarterte mir den Kopf, ließ wieder und wieder die zwanzig Minuten, die ich auf dem Gipfel verbracht hatte, Revue passieren, konnte mich aber beim besten Willen nicht daran erinnern, mein Tagebuch aus dem Rucksack gezogen, geschweige denn, es geöffnet und diesen Satz geschrieben zu haben. Ich mußte es wohl rasch beim Anseilen getan und mich danach sofort wieder auf die Gruppe konzentriert haben.

Ich staune immer wieder über die menschliche Fähigkeit, zu dissoziieren. Wie viele voneinander unabhängige Fälle von Dissoziation hatten während dieser dreißigstündigen Tortur stattgefunden! Und nicht nur bei mir, sondern auch bei allen anderen. Wir alle hatten dissoziiert: das Wissen, daß Menschen bei der Besteigung des Mount Rainier tödlich verunglücken, den körperlichen Schmerz, unsere Ängste während des Trainings und später an bestimmten Stellen des Aufstiegs. Und jetzt, als ich bequem und sicher in meinem Wagen saß, erlebte ich die vielleicht allergrößte Dissoziation: die Erkenntnis, daß ich es noch einmal machen wollte! Was ich auf dem Gipfel zu meiner Rechtfertigung vorgebracht hatte, meinte ich jetzt ernst: Trotz der Schmerzen, der Angst und der Blasen wollte ich es noch einmal machen. Denn auch wenn mir diese Faktoren jetzt klar bewußt waren, hatten sie doch durch die Begeisterung über meinen Triumph an Eindringlichkeit, Schärfe und *Wirklichkeit* verloren.

Ich wunderte mich auch darüber, daß der Mensch dazu neigt, in Trance zu gehen. Während des beschwerlichen Marsches war ich ohne jede bewußte Intervention meinerseits immer wieder in Trance gefallen. Die Anforderungen der Situation – meine Angst, meine Schmerzen, mein Wunsch, die Tortur zu überstehen – hatten genügt, um die Trance jeweils spontan zu induzieren. Und auch das hatte nicht nur ich erlebt. Nancy war es ähnlich ergangen und, wie ich annahm, fast allen anderen ebenfalls. Genau wie marschierende Soldaten im trance-induzierenden Rhythmus ihrer Schritte, der durch den eintönigen Takt ihrer Gesänge noch verstärkt wird, Trost finden, müssen auch wir den Streß des Aufstiegs durch Trance abgebaut haben. Denn die Fähigkeit, spontan in einen Trancezustand überzuwechseln, ist uns Menschen eigen. Wir alle finden in Zeiten großer Sorgen Trost, wenn wir in uns gehen.

Oft wissen wir noch nicht einmal, daß wir es tun. Die meisten meiner Trancezustände am Berg hatte ich nicht bewußt hervorgerufen, sondern sie waren gewissermaßen »über mich gekommen«. Mit Sicherheit hatte ich mich in jenem Moment auf dem Felsvorsprung, als mich mein Verstand im Stich ließ und ich mir nur noch den Tod vorstellen konnte, nicht bewußt dafür entschieden, in Trance zu gehen. Die Anforderung der Situation hatte bewirkt, daß sich mein Bewußtsein aufspaltete und ein Über-Ich erschien. Genauso war Janes Unbewußtes angesichts der unerträglichen Belastung des chronischen Mißbrauchs in schützende Teile zerbrochen; so hatte Nancys Unbewußtes angesichts der Belastung durch den drohenden Krebs einen Weg zur Heilung ihres Körpers gefunden; und so hatte mein Unbewußtes angesichts der Verantwortung für eine fünfstündige Hypnoanästhesie mein Wahrnehmungsfeld auf den unmittelbaren Lichtkreis im Operationssaal beschränkt. Auch jetzt hatte es auf einen äußerst elementaren Trieb reagiert: den Trieb zum Selbstschutz. Auf eine Weise, die über mein bewußtes Kontrollvermögen hinausging, hatte es eine Möglichkeit gefunden, mich zu retten.

Glücklicherweise ist die Weisheit des Unbewußten auch auf Verlangen abrufbar. Man kann sich mit einer Autohypnose-Kassette selbst hypnotisieren, doch daneben gibt es zahlreiche weniger umständliche Methoden, Zugang zum eigenen Unbewußten zu finden. Mein erster Hypnoselehrer brachte mir eine Form bei, die ich noch heute anwende, vor allem, wenn ich vor einem besonders heiklen Problem stehe.

*Eins...zwei...drei...vier...*Ich zähle die Stufen, während ich hinabsteige: zwanzig schmale Steinstufen, die in die Felswand eines Berges gehauen wurden. Am Fuß der Treppe befindet sich die Tür zu meiner geistigen Werkstatt.

Nagel für Nagel, Brett für Brett habe ich die Werkstatt unter der leitenden Hand meines Lehrers in meinem Kopf gezimmert. In zehn Minuten, die mir wie eine wochenlange Trance vorkamen, habe ich das Gebäude errichtet und mit allem ausgestattet, was ich brauchen könnte, um mögliche Probleme meines künftigen Lebens zu lösen: mit einem elektronischen Archiv all meiner Träume, Erinnerungen und Gedanken; einem Bücherschrank, in dem jedes Buch, das ich jemals gelesen habe, untergebracht ist; einem Sessel zum Lesen und Nachdenken; einer Schmiede, in der ich mich an starken Gemütsbewegungen und verwickelten Problemen abarbeite, als seien sie aus glühendem Metall, bis sie oder ihre Auflösung in neugeschmiedeter Form erscheinen; und schließlich – für noch schwierigere Probleme – einem Aufzug, der meine Fragen in Bereiche befördert, wo nach langfristigen Lösungen gesucht wird. Einen Stock tiefer stapeln sich Unmengen von »Rohstoffen« – Ressourcen zur Lösung eines jeden Problems.

Ich benutze die Werkstatt relativ oft: wenn es gilt, schwierige Situationen in meinem Privatleben zu entwirren, Hindernisse bei der Behandlung von Klienten zu untersuchen oder zu erkennen, wofür ich in einer bestimmten Situation blind war. Ich gebe entweder eine Frage in den Computer ein oder bearbeite sie auf dem Amboß, und nach einigen Minuten erscheint eine Lösung oder – häufiger – eine ganz neue Perspektive. Oft überrascht mich die Antwort, wenn sie mir eine Sichtweise anbietet, die mit meiner scheinbar gar nichts zu tun hat. Mittlerweile schätze und vertraue ich diesen Intuitionen. Manchmal überrascht mich jedoch nicht nur die Antwort, sondern schon allein die *Tatsache*, eine Antwort zu bekommen, denn bei mehr als einer Gelegenheit erhielt ich eine Antwort auf eine Frage, die ich schon längst vergessen hatte. In solchen Momenten wurde mir die Macht des Unbewußten geradezu unheimlich deutlich: Während mein Bewußtsein unterwegs war und spielte – sich mit seiner kindlich sprunghaften Aufmerksamkeit immer wieder neuen Dingen zuwandte –, notierte mein Unbewußtes die Aufgaben, grübelte darüber nach und arbeitete daran. Wie ein Supercomputer, der gleichzeitig eine Vielzahl von Aufgaben bewältigt, konnte es meinen Körper verwalten, meine Erfahrungen aufnehmen, Träume und Tagträume, Ängste und Symptome, von denen mein Inneres gesteuert wird, erzeugen und darüber hinaus in seiner Datenbank nach einer Antwort auf eine Frage suchen, die ich, während ich mit meinem kleinen Ruderboot über seine Oberfläche paddelte, schon fast vergessen hatte.

Die vielleicht verblüffendste Reaktion erlebte ich, als ich einmal eine Frage über eine Familie, die ich damals behandelte, mit in die Werkstatt nahm. Die rechtschaffene, deutschstämmige Familie Rosencranz sorgte sich um ihren Sohn, der mit seinen fünfundzwanzig Jahren noch immer »Hirngespinsten« nachhing, keine Arbeit finden konnte und sich weigerte, auszuziehen. Doch auch nach viermonatiger Behandlung waren wir noch keinen Schritt weitergekommen, und so beschloß ich in meiner

Ratlosigkeit, den Fall in die Werkstatt zu bringen. Ich setzte mich an den Computer und tippte: »Was übersehe ich im Fall Rosencranz?« in die Tastatur. Einige Minuten später leuchtete der Monitor auf, und auf dem Bildschirm erschien mein Gesicht. Es sah mir tief in die Augen und sagte: »Du erkennst nicht, daß dich Mrs. Rosencranz mit ihrer Zerbrechlichkeit an deine Mutter erinnert und daß du dich ihr gegenüber genauso verhältst, wie du dich deiner Mutter gegenüber verhalten hast: Du beschützt sie; du hast Angst, du könntest sie verletzen oder vor den Kopf stoßen. Deshalb sagst du nichts über ihre Einmischung in das Leben ihres Sohnes.«

Schlagartig fielen mir Situationen ein, die ich genau deshalb nicht in den Griff bekommen hatte. Ich schaltete den Computer aus und setzte mich in den Sessel, um über diese Erkenntnis nachzudenken. Ich wollte üben, mich anders auf Mrs. Rosencranz zu beziehen. Ich spielte verschiedene Szenarien durch, bis ich merkte, daß mein Verhaltensmuster aufzubrechen begann, und erhob mich dann, um die Werkstatt zu verlassen. Doch plötzlich wurde mein Blick magisch von etwas angezogen. Es war das Licht über der Aufzugtür.

Wie seltsam, dachte ich. Ich habe doch in letzter Zeit gar keine Frage dort deponiert. Verwirrt ging ich zum Aufzug und drückte auf den Knopf. Langsam glitt die Tür zur Seite und gab den Blick auf die Kabine frei. Und dort stand – mit ihrem eigentümlich angedeuteten Lächeln – meine Mutter. Ich war hocherfreut über ihren Anblick, denn intuitiv, wie mit traumwandlerischer Sicherheit, wußte ich: *Sie ist hier, um mir zu helfen; sie ist hier, um meinen Traum zu deuten.*

»David«, begann sie langsam. Ihre Stimme hatte einen friedlichen, überirdischen Klang, wie die Stimme eines zur Erde zurückkehrenden Engels. Dann erklärte sie einen Traum, den ich vor zehn Jahren in meiner Ratlosigkeit im Aufzug abgelegt hatte. Er handelte von einer Frau, zu der ich vor vielen Jahren Kontakt hatte, und als meine Mutter sprach, erinnerte ich mich an meine damalige Verwirrtheit über den Traum – an mein Gefühl, daß dieser Traum einen tieferen Sinn haben müsse, und an meine Unfähigkeit, seinen Kode zu entschlüsseln. »David«, offenbarte mir meine Mutter, »es ist ein Traum über mich, und ein

Traum über alle Frauen – über die Art und Weise, wie du mit Frauen umgehst, als Beschützer, als seien ihre Bedürfnisse den deinen übergeordnet.« Als ich ihrer Erklärung lauschte, blitzte in mir die gleiche Erkenntnis auf wie zuvor in bezug auf Mrs. Rosencranz, und da wußte ich, daß sie recht hatte.

Sie lächelte mich sanft an – mit ihrem so vertrauten Lächeln, als wolle sie sagen: »Siehst du? Eine Mutter weiß um diese Dinge.« Dann schloß sich die Aufzugtür, und die Kabine surrte davon. Heiter und tief zufrieden schloß ich die Tür der Werkstatt hinter mir, verriegelte sie, stieg die Steintreppe wieder hinauf, öffnete die Augen und fand mich in meiner Praxis wieder.

Wie so oft, bewirkte die Sitzung in der Werkstatt auch diesmal eine Veränderung meiner Behandlungsmethode. Die Familie Rosencranz kam weitere vier Monate zu mir, und mit meiner neuerworbenen Erkenntnis konnte ich oft rechtzeitig verhindern, daß sich mein persönliches »Gepäck« störend bemerkbar machte. So sah ich mich weniger genötigt, Mrs. Rosencranz zu schützen, und war eher bereit, sie dazu zu bringen, sich mit schwierigen Problemen auseinanderzusetzen. Als die Familie die Therapie beendete, hatte der Sohn Arbeit gefunden, und innerhalb der Familie vollzogen sich heilsame Veränderungen.

Darüber hinaus führte die Deutung des Traums bei mir zu einem tieferen Verständnis für meine Gefühle und mein Verhalten. Wenn ich auf vergangene Beziehungen zurückblickte, entdeckte ich nunmehr einen roten Faden und erkannte, daß ich meine »Beziehungsregeln« zukunftsweisend überdenken konnte.

Aber warum hatte es zehn Jahre gedauert, bis ich dahinter kam, fragte ich mich. Meine Mutter war in der Zwischenzeit gestorben. Vielleicht hatte ihre Abwesenheit mir den nötigen Raum verschafft, um unser Verhältnis anders wahrzunehmen, um Dinge zu erkennen, die durch ihre Nähe verdunkelt worden waren. Und ich war in der Zwischenzeit reifer geworden; vielleicht war ich jetzt offener für Wahrheiten, die ich früher nicht hatte gelten lassen. Die Wahrheit – unabhängig von ihrem Ursprung – erkennt man nur, wenn man bereit dazu ist.

Aber warum geschah es ausgerechnet an jenem Tag? In den vorangegangenen Monaten hatte ich mich unzählige Male in der Werkstatt aufgehalten. Warum hatte sich der Aufzug gerade jenen Tag ausgesucht, um mir dieses Quentchen Weisheit zu übermitteln? Wegen des eindeutigen Zusammenhangs mit dem Fall von Mrs. Rosencranz. Frage und Antwort waren in beiden Fällen gleich, und aufgrund dieser Verbindung hatte der Aufzug die Antwort auf meinen Traum herbeizitiert. Er fungierte als Bote, der mir meine eigene Weisheit in dem Moment zu Gehör brachte, als ich aufnahmebereit für sie war.

Was ist das für eine Werkstatt, die solche Entdeckungen möglich macht? Die Werkstatt ist nichts anderes als ein Pfad – oder, wenn man so will, eigentlich eher ein Trick –, um auf Teile meines Geistes zurückzugreifen, die mir auf bestimmte, für mein bewußtes Denken unzugängliche Weise helfen können. Die Lösungen erscheinen auf dem Computerbildschirm, in der Aufzugkabine oder der Schmiede, doch in Wirklichkeit sind es natürlich Wahrnehmungen meines eigenen Bewußtseins, die mir in einer Form zugeführt werden, die ich leichter verstehe.

Wir alle haben die Fähigkeit, Werkstätten in unserem Geist zu erschaffen. Wir alle haben Ahnungen gehabt, denen wir im nachhinein lieber gefolgt wären; wir alle kannten Schlager, die sich einst auf geradezu unheimliche Weise auf bestimmte Ereignisse in unserem Leben bezogen. Wir haben alle erlebt, daß ein Versprecher der Wahrheit viel näher kam als das Wort, das wir eigentlich sagen wollten. Und wir alle haben von den unwahrscheinlichsten Dingen geträumt, die bei näherer Prüfung ganz klar einen im Herzen eingeschlossenen wahren Kern enthüllten. Wir alle hören unsere innere Weisheit flüstern. Die Werkstatt ist nur ein Mittel, diesem Geflüster eine strukturiertere Form zu geben, ein Mittel, es unserem bewußten Denken zu erschließen.

Ein weiterer Weg, mir meine innere Weisheit zugänglich zu machen, ist der Blick in den Spiegel. Vor Jahren las ich noch einmal den Roman *Kim* von Rudyard Kipling und war verblüfft darüber, wieviel er mit Hypnose zu tun hat. Um einschlafen zu können, benutzt der junge Held unter anderem seinen Namen als Mantra und wiederholt ihn ein ums andere Mal. Da ich damals gerade mit verschiedenen Möglichkeiten, mich in Trance zu versetzen, experimentierte, beschloß ich, Kims Kunstgriff selbst auszuprobieren. Ich stellte mich vor einen Spiegel und wollte gerade sagen: »Ich bin David, ich bin David, ich bin David...«

Doch als ich in meine Augen starrte und den Mund öffnete, kam ein anderer Satz heraus, ein Satz, der sich eher an die buddhistische Meditation anlehnte, die ich damals anwandte: »Wer bin ich? Wer bin ich? Wer bin ich?« Wie sonderbar, dachte ich und versuchte es erneut. Doch beim zweiten Mal geschah wieder dasselbe. Also beschloß ich, mich damit abzufinden, und als ich in meine Augen starrte und den Satz wieder und wieder vor mich hin murmelte, fiel ich in Trance. Mein Umfeld verengte sich, bis ich nur noch das Gesicht im Spiegel sah, das auf einmal losgelöst von mir zu existieren schien: Einerseits war ich es zwar, doch gleichzeitig war es etwas von mir Getrenntes.

Wer bin ich? hörte ich eine Stimme fragen. Diesmal fragte das Gesicht *mich*.

»Du mußt mein Lehrer sein«, mutmaßte ich.

Ja, erwiderte das Gesicht. Und plötzlich erkannte ich, daß ich mit einem gleichsam autonomen Ich sprach, das ich inzwischen für mein Allerinnerstes halte.

Auch heute noch suche ich dieses Innerste auf, wenn ich ein Problem habe, wenn ich verwirrt bin, wenn ich merke, daß ich mich oder ein Problem nicht erkenne. Das Innerste hat mir gezeigt, wann es angebracht war, von gefährlichen oder aussichtslosen Situationen Abstand zu nehmen, auch wenn ich mich dieser Erkenntnis in meinem bewußten Denken widersetzte. Die Stimme ist durchweg ehrlich, weise und bestimmt – ein gütiger, aber fordernder Lehrer, der mir Dinge sagt, die ich mir selbst nicht sagen kann.

Doch ich höre nicht immer zu. Oft ignoriere ich den Spiegel, wenn ich spüre, daß er eine Botschaft für mich hat, die ich nicht hören will. Ich blicke nicht in die Augen des Spiegels. Ich »schalte ab«, während der Spiegel spricht. Ich meide den Spiegel gänzlich.

Manchmal bringt der Spiegel meine Ausweichmanöver ins Wanken. Wenn ich den Faden verliere oder bei den Worten des Spiegels abschalte, kommt es vor, daß das Gesicht fragt: *Was ist denn gerade passiert? Warum hörst du nicht mehr zu?* Oder daß ein anderer Teil von mir, die Stimme des Therapeuten, mich befragt, als sei ich ein Klient: *Was bedeutet das für dich? Warum wirst du ängstlich?* Manchmal, wenn ich dem Spiegel eine Zeitlang ausgewichen bin, bringt mich allein der Blickkontakt mit dem Gesicht im Spiegel meinen Gefühlen – meinem Innersten – näher.

Wir alle benutzen eine Art Selbsthypnose, um in unser Inneres zu gelangen. Der Mechaniker, der alles um sich herum aus den Augen verliert, wenn er den Motor eines Autos inspiziert, um die Ursache für dessen Versagen zu finden; die Managerin, deren Nervosität plötzlich wie weggeblasen ist, wenn sie wortgewandt ihre Position vertritt; der Basketballspieler, der die Menge nicht mehr wahrnimmt, während er intuitiv den Ball, den Korb und die Mitspieler spürt; die Lehrerin, die gleichzeitig auf das Verrinnen der Zeit, den Geräuschpegel und die Aktivitäten von dreißig Schülern achtet: Sie alle haben die äußeren Einflüsse abgeschaltet und sich auf eine innere Frequenz eingestellt, durch die Wissen, Intuition und Gefühl zum Schwingen gebracht werden. Wir alle haben diese Stimme in uns. Trance, ob absichtlich herbeigeführt oder nicht, ist nur der Mechanismus, mit dem wir uns in die Lage versetzen, sie zu hören.

Danksagung

Ich möchte meinen Eltern Jacob und Thea danken, die mich gelehrt haben, das Dienen zu schätzen und die Menschlichkeit in jedem Menschen zu suchen; ich danke meinen Klienten, die zu meinen wichtigsten Lehrern zählen, und meiner wunderbaren Frau Anna, die mich beim Schreiben dieses Buches liebevoll unterstützt und ermutigt hat und mir hilfreiche Hinweise gab. Außerdem danke ich Steve Feldman, Shannon Conway, Victor Bremson, James Levine und Jake Calof für ihre wertvollen Kommentare zum Manuskript. Dank schulde ich auch meinem Agenten Jim Levine von James Levine Communications, Inc., und seiner Frau Joan Levine für die Konzipierung dieses Buches. Zu meinem großen Glück hatte ich einen wirklich guten Agenten, der mich anspornte und ein ausgezeichneter Mentor und Geburtshelfer war. Schließlich möchte ich meinem außerordentlich begabten Mitautor und inzwischen guten Freund Robin Simons ebenso danken wie meinem hervorragenden Lektor Toni Burbank, der dieses Projekt so professionell und komplikationslos abgewickelt hat, daß es eine Freude war.

D. L. C.

Und ich danke Bob von ganzem Herzen, weil er mich ermutigt hat, Schriftsteller zu werden, und Jim Levine, weil er es möglich gemacht hat.

R. S.

Anhang

Ausgewählte Bibliographie

Wenn Sie sich näher mit Hypnose, Hypnotherapie und anderen in diesem Buch angesprochenen Themen beschäftigen möchten, empfiehlt sich die Lektüre der folgenden »Klassiker«:

Bernheim, Hippolyte, *Die Suggestion und ihre Heilwirkung*, Tübingen 1985, Nachdruck der Ausgabe Leipzig/Wien 1888.

Nachdruck des klassischen Werkes von Bernheim, in dem er behauptet, daß Hypnose auch bei geistig gesunden Personen möglich sei – nicht nur bei Hysterikern, wie damals in der Medizin allgemein angenommen wurde. Bernheim sah die Hypnose als eine übertriebene Form normaler Suggestibilität an. In Frankreich war man damals allgemein sehr am Thema Suggestibilität interessiert. Schriftsteller schilderten die Rolle der Suggestion am Beispiel einer Herrschaft des Mobs oder einer Massenpanik.

Chong, Dennis K., *Autohypnotic Pain Control: The Milton Model as Applied in a Case of Cholecystectomy for Cholelithiasis*, New York 1979.

Am 17. Februar 1978 unterzog sich der kanadische Zahnarzt Dr. Victor Rausch einer Operation zur Entfernung der Gallenblase. Als einzige Anästhesiemethode wandte er dabei autohypnotische Hypnoanästhesie an. Es war kein Hypnotiseur anwesend, der ihn dabei unterstützte. Er erhielt auch vor der Operation kein Beruhigungsmittel. Die Operation und die Genesung verliefen erfolgreich und ohne Zwischenfälle. Der Autor interviewt in seinem Buch Rausch und die Ärzte des Operationsteams über den geistigen Zustand des Patienten vor, während und nach der Operation. Diese erstaunliche Geschichte zeigt, wie tief die menschliche Fähigkeit zur Dissoziation angesichts eines massiven Traumas reicht.

Cohen, Barry M. und Giller, Esther, Hg., *Multiple Personality Disorder from the Inside Out*, Baltimore 1991.

In diesem Buch äußern sich 146 Personen, bei denen eine multiple Persönlichkeit diagnostiziert wurde, über Fragen der Behandlung, des täglichen Lebens und der Beziehung zu anderen Menschen. Hervorragendes Glossar zum Thema dissoziative Krankheiten.

Ellenberger, Henry F., *Die Entdeckung des Unbewußten. Geschichte und Entwicklung der dynamischen Psychiatrie von den Anfängen bis zu Janet, Freud, Adler und Jung*, Zürich 1996, zweite, revidierte Auflage.

Dieses außerordentlich gut lesbare Meisterwerk wissenschaftlicher Forschung verbindet die Geschichte der Hypnose mit der Entwicklung der Psychiatrie in den letzten hundert Jahren.

Esdaile, James, *Numerous Cases of Surgical Operations*, Contributions to the History of Psychology Series, Band 10, 1846, Nachdruck Westport 1977.

– *Mesmerism in India and its Practical Applications in Surgery and Medicine*, Classics in Psychiatry Series, 1846, Nachdruck Salem 1976.

Nachdrucke der medizinischen Klassiker von James Esdaile, einem Chirurgen der britischen Armee, der in einem Armenkrankenhaus im ländlichen Indien über einen Zeitraum von acht Monaten hinweg dreiundsiebzig größere Operationen durchführte, ohne daß ihm chemische Narkose- oder Schmerzmittel zur Verfügung standen. Der Autor verwendete ausschließlich Mesmersche »Striche«, um bei verschiedenen Amputationen, Tumorentfernungen, Staroperationen, Sinusoperationen, Hämorrhoidektomien, Zahnextraktionen usw. eine direkte oder indirekte Anästhesie zu erzielen.

Farrelly, Frank, und Brandsma, J. M., *Provokative Therapie*, Berlin, Heidelberg 1986.

Schildert, wie einzigartig und meisterhaft Farrelly Humor, Satire, Konfrontation und Herausforderung in der Psychotherapie einsetzt.

Haley, Jay, *Die Psychotherapie Milton Ericksons*, München 1978.

Sehr spannende Darstellung von Fällen des legendären Psychiaters Milton Erickson, in denen er *hypnoseähnliche* Techniken in nichthypnotischen Therapien verwendet. Es werden vielfältige und faszinierende Fälle aus dem gesamten Berufsleben Ericksons vorgestellt.

Hilgard, J. R., *Personality and Hypnosis: A Study of Imaginative Involvement*, Chicago 1970.

Eine Untersuchung der Charaktereigenschaften von Personen, die sich gut für die Hypnose eignen.

Hull, Clark L., *Hypnosis and Suggestibility: An Experimental Approach*, Century Psychology Series, 1933, Nachdruck New York 1988.

Dieses Buch aus dem Jahr 1933 faßt die Ergebnisse der ersten streng wissenschaftlichen Studie über Hypnose und Dissoziation zusammen. Leiter dieser historischen experimentellen Untersuchung, die sich über zehn Jahre erstreckte, war der berühmte Psychologe Clark Hull von der Yale University. Das Ergebnis wurde in zweiunddreißig veröffentlichten wissenschaftlichen Aufsätzen und in diesem faszinierenden Buch dargestellt. Hull handelt viele Themen ab und führt unter anderem den überzeugenden Nachweis, daß es traumatische Dissoziation und Amnesie wirklich gibt.

LeCron, Leslie M., *Selbsthypnose: Ihre Technik und Anwendung im täglichen Leben*, Genf 1994.

Dieser Klassiker des zwanzigsten Jahrhunderts ist nach wie vor eine ausgezeichnete Einführung in eine verantwortungsbewußte Selbstanalyse durch Selbsthypnose. Der Autor betont die unbewußten Wurzeln bewußter Probleme.

Morris, Freda, *Self-Hypnosis in Two Days*, New York 1975.

Dieses Buch stellt eine Methode zum Erlernen der Selbsthypnose dar, die bei strikter Befolgung nahezu garantiert, daß der Leser einen »optimalen persönlichen Weg« zum Erlernen und zur Anwendung der Selbsthypnose einschlägt.

Napier, August und Whitaker, Carl: *Die Bergers: Beispiel einer erfolgreichen Familientherapie*, Reinbek 1996.

Spannende und bewegende Schilderung einer Familie und ihrer Kämpfe in der Therapie.

Ritterman, Michelle Klevers, *Using Hypnosis in Family Therapy*, San Francisco 1983, Nachdruck 1993. Erhältlich bei der Autorin unter der Anschrift: 3908 Lakeshore Avenue, Oakland, Ca 94610.

In diesem Buch werden erstmals Hypnose und Familientherapie systematisch zusammengebracht.

Schwartz, Richard C., *Internal Family Systems Therapy*, New York 1995.

Robert H. Hopcke

Zufälle gibt es nicht

Synchronizität: Die verborgene Ordnung unseres Lebens

Aus dem Amerikanischen von Renate Weitbrecht
304 Seiten. Gebunden

Fast jeden Tag ereignet sich in unserem Leben etwas, das wir Zufall nennen. Manche Zufälle haben keinerlei besondere Bedeutung für unser Leben. Doch es gibt auch eine andere Art von Zufall, ein Zusammentreffen von Ereignissen, das uns wegen seiner tieferen Bedeutung aufwühlt. Der Schweizer Tiefenpsychologe C. G. Jung bezeichnete diese bedeutsame Gleichzeitigkeit von Ereignissen als Synchronizität. Synchronistische Ereignisse haben einschneidende Folgen. Sie können das Bild verändern, das wir von uns haben, uns neue Perspektiven eröffnen oder uns helfen, andere Menschen und die Welt besser zu verstehen.

Limes